QUANZHOU YEARBOOK

泉州年鉴 2020

2019 年泉州每一天

泉州日记

中共泉州市委党史和地方志研究室 编

方志出版社
Publishing House of Local Records

图书在版编目（CIP）数据

泉州年鉴. 2020. 泉州日记 / 中共泉州市委党史和地方志研究室编. -- 北京：方志出版社，2020.9
ISBN 978-7-5144-4594-7

Ⅰ. ①泉… Ⅱ. ①中… Ⅲ. ①泉州－2020－年鉴 Ⅳ. ①Z525.73

中国版本图书馆CIP数据核字(2020)第249208号

泉州年鉴（2020）· 泉州日记

编　　者：中共泉州市委党史和地方志研究室
责任编辑：王　娜

出 版 者：方志出版社
地　址　北京市朝阳区潘家园东里9号（国家方志馆4层）
邮　编　100021
网　址　http://www.zgfzcb.cn
发　　行：方志出版社图书经销中心
电话（010）67110500
经　　销：各地新华书店
印　　刷：福州报业鸿升印刷有限责任公司

开　　本：889×1194　　1/16
印　　张：23.5
字　　数：873千字
版　　次：2020年9月第1版　　2020年9月第1次印刷
印　　数：0001～1000册

ISBN 978-7-5144-4594-7　　**定价**：280.00元

泉州年鉴编辑委员会

泉州日记总编室

协编单位

『目录』

CONTENTS

每日记事…… 1
一月…… 2
二月…… 33
三月…… 61
四月…… 92
五月…… 122
六月…… 153
七月…… 183
八月…… 214
九月…… 245
十月…… 275
十一月…… 306
十二月…… 336
编后记…… 367

2019 每日记事

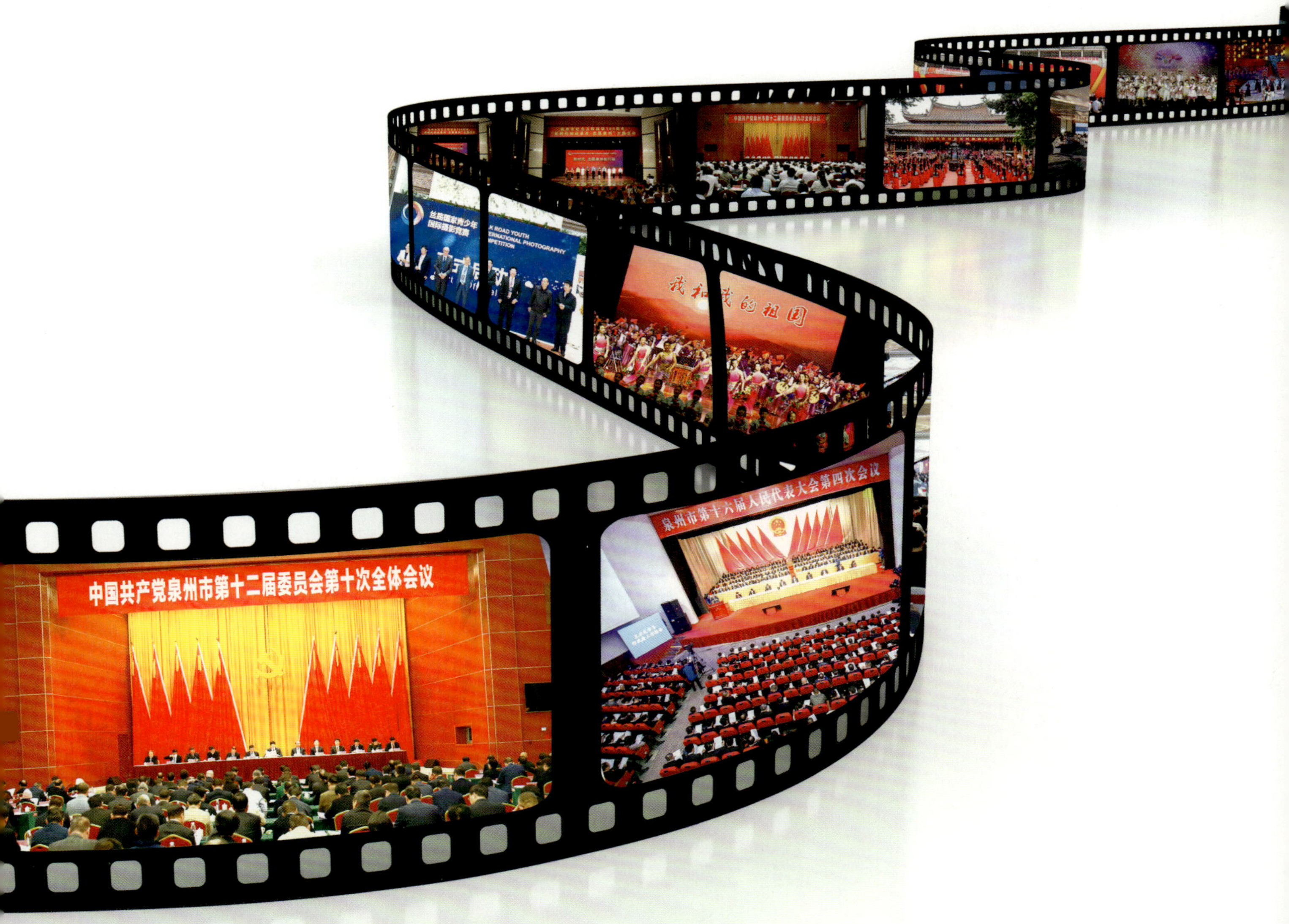
中国共产党泉州市第十二届委员会第十次全体会议
泉州市第十六届人民代表大会第四次会议
我和我的祖国
丝路国家青少年国际摄影竞赛

1月1日

农历戊戌年十一月廿六
星期二
温度：12℃—16℃
多云转小雨

●元旦小长假期间，全市接待游客173.54万人次，同比增长18.3%，实现旅游收入12.07亿元，同比增长22.6%。

●原泉州边防检查站改制为泉州出入境边防检查站，隶属于公安部国家移民局。

●是日起，中国建设银行股份有限公司泉州分行、中国工商银行股份有限公司泉州分行等金融网点设立不动产登记便民服务点，负责代收中心市区范围内不动产抵押权首次登记、预购商品房抵押权预告登记等业务申请材料。

●1—13日，由市文化广电与旅游局和市文联主办的“相约刺桐古城——中国油画名家泉州写生作品展”举行。

●1—15日，由市文联和市书法家协会主办的泉州首届获全国奖书法家提名展在市区凿山艺术馆举行。

●由泉州市“非遗”保护中心和泉州市民族民间文化保护工作研究会主办的少儿南音快闪贺新年活动在市区府文庙举行。

●由招商银行泉州分行主办的2019新年交响音乐会在泉州木偶剧院举行。

元旦期间全市实现旅游收入12.07亿元

元旦小长假期间，全市接待游客173.54万人次，同比增长18.3%，实现旅游收入12.07亿元，同比增长22.6%。古城是泉州旅游一张闪亮的名片。随着“海丝文化”和“闽南文化”双品牌影响力的持续提升，元旦小长假期间，古城各项极具泉州传统文化特色的文旅产品受到市民游客欢迎。泉州古城“润物无声”咖啡文化展示中心在市区金鱼巷落地，并在元旦小长假期间对外开放，丰富古城业态。梨园戏、掌中木偶、拍胸舞、火鼎公婆等表演项目也于元旦当天在泉州晋光小学开演。元旦小长假期间，开元寺接待游客9.86万人次，同比增长2.93倍；崇武古城接待游客1.03万人次，同比增长12.8%。

多个县（市、区）开展主题活动，吸引大批游客。其中，惠安县挖掘温泉文化养生内涵，举办首届温泉文化节，推出“全民狂欢惠民泡汤月”“温泉抖音挑战赛”“惠安文旅精品展”等活动，并设计优惠措施和奖项，满足不同消费群体需求。南安九日山延福寺与《东南早报》举办跨年传灯祈愿活动，元旦小长假期间九日山接待游客2800人次，同比增长12.6%。德化九仙山推出篝火晚会、许愿河灯、祈福迎新活动，元旦小长假期间接待游客2.07万人次，同比增长23.2%。晋江五店市传统文化旅游区上榜2018年福建省智慧景区，元旦小长假期间接待游客6.19万人次，同比增长142%。

泉州边防检查站改制为泉州出入境边防检查站

原泉州边防检查站改制为泉州出入境边防检查站，隶属于公安部国家移民局。上午9时，泉州出入境边防检查站举行集体换装仪式，从“橄榄绿”换装为“藏青蓝”，标志该站人员从现役部队转职为警察。全体民警一致表示，将以此次换装为契机，立足新起点，谋求新发展，以一往无前的奋斗姿态，开创出入境边防检查新局面。

泉州出入境边防检查站揭牌仪式暨集体换装仪式（图/泉州边检站）

8个金融网点设立不动产登记便民服务点

是日起，中国建设银行股份有限公司泉州分行、中国工商银行股份有限公司泉州分行等金融网点设立不动产登记便民服务点，负责代收中心市区（鲤城、丰泽、泉州开发区）范围内不动产抵押权首次登记、预购商品房抵押权预告登记等业务申请材料。为便民利企，解决重复提交资料、多头跑、时间长等贷款难问题，全面落实泉州市“最多跑一次”改革的要求，经市自然资源和规划局研究同意，市不动产登记中心全面推行不动产抵押登记“不见面审批”服务模式，将不动产登记窗口向金融网点延伸，让数据多跑路、群众少跑腿。首批授权银行包括：中国建设银行股份有限公司泉州分行、中国工商银行股份有限公司泉州分行、中国银行股份有限公司泉州分行、兴业银行股份有限公司泉州分行、中国农业银行股份有限公司泉州分行、招商银行股份有限公司泉州分行、中国邮政储蓄银行股份有限公司泉州市分行、中国工商银行股份有限公司晋江分行。

中国油画名家泉州写生作品展举行

1—13日，由市文化广电与旅游局和市文联主办的“相约刺桐古城——中国油画名家泉州写生作品展”举行。图为作品展开幕式。

（图/吴寿民）

康涛王永礼开展安全生产检查

市委书记康涛、市长王永礼分别到晋江市、泉港区开展安全生产检查，随后召开市委市政府安全生产专题会议，逐一梳理重大风险点，督办安全生产责任落实。市领导张永宁、翁祖根、刘文儒参加检查。

康涛要求，要行动坚决，不留死角查风险除隐患。紧盯事故多发易发的重点地区、重点行业领域和重点企业，组织开展自查自改，对重大风险点、重大隐患进行再梳理、再摸排。要开展常态化组织应急救援演练，加强专业力量建设，保持应急状态，严格值班值守制度，提升快速响应能力。康涛强调，各级各部门要以极端负责的态度，定好标准，明确任务，把压力层层传导到基层，做到守土有责、守土尽责。落实属地责任、党政同责、一岗双责。落实行业监管责任，按照责任清单抓好工作落实。落实企业主体责任，督促企业履行法定义务。

王永礼指出，要绷紧企业、部门和属地政府安全生产“三根弦”，引导企业从技术工艺、装备设施、生产环境等入手自查自纠化解隐患，督促行业建立安全生产监管导则，落实属地管理责任。要抓住危化品、火灾和人员密集场所“三个重点”，抓好危化品生产、储运、使用等环节整治提升，指导居民安全用电用火，强化大型活动安全管理。要紧盯风险治理、应急处置和关键时间节点“三大环节”，对发现的风险隐患要逐项解决，通过实战演练提升应急处置能力，同时做好岁末年初春运、快递、烟花爆竹、食品安全等工作，确保群众平安祥和过节。

“华大讲堂”第79讲举行

“华大讲堂”第79讲举行。中国社会科学院近代史研究所党委书记、二级研究员夏春涛作《高举旗帜 将改革开放进行到底——学习习近平总书记在庆祝改革开放40周年大会重要讲话》专题报告。市委学习中心组成员康涛、王永礼、张永宁、翁祖根、林万明等，市直有关部门、在泉州各高校、各民主党派负责人，华侨大学校领导和部分师生等参加报告会。夏春涛从改革开放40年来中共全部理论和实践的主题是坚持和发展中国特色社会主义，中国发展为发展中国家走向现代化提供成功经验、展现光明前景，继续推进改革开放和中国特色社会主义事业三个方面进行解读，分析改革开放的世界意义，就继续推进改革开放和中国特色社会主义事业提出自己的见解，为更好地学习习近平新时代中国特色社会主义思想，更准确地认识改革开放的伟大历程、把握新时代改革开放的正确方向和前进要求提供借鉴。

康涛（左）为夏春涛颁发主讲嘉宾纪念牌（图/华侨大学）

市人大常委会党组中心组（扩大）学习会议召开

市人大常委会党组理论学习中心组（扩大）学习会议召开，学习贯彻习近平在庆祝改革开放40周年大会上的讲话、省委十届七次全会和市委十二届八次全会精神，中央和省委、市委经济工作会议精神。会议指出，要传承弘扬“晋江经验”，贯彻落实好中央、省委、市委的决策部署，围绕“作答时代命题、聚力赶超攻坚”工作要求，结合新一年人大工作要点，依法履职，精准切入，做深做透监督工作，力求高度、力求质量，以新担当新作为把工作推向深入，为泉州市改革开放再出发提供法治保障。

1月2日

农历戊戌年十一月廿七
星期三
温度：12℃—13℃
小雨

●康涛、王永礼分别到晋江、泉港开展安全生产检查，随后召开市委市政府安全生产专题会议，逐一梳理重大风险点，督办安全生产责任落实。

●“华大讲堂”第79讲举行。中国社会科学院近代史研究所党委书记、二级研究员夏春涛作《高举旗帜 将改革开放进行到底——学习习近平总书记在庆祝改革开放40周年大会重要讲话》专题报告。

●市人大常委会党组理论学习中心组（扩大）学习会议召开，学习贯彻习近平在庆祝改革开放40周年大会上的讲话、省委十届七次全会和市委十二届八次全会精神，中央和省委、市委经济工作会议精神。

●市政协党组理论学习中心组学习会议召开，传达学习省委十届七次全会和市委十二届八次全会，省委、市委经济工作会议精神。

1月3日

农历戊戌年十一月廿八
星期四
温度：13℃—16℃
小雨转多云

●3—4日，水利部部长鄂竟平到泉州调研河湖长制、安全生态水系建设、综合治水试验、小水电绿色发展、农村饮水安全等工作。

●市委常委会召开会议，传达学习习近平在中共中央政治局第十一次集体学习时的讲话和省委常委会会议精神，研究泉州市贯彻意见等。

●市委巡视整改工作领导小组会议召开，研究《中共泉州市委关于省委巡视二组巡视泉州市反馈意见整改落实情况的报告》，部署推进巡视整改工作。

●泉州城建集团发行5亿元超短期融资券，此系泉州市属国企整合重组以来首次以集团总部的名义发行债券。

●3—5日，泉州市第二届体育系统全民健身运动会在石狮举行。

●3—4日，首届福建民宿发展论坛暨福建省民宿大会、德化民宿投资对接会在德化举行。

鄂竟平到泉州调研水利工作

3—4日，水利部部长鄂竟平到泉州调研河湖长制、安全生态水系建设、综合治水试验、小水电绿色发展、农村饮水安全等工作。副省长李德金、市委书记康涛参加调研。鄂竟平要求，要落实好各级河湖长职责，加大巡河、护河力度，推进水库水环境综合治理。要推进城乡供水一体化，让群众有更多获得感、幸福感。要推动小水电绿色发展，加快安全生态水系建设，抓好综合治水试验，发挥流域治理综合效益。

鄂竟平（第一排中）在永春考察小水电绿色改造、河长制及治水工作　　（图/市水利局）

市委常委会会议传达学习习近平讲话精神

市委常委会召开会议，传达学习习近平在中共中央政治局第十一次集体学习时的讲话和省委常委会会议精神，研究泉州市贯彻意见；传达贯彻省委办公厅《关于贯彻落实习近平总书记重要讲话精神严肃整治领导干部利用名贵特产类特殊资源谋取私利问题的通知》；听取市人大常委会、市政府、市政协党组和市纪委监委以及市中级人民法院、市检察院党组工作汇报。会议指出要抓牢抓实主体责任，完善细化党委领导反腐败的工作机制、决策机制和实施措施，加快向乡镇（街道）和特殊区域派出监察机构工作。要把制度优势转化为治理效能，紧盯公权力运行各个环节，完善权责清单制度，突出政治监督，强化监督执纪。习近平关于严肃整治领导干部利用名贵特产类特殊资源谋取私利问题的讲话精神，体现以习近平同志为核心的党中央坚定不移全面从严治党、持之以恒正风肃纪的鲜明态度和坚定决心。要按照中央纪委、省委通知要求，集中开展自查自纠，领导干部要以身作则、带头查纠，严肃认真查摆整改。要突出严格监督、标本兼治，把利用名贵特产类特殊资源谋取私利问题纳入监察监督、巡察监督、派驻监督的重要内容，紧盯重要节点，加强宣传教育，加大通报曝光，注重以案促改。

泉州国企首笔 AAA信用债券发行

泉州城建集团发行5亿元超短期融资券，票面利率为3.64%，边际倍数1.7，全场认购倍数为4倍，债券主体和债项评级均为AAA级，发行利率再创近期市场新低。此系泉州市属国企整合重组以来首次以集团总部的名义发行债券。此次债券由中国银行和光大银行联合承销，中诚信公司给予最高信用评级，获得资本市场的高度认可和投资机构的踊跃认购。

首届福建民宿发展论坛在德化举办

3—4日，首届福建民宿发展论坛暨福建省民宿大会、德化民宿投资对接会在德化举行。全国各地25位民宿从业者就如何开发运营民宿做经验分享，全国十大民宿品牌签约落户德化。2016年以来，德化县委、县政府高度重视旅游业发展，突出陶瓷文化旅游和山水生态游憩“两大主题”，打造山水生态旅游线、生态栖养旅游线、陶瓷文化旅游线“三条线路”，点线面协同推进，把旅游业作为德化县新兴战略性支柱产业进行培育。2018年，全县接待境内外游客488.09万人次，旅游总收入45.53亿元，同比分别增长23.16%、23.17%。德化县乡村闲置房屋存量较大，全县18个乡镇共有31村（社区）436幢3439房间数可供开发民宿。民宿产业发展潜力巨大、市场前景广阔，本土企业已纷纷投资民宿项目，国内许多知名民宿品牌投资商到德化县考察交流。

李德金到泉州调研传统村落和古民居保护开发等工作

副省长李德金到德化、南安、安溪等地调研传统村落和古民居保护开发、重大水利项目建设等工作，踏勘中国传统村落德化县国宝乡佛岭村、南安市官桥镇漳里村蔡氏古民居、安溪白濑水利枢纽工程部分移民安置先行工程项目等。李德金指出，要更重视保护性恢复传统村落古民居，兼顾自然生态发展和当地居民实际生活需求；要加强传统村落和古民居保护，依法编制完成保护规划，为开展保护和整治建设提供规划依据；要总结推广各地成功经验，以传统村落、历史建筑活化利用促进乡村产业发展和村民增收；要重点扶持一批传统村落和名镇名村环境景观面貌改善提升，打造品牌，示范引领。

市政府第四十九次常务会议召开

市政府第四十九次常务会议召开，传达贯彻省委十届七次全会、省委经济工作会议和市委十二届八次全会、市委经济工作会议精神，研究《泉州市人民政府关于下放和调整一批行政许可等事项的通知》等事项。会议指出，要按照市委“春季攻坚行动”部署，加快推进项目建设、城市建设、市容整治、企业生产保障等工作。要做好岁末年初保障困难群众生产生活、市场供应、食品安全、春运工作、猪瘟防控、安全生产。持续精准简政放权是提升审批服务便民化的重要举措。市直各部门要突出“放得准”，既依法依规下放行政许可，又方便群众办事；突出“放到位”，按照“能放则放”原则，做好事项下放，深化简政放权工作；突出“接得住”，加强对承接单位的业务指导和培训，配合做好审批服务事项业务受理工作；突出“回头看”，创新监管方式，加强事中事后监管，确保下放的审批权限落实落细。

泉州市党外知识分子联谊会成立

泉州市党外知识分子联谊会第一次会员代表大会暨成立大会召开，审议通过联谊会章程（草案），选举产生第一届理事会组成人员。党外知识分子在实施科教兴国、人才强国、创新驱动战略等方面发挥着不可替代的作用。泉州市有党外知识分子约60万人，占全市知识分子总数的75%。其中，仅在国家机关、国有企事业单位、科研院所中的党外知识分子就有8万多人。长期以来，该群体为泉州市社会经济发展做出突出贡献。联谊会致力于发挥党和政府加强与党外知识分子联系的桥梁和纽带作用，凝聚党外知识分子投身泉州建设。具体组织引导全市党外知识分子学习贯彻习近平新时代中国特色社会主义思想和中共十九大精神，夯实共同思想政治基础；主动服务中心，激发和调动党外知识分子的积极性、主动性和创造性，积极建言献策，为泉州市高质量发展落实赶超贡献智慧和力量。加强自身建设，创新工作理念，打造新时代“党外知识分子之家”。

泉州网警发布“2018年度泉州十大网络谣言”

“泉州网警巡查执法”发布“2018年度泉州地区十大网络谣言”。2018年，市公安局网安支队加大对网络谣言编造、传播等违法犯罪行为的巡查和打击力度，共辟谣56起，行政处罚造谣传谣人员11人。通过分析，2018年网络谣言呈现以下特点：一是本地谣言数量较上年有明显减少。全年发现的本地谣言样本比上年同比减少68.7%。二是视频成为谣言主要传播载体。随着各种小视频应用的兴起，网民热衷于在微信群、朋友圈等网上部位传播各种小视频，有些本来不带谣言属性的视频，经过有心人士加入文字说明剪辑处理后，更容易引发关注和转发。三是涉案事件类型谣言较多。2018年的谣言信息里，涉及刑事、治安类案件内容的谣言占比约有八成，这也反映网民的关注热点集中在一些较为吸引眼球的案事件上，暴力、血腥的内容更容易引发大规模传播。

1月4日

农历戊戌年十一月廿九
星期五
温度：16℃—23℃
多云转小雨

●副省长李德金到德化、南安、安溪等地调研传统村落和古民居保护开发、重大水利项目建设等工作。

●市政府第四十九次常务会议召开，传达贯彻省委十届七次全会、省委经济工作会议和市委十二届八次全会、市委经济工作会议精神，研究《泉州市人民政府关于下放和调整一批行政许可等事项的通知》等事项。

●市政府党组（扩大）会议召开，听取市政府党组成员2018年度述责述廉报告，并进行点评和评议。

●全市发展和改革工作视频会议召开，总结2018年全市发展改革工作，部署2019年重点工作任务。

●泉州市党外知识分子联谊会第一次会员代表大会暨成立大会召开。

●“泉州网警巡查执法”发布“2018年度泉州地区十大网络谣言”。

●由丰泽区委文明办、区文化体育和旅游局、区总工会、东海街道主办的“2019海丝泉州·最美丰泽·东海徒步之旅”在丰泽区海景国际花园海景社区启动。

1月5日

农历戊戌年十一月三十
星期六
温度：14℃—18℃
小雨转阴

●在组织收看全省安全生产工作视频会议后，泉州市随即召开全市安全生产工作会议，贯彻落实全省安全生产工作会议精神，查摆各县（市、区）风险点、隐患点，部署具体管控措施和泉州市下阶段安全生产工作。

●市委、市政府召开工作推进会，部署持续项目攻坚，实现一季度“开门红”工作。

●省文物局公布第一批省级考古遗址公园，德化窑考古遗址公园列入评定名单。

全市安全生产工作会议召开

在组织收看全省安全生产工作视频会议后，泉州市随即召开全市安全生产工作会议，贯彻落实全省安全生产工作会议精神，查摆各县（市、区）风险点、隐患点，部署具体管控措施和泉州市下阶段安全生产工作。

会议要求，全市要提高政治站位，保持高度敏感，落实省委部署，敢于担当，守牢安全生产这一生命线、红线、底线，履行保安全、保稳定重要政治责任。要从体制机制、源头管控、长效管理上下功夫，举一反三、创新手段治理风险隐患，把安全责任落到“最后一公里”。要盯紧安全生产问题，确保不留死角，要摸清底数，厘清辖区内重大风险点、隐患问题，尤其是道路交通、消防、危险化学品、渔业船舶、电商经营、裸房整治等重点行业环节，要提出针对性整改措施，把安全关口前移，防患于未然。要一盯到底，做到“隐患不消除的不放过、长效管理不落实的不放过”，要动真碰硬，做到对重大事故隐患“零容忍”，对久拖未改行为“零容忍”。要迅速布置，一刻不停抓落实。各县（市、区）党政“一把手”要亲自盯，多组织检查，对重大问题隐患要亲自抓、总负责，全程跟踪督办。市直部门要压上，加强对口指导，强化对基层干部、企业职工安全培训，核看查实整改措施。要严肃问责追责，对整改问题不到位或因工作不力导致事故发生的，一律倒查追责。

会议指出，安全生产工作要抓在手上，决不能熟视无睹、麻痹大意。企业、部门和属地政府都要绷紧安全生产这根弦，企业要加强静态设施设备管理和动态操作规范，部门监管职责要清晰、履职要专业、管控要到位，属地政府要落实好管理责任，提升各类安全主体的安全意识。要推进危险化学品、消防安全、道路交通等重点领域排查整治，突出抓好风险隐患化解消除、人员密集场所和大型活动安全等重点工作，强化岁末年初商超、烟花爆竹、建筑施工、渔业船舶、猪瘟防控、校车安全、客车运营、群租房等安全管理。

全市项目攻坚工作推进会召开

市委、市政府召开工作推进会，部署推动项目攻坚，实现一季度“开门红”工作。会议要求，要按照“有限目标、明确目标、落实目标”要求，掐紧时间节点，战役式推进问题销号、城乡环境整治、安全生产大整治、招商季、企业稳产扩能等。要优化政策“配方”、服务集成，老办法新措施一起上，紧盯国家部委政策导向，细化对接落实，加大企业帮扶力度，推动项目大干快上。要保持连续作战，条条块块都要动起来，带好队伍、锤炼作风。领导要带头，当好“施工队长”，把好方向，抓好着力点，盯紧关键环节。要落实工作责任，细化“开门红”行动方案，将工作任务、指标要求逐月逐项落实到支撑上。各县（市、区）要抢抓年前产销旺季，帮助企业稳产扩能；利用乡贤返乡过节有利时机，针对性开展项目对接和产业链招商，积蓄发展动能。市直各部门要立足工作职责，主动靠前服务，发挥协调指导作用。要落实要素保障，围绕重点项目融资、用地、用林、用海、用工等需求，及时帮助破解项目推进过程中存在的困难问题；重视抓好政府债券发行工作。

德化窑考古遗址公园入选省级考古遗址公园名单

省文物局公布第一批省级考古遗址公园，其中8个列入评定名单：昙石山考古遗址公园、东溪窑（南靖、华安）考古遗址公园、德化窑考古遗址公园、永春苦寨坑考古遗址公园、将乐岩仔洞考古遗址公园、明溪南山考古遗址公园、浦城猫耳山考古遗址公园、平潭壳丘头考古遗址公园，2个列入立项名单：漳平奇和洞考古遗址公园、平潭海坛海峡水下考古遗址公园。

晋江陆地港获联合国同意批准国际代码

晋江陆地港获批联合国国际代码“CNJJD”，标志泉州融入国际港口体系，成为国际运输的“始发港/目的港”，提单可直接在晋江陆地港实现。国际代码由联合国贸易便利化与电子业务中心（UN/CEFACT）审批，该中心是联合国经济及社会理事会下属的一个政府间机构，负责简化和协调世界各国在行政、商业、运输业等方面的程序和惯例，通过标准化消除贸易障碍和简化贸易手续，促进国际商品贸易和服务贸易发展。外贸界人士认为，晋江陆地港获得国际代码这张新“身份证”，将有利于发挥国际陆港作用，帮助外贸企业减少国际贸易中的繁琐环节，实现降本增效，同时也有利于促进航运保险、金融代理等高端服务业在泉州聚集发展，提升泉州口岸国际物流服务水平。

海关工作人员在晋江陆地港对入境快件进行监管
（图/黄忠族）

“珍爱生命 科学防癌”大型公益系列活动在泉州举行

由农工党福建省委会、福建省卫生计生宣教中心指导，农工党福建省肿瘤医院支部、中国人寿保险股份有限公司福建省分公司等承办的“珍爱生命 科学防癌”大型公益系列活动第二站在市区仟禧汇大厦举行，省内15名肿瘤专家和医生开展防癌讲座并现场义诊。义诊专家除6名来自福建省肿瘤医院外，其他9名来自福建医科大学附属泉州第一医院、福建医科大学附属第二医院、解放军联勤保障部队第910医院、泉州市中医联合医院及泉州市光前医院。此次“珍爱生命 科学防癌”大型公益系列活动在全省各地市巡回，共举办12期。15名专家为市民开展科学防癌健康讲座，并为到场咨询的市民一一解答问题，开展饮食与健康、肿瘤的筛查与诊断、肿瘤护理与心理等方面的健康宣教。

泉州企业研发新型3D打印材料填补国际空白

四川大学（石狮）先进高分子材料研究中心与四川大学高分子材料工程国家重点实验室、泉州市云尚三维科技有限公司等团队合作开发出高分辨率、高强度的可光固化纤维素基3D打印新材料，填补国际市场上的空白。四川大学（石狮）先进高分子材料研究中心是由四川大学与石狮市政府共建的产学研机构。该中心依托四川大学高分子材料工程国家重点实验室，在技术创新、成果转化、人才培养等方面开展工作，致力于解决轻纺鞋服、海洋化工、节能环保和智能制造等产业升级发展过程中所面临的高分子材料相关技术问题，提升新材料产业集群的根植性和竞争力。同时，培养高层次人才，支撑以新材料产业为龙头的高技术和战略性新兴产业的可持续快速发展，促进四川大学科技成果在泉州的转化。

中国女足首次到泉州集训

中国国家女足黄队队员到晋江开展为期20天的集训，此系中国女足首次到泉州集训。此次集训人员共有38人，包括25名运动员及13名工作人员，集训时间为1月6—25日。晋江集训是女足黄队2019年集训计划的第一阶段，女足黄队主要目标是为挖掘、打造和培养更多的女子足球优秀人才，通过对国家女足一队与国青女足年龄段之间的球员进行培养，为国家女足红队输送人才，做好各级国家队之间队员的衔接，这也是此次集训的目的。

1月6日

农历戊戌年十二月初一
星期日
温度：12℃—17℃
多云

●晋江陆地港获批联合国国际代码“CNJJD”，标志泉州融入国际港口体系，成为国际运输的“始发港/目的港”，提单可直接在晋江陆地港实现。

●由农工党福建省肿瘤医院支部、中国人寿保险股份有限公司福建省分公司等承办的“珍爱生命 科学防癌”大型公益系列活动第二站在市区仟禧汇大厦举行，省内15名肿瘤专家和医生为市民开展防癌讲座并现场义诊。

●四川大学（石狮）先进高分子材料研究中心与四川大学高分子材料工程国家重点实验室、泉州市云尚三维科技有限公司等团队合作开发出高分辨率、高强度的可光固化纤维素基3D打印新材料，填补国际市场上的空白。

●泉港区首届“高校青年人才——企事业单位”双选会在福州大学石化学院泉港校区举行。

●中国国家女足黄队队员到晋江开展为期20天的集训，此系中国女足首次到泉州集训。

1月7日

农历戊戌年十二月初二
星期一
温度：14℃—19℃
多云

●市十六届人大四次会议举行召集人会议，通报大会筹备工作情况及有关安排。

●市十六届人大四次会议举行预备会。

●市十六届人大四次会议主席团举行第一次会议。

●中国人民政治协商会议第十二届泉州市委员会第三次会议在泉州影剧院开幕。受市政协第十二届常委会委托，李转生向大会作工作报告。

市政协十二届三次会议开幕

中国人民政治协商会议第十二届泉州市委员会第三次会议在泉州影剧院开幕。大会执行主席李转生、骆沙鸣、陈铭福、王祖耀、李冀平、王瑞强、陈益、洪川夫、林志建、陈伟平在主席台前排就座。出席开幕式祝贺并在主席台就座的有：市委书记康涛，市长王永礼，市人大常委会党组书记陈灿辉，省人大常委会委员陈万里，市委副书记张永宁，市委常委翁祖根、孔繁军、游宇飞、林万明、林锦明、杨晓山、刘建军、刘文儒，市人大常委会代理主任朱团能，市人大常委会副主任张建生、曾巍、许文贵、吴友才、蔡思红，副市长周真平、季翔峰、李伙金、洪自强、吕刚、肖汉辉、李宏绪，市中级人民法院院长陈明，市人民检察院检察长高扬捷。应邀参加并在主席台就坐的还有：市政协历届主席、副主席；在泉州全国政协委员；市纪委，市委统战部，市各民主党派、工商联及总工会、共青团、妇联、侨联等部门和人民团体的负责人；华侨大学、泉州师院、仰恩大学、福炼公司、中化泉州公司、泉州台商投资区、中国闽台缘博物馆、泉州海关的领导；部分泉州籍港澳地区全国政协委员、省政协常委、港澳侨台代表人士；部分特邀委员；各县（市、区）政协主席；其他代表性人士等。

受市政协第十二届常委会委托，李转生向大会作工作报告。报告指出，过去一年，市政协常委会坚持以习近平新时代中国特色社会主义思想和中共十九大精神为指导，学习贯彻习近平关于加强和改进人民政协工作的思想，在中共泉州市委领导下，把握新时代人民政协性质定位，突出政治引领、突出围绕大局、突出以人为本、突出党的建设，推进政协各项工作，为泉州经济和社会发展做出贡献。

报告从五个方面阐述市政协十二届二次会议以来的工作特色和显著成效：一、旗帜鲜明讲政治，把握正确履职方向；二、围绕大局勤作为，建言资政助推落实赶超；三、履职为民有情怀，协商监督增进民生福祉；四、团结民主促和谐，凝聚改革发展强大力量；五、强基固本树形象，提升履职能力水平。

2019年，市政协常委会工作的总体思路是：学习贯彻习近平新时代中国特色社会主义思想和中共十九大精神，学习贯彻习近平关于加强和改进人民政协工作的思想，把握推动人民政协制度更加成熟更加定型、发挥好专门协商机构作用这一新时代人民政协的新方位新使命，在中共泉州市委领导下，按照市委十二届七次、八次全会的决策部署，围绕中心、服务大局，履职尽责、奋发有为。市政协将坚持理论武装，为加强政治建设夯实定力；坚持围绕中心，为推动泉州发展献计出力；坚持真情惠民，为推动民生改善添智助力；坚持团结联谊，为促进和谐稳定汇聚合力；坚持从严从实，为加强自身建设激发活力。

报告要求全体政协委员要更加紧密地团结在以习近平同志为核心的中共中央周围，高举习近平新时代中国特色社会主义思想伟大旗帜，锐意进取、忠诚履职，在泉州市作答时代命题、聚力赶超攻坚新征程中做出政协贡献。

骆沙鸣向大会作政协第十二届泉州市委员会常务委员会关于十二届二次会议以来提案工作情况的报告。市发改委、医保局作提案办理工作典型发言。市政协各专门委员会向大会提交书面工作报告。

李转生作市政协第十二届常委会工作报告（图/市政协）

市十六届人大四次会议开幕

泉州市第十六届人民代表大会第四次会议在泉州影剧院开幕。全体会议执行主席康涛、陈灿辉、朱团能、张建生、曾巍、许文贵、吴友才、蔡思红、欧阳秋虹在主席台前排就座。主席团其他成员，市长王永礼，市政协党组书记李转生，省人大常委会委员陈万里，市委副书记张永宁，市委领导翁祖根、孔繁军、游宇飞、林万明、杨晓山、刘建军、刘文儒，市政府领导周真平、李伙金、洪自强、吕刚、李宏绪，市政协领导骆沙鸣、陈铭福、王祖耀、李冀平、王瑞强、陈益、洪川夫、林志建，市中级人民法院院长陈明，市人民检察院检察长高扬捷，福建炼化有限公司董事长顾越峰，中化泉州石化有限公司总经理张强，华侨大学党委书记关一凡，泉州师范学院党委书记朱世泽，仰恩大学党委书记庄哲峰，老领导施永康、胡美金、林大穆、涂瑞南、薛祖亮、傅圆圆、陈海基、朱明、李建国、林文麟、林荣取、杨俊峰、何锦龙、吴汉民、王文泰、洪泽生、潘燕燕、陈全顺、吕竞、王远东，部分港澳侨台人士等在主席台就座。

王永礼代表市政府向大会作工作报告。报告分为三个部分：一是2018年政府工作回顾；二是2019年工作目标任务；三是加强政府自身建设。

回顾过去一年，王永礼表示，在中共泉州市委领导下，市政府学习贯彻习近平新时代中国特色社会主义思想和中共十九大精神，全面落实中央、省和市委决策部署，执行市人大及其常委会决议决定，坚持稳中求进，落实新发展理念，传承弘扬"晋江经验"，深化供给侧结构性改革，制定实施赶超三年行动计划，打好三大攻坚战，推进产业升级、城乡统筹、民生改善。全市预计实现生产总值8458亿元、增长8.9%，高质量赶超迈出坚实步伐。全力稳增长，经济运行稳中向好；发力供给侧，产业转型步伐加快；系统推改革，营商环境不断优化；注重宜居度，城市面貌明显改善；突出补短板，人民得到更多实惠；坚持转作风，从严治政更为扎实。

展望新年发展，王永礼指出，必须以习近平新时代中国特色社会主义思想为指导，全面贯彻中共十九大和十九届二中、三中全会精神，坚持稳中求进工作总基调，坚持新发展理念，坚持高质量发展落实赶超，坚持以供给侧结构性改革为主线，坚持深化市场化改革、扩大高水平开放，围绕市委"作答时代命题、聚力赶超攻坚"要求，呼应泉州人民新关切、新期盼，打好转型组合拳，建好城市展示面，造好活力大环境，勇当"新福建"建设主力军。为确保2019年目标任务的完成，要赋能实体经济，推动高质量发展落实赶超；要推进乡村振兴，提升农业农村现代化水平；要践行"晋江经验"，推动改革开放再出发；要提升品位品质，建设现代环湾中心城市；要传承历史文脉，打造泉州共同精神家园；要守护绿水青山，加大生态文明建设力度；要增进民生福祉，实现人民对美好生活的向往。

王永礼作市政府工作报告（图/陈英杰）

李转生当选市政协主席

市政协十二届三次会议举行第二次全体会议，选举产生政协第十二届泉州市委员会主席，增补常务委员1名。会议通过《选举办法》（草案）；通过大会选举总监票人、监票人名单（草案）。随后，与会委员以无记名投票方式，选举政协第十二届泉州市委员会主席、常务委员。李转生当选政协第十二届泉州市委员会主席，徐悦当选常务委员。

1月8日

农历戊戌年十二月初三
星期二
温度：13℃—18℃
多云

●市委、市政府召开市政协港澳委员、异地商会委员、特邀嘉宾座谈会。

●康涛到泉州晚报社"两会"访谈室、泉州广播电视台"两会"直播室等看望慰问媒体工作者，了解代表、委员和市民关注的热点话题。

●泉州市第十六届人民代表大会第四次会议在泉州影剧院开幕，王永礼代表市政府向大会作工作报告。

●市政协十二届三次会议举行第二次全体会议，李转生当选政协第十二届泉州市委员会主席。

●市公安局举行海防支队揭牌授印仪式，标志市公安局海防支队成立。

●阿里巴巴公布县域电商排名名单，石狮市和晋江市分列第六位和第十位。

1月9日

农历戊戌年十二月初四
星期三
温度：12℃—17℃
多云

●市十六届人大四次会议举行第二次全体会议，市人大常委会代理主任朱团能作市人大常委会工作报告，市中级人民法院院长陈明作市中级人民法院工作报告，市人民检察院检察长高扬捷作市人民检察院工作报告。

●市十六届人大四次会议主席团举行第二次会议，听取各代表团汇报审议政府工作、计划、预算3个报告情况。

●王永礼到泉州晚报社“两会”访谈室、泉州广播电视台“两会”直播室等看望慰问媒体工作者。

●市政协十二届三次会议举行第三次全体会议，12名市政协委员围绕民营企业发展、产业生态圈、智能化数字化、营商环境、人才集聚、健康医疗、乡村振兴、民办教育等方面作大会发言。

●全国、全省安全生产电视电话会议后，泉州市随即召开全市安全生产暨第一季度防范重特大生产安全事故电视电话会议，贯彻落实全国、全省会议精神，部署全市岁末年初及全年安全生产重点工作。

●福建省第二十五次见义勇为英雄模范表彰大会在福州召开，泉州六名勇士及四支见义勇为志愿者队伍受到表彰。

●“新时代·承礼狮城”高峰论坛在石狮举办。

市十六届人大四次会议举行第二次全体会议

市十六届人大四次会议举行第二次全体会议，市人大常委会代理主任朱团能作市人大常委会工作报告，市中级人民法院院长陈明作市中级人民法院工作报告，市人民检察院检察长高扬捷作市人民检察院工作报告。

朱团能在报告中指出，2018年，在中共泉州市委领导下，市人大常委会高举习近平新时代中国特色社会主义思想伟大旗帜，全面贯彻落实中共十九大精神和习近平关于坚持和完善人民代表大会制度的思想，坚持党的领导、人民当家做主、依法治国有机统一，围绕中心，服务大局，履行宪法和法律赋予的职责，为促进全市经济社会发展和民主法治建设做出贡献。一年来，召开常委会会议10次，主任会议16次，审议通过1项地方性法规，听取和审议“一府两院”专项工作报告18项，开展执法检查12次、专题询问1次、综题询问1次、工作评议2次、满意度测评15次，组织专题调研47次，全面完成市十六届人大二次会议确定的各项工作任务。一年来，市人大常委会的工作成效主要体现在五个方面：一、坚持以习近平新时代中国特色社会主义思想为统领，人大工作的政治优势得到进一步彰显；二、坚持以服务发展、保障民生为目的，监督工作的针对性和实效性得到进一步增强；三、坚持以科学立法、民主立法为遵循，地方立法的质量和效力得到进一步提升；四、坚持以强化服务、搭建平台为保障，人大代表的主体作用得到进一步发挥；五、坚持以激情干事、勇于担当为导向，常委会和人大机关自身建设得到进一步加强。

朱团能强调，2019年是新中国成立70周年，是全面建成小康社会关键之年。市人大常委会要高举中国特色社会主义伟大旗帜，全面学习贯彻习近平新时代中国特色社会主义思想和中共十九大精神，坚持党的领导、人民当家做主、依法治国有机统一，按照省委十届七次全会和市委十二届七次、八次全会的决策部署，依法行使职权，勇于担当作为，为作答时代命题、聚力赶超攻坚，加快建设现代化泉州做出贡献。要突出政治引领，在兴起“大学习”热潮上取得新成效；要突出聚焦重点，在服务高质量赶超大局上展现新作为；要突出服务保障，在推动代表工作机制创新上迈出新步伐；要突出自身建设，在增强人大依法履职能力上实现新提升。要在中共泉州市委领导下，振奋爱拼敢赢精气神，开创人大工作新局面。

市十六届人大四次会议现场（图/陈起拓）

市政协十二届三次会议举行第三次全体会议

市政协十二届三次会议举行第三次全体会议。会上，12名市政协委员围绕民营企业发展、产业生态圈、智能化数字化、营商环境、人才集聚、健康医疗、乡村振兴、民办教育等方面作大会发言。市委书记康涛指出，委员们选题精准，调研深入，分析透彻，提出许多有见地、有价值、操作性强的对策建议。要以习近平新时代中国特色社会主义思想为指引，把加强思想政治引领、广泛凝聚共识作为履职工作的中心环节，加强大团结大联合，以协商民主凝聚强大正能量。要虚心听取政协意见建议，自觉接受政协民主监督，认真及时办理委员提案和意见建议，分口研究、吸纳吸收、抓好落实。要更好发挥政协智力密集、人才荟萃优势，积极协商议政、献计出力。

市政协十二届三次会议闭幕

市政协十二届三次会议举行第四次全体会议，听取市中级人民法院和市人民检察院工作情况通报。市中级人民法院院长陈明、市人民检察院检察长高扬捷分别向大会作工作情况通报。一年来，市“两院”在市委领导、人大监督、政府支持和政协民主监督下，围绕现代化泉州建设，认真履行职能，在服务改革发展大局、推进扫黑除恶、维护公平正义等方面做了大量卓有成效的工作，为泉州市经济社会发展保驾护航。全市法院围绕“努力让人民群众在每个司法案件中感受到公平正义”的目标，重实干抓落实，严执法保民生，举全力攻执行，勇担当促改革，讲忠诚重监督，苦干实干，各项工作取得新成效。全市检察机关坚决保障全市高质量赶超大局，保障增强群众获得感幸福感安全感，依法履行刑事诉讼监督职责，依法履行民事行政检察和公益诉讼职能，各项工作取得新进展。“两院”还提出了新一年的主要工作目标和任务，表示将与市委部署同向，与改革发展同步，与法治泉州建设同行，不忘初心，牢记使命，为泉州高质量发展落实赶超、勇当“新福建”建设主力军提供强有力的司法保障和服务。

中国人民政治协商会议第十二届泉州市委员会第三次会议在泉州影剧院闭幕。会议听取市政协十二届三次会议提案初审情况的报告；审议通过《中国人民政治协商会议第十二届泉州市委员会第三次会议决议》。

市政协主席李转生指出，此次会议是在全市贯彻习近平新时代中国特色社会主义思想和中共十九大精神，全面落实中央、省委、市委决策部署，坚持高质量发展落实赶超的形势下召开的，意义十分重大。会议期间，委员们以饱满的政治热情和强烈的责任意识，围绕全市中心工作和发展大局，履行职责，协商议政，建言献策，展现为发展建言、为人民履职的担当作为和时代风采。

李转生表示，新一年，市政协要坚持以习近平新时代中国特色社会主义思想和中共十九大精神为指导，学习贯彻习近平关于加强和改进人民政协工作的思想，在中共泉州市委领导下，履行政治协商、民主监督、参政议政职能，在建言资政和凝聚共识上双向发力，在助推全市经济社会发展中谱写政协事业新篇章。要提高政治站位，坚持党对政协工作的绝对领导。要强化履职担当，助推高质量发展。要坚持开放包容，增进团结汇聚合力。要锻造过硬本领，提高履职能力水平。希望广大政协委员在中共泉州市委领导下，同心同德，群策群力，认真履职、开拓进取，为实现高质量发展落实赶超而努力奋斗。

相关链接：截至9日，市政协十二届三次会议收到提案721件，其中各民主党派、工商联、人民团体和政协专委会提案147件，占20.39%；委员提案574件，占79.61%，参与撰写提案的委员306人。根据《政协泉州市委员会提案工作条例》规定，提案委员会于9日晚对收到的提案进行初审，立案634件，不予立案87件，立案率87.93%。其中，经济建设方面，提出提案155件；政治建设方面，提出提案32件；社会建设方面，提出提案341件；文化建设方面，提出提案85件；生态文明建设方面，提出提案21件。

市政协十二届三次会议现场（图/陈英杰）

1月10日

农历戊戌年十二月初五
星期四
温度：15℃—21℃
多云

●市十六届人大四次会议主席团举行第四次会议，听取各代表团汇报审议市人大常委会和市中级人民法院、市人民检察院三个工作报告情况等。

●市政协十二届三次会议举行第四次全体会议，听取市中级人民法院和市人民检察院工作情况通报。

●中国人民政治协商会议第十二届泉州市委员会第三次会议在泉州影剧院闭幕。会议听取市政协十二届三次会议提案初审情况的报告；审议通过《中国人民政治协商会议第十二届泉州市委员会第三次会议决议》。

1月11日

农历戊戌年十二月初六
星期五
温度：15℃—21℃
多云

●泉州市第十六届人民代表大会第四次会议在泉州影剧院闭幕。会议表决通过关于泉州市人民政府工作报告的决议、关于泉州市2018年国民经济和社会发展计划执行情况及2019年国民经济和社会发展计划的决议、关于泉州市2018年预算执行情况及2019年预算的决议等。

●市十六届人大四次会议举行第三次全体会议，陈灿辉当选泉州市第十六届人民代表大会常务委员会主任，游宇飞当选泉州市监察委员会主任。

●市十六届人大四次会议主席团举行第五次会议，听取各代表团汇报审议有关决议草案情况等。

●由省住建厅、省总工会主办的福建省建设行业建筑瓦工（房屋平改坡）岗位技能竞赛实操比赛在南安市丰州镇燎原村举行。

●由市公安局、丰泽公安分局和南威软件集团主办的以“警民牵手110，共创平安迎大庆”为主题的“110宣传日”系列活动在丰泽区丰海路南威软件园举行。

●泉州提线木偶戏亮相东方卫视《喝彩中华》栏目。

市十六届人大四次会议闭幕

泉州市第十六届人民代表大会第四次会议在泉州影剧院闭幕。会议逐一表决通过关于泉州市人民政府工作报告的决议、关于泉州市2018年国民经济和社会发展计划执行情况及2019年国民经济和社会发展计划的决议、关于泉州市2018年预算执行情况及2019年预算的决议、关于泉州市人民代表大会常务委员会工作报告的决议、关于泉州市中级人民法院工作报告的决议、关于泉州市人民检察院工作报告的决议。

市委书记康涛在闭幕式上发表讲话。康涛指出，要始终高举旗帜、坚决维护核心。把习近平新时代中国特色社会主义思想作为干事创业的行动指南，贯彻落实中央和省委省政府的决策部署，结合泉州实际创造性开展工作，转化为促进泉州高质量发展的工作思路、方法举措和实践成果。要响亮作答时代命题、聚力赶超攻坚。按照市委十二届七次、八次全会部署，提升格局站位，更大规模开展“项目攻坚2019”，推动多场战役多条战线齐头并进，展开“春季攻坚行动”，延续兵团式作战，拿下一座座山头，破解一个个难题，确保实现“开门红”，完成2019年一揽子目标任务，为全省大局多作贡献。要秉持宗旨情怀、倾力造福人民。把人民对美好生活的向往作为奋斗目标，加快补齐补上民生事业短板，打好精准脱贫攻坚战，抓好中央、省委环保督察反馈问题整改，纵深推进扫黑除恶专项斗争，开展安全生产大整治行动，让发展实绩更有“温度”、惠民答卷更有“厚度”。

相关链接：市十六届人大四次会议收到代表建议、批评和意见442件（含10件议案转为建议），涉及建设制造强市、建设国家级服务性制造示范城市、提升农业农村现代化水平、推进海丝先行区建设、生态文明建设、保障和改善民生等方面。

陈灿辉当选市人大常委会主任 游宇飞当选市监察委员会主任

市十六届人大四次会议举行第三次全体会议，补选泉州市第十六届人民代表大会常务委员会主任、泉州市监察委员会主任，表决市十六届人大社会建设委员会、监察和司法委员会组成人员人选名单。根据《中华人民共和国地方各级人民代表大会和地方各级人民政府组织法》《中华人民共和国监察法》和大会选举办法，泉州市第十六届人民代表大会常务委员会主任、泉州市监察委员会主任候选人名单，是在发扬民主的基础上，由大会主席团和代表联名提出，经各代表团酝酿、讨论，由大会主席团根据代表的意见确定的。然后，由与会代表进行无记名投票选举产生。经选举，陈灿辉当选泉州市第十六届人民代表大会常务委员会主任，游宇飞当选泉州市监察委员会主任。会议还表决通过泉州市十六届人大社会建设委员会、监察和司法委员会组成人员人选名单。根据全国人大常委会关于实行宪法宣誓制度的决定及福建省人大常委会关于国家工作人员宪法宣誓办法和宣誓组织办法的规定，当选人进行宪法宣誓。

陈灿辉（左）当选市人大常委会主任

游宇飞（左）当选市监察委员会主任
（图/泉州晚报）

市委市政府举行老干部工作通报会

市委、市政府向老干部通报2018年工作情况。市委书记康涛指出，过去一年，全市学习贯彻习近平新时代中国特色社会主义思想和中共十九大精神，全面落实中央和省委决策部署，传承弘扬“晋江经验”，集智聚力“打好转型组合拳、建好城市展示面、造好活力大环境”，项目攻坚气势如虹，民生短板加快补齐，全面从严治党主体责任落到实处，全市各项工作取得新进展新成效，成绩来之不易。新一年，将按照“作答时代命题、聚力赶超攻坚”工作要求，加码加力扩大攻坚战果，支持民营经济创新发展，推动产城融合大见效，守牢风险底线，坚持民生实事一件接着一件办，为全省高质量发展落实赶超做出更大贡献。康涛代表市委、市政府，感谢老干部的指导、帮助、鼓励和奉献。康涛强调，将用心用情做好老干部工作，加强服务保障。希望大家继续发挥优势，一如既往地关注、参与泉州改革发展。

中国古今书法名家作品展举行

12—26日，由泉州古城保护发展工作协调组办公室、市文化广电和旅游局、鲤城区政府主办的“刺桐墨韵——中国古今书法名家作品展”在泉州1915艺术空间举行。中国美术家协会主席、中央美院院长范迪安题写“刺桐墨韵”展标。主办方邀请毛国典、韩天雍、何玮明、李木教、盛郁龙、陈胜凯、浅野泰之、苏亚涛、王乃钦、尤慎、张继、何来胜等书法家参加。参展书法家到古城探访，为泉州留下书法作品。同日举办的“观心雅集”书法论坛，以“中国书法创作的古今流变”为议题，探讨中国书法创作过程中，从古代到当代再到未来的发展趋势。此次活动还借展张瑞图、吴鲁、弘一大师三位书法大家的作品。

中国古今书法名家作品展现场（图/吴寿民）

2018古城文化进校园系列活动颁奖典礼举行

由市古城办、鲤城区政府、泉州晚报社等主办的2018古城文化进校园系列活动颁奖典礼在市区肃清门广场举行。该活动于2018年10月启动，主办方向全城发出倡议，号召每一所学校、每一个家庭主动加入古城文化的学习和保护。系列活动中，“古城少年心”征文比赛和古城创意写生活动，旨在鼓励和引导家长和学生主动走进古城、亲近古城、了解古城文化，培养孩子对家乡的感情。此次“古城少年心”征文比赛收到全市14所学校450多篇稿件，不少参赛征文从文化、历史、民俗及日常生活等多个角度书写泉州古城。古城创意写生则吸引不少热爱绘画的学生参与，组委会收到几百幅作品。是日，主办方还在肃清门广场一侧的如意坊中启动“童心画/话古城”2018年古城文化进校园系列活动获奖作品展，集中展出此次征文及写生比赛的获奖参赛作品。

泉州市国家水利风景区增至6家

泉州德化龙门湖水利风景区通过水利部水利风景区建设与管理领导小组审议，并经过公示，成为第十八批国家水利风景区，并完成授牌。至此，泉州市国家水利风景区数量增至6家。泉州龙门湖风景区依托龙门滩水库而建，面积32.1平方千米，以水资源保护为本源，浐溪流域为主线，打造集水利、生态、景观、文化、观光等功能为一体的水利风景区。泉州市共获评国家、省级水利风景区19个，其中德化县岱仙湖、龙门湖，山美水库，金鸡拦河闸，永春县桃溪流域、江源6个水利风景区为国家水利风景区。

1月12日

农历戊戌年十二月初七
星期六
温度：14℃—20℃
多云转阴

●市委、市政府举行老干部工作通报会，通报2018年工作情况。

●王永礼到丰泽区城东街道办事处、一汽红旗4S店、卡奇虎等地检查第四次全国经济普查工作情况。

●12—26日，由泉州古城保护发展工作协调组办公室、市文化广电和旅游局、鲤城区政府主办的“刺桐墨韵——中国古今书法名家作品展”在泉州1915艺术空间举行。

●由市古城办、鲤城区政府、泉州晚报社等主办的2018古城文化进校园系列活动颁奖典礼在市区肃清门广场举行。

●12—22日，由首都博物馆书画院和丰泽区委宣传部主办，区文化体育和旅游局、区文学艺术界联合会、中国农业银行丰泽支行承办的丰泽区颂祖国贺新岁中国画名家作品邀请展在盛世典藏艺术馆举行。

●泉州市国家水利风景区增至6家。

1月13日

农历戊戌年十二月初八
星期日
温度：11℃—17℃
多云

●参加省十三届人大二次会议的泉州代表团举行全体会议，推选康涛为泉州代表团团长，王永礼、陈灿辉为副团长。

●继收听收看全省“大棚房”问题专项清理整治行动工作视频会议后，泉州市随即召开视频会议部署相关工作。

●市双拥工作领导小组下发通知，要求各地各部队各部门做好2019年新年春节期间拥军优属、拥政爱民工作。

●泉州市从失业保险基金中拨出专款，对符合稳岗补贴条件的261家企业，发放稳岗补贴资金1211万元。

●全市开展腊八节奉粥活动。

●由东南公益协会、福建集英保安集团主办的“心系环卫工 情暖腊八节”活动在泉州商城广场的志愿服务驿站举行。

●泉州清源山南台岩在南台岩、泉州敬老院、泉州环卫处、临江街道真情在线志愿服务驿站（天后宫）、金龙街道“爱在路上”志愿服务驿站（浮桥）、清源社区、田边村等13处同时举行以“福满刺桐 粥暖万家”为主题的写春联、义诊公益行活动。

全市“大棚房”问题专项清理整治行动工作视频会议召开

继收听收看全省“大棚房”问题专项清理整治行动工作视频会议后，泉州市随即召开视频会议部署相关工作。会议要求，各级各相关部门要认识“大棚房”问题专项清理整治工作的严肃性、重要性，坚决彻底抓好此项工作。各县（市、区）要压实属地责任，按照“彻底清查、坚决整改”的要求，摸清“大棚房”问题底数，加快整治整改，决不允许弄虚作假，遏制农地非农化乱象。即日起至3月下旬，全市开展“大棚房”问题专项清理整治“春季攻坚战”。市、县两级各相关职能部门要强化主体责任，履行好属地责任，重新全面摸排核实上报“大棚房”问题情况，弄清辖区“大棚房”宗数、面积、违法违规情况等问题，并迅速分解到位，组织力量整改，确保3月底完成清理整治任务。

泉州市下发通知要求做好“两节”期间双拥工作

市双拥工作领导小组下发通知，要求各地各部队各部门做好2019年新年春节期间拥军优属、拥政爱民工作，巩固坚如磐石的军政军民团结，汇聚强国强军的磅礴力量。

通知要求，各地各部队要结合歌颂改革开放40年取得的伟大成就、迎接新中国成立70周年，开展以爱国主义为核心的双拥宣传教育。宣传爱国拥军模范、拥政爱民模范和优秀退役军人的先进事迹，宣传《福建省拥军优属条例》。采取组织军营开放、过“社会一日”、缅怀革命先烈、参观爱国主义和国防教育基地、举办形势报告等形式，因地制宜开展双拥教育活动。组织军地联欢联谊、军民文艺演出及双拥知识竞赛、影视展播等群众性文化活动，密切军政军民鱼水深情。各地各部门要关心支持部队练兵备战和建设改革，军地合力推动一批部队改革急需、备战急用、官兵急盼的问题解决。配合部队完成训练演练、战备执勤和抢险救灾等任务，搞好通信、交通、水电、食宿等保障。开展拥军慰问活动，就近就便组织到基层部队特别是边海防一线部队看望慰问官兵。各部队要支持驻地保障和改善民生，增强人民群众的幸福感获得感。特别是驻泉州部队要深入扶贫挂钩的乡镇、村、贫困户，共商脱贫致富具体办法，群策群力帮助解决新年春节期间遇到的实际困难，提升脱贫攻坚成效。

泉州市为企业发放稳岗补贴资金

泉州市从失业保险基金中拨出专款，对符合稳岗补贴条件的261家企业，发放稳岗补贴资金1211万元。为减轻企业负担，更好地发挥失业保险预防失业、促进就业作用，泉州市对依法缴纳失业保险费并采取有效措施不裁员、少裁员，稳定就业岗位的企业，由失业保险基金给予稳定岗位补贴。市人社局相关负责人表示，失业保险稳岗补贴政策实施以来，在稳定就业岗位、助力企业发展方面发挥重要作用。各级人社部门逐步规范并优化企业申请、审核审批、公示公告、资金拨付的流程，增强主动服务意识，全面推进稳岗补贴工作的开展。2015年至今，全市已为1001家（次）符合条件的企业，发放稳岗补贴资金6024万元。

全市开展腊八节奉粥活动

腊八节，市区及周边地区，包括开元寺、少林寺、承天寺，以及多个志愿服务驿站、爱心团队开展形式多样的免费奉粥活动。

（图/吴寿民）

省政府工作报告提出2019年打造福厦泉科技创新走廊

省长唐登杰在省十三届人大二次会议上作省政府工作报告。该份政府工作报告中，有许多与泉州相关的关键词句。2018年“成绩单”上，有中科院海西研究院泉州装备制造研究所投入运行、实施加快民营企业发展25条措施、晋江向金门供水工程通水等；2019年蓝图里，有福厦泉国家自主创新示范区、晋江经验、福厦泉科技创新走廊、市场采购贸易、闽西南协同发展区等。其中，报告提出：“深化福厦泉国家自主创新示范区与自贸试验区、保税区联动发展……支持有条件的地方建设科技城、智慧谷，打造福厦泉科技创新走廊。支持建设中科院海西研究院（三期）、数字中国研究院等“国字号”研发机构。”

《泉州市科技计划管理暂行办法》出台

《泉州市科技计划管理暂行办法》（以下简称“办法”）出台，对包括项目申报指南编制和发布、项目立项、项目实施过程管理、项目结题验收等科技计划管理流程实施全过程嵌入式的监督评估机制。

项目实施过程实行项目年度报告制度和项目中期检查制度。中期检查采取重点检查和“双随机、一公开”抽查相结合方式。办法指出，项目中期检查结果作为项目中期拨款、项目调整或撤销等的依据。对实施情况良好的项目，继续拨付经费；对实施情况欠佳的项目，给予警告或通报批评，暂缓拨款，并要求项目承担单位限期整改；对整改不到位，以及项目实施进度严重滞后或难以达到预期绩效目标的，应及时予以调整或撤销项目，取消后续支持，并按规定对项目承担单位、项目负责人进行处理，纳入科研诚信记录。办法要求，项目执行期满后，市科技局应立即启动项目验收工作，要求项目牵头单位在3个月内完成验收准备并通过市科技管理信息系统提交验收材料，在此基础上于3个月内完成项目验收，不得无故逾期。提前完成项目目标任务的，项目牵头单位可申请提前验收。项目因故不能按期完成须申请延期的，项目牵头单位应于项目执行期结束前3个月提出延期申请。项目延期原则上只能申请1次，延期时间原则上不超过1年。

2019年“党报送祝福 春联抒真情”活动启动

由市文联、中国农业银行股份有限公司泉州分行、泉州晚报社主办，泉州市书法家协会、泉州市青年书法家协会、泉州市老年书画研究会、泉州历史文化中心、泉州晚报社书画研究院协办的2019年“农行杯”——“党报送祝福 春联抒真情”活动启动仪式在市区泉秀街中国农业银行泉州分行营业部举行。2019年的活动延续往年传统，除丰泽、鲤城、洛江等中心市区，也在安溪、德化、永春、惠安、泉港、晋江、南安、石狮、泉州开发区等县（市、区）举行，共计11天14场，每场组织多名书法家为市民书写春联。活动持续25日，每场为期半天。现场为市民准备大对、小对、“福”字联等多种款式的春联1万副。主办方还在现场为市民准备100对富含泉州本土元素的原创对联联谱，供市民参考选择。这些对联是2018年11月，由市文明办和泉州晚报社主办、泉州市楹联学会承办的泉州市2019（己亥）年原创春联评选大赛选出的。这些作品中，不乏立意、内涵、韵律等俱佳的作品，有的紧扣泉州海丝、景点、地域特色，有的具有时代气息。

“党报送祝福 春联抒真情”活动现场（图/张九强）

1月14日

农历戊戌年十二月初九
星期一
温度：12℃—18℃
多云

●省长唐登杰在省十三届人大二次会议上作省政府工作报告，提出2019年打造福厦泉科技创新走廊。

●《泉州市科技计划管理暂行办法》出台，对包括项目申报指南编制和发布、项目立项、项目实施过程管理、项目结题验收等科技计划管理流程实施全过程嵌入式的监督评估机制。

●由市文联、中国农业银行股份有限公司泉州分行、泉州晚报社主办的2019年“农行杯”——“党报送祝福 春联抒真情”活动启动仪式在市区泉秀街中国农业银行泉州分行营业部举行。

1月15日

农历戊戌年十二月初十
星期二
温度：12℃—18℃
小雨

●市委常委班子民主生活会党外人士、部分政协委员征求意见座谈会召开。党外人士、部分政协委员对市委常委班子及其成员在学习、工作及廉洁自律方面提出意见建议。

●由市委宣传部、泉州晚报社等主办的2019年泉州市文化科技卫生“三下乡”活动启动仪式暨春节慰问演出在泉港区涂岭镇前欧村举行。

●为稳定春节元宵期间的市场物价，鲤城区和丰泽区启动粮、油、肉、蛋、菜等品类的平价商店销售方式，时间持续至2月28日。

●由15名印度尼西亚校长组成的教育访问团到黎明职业大学参观交流。

●由永春县对外贸易公司申报的73吨永春芦柑经泉州海关检验检疫合格，从厦门口岸启运出口印度尼西亚，标志着永春芦柑对印度尼西亚出口在中断3年后恢复。

●15—16日，市计生协会举办县乡计生协会会长、秘书长培训班。

2019年泉州市文化科技卫生“三下乡”活动启动

由市委宣传部、泉州晚报社等主办的2019年泉州市文化科技卫生“三下乡”活动启动仪式暨春节慰问演出在泉港区涂岭镇前欧村举行。市、区两级有关单位和部门的近500人在前欧村开展文艺演出、科技服务、义诊、普法宣传、书写春联等“三下乡”活动。市、区两级政府部门携手送去765万元的物资、项目和资金，支持文化设施建设、小学操场改造工程建设，扶持科技扶贫项目、特色现代农业项目建设、市级全民健身路径建设等项目，从各方面支持当地的乡村振兴。“欢乐泉州·走进涂岭”春节慰问演出将此次“三下乡”活动推向高潮。演出由市委宣传部、市委文明办、市文旅局、市文联、泉州晚报社、泉州广播电视台主办，活动内容丰富多彩，包括歌舞、组合表演唱、音舞快板、高甲戏、武术表演等。

春节慰问演出现场（图/洪 旭）

中心市区启动“平价商店”

为稳定春节元宵期间的市场物价，鲤城区和丰泽区启动粮、油、肉、蛋、菜等品类的平价商店销售方式，时间持续至2月28日。平价商店的平价商品销售价格低于同类商品的市场平均价，并按规定的价差幅度下浮（粮、油、肉、蛋类5%以上，蔬菜类15%以上）。同时，每人次购买数量应适当控制。2019年除往年的猪肉、蛋和蔬菜外，新增粮食和食用油两项平价商品，持续时间也从以往的一个月延长至一个半月。超市销售区域醒目位置立有“平价商店专区”字样的标识牌，并标清平价商品品种、规格等级、平价价格、平价期限等，平价商品集中摆放，各类平价商品供应充足，并按要求明码实价，做到货签对齐。为加强平价销售监督，在平价销售期间物价部门指定专人全面掌握每天平价销售的价格和销量，加强对重要副食品价格的市场价格监测。同时组织人员对平价销售加强市场巡查，及时纠正降价幅度不够或质价不符、价签不对位等问题。

印度尼西亚教育访问团到泉州参观交流

由15名印度尼西亚校长组成的教育访问团到黎明职业大学参观交流。双方就校际互访、师资培养、技能培训、学历提升、语言培训、短期游学、留学生招收等议题进行探讨，并签订合作框架协议。黎明职业大学在2018年通过省教育厅关于招收来华留学生备案，并自主招收来自马来西亚、韩国和印度的10名国际学生，在国际化办学上取得重大突破。同在2018年，该校还派出一个代表团到印度尼西亚进行交流，并与当地华文教育机构签订协议，由此建立长久友好的合作关系。

永春芦柑恢复出口印度尼西亚

由永春县对外贸易公司申报的73吨永春芦柑经泉州海关检验检疫合格，从厦门口岸启运出口印度尼西亚，标志着永春芦柑对印度尼西亚出口在中断3年后恢复。2012年以前，印度尼西亚是永春芦柑出口的第一大市场，高峰期时年出口7.16万吨，货值近4700万美元，占永春芦柑总出口量的一半。2012年以来，受印度尼西亚贸易壁垒影响，永春芦柑对印度尼西亚出口量及货值逐年下降，特别是自2016年始，已有近3年时间出现零出口。为支持永春芦柑恢复对印度尼西亚出口，泉州海关主动收集分析相关贸易壁垒措施，立足信息技术、疫情管控、质量促进优势，协调跟进最新情况，应对贸易壁垒，同时强化风险管理，确保永春芦柑符合印度尼西亚进口要求。

市冬春水利建设现场会召开

市冬春水利建设现场会召开，贯彻落实全国、全省冬春农田水利基本建设电视电话会议精神，夯实冬春水利设施建设基础。会议指出，下阶段，泉州市将加快农田水利基本建设。加快已完成高效节水灌溉项目验收结算，加快大中型灌区节水改造，提速安溪蓬魁灌区验收工作，全面完成南安罗梅溪灌区节水改造建设项目，开工建设菱溪灌区（泉港片）节水改造项目，做好小型农田水利重点县三年总验收工作。同时，加快水利工程水毁修复，根据受灾实际情况，抓好恢复重建规划和实施方案编制，限期修复各类水毁灾损水利设施，力争343处水毁得到修复。

《关于加快泉州港口集装箱运输发展的若干意见》印发

《关于加快泉州港口集装箱运输发展的若干意见》印发，市级财政专项支持加快泉州港口集装箱运输发展，促进港航物流降本增效。该意见提出，力争在2020年实现泉州港口集装箱通过能力273万TEU，内贸集装箱吞吐量排名全省第二；新开辟外贸集装箱运输航线3条，形成泉州与东南亚主要沿海国家的航线网络覆盖。根据意见，市级财政将对完善港口基础设施、组织货源从泉州港口进出、在泉州港口开展集装箱运输业务等助力泉州打造现代化综合性港口的企业进行支持。同时，泉州市还将通过完善通关流程与作业时限，优化港口营商环境，降低港口收费。在鼓励投入建设港口基础设施方面，2016年或2017年开工建设的公共码头基础设施，投资规模在3亿元以上且符合相应条件的，给予一次性补贴150万元；2018年起，新开工建设的公共码头基础设施，按施工合同金额的1%给予补贴。

纪念改革开放40周年市纪检监察系统书画摄影作品展举行

12—16日，纪念改革开放40周年市纪检监察系统书画摄影作品展在泉州海外交通史博物馆举行。为准备此次书画摄影作品展，市纪委监委邀请泉州书画名家15人、市纪检监察系统书画爱好者若干人举行书画笔会，从现场创作的艺术作品中挑选40幅讴歌改革开放辉煌成就、传播正能量的书法和国画作品；同时面向全市纪检监察系统摄影爱好者征集作品，摄影作品反映泉州40年来的历史变化场景，见证新时代下文化古都的新气象。全市纪检监察系统还先后举行“书画名家笔会”“古城文化徒步、重温廉政德风”“征文演讲比赛”等活动。

市纪检监察系统书画摄影作品展现场（图/张九强）

民航华东地区航班时刻换季预协调办公会在泉州举行

16—18日，民航华东地区2019年夏航季航班时刻换季预协调集中办公会在泉州举行。全国各地民航业的320余名代表参加会议。此次会议旨在于新航季到来前，协调各方工作，方便各航空公司统筹工作计划，提高协调效率，为涉及全国30%旅客运输量、近2亿人次的出行航班时刻搭建协调平台。会议由泉州晋江国际机场承办，系泉州首次承办此项大型会议。

华东地区夏航季航班时刻换季预协调办公会现场（图/廖平和）

1月16日

农历戊戌年十二月十一
星期三
温度：10℃—13℃
小雨转多云

●市冬春水利建设现场会召开，贯彻落实全国、全省冬春农田水利基本建设电视电话会议精神，夯实冬春水利设施建设基础。

●《关于加快泉州港口集装箱运输发展的若干意见》印发，市级财政专项支持加快泉州港口集装箱运输发展，促进港航物流降本增效。

●12—16日，纪念改革开放40周年市纪检监察系统书画摄影作品展在泉州海外交通史博物馆举行。

●市卫生健康委员会联合市民政局、市残疾人联合会、市红十字会等部门到市皮肤病防治院麻风康复村开展“世界防治麻风病日”慰问等相关活动。

●16—18日，民航华东地区2019年夏航季航班时刻换季预协调集中办公会在泉州举行。

●华侨大学二十四节令鼓队、泉州市北峰中学二十四节令鼓队与马来西亚工艺大学二十四节令鼓队的交流活动在市区北峰中学举行。

1月17日

农历戊戌年十二月十二
星期四
温度：9℃—15℃
多云

●省领导到省十三届人大二次会议泉州代表团参加审议，听取代表的意见建议。

●市领导分组带队慰问一线职工，为他们送去新春祝福。

●由泉州南威软件集团和厦门集美大学合作共建的“集美大学—南威软件智慧海洋技术与产业发展研究院”揭牌仪式在厦门集美大学举行。

●为保障春节期间的市场供应，泉州市重点保供猪肉市场，加强相应的物资储备和投放等措施，确保“菜篮子”量足价稳。

●由洛江区卫健局、区红十字会主办的洛江区卫健系统“热血送暖·为生命接力”无偿献血活动举行。

省领导参加省十三届人大二次会议泉州代表团审议

省领导到省十三届人大二次会议泉州代表团参加审议，听取代表的意见建议。省委常委、组织部部长胡昌升，市委书记康涛，市长王永礼，市人大常委会主任陈灿辉，省人大常委会委员陈万里等以代表身份参加审议。张永宁、孔繁军、游宇飞、朱团能、陈铭福、陈益等代表也参加了审议。部分省直单位负责人到团听取审议。黄春辉、林孝发、林荣忠、朱世泽、张文贤、张丽、刘林霜、林科闯、赖清正、许宏程、郭东圣、庄永智、刘志平等代表结合审议省政府工作报告、省人大常委会工作报告和省“两院”工作报告，围绕深化市场采购贸易方式试点、加快福厦泉创新走廊产业布局、建立闽西南旅游协同发展机制、推进产业协同发展、实施乡村振兴战略、深化产教融合、优化营商环境、培育创新人才、发展平台经济等谈体会、提建议。胡昌升指出，要继续在体制机制创新上先行先试，寻求新突破、闯出新路子。要在和谐建设上再加力，探索依法治市、依法行政的有效途径。要把消除隐患、防范风险作为做好安全生产工作的重中之重。

市领导慰问一线职工

市领导分组带队慰问一线职工，为他们送去新春祝福。市委常委、市总工会主席孔繁军慰问鲤城区路面作业环卫工和泉州动车站工作人员。孔繁军指出，工会等相关部门要加大服务力度，为环卫工人提供子女上学、医疗、生活等方面的帮助。副市长洪自强到福建医科大学附属泉州市第一医院（城东分院）急诊科与二期病房楼项目工地、泉州燃气公司抢修队和全国劳模张志祥创新工作室慰问一线职工和劳模，对一线职工表示感谢，并要求在岗职工把百姓当亲人对待，用心服务好。

集美大学—南威软件智慧海洋技术与产业发展研究院揭牌

由泉州南威软件集团和厦门集美大学合作共建的集美大学—南威软件智慧海洋技术与产业发展研究院揭牌仪式在厦门集美大学举行。该研究院研究方向具体包括海洋通信类产品，北斗卫星、天通卫星通信，海洋无线自组网技术，基于船舶与海洋监测的通信模组、终端和系统等海工装备产品，船舶大数据、海洋监测大数据、各类基于卫星和窄带通信的终端产品、窄带物联网应用系统的软件研发。研究院将以海洋通信技术研究和研发为基础，以智慧船舶和智慧海洋应用研究为两翼，研究智慧海洋解决方案，发展智慧海洋应用，力争发展成为国内领先的智慧海洋领域技术高地，打造成智慧海洋领域国内外知名的智囊机构。

泉州市保障节前市场供应

为保障春节期间的市场供应，泉州市重点保供猪肉市场，加强相应的物资储备和投放等措施，确保“菜篮子”量足价稳。生猪疫情对泉州市猪肉供应影响总体可控，肉品市场供需紧张关系有所缓解，猪肉批发和零售价格出现明显回落。1月12日，首批“点对点、批批检”龙岩生猪调入泉州市以来，在做好疫情防控基础上，每日逐步增加外地市调入泉州生猪，确保节日猪肉供应“量足、价稳、质优”，满足群众肉品需求。鸡蛋、蔬菜等主要农副食品价格总体平稳。一段时间来，市商务局上足市场供应保障措施，在增加市场投放上，安排增加中心城区鲜蛋品调运和储备10万公斤、蔬菜370万公斤。在扶持发展生产上，市商务局引导种养户和全市省、市副食品调控基地合理安排生产，提高肉、蛋、菜等主要副食品上市供给量。同时，加强市场运行监测工作，及时了解供求和销售动向，重点开展叶菜类、小品种菜的市场供需监控，确保春节假日期间的“菜篮子”量足价稳。

省十三届人大二次会议泉州代表团提交建议数量创新高

省十三届人大二次会议闭幕。截至是日，泉州代表团提交建议177件、议案1件，创历史新高。与会的泉州代表围绕加快区域协同发展、打好精准脱贫攻坚战、古城保护提升、引进培育高层次人才、承办中国消费品工业大会、打造福建进口商品集散地、发展MEMS芯片产业、支持企业“机器换工”改造提升、全面发展云制造、建立民营企业培训制度、开通同关区电子关锁、鼓励侨胞回乡投资等方面，提出许多建设性意见。其中，涉及高质量赶超的约60件，涉及民生补短板的约50件，涉及民主法制建设的约20件，涉及生态环境保护的约10件。

中共泉州市工商联社会组织行业委员会成立

中共泉州市工商联社会组织行业委员会成立暨党建工作推进会召开。市工商联所属商会68个，有流动党员300多名，党组织覆盖率超过40%。中共泉州市工商联社会组织行业委员会的成立是全面贯彻落实中央、省委、市委关于推进社会组织党的建设部署的重要举措，旨在加强所属商会党的建设，引领商会健康有序发展。会议指出，下一步，中共泉州市工商联社会组织行业委员会将落实中央、省、市关于加强非公经济和商会党建工作的要求，压紧压实责任链条，增强抓好商会党建工作的紧迫感、使命感，强化督促检查指导，深入商会组织了解情况，从严从实抓好工作落实；推进党的组织和党的工作向工商联所属商会全覆盖，提升商会党建工作水平；突出强化政治建设，发挥政治领导作用，做到把方向、议大事、促落实，推进理想信念教育实践活动，推动构建“亲”“清”新型政商关系。

泉州港开展应急专项演练检验

福建省泉州港口管理局牵头和南安市应急管理局、消防大队、港口办、石井镇政府等开展危险货物码头溢油事故应急专项演练，以检验企业与相关单位对码头泄漏事故的应急和处理能力，同时邀请泉州港相关危险货物码头企业一起观摩。此次演练模拟一家石化公司在卸货过程中，如何妥善紧急处置因软管老旧破裂导致200公斤二氯乙烷泄漏、码头作业人员出现身体不适及在处置过程中因静电起火的险情。下一步，省泉州港口管理局将督促参演码头针对演习暴露的问题，完善应急预案，提升各应急力量的处置、协调能力。

泉州港开展应急专项演练检验（图/吴丽娇 范学勤 陈金奖）

2019年泉州老字号年货展销会举行

18—20日，由市商务局指导，泉州市老字号企业协会、泉州晚报投资经营有限责任公司主办的2019年泉州老字号年货展销会在市区泉州晚报大厦广场举行。展销会以“健康、独特”的产品为核心，12个县（市、区）参与，近50家参展商设展，带来数百种泉州老字号年货产品。市民可一站式以更优惠的价格、更快捷的方式，购买到更有品质保障的泉州本地特色年货产品。展销会掀起市民购买年货的热潮，到场逛展会、采购的市民达四五万人次。

泉州文化艺术团到马耳他献演

第十三届“瓦莱塔欢乐春节”暨第四届“灵感中国”来华创作艺术家成果展，在马耳他首都瓦莱塔市的马耳他国家议会大厦举行，泉州文化艺术团献演开幕式。开幕式上，泉州文化艺术团为现场嘉宾献演富有闽南特色的文艺节目。现场还展出泉州的多项国家级非物质文化遗产项目和中国台湾创作团队的“猪事大吉”十二生肖文创作品。花灯、漆线雕、妆糕人、茶香茗道、刻纸，不仅展示中华文化的博大精深，也让一衣带水的闽台文化符号在遥远的地中海再次相逢，共同演绎中华文化的海外传奇。

1月18日

农历戊戌年十二月十三
星期五
温度：10℃—16℃
多云转晴

●省十三届人大二次会议闭幕。截至是日，泉州代表团提交建议177件、议案1件，创历史新高。

●市政协党组（扩大）会议召开，听取市政协党组成员2018年度述责述廉报告，并进行点评和评议。

●中共泉州市工商联社会组织行业委员会成立暨党建工作推进会召开。

●福建省泉州港口管理局牵头和南安市应急管理局、消防大队、港口办、石井镇政府等开展危险货物码头溢油事故应急专项演练，以检验企业与相关单位对码头泄漏事故的应急和处理能力。

●满载13.8万吨伊拉克原油的“维达”号油轮抵靠中化泉州石化青兰山原油码头，在泉州海关关员监管下卸入中化泉州石化青兰山保税仓库。此系该保税仓库设立后首次存储保税原油，标志泉州地区迈入保税原油时代。

●18—20日，由市商务局指导，泉州市老字号企业协会、泉州晚报投资经营有限责任公司主办的2019年泉州老字号年货展销会在市区泉州晚报大厦广场举行。

●第十三届“瓦莱塔欢乐春节”暨第四届“灵感中国”来华创作艺术家成果展，在马耳他首都瓦莱塔市的马耳他国家议会大厦举行，泉州文化艺术团献演开幕式。

●仰恩—西园非遗软木画传承与推广基地、软木画创意工作室在仰恩大学成立，系全省首个软木画创意工作室。

1月19日

农历戊戌年十二月十四
星期六
温度：13℃—20℃
多云转阴

●国家发展改革委、交通运输部印发实施《国家物流枢纽布局和建设规划》，福建省福州、厦门、泉州、三明4个设区市和平潭综合试验区被列为国家物流枢纽布局承载城市。

●工业和信息化部、财政部公布2018年国家技术创新示范企业名单，福建6家企业入选，数量在各省（市、自治区）中位列第一，其中泉州企业占2席，分别是福建省闽发铝业股份有限公司、安踏（中国）有限公司。

●由市文化广电和旅游局主办，市图书馆和泉州府文庙文物保护管理处承办的“温陵讲坛——文化精品讲座”系列活动在市区府文庙举行，福建师范大学社会历史学院博士生导师林国平教授作《中华文化在台湾：台湾文化的形成及其特征》专题讲座。

●19—20日，由市体育局主办，泉州市网球协会承办的2019年福建省闽西南经济协作区网球邀请赛在泉州宝珊花园网球场举行。

●祖籍福建泉州晋江的菲律宾首富、SM控股公司主席施至成逝世，享年94岁。

泉州列入国家物流枢纽布局承载城市

国家发展改革委、交通运输部印发实施《国家物流枢纽布局和建设规划》，福建省福州、厦门、泉州、三明4个设区市和平潭综合试验区被列为国家物流枢纽布局承载城市。该规划指出，到2020年，通过优化整合、功能提升，布局建设30个左右辐射带动能力较强、现代化运作水平较高、互联衔接紧密的国家物流枢纽。到2025年，布局建设150个左右国家物流枢纽，枢纽间的分工协作和对接机制更加完善，社会物流运行效率大幅提高，基本形成以国家物流枢纽为核心的现代化物流运行体系。到2035年，基本形成与现代化经济体系相适应的国家物流枢纽网络。该规划规定国家物流枢纽的6种类型，包括陆港型、港口型、空港型、生产服务型、商贸服务型和陆上边境口岸型。

泉州两企业入选2018年国家技术创新示范企业名单

工业和信息化部、财政部公布2018年国家技术创新示范企业名单，全国68家企业上榜。福建有6家企业入选，数量在各省（市、自治区）中位列第一，其中泉州企业占2席，分别是福建省闽发铝业股份有限公司、安踏（中国）有限公司。国家技术创新示范企业认定是在贯彻实施制造强国战略背景下，根据工信部和财政部制定的相关办法进行审核考察，考核主要从创新投入、人才激励、创新合作、创新队伍建设、创新条件建设、技术积累储备、技术创新产出、技术创新效益等方面着手，对企业进行全面系统的评价。名单显示，此次入选国家技术创新示范企业名单的68家企业来自全国各地及中国航天科工集团有限公司等央企的下属企业，涉及环保技术、智能装备、生物医药、电子科技等行业。国家技术创新示范企业实行动态管理，每三年复核评价一次，对合格的示范企业予以确认，不合格的撤销称号。工信部和财政部还要求，各地有关部门要发挥国家技术创新示范企业的带动作用，总结经验，结合本地区、本单位实际，做好省级技术创新示范企业的认定工作，把企业技术创新工作引向深入。

“温陵讲坛——文化精品讲座”举行

由市文化广电和旅游局主办，市图书馆和泉州府文庙文物保护管理处承办的“温陵讲坛——文化精品讲座”系列活动在市区府文庙举行，福建师范大学社会历史学院博士生导师林国平教授作《中华文化在台湾：台湾文化的形成及其特征》专题讲座。林国平是著名学者，长期从事闽台民间宗教信仰研究，兼任福建省五缘文化研究会副会长等职务，对台湾文化有深入的考察研究。林国平表示，台湾文化由中华文化、少数民族文化和外来文化共同组成，主体文化是中华文化，其中闽南文化占据最为重要的地位。林国平从台湾文化的来源说起，分享台湾文化主要来自何方、台湾文化为什么深深地打上中华文化的烙印、台湾文化有哪些主要特征等一系列大家关注的问题。

闽西南经济协作区网球邀请赛在泉州举行

19—20日，由市体育局主办，泉州市网球协会承办的2019年福建省闽西南经济协作区网球邀请赛在泉州宝珊花园网球场举行。泉州、厦门、漳州、龙岩、三明5支代表队近百名运动员参赛。邀请赛旨在促进群众体育事业的发展与合作，并搭建以体育运动为媒介的交流合作平台，以举办体育赛事为契机推动跨区域、跨文化、跨领域的融合发展，与各方构建一条共融、共享、共赢的繁荣之路。两天里，网球爱好者举行男女单打、男女双打的比赛，牵起城市间的友谊，带动城市间的运动文化交流。

市委常委会会议学习习近平讲话精神

市委常委会召开会议，传达学习习近平在中央政治局民主生活会上的讲话和省委理论学习中心组学习会以及《福建省县以上党和国家机关党员领导干部民主生活会实施细则》精神，传达学习中央纪委三次全会、省纪委四次全会精神，传达贯彻省十三届人大二次会议、省政协十二届二次会议精神。会议指出，各级领导干部要学习领会习近平讲话精神，自觉对标对表，担负起贯彻执行民主集中制的政治责任。贯彻执行中央八项规定及实施细则精神，巩固拓展整治“四风”成果。要保持斗争精神，求真务实创造性地开展工作。要精心组织筹备市委常委班子民主生活会，坚持高标准严要求，用好批评与自我批评的武器，确保开出高质量和好效果。全市各级各部门要组织学习贯彻省“两会”精神。要组织工作专班，思考改革发展课题，研究推进重点任务。要组织“春季攻坚行动”，确保一季度“开门红”。要统筹抓好年终岁首工作，全面组织安全生产各环节查隐患、建台账、督整改，组织做好访贫问苦工作，加强市场供应保障，严防死守非洲猪瘟疫情，执行值班带班制度。

“120-国家急救日”倡议活动在泉州举行

“120-国家急救日”倡议活动暨急救科普大课堂公益培训在市区笋江公园曲艺广场举行。上千名学员和市民参与心肺复苏培训。为增强公众急救意识，提高社会公众自救互救能力，促进形成“社会大急救”氛围，推进健康中国建设，20日，中国医院协会急救中心（站）管理分会等提出设立“国家急救日”的倡议，并开展急救科普大课堂和“为生命让行”主题宣传活动。泉州市积极响应，在中心市区和泉港、晋江、石狮、南安、惠安、安溪、永春、德化等地同步开展倡议活动和急救科普宣教活动。启动仪式后，现场参与学员和市民在助教团队带领下，分成50个小组开展心肺复苏操作培训。参与的学员和市民表示，此次培训很有意义，增强了他们的急救意识，提高了大家自救互救的能力。活动现场发放“为急救车让行”车贴，呼吁车友“为急救车让行，为生命让行”。

相关链接：近年来，泉州市急救科普宣传教育深入开展。泉州市急救指挥中心设立泉州市急救科普教育基地，面向市民免费开展初级救护培训，已有4000多名群众通过培训、考核，获得合格证书。急救普及培训的效应逐步发挥，涌现多名出手救人的学员。

梯联网技术应用研讨会在泉州举行

由中科院海西研究院、福建（泉州）哈工大工程技术研究院、福州物联网开放实验室主办的2019“科技创新　惠民安行”——梯联网技术应用研讨会暨中国电梯物联网技术应用成果交流会在泉州举行。科技部、清华大学等研究机构的物联网领域权威专家学者，以及创投界、产业界人士等与会，探讨物联网技术应用在电梯产业中的应用，以及如何围绕上下游全产业链打造中国电梯数字经济生态圈。

宁夏固原春秋战国时期北方青铜文化特展在泉州开幕

由中国闽台缘博物馆和宁夏固原博物馆主办的“青铜之路”——宁夏固原春秋战国时期北方青铜文化特展在中国闽台缘博物馆开幕。图为展览现场。　　（图/吴寿民）

1月20日

农历戊戌年十二月十五
星期日
温度：11℃—18℃
多云转阴

●市委常委会召开会议，传达学习习近平在中央政治局民主生活会上的讲话和省委理论学习中心组学习会以及《福建省县以上党和国家机关党员领导干部民主生活会实施细则》精神等。

●市委党建工作领导小组召开会议，传达省委2018年度市委书记抓基层党建述职评议会议精神，研究泉州市贯彻意见。

●泉州市开展全市打击走私联合专项行动，确保春节期间市场稳定社会安定。

●市公安局、市反诈骗中心、丰泽公安分局在市区宝洲街万达广场举行反诈骗宣传月现场宣传咨询活动。

●“120-国家急救日”倡议活动暨急救科普大课堂公益培训在市区笋江公园曲艺广场举行。

●由中科院海西研究院、福建（泉州）哈工大工程技术研究院、福州物联网开放实验室主办的2019“科技创新　惠民安行”——梯联网技术应用研讨会暨中国电梯物联网技术应用成果交流会在泉州举行。

●中国共产党党员，原晋江地委常委、行署副专员、离休干部朱义斌逝世，享年98岁。

1月21日

农历戊戌年十二月十六
星期一
温度：8℃—14℃
阴转多云

●市委常委班子2018年度民主生活会召开。

●2019年全市工业和信息化工作视频会议召开。

●由市委宣传部、市委文明办、市公安局等十三部门主办的泉州市2019年春运启动日暨“情满旅途”文明交通宣传服务系列活动在中心市区客运中心站广场举行。

●泉州市电子社保卡签发工作启动。

●省工商联在福州举行2018福建省民营企业100强发布会，首次发布福建省民营企业百强榜单。25家泉州企业进入百强榜单。

●泉州市2019年度“热血送暖 为生命接力”无偿献血活动在泉州市中医院启动。

●21—31日，由市自然资源和规划局与泉州晚报社主办的“美丽风暴·寻找泉州最美观景台”摄影大赛作品展在市区西街肃清门举行。

●由鲤城区文明委和泉州广播电视台主办的市民“尾牙”嘉年华在泉州府文庙广场举行。

泉州市2019年春运启动

由市委宣传部、市委文明办、市公安局等十三部门主办的泉州市2019年春运启动日暨“情满旅途”文明交通宣传服务系列活动在中心市区客运中心站广场举行。启动仪式后，各部门举行“情满旅途”文明交通宣传服务活动、春运交通安全宣传图片展，以及春运“暖冬行动”志愿服务，并组织民警和车站志愿者上车检查驾乘人员安全带佩戴和消防设备使用情况，向客运驾驶员和过往旅客分发安全手册、毛巾、水杯、春联等春运宣传品。春运期间，泉州市开展服务春运“暖冬行动”，组织志愿者在汽车站提供信息咨询、候车引导、指路咨询、热水供应、爱心帮扶、春运交通安全宣传等服务，为旅客提供更加安全、方便、快捷、温馨的出行服务。

泉州市启动电子社保卡签发工作

家在中心市区的林女士在支付宝上领取全市首张全国统一的电子社保卡，标志泉州市电子社保卡签发工作启动。依托支付宝实名认证功能，泉州市可在网上领取电子社保卡。持卡人通过简单操作，即可快速、安全地绑定、签发自己的电子社保卡。除支付宝App外，泉州市社保卡合作银行工商银行（工银融e联）、农业银行（农行掌上银行）和闽政通的相关App也可绑定、签发电子社保卡。电子社保卡是线上应用的有效电子凭证，与实体社保卡一一对应、唯一映射，由全国社保卡平台统一签发，人力资源和社会保障部统一管理。与实体社保卡一样，电子社保卡全国统一、全国通用，因一一对应的映射关系，当实体社保卡挂失、注销后，电子社保卡同样不可使用。

25家泉州企业进入福建省民营企业百强榜单

省工商联在福州举行2018福建省民营企业100强发布会，首次发布福建省民营企业百强榜单。评选由省工商联在全省各行业范围内组织实施，以民营企业自愿参加为原则，以2017年营业收入总额的高低为标准进行排名。2017年福建民营企业100强的平均营业收入达114.05亿元，入围门槛是10亿元，营业收入最高达1730.55亿元，有26家企业营业收入超过100亿元。在百强榜单中，泉州地区企业共有25家，占据百强榜单的四分之一。进入百强榜的25家泉州企业包括恒安集团、达利食品、安踏体育、闽南建筑、冠福控股、百宏聚纤等，其中，恒安集团、达利食品、安踏体育以排名第15、第16、第19进入百强榜前20名。在营业收入方面，超过100亿元的泉州企业有4家，分别为恒安集团、达利食品、安踏体育和闽南建筑。

“寻找泉州最美观景台”摄影大赛作品展举行

21—31日，由市自然资源和规划局与泉州晚报社主办的“美丽风暴·寻找泉州最美观景台”摄影大赛作品展在市区西街肃清门举行。展览作品包括相机组和手机组共70张（组）。市民特别是摄影师在熟悉的城市里寻找自己认为的最美观景位置，呈现出一张张精彩的作品。通过图片，观者可以感受到清源山、大坪山、紫帽山上拍摄泉州市区大景的不同感觉，看到老城区里拍摄西街东西塔的多种视角，体验桥南、田安大桥、滨海公园、泉州晋江大桥、沿海大通道等地拍摄的城市风景之美。除以往常见的视角，新挖掘的视角呈现的美图让人感到惊喜。

“寻找泉州最美观景台”摄影大赛作品《西街晚霞》（图/余 龙）

杨传堂到泉州开展推进“四好农村路”建设专题调研

全国政协副主席、交通运输部党组书记杨传堂带队到泉州永春县道331线公路驿站、仙夹镇夹际村和龙水村、五里街镇大羽村等地，开展推进“四好农村路”建设专题调研。全国政协常委、农业和农村委员会副主任陈雷，省领导张志南、洪捷序，市领导康涛、李转生、季翔峰、林志建等参加调研。杨传堂强调，要贯彻落实习近平指示精神，践行以人民为中心的发展思想，坚持以增强群众获得感、幸福感为根本，以提高交通扶贫精准化水平为目标，优化路网结构，完善管护机制，提升农村公路服务能力和品质。

市政府党组（扩大）会议召开

市政府党组（扩大）会议召开，传达学习习近平在中央政治局民主生活会上的讲话和省委理论学习中心组学习会、《福建省县以上党和国家机关党员领导干部民主生活会实施细则》以及市委常委会会议精神，传达贯彻省“两会”和省政府第一次全体会议精神。会议指出，要全面加强政府自身建设，落实民主集中制，保持斗争精神，力戒形式主义、官僚主义，推动作风建设持续深化。要贯彻落实省“两会”和省政府第一次全体会议精神。对于每项决策部署，都要有工作方案、实现路径和推进专班。开展“春季攻坚行动”，落实到指标、到项目、到企业，每月每旬每周盯进度，实现一季度“开门红”。

市纪委十二届四次全体会议召开

中共泉州市纪委十二届四次全体会议召开，学习贯彻习近平新时代中国特色社会主义思想和中共十九大精神，全面贯彻落实习近平在十九届中央纪委三次全会上的讲话精神和中央纪委全会、省纪委全会部署，研究布置2019年泉州市全面从严治党工作。会议指出，要对标对表，以党的政治建设为统领。知行合一，用习近平新时代中国特色社会主义思想武装头脑；令行禁止，把力戒形式主义、官僚主义作为加强政治建设重要任务，树立正确政绩观，注重维护群众利益和感情，动真碰硬解决历史遗留问题，改进监督检查办法；作为担当，弘扬唱响“晋江经验”，创造性贯彻执行中央改革发展稳定各项部署。要严出习惯，传承“马上就办、真抓实干”优良传统作风，强化常态化监督检查，对账清单抓出成效，严深细实抓出习惯，褒优贬劣抓出担当。要坚决“零容忍”，既强化靶向治疗，又深化标本兼治，巩固发展反腐败斗争压倒性胜利。要坚决亮剑，强化群众身边不正之风和腐败问题专项整治，为脱贫攻坚保驾护航，查处民生领域侵害群众利益行为，打掉黑恶势力“保护伞”。

市纪委十二届四次全体会议现场（图/市纪委）

60亿元钢铁产能置换项目落户安溪

安溪县政府和三钢集团泉州闽光钢铁有限责任公司签订产能置换及配套项目投资框架协议，总投资60亿元的产能置换及配套项目落户安溪县湖头镇闽光钢铁产业园。根据协议，该项目拟投资60亿元人民币，力争2025年前完成包括烧结扩容改造、料场综合改造、配套清洁制焦系统等在内，一系列产能置换及配套设施建设；通过采用成熟可靠、环保经济的工艺流程和技术设备，使当地钢铁制造业装备水平实现大型化、节能化、环保化，生产工艺技术达到国内领先水平。

1月22日

农历戊戌年十二月十七
星期二
温度：7℃—16℃
多云转晴

●全国政协副主席、交通运输部党组书记杨传堂到泉州永春县道331线公路驿站、仙夹镇夹际村和龙水村、五里街镇大羽村等地，开展推进“四好农村路”建设专题调研。

●市人大常委会党组（扩大）会议召开，传达学习习近平在中央政治局民主生活会上的讲话精神和省委学习贯彻意见以及《福建省县以上党和国家机关党员领导干部民主生活会实施细则》，研究市人大常委会党组2018年度民主生活会对照检查材料，汇报民主生活会准备情况。

●市人大常委会党组2018年度民主生活会召开。

●市政府党组（扩大）会议召开，传达学习习近平在中央政治局民主生活会上的讲话和省委理论学习中心组学习会、《福建省县以上党和国家机关党员领导干部民主生活会实施细则》以及市委常委会会议精神，传达贯彻省“两会”和省政府第一次全体会议精神。

●中共泉州市纪委十二届四次全体会议召开，全面贯彻落实习近平在十九届中央纪委三次全会上的讲话精神和中央纪委全会、省纪委全会部署，研究布置2019年泉州市全面从严治党工作。

●由鲤城区民宗局、区政协民宗委与承天寺主办的鲤城区2019年“迎新春 献爱心”慈善助困慰问活动在承天寺举行。

●安溪县政府和三钢集团泉州闽光钢铁有限责任公司签订产能置换及配套项目投资框架协议，总投资60亿元的产能置换及配套项目落户安溪县湖头镇闽光钢铁产业园。

●中共福建省委原副书记、省政协原副主席何少川逝世，享年82岁。

1月23日

农历戊戌年十二月十八
星期三
温度：8℃—16℃
晴

●23—25日，国家住建部和国家发改委专家组到泉州就创建国家节水型城市进行考核验收。

●22—23日，副省长郑新聪带队到石狮、晋江、洛江、惠安等地专题调研一季度“开门红”情况。

●市政府党组2018年度民主生活会召开。

●市政府与市中级人民法院联席会议召开，共商打造泉州版一流营商环境新高地。

●省科技厅公布第三批19家省级新型研发机构名单，中纺协检验（泉州）技术服务有限公司、泉州市绿色低碳研究院、泉州海西动漫研究院有限公司、泉州高品医学检验实验室有限责任公司4家新型研发机构入选。

泉州市通过国家节水型城市专家考核

23—25日，国家住建部和国家发改委专家组到泉州就创建国家节水型城市进行考核验收。考核组听取泉州市创建国家节水型城市工作汇报，审核查阅申报材料及有关基础台账，并对污水处理厂、供水厂、黑臭水体治理点、居民小区、医院、酒店等进行检查。对照国家节水型城市创建要求，专家组认为泉州市节水型城市工作达到国家节水型城市考核标准总体要求，同意上报综合评审。

郑新聪到泉州调研一季度“开门红”情况

22—23日，副省长郑新聪带队到石狮、晋江、洛江、惠安等地，走访石狮服装城市场采购贸易方式试点、晋江陆地港、福建省华昂体育用品有限公司、安踏集团一体化科技产业园、西人马联合测控（泉州）科技有限公司、中化泉州石化有限公司等，专题调研一季度“开门红”情况。郑新聪要求，要用好国际国内两种资源、两个市场，在制度创新上下功夫，创新服务，提高效率，降低成本，发挥石狮服装城市场采购贸易方式试点、晋江陆地港等平台效应，发展平台经济；要树立底线思维，绷紧社会稳定和安全生产这根弦，推进防范化解金融风险，严控环境风险；要提升制造业自动化水平，推动智能化改造与柔性制造高度融合，培育高端装备制造和高新技术产业，加快产业转型升级。要加大服务企业和招商引资力度，强化要素保障，引进国际产业龙头企业和项目，开好局、起好步，争取一季度“开门红”，为完成2019年各项目标任务打下坚实基础。

市政府与市中级人民法院联席会议召开

市政府与市中级人民法院联席会议召开，共商打造泉州版一流营商环境新高地。市长王永礼强调，全市各级政府和法院要深化府院良性互动，形成高质量发展落实赶超的强大合力；对标跟进国家营商环境评价指标体系，履行司法职责，提升司法服务保障水平，打造公平公正、透明高效的法治化营商环境。就下阶段工作，王永礼提出三个期待。一是期待全市法院系统在案件审理过程中，提高办案效率，公平公正保障市场主体合法权益。二是期待全市法院系统善用法的理念、法的精神，运用法治权衡利弊，实现法律效果和社会效果的统一。三是期待府院互动更加密切，各级法院在优化营商环境、推动改革发展稳定、加强法治政府建设等方面给予更大支持。市中级人民法院院长陈明表示，全市法院要按照市委统一部署，全面落实司法服务提升营商环境行动计划，营造公平透明、安全稳定的营商环境；围绕党委政府中心工作，促进法治政府建设，拓宽府院互动平台，参与打造共建共治共享社会治理格局，用司法力量打造营商“软环境”，积淀泉州发展“硬实力”。

泉州市新增4家省级新型研发机构

省科技厅公布第三批19家省级新型研发机构名单，中纺协检验（泉州）技术服务有限公司、泉州市绿色低碳研究院、泉州海西动漫研究院有限公司、泉州高品医学检验实验室有限责任公司4家新型研发机构入选。至此，全市已有12家省级新型研发机构。新型研发机构是以市场为导向，主要从事研发及其相关活动，投资主体多元化，建设模式国际化，运行机制市场化，管理制度现代化，创新创业与孵化育成相结合，产学研紧密结合的独立法人组织。新型研发机构的设立促进以企业为主体、市场为导向的信息管理体制和运行机制的建立健全，也将推进以技术创新为核心的全面创新，提升企业自主创新能力，加速促进技术转移转化，发挥示范、引领和带动作用。

郑建闽到泉州调研慰问

副省长郑建闽到泉州走访调研民政、残疾人服务机构情况，慰问困难群众。郑建闽强调，要提高对困难群众基本生活保障工作重要性的认识，用心用情做好关心困难群众生活工作；要落实好社会救助、社会福利、残疾人就业康复等各项政策，提高保障能力和水平；要发展好养老事业，提升现有机构养老设施，依托专业队伍、志愿者和社会力量，提升居家养老服务水平。郑建闽还走访安溪县救助站、凤城镇上山村老年人日间照料中心等，看望低保户残疾人，为困难群众送去党委政府的关怀。

2019年新春军政座谈会举行

泉州市举行2019年新春军政座谈会。市委书记康涛在会上讲话，市长王永礼主持会议，市领导刘建军、肖汉辉等参加会议。驻泉州部队领导出席会议并讲话。康涛强调，全市各级各部门和驻泉州部队要贯彻习近平新时代中国特色社会主义思想，领会习近平关于双拥工作的论述，把双拥工作作为事关党和国家工作大局、国防和军队建设全局的战略任务，摆上重要位置，巩固和发展军政军民团结的良好局面。驻泉州部队要开展爱民为民活动，把双拥和扶贫工作结合起来，参加平安创建、环境整治、便民设施建设等，做好抢险救灾和应急救援各项准备；各级各部门要主动帮助部队解决好军转干部安置、随军家属就业、部队子女就学、退役军人生活保障等实际问题，落实好优抚安置政策。要合力争创双拥“九连冠”，营造双拥氛围，增强全民国防全民建的观念。要层层压实双拥政治责任，完善军地联席会议、现场办公、互办实事等制度，领导干部要参加军事日、走访慰问等活动，当好驻泉州部队改革建设的后盾。

市人大常委会党组中心组学习会议召开

市人大常委会党组理论学习中心组（扩大）学习会议召开，传达学习习近平在中共中央政治局第十一次集体学习时的讲话和省委常委会会议、市委常委会会议精神，十九届中央纪委三次全会、省纪委十届四次全会和市纪委十二届四次全会精神；传达贯彻省十三届人大二次会议精神。会议指出，要立足人大职能作用，支持配合监察体制改革；要打牢抓实主体责任，完善权责清单制度；要更加坚定推动全面从严治党的信心和决心，支持派驻纪检组依法依规履行监督职责。要结合人大工作实际，抓好巡视整改工作；改进视察、检查、调研方式，促进视察调研成果转化，协调督促解决一批群众反映集中的热难点问题。

2019年海丝青少年足球精英赛在泉州举行

24—28日，由省体育局青少处、市体育局、丰泽区委宣传部指导，丰泽区文化体育和旅游局、区政府台港澳事务办公室主办的2019海丝青少年足球精英赛在泉州举行。比赛旨在打造海峡两岸青少年体育文化交流新平台，发展丰泽乃至大泉州地区的全民健身运动。江苏、江西、福建、台湾等地16支队伍报名参赛。比赛设U10（10岁以下）和U12（12岁以下）两个组别，其中U10组赛制为5人制足球赛，U12组赛制则为8人制足球比赛。大赛采用单循环积分制，16支球队在进行56场比赛之后决出最后的胜者。

2019海丝青少年足球精英赛现场（图/曾广太）

1月24日

农历戊戌年十二月十九
星期四
温度：9℃—17℃
晴

●副省长郑建闽到泉州走访调研民政、残疾人服务机构情况，慰问困难群众。

●泉州市举行2019年新春军政座谈会。

●市人大常委会党组理论学习中心组（扩大）学习会议召开，传达学习习近平在中共中央政治局第十一次集体学习时的讲话和省委常委会会议、市委常委会会议精神，十九届中央纪委三次全会、省纪委十届四次全会和市纪委十二届四次全会精神等。

●市人大常委会党组（扩大）会议召开，听取市人大常委会党组成员2018年度述责述廉报告，并进行点评和评议。

●市政协党组2018年度民主生活会召开。

●市政协党组理论学习中心组（扩大）学习会议召开，传达学习习近平在中央政治局第十一次集体学习时的讲话精神，中央纪委、省纪委、市纪委全会主要精神及省政协十二届二次会议精神。

●全市政法工作务虚会召开。

●24—28日，由省体育局青少处、市体育局、丰泽区委宣传部指导，丰泽区文化体育和旅游局、区政府台港澳事务办公室主办的2019海丝青少年足球精英赛在泉州举行。

1月25日

农历戊戌年十二月二十
星期五
温度：10℃—19℃
晴转多云

●市委召开县（市、区）党委书记抓基层党建工作述职评议会。

●康涛、王永礼代表市委、市政府，与11个县（市、区）和泉州开发区、泉州台商投资区党政负责人签订2019年平安建设（综治工作）责任书和生态环境保护目标责任书，并召开生态环保领域扫黑除恶专项交叉巡察整改集体约谈会。

●国家发展改革委召开深化民营和小微企业金融服务经验交流会，作为先进典型，包括泉州在内的数个城市以及银行、金融服务机构，分享在民营和小微企业金融服务工作中的好经验、好做法。

●继泉州市人才发展促进会第二届会员大会后，泉州市召开高层次人才迎新春座谈会。

●全市自然资源和规划工作电视电话会议召开，贯彻落实全国和省、市相关会议精神，部署2019年自然资源和规划工作。

●全市禁止燃放烟花爆竹工作视频会议召开，部署2019年“禁炮”攻坚战。

●由市总工会、市直机关工会、市文联主办的2019新春书法家免费为职工写春联活动在市区文化宫举行。

●由德化县陶瓷发展委员会、中国白组委会主办，县陶瓷发展委员会办公室、泉州瓷路艺术发展中心、德化县陶瓷博物馆承办的2018中国白国际艺术家驻地项目作品展在德化县陶瓷博物馆开幕。

市委召开县（市、区）党委书记抓基层党建述职评议会

市委召开县（市、区）党委书记抓基层党建工作述职评议会。各县（市、区）委书记和泉州开发区、泉州台商投资区党工委书记，市直机关工委、教育工委、非公有制企业和社会组织工委、国资委党委、泉州师范学院党委负责人，就抓基层党建工作情况逐一述职。市委书记康涛代表市委逐一点评，肯定各地各有关单位工作成效，并指出问题不足，提出改进意见。听取述职后，市委常委，市委党建工作领导小组成员，在泉州工作的十九大代表，部分省市“两代表一委员”，基层党员干部和群众代表进行评议。康涛强调，要加强党的政治建设，深化“大学习”，严肃党内政治生活，持之以恒正风肃纪反腐，确保党中央决策部署在基层落到实处。要增强政治功能，扩大党的组织覆盖和工作覆盖，统筹抓好农村、非公企业和社会组织、城市基层、国企、机关事业单位等领域党建，严把发展党员政治关，织密基层组织体系。要聚焦“作答时代命题、聚力赶超攻坚”，坚持党建引领项目攻坚、脱贫攻坚、乡村振兴、基层治理等，发挥基层党组织战斗堡垒作用，保障高质量赶超各项任务。

市委市政府与各县（市、区）签订2019年平安建设责任书

市委书记康涛、市长王永礼代表市委、市政府，与11个县（市、区）和泉州开发区、泉州台商投资区党政负责人签订2019年平安建设（综治工作）责任书和生态环境保护目标责任书，并召开生态环保领域扫黑除恶专项交叉巡察整改集体约谈会。康涛强调，要加强党的领导，扛起“保平安、护稳定”重大政治责任，自觉把党的领导贯穿平安综治建设全过程，压茬推进平安建设领域机构改革，层层压实平安建设第一责任。要主动回应群众对平安综治建设的新期待，突出风险隐患防范化解，纵深推进扫黑除恶专项斗争，深化社会治理创新。要凝聚齐抓共管合力，加强条块协同联动，夯实基层基础，建强管好干部队伍，提升社会治理整体效能。要贯彻习近平生态文明思想，全方位、系统性，推进美丽泉州建设。要坚持高质量赶超与生态文明建设互促共赢，从源头上解决污染问题。要动真碰硬抓好突出生态环境问题整改，保持环保督察整改高压态势，抓好生态环保领域扫黑除恶专项交叉巡察整改，确保见真章、求实效。要推进生态环境治理，打好污染防治攻坚战，深化环保设施与能力建设大会战，保障生态环境安全。

泉州市高层次人才迎新春座谈会召开

继泉州市人才发展促进会第二届会员大会后，泉州市召开高层次人才迎新春座谈会。市领导康涛、孔繁军、吕刚与全市各领域高层次人才代表共迎新春佳节，共商人才工作。市委书记、市委人才工作领导小组组长康涛指出，2019年是新中国成立70周年，也是泉州坚持高质量发展落实赶超的关键一年。面对重要战略机遇期，面对蹚好转型升级“后半场”的重任，泉州比任何时候都更加求贤若渴、更加需要人才。泉州将确立人才引领发展战略，坚持人才跟着产业走，集中打造全国领先的民生消费品制造基地、一流绿色石化基地、重要半导体产业基地；规划建设泉州科技城、环清源山创新走廊等，吸引市内外高校、大院大所、新型研发机构等广泛参与。将坚持党管人才，真正“一把手抓第一资源”，创新产教研合作机制，聚焦人才需求敏感点，量身定制更多精准的人才服务措施，营造高配套、低成本创业环境，让人才安居乐业。康涛要求，新一届理事会要秉持服务兴会、创新强会宗旨，全体会员要精诚团结，当好招才引智的“代言人”。要发挥各自专业领域、资源人脉的优势，放开视野举才荐才，争取更多科技成果到泉州孵化，让更多人才与企业共发展、与城市共成长。

泉州军分区党委八届二次全体（扩大）会议召开

泉州军分区党委八届二次全体（扩大）会议召开，学习贯彻习近平新时代中国特色社会主义思想和中共十九大精神，落实军委国防动员部、东部战区和省军区党委部署要求，表彰泉州军分区2018年度先进单位和先进个人，部署新年度工作任务。市委书记、泉州军分区党委第一书记康涛指出，要树牢习近平强军思想指导地位，用强军思想武装全军，全面加强党的建设，坚持党管武装制度。泉州军分区要发挥“协调军地、面向三军”的桥梁纽带作用，汇聚驻泉州官兵智慧，主动融入“作答时代命题、聚力赶超攻坚”；驻泉州部队要强化人民军队为人民的理念，把双拥和扶贫结合起来，参加平安创建、环境整治、便民设施建设等，做好抢险救灾和应急救援各项准备。

泉州市73条惠台措施宣导会举行

由市台港澳办和泉州市台协会主办的泉州市73条惠台措施宣导会暨联谊活动举行，在泉州台湾商人、学生、教师等近300人参加。2018年12月，泉州市发布《关于促进泉台经济文化交流合作的若干措施》（以下简称“惠台73条”），除对接落实上级政策措施条款，共有35条是根据泉州市实际情况，给予创新或者再细化的条款。会上，市台港澳办相关负责人介绍泉州市惠台73条的出台背景、出台过程，解析这些措施所体现的泉州特色，并结合具体条文，对惠台73条基本框架——“扩大泉台经贸合作”“支持台胞在泉就学就业创业”“深化泉台社会文化交流”“方便台胞在泉安居乐业”四个方面进行全面阐述。同时，市台港澳办还分发囊括中央、省、市、县各级涉台政策的惠台政策汇编，使台胞对相关条文有更好了解。

泉州文化艺术组团到保加利亚献演

由索非亚中国文化中心与索非亚孔子学院主办，泉州市文化广电和旅游局、宁波市文化广电旅游局协办的“共享中国年”庆祝中国和保加利亚建交70周年迎春联欢会在保加利亚首都索非亚举行，500多位中国和保加利亚各界领导嘉宾、企业代表、中国留学生等参加活动。联欢会在舞蹈《盛世花开》中拉开帷幕，泉州多位表演艺术家表演极具地方特色的节目，不仅有闽南民谣《望春风》、南音表演《静夜思》，还有被列入联合国教科文组织保护非物质文化遗产公约“优秀实践名册”的泉州提线木偶《小沙弥下山》、泉州少林武僧《五祖拳》、梨园戏《玉真伞舞》和服饰舞蹈《美丽惠安女》等。两国观众还跟随非遗大师体验铁观音的制作技艺和茶艺表演，泉州非遗传承人的妆糕人制作和刻纸技艺让观众赞叹不已。索非亚孔子学院的学生也表演了服饰秀《锦绣中华》、朗诵《热爱生命》、合唱《新年好》、音画诗《礼仪之邦》，展示他们对中华文化的喜爱。

2019晋江“穿越三山”徒步越野赛启动

由晋江市全民健身领导小组指导，晋江市体育局、晋江市健跑运动协会主办的“追梦海丝路 奔跑新晋江”2019晋江“穿越三山”徒步越野赛启动仪式举行。2019晋江“穿越三山”徒步越野赛举办日期为3月17日，起终点均设在晋江市城市展馆。为满足跑友的参赛需求，兼顾竞技体育与全民健身融合发展，比赛设50千米、35千米、21千米和10千米四个组别，总参赛规模为3000人。2019晋江“穿越三山”徒步越野赛在办赛理念、赛事规格、服务内容、保障举措等方面都做了升级和完善，赛事以“追梦海丝路 奔跑新晋江”为主题，邀请全球各地的跑步爱好者共聚泉州晋江，领略罗裳山、灵源山和华表山的风采。

1月26日

农历戊戌年十二月廿一
星期六
温度：7℃—14℃
晴

●泉州军分区党委八届二次全体（扩大）会议召开，学习贯彻习近平新时代中国特色社会主义思想和中共十九大精神，落实军委国防动员部、东部战区和省军区党委部署要求，表彰泉州军分区2018年度先进单位和先进个人，部署新年度工作任务。

●由市台港澳办和泉州市台协会主办的泉州市73条惠台措施宣导会暨联谊活动举行。

●由索非亚中国文化中心与索非亚孔子学院主办，泉州市文化广电和旅游局、宁波市文化广电旅游局协办的“共享中国年”庆祝中国和保加利亚建交70周年迎春联欢会在保加利亚首都索非亚举行。

●由兴业银行泉州分行、泉州广播电视报、泉州市书法家协会主办的“了不起的我”儿童书画大赛第一期“欢乐农历年毛笔书法比赛”在泉州市区、晋江市、南安市三个赛区举行。

●由晋江市全民健身领导小组指导，晋江市体育局、晋江市健跑运动协会主办的“追梦海丝路 奔跑新晋江”2019晋江“穿越三山”徒步越野赛启动仪式举行。

●由安溪义工协会、安溪红十字义工服务团主办的“我们的节日—春节”2019大型春节送温暖活动启动仪式在安溪县茶都广场举行。

1月27日

农历戊戌年十二月廿二
星期日
温度：8℃—15℃
晴

●省发改委通报2018年度全省第四季度“五个一批”（即谋划一批、签约一批、开工一批、投产一批、增资一批）项目正向激励综合考评结果，泉州市在全省九市一区考评中综合成绩排名第一。

●福建省工艺美术学会民间工艺专业委员会成立大会在泉州召开。

●25—27日，由市农业农村局和市总工会主办的泉州市首届品牌农产品展销对接会在市区九一街中国邮政集团泉州分公司举行。

●24—27日，台湾青年学生研学访问团到泉州访学。

泉州市位列全省第四季度“五个一批”考评第一

省发改委通报2018年度全省第四季度“五个一批”（即谋划一批、签约一批、开工一批、投产一批、增资一批）项目正向激励综合考评结果，泉州市在全省九市一区考评中综合成绩排名第一。省“五个一批”考评指标涉及固定资产投资累计增速、“五个一批”新开工产业项目数及总投资、“五个一批”新开工战略性新兴产业项目数及总投资。在全省84个县（市、区）考评中，晋江、南安综合成绩进入全省前十名，分列第二名和第十名。

福建省工艺美术学会民间工艺专业委员会在泉州成立

福建省工艺美术学会民间工艺专业委员会成立大会在泉州召开。全省85名工艺师与会，共同探究福建省民间工艺的发展之道。根据议程安排，现场进行福建省工艺美术学会民间工艺专委会主任、副主任、秘书长的选举，国家级“非遗”传承人黄丽凤当选福建省工艺美术学会民间工艺专委会第一届常务委员会主任。福建省工艺美术学会民间工艺专业委员会成立以后，将在福建省工艺美术学会的领导下，聚集全省民间工艺行业从业人员，国家级、省级工艺美术大师、“非遗”传承人等，共同为福建省民间工艺的保护传承发展献计献策，同时将开展各种有助于民间工艺发展的活动、培训等，以“抱团发展、合作共赢”的理念来振兴民间工艺。

泉州市首届品牌农产品展销对接会举行

25—27日，由市农业农村局和市总工会主办的泉州市首届品牌农产品展销对接会在市区九一街中国邮政集团泉州分公司举行。展销对接会旨在展示泉州市特色现代农业发展成果和品牌农业、绿色农业、质量农业发展成就，展示品牌农产品，开拓农产品市场，加快农业发展方式转型升级，提高农业竞争力，促进农业增效、农民增收。展销对接会设立5个展销区60个展位，分别为：无公害农产品、绿色食品、有机农产品展区，国家地理标志农产品展区，国家、省、市级名牌农产品展区，国家级、省级农业产业化龙头企业展区，农民工创业项目农产品展区。除现场展销农产品外，活动还组织农产品批发市场、大型超市与品牌农产品企业洽谈对接，农产品电商平台（企业）与品牌农产品企业洽谈对接，各地工会组织采购品牌农产品洽谈对接。据统计，展销对接活动共销售860多万元，签订订购协议230份，合同金额5600万元；各级工会组织对接品牌农产品企业1200家（次），订购品牌农产品1500多种。

台湾青年学生研学访问团到泉州访学

24—27日，台湾青年学生研学访问团一行30多人到泉州访学。研学访问团到南洋华裔族群寻根谒祖综合服务平台和泉州华侨历史博物馆参访，参观寻根平台建设现场和谱牒文献库，以及博物馆“出国史馆”“泉州人在南洋”“泉籍华侨华人奉献史陈列”三个基本陈列。市侨联相关负责人向访问团讲述古城泉州的悠久历史和发展情况，介绍寻根平台建设的背景、意义、总体规划和主要进展。在讲述寻根故事时，引起大家共鸣，多位访问团成员留下家族信息，委托侨联寻根。研学访问团还参观开元寺、九日山、洛阳桥、丰州古街、五店市、闽台缘博物馆等名胜。泉州深厚的历史文化底蕴吸引了台湾青年学生，他们纷纷表示感受到泉州人文荟萃、文化氛围浓厚，让他们在很短的时间内喜欢上古城，泉州的闽南语基本上都跟台湾一样，让他们感觉格外亲切和温馨。访学活动丰富、有趣，在泉州的所见所闻对他们未来的生涯发展很有帮助，收获满满。

市委常委会会议学习中央和省委农村工作会议精神

市委常委会召开会议，传达学习中央、省委农村工作会议和全省人居环境整治、扶贫开发工作会议精神，传达学习习近平在《告台湾同胞书》发表40周年纪念会上的讲话和省委常委会会议精神，传达学习全国、全省宣传部长会议及全国、全省网信办主任会议精神，研究泉州市贯彻意见。会议还研究《关于建立市政府向市人大常委会报告国有资产管理情况制度的意见》《泉州市建设国家创新型城市实施方案》等。

会议要求，要以硬举措抓实“三农”工作硬任务，对标对表决胜全面小康，确保脱贫攻坚、人居环境整治、现代农业发展、深化农村改革、基础设施和公共服务补短板等如期高质量完成；全面加强农村基层党组织建设，提升组织领导力和服务带动力。会议指出，各级各部门要把握习近平在《告台湾同胞书》发表40周年纪念会上的讲话的重大意义和丰富内涵，提高政治站位，全面贯彻中央对台大政方针。要发挥独特优势着力先行先试，保障向金门供水安全，力争在“应通尽通”上有新突破。要全方位推进交流合作，落实好国家、省、市惠台措施，抓好台商台胞服务年活动，落实好台胞各项同等待遇，拓展泉州和台湾经贸、民间、基层、青年和传统文化交流。会议强调，各级各有关部门要贯彻习近平关于宣传思想工作的思想，扛起“举旗帜、聚民心、育新人、兴文化、展形象”使命任务。要抓牢抓实宣传思想领域各项工作，用好学习强国平台，在各条战线掀起“大学习”热潮。突出庆祝新中国成立70周年主线，结合传承弘扬“晋江经验”，聚焦“作答时代命题、聚力赶超攻坚”，组织宣传教育活动。抓牢意识形态工作责任制，落细落小落实核心价值观，深化移风易俗三年行动，加快建设县级融媒体中心。

泉州市2019年平安返乡活动启动

泉州市2019年平安返乡专列首趟动车“D2376”从泉州站出发，1200余名湖北、重庆籍务工人员启程返乡。市总工会、泉州火车站举行“平安返乡专列”欢送仪式。随后，在泉州务工人员领取市总工会配送的返乡大礼包和移动公司赠送的背包等物品，通过专门开辟的绿色通道，进入候车室。工会、火车站志愿服务队帮助在泉州务工人员背包、拎箱，引领、协助验证、安检、候车、上站台。车站工作人员还给旅客发放猪年吉祥物和对联。此系市总工会联合相关部门和单位连续第十五次开设“平安返乡”专列，送在泉州务工人员回家。为做好2019年返乡服务工作，市总工会要求各级工会加强与交通运输部门的沟通协调，依托各级、各类职工服务中心（站），引导和鼓励企业、工业园区等基层工会组织为返乡务工人员提供宣传、咨询、订票、包车等服务，确保在泉州务工人员顺利平安返乡。

市总工会、泉州火车站举行“平安返乡专列”欢送仪式
（图/林劲峰）

“学习新思想 建设新泉州”书法作品展开幕

“学习新思想 建设新泉州”书法作品展在泉州华侨历史博物馆开幕。图为作品展现场。
（图/吴寿民）

1月28日

农历戊戌年十二月廿三
星期一
温度：11℃—19℃
晴

● 市委常委会召开会议，传达学习中央、省委农村工作会议和全省人居环境整治、扶贫开发工作会议精神，传达学习习近平在《告台湾同胞书》发表40周年纪念会上的讲话和省委常委会会议精神等。

● 市扫黑除恶专项斗争领导小组会议召开，传达学习全国、全省扫黑除恶专项斗争视频会议精神，研究泉州市贯彻意见。

● 全市宣传部长会议召开，学习贯彻习近平新时代中国特色社会主义思想和中共十九大精神，学习贯彻全国、全省宣传思想工作会议、宣传部长会议和市委十二届八次全会精神，学习贯彻全市宣传思想工作会议和市委常委会会议精神，研究部署2019年宣传思想文化工作。

● 全市税务工作会召开。

● 泉州市2019年平安返乡专列首趟动车“D2376”从泉州站出发，1200余名湖北、重庆籍务工人员启程返乡。

● 89件产自泉州的服装在泉州国际快件监管中心通关，成为泉州机场货栈开通后的首票出口业务，标志泉州晋江国际机场重新启动国际货运业务。

● “学习新思想 建设新泉州”书法作品展在泉州华侨历史博物馆开幕。

1月29日

农历戊戌年十二月廿四
星期二
温度：12℃—20℃
多云

●康涛检查中心市区春运运行和安全管理责任落实情况。

●市人大常委会党组理论学习中心组（扩大）会议召开，传达学习习近平在《告台湾同胞书》发表40周年纪念会上的讲话精神，全国、全省扫黑除恶专项斗争视频会议精神，习近平关于做好“三农”工作的指示等。

●泉州城建集团发行5亿元短期融资券，债券名称为“泉州城建19CP001”，系该集团2019年度第一期短期融资券。

●金门县县长杨镇浯到泉州考察，走访泉州开元寺、天后宫等地。

康涛检查春运和安全管理责任落实情况

市委书记康涛检查中心市区春运运行和安全管理责任落实情况。在泉州客运中心站，康涛要求客运站落实企业主体责任，强化各环节安检人员的安全意识和责任意识，严把安检关，确保旅客安全出行、平安到家。在泉州动车站和毗邻的泉州火车站综合交通枢纽，康涛要求各部门要完善联动机制、强化综合治理，及时解决春运中发现的问题，长短结合形成有效的管理运行机制；加大各类违法行为查处力度，推进站前周边环境整治工作。同时，要求车站要增设安全检查设施，配备专业人员，确保春运安全有序。在高速公路泉州北春运安全监督服务岗，康涛叮嘱执法人员要特别加强天气状况不佳时和后半夜时段的检查值守，提高警惕，依法严查、严罚交通违法行为，提升运输服务水平，保证群众安全顺畅出行。在城东星光耀万达城市综合体，康涛要求商场等人员密集场所要加强消防设施、应急通道、电力设施等安全巡查，加强人流管控和人员应急演练培训，提高处突能力，营造安全有序的节日环境。随后，康涛到福建LNG有限公司泉州分输站，了解各项安全生产管理措施落实情况。

市人大常委会党组中心组学习会议召开

市人大常委会党组理论学习中心组（扩大）会议召开，传达学习习近平在《告台湾同胞书》发表40周年纪念会上的讲话精神，全国、全省扫黑除恶专项斗争视频会议精神，习近平关于做好“三农”工作的指示，中央、省委农村工作会议和全省人居环境整治、扶贫开发工作会议精神，全国、全省宣传部长及全国、全省网信办主任会议精神，以及省委、市委相关会议精神。会议指出，要以习近平在《告台湾同胞书》发表40周年纪念会上的讲话为指南，结合人大工作，在推进两岸经贸合作、推动两岸文化交流等领域，做出人大贡献。要督促法院、检察院、公安机关依法办案，推动扫黑除恶向纵深发展，形成共建共治共享的社会治理格局。要贯彻落实习近平关于“三农”工作论述，按照中央、省委部署要求，依法履职、依法尽责，拓展监督广度深度，确保新一年相关立法、监督工作取得更好实效。

泉州城建集团发行5亿元短期融资券

泉州城建集团发行5亿元短期融资券（以下简称“短融”），债券名称为“泉州城建19CP001”，系该集团2019年度第一期短期融资券。该期短期融资券票据期限1年，票面利率3.42%，全场认购倍数4倍，债券主体和债项评级分别为AAA/A-1，此次发行创2017年以来福建省AAA企业短融的最低发行利率，较平均发行利率低0.44%，相当于为泉州市国企节约利息费用约220万元。泉州城建集团相关负责人表示，泉州城建集团在资本市场频传好消息，体现市场对城建集团的高度认可，有助于增强泉州市属国企的融资议价能力。今后泉州城建集团将贯彻落实中央有关国企改革精神，按照集团“海丝新城开发建设主力军”和“城市建设运营服务综合提供商”的战略定位，全面实施“聚变提升”计划，提升“片区建设、资产运营、产业培育、融资议价”四大能力，增加自我“造血”功能，搭建一个机制活、通道宽、效率高、融资强的城建大平台，推动国有资本做强做优做大，为泉州城市建设提供强劲动力。

金门县县长杨镇浯到泉州考察

金门县县长杨镇浯到泉州考察，走访泉州开元寺、天后宫等地。市领导康涛、王永礼、季翔峰等参加相关活动。杨镇浯感谢泉州对金门发展的帮助支持。杨镇浯表示，期盼双方在已有的良好合作基础上，在观光旅游、特色产品营销、海域环保治理等方面深化交流、拓展合作，早日实现通电、通气、通桥，增进两岸民众福祉。

市政府与市总工会第十七次联席会议召开

市政府与市总工会第十七次联席会议召开，听取2018年工会工作汇报，研究解决有关问题。市长王永礼代表市政府向全市各级工会和职工为泉州发展所付出的汗水表示感谢。王永礼指出，过去一年，在市委领导下，全市各级工会服务、引导职工在高质量发展落实赶超的进程中提升自我、改革创新、建功立业，维护职工合法权益，为泉州产业转型升级，为创造和谐的社会关系、劳资关系、家庭关系做出贡献。新的一年，王永礼希望，各级工会组织按照市委部署和市“两会”既定的任务，凝聚全市职工群众的力量，肩并肩，手拉手，一起为泉州产业发展、民生改善、人民美好生活再加力。王永礼强调，市直各部门要支持工会开展工作，提升工会组织的凝聚力，让职工都能参与到工会活动中，让工会组织成为职工的桥梁和“娘家”。要支持工会组织服务好会员，以“大学习”活动为抓手，提升职工的职业本领和素养，为职工创业创新创造条件，完善、创新职工维权机制，为高质量发展集聚正能量。要支持工会组织建设，线上线下一起抓，发挥好工会的“学校”和“俱乐部”功能，让工会成为职工的心灵之家、活动之家。

全市公立医院“暖心服务”三年行动工作会议召开

2019年度全市公立医院“暖心服务”三年行动工作会议召开，总结泉州市公立医院“暖心服务”三年行动阶段性工作，部署新年度任务。2018年9月，泉州市启动公立医院“暖心服务”三年行动。一段时间以来，公立医院多渠道收集群众就医难点问题，深化医患互动，优化就医流程，因地制宜打造各具特色的医疗“暖心服务”品牌。2018年度，全市26家公立医院在全省公立医院满意度调查中得分89.21分，居全省设区市第一位，实现“三连冠”。针对当前个别医院满意度排名靠后，服务态度、服务流程、服务环境、服务质量仍有提升空间等问题，会议指出，全市各级卫健部门和医疗机构要提高政治站位，贯彻落实以人民为中心的发展思想，警惕形式主义、官僚主义，聚焦问题整改；要按既定目标，细化任务，坚持问题导向，对标对表，注重医院信息化建设和人文关怀，突出示范引领，打造特色医疗暖心品牌；要完善医疗卫生综合监管，创新考评奖惩机制，落实责任分工，激发工作活力，按照节点推进，推动医疗服务水平和质量的提升。会上，泉州市公立医院代表作“暖心服务”工作交流发言。

福建医科大学附属第二医院设立服务中心，方便患者就医
（图/林劲峰）

少年国乐梦2019新春音乐会举行

由泉州市青年音乐人协会、泉州音乐家协会二胡艺术专业委员会主办的少年国乐梦2019新春音乐会在泉州音乐厅举行，10所学校师生参与演出。演出由器乐合奏《将军令》拉开序幕，紧接着古筝重奏《春节序曲》、管乐齐奏《映山红》、二胡重奏《丢丢铜》等接连奏响，涵盖器乐、管乐、二胡、竹笛、阮、民族室内乐、民族管弦乐等。音乐会指导老师、第九届省青年演员比赛民族器乐组金奖获得者王立容表示，中国民族音乐资源丰富多彩，此次演奏的《将军令》就是到省外采风发现后进行改编的，打动了许多少儿朋友的心灵，演奏优秀的作品更能触动大家对国乐的热爱。

1月30日

农历戊戌年十二月廿五
星期三
温度：13℃—21℃
晴转多云

●市政府与市总工会第十七次联席会议召开，听取2018年工会工作汇报，研究解决有关问题。

●2019年度全市公立医院“暖心服务”三年行动工作会议召开，总结泉州市公立医院“暖心服务”三年行动阶段性工作，部署新年度任务。

●少年国乐梦2019新春音乐会在泉州音乐厅举行。

1月31日

农历戊戌年十二月廿六
星期四
温度：10℃—24℃
多云

●市委农村工作会议召开，学习贯彻习近平关于做好“三农”工作的论述，全面落实中央、省委农村工作会议，以及全国、全省农村人居环境整治和扶贫开发工作会议部署等。

●全市农村人居环境整治和扶贫开发工作会议召开。

●全市对口支援干部座谈会召开。市委书记康涛与第八批援藏干部、第七批援疆干部和第十批、第十一批援宁干部座谈交流，听取对口支援工作情况汇报。

●市政府第五十一次常务会议召开，研究并通过《关于进一步加强文物保护和安全工作的通知》。

●2019年市政府第二次党组（扩大）会议召开，传达学习习近平在《告台湾同胞书》发表40周年纪念会上的讲话和省委常委会会议、省政府党组会、市委常委会会议精神等。

●市政协党组理论学习中心组（扩大）学习会议召开，传达学习全国、全省扫黑除恶专项斗争视频会议，中央、省委农村工作会议和全省扶贫开发工作会议精神等。

●全市组织部长会议召开，总结部署全市组织工作。

●共青团泉州市委十七届二次全体（扩大）会议召开，审议通过关于加强新时代团的基层建设、着力提升团的组织力的实施意见等。

●全市交通运输工作视频会议召开，贯彻落实全国和省、市相关会议精神，部署2019年全市交通运输工作。

●世中运、国际大体联世界杯系列赛事座谈会在北京召开，总结2018年系列赛事筹办工作，协调解决存在的问题，共同谋划下一步发展。

●市市场监管局出台《进一步推进企业简易注销登记改革实施意见》，标志福建省新一轮简易注销登记改革在泉州启动。

市委农村工作会议召开

市委农村工作会议召开，学习贯彻习近平关于做好“三农”工作的论述，全面落实中央、省委农村工作会议，以及全国、全省农村人居环境整治和扶贫开发工作会议部署，总结2018年“三农”工作，研究2019、2020两年必须完成的硬任务，部署2019年农业农村工作。

会议指出，要聚焦稳定长效，决战决胜脱贫攻坚。保持政策不变、力度不减，动态跟踪精准施策，健全长效脱贫之策，抓实对口协作帮扶，确保脱贫成果经得起检验。要从点到面铺开，打好环境整治首场硬仗。落实好省委要求，全面推开农村人居环境整治三年行动，健全长效管护机制。要突出特色发展，紧抓产业兴旺这个重点。推进优势特色产业聚集发展、做大规模，抓好“大棚房”问题专项整治、非洲猪瘟防控等工作，提升质量品牌，强化供给保障。要深化改革创新，搞活经营，激活要素，盘活资源，激发农村发展活力动力。要补短板强弱项，升级基础设施，提升公共服务，完善社会保障，加快改善农村生产生活条件。要夯实基层基础，建强农村基层党组织，开展村集体经济“消薄倍增”行动，深化乡村治理，推动农村基层党建全面过硬。

2019年市政府第二次党组（扩大）会议召开

2019年市政府第二次党组（扩大）会议召开，传达学习习近平在《告台湾同胞书》发表40周年纪念会上的讲话和省委常委会会议、省政府党组会、市委常委会会议精神，全国、全省扫黑除恶专项斗争视频会议及市委常委会会议精神，中央、省委农村工作会议和全省人居环境整治、扶贫开发工作会议及市委常委会会议、市委农村工作会议精神。

会议要求，要创新对台工作思路举措，突出做好引资、引智、引客三项重点工作。引资方面，要发挥好台商投资区平台效应，立足现有产业铸链、补链、强链，力争在重大台资企业、台资项目的引进上有新突破；引智方面，要发挥泉州对台湾的人文区位等优势，引进台湾创新科技成果和优秀人才；引客方面，要加强研究，力争在吸引外地游客经泉州到台湾旅游方面先行先试。要深化泉州和台湾两地合作交流，拓展文化教育、医疗卫生、青年互动等交流渠道。会议指出，各级政府各部门要落实习近平关于扫黑除恶专项斗争的讲话精神，落实扫黑除恶治乱打伞破网各项部署要求。要优化攻坚措施，确保战果更好成效更大，开展“大起底、大排查、大研判”活动，加强重点领域、区域、行业治安突出问题综合整治力度，带动全市社会治安大局持续向好发展。要强化工作责任，确保落地更实声势更大，注重督导问责，加强宣传攻势，推动形成扫黑除恶的强大合力。

福建省新一轮简易注销登记改革在泉州启动

市市场监管局出台《进一步推进企业简易注销登记改革实施意见》，标志福建省新一轮简易注销登记改革在泉州启动。早在2016年1月，泉州市就在全省率先开展企业简易注销登记改革；2017年3月，泉州市又作为全省三个试点之一先行开展个体工商户简易注销登记改革。改革至今，全市已有8400户企业、9900户个体工商户适用新政申请办理简易注销登记，依职权主动注销个体工商户4350户，有效清理“僵尸企业”，加快市场新陈代谢。2018年12月，为探索完善企业简易注销登记改革，国家市场监管总局专门下发文件，确定将泉州市与北京、深圳等一同列入国家级企业简易注销登记改革试点。为更好推进商事制度改革，完善市场主体退出机制，市市场监管局在原先试行改革的基础上，重新拟定新的改革方案。此次出台的实施意见共16条。除延续之前简易注销改革实行的免除办理清算组备案程序等做法外，此次改革的主要亮点在于：拓展简易注销的适用主体范围，压缩企业简易注销公告时间，建立企业简易注销容错机制。

2019年新春团拜会举行

市委、市政府举行2019年新春团拜会。市四套班子领导康涛、王永礼、陈灿辉、李转生等，泉州军分区主要领导，市中级人民法院、市检察院主要负责人，到泉州过节的泉州籍厅级以上领导，原任地市级老领导，华侨大学、泉州师范学院及在中心市区的市属高校、福炼公司、中化泉州公司负责人，中心城区、泉州开发区、泉州台商投资区和市直机关、民主党派、人民团体、驻泉州省部属有关单位负责人，驻泉州部队领导，在泉州新闻媒体负责人，以及社会各界代表等出席团拜会。

市委书记康涛代表市四套班子，向全市干部群众、离退休老干部，向驻泉州部队、武警官兵和公安干警，向所有关心支持泉州发展的海内外乡亲、各界朋友们拜年。康涛指出，过去一年，全市在习近平新时代中国特色社会主义思想指引下，坚持稳中求进总基调，主动融入新福建建设，传承弘扬“晋江经验”再出发，过得很充实，走得很坚定。泉州站位改革开放40周年新起点，提出“再创‘晋江经验’新辉煌、蹚好转型升级后半场、勇当高质量赶超主力军”三个时代命题。坚持转型攻坚、聚力跨越，主要经济指标居全省前列，总量连续20年居全省首位，把“民营企业和民营企业家是我们自己人”落到行动上，打开高质量制造的广阔前景。推进项目攻坚2018，拓展战役规模，干部一线建功氛围更加浓厚。实施民生事业补短板工程，打好脱贫攻坚战，新增公办幼儿园学位1.1万个、医疗床位2550张、养老床位3840张，群众更有获得感幸福感安全感。夯实管党治党主体责任，风清气正政治生态进一步形成。

康涛表示，新一年，全市要更加紧密地团结在以习近平同志为核心的党中央周围，把“以稳求进、以进固稳”落实到经济发展、社会发展方方面面。坚持稳稳地做、实实地干，作答时代命题、聚力赶超攻坚，为全省大局做出应有贡献。加强基层基础，维护社会大局稳定，一件接着一件办好民生实事，实现全面建成小康目标。

泉州市组织慰问革命“五老”人员和老区村困难群众

元旦、春节期间，泉州市组织慰问全市211名革命“五老”（老地下党员、老游击队员、老接头户、老交通员、老苏区乡干部）人员和老区村困难群众。全市发放省、市级“五老”慰问金39万元。市民政局、市老促会、市扶贫协会到泉港区、晋江市、南安市、安溪县、永春县、德化县等县（市、区），慰问革命“五老”人员和老区村部分困难群众，送去节日问候和关怀。各县（市、区）政府也配套下拨元旦、春节慰问金并组织慰问，如晋江市级下拨15.7万元，晋江市晋商发展促进会支持5.85万元慰问经费，相关镇街也配套相应资金。各地采取多种形式，到老区（基点）村走访慰问革命“五老”人员、遗偶和困难群众，了解优待政策落实情况，倾听意见和建议，为他们解忧难、办实事，让他们能和当地群众一起过上一个欢乐、祥和的节日。

全市公安工作会议召开

全市公安工作会议召开。会议指出，2018年，全市公安机关在市委、市政府和上级公安机关领导下，践行“对党忠诚、服务人民、执法公正、纪律严明”总要求，确保全市政治安全、社会安定、人民安宁。会议强调，2019年，全市公安机关要以习近平新时代中国特色社会主义思想为指导，贯彻习近平在中央政法工作会议上的讲话精神，按照中央、省委政法工作会议和全国公安厅局长、全省公安局长会议以及市委、市政府的部署要求，围绕做好新中国成立70周年大庆安保维稳工作这一主线，以防范化解各类重大风险为基点，按照上级部署要求，坚持以重点工作带动各项业务、以基础工作支撑整体工作，强基础补短板、攻难点求突破，推动泉州市公安工作和队伍建设提档升级。会议表彰2018年度全市公安机关先进集体和个人代表，以及业务工作成绩突出的集体。

2月1日

农历戊戌年十二月廿七
星期五
温度：10℃—15℃
多云

●市委、市政府举行2019年新春团拜会。

●元旦、春节期间，泉州市组织慰问全市211名革命“五老”人员和老区村困难群众。

●全市公安工作会议召开，表彰2018年度全市公安机关先进集体和个人代表，以及业务工作成绩突出的集体。

2月2日

农历戊戌年十二月廿八
星期六
温度：12℃—19℃
阴转小雨

●市四套班子领导分别看望、慰问部分老领导、老同志。

●王永礼到中心市区开展节日保障工作检查。

●林万明、肖汉辉走访慰问宗教界代表人士并举行座谈会。

●市文化广电和旅游局发布新版泉州城市宣传片《半城烟火半城仙》。

●由丰泽区总工会与匹克集团工会主办的“和谐匹克情暖职工”留厂员工年夜饭举行。

康涛王永礼等市领导走访慰问老干部

市四套班子领导分别看望、慰问部分老领导、老同志。市委书记康涛看望施永康、胡美金、林大穆、朱明等老干部。慰问中，康涛表示，市委、市政府将研究吸纳老干部的好建议，在今后的工作中转化落实。新一年，泉州将坚持高质量发展落实赶超，在更高起点上推动新时代改革开放再出发。希望老干部保重身体，为泉州市各项工作建言献策，为推动泉州高质量发展继续发光发热。同时嘱咐相关部门及工作人员继续用心用情做好老干部工作，全心全意服务保障，让老干部安享晚年。市长王永礼到李建国、涂瑞南、王继超、尤垂镇等老干部家中走访慰问。王永礼表示，将用心用情做好老干部工作，做好服务保障，希望他们继续发挥优势，一如既往地关心支持泉州各项事业发展。市领导陈灿辉、李转生、张永宁、翁祖根、孔繁军、游宇飞、林万明、林锦明、杨晓山、刘建军、刘文儒等也分别看望慰问泉州市部分原任地厅级老干部、军休老干部。

王永礼检查春节期间保障工作

市长王永礼带率领有关部门负责人，到中心市区开展节日保障工作检查。在新华都超市丰泽店，王永礼辗转平价商品、肉类、服装等销售专区一一询问，了解商品进货渠道、产品检验检疫等情况，并到商场消防控制室查看监控探头覆盖、安全出口设置、应急反应机制，叮嘱各级政府各部门要指导市场主体做好春节期间“商品供给、安全生产、食品安全”等工作，确保物价平稳、安全有序，共同营造欢乐祥和的新春氛围。在东美农贸市场，王永礼到食品检测室随机抽查商户资料、检测记录，嘱咐相关单位要将台账管理做实做到位。王永礼还与经营20年蔬菜生意的摊主刘秀冬攀谈进货渠道、销售价格、客流数量、家庭生活等情况，祝愿商户身体健康、生意红火、新春愉快。

市领导走访慰问宗教界代表人士

市委常委、统战部部长林万明，副市长肖汉辉走访慰问宗教界代表人士并举行座谈会。过去一年，泉州市宗教界贯彻落实党的宗教工作方针，走与社会主义社会相适应道路，为维护社会和谐稳定做出贡献，市领导对此表示感谢并要求，加强春节期间安全防范工作，确保宗教活动场所和信教群众的生命财产安全。

新版泉州城市宣传片《半城烟火半城仙》发布

市文化广电和旅游局发布新版泉州城市宣传片《半城烟火半城仙》。丰富的画面内容、炫酷的剪辑音效，让这部宣传片很快“刷爆”朋友圈，并在短短10.5个小时内，点击量突破10万，网友们更是纷纷点赞留言，表达对泉州的喜爱和向往。开元寺、东西塔、洛阳桥、西街、钟楼、朝天门、崇武古城、九日山、清净寺……画面切换间，看遍泉州山水；润饼、肉粽、海蛎煎、碗糕、铁观音……光影闪烁时，令人垂涎欲滴；木偶戏、南音、梨园戏、德化瓷、泉州讲古……镜头穿梭，感受古城生活。市文旅局市场科相关负责人表示，这部宣传片既是一张邀请函，也是一道年味菜。不少人计划假期旅行，希望借这个视频，向世界各地的游客发出邀请，也向海内外乡亲展示泉州的闽南美好生活，希望他们都能到多元泉州、享多彩生活。

开元寺西塔吸引游客驻足流连（图/吴寿民）

市领导慰问坚守岗位干部职工

市领导慰问春节期间仍坚守在一线的部分干部职工。

市委书记康涛到市区丰海路、城东大型生活垃圾转运站，看望慰问正在作业的一线环卫、园林工人。康涛询问值班安排、后勤保障等情况，希望大家继续发扬奉献精神，用心保持市容市貌，为全市人民营造整洁优美的城市环境。在泉州消防救援支队，康涛了解消防救援指挥中心监控调度系统的运作情况，希望大家加强值班备勤，确保群众度过一个平安、祥和、快乐的春节。在泉州公交工人文化宫首末站，康涛慰问一线公交驾驶员，希望驾驶员更好地推介泉州，为市民、游客提供优质便捷的出行服务。

市长王永礼、副市长周真平走访福建医科大学附属二院（东海院区）、市急救指挥中心、市儿童医院、市第一医院（东街院区），看望慰问医护人员。王永礼寄望各医疗机构加强卫生人才队伍建设，勉励医护人员提升医技、医德、医风，为泉州人民幸福安康保驾护航。福建联合石化公司、中化泉州公司，王永礼走访中心控制室、项目在建工地，鼓励大家继续鼓足精气神，守牢安全生产底线，为泉州高质量发展落实赶超做出新贡献。

市人大常委会主任陈灿辉到泉州客运中心站、泉州动车站及其派出所、泉州火车站综合交通枢纽慰问春运一线的干部职工。在动车站，陈灿辉就群众关心的停车问题询问了解动车站停车场建设情况；查看处于试运营阶段的泉州火车站综合交通枢纽，了解枢纽站功能分区，以及客运站和集散匝道运营情况。陈灿辉勉励大家继续坚守岗位，把旅客的生命财产安全放在第一位，用热情周到的服务，让旅客安全顺利出行。

市政协主席李转生、副市长洪自强到国网泉州供电公司、中国移动泉州分公司、中国铁塔股份有限公司泉州市分公司、中国联通泉州分公司、市邮政管理局、中国电信泉州分公司看望慰问一线职工。市领导希望大家一如既往地精心组织、周密部署、科学调度、合理调控，完善应急预案，保证设施设备的平稳有序运行，确保市民度过一个祥和平安的新春佳节。

市委常委、秘书长翁祖根，副市长肖汉辉走访慰问市行政中心警务室、泉州武警支队值勤一中队、市行政中心保安大队、市委市政府总值班室、市委机要局等部门和单位的干部职工，勉励大家在新一年里继续发扬爱岗敬业、吃苦耐劳的精神，尽心尽责做好本职工作，强化值班备勤和应急处突，加强沟通协调，及时核实反馈信息，提升服务水平，确保机关运转安全、有序、高效。

市委常委、组织部部长孔繁军到中央、省驻泉州新闻单位和泉州晚报社、泉州广播电视台等市直新闻单位走访慰问。市领导对新闻工作者长期奋斗在基层一线，创作一大批有温度、有深度、有力度的作品给予肯定，感谢大家为全市经济社会发展做出的贡献，勉励各新闻单位提升政治站位、守正创新，凝聚高质量赶超发展强大正能量。

市委常委、市纪委书记游宇飞，副市长、市公安局局长李伙金到市看守所、市司法强制隔离戒毒所、市拘留所、市收容教育所、泉州监狱、市戒毒所等单位看望慰问节日期间坚守岗位的监所民警。市领导希望大家增强安全意识，坚守岗位，确保各项工作正常有序；加强值班备勤，采取有力有效的措施，营造安全祥和的节日氛围。

市委常委、统战部部长林万明，副市长吕刚到泉州—金门航线联检部门、泉州晋江国际机场，慰问坚守岗位的干部职工。在了解安全管理、客运泊位、航班保障等相关事项后，市领导勉励大家用热情周到的服务保证春运工作有序顺利进行，在新一年里继续创新工作方法，提高通关效率，提升服务水平，推动各项工作再上新台阶。

市委常委、政法委书记林锦明，市委常委、泉州军分区政委到市公安局乌屿边防派出所、市公安局万安派出所、海防支队机动大队一中队、武警泉州支队执勤一大队机动中队，慰问坚守岗位的民警和官兵。市领导要求，要加强值班备勤，做好安保工作；要合理排班，做好家属慰问工作；要认真履职，确保全市人民欢度新春佳节。

2月3日

农历戊戌年十二月廿九
星期日
温度：14℃—23℃
小雨转阴

●市领导慰问春节期间仍坚守在一线的部分干部职工。

●市应急管理局发布春节安全提醒。

2月4日

农历戊戌年十二月三十
星期一
温度：13℃—16℃
阴转多云

●市领导分别带领市直有关部门负责人到全市各地访贫问苦。

●泉州市农村“一革命四行动”取得初步成效。

●德化县新春座谈暨招商推介会举行。

市领导走访慰问困难群众

市领导分别带领市直有关部门负责人到全市各地访贫问苦。

市委书记康涛到晋江市磁灶镇困难群众家中慰问。新垵村困难群众蔡木瓜患病，家庭没有稳定收入。2016年以来，在多方帮助下，蔡木瓜一家实现脱贫。康涛叮嘱各级干部要及时为他们解决实际困难。经过各级帮扶，官田村计生困难户陈孟水一家得到低保、残疾和就学资金补助，所居住的安居房也焕然一新。康涛鼓励他树立信心，克服眼前困难。

市长王永礼到南安市看望慰问困难党员、困难残疾人和特困户。父子患病多年，家庭经济陷入困境，81岁的老党员柯金龙依然热心党支部工作。王永礼叮嘱街道和村干部向困难党员提供更多力所能及的帮助。身患残疾的陈雄飞生活无法自理，弟弟陈奇汉与其相依为命，至今未成家。王永礼嘱咐当地部门帮忙解决就近就业等困难。

市人大常委会主任陈灿辉到丰泽区看望慰问计生困难户、低保户、劳动模范和道德模范。二女户闻金花丈夫离世，靠打零工抚养两个女儿，陈灿辉叮嘱各方多给予帮助。低保户黄丁科卧病在床20余年，陈灿辉嘱咐他有什么困难，尽管向党委、政府寻求帮助。丰泽区道德模范杨瑞霞40多年如一日照顾患病丈夫，陈灿辉与丰泽区、东湖街道协调解决医保报销等事宜。

市政协主席李转生到永春县开展春节走访慰问低保户、计生困难户活动。在桃城镇济川社区农村低保户、身患残疾的林成桃家里，李转生叮嘱随行工作人员要密切关注，力所能及地为他们排忧解难。计生困难户邱爱真的丈夫不幸去世，留下两个女儿，邱爱真每月工资不足以承担孩子的学习生活费用。李转生要求当地政府、相关部门平时多主动上门，尤其在孩子学费方面多给予支持。

市领导张永宁、翁祖根、孔繁军、游宇飞、林万明、林锦明、杨晓山、刘建军、刘文儒等分别到各县（市、区），慰问部分城乡特困户、低保户、特困计生“二女户”、困难官兵、困难党员、困难劳动模范、困难道德模范、困难“身边好人”、流动人口困难家庭、困难职工等。

泉州市农村“一革命四行动”取得初步成效

2018年泉州市实施农村人居环境整治三年行动以来，重点推进“一革命四行动”（农村“厕所革命”、农村垃圾治理行动、农村污水治理行动、农房整治行动、村容村貌提升行动），取得初步成效。“厕所革命”方面，全市建成乡镇水冲式公厕557座，全市乡镇所在地每万人约有4.97座乡镇公厕，高于省上每万人有3—4座公厕的要求；建成农村公厕4766座，平均每村有2座以上公厕。农村生活污水、垃圾治理方面，乡镇生活垃圾转运系统实现全覆盖，100%的行政村建立生活垃圾常态化治理机制；所有乡镇镇区生活污水收集处理设施基本建成，77%的行政村覆盖生活污水处理设施。村容村貌提升行动方面，1058个村庄开展美丽乡村建设、创建175个美丽乡村示范村，推进34条美丽乡村景观带建设，乡村面貌和人居环境得到改善。农房整治方面，推进永春、晋江农房整治省级、市级试点，推进实用型村庄规划编制、加强农村建房规划引导、落实个人建房用地保障、优化个人建房审批服务等探索，“百日拆违行动”下达的目标任务和年度治违任务均超额完成。

德化县新春座谈暨招商推介会举行

德化县新春座谈暨招商推介会举行，省内外近200名德化乡贤到场参加，积极建议献策，为家乡发展牵线搭桥，贡献力量。此系德化县连续三年在春节期间举办新春座谈会，已成为德化乡贤交流新的平台。特别值得一提的是，2019年开会地点——德商大厦，是由46位德化企业家“众筹”建设的，于2018年建成投入使用。近年来，德化县一直致力于优化投资和营商环境。2018年，德化招商选资取得丰硕成果，全年新引进项目74个，协议总投资139.13亿元，其中，亿元以上项目13个，超额完成泉州市下达任务的116.7%。

泉州戏曲亮相中央电视台春节戏曲晚会

中央电视台2019春节戏曲晚会首播，泉州作为三个分会场之一，南音、提线木偶戏、高甲戏、拍胸舞、南少林武术等10多个项目集体亮相，向海内外观众展示泉州文化独特的魅力和最新发展成就。晚会涵盖京剧、昆曲、豫剧等18个剧种，并融入南音、戏歌、舞蹈以及相声、情景剧等艺术形式。除主会场外，晚会还设置3个分会场，分别为古代陆上丝绸之路起点陕西西安、南方丝绸之路起点四川成都、海上丝绸之路起点福建泉州。

60位身穿蟳埔女服饰、手提传统灯笼的小女生冲上舞台，拉开泉州分会场第一个节目《泉州过大年》的序幕，随后提线木偶戏、闽南民间歌舞、南少林武术、水中拍胸舞等项目纷纷上阵，展现出泉州人民欢声笑语过大年的场面。该节目阵容强大，参演人员多达300多人，由13个演出单位携手献演，有专业院团、有高校，也有民间演出团体，原汁原味地展示泉州戏曲文化的独特韵味。泉州分会场节目还有泉州南音《千家罗绮管弦鸣》、高甲戏《高甲献艺》、越剧《妈祖》、《古艺新声中国梦》四个节目，参加演出的名家新秀齐上阵，有中国曲艺“二度牡丹奖”获得者、福建省曲艺家协会副主席庄丽芬和中国戏剧梅花奖获得者陈娟娟、王君安，以及国家一级演员王大浩、王琼芬、陈江锋等一大批泉州市戏曲名家名角，全面展示福建省戏曲艺术发展的水平和实力。特别值得一提的是，此次演出还吸引台湾“80后”南音爱好者魏伯年到场交流，与庄丽芬同台演唱南音《千家罗绮管弦鸣》。魏伯年十年来频频到泉州拜师学南音，近年来还在台湾开馆授徒，为两岸文化交流贡献力量。演出期间，泉州花灯、泉州李尧宝刻纸 、江加走木偶头雕刻、火鼎公婆、民间传统小吃等穿插在节目中，让全国观众感受到泉州喜庆的年味。

此系继2016中央电视台春晚在泉州设分会场之后，中央电视台再次将戏曲春晚的分会场设在泉州。2019中央电视台戏曲春晚泉州分会场相关负责人表示，2019中央电视台戏曲春晚分会场主要设在丝绸之路沿线城市，泉州作为海上丝绸之路的起点城市成功入选分会场，这里是远近闻名的戏曲之乡，一大批戏曲项目具有独特的艺术价值，备受全国瞩目。同时，泉州作为全国18个改革开放典型地区之一，改革开放以来文化艺术发展不断取得突破，此次选择泉州作为分会场别具意义。

中央电视台2019春节戏曲晚会泉州分会场（图/陈英杰）

泉州晋江国际机场开通缅甸曼德勒直飞航线

福建泉州晋江国际机场开通首条直飞缅甸曼德勒往返航线。“泉州—曼德勒”航线由青岛航空公司执行，每周二、六执飞，航班号QW9907／8，11时从泉州起飞，15时20分到达曼德勒；16时20分从曼德勒返程，19时55分到达泉州（以上均为北京时间）。泉州至曼德勒航线的开通，不仅为泉州本地商旅人士，以及缅甸华人华侨搭建起高效便捷的“空中直通车”，更将促进两地经贸、文化、旅游交流，实现互利共赢。

泉州开通缅甸曼德勒直飞航线（图/廖平和）

2月5日

农历己亥年正月初一
星期二
温度：13℃—20℃
多云

●中央电视台2019春节戏曲晚会首播，泉州作为三个分会场之一，南音、提线木偶戏、高甲戏、拍胸舞、南少林武术等10多个项目集体亮相，向海内外观众展示泉州文化独特的魅力和最新发展成就。

●福建泉州晋江国际机场开通首条直飞缅甸曼德勒往返航线。

2月6日

农历己亥年正月初二
星期三
温度：14℃—23℃
晴转多云

●市领导走访部队指战员，代表全市人民向官兵及家属送上新春祝福。

●市发改委下发《关于开展2019年第一季度固定资产投资提升专项行动的通知》，旨在贯彻落实市委、市政府工作部署要求，发挥投资对稳增长的关键作用，确保实现2019年一季度“开门红”目标。

●为促进科技成果转移转化，泉州市与南京大学合作共建的“国家技术转移示范机构——南京大学技术转移（泉州）中心”落地泉州。

市领导走访慰问部队官兵

市领导走访部队指战员，代表全市人民向官兵及家属送上新春祝福。市领导康涛、王永礼、张永宁、翁祖根、孔繁军、游宇飞、林万明、林锦明、杨晓山、刘建军、刘文儒、肖汉辉等，带领市直有关部门负责人和有关县（市、区）负责人，走访慰问东部战区和武警部队。每到一处，市领导都与部队官兵共叙军民情谊，双方相互通报一年来各自取得的新成绩。市领导对驻福建、驻泉州部队积极参与地方建设，为泉州改革发展稳定做出的重要贡献表示感谢，对部队所取得的新成就表示祝贺。市领导表示，泉州将贯彻习近平新时代中国特色社会主义思想和强军思想，服务国防和军队改革大局，做到军队改革工作优先研究、涉军问题优先处理、部队困难优先解决，保障解决军人“后路、后院、后代”问题；与官兵同心合力，共创全国双拥模范城“九连冠”。走访慰问中，部队领导向泉州人民长期以来给予部队的关爱支持表示感谢。官兵表示，将贯彻习近平强军思想，从泉州干部队伍、企业家队伍充沛的干劲中汲取精神力量，巩固和发展军政军民团结的良好局面，为“第二故乡”经济社会发展做出新贡献。

泉州市开展一季度固定资产投资提升专项行动

市发改委下发《关于开展2019年第一季度固定资产投资提升专项行动的通知》，旨在贯彻落实市委、市政府工作部署要求，发挥投资对稳增长的关键作用，确保实现2019年一季度“开门红”目标。

通知提出，在推进项目攻坚上，市直有关单位和各县（市、区）要结合要求，盯紧专项攻坚任务，及时协调解决项目建设中存在的困难和问题，督促业主加快项目建设进度，多完成投资工作量。对第一季度计划开工的项目，要倒排倒逼，推动项目如期开工建设；对计划竣工的项目，要科学组织施工，倒排工期，挂图作战，加快施工进度，确保完成竣工目标任务。优化投资结构方面，通知要求，要坚持投资规模与质量并重，推动要素资源向大项目、好项目集中。

落实到具体工作上，一是深挖基础设施投资，市发改委、市住建局、市城管局、市交通运输局、市水利局等市直有关单位要加大协调力度，推动交通、城建、能源、水利等领域基础设施投资项目加快建设。二是强化工业投资，市工信局要牵头推动工业企业加快供给侧结构性改革，指导各县（市、区）从重点产业路线图产业链的延伸、填平与补强，推动“机器换工”向各产业、全产业链渗透，引导新工艺、新技术、新材料嫁接于传统产业、催生新业态等三方面，再策划生成一批技改项目。

激发民企活力上，通知提出要激发民间投资活力，通过引入民间资本，增加基础设施领域的资金来源，增强政府资金的引导带动能力。贯彻落实中央、省、市出台的促进民间投资系列政策措施，推进“放管服”改革，破解民营企业融资难题，降低企业成本负担。

泉州市新增一国家级技术转移示范机构

为促进科技成果转移转化，泉州市与南京大学合作共建的“国家技术转移示范机构——南京大学技术转移（泉州）中心”落地泉州。南京大学技术转移（泉州）中心建设将围绕泉州市主导产业发展需求，发挥南京大学的研发优势、人才优势、技术及成果优势，结合泉州区位优势、资源优势与市场优势，以机制创新动力，搭建科技合作、成果转化、人才培养和科技企业孵化的创新平台。南京大学技术转移（泉州）中心还将在科技创新与合作、新兴产业培育、人才培养交流等方面开展对接合作，推动南京大学科技研发、技术创新、创新创业人才培养等方面的优秀成果优先向泉州市转移转化，为泉州国家自主创新示范区建设提供科技支撑。

相关链接：仅2018年泉州市就有3家单位被评为省级技术转移机构、1家企业被评为全省首批科技成果产业化基地、1家科研机构被评为全省首批产学研合作示范基地。

泉州古城西街游客服务中心启用

由市文化广电和旅游局、泉州文旅集团打造的泉州古城西街游客服务中心启用。泉州古城西街游客服务中心位于西街最繁华的地带、开元寺地标建筑东西二塔东塔的正对面，主要提供咨询接待、资源推介、风光展示、信息交流等系列服务。游客中心占地面积360平方米，建筑面积656平方米，共有两层和一个露台。

一走进游客服务中心，映入眼帘的便是泉州古城的展示沙盘，独具闽南地域文化特色的出砖入石建筑风格，别出心裁的设计让人感受到浓郁闽南文化。在游客服务中心的一层，还设有咨询台和展示窗口，致力于推广泉州旅游、讲好泉州历史文化。如果市民游客需要泉州古城导游讲解、周边游咨询与服务、旅游交通与住宿服务、购买海峡两岸特色伴手礼，在窗口就可一步完成。此外，在一层还有2018年“润物无声”泉州旅游商品设计创作大赛获奖作品展，泉州古城“润物无声”青年创客文化IP孵化项目产品和充满泉州地域特色的文创产品展销。二楼有Fun西街——“乐”观古今，无处不“趣”主题展览，可以选择中意的古城游玩路线进行探索。另一边则是非遗手工体验课程区，不定期举行体验活动。三楼是开阔的观景天台，红砖古厝、儿时的边三轮、近在咫尺的东西塔、成群的三角梅和非洲茉莉、中西结合的浪漫风车、盘旋的楼梯井等美好的元素组成一幅图画，不少人称它为“泉州最美天台”。西街游客服务中心致力于打造成艺文青年回归扎根、细致经营的一方天地，以及资深玩家登高观景、市民游客留影打卡的乐园。

泉州古城西街游客服务中心启用（图/吴寿民）

中国南派雕刻艺术—王向明个人作品展开幕

由泉州古城保护发展工作协调组办公室、1915艺术空间主办的中国南派雕刻艺术—王向明个人作品展在市区西街1915艺术空间开幕。展览至28日结束。展览从福建省工艺美术大师、南派雕刻艺术家王向明近年来创作的100多幅作品中挑选出20件对外展览。王向明以“做最纯粹的南派石雕”作为追求目标，表现惠安石雕古老与创新的雕刻手法，让参观者能够最直接地感受到什么是“认真、敬业、执着、创新”的“工匠精神”。

王向明个人作品展现场（图/陈智勇）

南安市2019新春招商推介会举行

南安市委、市政府召开2019新春招商推介会，500多位嘉宾、乡贤与会，叙乡情、谋发展，共享合作商机。大会对接招商项目81个，计划总投资逾523亿元；现场13个项目签订合作协议，计划总投资229.8亿元。继2018年在新春招商推介会上签下计划投资20亿元的项目合作协议之后，源昌集团董事长侯昌财此次签下罗东镇文卫商旅建设项目，涵盖山坂村大学城、童昌综合医院、源昌万达广场、源昌大酒店4个子项目，计划总投资达70亿元。福建革升不锈钢水管有限公司董事长陈革升签下革升管业生产项目，从前期招商到确定签约，前后不到5天时间。该项目计划在南安投资建设生产不锈钢水管厂房及宿舍等，计划总投资7亿元，年产值5亿元。

2月7日

农历己亥年正月初三
星期四
温度：13℃—25℃
多云转阴

●由市文化广电和旅游局、泉州文旅集团打造的泉州古城西街游客服务中心启用。

●7—9日，2019“润物无声”新春系列展览举行。

●由泉州古城保护发展工作协调组办公室、1915艺术空间主办的中国南派雕刻艺术—王向明个人作品展在市区西街1915艺术空间开幕。

●南安市2019新春招商推介会举行，13个项目签订合作协议，计划总投资229.8亿元。

●泉州（南安）高端装备制造园区座谈会举行。

●叶氏福卿公奖学基金会成立暨奖学仪式在永春县达埔镇达德村叶氏祖厝举行。

2月8日

农历己亥年正月初四
星期五
温度：11℃—14℃
阴

●由泉州市装备制造业协会牵头，福建南方路面机械有限公司、福建铁拓机械有限公司、中科院海西研究院泉州装备制造研究所、福建海峡西岸知识产权研究院有限公司等企业、科研院所、服务机构发起的福建省装备制造业知识产权联盟落户泉州。

●洛江区2019年招商推介会举行，现场签约12个项目，其中产业项目8个，总投资58.5亿元。

●由世界石狮同乡联谊会、石狮市总商会主办的石狮市海内外乡亲新春座谈会暨招商推介及项目签约会举行，现场签订22个项目，总投资58.3亿元。

●南安市石井镇乡贤新春座谈会暨南安市成功医院迁建捐款仪式举行，石井镇海内外乡贤认捐5000万元，助力南安成功医院迁建。

福建省装备制造业知识产权联盟落户泉州

由泉州市装备制造业协会牵头，福建南方路面机械有限公司、福建铁拓机械有限公司、中科院海西研究院泉州装备制造研究所、福建海峡西岸知识产权研究院有限公司等企业、科研院所、服务机构发起的福建省装备制造业知识产权联盟获省知识产权局批复，落户泉州。省装备制造业知识产权联盟运营主体为泉州市装备制造业协会，联盟定位为新型协同创新发展服务平台，以推动全省装备制造企业实现知识产权价值为目标，促进知识产权与技术、资本全面对接，壮大活跃全省知识产权运营市场。联盟将围绕装备制造业，当好桥梁纽带，建立与政府部门、司法机关、行业协会及相关联盟的沟通机制；加强知识产权运营试点机构跨行业、跨区域、跨部门之间的沟通和交流；引入国际专利，加强二次开发；制定知识产权许可、转让、竞价交易的服务规范和标准；引导联盟成员探索设立知识产权运营基金、开展知识产权质押、知识产权证券化等金融创新模式等。

洛江区2019年招商推介会举行

洛江区2019年招商推介会举行，全国各地乡贤和企业家与会，共叙乡情友谊、共谋洛江发展。与会人员观看洛江形象宣传片，区发改局、文体旅游局进行招商载体和生态旅游推介。随后举行项目签约仪式。此次招商推介会签约12个项目。其中，产业项目8个，总投资58.5亿元，既涉及智能装备、高新技术等高端制造业，又涵盖生态旅游、商贸物流、文化创意、汽车服务等现代服务业；银企对接项目4个，总授信额度4.5亿元，涵盖智能装备、建筑、机械等行业。这一批签约项目顺应新经济、新产业、新业态发展趋势，将推动洛江经济社会的转型升级，为坚持高质发展落实赶超提供支撑带动。

石狮市海内外乡亲新春座谈会暨招商推介及项目签约会举行

由世界石狮同乡联谊会、石狮市总商会主办的石狮市海内外乡亲新春座谈会暨招商推介及项目签约会举行。在招商推介活动上，石狮市文化体育和旅游局、市商务局就石狮城市与旅游产业发展和市场采购贸易方式试点进行介绍，说明近年来石狮的产业转型、项目建设、城市发展、营商环境等情况，并推介石狮作为福建省唯一一个获批的国家级市场采购贸易方式试点，为石狮推进“创新转型、实业强市”带来的发展机遇。在签约仪式上，石狮市政府与香港全港各区工商联签订战略合作框架协议，借助市场采购贸易方式试点，在智能产业、海洋产业、港口物流、跨境电商和互联网经济等方面开展合作；石狮市商务局与泰国石狮商会签订“东南亚采购集散中心”项目框架协议，借助市场采购贸易方式试点，在石狮轻纺城设立“东南亚采购集散中心”，建立一个集采购与出口一条龙服务的平台。

现场签订22个项目，总投资58.3亿元，涵盖智能制造、纺织服装、新能源等工业生产项目，以及影视动漫、商贸市场、港口物流等现代服务业项目。其中工业生产项目方面，佳南热熔胶二期项目拟引进TPU薄膜生产线等各类生产线21条；豪宇新制造升级项目拟引进自动模板机、AGV智能运输设备等，升级自动化生产线；智能3D曲面玻璃盖板及汽车中控屏项目，拟建成10条共年产1000万片3D手机玻璃盖板与3D车载盖板的图案化生产线；领顺新能源汽车电池包和电机电控项目，计划一期量产电池包和电机电控各5万套，二期量产电池包5万套，电机电控10万套。现代服务业项目方面，影视动漫为此次签约突出部分，其中福建天熢影业产业项目拟在湖滨注册成立影视公司，公司发行影视作品的企业所得税、版权、演员个人所得税在石狮缴纳；凤里影视传媒基地拟在凤里成立影视传媒文化公司，在石狮投资建设影视拍摄基地，公司发行影视作品的企业所得税、版权、演员个人所得税在石狮缴纳；湖滨动漫产业项目拟使用建筑面积20000平方米，地下车库4000平方米，运营动漫乐园、动漫餐饮、动漫教育等。

泉州泉商发展促进会新春座谈会举行

泉州泉商发展促进会新春座谈会举行，100多名海内外泉州籍乡贤与会。市领导李转生、林万明、洪自强、林志建，市政协秘书长陈伟平参加座谈会。市政协主席李转生对泉商发展促进会长期以来为全市经济社会发展做出的贡献表示感谢，指出泉州正处于坚持高质量发展落实赶超的重要关口，希望促进会继续发挥优势，凝聚合力，再创新辉煌。李转生强调，要不断学习、与时俱进，以习近平新时代中国特色社会主义思想武装头脑指导实践，学深悟透民营企业扶持政策措施和相关知识，转化为推动企业持续健康发展的强大动力。要不懈奋斗，弘扬泉州企业家"爱拼敢赢"精神，大胆走前头、挑大梁，在经济发展大潮中拼搏奋进，力求实现新突破。要团结一致，抱团发展，加强泉州企业家交流合作，当好合作共赢的桥梁和纽带。要发挥泉州企业家爱国爱乡和无私奉献的优良传统，助力家乡各项事业发展，为泉州建设贡献更多力量。

泉州市武术协会新春团拜会举行

泉州市武术协会新春团拜会在泉州少林寺举行，全市武术届人士为海内外游客举行武术展演。为传播南少林武术文化，2019年的泉州市武术协会新春团拜会选在少林寺大雄宝殿前举行,全市各馆校踊跃参加，200多名优秀代表分别向观众展示铁头功、刀枪棍棒等十八般武艺。明清以来，少林武术由泉州传至台湾、香港、澳门等地，并远播东南亚，影响广泛，与河南嵩山少林寺遥相呼应，世称"南北少林"。南少林武术已成为泉州的一张名片。为传播南少林禅武文化，泉州少林寺每周六、日上午10:30到11:00，在大雄宝殿前安排武僧团公益表演南少林武术。泉州少林寺千年中经历三兴三废的历程。1992年泉州市在原址重建少林寺。泉州少林寺以南少林武术闻名于世，有五祖拳、五节花拳、五枚花拳等拳种，复建后的泉州南少林寺组建武僧团，苦练武功，其成就引起海内外武术界、佛学界的高度关注，更吸引众多海内外弟子拜师学艺。

第十五届中国（南安）水暖泵阀暨消防器材交易会举行

7—9日，第十五届中国（南安）水暖泵阀暨消防器材交易会在南安成功国际会展中心举行。交易会以"砥砺十五载、并肩再前行"为主题，设14个展区，数百家智能制造企业、近1500个展位、数万件展品，涉及"泛家居"产业水暖、泵阀、消防器材等完整产业链，含智能马桶盖、厨卫一体化、感应洁具等卫浴产品以及各种自动化控制阀、智能消防栓等智能制造产品，全方位展示产业最新发展方向及发展成果，吸引北京、天津、上海、福建、浙江、广东、江苏、河北、山西、辽宁、四川、山东12个省市的展商参展。交易会还举行"境外采购团商贸对接会"等活动，邀请南美、中东、阿拉伯等地区的30多名具有采购水暖卫浴洁具五金泵阀及消防器材意向的国际买家，与参展商进行精准匹配对接，打通全产业供应链。同时，还邀请BP石油、埃及Enppi石油、中国神华煤制油等国际、国内石油化工巨头的采购高管、高工参加"中国（南安）国际阀门采购峰会"，发布供应链管理泵阀类别的采购演说，为参展商、阀门制造商和经销商提供第一手最直接的采购信息。

第十五届中国水暖泵阀暨消防器材交易会开幕式（图/泉州品牌发展中心）

2月9日

农历己亥年正月初五
星期六
温度：10℃—13℃
阴

●泉州泉商发展促进会新春座谈会举行。

●泉州市武术协会新春团拜会在泉州少林寺举行，全市武术届人士为海内外游客举行武术展演。

●7—9日，第十五届中国（南安）水暖泵阀暨消防器材交易会在南安成功国际会展中心举行。

●厦门市石狮商会在石狮市举行厦门市石狮商会家乡工作部挂牌仪式。

●9—10日，第十四届海西电子产品新春展示会在南安市霞美镇成辉国际展览中心举行。

●南安市仑苍镇教育发展基金会第三届理事会成立大会举行，仑苍镇各界贤达捐资近6000万元。

2月10日

农历己亥年正月初六
星期日
温度：10℃—16℃
阴转多云

●市文化广电和旅游局统计，2019年春节假期，全市接待国内外游客297.52万人次，同比增长18.1%；实现旅游收入28.84亿元，同比增长22.2%。

●鲤城区新春招商恳谈会举行，汉能集团“3＋1”CIGS研发制造产业基地、福建立信节能设备产业园等6个招商项目签约，预计总投资58.5亿元。

●泉州海域首次同时出现6头中华白海豚。

2019年春节假期全市实现旅游收入28.84亿元

市文化广电和旅游局统计，2019年春节假期，全市接待国内外游客297.52万人次，同比增长18.1%；实现旅游收入28.84亿元，同比增长22.2%。春节期间，市文化广电和旅游局推出主题为“打卡经典·寻味古城”的海丝泉州“古城免费游”活动，入住市区部分星级酒店的游客可免费游古城。泉州酒店的“逛古城听南音”活动也吸引一大批听众游客免费欣赏。活动展示了古城文化旅游魅力，让外来游客感受“亮点在古城”的内涵，提高海丝泉州旅游知名度和美誉度。春节期间，开元寺、府文庙、清净寺分别接待游客20.40万人次、3.37万人次、1.05万人次，德济门、天后宫接待游客7.75万人次。此外，“2019润物无声新春展——技·忆”于正月初三开启，展示石雕、瓷雕、漆线雕等巧夺天工的作品，诠释泉州的工艺之美。现场还设置体验区，游客可以体验制香、茶道、金苍绣技艺等非遗项目，领略匠人精神，感受闽南传统文化的魅力。金鱼巷也为游客打造一场场原汁原味、精彩纷呈的“非遗”盛宴，据专项监测数据，6日（正月初二）——9日（正月初五）金鱼巷人流量3.18万人次。

正月期间，在各县(市、区)，南音、梨园、高甲、提线木偶、打城戏、掌中木偶、南拳等展演轮番登场，象棋、围棋、篮球、乒乓球、灯谜、拔河等比赛接连举行，受到市民、游客关注。同时，泉州推出“全福游·有全福”系列活动之泉州年味“菜单”，举行多项文化旅游活动，多个景区也推出优惠措施，让游客感受到人情味和年味。受门票降价利好、活动精彩等多重因素拉动，全市各大景区均迎来大量游客，晋江五店市传统文化旅游区接待游客29.19万人次，洛阳桥接待游客7.70万人次，德化九仙山和南安九日山分别接待游客2.37万人次和3.06万人次。一大批既体现传统民风，又具备现代旅游要素的乡村旅游景点备受游客青睐。南安市丰州清境桃源景区新增猛士飞车、彩虹滑道等体验项目，假日期间接待游客约3万人次；永春县一都山歌小镇推出品红酒鸳鸯火锅宴、卡丁车穿越田野、探寻酒香古街、挑战铁索桥、闯荡平衡桥等活动，接待游客1.9万人次；安溪县志闽旅游区推出欢喜过大年活动，高仁农场推出山歌歌友会、尤俊农耕文化园推出金猪迎春、财神送福活动，花千谷、国心绿谷等景区推出特色稻田甲鱼至尊享、勇吃霸王餐、幸运大“赚”盘等活动，吸引众多游客。

春节假期，古城西街游人如织（图/吴寿民）

泉州海域首次同时出现6头中华白海豚

6头国家一级保护动物——中华白海豚同时在南安市石井镇营前村海域出现。近年来，泉州海域生态不断改善，中华白海豚的身影屡屡出现。2018年10月21日，在石井营前至晋江白沙海域一带也曾出现一对中华白海豚。泉州海边人称中华白海豚为“海大糊(gú)”。二三十年前，白海豚越来越少见。直到2016年，中华白海豚的身影再次出现在石井海域。此后，泉州海域不时可见他们的身影。石井海域有多种海豚，中华白海豚只是其中一种，其他海豚属二级保护动物，数量较多，也较常见。中华白海豚属于鲸类的海豚科，是宽吻海豚及虎鲸的近亲。数量较少，素有“美人鱼”和“水上大熊猫”之称。海豚的出现，一定程度上反映出海域水质良好和海洋生物的多样性。近年来，泉州市加大海洋环境保护和整治力度，泉州湾海域生态环境持续好转。

市领导调研节后企业生产和项目复工情况

市长王永礼，市委副书记、常务副市长张永宁，分别到基层调研节后企业生产和项目复工情况。在泉州开发区安记食品股份有限公司，王永礼鼓励企业把食品质量安全放在首位。在泉州市第二实验小学（开发区校区）项目主体工程现场，王永礼要求当地把好项目建设安全关，同时培育新业态，挖掘税收新增长点，增强经济发展后劲，反哺民生社会事业。在位于安溪县湖头镇的闽光钢铁有限公司，王永礼寄望企业坚守安全生产底线，加大技改投入，各级政府各部门务必全力支持，做好服务保障工作。在泉州（湖头）光电产业园内的晶安光电有限公司，王永礼希望企业在保证安全生产的同时，扩大市场占有率，提高企业核心竞争力。张永宁走访泉州市第一医院城东院区二期病房楼项目，泉州台商投资区嘉德利电子材料有限公司、玖龙纸业泉州有限公司，福厦客专石狮段泉州湾跨海大桥施工现场、通达集团、石狮市服装城轻纺城等。

泉州市建设行业从业证书实现“电子化”

为提升住建领域审批服务水平，市住建局推进建设行业从业人员岗位证书办理标准化便民化，自是日开始，推行建设行业从业人员岗位证书无纸化网上办理，同步生成电子证书。此举将为企业带来一系列便利。建设行业从业证书“电子化”后，企业不仅无需现场报送纸质申报材料，从报名考试、发证以及延期、变更、注销等事项均采用无纸化网上办理，而且无需等待制证、也不再需要另行拿取证书，实现“一趟不用跑”。值得一提的是，直接生成电子证书后，纸质证书等效使用。具有二维码的电子证书与尚在有效期内的纸质证书效力相同，企业可在办理变更、延期等业务后改发电子证书，不影响企业持有的证书正常使用。

泉州纺织面料企业到法国巴黎展示新品

11—14日，2019春季法国（巴黎）成衣布料及辅料展览会在法国巴黎举行，汇集世界各地优秀面料，影响全球纺织时尚，泉州市多家企业参展，展示自己的最新产品。此次中国纺织信息中心、国家纺织产品开发中心组织14个国家纺织产品开发基地的企业到法国参展，包括联邦三禾（福建）股份有限公司、联盛（福建）纺织科技发展有限公司、福建省盈艺纺织品制造有限公司等在内的多家泉州企业参展，并以中国纺织面料流行趋势为切入点，以Fabrics China中国流行面料的形式创新展示，彰显独一无二的“中国设计”。

泉州—金门航线春节期间运送旅客人数创历史新高

春节长假期间，泉州—金门航线安全营运46航次，运送两岸旅客4416人次，同比增长8.6%，创历史新高。其中台湾同胞1159人次，占26.2%，旅游客流成为泉州—金门航线客流的新主力。由于泉州地区天气冷暖不定，海上浓雾频发，春节期间泉州—金门航线受大雾影响停航6班次。随着气温回暖，短途游和周末游有所升温，正月初五、初六泉州—金门航线的日客运量近千人次。

2月11日

农历己亥年正月初七
星期一
温度：11℃—17℃
多云

●王永礼、张永宁分别到基层调研节后企业生产和项目复工情况。

●自是日开始，市住建局推进建设行业从业人员岗位证书办理标准化便民化，推行建设行业从业人员岗位证书无纸化网上办理，同步生成电子证书。

●11—14日，2019春季法国（巴黎）成衣布料及辅料展览会在法国巴黎举行，泉州市多家企业参展，展示自己的最新产品。

●丰泽区新春招商恳亲座谈会举行，签约12个项目，总投资88.2亿元，涉及高新技术、文化创意、旅游服务等多个行业。

●惠安县新春企业家招商对接恳谈会举行，对接项目22个，总投资192.43亿元。

●春节假期，泉州—金门航线安全营运46航次，运送两岸旅客4416人次，同比增长8.6%，创历史新高。

2月12日

农历己亥年正月初八
星期二
温度：12℃—19℃
阴转晴

●2019年市政府第三次党组（扩大）会议召开，传达学习习近平在省部级主要领导干部坚持底线思维着力防范化解重大风险专题研讨班上的讲话精神和王沪宁在结业式上的总结讲话以及省委常委会、市委常委会会议精神。

●王永礼到石狮调研，一线推动节后复工、试点改革等工作。

●市人大常委会党组理论学习中心组（扩大）会议召开，传达学习习近平在省部级主要领导干部坚持底线思维着力防范化解重大风险专题研讨班上的讲话精神和王沪宁在结业式上的总结讲话精神，全国组织部长、统战部长会议和中央政法工作会议精神，以及省委、市委相关会议精神。

●市政协党组理论学习中心组（扩大）学习会议召开，学习习近平在省部级主要领导干部坚持底线思维着力防范化解重大风险专题研讨班开班式上的讲话精神，在中央政法工作会议上的讲话精神和全国、全省统战部长会议主要精神及省委常委会、市委常委会会议精神。

●团市委、市教育局召开泉州籍在外高校大学生代表新春座谈会。

●12—17日，2019年泉州市迎新春门球邀请赛在鲤城区老年体育中心举行。

2019年市政府第三次党组（扩大）会议召开

2019年市政府第三次党组（扩大）会议召开，传达学习习近平在省部级主要领导干部坚持底线思维着力防范化解重大风险专题研讨班上的讲话精神和王沪宁在结业式上的总结讲话以及省委常委会、市委常委会会议精神。会议指出，习近平在研讨班上的讲话精神，对新形势下党和国家面临的重大风险挑战进行系统阐述，对做好防范化解重大风险各项工作指明方向、提供遵循。会议要求，市政府领导班子、各县（市、区）政府、市直各部门把思想和行动统一到习近平讲话精神上来，坚持底线思维，增强忧患意识，打好防范化解重大风险攻坚战。要树立风险意识，坚持问题导向，全面梳理各自分管领域政治、意识形态、经济、科技、社会、外部环境、党的建设等方面存在的重大风险隐患，逐一分析评估，逐一协同化解，做到守土有责、守土负责、守土尽责。要敢于担当、敢于斗争，增强斗争本领，永葆斗争精神，提高防范化解重大风险能力，推动全市经济持续健康发展和社会大局稳定。

王永礼到石狮调研节后复工、试点改革等工作

市长王永礼到石狮调研，一线推动节后复工、试点改革等工作。在石狮国际贸易服务中心，王永礼看望海关、税务、商务、产投等办事窗口工作人员，向大家致以新春祝福。王永礼鼓励相关部门宣传发动更多供货商登记备案，创新形式吸引代理商、采购商，培育引进外语人才，做好各项服务和保障工作。王永礼指出，省委省政府、市委市政府高度重视石狮服装城市场采购贸易方式试点，寄望试点尽快生根发芽、茁壮成长起来。要围绕泉州商品供给特色和石狮试点特色，主动加强宣传推广，线上线下共同发力，聚集鞋服、食品、陶瓷等泉州市优势产品入驻，方便境外客商一站式采购。要依托异地商会、国外客商“以商招商”，制定配套政策措施，统筹社会力量参与，形成多个义务宣传队、招商团队，引导国内外采购商回流。要提升政务服务水平，了解各类市场主体需求，协调解决大家在结汇、采购商邀请、通关等方面遇到的实际困难，营造一流的诚信营商环境，让客商放心在石狮“买全国、卖全球”。王永礼还到蚶江环湾湿地公园、梧垵溪下游河道整治工程现场察看项目建设进展，到宝盖镇政府、石狮市行政服务中心看望慰问基层工作人员，鼓励干部群众提振干事创业精气神。

泉州籍在外高校大学生代表新春座谈会召开

团市委、市教育局召开泉州籍在外高校大学生代表新春座谈会，提升人才引导实效，促进泉州籍大学生到泉州就业创业。北京大学、中国人民大学、复旦大学、厦门大学等大学的50多名泉州籍在外大学生参加。座谈会上，泉州脸谱科技公司总经理陈智孟等返乡创业大学生代表结合自身经历，分享创业心得，畅谈愿景。市教育局、市金融监管局、市发改委、市人社局等市直部门有关科室负责人介绍泉州市引进人才和就业创业的相关政策，并对大学生关注的政策进行现场解答。活动旨在通过座谈会形式，让更多的泉州籍在外高校大学生人才了解家乡的变化，全面深入地了解家乡发展现状和美好前景，加强泉州籍在外高校大学生的联系，提升人才导流实效，促进泉州籍学生返回泉州就业创业，并为其引导所在学校同学到泉州创业就业打通信息渠道。

相关链接：春节期间，全市各级团组织利用大学生返乡契机，组织举办30多场相关座谈会，吸引700多名在校大学生参与。通过构建“146”工作体系，即组建一个微信群，导入政府、企业、项目、大学生四位一体的工作平台，实施创业政策、就业辅导、信息发布、节日关爱、乡情联谊、扶弱助贫的项目发布机制，打造“引导式”人才服务和“保姆式”服务关爱人才的模式，为泉州籍在外高校大学生人才打造方便快捷的“服务直通车”。

王永礼到丰泽调研数字经济发展情况

市长王永礼到丰泽调研数字经济发展情况。在位于丰泽区宝洲街的泉州市网商虚拟产业园，王永礼听取运营情况、办事流程、服务内容介绍，到品尚电商公司内察看公共信用信息监测平台建设成果，与丰泽区政府领导、市直有关部门负责人及企业家座谈交流。王永礼指出，希望企业深化数据收集和数据开发，使出看家本领，把企业大数据服务的永恒优势抓在手中，把业务的拓展延伸做精做细，创新商业模式，将数据开发应用的商业价值挖掘出来。各级政府各相关部门要支持企业依法做大做强，营造良好的营商环境和人才环境，主动对接企业困难需求，“点菜式”制定精准政策，政企携手共同壮大泉州数字经济板块。

泉州众多交通项目入选2019年度省重点项目名单

经省政府同意，省发改委确定2019年度省重点项目1565个，总投资3.85万亿元。其中在建项目1200个，总投资2.79万亿元，年度计划投资4577亿元；预备项目365个。在省重点项目名单中，泉厦漳城市联盟路泉州段、泉州台商投资区海湾大道（海江大道—海玉路、海灵大道—惠安）工程、泉州城东至北峰快速通道及两侧片区棚户区（石结构房）改造项目、石狮城市外线建设项目、泉州台商投资区海湾大道双山段道路及景观工程、泉州台商投资区泉东大道（杏秀路—南北大道）市政工程、泉州台商投资区海城大道（原第四纵路）工程、江滨南路南安段、洛江区西环路（双阳朋虹街—经九路）市政道路工程等众多市民关注的项目均在列。

通知规定，各地要加大招商引资力度，促进项目滚动接续，加强项目实施质量和水平，为坚持高质量发展落实赶超提供支撑；要加强协调服务，落实“一月一协调、一季一督查”工作机制，强化分级分类管理，攻坚克难、形成合力，及时解决项目推进中存在的困难和问题，确保项目投资进度、质量安全、生态环保同步推进。通知要求，要全面推行标准化管理、无障碍施工、和谐征迁，加强正向激励，推广项目工作好经验好做法；要加强要素保障，成立项目工作专班，落实省重点项目用地、用林、用海和建材、火工油品、物资供应等需求，促进重点项目建设顺利推进，确保全面完成年度任务，为建设“机制活、产业优、百姓富、生态美”新福建做出更大贡献。

泉州市印发2019年“第三产业提升年”活动方案

泉州市印发2019年“第三产业提升年”活动方案。方案提出，力争全年第三产业增加值同比增长10.1%—10.4%，第三产业增加值占地区生产总值比重达到40%以上，社会消费品零售总额同比增长11.0%，组织实施服务业百大项目，争取完成年度计划投资164亿元。方案提出，做大做强双千亿产业集群。重点培育壮大旅游休闲产业集群，推动“旅游+”融合，实施旅游产品培育计划，加快智慧旅游云平台建设，争取2019年旅游业总收入达到1270亿元以上，同比增长超过20%。重点推动跨境电商发展，规范电商行业发展，提升电子商务集聚区，加大物流服务商、渠道服务商、平台服务商等电子商务配套业态的培育力度，做大做强泉州市网商虚拟产业园、泉州跨境通公共服务平台，争取2019年全市电商交易额完成5800亿元左右，同比增长16%；网络零售额完成1500亿元，同比增长15%。

泉州某跨境电商企业的运营中心（图/王宇静 洪宝森）

2月13日

农历己亥年正月初九
星期三
温度：13℃—20℃
多云

●王永礼到丰泽调研数字经济发展情况。

●泉州众多交通项目入选2019年度省重点项目名单。

●泉州市印发2019年“第三产业提升年”活动方案。

●13—17日，2019年泉州市迎新春乒乓球比赛在泉州市体育中心羽毛球馆举行。

2月14日

农历己亥年正月初十
星期四
温度：14℃—19℃
多云转阴

●市十六届人大常委会第三十三次主任会议召开，讨论通过市人大常委会机关有关人事任免事项及2019年市人大常委会工作要点等。

●全市促进文化产业高质量发展座谈会召开，学习全国、全省有关会议精神，交流经验做法，分析当前形势，安排部署加快泉州市文化产业高质量发展的思路举措和重点任务。

●14—17日，2019年泉州市迎新春气排球公开赛在泉州市体育中心豪盛馆举行。

●由中国文物学会纺织文物专业委员会、省文物局、市文化广电和旅游局主办的“金玉华裳”传统服饰臻萃展在泉州市博物馆开幕。

●丰州古城历史文化研究会在南安市成立。

市十六届人大常委会第三十三次主任会议召开

市十六届人大常委会第三十三次主任会议召开。会议讨论通过市人大常委会机关有关人事任免事项及2019年市人大常委会工作要点；讨论市人大常委会代表资格审查委员会关于个别代表的代表资格的审查报告稿，关于2018年度规范性文件备案审查情况的报告稿，关于泉州市扶持民营经济发展政策措施落实情况综题询问工作方案，关于市人民检察院刑事执行检察工作情况专题调研方案，关于开展2018年度全市环境状况和环境保护目标完成情况专题调研方案，以及《泉州市市区内沟河保护管理条例》实施情况报告（书面）；确定市十六届人大常委会第十九次会议的召开时间和建议议程；提出第三十四次主任会议建议议题。

市十六届人大常委会第三十三次主任会议现场（图/王虎文）

“金玉华裳”传统服饰臻萃展开幕

由中国文物学会纺织文物专业委员会、省文物局、市文化广电和旅游局主办的“金玉华裳”传统服饰臻萃展在泉州市博物馆开幕。展览持续至3月5日，旨在促进中国传统纺织、服饰文化的弘扬和传承，加强中国服饰文化研究领域的学术交流，推动传统服饰元素与当代大众的联系，提升民族文化自信。此次展览展出收藏家王金华收藏的服饰文物50余件（套），囊括清代礼服、便服，形制丰富；同时展出满族、汉族、蒙古族等服饰文物，为参观者展示中国多民族社会形态的历史风貌。

“金玉华裳”传统服饰臻萃展现场（图/吴寿民）

丰州古城历史文化研究会在南安市成立

丰州古城历史文化研究会在南安市成立。研究会旨在推动研究古城历史、发掘文化资源、守护古城文脉、促进丰州发展。丰州是闽南文化发祥的古地，曾为闽南政治、经济、文化中心。镇域内现有九日山摩崖石刻国家级文物保护单位1处，有陀罗尼经幢、莲花峰石刻、丰州古墓群、燕山黄氏家庙等省级文物保护单位4处，有形态保持完整、传统风貌连续的历史街巷11条。近年来，南安、丰州两级党委、政府高度重视丰州古城历史文化的传承、保护与开发工作，创新发展模式，以旅游开发及社区营造为抓手，以“燕山小筑”文创基地及“海丝足球小镇”建设为载体，导入新型业态和现代元素，使丰州古城历史文化焕发生机与活力，“闽南古镇、海丝源头”的品牌效应持续彰显，入选第五批省级历史文化名镇，进入福建省首批千年古镇候选名单。南安丰州古城历史文化研究会有关负责人表示，研究会将确定好研究方向，对丰州古城开展研究，弄清丰州古城历史遗留问题，调研古城历史发展具体脉络，弄清各时期古城格局、街巷布局、历史建筑分布等相应地理信息等，撰写相关研究论文，为提炼古城核心文化价值提供支撑。

丰州古城历史文化研究会会址丰州书院（图/泉州晚报社）

2019年泉州市“春风行动”新春公益人力资源招聘会举行

2019年泉州市“春风行动”新春公益人力资源招聘会在泉州人才市场举行，70多家企业参加招聘会，为求职者提供2300多个岗位。参会企业涵盖电子信息、数控科技、纺织鞋服、机械装备、服务业等各类产业，为求职者提供包括行政管理、销售员、操作工、数控技工和电商人员等综合性岗位。招聘会还设置咨询服务窗口，为求职人员提供就业指导、求职登记、就业援助等一系列服务。泉州市就业和人才人事公共服务中心副主任赵超表示，招聘会的举办，满足泉州市求职者就业需求，服务企业招贤纳才，搭建用人单位与求职人员双向交流平台。泉州市企业用工整体呈现平稳态势，但是部分企业用工仍存在一定数量缺口，人力资源供需矛盾仍然存在。下阶段，泉州市将落实省政府《关于进一步做好当前和今后一个时期促进就业工作的实施意见》各项优惠政策。同时，创新泉州市服务企业引才招工特色工作，全年计划组织500家规模以上企业到40个以上省内外劳务输出重点地区，选择有较大辐射影响的省会人力资源市场举办高级人才（技工）招聘会，力争为企业新引进3万名以上岗位急需劳动力。同时，计划引导100家以上规模企业与省内外100家以上职业院校实现对接，达成大中专毕业生年就业意向1万人以上。

泉州市曲协2019元宵南音大会唱举行

15—17日，由市委宣传部和市文联主办，泉州市曲艺家协会承办的温陵弦歌庆元宵——泉州市曲协2019元宵南音大会唱举行，全市各地30多个南音社团参加活动，共举行六个专场演出。15日，南音弦友齐聚市区华侨大厦，连续举行两场会唱活动。各参演单位代表携手演奏嗳仔指《汝因势》，拉开活动序幕。紧接着，洛江区南音协会《霏霏飒飒》、德化县南音艺术家协会《恨王魁》、南安市南音协会《元宵十五》等十余个曲目轮番上演，参与人员既有年过七旬的老弦友，也有十多岁的小学生。此次南音大会唱还吸引世界南音联谊会首任会长、澳门南音社社长陈明白和菲律宾长和郎君社总社秘书长蔡友声等海外弦友代表参与。蔡友声表示，长和郎君社是菲律宾历史最悠久的南音社团，已有199年历史，现在还经常开展南音交流活动。泉州是南音的故乡，每次举办南音大会唱都要回来参加。中国曲艺牡丹奖获得者、泉州市曲艺家协会主席李白燕表示，2019年是泉州南音入选人类非物质文化遗产10周年，市曲协将举办一系列活动，推动泉州南音传承发展，提供更多的平台让弦友互动交流，让南音这一世界级文化遗产在更高层次、更宽领域、更广空间得到传承、发展和创新。市曲协元宵南音大会唱已经举行12届，规模越来越大，每年均有新亮点，吸引一批批海内外弦友齐聚古城。

安溪县在全省首创异地商会、杰出乡贤返乡结对共建乡村振兴项目

安溪县三级干部会议召开。第一批22个异地安溪商会与安溪县乡村振兴战略实施试点村开启结对共建；第一批57个乡贤投资（捐资）助力乡村振兴项目现场签订合作意向书，总投资（捐资）额84.376亿元。各异地安溪商会将根据自身产业特点，发挥资金、技术、市场、人才等优势，在家乡投资发展现代农业、订单农业、电子商务、文化旅游等产业，达到村集体经济壮大、农民增收、企业增效三赢局面。同时，各商会还将通过产业带动、就业扶持、捐资赠物等多种形式，参与结对村的农村道路、水利、环境、绿化等基础设施建设，以及教育、文化、养老等社会事业发展，力争帮助更多贫困户脱贫致富。签约的57个项目包括安溪乐康医院、雅兴双铁电商产业园、蔡洋水库综合开发、安溪和雅商贸综合体、金丝楠木及中药材产业建设、东方美茶庄园建设等，涉及茶业、旅游业、交通、物流、医疗、教育等多个领域。这些项目立足于安溪乡村实际和乡贤客观能力，不以GDP和财政收入为衡量标准，而是着眼于农村就业、农业产业链条拉动效应。

2月15日

农历己亥年正月十一
星期五
温度：14℃—22℃
多云转阴

●王永礼检查元宵赏灯筹备工作，到市信访局接访群众。

●全市统战部长会议召开，总结2018年全市统一战线工作，部署新一年工作任务。

●全市卫生健康工作会议召开，回顾总结2018年工作，部署安排2019年工作。

●15—17日，由市委宣传部和市文联主办，泉州市曲艺家协会承办的温陵弦歌庆元宵——泉州市曲协2019元宵南音大会唱举行。

●2019年泉州市“春风行动”新春公益人力资源招聘会在泉州人才市场举行，70多家企业参加招聘会，为求职者提供2300多个岗位。

●15—18日，2019年泉州市迎新春象棋、围棋邀请赛在泉州市妇女儿童活动中心举行。

●安溪县三级干部会议召开。第一批22个异地安溪商会与安溪县乡村振兴战略实施试点村开启结对共建；第一批57个乡贤投资（捐资）助力乡村振兴项目现场签订合作意向书，总投资（捐资）额84.376亿元。

2月16日

农历己亥年正月十二
星期六
温度：11℃—15℃
阴

●市政府就加强文物保护和安全工作印发通知，结合上级文件精神，就泉州市相关工作作部署。

●由市文化广电和旅游局主办，泉州市艺术馆、泉州府文庙文物保护管理处、泉州演出管理处等承办的百姓大舞台2019元宵晚会在市区府文庙广场举行。

泉州市加强文物保护和安全工作

市政府就加强文物保护和安全工作印发通知，结合上级文件精神，就泉州市相关工作作部署。通知明确，要落实各级政府主体责任、属地管理责任，将文物工作纳入领导班子和领导干部政绩考核综合评价体系。2019年起，明确考核指标体系，并且纳入政绩考核，督促有关方面履职尽责。为加快文物保护规划编制，市文物行政部门和县级政府，要有计划地组织编制各级文物保护单位保护规划。通知指出，在3月前，对各县（市、区）文物保护单位保护范围划定、公布工作完成情况进行全面检查。按照文物保护优先原则，将文物保护作为强制性内容，纳入城乡规划实施管理。

为强化部门监管职责，完善文物保护联合监管体系，通知对落实部门共管责任进行详细规定。根据通知，文物保护事业将被纳入国民经济和社会发展规划当中。泉州市还将设立文物保护专项资金，由市财政局督促各级财政部门，把文物保护经费列入本级财政预算，保障文物保护和安全经费投入。文物保护还将成为国土空间规划审批的重要内容。相关部门在审批涉及文物保护的建设用地时，事先征询文物行政部门的意见，对未落实文物保护措施的建设用地，不予办理相关手续。泉州市将建立文物、公安、住建、资源规划、生态环境、旅游、宗教、海洋渔业等部门（单位）参加的文物行政执法联席会议制度，研判文物安全形势，针对主要问题，开展联合检查或专项整治行动。同时，严厉打击文物犯罪。

泉州市将突出直接管理责任，落实好文物保护和安全巡查制度，坚持“谁管理、谁使用、谁负责”，不可移动文物专门管理机构和博物馆、纪念馆法定代表人、文物所有人或者使用人、其他承担文物保护管理职责的单位负责人，对本单位的文物安全，负有直接责任。所有的县级以上文保单位、博物馆单位，要结合各自特点，制定完善系列安全管理制度，报本级文物行政主管部门审核备案，并在本单位统一上墙。在推进全市文物安防设施设备建设方面，泉州市将推进文物平安工程。每年按照文物级别和紧急程度，安排一批安防、消防、防雷工程。

百姓大舞台2019元宵晚会举行

由市文化广电和旅游局主办，泉州市艺术馆、泉州府文庙文物保护管理处、泉州演出管理处等承办的百姓大舞台2019元宵晚会在市区府文庙广场举行。福建省梨园戏传承中心、泉州市提线木偶戏传承保护中心、泉州市高甲戏传承中心、泉州闽南民间歌舞传承中心等市直主要院团参加演出，献演梨园戏《睇灯》、提线木偶表演《钟馗醉酒》、高甲戏《赏花》、舞蹈《百花争妍》、歌曲《望春风》和《正月点灯红》等文艺节目。同时，还吸引泉州市艺术馆少儿南音班、山外山五祖拳传习中心、泉州市丰泽区第一中心幼儿园到场演出，分别表演南音《直入花园》、武术《五祖雄风》和闽南童谣《年兜有趣味，移风易俗好景致》。

百姓大舞台2019元宵晚会现场（图/陈智勇）

2月17日

农历己亥年正月十三
星期日
温度：10℃—13℃
阴

●国务院批准2018年享受国务院政府特殊津贴人员名单，泉州市10名专家入选。

●17—18日，由市总工会等主办的千条灯谜群众大展猜活动在市工人文化宫乡音广场举行。

●2019年泉州霞洲妈祖宫“乞龟”活动暨“米龟、水果龙”点睛、开光祈福仪式举行。

●17—22日，以“两岸一家亲，共赏元宵灯”为主题的“围头古街”首届元宵活动在晋江市金井镇围头村举行。

●惠安县校园服饰装备行业协会成立大会举行。

泉州市新增10位享受国务院特殊津贴专家

国务院批准2018年享受国务院政府特殊津贴人员名单，福建省高校、科研院所、企业等的81名专家学者以及技术人员入选。2018年泉州市入选享受国务院特殊津贴专家10人。至此，泉州市共有享受国务院特殊津贴专家91人。10位入选者分别是：中化泉州石化有限公司王宗国、国网泉州供电有限公司吴志成、福建泉州迪特工业产品设计有限公司杨学太、福建德化友滨陶瓷研究所连紫华、福建泉州市农业科学研究所陈剑洪、泉州师范学院屈广清、福建省鸿山热电有限责任公司俞金树、中化泉州石化有限公司胡福磊、华侨大学郭子雄、福建天广中茂股份有限公司黄如良。国务院政府特殊津贴制度始于1990年。国家每两年开展一次享受政府特殊津贴人员选拔工作，旨在奖励在科技、教育、文化、卫生等岗位和工农业生产第一线，具有高级专业技术职称并有重大贡献和取得突出业绩的专家、学者、技术人员。对经批准享受国务院政府特殊津贴的人员，国务院授权人力资源和社会保障部颁发政府特殊津贴证书，由国家一次性发放2万元，免征个人所得税。从2009年起，泉州市政府配套奖励2万元，并对1995年以前享受按月发放津贴的人员按1:1配套发放。

千条灯谜群众大展猜活动举行

17—18日，由市总工会等主办的千条灯谜群众大展猜活动在市工人文化宫乡音广场举行，再现宋元时期刺桐城元宵赏灯猜谜盛况。早在宋代，谜语就与花灯结合在一起，成为“灯谜”。北宋时，泉州人吕惠卿曾经出过一条字谜“东海有一鱼，无头亦无尾，更除脊梁骨，便是这个谜”给苏轼猜。据《泉州府志》记载，“明清两代每年于开元寺大放花灯，并于灯下悬谜点缀，任人猜射”。此次展猜的1400条灯谜皆为泉州市职工灯谜协会的原创作品，融合不少泉州元素。像谜面“太白登朝多计谋”猜一位泉州历史文化名人，“七擒七纵不复反”猜两个泉州县市，“子牙见高堂，取来鸳鸯甲”猜一道泉州特色美食，“曲径通幽处，禅房花木深”猜一个泉州旅游景点，“青春做伴来游玩”猜一个泉州剧种，“展子禽坐怀不乱，定远侯投笔从戎”猜泉州的一个县名连镇名，“唇枪舌剑”猜一位泉州籍作家。

千条灯谜群众大展猜活动现场（图/吴寿民）

惠安县成立校园服饰装备行业协会

惠安县校园服饰装备行业协会成立大会举行。惠安县校服行业萌芽于二十世纪80年代，经过30多年发展，已经形成集服装面辅料产品的研发、生产和校园服饰的研发设计、生产加工、销售服务为一体的完整产业供应链条，形成包括校服、园服和鞋、帽、箱包、床上用品等从幼儿园到中小学和高等院校及教师工作服、单位团体制服的全系列产品的开发和生产能力，业务服务范围遍布全国各地。近年来，惠安县实施“产业基地化”战略，传统、重化、高新三大产业板块逐步成形成势，特别是校园服饰产业，呈现出稳中有进、稳中向好的发展势头。协会以“服从组织、服务会员、整合资源、助力教育”为宗旨，将规范行业标准，强化行业自律，优化市场机制，发扬“携手共创、智行致远”的协会精神，为校服行业注入新的活力和正能量，吹响惠安县校服产业变革的号角，共同建设校园服饰产业基地，打造惠安校服特色小镇，抱团打响惠安校服名片。

2月18日

农历己亥年正月十四
星期一
温度：13℃—17℃
小雨

●市委常委会召开会议，传达学习习近平在中央政治局第十二次集体学习时的讲话和省委常委会会议精神，研究泉州市贯彻意见；学习《中国共产党纪律检查机关监督执纪工作规则》《中国共产党农村基层组织工作条例》。

●康涛、王永礼会见到泉州参加2019泉·澎“乞龟”民俗文化活动的台湾澎湖县县长赖峰伟。

●市人大常委会党组理论学习中心组（扩大）会议召开，传达学习习近平在中央政治局第十二次集体学习时的讲话和省委常委会会议、市委常委会会议精神，学习《中国共产党纪律检查机关监督执纪工作规则》和《中国共产党农村基层组织工作条例》。

●泉州市2019元宵音乐会在泉州影剧院举行。

市委常委会会议学习习近平讲话和省委常委会会议精神

市委常委会召开会议，传达学习习近平在中央政治局第十二次集体学习时的讲话和省委常委会会议精神，研究泉州市贯彻意见；学习《中国共产党纪律检查机关监督执纪工作规则》《中国共产党农村基层组织工作条例》。

会议指出，习近平在中共中央政治局就全媒体时代和媒体融合发展举行第十二次集体学习时的讲话，分析全媒体时代的挑战和机遇，把握媒体融合发展的趋势和规律，提出推动媒体融合向纵深发展的要求，为做好新形势下党的新闻舆论工作指明方向、增添动力。全市各级各部门要学习领会，按照省委部署要求，全面贯彻落实到工作实践中，为作答时代命题提供精神力量和舆论支持。要抓紧抓实媒体融合发展各项任务，坚持党性原则，把握正确舆论导向，坚持一体化发展方向，坚持移动优先策略，加快新型主流媒体建设，构建市县联动的融媒体矩阵，打造高质量融媒产品。各级党委政府要更加主动顺应全媒体时代大势，强化政策、资金、人才全方位支持，提高媒介素养，善于运用各类媒体和互联网开展工作。

会议指出，要学习领会习近平关于全面从严治党论述精神，贯彻实施好《中国共产党纪律检查机关监督执纪工作规则》，推进纪检监察工作高质量发展。各级纪检监察机关要把学习贯彻规则作为一项政治任务，把依规依纪依法要求落实到监督执纪问责和监督调查处置的全过程、各环节，统筹运用纪法“两把尺子”，推进反腐败工作规范化、法治化。会议强调，要认识中央新修订《中国共产党农村基层组织工作条例》的意义，组织各级党组织特别是县、乡、村党组织、农村党员领会掌握条例精神，增强贯彻执行的思想自觉和行动自觉。要树牢大抓基层鲜明导向，各级党委要主动扛起责任，加大农村基层基础保障力度，提升基层组织力、治理能力和矛盾化解水平，推动农村基层党组织全面进步、全面过硬。

康涛王永礼会见澎湖县县长赖峰伟

市委书记康涛、市长王永礼会见到泉州参加2019泉·澎“乞龟”民俗文化活动的台湾澎湖县县长赖峰伟，市领导周真平参加会见。康涛指出，泉州、澎湖两地交往源远流长，民俗文化同根同源，人民感情深厚，经贸往来密切，希望两地以此次活动为契机，加强多层次沟通往来，将两地经济文化人员交流推向深入。

市人大常委会党组理论学习中心组（扩大）会议召开

市人大常委会党组理论学习中心组（扩大）会议召开，传达学习习近平在中央政治局第十二次集体学习时的讲话和省委常委会会议、市委常委会会议精神，学习《中国共产党纪律检查机关监督执纪工作规则》和《中国共产党农村基层组织工作条例》。会议指出，要改进和加强市人大宣传工作，探索人大媒体融合宣传新路径，落实年度人大宣传工作计划。要坚持依规执纪，强化自我监督，贯彻执行好规则，把严的要求贯穿管党治党全过程。要学习贯彻《中国共产党农村基层组织工作条例》，围绕省委、市委推进农村基层党组织建设的决策部署，结合人大农业农村工作实际，为推动泉州市实施乡村振兴、脱贫攻坚、发展壮大村集体经济等发挥作用。

泉州市2019元宵音乐会举行

泉州市2019元宵音乐会在泉州影剧院举行。吸引上千市民到场观看演出，感受高雅艺术的魅力。（图/陈智勇）

晋江市百个项目集中签约暨开竣工活动举行

晋江市2019年百个项目集中签约暨开竣工活动举行，51个项目参加签约，计划总投资254.7亿元。签约项目呈现以下特点：一是突出转型攻坚。24个工业制造项目，计划总投资158.2亿元，包括集成电路、新材料、生物科技等高新技术产业项目9个，多功能面料、高端经编织造等传统优势产业高端环节项目15个。二是突出三产跃升。25个现代服务业项目，计划总投资91.32亿元。三是突出人才生态。3家专科医院、晋江·中华品牌街、希古国际高端酒吧等项目，将从健康医疗、购物娱乐、休闲旅游等方面完善人才生态。四是突出现代农业。茂雄蔬菜产业园、星辰旅游“花世界”、养生沉香种业园等项目，将发展生态农业、休闲旅游、农产品深加工等现代农业。五是突出零地招商。兆泰1988文创园、万业城商业综合体等11个项目利用原有场地“腾笼换鸟”、投建新项目。

泉州市举行元宵节赏灯活动

全市各地举行元宵节赏灯活动。鲤城区按照“方便群众就近、分点、有序赏灯，提升赏灯舒适度”的原则，多形式把花灯及氛围灯分布到各个角落，包括“四点、三门、三十二处”和“二桥、三街口、五路段”。其中“四点”包括新门街、威远楼、开元盛世广场、新天城市广场等；“三门”包括临漳门、朝天门、泉山门3个城门；还有古城区的泉州天后宫、侨光创意产业园、鲤城区文化馆等32处标志性建筑和公共场所。丰泽区的300多盏花灯分布在泉州商城广场、田安路南段（泉秀街—丰泽街路段）两侧、湖心街东段和中段（从坪山路至刺桐东路、从刺桐西路至田安路）两侧。精品花灯和少儿创意花灯分点分线，传统和创意穿插其间。丰泽辖区内的主干道和进出城通道上也挂上大红灯笼，各大公园也在合适位置布置8座灯墙悬挂红灯笼、暖灯串及节日吉祥语。晋江市五店市等地设置花灯。泉州台商投资区则设置海丝艺术公园、百崎乡法制文化广场、张坂镇法制文化公园以及洛阳镇红树林文化广场4个赏灯区。

海丝艺术公园赏灯区（图/陈小阳）

晋江五店市主题为“晋江经验再出发”的花灯（图/庄丽祥）

德化县城各种景观灯流光溢彩（图/泉州晚报社）

2019泉·澎“乞龟”民俗文化活动举行

2019泉·澎“乞龟”民俗文化活动在泉州天后宫举行。图为活动中的大米龟。（图/吴寿民）

2月19日

农历己亥年正月十五
星期二
温度：15℃—24℃
阴转小雨

●晋江市2019年百个项目集中签约暨开竣工活动举行。51个项目参加签约，计划总投资254.7亿元，康涛、刘文儒等共同见证招商项目集中签约。

●王永礼到泉州台商投资区调研，推动重点项目加快建设步伐。

●市委第七轮巡察暨乡镇（街道）脱贫攻坚全交叉巡察工作动员部署会召开，部署巡察工作任务安排。

●全市各地举行元宵节赏灯活动。

●中央电视台2019元宵戏曲晚会在CCTV—11播出，泉州提线木偶戏《闹元宵》作为泉州分会场节目亮相。

●2019泉·澎“乞龟”民俗文化活动在泉州天后宫举行。

●19—20日，泉州市元宵节足球赛在泉州市体育中心举行。

●鲤城区海上丝绸之路交流平台、华侨大学海上丝绸之路南亚研究中心鲤城区基地、泉州市鲤城区锡兰文化促进会在鲤城区后城140号古大厝揭牌成立。

2月20日

农历己亥年正月十六
星期三
温度：15℃—20℃
小雨

●全市“项目攻坚2018”表彰暨“强基促稳”三年行动工作部署视频会议召开，表彰“项目攻坚2018”活动优秀集体和先进个人，为春季攻坚再加力，对强基促稳作部署。

●由市委宣传部、市发改委、市工信局、市科技局、市金融局、市总工会、市工商联、市城联社、泉州晚报社主办的2018泉州经济年会年度峰会在市区海丝博亚国际酒店举行。

●“嘉庚精神在泉州”专题图片展在鲤城区万寿路75号原水产仓库开幕。

●泉州天后宫与澎湖天后宫就2019泉州澎湖妈祖会香回访活动举行签约仪式。

●鲤城文旅集团有限公司、鲤城商业发展集团有限公司、鲤城国有资产投资运营集团有限公司、鲤城城市建设集团有限公司揭牌成立。

全市“强基促稳”三年行动工作部署视频会议召开

全市“项目攻坚2018”表彰暨“强基促稳”三年行动工作部署视频会议召开，表彰“项目攻坚2018”活动优秀集体和先进个人，为春季攻坚再加力，对强基促稳作部署。会议通报“项目攻坚2018”完成情况并对“春季攻坚行动”进行点评。会议指出，2018年，泉州围绕高质量发展落实赶超，组织实施项目攻坚年活动，步步升级、战役叠加，加码加力、冲刺奋战，推进项目梯度转化，实施“大招商、招大商”，加快铸链强链补链，落实一线正向激励，超额完成年度项目攻坚任务。从2019年元旦开始，全市集中力量、集中资源，组织实施年底问题销号、城乡环境大整治、安全生产大整治、招商季、企业稳产扩能五个专项行动，奋战首月初见成效，均超额完成阶段性目标任务。下阶段，希望各级各部门按照市委的部署要求，向先进县（市、区）、向先进集体和个人看齐，提振精气神、集聚正能量，只争朝夕、苦干实干，为实现一季度开门红目标、实现全年目标任务做出新的更大贡献。

2018泉州经济年会年度峰会举行

由市委宣传部、市发改委、市工信局、市科技局、市金融局、市总工会、市工商联、市城联社、泉州晚报社主办的2018泉州经济年会年度峰会在市区海丝博亚国际酒店举行。年会以“新时代 新动能 新作为”为主题。峰会现场，2018年泉州“年度经济人物”“泉州智能制造十大装备”“年度十佳高成长性科技企业”“年度十佳工匠精神企业”“年度十佳工艺美术大师”“年度企业社会责任奖”榜单揭晓，峰会现场还展示年度优秀信用案例，发布《泉州民营经济蓝皮书·现代物流篇》，并举办2018泉州现代服务业年度创新项目征集暨项目资本对接活动，系列活动多达10项。峰会上，国家发改委国际合作中心总经济师张亚雄为泉州企业家作题为《信用数据与共享经济》的演讲，并与南威软件、中闽百汇、派顿中国、品尚电商等本土知名民营企业负责人交流，探讨大数据视角下的企业转型，研判未来经济走势。

2018泉州经济年会年度峰会现场（图/陈小阳 林劲峰）

“嘉庚精神在泉州”专题图片展开幕

“嘉庚精神在泉州”专题图片展在鲤城区万寿路75号原水产仓库开幕，展览至正月底结束。陈嘉庚出生于清末福建泉州府同安县集美社（今厦门集美），是伟大的爱国主义者、杰出的华侨领袖、著名实业家、教育家和社会活动家，被毛泽东誉为“华侨旗帜 民族光辉”。此次展览分“陈嘉庚的光辉一生”与“嘉庚精神与泉州”两大部分。第一部分较全面介绍陈嘉庚光辉的人生轨迹。第二部分展示集美学村抗战内迁泉州安溪文庙、陈嘉庚曾任泉州六中董事长、五位泉州籍集美校友创办晋光小学、泉州南安国光中学创办者李光前（陈嘉庚的女婿）、黎明大学创办者泉州籍集美校友梁披云、杰出的泉州籍集美校友李尚大和李陆大、华侨大学陈嘉庚纪念馆等情况。

“嘉庚精神在泉州”专题图片展现场（图/陈智勇）

市委政法工作会议召开

市委政法工作会议召开，学习贯彻习近平新时代中国特色社会主义思想和中共十九大精神，贯彻落实习近平在中央政法工作会议上的讲话精神，按照中央、省委部署要求，研究部署2019年政法工作，为高质量发展落实赶超营造安全稳定环境。会议要求，全市政法战线要坚持以习近平新时代中国特色社会主义思想为指导，坚持党对政法工作的绝对领导，坚持稳中求进工作总基调，落实总体国家安全观和以人民为中心的发展思想，加快推进社会治理现代化，加快推进政法领域全面深化改革，加快推进政法队伍革命化、正规化、专业化、职业化建设，履行好维护国家政治安全、确保社会大局稳定、促进社会公平正义、保障人民安居乐业的职责任务。要扛起责任，维护政治安全、强化基层基础、促进长期稳定。把维护国家政治安全摆在首位，筑牢国家政治安全的铜墙铁壁；全面开展“强基促稳”三年行动，源头疏导化解矛盾纠纷，织密织牢公共安全网，推进基层社会治理创新，打好扫黑除恶专项斗争，建设更高水平“平安泉州”；全面深化政法领域改革，完善政法机构职能体系，统筹抓好司法体制综合配套改革，提升政法公共服务水平。

泉州历史文化中心第三批丛书首发

泉州历史文化中心第三批丛书首发式举行。此次首发的14部著作涉及面广，展现泉州悠久的历史文化底蕴。14部著作分别为《闽南传统建筑营造技艺》《话说泉州》《闽南谚语校注》《泉州书法史略》《泉南杂志》《泉州访古记》《陈泗东文史类稿》《泉州游记》《傅金星文史类稿》《吴幼雄文史类稿》《陈鹏鹏文史类稿》《杨清江文史类稿》《李玉昆文史类稿》《郑焕章文史类稿》。首发式上，《闽南传统建筑营造技艺》作者蒋钦全作为作者代表发言。蒋钦全表示，闽南古建筑不仅承载闽南人祖祖辈辈的生活与乡愁记忆，更以其鲜明的地域特色、深厚的文化积淀以及独特的家族传承，成为中华民族传统建筑的奇珍异宝，现已入选世界非物质文化遗产名录。《闽南传统建筑营造技艺》一书创作历时近十年，期待能把闽南传统建筑千年的历史文化挖掘整理加以传承，继而创新，把历史的乡愁和闽南古建筑技艺展现给后代。此次首发式一大亮点是多位“泉州学”学者专著集中亮相。其中，《陈泗东文史类稿》选取作者文稿37篇，皆为关于泉州历史文化之研究考论。《傅金星文史类稿》中选取作者论述泉州历史文化的文稿59篇，既注重学术性，又兼顾普及性和趣味性。首发式现场，主办方还向泉州市图书馆、泉州博物馆、泉州华侨历史博物馆等单位及热心人士赠书。

相关链接：泉州历史文化中心1983年成立，创办人为泉州市原市长王今生。三十多年来，中心团结泉州文史界有识之士，开展对地方历史文化的保存、整理、研究、继承的调查研究，提供建设性意见，还开展地方文献的整理出版等工作。出版《泉州历史文化丛书》《泉州历史文化中心丛书》，创办学术刊物《泉南文化》，后更名为《泉南文化研究》。泉州历史文化中心整理编纂的第一批、第二批丛书分别于2015年、2016年出版。

泉州历史文化中心第三批丛书首发式（图/廖平和）

2月21日

农历己亥年正月十七
星期四
温度：13℃—17℃
小雨

●市委政法工作会议召开，学习贯彻习近平新时代中国特色社会主义思想和中共十九大精神，贯彻落实习近平在中央政法工作会议上的讲话精神，按照中央、省委部署要求，研究部署2019年政法工作。

●十二届市政协第十五次主席会议召开，协商市政协2019年工作要点及市政协十二届三次会议重点提案。

●市政协党组理论学习中心组（扩大）学习会议召开，传达学习习近平在中央政治局第十二次集体学习时的讲话和省委常委会会议、市委常委会会议精神等。

●泉州历史文化中心第三批丛书首发式举行。

●安溪县“党建引领乡村振兴 茶旅先行强村富民”试点工作启动仪式在该县祥华乡东坑村举行。

2月22日

农历己亥年正月十八
星期五
温度：12℃—20℃
多云

●泉州市自来水有限公司、福建省蓝深环保技术股份有限公司、泉州水务直饮水科技有限公司、泉州水利投资有限公司签订《泉州市水务水质检测有限公司增资扩股协议书》。

●国家知识产权局印发《关于第二十届中国专利奖授奖的决定》，泉州市3项专利获奖。

●由安溪县农业农村局主办的“茶产业多元化发展与开拓国际市场”研讨会在安溪举行。

泉州市整合水质检测资源

泉州市自来水有限公司、福建省蓝深环保技术股份有限公司、泉州水务直饮水科技有限公司、泉州水利投资有限公司签订《泉州市水务水质检测有限公司增资扩股协议书》，决定对泉州市水务水质检测有限公司实施增资扩股方案。泉州市水务水质检测有限公司前身是泉州市自来水有限公司下属的水质监测中心，主要职能是承担泉州市自来水有限公司北区水厂、泉南水厂和金浦水厂的日常水质监测和水质全分析检测工作,具体检测工作为每天对源水、出厂水和管网水进行10项日常项目的检测，每月进行一次水质常规项目42项检测，对每批次的净水剂等涉水材料进行质量验收监测。为符合检验检测机构资质认定条件，提高企业社会效益和经济效益，2018年2月由泉州市自来水有限公司提出，经市国资委批准，在原水质监测站的基础上独资设立泉州市水务水质检测有限公司，经营范围为质检技术服务、水质检测、涉水产品检测等。为发挥供水企业水质检测的技术、设备优势和人才能力，整合内部资源，延伸并做大做强水务集团产业链，泉州水务集团于2019年批准泉州市自来水有限公司提出的泉州市水务水质检测有限公司增资扩股方案。

整合后的水质检测公司将强化科研创新，提升核心竞争力。水质检测作为科技含量较高的一个业务领域，将通过内部相关资源的整合，强化与科研院所、高等院校、科技企业等的合作，打造科研创新平台；发挥人才、设备、资金的集聚效应，完善水质监测系统；在自来水业务规模扩张的带动下，提升专业化水平，实现对外拓展，逐步实现对原水、自来水、二次供水、分质供水、污水水质检测的全覆盖，打造市场化、专业化、全领域水质检测咨询服务商；立足内部市场，面向泉州区域市场，推动水表检验、管网测漏等业务做大做强，提升核心竞争力，增强长远可持续发展能力提供支持。

泉州市首获中国外观设计银奖

国家知识产权局印发《关于第二十届中国专利奖授奖的决定》，泉州市3项专利获奖。九牧厨卫股份有限公司的“水龙头（0112）（ZL201630396674.8）”获第二十届中国外观设计银奖，成为全市首获中国外观设计银奖的企业。此外，福建晋江浔兴拉链科技有限公司的“拉链滑块及使用该拉链滑块的拉链头（ZL201010513776.5）”和雨中鸟（福建）户外用品有限公司“一种可牢固倚靠于墙壁的防盗伞（ZL201510318200.6）”分获第二十届中国专利奖优秀奖。

相关链接：中国专利奖是中国唯一的专门对授予专利权的发明创造给予奖励的政府部门奖，旨在表彰积极有效开展知识产权创造、运用、保护和管理工作，以及在促进创新和推动经济社会发展等方面做出突出贡献的专利权人和发明人（设计人）。

“茶产业多元化发展与开拓国际市场”研讨会在安溪举行

由安溪县农业农村局主办的“茶产业多元化发展与开拓国际市场”研讨会在安溪举行。研讨会上，马来西亚拿督、以“汉学管理”蜚声华人世界的林孝仁博士与安溪茶界同仁分享企业开拓国际市场的经验。林孝仁认为，要从汉文化中汲取“养分”，才能更好地走向世界。而简洁、宏观、雅致是汉文化的本质，也是企业的软实力。简单的东西让人明白，更容易在世界各地复制，也不会造成浪费；业绩才是企业的核心，营销时，也要化繁为简。宏观，就是要看整体，对原材料要整体利用。安溪茶可以对这些粗枝大叶进行深发酵，再加工成茶粉。这些茶粉既能直接吃，也可以抹在蛋糕、冰淇淋上，做成面条，甚至沐浴露。这些“下脚料”能为公司多产生20%的收益。靠这20%的收益，就能维持企业的运营，打败众多同行，并因此能在世界领先。研讨会从新常态、新业态、新技术、新理念、新产品在企业的转移、转化和应用等不同层面，共同探讨安溪县茶产业多元化发展及如何走向国际市场，推动茶产业的绿色、生态、安全、优质、高效和持续发展。

温陵讲坛“文化精品讲座”举行

由市文化广电和旅游局主办，泉州市图书馆、泉州府文庙文物保护管理处承办的温陵讲坛“文化精品讲座”在市区府文庙明伦堂举行，著名地方史专家、泉州师范学院教授吴幼雄作《泉州多元一体文明讨论》专题讲座。吴幼雄从当代外国人看泉州多元文明、宋代泉州多元一体文明盛况、元代泉州多元一体文明盛况和儒家治国的宽容和包容思想——泉州多元一体文明原因等方面，分享泉州多元一体文明研究新成果。

“改革开放40年的中国艺术之梦”座谈会举行

由市文联、市文艺评论家协会、民盟中央美术院泉州分院主办，泉州市思源闽南文化交流中心承办的“同窗艺梦——改革开放40年的中国艺术之梦”座谈会在市区闽南小院举行。座谈会吸引近50位泉州市文艺家代表参加座谈，与会人员从蔡沧洲、黄坚两位艺术家的艺术成长道路，畅谈实现中华民族伟大复兴的“中国梦”和改革开放40年泉州的文艺发展之路以及艺术家的文艺之梦。与会文艺家代表认为，艺术家要敢于有梦、勇于追梦、勤于圆梦，怀着对艺术梦的不懈追求，艺术家应积极为泉州文艺的发展做出更大贡献。

2019年“新时代·新晋江”文学活动在晋江举行

由晋江市文化和旅游局与晋江市文联主办的2019年“新时代·新晋江”文学活动在晋江举行。活动包括晋江艺术讲堂《现代诗歌批评漫谈》、《星光》编读恳谈会暨新时期晋江文学创作座谈会和“新时代·新晋江”2019晋江诗歌音乐会三部分。福建省文艺评论家协会副主席、福建师范大学协和学院教授伍明春分享《现代诗歌批评漫谈》。伍明春表示，现代诗歌批评包括诗歌现象剖析、诗歌文本解读、诗人印象描述等，是当代文学批评的一个重要组成部分。写作现代诗歌批评需要具备较为扎实的文学史知识和文学批评理论素养以及文本分析技巧等，现代诗歌批评写作需要充足的“底气”、洋溢的“才气”和适当的“锐气”。在《星光》编读恳谈会暨新时期晋江文学创作座谈会上，与会省市名家为当地文学繁荣发展建言献策。晋江市文化和旅游局负责人表示，唐代诗人白居易提出“文章合为时而著，歌诗合为事而作”的诗文理论，晋江文学创作也是如此，文学创作可以有作家个性化的东西呈现，但一定不要离开大的时代背景，在晋江这片热土上，一定要多关注现实，响应时代的发展，唱响主旋律。文学创作需要潜下心来，希望有更多的文学爱好者深入基层，扎根群众，创做出更多“接地气”，反映火热生活的文学作品。

30家泉州企业获中国流行面料优秀奖

2019中国国际面料设计大赛暨第41届（2020春夏）中国流行面料入围评审获奖名单揭晓，台隆、创艺、联邦三禾、展耀、英伦世家、益盛等30家石狮知名面料企业的53组相关产品入围。此次入围企业与产品均创历年最佳，再次展示石狮及闽派面料引领流行时尚的独特魅力。作为中国流行面料趋势发布基地、中国休闲面料商贸名城，自赛事启动以来，石狮面料企业就备受关注。联盛、协盛协丰、金丰盛、海兴凯晟等龙头纺织面料企业纷纷拿出最新研发产品，通过石狮市布料同业公会报名参赛。石狮面料屡次在中国流行面料评审中脱颖而出，不仅突显石狮在休闲面料创新研发上的强大实力，更彰显泉州企业在时尚尖端的引领姿态。

2月23日

农历己亥年正月十九
星期六
温度：9℃—13℃
小雨转中雨

●由市文化广电和旅游局主办，泉州市图书馆、泉州府文庙文物保护管理处承办的温陵讲坛“文化精品讲座”在市区府文庙明伦堂举行。

●由市文联、市文艺评论家协会、民盟中央美术院泉州分院主办，泉州市思源闽南文化交流中心承办的“同窗艺梦——改革开放40年的中国艺术之梦”座谈会在市区闽南小院举行。

●由晋江市文化和旅游局与晋江市文联主办的2019年“新时代·新晋江”文学活动在晋江举行。

●由惠安县政府主办，县旅游事业局、泉州惠旅文化旅游发展有限公司、福建省聚龙养生发展有限公司承办的惠安县首届温泉文化旅游节的重头戏——温泉小姐大赛暨海西模特大赛总决赛在该县聚龙小镇举行。

●第二届桃仙溪杯五人制足球邀请赛在德化县南埕镇举行。

●30家泉州企业获中国流行面料优秀奖。

2月24日

农历己亥年正月二十
星期日
温度：9℃—13℃
小雨转多云

●泉州市推进中小企业成长计划。

●2019年省级“千村整治、百村示范”美丽乡村及特色景观带名单公布，泉州市139个村庄入选省级美丽乡村、12个村庄入选省级美丽乡村示范村。

●以“金门供水”工程为题材改编的影片《活水》启动仪式，在福建海西国家广告产业园（泉州园）举行。

泉州市推进中小企业成长计划

2019年泉州市继续实施中小企业成长计划，推动中小企业上规模，培育一批市场前景好、创新能力强、发展空间大的中小企业，推动中小企业优化结构和转型成长，为泉州市规模企业输送后备力量，力争全市规模以下转规模以上工业企业200家以上。引导中小企业走“专精特新”发展之路是中小企业成长计划的重要内容。“专精特新”企业是指具有“专业化、精细化、特色化、新颖化”特征的工业中小企业，企业规模符合国家《中小企业划型标准》的规定。2018年，泉州市建立全市“专精特新”企业培育库，入库超2000家中小企业，至2018年底培育省级“专精特新”中小企业83家，引导71家中小企业参与龙头企业协作配套。2019年泉州市继续致力培育“专精特新”中小企业，推动本地中小微企业改造升级工艺技术，培育一批“专精特新”标杆企业，引导一批二三线品牌企业转型成为精品工厂、标准化工厂，推动中小企业走“专精特新”发展之路，发挥示范作用，提高泉州市产业和产品竞争力。同时，泉州市将继续实施“万家企业手拉手”专项行动，开展企业家培训工作。引导中小企业专注于产业链分工，主动融入龙头企业供应链，参与龙头企业、品牌企业的协作、配套，建立联系更加紧密、分工更加专业、功能更加完备的产业集群，促进龙头企业与中小企业互用产品、互为市场、抱团发展。

泉州市139个村庄入选省级美丽乡村

2019年省级“千村整治、百村示范”美丽乡村及特色景观带名单公布，泉州市139个村庄入选省级美丽乡村、12个村庄入选省级美丽乡村示范村。此次入选省级美丽乡村的包括城市进出口干道两侧的村庄8个、旅游景区周边的村庄12个、“六江两溪”1公里范围内的村庄14个、公路铁路沿线（300米范围内）的村庄41个、其他区域的村庄64个。12个省级美丽乡村示范村分别为：洛江区马甲镇溪北村；泉港区前黄镇后张村后张自然村；石狮市鸿山镇西墩村；晋江市新塘街道南塘社区；南安市官桥镇内厝社区；惠安县净峰镇赤土尾村；安溪县白濑乡白濑村、虎邱镇湖坵村；永春县湖洋镇锦凤村、石鼓镇马峰村；德化县杨梅乡安村村；泉州台商投资区张坂镇塘园村。

以“金门供水”工程为题材改编的影片在泉州启动

以“金门供水”工程为题材改编的影片《活水》启动仪式，在福建海西国家广告产业园（泉州园）举行。影片《活水》是以晋江向金门供水工程通水为故事背景，结合泉州晋江的真人真事进行改编而成。通过一位嫁到金门的新娘洪淑琴和其父亲洪双江的视角，讲述金门供水项目20年的发展历程，同时侧面展现两岸从封闭走向交流，见证两岸交流合作、相互来往、彼此融合的过程。该片由丰泽辖区的文创企业福建省优一影视有限公司、福建省西窗文化传播有限公司出品，福建知名青年导演杨木生执导。近年来，随着产业转型升级的推进，丰泽区实施创新驱动发展和人才战略，通过搭平台、造环境、优服务，为创新创业提供丰厚肥沃的土壤。其中文化产业发展势头强劲，涌现出一批优秀文创企业，诞生许多文化精品。影片《活水》项目也是该区企业围绕“两岸一家亲，同饮一江水”主题，在新一年打造的又一文化精品项目。片名“活水”，灵感来自朱熹“问渠哪得清如许？为有源头活水来”诗句。

晋江向金门供水工程示意图（资料图片）

康涛到晋江检查全面从严治党主体责任落实情况

泉州市委书记康涛到晋江，召开晋江市2018年度全面从严治党主体责任落实情况检查集体约谈会。泉州市副市长季翔峰参加会议。此前，根据市委统一部署，按照2018年度全面从严治党主体责任落实检查方案要求，第一检查组对晋江市开展检查，并延伸检查晋江市委政法委、宣传部和西园街道办事处，通过对标检查、核查问题、个别访谈，全面摸底和梳理，形成问题清单和问责建议。康涛听取市委常委、晋江市委书记刘文儒代表晋江市委所作的2018年度全面从严治党主体责任落实情况汇报和市委第一检查组的检查情况通报。康涛指出，晋江市抓牢抓实全面从严治党，许多方面取得明显成效。但同时也存在一些薄弱环节，要高度重视，抓好整改落实，加大工作力度，确保全面从严治党落到实处。

康涛强调，全市各级党组织要学习贯彻习近平新时代中国特色社会主义思想和中共十九大精神，落实新时代党的建设总要求，一刻不停歇地把全面从严治党引向深入。要以党的政治建设为统领。严守政治纪律和政治规矩，在政治立场、政治方向、政治原则、政治道路上同以习近平同志为核心的党中央保持高度一致。兴起“大学习”热潮，铸就更加纯粹的忠诚、更加坚定的信仰、更加牢靠的担当。把力戒形式主义、官僚主义作为加强政治建设重要任务，整治不担当、不作为、乱作为等问题。严肃党内政治生活，让党内监督的各项措施落到实处。要一以贯之推进全面从严治党。巩固发展反腐败斗争压倒性胜利，惩治群众身边不正之风和腐败问题，推进扫黑除恶专项斗争。严深细实纠“四风”、转作风，开展移风易俗专项治理。创造性推进“强基促稳”三年行动，提升基层组织力、治理能力和矛盾化解水平。加强干部从严管理监督，强化制度规范和刚性约束。要压紧压实管党治党政治责任。把每条战线、每个领域、每个环节的党建工作抓具体、抓深入。坚持把抓好整改落实作为提高管党治党水平的有力抓手，落准责任、做实方案、从严整改。把责任压力传导到底，坚持用好问责利器，建立健全主体责任落实机制。

泉州市推进第四次全国经济普查工作

泉州市组织收听收看全省第四次全国经济普查工作视频会议，推进各相关工作落实。会上，鲤城区开元街道梅峰社区普查员与龙岩新罗区经普办、宁德福鼎市桐山街道办事处、福州市鼓楼区温泉街道普查指导员代表分别作典型发言。梅峰社区作为鲤城区典型的开放式社区，普查难度较大。面对困难，普查员加强业务知识学习，开展网格化清查，做到不重不漏，提高普查数据质量，取得良好成效。

相关链接：作为全面摸清国情、把握国力的重要调查，经济普查是中国经济社会生活和统计工作中的一件大事。通过对中国境内从事第二产业和第三产业的法人单位、产业活动单位和个体经营户的全面调查，掌握第二、三产业的发展规模、布局、结构、形态和效益等重要内容。

泉州市7县市入选“2019年中国创新百强区/县”榜单

科技日报社中国科技网、全国科技振兴城市经济研究会在北京发布《中国区县专利与创新指数》，随之公布“2019年中国创新百强区/县”榜单，泉州入榜区县占据7席，分别是南安、晋江、石狮、惠安、安溪、永春、德化。该指数首次将专利分析区域科技创新能力的视角从国家、省市的层面延展到区县一级，可谓是中国首次面向除直辖市、港澳台外的全部区、县（包括县、县级市、自治县、旗、自治旗等）的创新能力“大测验”。此外，此次创新能力“大测验”采用专利视角，运用以专利为代表的工业知识产权大数据结合科技统计模型，能够有效度量中国各区域技术创新产出成效及其反映出的创新实力及潜力。对推进区域产业投资、科技园区建设与运营，具有重要参考及指引意义。

2月25日

农历己亥年正月廿一
星期一
温度：12℃—18℃
多云

●康涛到晋江，召开晋江市2018年度全面从严治党主体责任落实情况检查集体约谈会。

●2019年全市生态环境保护工作会议召开，总结2018年工作，部署2019年工作任务。

●泉州市组织收听收看全省第四次全国经济普查工作视频会议，推进各相关工作落实。

●泉州国际友好城市——德国诺伊施塔特市新任市长马克·魏格尔带团访问泉州。

●科技日报社中国科技网、全国科技振兴城市经济研究会在北京发布《中国区县专利与创新指数》，随之公布“2019年中国创新百强区/县”榜单，泉州入榜区县占据7席，分别是南安、晋江、石狮、惠安、安溪、永春、德化。

2月26日

农历己亥年正月廿二
星期二
温度：11℃—18℃
多云

●市人大常委会党组理论学习中心组举办《中华人民共和国监察法》专题讲座。

●王永礼调研晋江陆地港及快递行业发展情况。

●王永礼会见到泉州访问的德国诺伊施塔特市市长马克·魏格尔一行。

●全市老干部工作会议召开，总结2018年老干部工作，安排部署2019年工作任务。

●福建省装备制造业知识产权联盟在泉州授牌成立。

●晋江市政府与复旦大学张江研究院合作框架协议签约仪式在晋江市三创园举行。

●国务院打击治理电信网络新型违法犯罪工作部际联席会议办公室与人民公安报、中国警察网、公安部打击治理电信网络新型违法犯罪防控中心主办的2019年天朗计划年度大会在北京召开，安溪县公安局反诈骗中心负责人郑子璐当选“2018年度全国反电信网络诈骗优秀人物”。

●一批菲律宾活青蟹在泉州晋江国际机场落地，通过现场海关的检验检疫及监管，该批重827.75千克的活青蟹通关放行。此系泉州口岸首次以一般贸易方式进口活青蟹。

王永礼调研晋江陆地港及快递行业发展情况

泉州市长王永礼到晋江调研晋江陆地港及快递行业发展情况，市委常委、晋江市委书记刘文儒参加调研。王永礼到国际陆港口岸、泉州国际快件监管中心等察看，与企业相关负责人探讨制约部分项目进展的症结所在和急需政府帮忙协调的困难问题。随后召开的座谈会上，王永礼向有关党政领导、部门负责人及顺丰、中通、百世汇通等部分快递企业代表征询意见建议，推动解决企业用地、快递车辆上牌、投递箱布设等具体困难。王永礼指出，快递物流不仅是第三产业，也是民生事业，市委、市政府支持快递行业规范发展。各级政府各相关部门要迅速成立工作专班，基于企业发展需求、行业发展态势、整体空间布局等，量身定制行业发展规划；要出台扶持政策，推动品牌快递企业总部项目落地泉州，引导现有快递企业分支机构转型为法人企业、备案网点升级为分支机构或法人企业，支持企业守法经营、做大做强，实现业务新增长。政企双方要站位生命安全的角度，引导从业人员合法守规，提升寄递安全水平和服务质量，挖掘“快递小哥”的故事，选树行业典型，凝聚奋斗精气神。

王永礼会见德国诺伊施塔特市市长

市长王永礼会见到泉州访问的德国诺伊施塔特市市长马克·魏格尔一行，副市长季翔峰参加会见。王永礼指出，泉州和诺伊施塔特自结为友好城市以来，交流合作频繁，人民友谊不断加深。2020年，双方即将迎来缔结友好城市关系25周年，希望两地以此为契机，加深经济、文化等层面的合作交流，实现更大范围和更广领域的互利共赢。

安溪县民警当选“2018年度全国反电信网络诈骗优秀人物”

国务院打击治理电信网络新型违法犯罪工作部际联席会议办公室与人民公安报、中国警察网、公安部打击治理电信网络新型违法犯罪防控中心主办的2019年天朗计划年度大会在北京召开，安溪县公安局反诈骗中心负责人郑子璐当选“2018年度全国反电信网络诈骗优秀人物”。全国仅十人入选，福建省仅有郑子璐一人。郑子璐1985年出生于永春县，2007年4月参加公安工作，现为安溪县公安局合成作战中心负责人。2009年6月从事刑侦情报研判工作以来，侦破或参与侦破部督“2015.12.22专案”“2017.5.25专案”“2018.11.20专案”，抓获2名国际刑警发布的红色通缉令境外逃犯、1名公安部A级通缉令逃犯及3名部督命案逃犯。

泉州市首次以一般贸易方式进口菲律宾活青蟹

一批菲律宾活青蟹在泉州晋江国际机场落地，通过现场海关的检验检疫及监管，该批重827.75千克的活青蟹通关放行。此系泉州口岸首次以一般贸易方式进口活青蟹。泉州晋江国际机场于2016年获批成为进境食用水生动物指定口岸。此前，由于条件限制，泉州进口的菲律宾活青蟹均采取快件形式，飞机卸货后，需分拨至陆地港快件监管科通关放行。尽管菲律宾至泉州空中航行时间仅2个多小时，但由于中转通关流程较繁琐，多次卸载且运输耗时较长，导致青蟹存活率较低，进口青蟹业务曾一度暂停。为提高进口鲜活食用海鲜动物的通关效率及鲜活海鲜的存活率，泉州海关引导机场货站申请设立海关监管作业场所。随着机场货站配套监管条件的完善，入境活蟹可在机场直接完成验放环节，大大方便进口企业。同时，结合关检融合机构改革契机，泉州海关重新梳理鲜活食用海鲜动物进口的监管流程，明确检疫处理方案，主动对接厦门实验室，明确送检要求，通过前期充分的准备工作，保障空运一般贸易进口青蟹的顺利通关。

市十六届人大常委会第十九次会议召开

市十六届人大常委会第十九次会议召开。会议审议表决通过市政府关于提请审议2019年提前下达地方政府债券转贷收支市本级预算调整方案的议案；听取和审议市政府研究处理《市人大常委会关于〈中华人民共和国人民调解法〉实施情况的审议意见》情况及《市人大常委会关于我市环湾城市规划建设管理工作情况综题询问的审议意见》情况的报告，并进行满意度测评，测评结果均为满意；审议市人大常委会关于2018年度规范性文件备案审查工作情况报告、关于个别代表的代表资格的审查报告，表决通过泉州市人民代表大会常务委员会公告稿。

市十六届人大常委会第十九次会议会场（图/王虎文）

市十六届人大常委会第三十四次主任会议召开

市十六届人大常委会第三十四次主任会议召开，讨论关于2019年提前下达地方政府债券转贷收支调整市本级预算的审查报告稿，泉州市行政审批服务提质提速专题调研方案，以及市十六届人大常委会委员、专门委员会委员工作联系安排。图为会议现场。（图/王虎文）

泉州和德国诺伊施塔特市旅游交流推介座谈会召开

泉州和德国诺伊施塔特市旅游交流推介座谈会召开，就旅游产业合作展开商谈。诺伊施塔特市市长马克·魏格尔表示，希望两地巩固友城合作成果，在旅游、青少年交流等多方面加深交流，深化两地友谊。在过去的友城交往中，两地已经在文化、艺术、青少年交流等方面取得较大成果，此次访问一方面是希望巩固这些成果，另一方面则是希望两地继续加深旅游、经贸方面的交流合作。泉州是一座历史古城，也是一座“文化大市”，有很多各具特色的博物馆，不仅主题鲜明，展品质量也很高，很有价值，让人印象非常深刻。相比泉州，诺伊施塔特市虽然是一座小城市，但是风景优美，历史悠久，周边也有许多著名景点，相信通过推介，泉州的旅游从业者和市民都会对诺伊施塔特市有更好的了解。

第三届泉州市工艺美术创新设计大赛举行

27—28日，第三届泉州市工艺美术创新设计“天工奖”大赛在中国闽台缘博物馆举行，25件作品获一等奖，71件作品获二等奖，137件作品获三等奖。第三届泉州市工艺美术创新设计“天工奖”大赛是第三届泉州市工艺美术大师评选工作的组成部分。大赛期间，主办方组织评委组对参评人员的代表作品进行评审计分。随后，由评审委员会分艺种从高分到低分排序，提出第三届泉州市工艺美术大师推荐名单，进行公示和公布。此前还举行多场本届泉州市工艺美术大师评选现场创作考评，吸引448名大师报名参加。经过现场创作考评等层层选拔，最终确定233名大师申报参评，涵盖艺术陶瓷、石玉雕、藤铁工艺、木根雕、树脂工艺、金属工艺、漆艺、花画工艺、民间工艺等几大类别，具有较大的创新力度，反映泉州市工艺美术发展新成果。

2月27日

农历己亥年正月廿三
星期三
温度：14℃—21℃
多云

●市十六届人大常委会第十九次会议召开，审议表决通过市政府关于提请审议2019年提前下达地方政府债券转贷收支市本级预算调整方案的议案等。

●市十六届人大常委会第三十四次主任会议召开，讨论关于2019年提前下达地方政府债券转贷收支调整市本级预算的审查报告稿，泉州市行政审批服务提质提速专题调研方案等。

●2019年全市国有资产监督管理暨全面从严治党工作会议召开，总结2018年工作，部署2019年任务。

●泉州市综合整治骚扰电话专项行动联席会议召开。

●泉州和德国诺伊施塔特市旅游交流推介座谈会召开，就旅游产业合作展开商谈。

●27—28日，第三届泉州市工艺美术创新设计“天工奖”大赛在中国闽台缘博物馆举行，25件作品获一等奖，71件作品获二等奖，137件作品获三等奖。

2月28日

农历己亥年正月廿四
星期四
温度：13℃—19℃
多云

●市委常委会召开会议，学习研读《习近平关于狠抓落实做好督查工作论述摘编》，研究加强和改进泉州市督查工作，推动习近平指示批示精神和党中央各项决策部署在泉州市不折不扣得到贯彻落实等。

●全市高速高铁及城乡重要通道沿线环境综合整治现场观摩活动举行。全市各县（市、区）党委政府，以及市直有关部门、驻泉州有关单位主要负责人观摩南安丰州镇燎原村裸房整治及业态提升成效，座谈交流全市高速高铁及城乡重要通道沿线环境综合整治经验。

●2019年市委人才工作领导小组第一次（扩大）会议召开，总结2018年人才工作情况，审议相关事项，谋划部署2019年人才工作。

●2019年度市人大代表建议和政协提案交办会召开，回顾总结2018年建议提案办理工作，交办部署2019年市“两会”的代表建议、政协提案办理事项。

市委常委会会议研究加强和改进泉州市督查工作

市委常委会召开会议，学习研读《习近平关于狠抓落实做好督查工作论述摘编》，研究加强和改进泉州市督查工作，推动习近平指示批示精神和党中央各项决策部署在泉州市不折不扣得到贯彻落实；学习贯彻《中国共产党重大事项请示报告条例》；传达全省公共安全领域突出问题大排查大化解大整治攻坚行动视频会精神；研究《关于适应新时代要求大力发现培养选拔优秀年轻干部的实施意见》《2019—2022年泉州市干部教育培训规划》《泉州市建设新时代文明实践中心试点工作实施方案》等。

会议强调，全市各级党委（党组）要贯彻习近平关于狠抓落实做好督查工作论述精神，把不折不扣贯彻落实习近平指示批示精神和中央、省委各项决策部署作为狠抓落实的头等大事，推动高质量赶超、风险防范、三大攻坚战、生态环保、巡视整改等落地见效。要改进和规范督查工作，推广“自主申报+专业抽查+综合评比”方式，减轻基层负担，提升督查实效，克服形式主义、官僚主义，让基层把更多时间精力用在抓落实上。

会议指出，请示报告制度是党的一项重要政治纪律、组织纪律、工作纪律。全市各级党组织和党员干部要学习掌握条例，强化思想自觉和行动自觉，把请示报告要求贯彻到各项工作中、体现在实际行动上。要履行重大事项请示报告制度的政治责任，对党绝对忠诚、言行一致，按照规定请示报告，确保条例执行到位。

会议强调，全市各级各部门要提高政治站位、思想认识和责任担当，增强忧患意识，树牢底线思维，把公共安全领域突出问题大排查大化解大整治攻坚行动抓实抓细、抓出成效。把攻坚行动与开展“强基促稳”行动、综治平安建设相结合，全面发力攻坚，拉网式摸排起底，全面彻底化解整治，抓常态促长效，推动各类风险隐患全面防范化解，确保社会总体安全稳定。

会议要求，各级党委（党组）要贯彻落实习近平在全国组织工作会议和关于培养选拔年轻干部的讲话精神，压实年轻干部培养的主体责任，突出政治素质和一线实践锻炼，建设一支数量充足、质量优良的年轻干部队伍。要抓好新时代干部教育培训工作，聚焦习近平新时代中国特色社会主义思想教育培训的首要任务，突出政治训练、政治历练，培养造就忠诚干净担当的高素质专业化干部队伍。

全市高速高铁及城乡重要通道沿线环境综合整治观摩活动举行

全市高速高铁及城乡重要通道沿线环境综合整治现场观摩活动举行。全市各县（市、区）党委政府，以及市直有关部门、驻泉州有关单位主要负责人共同观摩南安丰州镇燎原村裸房整治及业态提升成效，座谈交流全市高速高铁及城乡重要通道沿线环境综合整治经验。市领导康涛、王永礼、张永宁参加活动。以举办全省建设行业建筑瓦工（屋顶平改坡）岗位技能竞赛为契机，聚集省内知名瓦工高手对屋坡屋顶进行多样改造，并辅以色彩层次丰富的房屋外立面和村庄绿化提升，短短数月间，泉州动车站边上的燎原村旧貌换新颜。同时立足特殊的区位优势和人文优势，植入集农业休闲、住宿餐饮、观光朝圣于一体的新业态，村民变身网红民宿老板。

2019年市委人才工作领导小组第一次（扩大）会议召开

2019年市委人才工作领导小组第一次（扩大）会议召开，总结2018年人才工作情况，审议相关事项，谋划部署2019年人才工作。会议要求，全市各地各有关部门要围绕高质量发展落实赶超目标，纵深实施人才“港湾计划”，以改进人才服务为突破口，突出体系构建、激发市场活力、造优人才环境，聚集爱国奉献的各方面优秀人才。要坚持创新守正，推动产城人融合，构建人才发展“生态链”，遵循市场规律，创新体制机制，推动人才工作质量提升。各级领导干部要强化责任担当，胸有全局，聚力攻坚，团结引领各方面优秀人才，激励人才奋发图强、敬业笃行。

市政府第五十四次常务会议召开

市政府第五十四次常务会议召开，研究《泉州市鼓励产业急需高校毕业生来泉就业创业实施意见（试行）》、取消市政府及市政府办公室规范性文件设定的证明事项等。会议指出，鼓励产业急需高校毕业生到泉州就业创业，目的是为促进泉州市重点产业转型升级，支持企业引进急需专业人才，也有利于解决大学毕业生就业问题，壮大泉州市各层次人才总量。要抓好政策落地见效，制定可操作性的实施细则，从高从优从新落实政策待遇，为人才安居、创业、落户等提供全方位的保障服务；要及时更新完善泉州急需紧缺专业目录，有针对性地组织赴重点高校、重点专业开展宣传推介，逐步解决产业转型升级人才短板问题。

市总工会十六届三次全委（扩大）会议召开

市总工会十六届三次全委（扩大）会议召开，学习贯彻全国总工会十七届二次执委会和省总工会十三届七次全委会精神，安排部署新一年任务。会议要求，各级工会要团结带领职工听党话跟党走，兴起“大学习”热潮，确保工运事业和工会工作在党的领导下沿着正确的政治方向前进；要紧扣“项目攻坚2019”部署要求，动员职工立足岗位奋发作为，为创新驱动发展增添动力；要注重提高服务质量，更好满足职工美好生活需要，依托“网上工会”平台零距离服务职工。

泉州市启用新式横版营业执照

根据《市场监管总局关于启用新版营业执照的通知》，从是日起，新设立、变更登记及补发营业执照的各类市场主体领取新式横版营业执照。经过调试，丰泽区市场监管局颁发首批新式横版营业执照。新款的横版营业执照与旧款竖版相比，增加二维码功能，市民只要扫描二维码就可直接查询该市场主体的公示信息，了解市场主体情况。领取新版纸质营业执照的市场主体还可同步生成新版的电子营业执照并存入电子营业执照库，市场监管局鼓励市场主体下载并使用电子营业执照。

2019年春运全市发送旅客412万多人次

2019年春运结束。40天的时间里，全市铁路、道路、水路、民航发送旅客412万多人次。春运期间，泉州市采取多项便民服务，开展“暖冬行动”服务旅客。2019年春运从1月21日开始至3月1日结束。市春运办统计，全市旅客运输总量412.8447万人次，与2018年春运相比下降14.91%。道路旅客量有所下降，但水路、铁路、民航旅客量增多。各地交通运输部门科学研判春运形势，加强路网监测，优化疏堵状况，各地客运、公交、出租车等运输方式实现最后一公里衔接，确保旅客下了飞机、下了列车、下了船，都能够坐得上车，回得了家。此外，全市设立51个春运安全监督服务岗，这些服务岗不仅对过往的客车进行检查监督，还为过往的司乘人员提供温馨服务。市公安交警和交通执法部门坚持固定站点检查和道路流动巡查相结合，惩处“车闹、机闹、霸座”等旅客不文明行为，营造和谐回家路。

学雷锋为老“六送”志愿服务活动举行

由市委文明办等主办的“3·5”学雷锋为老“六送”志愿服务活动在鲤城区街心公园举行。活动中，主办方为十位先进助老志愿者颁发证书，同时为鲤城区社区志愿助老服务队授牌、授旗。各部门和单位的志愿者开展为老年人提供义诊、食品安全和防诈骗知识宣传等学雷锋送温暖、送健康、送文化、送平安、送新风、送科技“六送”志愿服务活动。泉州老龄服务志愿者协会还进家入户为困难老人送温暖。主办方表示，此次活动旨在推动学雷锋志愿活动常态化，践行雷锋精神，传递社会正能量，营造尊老、敬老、爱老、助老的氛围。

3月1日

农历己亥年正月廿五
星期五
温度：13℃—19℃
多云

●市政府党组（扩大）会议召开，传达学习习近平在中央政治局第十二次集体学习时的讲话和省委常委会会议、市委常委会会议精神；学习《中国共产党重大事项请示报告条例》《习近平关于狠抓落实做好督查工作论述摘编》。

●市政府党组理论学习中心组学习会召开，集中学习研讨习近平文章《推动我国生态文明建设迈上新台阶》。

●市政府第五十四次常务会议召开，研究《泉州市鼓励产业急需高校毕业生来泉就业创业实施意见（试行）》、取消市政府及市政府办公室规范性文件设定的证明事项等。

●陈灿辉、曾巍到石狮市蚶江镇、湖滨街道花园城社区的人大代表联系群众活动室，开展联系基层代表和群众、联系帮扶困难党员活动，并召开座谈会。

●市总工会十六届三次全委（扩大）会议召开，学习贯彻全国总工会十七届二次执委会和省总工会十三届七次全委会精神，安排部署新一年任务。

●丰泽区市场监管局颁发全市首批新式横版营业执照。

●春运结束，市春运办统计，全市旅客运输总量412.8447万人次，与2018年相比下降14.91%。

●由市委文明办等主办的“3·5”学雷锋为老“六送”志愿服务活动在鲤城区街心公园举行。

3月2日

农历己亥年正月廿六
星期六
温度：14℃—20℃
阴转小雨

●市政府办出台推进药品医疗器械研发创新促进产业健康发展的21项措施，主要涉及推进研发创新和成果转化、加大政策支持力度、优化营商服务环境、加强组织实施等方面内容。

●大型民俗歌舞《古厝娶亲》在泉州南音艺苑演出。

●“最美绿道 你我守护”特别志愿服务行动在市区山线绿道起点启动，35支志愿者团队上千名志愿者参加活动。

泉州市出台推进药械发展21项举措

市政府办出台推进药品医疗器械研发创新促进产业健康发展的21项措施，主要涉及推进研发创新和成果转化、加大政策支持力度、优化营商服务环境、加强组织实施等方面内容。在推进研发创新和成果转化方面，泉州市支持药械工业企业开展仿制药一致性评价及药械研发创新，鼓励申报市级科技项目。在加大政策支持力度方面，泉州市鼓励挂牌上市公司、行业龙头企业等优势企业实施兼并重组，对兼并重组市域内危困企业且并购资金规模达2000万元以上的民营企业，按实际发生并购资金规模的3%由受益财政给予奖励，奖励额不超500万元。在优化营商服务环境方面，泉州市对药械企业引进的高端人才，予以包括资金补助、安居补助、子女入学、贡献奖励等优惠待遇；引导药械企业申请稳岗补贴，减轻企业和职工负担；加大医保政策扶持，及时更新医保药品目录，将符合条件的仿制药、创新药纳入医保报销范围，动态调整医保支付结算价。另外，市市场监管局牵头成立工作推进小组，对药械工业企业在仿制药一致性评价、药械审评审批过程、药械研发创新中遇到的问题，提供政策咨询，业务指导，促进泉州市药械产业整体实力实现质的提升。

大型民俗歌舞《古厝娶亲》演出

大型民俗歌舞《古厝娶亲》在泉州南音艺苑演出。此系2018年复演的《古厝娶亲》2019年的首场演出。该剧以泉州民间独具特色的传统婚俗为线索，以泉州民间婚俗、礼俗、歌舞、戏曲、民歌、童谣等为创作元素，展现泉州源远流长的历史文化和丰富多彩的非物质文化遗产。《古厝娶亲》结构讨巧，互动性强，能让人身临其境地感受别具风情、多元融合的闽南民俗文化，是推广闽南民俗文化的品牌性剧目。《古厝娶亲》分为大道上的迎亲舞蹈《迎亲笼吹热闹闹》、古厝内的惠女服饰展示《姑姨舅妗忙操持》、闺房里的独舞《上头新娘喜泪流》、闺窗下的群舞《“四宝”姐妹听窗口》、门廊外的观灯舞《陈三五娘睇灯舞》、石埕上的木偶戏《“哑巴风”搬“劝世歌”》、通衢中的踩街舞蹈《送嫁踩街人如潮》和新郎家的婚礼大群舞《古礼合卺百年好》八幕。

大型民俗歌舞《古厝娶亲》剧照（图/陈智勇）

“最美绿道 你我守护”特别志愿服务行动启动

“最美绿道 你我守护”特别志愿服务行动在市区山线绿道起点启动，35支志愿者团队上千名志愿者参加活动。志愿者来自学校、社区、银行、机构单位等各行各业。在学雷锋月，他们开展文明劝导、保护环境卫生等系列志愿服务活动。活动内容包括对各种不文明行为进行劝导、引导市民规范停车、及时清理道路周边垃圾等，同时发布“爱护最美山线绿道”倡议书。为让活动持续开展，并合理利用志愿团队的资源，3月的每个周末都有一支守护队在山线绿道上进行相关志愿服务，此后的日子里，这些志愿团队也根据安排，继续当“最美绿道”的守护者，营造更为清幽、干净的游玩环境。

“最美绿道 你我守护”特别志愿服务行动（图/泉州晚报社）

市人大常委会党组理论学习中心组学习会召开

市人大常委会党组理论学习中心组学习会召开，传达学习《习近平关于狠抓落实做好督查工作论述摘编》、习近平关于退役军人工作的论述和批示精神以及全国、全省有关退役军人工作会议及市委常委会会议精神；学习《中国共产党重大事项请示报告条例》《社会主义学院工作条例》；传达全省公共安全领域突出问题大排查大化解大整治攻坚行动视频会、全省新闻舆论工作会议、全省机关党的工作会议等会议精神及市委常委会会议精神。会议指出，要贯彻落实习近平围绕狠抓落实做好督查工作的一系列论述，加强人大常委会外部督查和内部督查，促进和提升监督履职质量和水平；要坚持党对人大工作的领导，履行重大事项请示报告制度的政治责任，按照规定请示报告。

泉州市推广网络订餐食安封签

泉州市制定网络订餐食安封签推广项目实施初步方案，并组织召开项目推广座谈会，美团外卖、饿了么、百胜餐饮、麦当劳等网络订餐平台主要负责人参加座谈会。2019年泉州市将推广网络订餐食安封签项目列入市委、市政府为民办实事项目，市级财政投入200万元专项资金用于食安封签推广。食安封签的使用将保障外卖餐品在配送过程中的完整、安全，避免外卖送餐过程中食品受到污染，有效保障公众饮食安全。

泉州市抽检汽柴油合格率98%

“3·15”前夕，市市场监管局发布泉州市流通领域成品油质量检测结果。此次随机抽检泉州45家加油站98号、95号和92号车用汽油，0号车用柴油共100批次，其中68批次汽油全部合格，32批次0号柴油中检出不合格2批次，主要问题是硫含量、闭口闪点不合格。此次抽检系从永春、德化、石狮等9个县（市、区）的经济户口中随机确定45家加油站，然后对其销售的共100批次车用汽油和柴油进行质量检测。此次车用汽油产品主要检测研究法辛烷值（RON）、溶剂洗胶质、硫、苯、芳烃、烯烃、氧、甲醇、锰含量9个项目；车用柴油产品主要检测硫含量、酸度(以KOH计)、灰分、凝点、闭口闪点、十六烷指数、馏程、密度(20℃)8个项目。此次抽检仅有2批次柴油因为硫含量偏高或闭口闪点偏低导致不合格。两家涉嫌销售不合格柴油的加油站所在地市场监管部门已着手对案件进行调查并将根据具体情况做出相应处理。

“我们都是追梦人”创业分享会举行

由世界泉州青年联谊会主办的“我们都是追梦人”创业分享会举行，马来西亚、菲律宾、澳大利亚等16个国家和地区的泉州籍青年与会。会上，新加坡、日本、柬埔寨的泉州籍青年分享各自在海外的创业经验及海外投资的政策法规。会上还发布“同心安居工程”献爱心倡议书，号召在海外的泉州籍青年，参与泉州市统一战线2019年“同心安居工程”，助力泉州市脱贫攻坚工作。会上还举行慈善义拍活动，募集53.88万元人民币善款用于支持“同心安居工程”，帮助贫困户改善居住环境。

相关链接：作为海内外泉州籍青年共建共享的重要平台，世界泉州青年联谊会于2010年2月成立，在市委统战部指导下，拥有会员360多人，遍及全球30多个国家和地区，并成立印尼、新加坡、日本、马达加斯加四个分会，成为泉州市对外友好交往的一支重要力量。

“我们都是追梦人”创业分享会现场（图/廖平和）

3月3日

农历己亥年正月廿七
星期日
温度：12℃—19℃
小雨转多云

●市人大常委会党组理论学习中心组学习会召开，传达学习《习近平关于狠抓落实做好督查工作论述摘编》、习近平关于退役军人工作的论述和批示精神以及全国、全省有关退役军人工作会议及市委常委会会议精神等。

●泉州市制定网络订餐食安封签推广项目实施初步方案，并组织召开项目推广座谈会。

●市市场监管局发布泉州市流通领域成品油质量检测结果。

●由世界泉州青年联谊会主办的“我们都是追梦人”创业分享会举行，马来西亚、菲律宾、澳大利亚等16个国家和地区的泉州籍青年与会。

3月4日

农历己亥年正月廿八
星期一
温度：12℃—19℃
多云转小雨

●王永礼到晋江调研农村土地制度改革试点工作。

●继组织收听收看2019年全省安全生产暨省政府第一季度防范重特大生产安全事故工作视频会后，泉州市召开全市安全生产工作视频会，部署相关工作。

●市科技局公布2018年第二批泉州市新型研发机构名单，泉州华中科技大学智能制造研究院等6家单位入选，涵盖全市现有的传统制造业、新一代数字通信技术、新材料和高端智能制造等领域。

●泉州市组织20家重点企业在贵州贵阳、遵义等地开展人力资源合作交流活动，参加当地“春风行动”大型现场招聘会，宣传推介泉州用工环境。

王永礼到晋江调研农村土地制度改革试点工作

泉州市长王永礼到晋江调研农村土地制度改革试点工作，泉州市委常委、晋江市委书记刘文儒参加调研。王永礼就改革尚待突破的堵点、改革试点的发展空间等，与当地干部展开探讨交流。王永礼鼓励晋江要将改革难点摸清摸透，继续先行先试、大胆探索，把控制性详细规划做在前，把改革试点工作与商业模式创新、生态环境保护、文化传承弘扬等紧密融合、相互提升，整体策划植入业态，有效吸引更多流量，确保改革出成效、群众得实惠、发展有活力，力争再创更多可复制推广的晋江新经验。

全市安全生产工作视频会召开

继组织收听收看2019年全省安全生产暨省政府第一季度防范重特大生产安全事故工作视频会后，泉州市召开全市安全生产工作视频会，部署相关工作。2018年，泉州市强化安全生产工作组织领导，推动市县两级政府、企业安全生产责任落实，推进安全生产执法专项行动，在全省率先开展尾矿库“库长制”等，全市安全生产形势总体平稳。与2017年相比，生产安全事故起数、死亡人数、受伤人数和经济损失分别下降14.4%、17.6%、21.1%和8.8%。就下阶段安全生产工作，会议要求，各级各有关部门要强化政治自觉、红线意识和责任担当，抓好安全生产各项工作落实，确保全市安全生产形势稳定。要突出工作重点，提升监管水平，完善安全生产责任体系，防范和遏制重特大事故，抓好重点领域安全专项整治，夯实安全生产基层基础，提升应急管理和救援能力。要绷紧安全生产这根弦，举一反三、警钟长鸣、常抓不懈，落实好安全生产各项措施，维护人民群众生命财产安全。

泉州市新认定6家新型研发机构

市科技局公布2018年第二批泉州市新型研发机构名单，泉州华中科技大学智能制造研究院等6家单位入选，涵盖全市现有的传统制造业、新一代数字通信技术、新材料和高端智能制造等领域。近年来，泉州市着力补强科技创新平台“短板”，实施“大院大所大平台”计划，集聚催生44家新型研发机构，其中省级8家。引进共建的福建（泉州）哈工大工程技术研究院、福师大泉港石化研究院、泉州南京大学环保产业研究院等一批高端平台开始运营。与传统研发机构相比，这些平台直接面向产业，服务企业，更加注重科技成果转化。泉州华中科技大学智能制造研究院与福建省华宝智能科技有限公司共同研发的硫化鞋柔性成型自动生产线，平均12秒就可生产一只硫化鞋；中纺院与晋江市政府共建的海西纺织新材料工业技术晋江研究院，正推动年产100万包（瓶）的液体敷料产品生产示范线落地。通过建设科技创新平台，泉州企业与科研院所紧密结合，成为研发创新的主要力量，在全社会研发投入中，企业类的投入占比达到93%以上。同时，人才集聚效应也不断显现，2018年全市新增引进高层次人才团队15个，集聚各类研发人员2250名，承担技术研发等各类项目近300个。

泉州市组织20家重点企业到贵州招工引才

泉州市组织20家重点企业在贵州贵阳、遵义等地开展人力资源合作交流活动，参加当地“春风行动”大型现场招聘会，宣传推介泉州用工环境，吸引不少当地求职者咨询。参加此次活动的泉州企业有中科、信达光电等高新技术企业，也有百川资源再生、本益新材料等环保科技公司，还有嘉泰鞋业、友臣食品等传统优势企业，为当地求职者提供包括普工、技术储干、工程师、作业员等3000多个就业岗位，现场达成初步就业意向700多人。大部分企业平均月薪5000元，且为外地务工人员提供食宿，有的企业还推出节日补贴、交通补助、工龄工资、免费安排子女入学等福利。

泉州市开展房屋安全隐患排查整治专项行动

为落实省委、省政府关于房屋安全隐患排查整治的决策部署，泉州市召开相关整治专项行动动员会，部署工作思路，并印发《全市房屋安全隐患排查整治专项行动实施方案》。会上明确，集中力量在全市范围开展为期一年的房屋安全隐患排查整治专项行动。专项行动重点排查位于城乡结合部、城中村、各类开发区（工业园区）及周边等，未经审批、未经专业设计施工、用于经营的自建房。重点排查、坚决“不放过”七种存在房屋安全隐患的情形：即建设年限长、建设标准低、失修失养，经鉴定的危房；未按规定审批、无专业设计、无专业施工、无竣工验收的房屋（含厂房）；擅自加层、改扩建的房屋；生产、经营、居住功能混杂的“三合一”自建房；用于出租特别是群租牟利的自建房；擅自改变功能作为居住使用的厂房；池塘、河道、高陡边坡回填等软弱地基上的自建房。专项行动本着“急的先查先治”原则，对排查发现的房屋安全隐患，要求抓紧彻底整治。对整体危险和局部危险房屋，要采取果断措施，彻底消除安全隐患。

泉州至柬埔寨西哈努克港航班开通

泉州晋江国际机场开通至柬埔寨西哈努克港航班。图为执飞该航线的柬埔寨航班。

（图/廖平和）

全市各地开展学雷锋日志愿活动

全国第56个学雷锋日，全市各地开展形式多样的学雷锋日志愿活动。由市档案局（馆）牵头主办，市妇联、市档案学会等多参与的环保主题学雷锋志愿服务活动在泉州南渠沿岸（闸首区域）举行，50多名志愿服务队员骑着公共自行车，宣传绿色、低碳的生活方式。“一起学雷锋 携手关爱留守儿童”公益活动启动仪式在泉州商城志愿服务驿站举行，厦门银行泉州分行向东南早报·东南公益协会捐赠1万元爱心款。泉州第二实验小学2019年“3·5”学雷锋主题志愿服务活动在丰泽社区法治公园举行。学校的72名党团员和少先队员志愿者分成四个小分队，开展文明交通引导、广场便民利民服务、家园清洁以及垃圾分类宣导活动。

由丰泽区委办、文明办、区政府办主办的丰泽区“情暖东美 你我同行”学雷锋志愿服务月系列活动启动仪式在市区泉秀街东美社区举行。活动包含免费理发、口腔义务检查、法制宣传咨询、视力免费测试与检查、便民服务、周末乐园、爱心家教、文明劝导、爱我家园等10多个志愿服务项目，由社区志愿者和辖区所在单位志愿者团队数百名志愿者提供。石狮蚶江边防派出所民警到辖区石湖民族小学，开展“向上向善，与雷锋同行”主题活动。民警现场为学生讲述雷锋生平事迹，引导学生在生活、学习中践行雷锋精神。石狮市祥芝美丽海岸志愿者协会在石狮祥芝莲坂、古浮海滩举行净滩活动，包括该协会300多位成员在内，共有来自30多家企业、单位、学校、团体的上千名志愿者参加活动，共清理出0.5吨海滩垃圾。驻晋江某部队组织开展“学雷锋精神，做雷锋传人”活动，慰问驻地孤寡老人，帮助困难群众。

泉州志愿者开展学雷锋日志愿活动（图/泉州晚报社）

3月5日

农历己亥年正月廿九
星期二
温度：12℃—17℃
中雨

●王永礼到惠安调研春耕备耕工作情况，推动特色现代农业加快发展。

●为落实省委、省政府关于房屋安全隐患排查整治的决策部署，泉州市召开相关整治专项行动动员会，部署工作思路，并印发《全市房屋安全隐患排查整治专项行动实施方案》。

●市委党校（泉州行政学院）2019年春季开学典礼举行。

●泉州晋江国际机场开通至柬埔寨西哈努克港航班。

●全市各地开展形式多样的学雷锋日志愿活动。

●全国网信系统创新案例交流系列研讨会在北京召开，泉州网《泉州创客联盟信息服务平台》项目作为福建省唯一初选入围案例，应邀派代表到场交流，接受专家点评。

●安溪县女性人才之家揭牌，系全省首个以女性为主题的人才工作之家。

3月6日

农历己亥年正月三十
星期三
温度：12℃—19℃
中雨转小雨

●市工商联（总商会）十四届三次执委会议召开，总结2018年工作，部署新一年工作任务。

●市计生协会六届四次常务理事（扩大）会议召开，总结2018年度工作，部署2019年度工作。

●一批进口自法国的货值4132.2欧元的葡萄酒，经泉州综保区现场海关抽样检测后，无需等待送检结果，就从泉州综保区出区。此系自海关总署《关于境外进入综合保税区食品检验放行有关事项的公告》实施以来，厦门关区实施“抽样后即放行”新举措的首票货物。

●全国妇联在北京举行“三八”国际妇女节纪念暨表彰大会，表彰一批“全国巾帼建功先进集体”，鲤城法院家事审判庭名列其中，成为泉州市唯一获此荣誉的集体。

●5—6日，晋江（长三角）投资推介会暨招商项目集中签约活动在上海举行。

市工商联（总商会）十四届三次执委会议召开

市工商联（总商会）十四届三次执委会议召开，总结2018年工作，部署新一年工作任务。过去一年，市工商联（总商会）围绕中心工作，团结凝聚非公有制经济人士推进高质量发展落实赶超。其中，在深化“回归工程”方面，2018年市工商联（总商会）参与、促成的签约项目有75个，投资额655.12亿元。会议要求，各级工商联（总商会）要发挥好党和政府联系非公有制经济人士的桥梁纽带作用，抓好非公有制经济人士理想信念教育，引导民营企业家听党话、跟党走，宣传政府惠企政策，让企业坚定发展信心；推进工商联（商会）改革，扩大工作覆盖面，联系和服务企业，推动民营经济转型升级，实现高质量发展；加强商会党建工作，发挥党组织的凝聚力，促进企业创新发展。会上，全国工商联有关人员作“学习贯彻习近平总书记在民营企业座谈会上重要讲话精神”宣讲报告；会议还向全市各商（协）会组织、非公有制经济人士发出参与全市统一战线同心系列工程的倡议。

市计生协会六届四次常务理事（扩大）会议召开

市计生协会六届四次常务理事（扩大）会议召开，总结2018年度工作，部署2019年度工作。会议要求，全市各级计生协会要坚定自觉走中国特色社会主义群团发展道路，在思想上政治上行动上始终同以习近平同志为核心的党中央保持高度一致，紧扣中共十九大关于“实施健康中国战略”的决策部署，履行政治职责。要自觉做实做优计生家庭关怀服务工作，推动关怀服务向专业化、精准化转变，巩固提升帮扶计生特殊家庭、关爱女性健康等品牌工作。要坚定自觉深化计生协会改革，按照“党政所急、群众所需、协会所能”的要求，加强与党委中心工作、卫生计生重点工作的深度融合，以求真务实的工作作风推动工作取得更大成效。

泉州综保区首票“抽样后即放行”货物通关

享酒汇公司申报的一批进口自法国的货值4132.2欧元的葡萄酒，经泉州综保区现场海关抽样检测后，无需等待送检结果，就从泉州综保区出区。此系自海关总署2019年第29号公告《关于境外进入综合保税区食品检验放行有关事项的公告》实施以来，厦门关区实施“抽样后即放行”新举措的首票货物，相比以往通关提速70%以上。为贯彻落实《国务院关于促进综合保税区高水平开放高质量发展的若干意见》第16条“创新监管模式……境外入区的食品，如需检测的，在抽样后即放行”，海关总署于2月2日发布第29号公告，明确对境外进入综合保税区的食品实施“抽样后即放行”监管，综保区内进口的食品，需进入境内的，可在综保区进行合格评定、分批放行；需进行实验室检测的，可在满足条件的基础上抽样后放行。此举体现诚信为前提、事中少干预、事后防风险的新监管理念。

晋江（长三角）投资推介会在上海举行

5—6日，晋江（长三角）投资推介会暨招商项目集中签约活动在上海举行，泉州市委常委、晋江市委书记刘文儒参加活动。14个项目现场签约，计划总投资286亿元。其中，晋江乡贤回乡投资项目7个，计划总投资279亿元，分别占此次签约项目总数和投资总额的50%和97%。此次招商项目集中签约活动具有体量大、质量高、见效快、回归多等特点。14个签约项目平均单体投资额超20亿元，包括先进制造业项目、现代服务业项目、文体旅游项目及高端教育等民生补短板项目和钢贸总部、企业销售中心、贸易公司等6个总部经济型项目。活动中，100余位晋江乡贤通过招商推荐了解晋江市投资环境和招商项目。此次活动还举行招商联络点授牌仪式，向上海晋江商会授予“晋江市招商工作联络点”牌匾。

泉州参与举办第六届“中国十大纺织科技”评选活动

由中国纺织科学研究院有限公司、泉州市发改委、泉州市工信局等参与主办，中纺院海西分院等承办的2019中国纺织科技成果对接会暨第六届“中国十大纺织科技”评选活动在北京启动。该活动在促进科技成果产业化、服务产业集群转型升级中显示出实力。根据活动进度安排，2019中国纺织科技成果对接会暨第六届“中国十大纺织科技”评选活动通过网络投票和专家评选共计3轮严选，最终产生年度十大科技、30余项对接成果，并于6月在泉州召开对接会。

印度韩国商机推介会在晋江举行

由省商务厅、泉州市政府主办，中国出口信用保险公司福建分公司、泉州市商务局、晋江市政府、福建省进出口商会协办的印度韩国商机推介会在晋江举行，近200名企业界代表参加。推介会上，印度易唯思商务咨询公司、塔塔集团、印度工业联合会、中国中东投资贸易促进中心、大韩贸易投资振兴公社等企业代表，分别向参会企业介绍印度、韩国的市场商机。推介会旨在为企业搭建良好的经贸合作平台，让更多企业了解印度、韩国市场机遇，主动融入国家“一带一路”倡议，增强企业“走出去”的信心。

泉州市纪念“三八”国际妇女节109周年

市妇联举行泉州市纪念“三八”国际妇女节109周年暨“倾情礼赞新中国·巾帼奋进新时代”主题分享会，表彰童婷香等一批泉州市三八红旗手及三八红旗集体。过去一年里，全市妇女以敢为人先、开拓进取的时代风貌，自强不息、百折不挠的坚韧意志和爱岗敬业、无私奉献的高尚情操，投身“推动高质量发展落实赶超”，涌现出一批先进典型。会上，崇武国家基准气候站站长汪婉娥，石狮市妇联主席、阳光太太志愿者协会会长林丽娜，安溪县女企业家联谊会常务副会长黄连贵，福建省孝老爱亲道德模范黄宝兰以亲身经历，向在场人员讲述各自在坚守岗位、奉献爱心、守护家庭、热心妇联工作等方面的故事。市妇联相关负责人表示，2019年市妇联将发挥妇联组织作用，着力“强基促稳”，团结带领全市妇女群众锐意进取，展现妇女在推动泉州建设中的新作为。

泉州和台湾第三次萧太傅信仰民俗研讨会在泉州举行

由市民族与宗教事务局、鲤城区民族与宗教事务局指导，泉州市区民间信仰研究会主办，泉郡富美宫董事会承办的泉州和台湾第三次萧太傅信仰民俗研讨会在泉州举行。台湾和泉州的专家学者、海峡两岸宫庙代表近千人参加研讨会。研讨会以“弘扬中华优秀传统文化 促进两岸民间信俗交流”为主题。与会嘉宾就萧太傅信仰民俗的历史源流与特色，泉州、台湾以及南洋萧太傅信仰民俗的因缘与传播等问题进行研讨和交流。

安溪县成立铁观音女茶师“非遗”传习所

安溪铁观音女茶师“非遗”传习所在安溪茶学院揭牌成立。安溪铁观音女茶师“非遗”传习所有成员117人，涵盖大学教师、茶农、茶艺师、茶商、茶学学生等涉茶人士，是深化“产教融合”的新型载体，也是全国唯一一家以女性为主体的铁观音“非遗”传习平台。传习所理事长何环珠表示，通过这个平台，成员可以从茶园建设管理、茶叶加工、茶汤作品以及茶道技艺，进行全方位的学习交流。此外，平台将汇聚起女性茶师排头兵，组织专业的训练、科学的传习，传播安溪铁观音“非遗”文化。传习所聘请11名茶界权威专家作为导师。浙江大学茶学系教授屠幼英就是其中之一，她认为，传承并不是凝固的，传承需要创新，希望今后这个女茶师传习所创新、传承并重，带出更多喜欢安溪铁观音的接班人。

3月7日

农历己亥年二月初一
星期四
温度：8℃—14℃
中雨转小雨

●由中国纺织科学研究院有限公司、泉州市发改委、泉州市工信局等参与主办，中纺院海西分院等承办的2019中国纺织科技成果对接会暨第六届“中国十大纺织科技”评选活动在北京启动。

●省自然资源厅在泉州召开推动高质量发展落实赶超强化用地用海保障现场办公座谈会。

●由省商务厅、泉州市政府主办，中国出口信用保险公司福建分公司、泉州市商务局、晋江市政府、福建省进出口商会协办的印度韩国商机推介会在晋江举行。

●由市委市直机关工委、市体育局、市总工会、市文联主办的市直机关庆祝“三八”妇女节工间操及集体花式跳长绳比赛在泉州侨乡体育馆举行。

●市妇联举行泉州市纪念“三八”国际妇女节109周年暨“倾情礼赞新中国·巾帼奋进新时代”主题分享会，表彰童婷香等一批泉州市三八红旗手及三八红旗集体。

●中法高级别人文交流机制法国美食文化技艺交流代表团到泉州与泉州名厨协会代表交流厨艺。

●由市民族与宗教事务局、鲤城区民族与宗教事务局指导，泉州市区民间信仰研究会主办，泉郡富美宫董事会承办的泉州和台湾第三次萧太傅信仰民俗研讨会在泉州举行。

●安溪铁观音女茶师“非遗”传习所在安溪茶学院揭牌成立。

3月8日

农历己亥年二月初二
星期五
温度：8℃—14℃
小雨转大雨

●2019年全市机关党的工作会议召开，学习贯彻中央和省上会议精神，总结2018年全市机关党的工作，部署2019年任务。

●“三八”国际妇女节，全市各地开展形式多样的庆祝活动。

●泉州市龙舟协会成立。

●“移风易俗树新风 喜事新办爱满分”——2019年“爱在南安·幸福同行”新人集体婚礼在福建（南安）成功国际会展中心举行。

●8—10日，由南安市委宣传部指导，洪濑镇政府主办的第三届美食文化节和省级非物质文化遗产龙阁天香巡境在南安市洪濑镇举行。

全市各地开展妇女节活动

“三八”国际妇女节，全市各地开展形式多样的庆祝活动。中心市区新门菜市场400多名女摊贩自编自导自演一场文艺演出，欢度节日。演出由新门市场个体协会主办，所有节目都是市场里的女摊贩自己编排的。为丰富女民警的精神文化生活，鲤城公安分局在民警书苑举性“赏美丽芬芳 展女警风采”为主题的插花活动。丰泽区东星社区党总支部联合丰泽区审计局、城东街道妇联、东星实验小学、东星幼儿园等举行“巾帼心向党 逐梦新时代”纪念第109个国际妇女节插花比赛活动，邀请辖区企事业共建单位的妇女参加比赛。在党员教师带领下，丰泽机关幼儿园的教师到刺桐公园旁的津淮街人行天桥，开展“学习雷锋我们在行动”志愿者活动，清洗人行天桥上的卫生死角及“小广告”，引导过往行人爱护环境、文明出行。德化县龙浔镇妇联和镇总工会举行活动，该镇镇直单位和各个社区（村）的女干部职工95人参加。活动项目有参观宝美村苏氏家风家训馆、表彰2019年度全镇“最美家庭”、举办插花艺术培训。

丰泽机关幼儿园的教师到刺桐公园旁的津淮街人行天桥，开展“学习雷锋我们在行动”志愿者活动（图/林劲峰 王树帆）

泉州市龙舟协会成立

农历二月初二“龙抬头日”，泉州市龙舟协会成立。泉州龙舟运动源远流长。“乍采芙蓉制水衣，蒲觞复傍钓鱼矶。歌边百桨浮空转，镜里双龙夹浪飞。”明代惠安诗人黄克晦的诗，描写的正是端午节期间，泉州老百姓采摘蒲叶、艾草驱邪避灾，并在水域组织龙舟竞渡的热闹场面。清末至民国初年，扒龙船习俗在晋江水域特别活跃：各江边村落除敬祖祭祀等仪式之外，还会抬出自制的大小龙船，重新洗刷、上色、祭拜，然后敲锣打鼓、驶向江中。在水上民俗娱乐活动基础上，扒龙舟还增添竞技元素。浮桥龙舟队、马甲龙舟队、祥芝龙舟队等都参加过国内龙舟锦标赛、龙舟公开赛，并取得较好成绩。泉州市龙舟协会会长季凌介绍，赛龙舟，最需要的是齐心合力、同舟共济，心往一块想、劲往一块使，这种团结、拼搏、进取的龙舟精神，和推动经济长期位居全省、全国前列的泉州精神有着相同内核。“龙抬头日”历来是龙舟试水的好日子。在这天成立协会传承龙舟文化，不仅将更好落实全民健身，增进与全世界特别是海峡两岸龙舟选手的交流友谊，推动“两岸一家亲”，同时也是传承弘扬爱拼敢赢的泉州精神。季凌是上海籍退伍军人，曾在驻泉州部队服役10多年，被赛龙舟这项运动吸引，并萌生成立协会传承文化的情怀梦想。

2019年“爱在南安·幸福同行”新人集体婚礼举行

“移风易俗树新风 喜事新办爱满分”——2019年“爱在南安·幸福同行”新人集体婚礼在福建（南安）成功国际会展中心举行。70对新人参加活动，现场还有9对新婚夫妻与南安9名贫困儿童进行爱心结对帮扶。此系南安时隔20年再次举办集体婚礼。70对新人在花童引领下进入会场。在火红的舞台上，他们相对而立，左手相牵，右手执戒，互相将代表责任与承诺的婚戒戴入伴侣的无名指。在大家的祝福声中，完成神圣浪漫的仪式。主办方表示，举办集体婚礼，是希望婚庆简办树立新风，引导青年反对大操大办、拒绝攀比奢华，引领“简约节俭、文明健康”的婚礼新时尚。

泉州市出台《关于改进人才服务、促进人才发展的若干措施》

市委人才工作领导小组印发《关于改进人才服务、促进人才发展的若干措施》（以下简称“若干措施”），从拓展“一站式”办结、提升政策精准度等八方面，聚焦人才需求敏感点，加大改革创新力度，以人才服务提升和体制机制改革，加速形成人才“引得进、留得住、过得好”的发展环境。若干措施明确，泉州市将多措并举拓展“一站式”办结，通过深化人才工作“放管服”改革，健全“一窗、一网、一码”服务机制。建立人才工作信息化云平台，分级开放共享端口，打通部门信息壁垒，防止信息多头重审。开发“泉州人才”APP，开通人才服务专线，在线审批涉才服务事项、在线即时收集人才需求诉求，让人才办事“一趟不用跑、最多跑一趟”。推出“一码通”服务，高层次人才凭核编的身份验证“二维码”，可便捷享受各类惠才服务。若干措施提出，坚持人才政策市县叠加、普特惠结合。对全市重点产业项目、重点招商方向，支持牵头单位“一事一议”定制惠才专项，实现“项目+人才”同步落地。对县域特色产业人才，推动主聚集区“一业一策”专案奖补，放大产业聚才效应。对海外人才、台湾人才、青年创业人才，由主管部门分类研究提出精细服务管理措施，提高引才竞争力。

泉州市开展保健市场乱象百日行动

市市场监管局开展保健市场乱象百日行动，结合属地保健食品实际，采取措施规范保健食品市场生产经营秩序，检查保健食品经营重点单位600余个，立案5起。市市场监管局组织全市所有保健食品生产企业开展产品质量自查，召集部分保健食品经营重点企业负责人开展集体约谈，并与保健食品生产经营企业签订产品质量安全承诺书，督促企业严格对照承诺书开展自查自纠，查找生产经营过程中存在的问题和隐患，落实责任部门和责任人。保健食品生产企业100%完成签订，经营企业完成承诺书签订1644份。

同时，加大违法违规行为的打击力度，生产企业重点检查持证情况、生产条件、人员管理、原料管理、生产记录、产品检验、仓储管理、广告审批等。经营企业重点检查经营资质、环境布局、产品来源、标签标识、索证索票、台账管理、营销方式等。对存在安全隐患的产品，一律封存、下架、责令企业召回并监督销毁。对发现的一般违规问题对企业提出整改措施，并限期完成。全市出动执法人员1168人次，检查保健食品经营重点单位600余个，立案5起。此外，市场监督部门还加大保健食品相关法律法规和科普常识的宣传贯彻力度，引导企业依法依规开展生产经营，增强企业的诚信守法意识和社会责任意识；正确引导消费，提升消费者的法律意识和防范意识，营造健康有序的消费环境。全市开展学雷锋助老、微公益敬老、保健食品系列讲座等宣传活动近30场次。

泉州市女作家“三八”国际妇女节座谈会在惠安举行

由市文联、市作协主办的泉州市女作家“三八”国际妇女节座谈会暨采风活动在惠安举行，数十名女作家与会，畅谈文学创作。座谈会邀请中国作协会员、海南省作协理事许燕影等泉州籍女作家到场分享写作心路。泉州市作协主席蔡飞跃表示，妇女在各行各业发挥“半边天”的作用，泉州女作家创作也异常活跃，在小说、散文、诗歌、散文诗、评论等文学领域均有不俗的建树，做出积极的贡献。希望女作家发挥所长，深入生活，扎根群众，激发创作热情，创做出更多优秀的作品，讲好泉州故事。市作协会员、惠安县实验小学老师林碧梅表示，惠女精神和惠女服饰吸引海内外艺术家采风，本土作家可以将更多的热爱与关注的目光投在脚下的土地。希望有更多的大作家将泉州丰富多彩的文化表现出来，将泉州人爱拼才会赢的精神呈现给海内外的读者，让更多人通过阅读文学作品而爱上泉州。

3月9日

农历己亥年二月初三
星期六
温度：12℃—16℃
大雨转中雨

●市委人才工作领导小组印发《关于改进人才服务、促进人才发展的若干措施》。

●市市场监管局开展保健市场乱象百日行动。

●由市文联、市作协主办的泉州市女作家“三八”国际妇女节座谈会暨采风活动在惠安举行。

3月10日

农历己亥年二月初四
星期日
温度：12℃—18℃
小雨转多云

●中共中央总书记、国家主席、中央军委主席习近平参加福建代表团审议并发表讲话。全国人大代表、泉州市委书记康涛向习近平报告泉州在推动两岸“应通尽通”方面迈出的新步伐。

●山东潍坊市委书记、市人大常委会主任惠新安带领潍坊市党政代表团到泉州调研。

●越剧《红楼梦》在泉州梨园古典剧院上演，演出由当代越剧著名“袁（雪芬）派”花旦、中国戏剧梅花奖获得者方亚芬领衔出演。此系上海越剧院首次将该剧带到泉州演出。

习近平听取泉州关于推动两岸“应通尽通”方面汇报

中共中央总书记、国家主席、中央军委主席习近平参加福建代表团审议并发表讲话。全国人大代表、泉州市委书记康涛向习近平报告泉州在推动两岸“应通尽通”方面迈出的新步伐。康涛表示，习总书记在讲话中说，两岸要应通尽通，提升经贸合作畅通、基础设施联通、能源资源互通、行业标准共通，把福建建成台胞台企登陆的第一家园。这是总书记交给福建的重任。感到肩上的担子更重了，加快推进两岸融合发展的信心助力也更足了。

习近平在福建工作时推动向金门供水工程。2018年8月5日，晋江龙湖到金门的供水工程通水，“两岸一家亲，共饮一江水”成为现实。康涛向习近平报告通水那天激动人心的场面和金门乡亲的热烈反响。康涛在汇报中表示，福建正传承习总书记在福建时对台工作的战略思路和探索实践,学习贯彻习总书记在《告台湾同胞书》发表40周年纪念会上的讲话精神，推动两岸应通尽通,把造福两岸民众的实事办好，为推进祖国和平统一进程汇聚正能量。泉州在加强金门供水水源地保护基础上，正着手规划第二条引水线路。省里也在筹划供气、“榕马共饮一江水”、福厦向金马通电、厦金大桥等项目。康涛表示一定不辜负总书记的嘱托，把历史使命牢记心中、扛在肩上、化为现实。按照党中央对台工作大政方针和决策部署，坚持以高质量发展落实赶超,先行先试、真抓实干，密切闽台交流交往，深化两岸融合发展，奋发有为做好新时代对台工作。

潍坊市党政代表团到泉州调研

山东潍坊市委书记、市人大常委会主任惠新安带领潍坊市党政代表团到泉州调研，走访晋江城市展馆、三创园、五店市传统文化街区、安踏、市行政服务中心、海西广告产业园区、南威等地，考察泉州市行政审批改革、实体经济发展、扶持创新创业等方面的先进经验和做法。泉州市领导刘文儒、洪自强陪同调研。

越剧《红楼梦》在泉州首演

越剧《红楼梦》在泉州梨园古典剧院上演，演出由当代越剧著名“袁（雪芬）派”花旦、中国戏剧梅花奖获得者方亚芬领衔出演。此系上海越剧院首次将该剧带到泉州演出。该剧由四大名著之一《红楼梦》改编，从林黛玉进贾府开始演出，主要剧情是：体弱多病、孤零无依的林黛玉，投奔到外祖母的贾府，与表兄贾宝玉一见如故。在大观园里，宝玉与情趣相投的黛玉心心相印，他俩避开贵族家庭的约束，偷读《西厢记》，抒发着他们的自由思想，也滋长着他们之间的爱情。方亚芬表示，此次到泉州，她出演《黛玉葬花》和《黛玉焚稿》等折，前半场由国家二级演员、“袁（雪芬）派”传人俞景岚出演，俞景岚为方亚芬的学生，她们师徒同台演出，让现场观众更好地感受越剧的传承。

越剧《红楼梦》剧照（图/陈智勇）

省政府安全生产和消防工作考核组到泉州考核

省政府安委会2018年安全生产和消防工作检查考核组到泉州考核，并听取泉州市2018年安全生产和消防工作落实情况。市委、市政府高度重视安全生产和消防工作。2018年，泉州市深化安全生产领域改革发展，从落实安全生产责任、建立安全生产监管体系、强化风险管控和隐患排查治理双重预防机制建设，深化重点领域专项整治等方面入手，探索建立完善安全生产的长效机制，推动全市安全生产形势持续稳定向好，全市各类生产安全事故全面下降。下阶段，泉州市将按照此次安全生产和消防工作考核组指出的问题，抓好整改落实。加快城市安全风险评估工作，抓好隐患排查治理体系“提质扩面”工作，防范和遏制重特大事故；强化隐患“清零”，落实挂牌督办、问责曝光、联合惩戒、联合激励等措施；抓好重点领域安全专项整治，推进危险化学品安全综合治理、煤矿安全体检等重点整治；支持推动消防救援力量转型升级，完善建立应急响应统筹协调机制，为泉州经济社会发展提供坚实的消防安全保障。

市人大常委会党组理论学习中心组学习会议召开

市人大常委会党组理论学习中心组学习会议召开，学习习近平文章《加强党对全面依法治国的领导》，以及省人大常委会机关2019年党的工作会议精神。会议指出，要贯彻落实习近平关于全面依法治国新理念新思想新战略，带头宣传、维护宪法，做尊法学法守法用法的模范，履行宪法法律赋予的职责，推进各项工作法治化；要结合建设一流营商环境，完善法治建设规划，从人大工做出发，找准着力点，跟踪督促相关政策落地落实，为推进优质营商环境建设发挥作用。要贯彻省人大常委会机关2019年党的工作会议精神，层层落实责任，用心思考、认真谋划，找准找好典型，真正解决问题，积极总结提升。会议还专题研究市人大常委会党组关于落实全面从严治党主体责任、意识形态工作责任制、平安单位创建、精神文明建设和机关党建等工作。

市政府与市检察院联席会议召开

市政府与市检察院召开联席会议，围绕市政府“法治政府建设年”活动，以“法治政府建设与公益诉讼工作”为主题展开探讨。

市长王永礼对全市检察机关在促进依法行政、推进法治政府建设工作上做出的贡献表示感谢。王永礼表示，一年来，全市检察机关在市委领导下，依法履职，服务大局有作为，保障民生有亮点，从严治检有新动作，打造一批检察工作“泉州品牌”，成效有目共睹，为全市经济社会发展提供强有力的司法保障。就下一步工作，王永礼提出三个希望。一是协同再加力。希望检察机关围绕市委“作答时代命题、聚力赶超攻坚”要求，加强依法行政与检察监督的互动合作。二是助力抓重点。希望检察机关助力“法治政府建设年”活动，加大行政执法检察监督力度，防范行政不作为、乱作为；助力营造良好的营商环境，开展保障非公经济发展、金融安全防护、知识产权刑事检察保护，解决好民营企业、实体经济发展面临的困难问题；助力保障民生民利，监督解决一批群众关心关切的突出问题。三是共同求实效。希望检察机关在党委领导、人大监督下，对检察公益诉讼案件范围做审慎积极探索，把握边界、规范程序，使检察机关履行法律监督更高效、更精准；各级政府要加强对检察机关工作的支持和保障，塑造法治泉州的良好氛围，促进市民增强守法意识、崇尚法治文明。

市检察院检察长高扬捷表示，全市检察机关将围绕大局所需和群众反映强烈的问题，坚持双赢多赢共赢开展公益诉讼，助力推动解决重点民生问题；坚持依法平等保护民营企业，助力推进营商环境法治化；坚持当好党委政府法治参谋、助手，促进和帮助行政执法机关更全面更深刻地理解法律，共同推进严格执法、公正司法，带动全民守法，增强人民群众的法治获得感。

3月11日

农历己亥年二月初五
星期一
温度：12℃—21℃
多云

●省政府安委会2018年安全生产和消防工作检查考核组到泉州考核，并听取泉州市2018年安全生产和消防工作落实情况。

●市人大常委会党组理论学习中心组学习会议召开，学习习近平文章《加强党对全面依法治国的领导》，以及省人大常委会机关2019年党的工作会议精神。

●市政府与市检察院召开联席会议，围绕市政府“法治政府建设年”活动，以“法治政府建设与公益诉讼工作”为主题展开探讨。

●11—13日，泉州市县级工会主席学习中国工会十七大精神示范培训班在南安举办。

3月12日

农历己亥年二月初六
星期二
温度：13℃—23℃
多云转晴

●全省政协港澳台侨和外事工作座谈会在德化县召开，省、市、县三级政协结合贯彻落实中央有关港澳台侨工作大政方针和省“两会”精神，总结交流工作经验，研究探讨推进政协港澳台侨和外事工作新思路、新举措。

●全市首个基层眼保健医联体——“爱眼E站”签约揭牌仪式在丰泽区北峰街道社区卫生服务中心举行。

●2019中国国际纺织面料及辅料（春夏）博览会在上海国家会展中心开幕。联邦三禾、联盛、盈艺、新众兴、金羽、威尚、海兴凯晟等12家来自石狮的知名面料企业携拳头产品参展。

●11—12日，全市各地开展植树节活动。

全省政协港澳台侨和外事工作座谈会在德化县召开

全省政协港澳台侨和外事工作座谈会在德化县召开，省、市、县三级政协结合贯彻落实中央有关港澳台侨工作大政方针和省“两会”精神，研究探讨推进政协港澳台侨和外事工作新思路、新举措。会议强调，要创新工作思路，展现履职新作为，在坚持双向发力、发挥港澳委员双重积极作用方面用心给力；在凝聚两岸共识、推动闽台融合发展方面贡献智慧力量；在加强团结联谊、拓展政协侨务工作新领域方面创新有为，丰富履职形式、拓宽履职领域，在履职实践中展现新作为。

12家泉州企业参加上海面辅料展

2019中国国际纺织面料及辅料（春夏）博览会在上海国家会展中心开幕。联邦三禾、联盛、盈艺、新众兴、金羽、威尚、海兴凯晟等12家石狮市知名面料企业参展，彰显闽派休闲面料的引领流行时尚新势力。此次上海“春季联展”以五大展会同期共振，全面展示纺织人围绕“科技、时尚、绿色”新定位所取得的成果，引领全球纺织产业链的新产品、新技术、新模式、新趋势、新理念。作为五展中的首要展会“2019intertextile春夏面辅料展”聚焦生活与科技，设计、潮流、认证、美学、文化、工艺共冶一炉。展会六大展馆、九大展区共有超过16.2万平方米的展出面积，海纳全球23个国家和地区的近3300家行业领先的面辅料供应商，涵盖时尚女装面料、正装面料、内衣面料、功能/运动装面料、休闲装面料、衬衫面料，以及跃动牛仔、辅料视界、花样设计等多个专区。作为中国休闲面料商贸名城的石狮，在每一届Intertextile春夏面辅料展上，“石狮面料”均以所展示出的科技含量、时尚元素以及超前的创新技术，受到国内外客商和服装企业的欢迎。13日，中国纤维流行趋势2019/2020年发布会举行，联邦三禾（太极石公司）携其最新研发的、以太极石功能纤维与AI智能结合的“太极芯”亮相发布会现场。

全市各地开展植树节活动

11—12日，全市各地开展植树节活动。11日，市委老干部局“老党员之家”组织离退休老党员到永春碧卿国有林场，开展植树节活动。老党员围绕“生态文明与美丽中国”主题，畅谈祖国发展变化，弘扬艰苦奋斗精神。大家还在林场周边的山坡上种下一株株楠木，添绿大自然，践行生态梦。丰泽区东湖街道松林社区党委联合共建单位到华大街道鲜花港附近开展义务植树活动，种下50株天竹桂树苗。丰泽区第三中心小学的学生、社区儿童、在泉州务工人员及其子女、党员志愿者及泉淮中草药兴趣小组成员等近80多人组成植绿志愿队伍，到泉淮社区“百草园”开展植树活动。

12日，市工商联党支部联合石狮市工商联三联党支部、泉州浙江商会党支部和晋江市池店镇江浦社区党支部，到石狮市开展义务植树活动，倡导社会主义精神文明，提高干部职工和商会会员的志愿服务意识。鲤城区城市管理局、区绿化办组织开展以“携手绿化鲤城，共建宜居家园”为主题的义务植树活动。系统党委人员约200人到鲤城区新延路及其规划四路、规划六路参加活动。各系统党委志愿者、各学校少先队员代表、中建国投及联通公司工作人员共同种植147株盆架子；规划五路由人武部、高新区、浮桥街道种植20株香樟，总种植面积约1600平方米。丰泽区城东街道通海社区党支部、团支部、妇联组织党员、团员及志愿者，开展“绿化泉州湾河口湿地，保护物种生态多样化”主题党日活动，在湿地公园防风带种植防风固沙的木麻黄树。泉港公安分局狮东、界山等派出所的30多位民警、辅警与当地干部群众一起参加义务植树活动，栽种100多棵树苗。晋江公安警察公共关系室、梅岭派出所、池店派出所、滨江派出所、交警池店中队、交警陈埭中队6个党支部和粉丝一起在晋江南岸湿地公园举行植树活动。德化桂阳乡机关支部党员与安章村支部党员共50人到安章公园，开展以义务植树为主题的党日活动，种植红叶石楠、红花檵木、樱花等200多棵。

郭宁宁到泉州调研对台工作

副省长郭宁宁到泉州调研对台工作，市领导季翔峰参加调研。郭宁宁到中国闽台缘博物馆、台资企业、台湾人才之家等地，了解台湾同胞在泉州工作、创业情况和相关服务保障，鼓励台湾同胞和台资企业积极创新，勇于开拓，融合发展，共建共赢，要求各级各相关部门加大对台湾企业和台湾高层次人才的引进、扶持和保障力度，共促两岸融合发展。

市政协到永春开展主题党日活动

市政协组织机关全体党员到永春开展主题党日活动。市政协党组书记、主席李转生，党组副书记王瑞强，党组成员洪川夫、陈伟平以普通党员身份参加活动。在泉州市党内政治生活体验馆内，全体党员重温入党誓词。随后，在讲解员讲解下，大家了解党内政治生活发展历程、制度优势、重要内涵，通过馆内的现代展陈技术，体验党内政治生活，接受党性再教育。党员们表示，要强化政治建设，旗帜鲜明讲政治；坚定理想信念，锻造对党绝对忠诚的政治品格，保证政协工作正确的政治方向；学习贯彻《中共中央关于加强党的政治建设的意见》，执行《关于新形势下党内政治生活的若干准则》，增强贯彻执行的自觉性、坚定性；严守党的政治纪律和政治规矩，立合格党员标尺，划做人做事底线，树党员先锋形象，以强烈的政治责任感投入到政协各项工作中。

市侨联八届二次全委（扩大）会议召开

市侨联八届二次全委（扩大）会议召开，总结2018年工作，部署2019年工作任务。2018年，全市各级侨联组织围绕中心工作，以侨为桥，在服务经济发展、依法维护侨益、拓展海外联谊、积极参政议政、弘扬中华文化、参与社会建设等方面取得新成绩。其中，泉州市侨联南洋华裔族群寻根谒祖综合服务平台征集族谱6700多册，侨情普查工作全面铺开，在全省率先成立“一带一路”法律服务团，聘请7个国家和地区长期从事法律工作的泉州籍侨胞25名，为侨商侨企“走出去”提供法律服务。会议要求，新一年，全市各级侨联组织要学习贯彻习近平新时代中国特色社会主义思想，引导全市侨界群众听党话、跟党走；要更加热情地服务项目攻坚行动，发挥“侨”的优势和作用，做好“精准招商”“精准扶贫”，把好的项目、好的人才引进来，把好的理念、好的做法带过来，为家乡发展赋能；要更加积极弘扬中华文化，发挥文化培根铸魂作用，讲好“中国故事”“泉州故事”“华侨故事”，增进侨胞对故土家园的眷恋和依归；要更加用心用情为侨服务，多为侨界群众、侨资企业做好事、办实事、解难事，打造温馨的“侨胞之家”。

10位泉州籍富豪跻身全球房地产富豪榜

胡润研究院发布“2019胡润全球房地产富豪榜”，该榜单上榜富豪主要财富来源于房地产领域，上榜门槛为十亿美元，财富计算截止日期为1月31日。此系胡润研究院首次发布“全球房地产富豪榜”。全球共有239位房地产富豪上榜，其中包括10位泉州籍房地产富豪。上榜的10位泉州籍富豪中，唯一实现财富增长的是世茂许荣茂家族，财富增加30%至900亿元人民币，位居泉州籍房地产富豪首位，并排在胡润全球房地产富豪榜第12名。2018年，世茂房地产全年合约销售金额1761.5亿元，同比上升75%，业绩大幅上涨。有6位泉州籍富豪位列榜单前100强，2位跻身前50强。除许荣茂家族外，联邦林张素娥家族以285亿元的财富排在许荣茂家族之后，位居全球房地产富豪榜第50名。林张素娥为已故的联邦集团创办人林荣三（祖籍石狮）的遗孀。有8位泉州籍富豪财富减少，其中财富减少幅度最大的为宏泰的林鸿南家族，以205亿元位列第82名，财富减少58%。

3月13日

农历己亥年二月初七
星期三
温度：14℃—23℃
多云转小雨

●副省长郭宁宁到泉州调研对台工作。

●市政协组织机关全体党员到永春开展主题党日活动。

●市侨联八届二次全委（扩大）会议召开，总结2018年工作，部署2019年工作任务。

●胡润研究院发布“2019胡润全球房地产富豪榜”，10位泉州籍房地产富豪上榜。

●“古韵鲤城——公益文化分享会”在鲤城文化馆举行。

3月14日

农历己亥年二月初八
星期四
温度：12℃—21℃
小雨

●12—14日，陈灿辉到泉港区前黄镇、晋江市深沪镇和英林镇“代表之家”，围绕市委工作中心，开展联系基层代表和群众、联系困难党员活动，收集社情民意，开展调研走访。

●市政府第五十五次常务会议召开，研究食品安全工作等。

●市政协党组会议召开，研究市政协常委会2019年工作要点和《政协泉州市委员会常务委员提交年度履职报告工作办法（试行）》。

●市政协党组理论学习中心组（扩大）学习会议召开，传达学习习近平关于退役军人工作的论述和指示精神及全国、全省有关退役军人工作会议精神，《习近平关于狠抓落实做好督查工作论述摘编》等。

●十二届市政协第十六次主席会议召开，协商市政协常委会2019年工作要点；协商《政协泉州市委员会常务委员提交年度履职报告工作办法（试行）》等。

●涉老组织第二十六次联席会议召开，总结2018年涉老工作，部署新一年工作任务。

●全市营商环境第三方评估结果分析会召开，贯彻落实中央、省提升营商环境工作有关决策部署，分析全市营商环境存在的问题，研究提升营商环境的对策和措施。

●泉州—金门航线大陆参航企业——泉州市海上客运公司完成重组。

●惠安县崇武古城墙保护修缮工程启动。

陈灿辉到泉港晋江开展“双联2+1”活动

陈灿辉（左二）在泉港调研（图/陈意鸣）

12—14日，市人大常委会主任陈灿辉到泉港区前黄镇、晋江市深沪镇和英林镇“代表之家”，围绕市委工作中心，开展联系基层代表和群众、联系困难党员活动，收集社情民意，开展调研走访。座谈会上，陈灿辉围绕市委关于打造一流营商环境、推动行政审批提质提速等中心工作与基层代表群众开展交流，基层代表和群众就安全生产、安征迁、推进分级诊疗、发展区域经济、支持民企发展、实施乡村振兴、基层减负等热点问题建言献策。陈灿辉指出，各级人大及其常委会机关要围绕市委中心工作，市人大常委会要带好头，汇聚民智民意，共同推动党委决策部署得到有效落实；要加强代表联系群众平台建设，推动跨区域、跨行业之间代表的交流互动，提升代表履职能力、激活履职意识，增强代表履职实效，推动人大机关双联工作有新的跃升。

相关链接：2019年市人大常委会机关创建“双联2+1”党建品牌，组织常委会驻会组成人员到基层和活动室，开展“联系基层代表、群众+联系帮扶困难党员”活动。

市政府第五十五次常务会议召开

市政府第五十五次常务会议召开，研究食品安全工作等。会议要求，各级各相关部门要把食品安全工作作为重大政治任务来抓，以高度的责任感、强烈的使命感，履行好食品安全监管职责。要全面排查风险隐患，特别是防范新风险点，紧盯小作坊、路边摊、未登记备案的网络订餐等非企业性质主体和薄弱环节，推进“明厨亮灶”工程。要夯实基层基础，向上争取政策支持，强化人员、设施、技术、经费等要素保障，加强监督抽检和风险监测。要贯彻《地方党政领导干部食品安全责任制规定》，落实“党政同责、一岗双责”，落实属地、部门、行业管理责任，从区域共建共治等入手，对标找差、落细落实。

十二届市政协第十六次主席会议召开

十二届市政协第十六次主席会议召开，协商市政协常委会2019年工作要点；协商《政协泉州市委员会常务委员提交年度履职报告工作办法（试行）》；听取“推动民营企业发展”“加快服务业提质扩量”课题调研方案汇报。会议要求，要突出重点、精准发力，坚持以问题为导向，发挥政协优势，开展调查研究，为促进民营经济和服务业发展提出切实可行的意见建议，为泉州市高质量发展落实赶超献计出力。要加强理念创新，以务实举措推进政协履职能力建设，以饱满的热情和务实的作风投入到新一年工作中，确保各项目标任务的圆满完成。

泉州—金门航线大陆参航企业完成重组

泉州—金门航线大陆参航企业——泉州市海上客运公司完成重组。重组后，该公司集合福建省交通运输集团所属厦轮客旅公司以及福建泉运实业集团、丰泽船务公司等资源优势，未来将以新姿态服务两岸同胞的出行。泉州—金门航线是福建省对台海上客运航线之一，往返于泉州南安石井码头与金门之间。2018年泉州—金门航线运载两岸旅客16.3万人次，同比增长16.04%，再创历史新高。为满足两岸同胞出行需求，航线已由开通初期的每天2个航次增加到8个或10个航次，共有“八方”轮、“百丽”轮2艘船舶参与运营，更加方便两岸旅客选乘。

市河长办组织巡查河长制工作情况

市河长办组织泉州市河湖长制观察组及首批社会监督员，巡查洛阳江洛阳桥段河长制工作情况及百崎湖综合整治工程，并召开会议通报全市河湖长制工作情况，听取泉州市河湖长制观察组及社会监督员的意见、建议。与会人员一致认为，以“协调推进、督导检查、监测监控、执法联动、考核评比、宣传引导”六项机制建设为总体框架的泉州河湖长制工作体系，做到了“巡查更细、整治更实、督导更紧、统筹更强、机制更灵活”，取得阶段性成效。

泉州市举行国际消费者权益日纪念活动

泉州市举行以“信用让消费更放心”为主题的“3·15”国际消费者权益日纪念活动。图为活动现场。（图/泉州文明网）

全省首个县级车辆制牌点在晋江启用

全省首个县级车辆制牌点在晋江启用，晋江市民领取车辆新牌照可就近在晋江交管大队制作，并实现立等可取。晋江机动车保有量达63.21万余辆，其中汽车40多万辆，摩托车13万多辆，日均报牌量约170多辆，高峰期时能达到300多辆。以前，在县级交警大队登记的车辆号牌都是由上级公安机关统一制作，车主到当地车管所申请并办好手续后，一般还要等上二三个工作日才能收到车牌。为推动公安交管改革措施落实，逐步落实各项便民利民措施，晋江交警大队以车驾管、交警业务为重点，向省公安厅及相关主管部门申请，最终获批建设全省首个县级车辆制牌点。晋江制牌点建成后，从车主驾车进入车管所开始，查验—登记—选号—制牌—安装的全部流程当天就能完成，提高群众办理机动车报牌效率，缩短群众办事时间，实现让车主“最多跑一趟”。

安溪航空经济区项目投资框架协议书签约仪式举行

安溪县与瞻望世纪航空集团有限公司举行安溪航空经济区项目投资框架协议书签约仪式，标志以安溪通航机场为龙头的安溪航空经济区项目的建设迈出坚实一步。安溪航空经济区项目选址蓬莱镇，与国家AAAA级景区清水岩隔山相望，由瞻望世纪航空集团有限公司投资建设。项目规划总投资52亿元，以通用机场为龙头，配套建设小型飞机制造维修基地、航空培训基地、航空旅游区、航空商务区、航空博览区、航空物流区和航空生活区等，用地面积约200公顷，分两期进行建设，致力打造国内领先、充满航空文化特色的航空产业园和通航小镇。该项目已列入泉州市通用机场规划布局，建成后可作为厦门、泉州民航（公务机和轻型运动类）的辅助基地，推动安溪形成“飞机+高铁+高速”的立体交通网络，凸显安溪的交通区位优势。

与常见的民用航空机场不同，安溪将建设的通用航空机场，是指使用民用航空器从事公共航空运输以外的民用航空活动而使用的机场，包括可供固定翼飞机和直升机起飞、降落、滑行、停放的场地和有关的地面保障设施。以通航机场为依托，可开展飞行员培训、空中巡查等作业飞行，提供航空旅游、空中观光、航空物流、飞机装备制造、航模展销、低空飞行体验、医疗应急救援等服务。

安溪航空经济区项目投资框架协议书签约仪式（图/刘伯怡）

3月15日

农历己亥年二月初九
星期五
温度：12℃—20℃
多云

●市河长办组织泉州市河湖长制观察组及首批社会监督员，巡查洛阳江洛阳桥段河长制工作情况及百崎湖综合整治工程，并召开会议通报全市河湖长制工作情况，听取泉州市河湖长制观察组及社会监督员的意见、建议。●泉州市举行以“信用让消费更放心”为主题的“3·15”国际消费者权益日纪念活动。

●由团市委、泉州清源山风景名胜区管理委员会、泉州文化旅游发展集团和福建清源山旅游投资有限公司主办的以“捐植一棵树，增绿母亲山”为主题的青年林植树活动在泉州清源山举行。

●由东南早报、泉州市音乐家协会、福建省集英保安集团主办，泉州市东南公益协会、泉州市音协钢琴艺术专业委员会、安溪潮碧小学承办的东南公益2019梦想音乐教室活动在安溪县剑斗镇潮碧村潮碧小学启动。

●全省首个县级车辆制牌点在晋江启用，晋江市民领取车辆新牌照可就近在晋江交管大队制作，并实现立等可取。

●安溪县与瞻望世纪航空集团有限公司举行安溪航空经济区项目投资框架协议书签约仪式，标志以安溪通航机场为龙头的安溪航空经济区项目的建设迈出坚实一步。

3月16日

农历己亥年二月初十
星期六
温度：14℃—20℃
多云

●12—16日，省委、省政府脱贫攻坚工作第三考核组到泉州开展扶贫开发工作成效考核。

●由泉州市作家协会主办的张端端《不知诗欢》诗集首发座谈会举行。

●为加强房屋安全管理，全面消除房屋安全隐患，市住建局、市公安局等七部门发布《全市房屋安全隐患排查整治专项行动实施方案》。

●在全省医疗保障工作会议上，泉州市医保局率先探索、采取的“三函两牌”监管措施作典型交流发言。

●由区文体旅游新闻出版局主办、区太极拳协会承办的2019年泉州市洛江区“武林一号杯”暨第三届洛江区太极拳大赛举行。

省脱贫攻坚考核组到泉州考核扶贫开发工作

12—16日，省委、省政府脱贫攻坚工作第三考核组到泉州开展扶贫开发工作成效考核。考核组到安溪县、德化县等地，通过听取工作汇报、查阅资料、实地检查、座谈会、进村访谈和入户调查等形式，对泉州市扶贫开发和脱贫攻坚工作进行考核。对泉州市扶贫开发工作取得的成效，考核组给予肯定，并就加强和改进下阶段工作提出要求和建议，希望泉州坚持精准脱贫方略，确保2020年与全国同步进入小康。2018年，泉州市脱贫攻坚重点工作全部超额完成省上下达任务，全市脱贫攻坚工作取得决定性进展。全市国定、省定农村建档立卡贫困户共33620人收入达省定脱贫线以上；181个建档立卡贫困村于2018年年底全部实现退出；2018年全市投入扶贫专项资金3.23亿元，其中市本级投入扶贫专项资金1.69亿元，较2017年度增加14%。此外，在扶贫小额信贷上，全市放贷3.31亿元，助力7003户贫困户发展生产脱贫致富。针对考核组指导意见，泉州市将抓好问题整改，通过深化产业、就业、教育、住房、医疗、低保兜底等扶贫政策，巩固提升全市脱贫成效，力争全市建档立卡贫困人口不出现返贫。

张端端《不知诗欢》诗集首发座谈会举行

由泉州市作家协会主办的张端端《不知诗欢》诗集首发座谈会举行。张端端笔名张不知，系惠安籍90后女诗人，17岁时获全国性诗歌大赛一等奖，创作诗歌数百首，以“情”字为主题，营造“清丽”的诗歌美学意境。“young love”是张端端诗集《不知诗欢》的主题，年轻的爱疯狂而热烈，通过诗歌传递出爱、浪漫和想象，架构于星辰大海、浩渺苍宇，饱含深情和热望。整本书按照春天来临的次序展开，分为“春来漫漫，唯爱当欢”“春波漾漾，吾爱欢欢”“春风招招、归期遥遥”“春来春往，一一如常”、“一朝春醒，风清月明”五个部分。

《不知诗欢》诗集首发座谈会现场（图/东南网）

监管医保定点单位“三函两牌”显成效

在全省医疗保障工作会议上，泉州市医保局率先探索、采取的“三函两牌”监管措施作典型交流发言。2017年5月，市医保局立足“抓早抓小、防微杜渐”，率先探索、采取“三函两牌”监管措施（关注函、提醒函、警示函和黄牌、红牌），通过“四不两直”（不发通知、不打招呼、不听汇报、不陪同和接待，直奔基层、直插现场）稽查方式，对医保定点单位（含药品供应企业）医保服务行为进行事前、事中、事后全过程监管。

全市共有医保定点单位1102家，具有点多、线长、面广的特点，监管力量不足、稽查手段单一、监管文书缺乏等成为困扰医保部门的突出问题，也让医保基金面临潜在的安全风险。为此，泉州市针对医保基金监管过程存在的问题，突出“两个坚持”，创新监管措施，设计出“三函两牌”监管制度，采取“教育与惩戒”相结合的办法，对医保定点单位开展日常监管，及时纠错，推动医保定点单位履行医保服务协议承诺。

通过“关注函”进行预防，通过“提醒函”“警示函”督促整改，通过“黄牌”予以惩戒，通过“红牌”暂停或取消资格。截至2018年年底，共发出“函、牌”1876张，约谈医保定点单位658家（次），暂停医保协议服务220家，解除定点协议20家，暂停27名医保医师处方权，追回医保基金2835万元，移送公安机关查处2起，取得较好的监管效果。

泉州市列入国家级文化生态保护实验区

由国家文化和旅游部出台的《国家级文化生态保护区管理办法》于3月起施行。文化和旅游部已批准设立21个国家级文化生态保护实验区，闽南文化生态保护实验区是其中之一，区划范围包括泉州、厦门、漳州。泉州市探索“留人留形留乡愁 见人见物见生活”的泉州古城保护模式，加强非物质文化遗产区域性整体保护，维护和培育文化生态。在非物质文化遗产保护传承方面，出台《〈闽南文化生态保护区总体规划〉泉州市实施方案》《泉州市21个闽南文化生态保护区整体性保护重点区域保护专项规划》，公布六个批次市级非遗名录，七个批次市级非遗代表性传承人，并在全省率先实施市财政对市级传承人的补助政策。全市建成10个非物质文化遗产展示馆、100个非物质文化遗产传习所（传习中心）、1000个闽南文化生态保护示范点。

泉州古城一角（图/吴寿民）

泉州市青创会举办公开课

泉州市青创会超级公开课邀请德国著名管理学家赫尔曼·西蒙作《隐形冠军——未来全球化的前锋》讲座。市长王永礼出席讲座并在致辞中寄望青年企业家，落实习近平参加福建代表团审议时的讲话精神，传承发扬“晋江经验”，心无旁骛坚守实体做好主业，打造更多龙头企业和“隐形冠军”，为泉州建设作贡献。

泉州代表队获第34届省青少年科技创新大赛“双第一”

第34届省青少年科技创新大赛在福州三中闭幕。泉州代表队入围国赛数量和获一等奖数量取得“双第一”，蝉联总成绩全省首位。此系泉州市继2014年、2016年、2018年后，第四次取得“双第一”的成绩。大赛围绕“创新·体验·成长”主题，吸引全省九个设区市及中国台湾地区的青少年和科技辅导员带来722个项目。3月15—17日，经过为期三天的复评，大赛评出青少年科技创新项目一等奖55项、二等奖78项、三等奖165项，评出科技辅导员科技创新项目一等奖8项、二等奖21项、三等奖29项，并评出优秀科技实践活动奖、少年儿童科学幻想绘画奖、“十佳优秀科技辅导员”和优秀组织奖等奖项。

经过竞赛，泉州市获一等奖参赛项目18个，其中有7个作品入围全国赛。入围全国赛的7个参赛作品分别是培元中学黄熠焘的《一款自带亚硝酸盐含量分析仪的分格智能健康泡菜罐》、泉州五中黄启航的《中国古代第一长桥泉州安平桥保护现状调查与研究》、泉州七中朱灵萱的《闽南侨批对海上丝绸之路促进作用的探讨》和杨波的《基于伯努利效应的门槛式雾幕交通信号系统》、泉州师院附小陈铠涵的《一种可远程实时调控的路口禁令标志》和黄可馨的《一种可调节接水容器水位的自控式新型水龙头》、南安侨光中学叶一勤的《闽南“祖厝”调查与文化空间再造——以泉州市为例》。

晋江市第四届“穿越三山”越野赛举行

晋江市第四届“穿越三山”越野赛举行，2800多名越野跑步爱好者参赛。参赛运动员从晋江城市展馆出发，沿罗裳山、灵源山、华表山，经全国重点文物单位——草庵和闽南古刹灵源寺、紫竹寺、舜帝庙，穿梭在郁郁葱葱的山林里、奔跑在青山绿水间。赛事设50千米、35千米、21千米和10千米四个组别。最终，梁晶以4小时06分39秒的成绩跑完全程，获得50千米组男子冠军，该组别女子冠军则由向付召获得，成绩为5小时28分58秒。

3月17日

农历己亥年二月十一
星期日
温度：14℃—21℃
多云转小雨

●泉州市列入国家级文化生态保护实验区。

●泉州市青创会超级公开课邀请德国著名管理学家赫尔曼·西蒙作《隐形冠军——未来全球化的前锋》讲座，王永礼出席讲座。

●第34届省青少年科技创新大赛在福州三中闭幕。泉州代表队入围国赛数量和获一等奖数量取得“双第一”，蝉联总成绩全省首位。

●东南早报与福建亚太工程有限公司举办“种一片竹林，植绿色希望”主题公益活动，在泉州少林寺捐植100多株毛竹。

●晋江市第四届“穿越三山”越野赛举行，2800多名越野跑步爱好者参赛。

3月18日

农历己亥年二月十二
星期一
温度：16℃—23℃
多云

●中纺联检（泉州）“国家中小企业公共服务示范平台”在泉州揭牌。

●15—18日，由中华文化促进会主办的2019中国·惠安佛文化艺术品博览会在惠安县雕艺文创园举行。

●洛江区成立西人马人才学院。

●省住房和城乡建设厅办公室下发通知，2019年经竞争性选拔确定全省15个镇村作为省重点改善提升的历史文化名镇名村和传统村落，列入省级为民办实事项目，泉港区涂岭镇樟脚村名列其中。

中纺联检（泉州）“国家中小企业公共服务示范平台”揭牌

中纺联检（泉州）“国家中小企业公共服务示范平台”在泉州揭牌。中纺协检验（泉州）是中国纺织工业联合会直属的第三方权威纺织鞋服箱包检验检测认证机构，认可授权的检测范围包括各种纺织品、服装及其他纺织制品，羽绒、皮革、鞋材、成鞋、箱包等理化性能检测，可以提供委托检测、技术咨询、标准与检测培训、实验室建设及规划等服务。作为“国家中小企业公共服务示范平台”，中纺联检（泉州）进驻泉州以来，承担不少政府部门委托的任务，在解决泉州市纺织服装中小企业共性需求、畅通信息渠道、改善经营管理、提高发展质量、增强市场竞争力、实现创新发展等方面，发挥重要作用。

2019中国·惠安佛文化艺术品博览会在惠安举行

15—18日，由中华文化促进会主办的2019中国·惠安佛文化艺术品博览会在惠安县雕艺文创园举行。此次佛博会以“弘扬海丝佛教文化、展示闽南佛国魅力”为主题，展览内容涵盖陶瓷、木雕、石雕、玉雕、香业、纸烛、锡铜器、工艺摆件、刺绣、书画等，还有少林功夫表演、“百态观音”大型瓷雕艺术珍品展示。多位国家级雕艺大师及近200家企业参展，以惠安本土雕艺企业为主，泉州其他县（市、区）和莆田、福州等省内城市以及国内其他城市的相关企业各占一定比例。“百态观音”作品共计101尊，作品由21位德化当代瓷艺大师共同携手创作，包括已故的中国陶瓷艺术大师杨剑民创作的《慈航普渡》观音，以及由中国陶瓷艺术大师许瑞峰、中国工艺美术大师陈明良、连紫华等20位大师每人创作5尊形态不同的观音像，全球限量50套。这些观音瓷雕瓷质洁白，如脂似玉，工艺精湛，艺术高超，每尊观音都气韵生动，形神合一，堪称德化白瓷的经典荟萃，是举世公认的白瓷创作艺术珍品。

洛江区成立西人马人才学院

洛江区成立西人马人才学院。西人马人才学院设在西人马联合测控（泉州）科技有限公司。作为一家从事高端微纳芯片与智能传感器系统的研究、开发与制造的企业，该公司倡导“敬畏生命，感动自己，感动用户”的企业文化，专注MEMS与高端传感器芯片的研发、生产、检测、销售，为全球客户提供整套解决方案和定制化服务。该公司拥有专利52项，集聚一批国内高端传感器领域的精英。西人马人才学院将发挥专业培养智能制造人才培训机构的作用，以“促进员工成长、帮助员工实现人生梦想”为宗旨，以提高智能制造研究能力和实践技能为目标，为企业提供完整的、体系化的人才培养架构和课程计划，针对企业不同岗位、职级，设置不同层级课程，帮助企业实现从基层人员到中高层管理者突破成长，为企业健康持续发展提供人才和智力支持。同时，为洛江在智能领域培养更多的高层次人才，促进洛江智能制造生态新城区建设。

泉港区樟脚村入选省重点改善提升传统村落名单

省住房和城乡建设厅办公室下发通知，2019年经竞争性选拔确定全省15个镇村作为省重点改善提升的历史文化名镇名村和传统村落，列入省级为民办实事项目，泉港区涂岭镇樟脚村名列其中。图为樟脚村一角。

（图/李芸生）

市委常委会会议部署泉州市贯彻落实习近平讲话精神有关工作

市委常委会召开会议，研究部署泉州市贯彻落实习近平在参加十三届全国人大二次会议福建代表团审议时的讲话和省委会议精神有关工作；学习习近平文章《推动我国生态文明建设迈上新台阶》和省委常委会会议精神，听取一段时间来泉州市生态文明试验区建设情况汇报；听取2018年市委党建工作重点项目完成情况汇报，研究2019年度市委党建工作重点项目。

会议指出，全国“两会”期间，习近平参加福建代表团审议并讲话，为加快福建发展赋予重大使命、带来重大机遇、提供重大动力。全市各级党组织和党员干部要按照省委统一部署，把学习宣传贯彻习近平讲话精神作为重大政治任务、根本政治责任，兴起学习宣传贯彻热潮。会议要求，要稳稳地做、实实地干，边学习边谋划边落实，确保一轮比一轮深入，一轮比一轮更结合实际，确保习近平的指示和嘱托一件一件办好办实。要按照全省领导干部会议四方面部署，紧密结合推动新一轮高质量发展，拎出一批全局性、带动性的工作专项。要明确目标、集中目标、落实目标，着眼营造有利于创新创业创造的良好发展环境，理清加快传统产业转型升级的新切入点、具体抓手，促进本土高技术企业成长的加速机制，优化营商环境的关键环节，加快人口人才集聚的根本举措；着眼探索海峡两岸融合发展新路，理清建设台胞台企登陆的第一家园、促进泉州和台湾产业深度融合的方向重点；着眼做好老区苏区脱贫奔小康工作，完善贫困户、贫困线边缘低收入群体的长效保障机制等。要以坚强有力的党组织确保工作任务落实，贯彻新时代党的建设总要求，激励干部担当作为，市领导要带头摆进去，县（市、区）要作为主体摆进去，市直部门要把职责摆进去，马上就办、真抓实干。

薛卫民到泉州调研数字经济协同发展机制构建工作

省政协副主席薛卫民到泉州开展“我省数字经济协同发展机制构建”专题调研，到丰泽区、安溪县，考察泉州软件园、中国国际信息技术（福建）产业园等产业园区和相关企业，了解泉州市数字经济协同发展情况，并召开座谈会，就数字经济创新、数字人才建设、数字经济协作、数字经济共建共享等进行探讨，助力“数字福建”新发展。市领导吕刚、李冀平参加。

泉州市成立全省首个消防救援支队工会

泉州消防救援支队工会第一次会员代表大会召开，泉州消防救援支队工会成立。此系全省首个消防救援支队工会。会上宣读《关于同意成立泉州市消防救援支队工会委员会的批复》。会议听取《泉州市消防救援支队工会第一次代表大会筹备工作报告》，选举产生泉州消防救援支队工会第一届委员会、经审委员会和女职工委员会，泉州市消防救援支队副支队长吴军雄当选为支队工会第一届委员会主席。会议指出，组建工会是消防“军转民”后，落实严管厚爱方针、提升职业荣誉感的有力支撑。支队工会将履行政治责任和根本职责，勇于担当，积极作为，为新时代泉州消防救援事业发展做出新贡献。

泉州市首次空运进口活虾蛄

搭乘航班的一批鲜活虾蛄运抵泉州晋江国际机场。此系泉州海关在机场货管现场启动水生动物空运进境业务以来，泉州首次空运进口活虾蛄。虾蛄，也叫琵琶虾，俗称皮皮虾，是日本和东南亚国家菜肴中常用虾类。虾蛄营养丰富、肉味鲜甜滑口、淡而柔软。此次进口的虾蛄长约15厘米，共计378公斤。为保证新鲜度及餐桌安全，泉州海关驻晋江办事处提前派员到位，全程监管入仓，并且以最快速度取样，入境30分钟便完成通关放行。

3月19日

农历己亥年二月十三
星期二
温度：15℃—23℃
多云

●市委常委会召开会议，研究部署泉州市贯彻落实习近平在参加十三届全国人大二次会议福建代表团审议时的讲话和省委会议精神有关工作；学习习近平文章《推动我国生态文明建设迈上新台阶》和省委常委会会议精神等。

●省政协副主席薛卫民到泉州开展“我省数字经济协同发展机制构建”专题调研。

●泉州消防救援支队工会第一次会员代表大会召开，泉州消防救援支队工会成立。此系全省首个消防救援支队工会。

●市妇联组织各界妇女代表在市区山线绿道举行泉州市庆祝三八国际妇女节109周年“守护生态家园”巾帼健步行活动。

●搭乘航班的一批鲜活虾蛄运抵泉州晋江国际机场。此系泉州海关在机场货管现场启动水生动物空运进境业务以来，泉州首次空运进口活虾蛄。

3月20日

农历己亥年二月十四
星期三
温度：18℃—25℃
阴

●市四套班子领导康涛、王永礼、陈灿辉、李转生、游宇飞、林万明、杨晓山、刘建军、季翔峰、朱团能、蔡思红、李伙金、骆沙鸣、李冀平、王瑞强等，泉州军分区领导，洛江区四套班子负责人，市直、区直机关干部，福建经贸学校师生近250人，在福建经贸学校洛江新校区开展义务植树活动。

●20—21日，康涛到安溪，就贯彻习近平在参加十三届全国人大二次会议福建代表团审议时的讲话、全国“两会”精神和中央、省委系列决策部署，一起找问题、谋良策、促发展，就“强基促稳”三年行动等工作面对面对账清单抓落实。

●王永礼到南安调研闽西南协同发展区建设及革命老区基点村发展工作。

●王永礼与到泉州参访的台中市副市长令狐荣达座谈。

●20—28日，由市委文明办、市河长制办公室、市教育局、市城市管理局、市应急管理局、市水利局、驻市水利局纪检组等主办的“坚持节水优先，强化水资源管理”系列宣传活动举行。

●鲤城区2019年第一季度重点项目开竣工仪式举行，鸿星尔克集团员工宿舍用地、菲律宾国际商业公司旧厂房改造、“东亚之窗”文化创意产业园等项目集中开竣工。

市四套班子领导参加义务植树活动

市四套班子领导康涛、王永礼、陈灿辉、李转生、游宇飞、林万明、杨晓山、刘建军、季翔峰、朱团能、蔡思红、李伙金、骆沙鸣、李冀平、王瑞强等，泉州军分区领导，洛江区四套班子负责人，市直、区直机关干部，福建经贸学校师生近250人，在福建经贸学校洛江新校区开展义务植树活动。大家种下火焰木、凤凰木、小叶榕、黄花风铃木、玉兰树、银杏、碧桃、山茶花、樱花等十多种树木，共计300余棵。泉州市围绕“携手绿化八闽、共建宜居家园”主题，全面组织开展“义务植树月”活动。全市落实中央、省委有关生态文明建设部署要求，普及造林绿化法律法规和政策，让林农群众了解政策、掌握政策、用好政策。相关部门主推乡土树种、乡村优秀景观树种等，在全市城市建成区学校推广种植，结合实施乡村振兴战略，开展“绿色乡村三年行动”，引导村民绿化美化人居环境。

市领导在福建经贸学校洛江新校区开展义务植树活动
（图/陈意鸣）

康涛到安溪对账督促推动“强基促稳”重点工作

20—21日，市委书记康涛到安溪，就贯彻习近平在参加十三届全国人大二次会议福建代表团审议时的讲话、全国“两会”精神和中央、省委系列决策部署，一起找问题、谋良策、促发展，就“强基促稳”三年行动等工作面对面对账清单抓落实。康涛强调，要提升政治站位抓落实。强基促稳与民生事业等各项工作是一体的，不能就事论事。要发展新时代“枫桥经验”，针对群众反映强烈、历史遗留、需要进行机制创新的问题，领导干部带头担当，组织基层进行专项攻坚，真正标本兼治，千方百计从源头疏导化解。要绷紧党政同责抓落实。边谋划边落实，结合各地实际，大胆创新探索。要胸怀大局，强化“一盘棋” 意识，以“解剖麻雀”“解剖鸵鸟”的思维，加强各类问题结构分析，进行分类指导，理出接地气的抓手，统筹推进乡村振兴、项目攻坚、信访维稳等工作。

康涛（左二）在安溪正丰数控科技有限公司调研
（图/陈起拓）

王永礼到南安调研闽西南协同发展区建设

市长王永礼到南安市调研闽西南协同发展区建设及革命老区基点村发展工作。在了解闽西南协同发展区建设情况后，王永礼要求，要优化绿化景观规划设计，合理倒排工期，加强与厦门等地的沟通协调，加快施工进度，确保工程尽快建成通车，以交通等重要基础设施的互联互通促进闽西南协调发展、互利共赢。在地处南安官桥梅花岭南麓的革命老区村岭兜村，王永礼要求，各级各相关部门要强化互联互动，因势利导，带动老区人民脱贫致富；要以党性教育基地建设为契机，本着尊重历史的原则，做好史迹保护、党性和革命传统教育及环境整治等方面工作。

王永礼（左五）在南安市官桥镇岭兜村调研
（图/南安官桥网）

全市社会工作主题宣传周活动启动

泉州市"追梦新征程 社工在行动"主题宣传活动启动仪式在晋江市社会组织孵化基地举行，拉开全市社会工作主题宣传周活动的序幕。每年的3月19日至25日是中国社工宣传周。该活动旨在促进市民认识社工、关注社工、参与社工活动，营造良好社会舆论氛围。启动仪式上，还举行新入职社工代表"上岗宣誓"、为2018年度扶持社工机构及星级社工授牌、启动"筑梦港湾·创新未来"社会工作创投项目、为"晋江市社会工作人才驿站"揭牌等活动。此次社工宣传周期间，各县（市、区）围绕社会工作知识普及、社会工作成果展示、社会工作氛围营造等内容，开展社工优秀案例评选、主题演讲比赛、举办座谈会和沙龙论坛等形式多样的宣传活动。

省公安民警英烈基金会泉州分会揭牌

福建省公安民警英烈基金会泉州分会揭牌、授牌暨捐赠仪式在市公安局举行。省公安厅、省公安民警英烈基金会、市公安局相关负责人出席仪式。近年来，泉州市公安机关围绕基金会"抚慰民警，凝聚警心，弘扬正气，激励斗志"的宗旨，做实做强定向基金，做好帮扶救济工作，营造爱警、暖警氛围。省公安民警英烈基金会设泉州市公安局交警支队办事处等17个办事处，实现市、县两级公安机关定向基金全覆盖，形成"市局主导、各地负责、部门协作、分会承办、社会参与"的新格局。泉州市民警英烈基金在全省有"六个第一"：募捐总额居全省第一，全市募集基金2272万元，其中泉州分会定向基金470万元，2018年慰问近百人次，慰问金额近57万元，帮扶救助成效显著；民警每年"一日捐"总额全省第一；捐赠千元以上人数全省第一；全省第一个成立分会办公室；全省第一个在交警支队设立办事处；全省第一个实现县级办事处全覆盖。

晋江经贸代表团到越南考察

21—23日，泉州市委常委、晋江市委书记刘文儒带领晋江经贸代表团到越南考察。代表团拜访越南工商总会，并考察越南星洲工业园、百宏工业园、天虹海河工业园及部分晋江在越南投资企业。代表团成员中有不少泉州知名品牌企业负责人，此行旨在通过考察市场，探索未来在当地投资建设的可能性。参与访问的晋江企业家纷纷表示，政府的引导和平台搭建，增强企业"走出去"的信心和把握，企业服务中心的设立对拓展越南和东盟市场、扩大供应链布局有很大好处。越南是东南亚地区重要的贸易中转站，也是中国在东盟国家中第一大贸易伙伴。伴随着中越经贸合作的加快发展，晋江与越南的贸易往来不断深化，2018年双方贸易额突破10亿美元，增长42.3%，立足服务中心的建立，未来双方的合作渠道、领域将得到不断拓展。

省皮划艇激流回旋训练基地在南安揭牌

省体育局皮划赛艇运动管理中心激流回旋训练基地在南安市梅山镇林坂村揭牌。基地占地约10.67公顷，建筑面积4000多平方米。一期工程包括比赛和训练水道、综合楼、运动员宿舍、餐厅及室外配套设施。省皮划艇激流回旋队的队员已正式入驻，备战2020年东京奥运会的国家队队员于4月入驻。

省体育局皮划赛艇运动管理中心激流回旋训练基地
（图/林劲峰）

3月21日

农历己亥年二月十五
星期四
温度：16℃—26℃
多云转小雨

●泉州市"追梦新征程 社工在行动"主题宣传活动启动仪式在晋江市社会组织孵化基地举行，拉开全市社会工作主题宣传周活动的序幕。

●福建省公安民警英烈基金会泉州分会揭牌、授牌暨捐赠仪式在市公安局举行。

●21—23日，晋江经贸代表团到越南考察。

●由石狮市未成年人保护联盟主办的"青春成长法护航"临界预防活动启动。

●省体育局皮划赛艇运动管理中心激流回旋训练基地在南安市梅山镇林坂村揭牌。

●21—28日，由国家体育总局举重摔跤柔道运动管理中心主办主办的2019年全国举重U17锦标赛暨第二届全国青年运动会举重15—17岁组预在湖南省湘西土家族苗族自治州吉首市举行。由南安体育学校输送到福建省举重队的运动员肖世杰获挺举和总成绩冠军。

3月22日

农历己亥年二月十六
星期五
温度：11℃—17℃
小雨

●王永礼主持召开市政府经济顾问组座谈会，听取顾问组专家成员对泉州市经济发展和市政府工作的意见建议。

●市政府第五十六次常务会议召开，研究并通过《关于深化工程建设项目审批制度改革的实施意见（试行）》，部署省对设区市级政府2018年度履行教育职责督导评估迎检工作。

●十二届市政协常委会第十五次会议召开，学习贯彻全国政协十三届二次会议精神，审议通过《泉州市政协常委会2019年工作要点》《泉州市政协常务委员提交年度履职报告工作办法（试行）》。

●“华大讲堂”第80讲举行。第十三届全国人大代表、中国社会科学院农村发展研究所所长魏后凯作《中国经济发展与未来城乡格局——学习贯彻2019年全国两会精神》专题报告。

●泉州市财贸职业院校联盟成立。

●鲤城法院、中国人民财产保险股份有限公司泉州市分公司和泉州市医疗纠纷人民调解委员会举行“医患纠纷诉调对接合作协议签订仪式”。

●丰泽区第一季度部分重点项目集中开（竣）工仪式举行，海丝时代创意总部、丰泽区法务综合产业园、紫欣·跨境电商园（星悦城）、丰泽海归E谷创业园四个项目开工建设。

王永礼与市政府经济顾问组成员座谈

市长王永礼主持召开市政府经济顾问组座谈会，听取顾问组专家成员对泉州市经济发展和市政府工作的意见建议。经济顾问组组长王文泰等专家围绕实体经济发展、人才“港湾计划”、传统产业转型升级、港口物流产业发展、古城保护提升、高新技术产业园区建设等领域提出许多专业性、可操作性强的意见建议。王永礼指出，经济顾问组提出的意见和建议站位高、专业强、接地气，为全市经济工作顶层设计、路径规划、行业发展等方面提供决策参考，相关部门要认真汇总、分类论证，及时反馈并运用到规划、举措制订中。各级各相关部门既要紧盯中央、省、市的既定目标任务，及时检视修正自身工作，确保落实推进不跑偏、不懈怠、不走样；也要敢于直面问题，积极研究破解，着力攻坚克难，一棒接着一棒跑，共同推动泉州高质量发展落实赶超。

市政府第五十六次常务会议召开

市政府第五十六次常务会议召开，研究并通过《关于深化工程建设项目审批制度改革的实施意见（试行）》，部署省对设区市级政府2018年度履行教育职责督导评估迎检工作。会议指出，各部门要主动作为，勇于担当，协同配合，明确职责，融入简政放权、提速增效理念，以工程建设项目审批制度改革为抓手深化改革。要建立完善便民服务机制，推进信息共享、网上办理、并联审批，使项目受理程序能够无缝衔接，提高审批效率和精准度，推动审批服务升级换挡。

华大讲堂第80讲举行

“华大讲堂”第80讲举行。第十三届全国人大代表、中国社会科学院农村发展研究所所长魏后凯作《中国经济发展与未来城乡格局——学习贯彻2019年全国两会精神》专题报告。市委学习中心组成员张永宁、林万明、林锦明、季翔峰、洪自强等，市直有关部门、在泉州各高校、各民主党派负责人，华侨大学负责人和部分师生等参加报告会。魏后凯传达2019年全国“两会”精神，结合近年来的研究成果，分析新时期中国经济发展的新态势、中国未来城乡格局和劳动力转移状况等，为泉州更好地学习掌握和贯彻落实“两会”精神，更深入地理解新型城镇化、乡村振兴等发展战略的理论内涵和实践指向提供有益视角。

泉州市财贸职业院校联盟成立

泉州市财贸职业院校联盟成立暨首届理事大会在泉州经贸职业技术学院举行，会议审议通过《泉州市财贸职业院校联盟章程》，选举产生第一届理事会，泉州经贸职业技术学院院长杜朝运当选第一届理事会理事长。该联盟由泉州经贸职业技术学院牵头，联合19所优质中职学校共同成立，旨在加强区域内校企合作和校际合作，优化资源配置，提高人才培养质量，推动职业学校和企业优势互补、共同发展，更好地服务泉州经济社会发展。

泉州市财贸职业院校联盟是泉州市举办财经商贸类专业院校职业教育改革的基础和平台，是集教育教学与培训、科学研究、技术服务、对外交流、人才培养与项目合作为一体的区域性、非营利性的非法人社会组织。19所高中职院校、行业、企业、科研院所共同打造财经商贸类职教品牌，通过联盟建立一体化的服务体系和运行机制，实现联盟成员的优势互补、互惠互利与共同发展。联盟坚持“政府引导、资源共享、合作办学、优势互补、校企合作、共谋发展”的原则，遵循“以联盟为平台，以行业为依托，以市场为导向，以项目为纽带，加快人才培养，服务泉州产业创新发展”的宗旨，发挥“政、行、企、校、研”各自优势，优化教育培训资源配置，促进专业建设、职工培训、技术服务、实训基地建设和就业工作。

泉州市启动第九届绿色殡葬活动

市民政局和福建省集英保安集团有限公司、泉州市殡葬管理所启动泉州市第九届绿色殡葬活动，向市民发出“文明祭扫、生态殡葬”倡议，倡导破除丧葬陋习，移风易俗，为已逝的亲人选择花葬、树葬、草葬等节地生态的殡葬方式，过一个文明、生态、绿色、平安的清明节。为鼓励更多市民参与绿色殡葬活动，以实际行动支持泉州市生态文明城市建设，承办单位泉州宏福园推出优惠措施，对前10名报名参加草葬和骨灰墙的，墓地费等实行优惠，所有报名参加花葬的均实行优惠。

2019年全国中学生天文知识竞赛预赛在泉州举行

由中国天文学会主办，北京天文馆、中国天文学会普及工作委员会承办的2019年全国中学生天文知识竞赛预赛在泉州一中东海校区举行。福州一中、厦门双十中学、福建师范大学附属中学、长乐一中、平潭一中、漳州一中、石狮石光中学等十多所学校的数百名优秀学生参赛。全国中学生天文知识竞赛是一项全国性比赛，是2019年教育部批准的31项面向中小学生开展的全国性竞赛之一。竞赛分预赛和决赛两阶段，2019年预赛分别在北京、广州等全国18个考点同时进行。泉州一中东海校区通过积极申办，成为福建省唯一考点。该比赛依据预赛成绩确定高低年组入围决赛的选手。再根据决赛成绩、选拔赛成绩和国际参赛要求，通过集训组成中国国家队参加2019年度各项国际天文竞赛。

2019年“丝路春晓”文艺晚会举行

由团市委主办，泉州市青少年宫承办的“我和我的祖国”2019年“丝路春晓”文艺晚会在泉州音乐厅举行。“丝路春晓”文艺晚会是泉州市青少年宫侨乡少儿艺术团艺术教育的展示，至今已举办20多年。晚会表演形式包括民乐合奏、舞蹈、古筝重奏、葫芦丝、高甲戏、诗歌朗诵、少儿合唱、南音、拉丁舞、管弦乐合奏等，曲目包括《高山青》《闹春》《瑶族舞曲》《梨园初盛》《旋鼓渔歌》、《寻梦》《今年夏天》等。晚会上，还表彰2018年度泉州市青少年宫优秀教师和优秀教育工作者。

相关链接：泉州市青少年宫侨乡少儿艺术团始建于1956年，是福建省成立最早的少年儿童业余艺术团体之一。艺术团坚持面向全体学生，纯公益的塔尖式教学培养艺术苗子，成立民乐团、舞蹈团、合唱团、管弦乐团、视觉艺术团、高甲团、木偶团、曲艺团、南音团、体艺团10个分团，常年与学校共建宫校艺术班，通过艺术课教学和艺术活动，提高学生的艺术修养，促进其身心各方面和谐发展。艺术团曾多次出访东南亚国家（地区）。历年参加全国、华东地区、福建省比赛都名列前茅，并在国际、全国、省、市重大外事活动和对外文化交流中，获海内外观众的高度评价。

2019年“丝路春晓”文艺晚会现场（图/泉州晚报社）

越南晋江企业服务中心成立

越南晋江企业服务中心成立。该服务中心位于越南天虹海河工业园，为晋江到越南投资的企业提供专业服务、政策咨询，帮助晋江企业通过越南进入整个东盟乃至全球市场，开展国际产能合作，提升晋江产业、品牌的国际影响力。晋江到越南经商、设厂的企业超百家，主要集中在纺织鞋服领域。相关人士表示，晋江纺织鞋服制造发达，产业链完整，和越南有着相依相扶的合作发展空间，服务中心将成为晋江企业拓展越南市场的桥梁和平台。

3月23日

农历己亥年二月十七
星期六
温度：10℃—17℃
阴转小雨

●市民政局和福建省集英保安集团有限公司、泉州市殡葬管理所启动泉州市第九届绿色殡葬活动。

●由中国天文学会主办，北京天文馆、中国天文学会普及工作委员会承办的2019年全国中学生天文知识竞赛预赛在泉州一中东海校区举行。

●由团市委主办，泉州市青少年宫承办的“我和我的祖国”2019年“丝路春晓”文艺晚会在泉州音乐厅举行。

●由鲤城高新区管委会、鲤城区委文明办、泉州真情在线公益协会、金龙街道党工委、办事处主办的“真情公益林”植树活动启动仪式暨“关爱环卫工人·共建文明城市”公益活动，在市区海天汽车城广场及鲤城高新园区公园举行。

●由鲤城区太极拳协会主办、泉州市老干部活动中心协办的2019年鲤城区全民健身暨第六届太极拳剑比赛开幕。

●越南晋江企业服务中心成立。

3月24日

农历己亥年二月十八
星期日
温度：10℃—17℃
小雨

●市委、市政府出台《关于全面加强生态环境保护坚决打好污染防治攻坚战的实施意见》。

●市政府党组（扩大）会议召开，传达贯彻习近平、李克强和省委、省政府主要领导关于安全生产工作的指示批示精神，研究部署下阶段全市安全生产工作。

●省科学技术厅发布福建省2019年第一批入库的305家科技型中小企业名单，其中包括55家泉州企业。

●泉州市首场盆景雅集活动在市区清源山脚下举行。

市委市政府出台加强生态环境保护的实施意见

市委、市政府出台《关于全面加强生态环境保护坚决打好污染防治攻坚战的实施意见》（简称《意见》）。《意见》以生态环境质量改善为核心，以大气、水和土壤污染防治为重点，提出泉州市生态环境保护建设的总体目标：到2020年，全市环境空气质量持续改善，6项污染物指标优于国家标准，PM10、PM2.5浓度进一步下降，PM2.5浓度力争降到25微克/立方米，臭氧浓度升高趋势得到有效遏制，空气质量达到省考核要求；晋江流域水质达到国家和省考核要求，小流域水质达到或优于三类比例达90%以上，县级以上集中式饮用水水源水质达到或优于三类比例总体高于95%，近岸海域水质优良（一、二类）比例不低于当年度省上下达指标；二氧化硫、氮氧化物排放量不超过2015年的排放水平，化学需氧量和氨氮排放量较2015年分别减少4.1%和3.5%以上；森林覆盖率稳定在58.7%以上。围绕这一目标，《意见》提出推动形成绿色发展方式和生活方式、打好蓝天保卫战、打好碧水保卫战、推进净土保卫战、加快生态保护与修复、改革完善生态环境治理体系和推进生态文明试验区建设7大重点任务及具体举措。

东海新区一角（图/吴寿民）

市政府党组扩大会议召开

市政府党组（扩大）会议召开，传达贯彻习近平、李克强和省委、省政府主要领导关于安全生产工作的指示批示精神，研究部署下阶段全市安全生产工作。会议要求，各级政府各部门要清醒认识安全生产工作的复杂性和艰巨性，举一反三、警钟长鸣，按照省上“三个一定”要求，即一定要压紧压实属地领导、部门监管、企业主体责任；一定要把隐患当事故抓，隐患排查整治到位；一定要建立健全安全生产长效机制，强化红线意识和底线思维，防止重特大事故发生，确保人民群众生命财产安全。市政府党组要主动落实安全生产主体责任，市政府党组各成员、政府各部门党组（党委）要做好分管领域的安全生产工作。重点要加强停产企业复工前的安全检查，突出抓好化工、消防、道路交通、森林防火、防汛度汛、建筑施工、校园周边安全、极端天气应对等重点领域的安全专项整治，消除安全隐患，严防事故发生。

55家泉州企业入选2019年首批省科技型中小企业名单

省科学技术厅发布福建省2019年第一批入库的305家科技型中小企业名单，其中包括55家泉州企业。科技型中小企业是指依托一定数量的科技人员从事科学技术研究开发活动，取得自主知识产权并将其转化为高新技术产品或服务，从而实现可持续发展的中小企业。省科学技术厅在科技创新券补助工作方面支持科技型中小企业。科技创新券专项资金用于补助科技型中小企业、创客在研发过程中向高校、科研院所、企业等机构购买技术（开发、转让、咨询、服务）、检验检测、科研仪器设备使用、技术数据分析等科技创新服务的费用，大仪（大型科研仪器）产权单位向相关服务机构支付的设备维修、测试技术咨询等科技创新服务费用。科技型中小企业、大仪产权单位、创客已实际支付的上述各项费用合计应分别不低于2万元、2万元、0.2万元，可依实际数的50%内申请补助，科技型中小企业、大仪产权单位补助额度不低于1万元、不超过20万元，创客补助额度不低于0.1万元、不超过3万元。

市人大常委会党组扩大会议召开

市人大常委会党组（扩大）会议召开，研究部署市人大常委会贯彻落实习近平在参加十三届全国人大二次会议福建代表团审议时的讲话和全国“两会”精神，以及省委、市委会议精神有关工作；部署市人大常委会落实行政审批提质提速调研工作安排。会议指出，要原原本本抓好全国“两会”精神学习传达，特别要将学习贯彻习近平在参加福建代表团审议时的讲话精神作为当前和今后一个时期的重大政治任务。要结合人大工作实际，在推动优化营商环境、泉州和台湾融合发展、帮扶老区苏区发展上下功夫，以实实在在的举措贯彻落实精神。要从严从实加强党的建设，扛起全面从严治党主体责任。要做好当前各项工作，抓紧梳理市人大十六届四次会议代表重点建议，及时交相关部门办理，解决一批群众关注问题；要推进行政审批提质提速专题调研，抓重点、求实效，在工作中锻炼干部、提振激情。

泉州市出台民间融资管理规定

泉州市出台民间融资管理规定，旨在规范有序发展民间融资，引导民间资本投入实体经济。其中，泉州市将鼓励设立政府性引导基金和各类股权投资基金，推进民间资金集约化管理，吸引更多的民间资金通过股权、债权投资等方式有序进入实体经济。 规定指出，民间融资行为必须守住“三条底线”：一是确保民间融资中出借的资金是出借方的合法自有资金，不得以非法集资或违规套取银行信贷资金出借；二是借贷利率不得违反国家有关限制利率的规定；三是民间融资中发生不能按期偿还借款问题时，当事各方应协商或通过法律途径妥善解决，不得采取暴力、胁迫等方式追债。民间借贷利率由借贷双方协商确定。借款利息不得预先在本金中扣除。利息预先在本金中扣除的，应按照实际借款数额返还借款及计算利息。地方金融主管部门和民间融资服务机构工作人员不得利用职务便利参与非法民间融资活动。任何机构和个人不得通过报刊、电台、电视台、网络等公众传播媒体或者讲座、报告会、传单、手机短信等方式，向不特定对象宣传推介民间融资。不得以任何方式对民间融资人做出保本、保收益的承诺。

规定提出培育民间融资中介服务机构，并加强对其的指导和监督管理，降低民间融资成本。其中明确，民间融资中介服务企业开展业务，应当保证提供的信息真实、准确、完整，并向民间融资当事人提示风险。规定鼓励和支持各县（市、区）设立公益性民间融资公共服务机构，依法发布民间融资综合利率指数等相关信息；收集、统计民间融资信息，对民间融资进行风险监测、评估；建立民间融资信用档案，跟踪分析民间融资的资金使用和履约情况；受理合规的民间借贷登记等。民间融资公共服务机构从事地方金融监管部门委托的事项，由委托机构给予适当资金补贴，不得向民间融资当事人收取费用。

电影《石狮爱情故事》开机

电影《石狮爱情故事》在石狮开机。该电影由著名导演郑春雨执导，众多海峡两岸影星携手献演，包括中国台湾电视金钟奖影帝张复建与沈孟生、著名影星赵子琪、智利国际电影节影帝韩三明、中国话剧金狮奖得主马书良以及新生代演员龚秋子、陈皓、王晶晶、陈沛苏、梁武等。特别值得一提的是，石狮籍演员龚秋子出演“女一号”。电影《石狮爱情故事》讲述一对恋人从二十个世纪三十年代开始，跨越五十年坚贞不渝、生死相契的爱情故事，以及两位现代年轻人一边保护传统建筑，一边追寻这段爱情故事的过程，有其深刻的含义和特别的时代背景。电影制片人刘清水表示，影片的主题充满正能量，除反映男女主人公的忠贞爱情和命运起伏之外，还刻画一群过去和现在的普通民众爱国爱乡、积极进取的形象，激励观众更加珍惜现在的生活，努力进取，建设家乡。故事的主题和人物内核与泉州爱拼敢赢的精神十分吻合，影片的绝大部分场景将在石狮取景。

3月25日

农历己亥年二月十九
星期一
温度：14℃—21℃
小雨转多云

●市人大常委会党组（扩大）会议召开，研究部署市人大常委会贯彻落实习近平在参加十三届全国人大二次会议福建代表团审议时的讲话和全国“两会”精神，以及省委、市委会议精神有关工作；部署市人大常委会落实行政审批提质提速调研工作安排。

●泉州市出台民间融资管理规定，旨在规范有序发展民间融资，引导民间资本投入实体经济。

●电影《石狮爱情故事》在石狮开机。

3月26日

农历己亥年二月二十
星期二
温度：14℃—22℃
多云

●中国医保保健品进出口商会（简称中国医保商会）七届三次理事会暨泉州市重点产业及项目推介会在泉州召开。会上，中国医保商会与泉州市签订《促进泉州市医药健康产业发展战略合作协议》，双方将通过建立长期合作机制，共同推动泉州医药健康产业高质量发展。

●为确保到2020年与全国同步进入小康，2019年泉州市安排1.27亿元专项资金用于扶贫开发。

●泉州市2019年度“弘扬雷锋精神·传播道德力量”主题演讲比赛举行。

●市委组织部机关党总支、丰泽区委组织部机关党支部、东湖街道党工委、凤山社区党委在中心市区尚园小区小广场开展以“凝心聚力，共筑平安”为主题的“平安建设宣传月”暨扫黑除恶专项斗争宣传志愿服务活动。

●由省文化和旅游厅主办的“全福游、有全福”——2019福建旅游全媒体推介会，以“现场推介+媒体直播”的方式在北京人民网1号演播大厅举行。石狮籍演员姚晨担任福建旅游形象大使，为家乡代言。

中国医保商会与泉州市签订战略合作协议

中国医药保健品进出口商会（简称中国医保商会）七届三次理事会暨泉州市重点产业及项目推介会在泉州召开。会上，中国医保商会与泉州市签订《促进泉州市医药健康产业发展战略合作协议》。泉州市拥有药品生产企业19家，医疗器械生产企业34家，保健食品生产企业2家，药品批发（连锁）企业56家，药品零售药店2015家。其中，药品生产企业以中成药为主，拥有养脾散、万应茶、莲花峰茶等享誉省内外的产品。2016—2018年，全市医药工业产值均基本维持在7亿元左右，发展前景广阔。中国医保商会副会长谈圣采表示，近年来，泉州市政府推动医药健康产业发展，投资兴建永春生物医药产业园、德润产业园等医药、医疗产业园区，打造良好的产业基础；而医保商会作为行业组织，在促进国内外医药健康产品贸易和投资方面，拥有众多平台、渠道、资源和经验，此次双方合作，将发挥市政府和商会指导服务企业的优势，共同推动产业高水平发展。此次会议上，泉州还推出20个总投资100亿元的行业重点招商项目，吸引不少企业关注。

泉州市安排1.27亿元用于扶贫开发

为确保到2020年与全国同步进入小康，2019年泉州市安排1.27亿元专项资金用于扶贫开发。泉州市把保障稳定脱贫、提高脱贫质量放在脱贫攻坚工作的首位，继续深化实施生产扶贫到户、建房补贴到户、医疗援助到户、就业引导到户、就学补助到户的措施，巩固提升全市脱贫成效，力争到2020年与全国同步进入小康。2019年度全市扶贫开发专项资金计划安排已下达，全年安排1.27亿元用于扶持全市300个市级扶贫开发重点村、30个扶贫开发重点乡镇在整村推进、村财创收、产业发展、基础设施建设、贫困户住房改善提升、贫困户精准救助等方面的扶贫开发项目。

2019年度“弘扬雷锋精神·传播道德力量”主题演讲比赛举行

泉州市2019年度“弘扬雷锋精神·传播道德力量”主题演讲比赛举行。由各县（市、区）文明办、泉州开发区党务工作部、泉州台商投资区党群工作部、市直机关文明办推荐的18位选手讲述身边人践行雷锋精神的故事。比赛采取现场打分和当场亮分的方式进行评选，最终确定晋江文明办推荐的选手董喆获一等奖，市行业主管单位推荐的选手丁曾滢、惠安文明办推荐的选手程丽雯、石狮文明办推荐的选手吴晖岑获二等奖，市行业主管单位推荐的选手廖菁菁、鲤城文明办推荐的选手杨璐璐、丰泽文明办推荐的选手林鑫凯、市直机关文明办推荐的选手雷渺鑫、泉港区文明办推荐的选手庄丽琼获三等奖。为深化群众性精神文明创建活动，提升公民道德素质和社会文明程度，市委文明办常年组织开展“弘扬雷锋精神·传播道德力量”主题活动，在全社会形成学习、关爱、崇尚、争当道德模范、身边好人、岗位学雷锋标兵等先进典型的热潮。

石狮籍演员姚晨担任福建旅游形象大使

由省文化和旅游厅主办的“全福游、有全福”——2019福建旅游全媒体推介会，以“现场推介+媒体直播”的方式在北京人民网1号演播大厅举行。石狮籍演员姚晨担任福建旅游形象大使，为家乡代言，此系福建旅游首次推出品牌形象大使。活动中，主办方推介4条特色线路：红色经典集福之旅——串联三明、龙岩、漳州等地优质旅游资源，突出古田会议会址红色旅游品牌的示范效应；绿色生态享福之旅——串联福州、南平、三明等地自然山水资源；蓝色滨海亲福之旅——串联福建沿海福州、厦门、泉州、漳州、莆田，并延伸至平潭、宁德等地“海丝”主题旅游线路；古色民俗纳福之旅——串联三明、龙岩等地客家文化旅游产品。

市委常委会会议学习习近平对响水“3·21”事故的指示精神

市委常委会召开会议，学习贯彻习近平、李克强对响水“3·21”特大爆炸事故的指示批示精神和省委、省政府部署要求，研究部署泉州市安全生产工作等。会议要求，各级各部门要把重大风险隐患当成事故来对待，落实安全生产责任制，确保人民群众生命财产安全。要深化安全生产春季攻坚行动暨大排查大整治活动，重点针对危险化学品、建筑施工、渔业船舶、消防安全、交通运输、特种设备、油气输送管道、电商集聚区等重点行业领域，逐一过细排查，列出问题清单，盯紧督促整改，逐一对账销号。

康涛与菲律宾前贸工部部长罗伯特·王彬座谈

市委书记康涛与到泉州谒祖访问的菲律宾前贸工部部长罗伯特·王彬座谈。市委常委、统战部部长林万明等参加座谈。康涛指出，泉州是古代海上丝绸之路的重要起点之一，希望旅菲泉州籍乡亲借“一带一路”的东风，多为两地的友好交流、经贸文化往来牵线搭桥，为中菲友谊“繁花盛开”多作贡献。

泉州校园文化创意产业园筹备处成立

泉州校园文化创意产业园、福建省教育装备泉州展示馆筹备处挂牌仪式在鲤城区涂门街举行。该筹备处的建立，将搭建一站式交易展示交流平台，发挥校园文化产业、教育装备产业集聚效应，整合上下游资源，把最优质的教育装备资源、最新颖的教学模式在更大范围内共享，促进高新、创新教育装备技术在泉州市各级各类教学机构中的应用推广与示范，满足全面而有个性的发展教育需求。该产业园将打造福建省教育装备展示馆七大馆、一院一廊(少年文学院和艺术长廊)、校园文化建设中心三大板块，包含教育装备和教育产品服务、校园文化建设服务等核心项目。建设集总部办公、研发基地、产品展示、产品采购、体验交流于一体，以“校园文化”为主题的综合产业园区。其中，福建省教育装备泉州展示馆主要建设教育信息化装备、学科实验室装备、学校体音美装备、学校后勤装备、学前教育装备、平安校园装备、图书馆装备七大馆，汇集幼儿园、小学、初中、高中和中职、高职及高等院校所需的教育装备产品，产品种类涵盖各类教学装备、仪器、耗材、后勤、办公等。

泉州晋江机场开通至绵阳丽江宜昌遵义等地航班

泉州晋江国际机场公布夏航季航班计划，新航季中，泉州新开通飞往绵阳、丽江、遵义和马来西亚吉隆坡等航班，并加密多条航线。2018年泉州晋江国际机场完成旅客吞吐量740万人次左右、货邮吞吐量6.38万吨，同比增长39.4%、7.7%，旅客吞吐量净增210万人次，在全国230个民用机场排名第42位。31日起，机场2019年民航夏航季航班计划开始执行。新航季机场航班保持平稳增长，新开和加密部分航线航班。其中，新开的航班包括泉州飞往绵阳、丽江、兰州、宜昌、遵义和马来西亚吉隆坡等地的航班；恢复泉州飞往长沙、海口、珠海、南通等地的航班；加密泉州飞往杭州、南京、重庆等地的航班。新航季开通后，泉州晋江国际机场的国际及地区航线达13条，国内航线达47条，共有厦门航空、深圳航空、东方航空、新加坡酷航等23家航空公司在机场运营航线，机场每天进出港航班约210个架次。为更好地满足泉州人民的出行需求，各航空公司开航初期均推出散客单程、往返优惠票价。

泉州至丽江航班开通（图/廖平和）

3月27日

农历己亥年二月廿一
星期三
温度：17℃—24℃
多云转阴

●市委常委会召开会议，学习贯彻习近平、李克强对响水“3·21”特大爆炸事故的指示批示精神和省委、省政府部署要求，研究部署泉州市安全生产工作等。

●康涛与到泉州谒祖访问的菲律宾前贸工部部长罗伯特·王彬座谈。

●泉州校园文化创意产业园、福建省教育装备泉州展示馆筹备处挂牌仪式在鲤城区涂门街举行。

●由市总工会、发改委、工信局、人社局、住建局、工商联、泉州晚报社、泉州广播电视台主办的“作答时代命题当先锋·聚力赶超攻坚作贡献”主题劳动和技能竞赛启动仪式举行。

●市退役军人事务局在市革命烈士陵园开展以缅怀英烈、传承英烈精神为主题的宣传教育活动。

●泉州晋江国际机场公布夏航季航班计划，新航季中，泉州新开通飞往绵阳、丽江、遵义和马来西亚吉隆坡等航班，并加密多条航线。

3月28日

农历己亥年二月廿二
星期四
温度：19℃—28℃
多云转阴

●28—29日，全省春季农业生产暨农业机械化转型升级现场会在晋江召开。

●市人大常委会举办《中华人民共和国中小企业促进法》专题讲座。

●市科协七届二次全委会召开，总结2018年科协工作，部署2019年任务。

●为落实国家、省、市及上级财税部门出台的各项减税降费政策，由市财政局、市税务局、市行政服务中心管委会主办的减税降费政策公开解读宣讲会在市行政服务中心举行。

●泉州市供销社、南安市政府在南安市蓬华镇开展以“助力春耕生产，服务乡村振兴”为主题的送农资、送农技下乡活动。

●泉州西街亮相中央电视台4套纪录片《记住乡愁》第五季。

●28—30日，2019中国工艺美术学会省际理事长联席会议在德化召开。

市人大常委会举办中小企业促进法专题讲座

市人大常委会举办《中华人民共和国中小企业促进法》专题讲座。图为讲座现场。

（图/陈意鸣）

市科协七届二次全委会召开

市科协七届二次全委会召开，总结2018年科协工作，部署2019年任务。会议提出，全市各级科协组织要聚焦创新驱动战略，集聚科技创新全要素，在激发创新第一动力、服务人才第一资源上下功夫，打造服务支撑泉州创新发展的科技“智库”。要聚焦提高科学素质，发挥科学普及主阵地作用，力争2020年全市公民具备科学素质比例超过10%。要聚焦深化改革创新，更加高效服务好科技工作者，打造科技人才“引得进、留得住、过得好”的梦想港湾、事业港湾、生活港湾。

泉州举行减税降费政策公开解读宣讲会

为落实国家、省、市及上级财税部门出台的各项减税降费政策，由市财政局、市税务局、市行政服务中心管委会主办的减税降费政策公开解读宣讲会在市行政服务中心举行，吸引全市各地的企业负责人、企业财务人员、个体工商户等200多人参加。市财政局税政法制科相关负责人从宏观层面对减税降费政策进行解读，包括近年来减税降费的方式、规模和特点，对企业的意义和重要性；市税务局货劳科和所得税科的有关负责人则分别从增值税和企业所得税两方面讲解最新的税收优惠政策及如何进行纳税申报。会议还分发减税降费政策的具体项目清单和要点小册等，并设置互动环节，为与会人员答疑解惑。近年来，减税降费政策红利接连释放，2019年全国“两会”的《政府工作报告》中，更是对实施大规模减税降费做出总体安排。主办方表示，此次宣讲会作为泉州市“刺桐新声——政策面对面”政策宣讲讲堂的第一期，就是为了及时辅导、帮助企业准确地享受减税降费政策红利。

泉州西街亮相中央电视台纪录片《记住乡愁》

泉州西街亮相中央电视台4套纪录片《记住乡愁》第五季。纪录片展现泉州“多元文化宝库”的包容性，呈现流传千年的西街风貌。泉州西街在《记住乡愁》第58集播出，以《海丝起点 闽南古韵》为题，主线为“包容”。专题片甫一开始，就出现西街的航拍镜头，钟楼与东西双塔遥遥对望，红砖古厝掩映其中，长长的老街川流不息，构成一幅耐人寻味的文化画卷。西街上的对联和门匾，诉说着西街的根源和血脉。历史上闽南一带山多地少，适合种桑养蚕。1300年前，黄守恭钻研技术，并毫无保留地传授给大家，泉州的丝绸产业日渐壮大，远销海外，自此成为海上丝绸之路的起点城市。开放包容的姿态让紫云黄氏美名流传，也让西街和泉州得到长足发展。正如片中讲述的“一片桑园成就一座名刹，一座名刹催生一条街市”，而后西街日渐繁华，呈现出“市井十洲人”“涨海声中万国商”的胜景。西街上有数不清的小巷，每一个名字背后，都隐藏着一个西街往事。纪录片还讲述吴文良父子收藏墓碑的故事，父子两代人把100多方保护下来的碑文进行翻译，留下泉州对外文化交流的见证。

《记住乡愁》摄制组在西街拍摄泉州小吃制作过程

（图/殷斯麒）

市十六届人大常委会第三十五次主任会议召开

市十六届人大常委会第三十五次主任会议召开，讨论通过关于市十六届人大四次代表建议重点办理件督办安排，提出第三十六次主任会议建议议题；初定市十六届人大常委会第二十次会议的召开时间和建议议程。图为会议现场。

（图/陈意鸣）

全市各地陆续举行第一季度集中开竣工活动

27—29日，全市各地陆续举行第一季度集中开竣工活动。全市集中开竣工项目294个，总投资652亿元。其中，新开工项目185个，竣工项目109个。

为补齐基础设施建设短板，第一季度，泉州市推进一批交通、能源、水利、城市基础设施等重大项目的实施，提升经济发展的承载力，改善人民生活。东海片区经八路北段及支十四路延伸段市政道路工程、沿海大通道晋江（晋江大桥至南港路）道路改建工程、台商东纬二路西延伸工程、上曾（洛北）220千伏输变电工程、北峰丰州片区滞洪排涝系统一期工程等一批基础设施项目相继开工。石狮回兴路塘后段工程、安溪东二环路石狮岩隧道左洞工程、台商江锦街一期工程（杏秀路—海山大道）等一批交通项目相继通车，改善交通，方便群众出行。公共服务水平进一步提升。黎明大学扩建工程（一期）项目、洛江十一中扩建工程、福建医科大学附属第二医院东海分院核心病房楼工程、泉州市海滨小学2号教学综合楼项目、晋江第二实验小学梅岭校区项目、晋江八仙山全民健身中心、晋江紫帽镇中心小学改扩建项目等多个公共领域的重大项目相继开竣工，提升医疗、教育、养老、政务服务水平。

重大项目是产业高质量发展的重要支撑。随着一批重大项目的开竣工，泉州市产业结构提档升级正逐步向好向优。传统产业方面，台商玖龙纸业65万吨牛卡纸扩建项目（二期项目）、晋江特步鞋服生产项目、惠安中国校园服饰产业基地南方教育产业园项目、永春顺意食品项目、泉州美岭新型建材项目、泉州开发区澳都服装制造项目、晋江金顺发糖果生产项目等相继开竣工，为纺织服装、机械、建材、食品等传统产业“二次创业”增加新动能。新兴产业方面，总投资81.82亿元的建新轮胎落户石狮，将投资建设成“绿色环保、智能制造、智慧管理”的高新技术产业项目、高质量绿色智能项目，项目投产后，不仅可带动当地经济发展，还可增加就业，经济社会效益显著。此外，德化硅材料高新技术产业项目、洛江众志新材料扩建工程、泉港佑达精细电子化学新材料技术研发中心及中试基地项目、永春垚鼎新能源项目、福建联通企业云计算产业园项目（一期）等项目的开竣工，推动泉州先进制造业和战略性新兴产业发展。现代服务业方面，洛江虹山乡瀑布景区项目、惠安翔海游艇培训中心项目、永春琼“香”花海休闲旅游项目、惠安高雷山生态旅游文化园项目、南安麦德农休闲农场项目、泉州巴塞罗酒店项目、台商投资区维也纳商务酒店及区域营运中心项目、晋江梅岭维也纳酒店项目、石狮喆啡酒店项目等一批旅游及酒店配套服务项目相继开竣工，丰富旅游业态，提升全域旅游内涵，带动周边经济发展。此外，洛江三星物流中心项目、晋江百世汇通速递项目、晋江中通速递项目、泉州台商投资区丰树东南产业物流园项目等一批现代物流的建成，以智慧物流为引领，为全市经济发展提供便利、高效的物流服务。

3月29日

农历己亥年二月廿三
星期五
温度：16℃—22℃
小雨转中雨

●副省长李德金到晋江检查防汛备汛工作。

●全省铁路沿线环境综合整治现场会在泉州召开。

●29—30日，康涛到丰泽和南安，与基层干部一同学习全省领导干部坚持底线思维着力防范化解重大风险专题研讨班的精神，督促推动“强基促稳”、基层治理等工作落深落细落实。

●市十六届人大常委会第三十五次主任会议召开，讨论通过关于市十六届人大四次代表建议重点办理件督办安排，提出第三十六次主任会议建议议题；初定市十六届人大常委会第二十次会议的召开时间和建议议程。

●27—29日，全市各地陆续举行第一季度集中开竣工活动。全市集中开竣工项目294个，总投资652亿元。其中，新开工项目185个，竣工项目109个。

●由安溪县委、县政府和福建叔安影视文化传媒有限公司打造的大型古装历史电影《长官传奇》全国首映礼在安溪县影剧院举行。

3月30日

农历己亥年二月廿四
星期六
温度：16℃—24℃
阴转多云

●新华社播发通稿《集体出资 抱团招商——福建永春探索村财增收新模式》。

●由市人社局主办的2019年“12333全国统一咨询日”活动在市区泉州商城广场举行。

●由泉州晚报社、福建高考信息平台、黎明职业大学主办的2019年泉州高职招考高校招生志愿填报咨询会在黎明职业大学举行。

●汉服花朝节活动在德化县九仙山天池月老殿举行。

新华社播发通稿《福建永春探索村财增收新模式》

新华社播发通稿《集体出资 抱团招商——福建永春探索村财增收新模式》。全文如下：

在福建永春，一个小区将10个省定建档立卡贫困村的命运紧紧相连，未来，这里将为10个村带来源源不断的村财收入。

“通过贫困村集体出资的形式，我们集中力量引入项目，给每个村带来稳定、可观的收入。”29日，在永春桃源天骄小区举行的项目签约仪式上，第5批福建省派泉州驻村干部领队杨文普说，至此，这项筹划半年多的项目终于落地。

这是一个由驻村干部共同完成的创意，杨文普是该项目的发起人。半年多来，在他的组织下，永春县10个省定建档立卡贫困村共同出资1122.8万元，用于购置坐落于县城的桃源天骄小区综合楼物业，并引入医疗连锁机构爱尔眼科医院入驻。

根据合同规定，10个村签约首年即可获得80万元的租金收入，此后每两年递增5%，20年合同期内可获得租金收入约1970万元，每村年平均收入近10万元。

在华侨大学驻新琼村第一书记刘朝民看来，这一做法解决了许多贫困村的“老大难”问题，即如何实现村财的增收。他以自己所在村为例指出，在引入项目前，全村依靠场地出租，一年仅能获得1.62万元的收入。这一现象并不罕见，村财增收项目投资规模小、回报率低、风险大等问题是许多贫困村面临的共同难题。而在引入项目后，这一棘手问题将得到解决，依靠高于市场的综合回报率，各村将获得一笔长期稳定的收益。

分则力散，专则力全。杨文普说，福建为每一批驻村干部选派领队，作为“带头羊”，领队能够避免驻村书记单打独斗，有利于整合大家手中的资源，集中力量办大事，实现规模效益。

泉州市农业农村局扶贫办主任科员肖世妙认为，“抱团发展”同时也解决了扶贫资金的使用困境。据了解，该项目投资多数来源于10个贫困村的扶贫资金，以往这笔钱在村财增收方面往往表现乏力，而集资招商带动了好项目的入驻。

据了解，该模式受到当地老百姓的支持，已被推广到其他县区。

永春县吾峰镇梯田俯瞰（图/林劲峰）

2019年“12333全国统一咨询日”活动举行

由市人社局主办的2019年“12333全国统一咨询日”活动在市区泉州商城广场举行。2019年咨询日的主题为“智慧人社 智慧服务”，活动围绕群众关注的高校毕业生就业创业、养老保险关系转移接续、社保退休人员微信资格认证、电子社保卡、公务员考录、事业单位招聘等热点问题进行现场解答和政策宣传。各县（市、区）人社部门同步开展宣传活动。

德化县举行汉服花朝节活动

为弘扬中华民族优秀传统文化，汉服花朝节活动在德化县九仙山天池月老殿举行。南安市、德化县等地的上百名汉服爱好者，依照古代祭祀花神的传统礼仪读祭文、行礼，并表演古典舞蹈、投壶等，吸引各地游客观看。中国是花的国度。花朝节由来已久，最早在春秋的《陶朱公书》中已有记载。花朝节，简称花朝，俗称“花神节”“百花生日”“花神生日”“挑菜节”。节日期间，人们结伴到郊外踏青赏花。

泉州市大力扶持农产品电商平台发展

近年来，泉州市大力扶持农产品电商平台发展，出台优惠扶持政策培育本土的特色农产品电商平台，培植农产品电商企业。全市从事农产品电子商务的龙头企业、农民专业合作社和家庭农场有2000多家。农村电商极大拓展农产品市场空间，能够有效引导农业生产，使之更加符合市场需求，并为农民提供快捷便利、低成本的网络销售渠道。在2018年11月阿里研究院公布的2018中国淘宝村及淘宝镇名单中，泉州市以140个淘宝村、19个淘宝镇占据绝对优势，在全省分别占比60%、65.5%。与2017年公布的泉州126个淘宝村相比，数量增长10%。其中晋江拥有50个淘宝村，成为全省最大的淘宝村集群。

因此，将电商扶贫纳入扶贫开发工作体系，是促进贫困县农民增收，助推乡村振兴的重要措施。2018年全市扶持市级农产品电商项目13个，其中市级农产品电子商务平台3个，网店8个，农产品直供直销电商项目2个；落实项目扶持资金80万元。在政府推动下，泉州市涌现出鲤城的“邮乐购”、丰泽的“1248商城”、晋江的“园绿园”和“闽南便民购物网”、南安的“掌握生活”和“世纪之村”、安溪的“茶多网”和“苏妈妈生活小镇”、永春的“山农社”、德化的“憨鼠购”十大农产品电子商城平台。2018年，全市十大农产品电商平台销售额达25亿元。

2017年以来，泉州市对符合“五有”（有统一的农产品展示平台、有10家以上农产品电商企业、有网上年销售农产品300万元以上额度、有配套物流服务、有每年培训农村电商人才50人以上）条件的乡（镇），每个乡（镇）一次性给予10万元的奖励。在此推动下，全市培育出南安市向阳乡和洪梅镇、惠安县崇武镇、永春县苏坑镇和桂洋镇、德化县龙浔镇6个市级农产品电子商务示范乡镇。永春县苏坑镇通过“电商企业+农户”的形式，带动当地农户从事农业生产。如专营永春佛手茶的电商与茶农签订购销合同，卖蜂蜜的电商也和养蜂专业户签订产品销售协议，解决当地一批农产品的销售问题，同时也带动一批贫困户发展农业项目生产。南安市向阳乡22家合作社、20个家庭农场、4个农业产业协会、10家农业公司等50多个农业创业团队入驻互联网创客空间。向阳乡山腰合作社专门从事高山茶油生产，通过电商的持续发展，每年创收50万元，带动20多户贫困户脱贫。

位于南安市向阳乡的泉州市首个田间地头互联网+创客空间
（图/张九强）

泉港区与福建师范大学签订合作办学协议书

福建师范大学与泉港区政府深化合作提升泉港基础教育质量框架协议签订仪式在泉港区举行，双方现场签订合作办学协议书。双方合作内容主要包括：泉港区山腰盐场美发中学与福建师范大学福州时代中学合作办学，加挂“福建师范大学泉港实验中学”；新建泉港区行政核心区实验小学，并与福建师范大学附属小学合作创办“福建师范大学泉港实验小学”，双方合作办学的期限为10年。签约仪式上，两所实验校揭牌成立。此次双方签订合作协议，是校地深化合作提升基础教育质量的一次有益探索和生动实践。福建师范大学将通过品牌注入、管理输出的合作模式，采取派驻核心管理团队、选派一定数量的骨干教师支教、借助项目推动等方式，为合作校注入先进的管理经验和教育理念，优化管理制度，充实师资队伍，提升教科水平，提高办学质量。

3月31日

农历己亥年二月廿五
星期日
温度：12℃—20℃
多云转小雨

●泉州市大力扶持农产品电商平台发展。

●著名慈善家骆志鸿慈善捐赠仪式在福建医科大学附属第二医院东海院区门诊广场举行。陕西南飞鸿实业有限公司董事长骆志鸿向院方捐赠1500万元，支持东海院区“新建住院楼”建设。

●院线电影《旦后》新闻发布会在泉州南音艺苑举行。

●福建师范大学与泉港区政府深化合作提升泉港基础教育质量框架协议签订仪式在泉港举行，双方现场签订合作办学协议书。

●2019世界羽联巡回赛印度公开赛决赛举行，南安运动员黄东萍与队友王懿律合作，获混双冠军，此系中国羽毛球队在2019世界羽联巡回赛印度站获得的唯一冠军。

4月1日

农历己亥年二月廿六
星期一
温度：13℃—19℃
多云

●全国农村水电绿色改造现场会在永春县召开，落实全国水利工作会议提出的“水利工程补短板，水利行业强监管”总基调，分析农村水电绿色发展新形势，总结推广好的经验和做法，查找存在的问题和不足，研究今后一个时期农村水电绿色发展工作思路，部署推进农村水电绿色发展工作。

●省委书记于伟国、省长唐登杰到泉厦漳城市联盟路泉州段项目安海湾跨海大桥施工现场调研。

●市人大常委会2019年度推进全面从严治党暨党风廉政建设会议召开。

●在全省森林防火紧急视频会议后，泉州市接着召开会议，对森林防火工作进行部署。

●马来西亚福建社团联合会访问团到泉州考察访问。

●由市人民检察院、市税务局主办的“检税降负 亲清护企”主题活动启动。

●泉州市第28个全国税收宣传月活动暨“融合宣传服务——落实减税降费，促进经济高质量发展”系列活动启动。启动仪式现场，减税降费融合宣传服务中心（泉州）揭牌，标志全省首个涉税融合宣传服务中心试点成立。

于伟国唐登杰到泉厦漳城市联盟路泉州段调研

省委书记于伟国、省长唐登杰到泉厦漳城市联盟路泉州段项目安海湾跨海大桥施工现场调研。于伟国强调，要提高思想认识，以更高的站位、格局认识区域一体化的必然趋势。要统筹共享资源，发挥泉厦漳各市的优势，协同利用、实现优势互补的产业协作体系。要推进项目建设，加快推进人民群众盼望、经济社会发展所需的重要项目建设。以交通等重要基础设施的互联互通促进闽西南协调发展、互利共赢，以优异成绩落实赶超任务，为深化建设打下坚实基础。于伟国一行还调研闽西南航空枢纽的厦门新机场、厦漳泉城际轨道交通R1线等闽西南协同发展区基础设施联通和产业协同发展重点项目。

市人大常委会2019年度推进全面从严治党会议召开

市人大常委会2019年度推进全面从严治党暨党风廉政建设会议召开。会上，派驻机关纪检监察组通报2018年工作情况及2019年工作计划；颁发党风廉政建设责任状、党建工作责任状及“平安单位”创建责任状。会议强调，要学习领会市人大常委会党组关于落实全面从严治党主体责任实施意见等文件精神，牢记全面从严治党一刻也不能放松，推动党风廉政建设持续深入，共同营造风清气正的政治生态；要认识落实好全面从严治党主体责任的重要性和紧迫性，保持政治定力、强化使命担当，推动机关党的建设再上新台阶；要抓住讲政治、爱学习、管队伍、担责任、严纪律五个关键环节推进全面从严治党；要以机关党建推动人大各项工作，把成效体现在精神饱满、做事担当、落实到位等方面，把人大工作做得更好更实更有成效。

市人大常委会推进全面从严治党会议现场（图/陈意鸣）

全省首个减税降费融合宣传服务中心在泉州成立

泉州市第28个全国税收宣传月活动暨“融合宣传服务——落实减税降费，促进经济高质量发展”系列活动启动。启动仪式现场，减税降费融合宣传服务中心（泉州）揭牌，标志全省首个涉税融合宣传服务中心试点成立。泉州市9个部门及4家代表性媒体首批签订共建协议，助力减税降费政策措施落地生根。减税降费融合宣传服务中心（泉州）以“大融合、大宣传、大数据”理念，采取融合生产、融合宣传、融合服务、融合分析等方式开展减税降费宣传辅导，帮助纳税人应知尽知、应享尽享。该中心已建立起实体化工作场所，设置融合宣讲互动区、融合录演区、融合影像放映区、数字化内容生产区、数字化成果展示区、联席会议室、网络直播室、应急响应中心等多个功能区。市税务局相关负责人介绍，试点建设全省首个减税降费融合宣传服务中心，旨在聚焦党中央、国务院决策部署，聚合部门、媒体、各级税务系统资源要素，融合服务，融合生产，融合宣传，融合分析，确保减税降费政策措施落地生根。

减税降费融合宣传服务中心共建签约仪式（图/市审计局）

市人大常委会行政审批服务提质提速案例分析会召开

市人大常委会行政审批服务提质提速案例分析会召开。市改革办、市发改委、市行政服务中心管委会等相关职能部门负责人，与相关企业负责人、人大代表、市民群众，围绕企业开办、产权登记、用水用电等方面的具体案例展开讨论，剖析问题，并提出意见建议。会议指出，推动行政审批服务提质提速专题调研是市人大常委会2019年监督工作的重点之一。围绕该主题，市人大常委会从泉州市行政审批制度改革、行政审批服务提质提速存在的主要困难、问题及今后工作应采取的措施等方面着手，开展一系列座谈、调研活动。市人大常委会相继召开两场行政审批服务提质提速案例分析会，力求通过实例剖析，由点带面，由表及里，推动行政审批提质提速，有效服务经济社会发展。

市人大常委会行政审批服务提质提速案例分析会现场

（图/陈意鸣）

市政府第五十七次常务会议召开

市政府第五十七次常务会议召开，研究并通过《泉州市“法治政府建设年”行动方案》等。会议指出，要强化政府自身法治意识和行为规范，在立法、执法过程中按照法定权限和程序行使权力、履行职责，提升行政权力运行规范化水平。领导干部要发挥示范带头作用，想问题、做决策、办事情必须守法律、重程序、受监督，自觉守法用法。各地各部门要结合实际，在做好行动方案“规定动作”的基础上，确定若干“自选动作”，力争2019年有新突破、树新形象。

福建师范大学教育协同创新基地建设启动仪式在泉州举行

福建师范大学教育协同创新基地建设启动仪式在福建师范大学泉州附属中学举行。福建师范大学与泉州一中、泉州培元中学、泉州五中、泉州七中、泉州城东中学、福建师范大学泉州附属中学合作共建教育协同创新基地，旨在打造集教学改革、人才培养、招生服务、实习实训、学科竞赛、研学实践等为一体的卓越教师教育人才培养“新高地”。

福建师范大学副校长郑家建表示，泉州作为21世纪海上丝绸之路的先行区，有浓厚的尊师重教传统，基础教育硕果累累，与福师大建立深厚的办学合作友谊。福师大将与泉州6所高中校沟通协作，发挥该校在基础教育领域以及教学资源方面的独特优势，在人才培养、师资共享、学科竞赛、社团活动、职业生涯规划、大学专业先知课程体验等方面，与各基地校建立更加紧密的合作关系，共同在中学师资队伍职后提升教育、主动适应高考综合改革，推动中学在促进学生健康成长、帮助学生适应分类考试、综合评价和多元录取制度以及福师大教师教育、师范生培养等方面，探索新举措、体现新作为，推动教育协同创新基地实质性、高质量发展。

仪式上，福师大向6所学校授予“教育协同创新基地”牌匾，还聘任基地校校长为福师大师范类专业认证工作指导委员会委员。受聘专家指导委员会委员代表、泉州五中校长刘殊芳表示，教师需要职前和职后的教育，其中职后教育主要依托教师所在学校的教育，包括理论和实践教育。福师大师资力量强大，理论基础深厚，福师大专家团队的介入，有利于学校老师的专业成长。而福师大的学生也可到基地校的一线学习实践，积累实践经验。

4月2日

农历己亥年二月廿七
星期二
温度：15℃—22℃
多云

●闽西南协同发展区建设工作座谈会在厦门召开，康涛在会上发言，吕刚参加有关活动。

●市人大常委会行政审批服务提质提速案例分析会召开。市改革办、市发改委、市行政服务中心管委会等相关职能部门负责人，与相关企业负责人、人大代表、市民群众，围绕企业开办、产权登记、用水用电等方面的具体案例展开讨论。

●市政府第五十七次常务会议召开，研究并通过《泉州市“法治政府建设年”行动方案》等。

●市政协党组理论学习中心组（扩大）学习会议召开，学习习近平文章《推动我国生态文明建设迈上新台阶》和省委常委会会议精神等。

●中共泉州市直党群系统委员会在泉州革命烈士陵园开展“祭奠革命先烈、不忘革命初心、传承红色基因”主题党日活动。

●福建师范大学教育协同创新基地建设启动仪式在福建师范大学泉州附属中学举行。

●首届“海月杯”家风家训书画大赛颁奖活动在晋江五店市举行。

4月3日

农历己亥年二月廿八
星期三
温度：16℃—22℃
阴转多云

●全省人大农业农村工作座谈会在永春召开。

●2—3日，省政协副主席王光远到泉州开展“构建多元化纠纷解决机制”专题调研。

●丰泽区2019年招商签约暨海内外乡贤恳亲座谈会举行，签约10个项目，总投资82.2亿元，涉及文化体育、金融、环保、电子商务等行业。

●京东集团与石狮市政府战略合作框架协议签约仪式在石狮青创城国际网批中心举行。

全省人大农业农村工作座谈会在永春县召开

全省人大农业农村工作座谈会在永春县召开。会议指出，2019年全省人大农业农村工作要以习近平新时代中国特色社会主义思想为指导，全面贯彻落实习近平参加十三届全国人大二次会议福建代表团审议时发表的讲话精神，以及中央和省委农村工作会议精神，坚持农业农村优先发展总方针，推进脱贫攻坚、乡村振兴等工作。要全面落实新发展理念，加强和改进调查研究和咨询论证，提高立法质量；要改进监督方式方法，增强监督工作实效；要强化涉农议案建议办理，提升服务代表水平。要推进老区苏区脱贫攻坚工作，确保易地扶贫搬迁群众搬得出、稳得住、能脱贫，注重激发贫困群众内生动力，坚持脱贫攻坚冲刺与巩固脱贫成果两手抓，实现脱贫攻坚与实施乡村振兴战略相衔接。陈灿辉介绍泉州市人大常委会在推动全市农业农村工作、打好三大攻坚战等方面工作取得的成绩，并表示将以此次座谈会在泉召开为契机，把牢人大工作与“三农”工作的结合点、切入点，依法履职、担当作为，为加快农业农村现代化、提升农民幸福感做出新贡献。

王光远到泉州调研“构建多元化纠纷解决机制”

2—3日，省政协副主席王光远到泉州开展“构建多元化纠纷解决机制”专题调研，考察晋江市“三所联动”示范点、南安市联合调解中心等，了解泉州市多元化解纠纷工作的情况、举措、经验，并召开座谈会，肯定泉州市多元化纠纷解决机制成效，还就和解、人民调解、司法调解、诉讼如何更好地相互衔接等进行探讨。泉州市政协副主席王瑞强参加调研。

丰泽区2019年招商签约暨海内外乡贤恳亲座谈会举行

丰泽区2019年招商签约暨海内外乡贤恳亲座谈会举行，签约10个项目，总投资82.2亿元，涉及文化体育、金融、环保、电子商务等行业。10个项目分别为福建省蓝深环保技术股份有限公司、泉州维林森电子商务园、美的置业福建区域公司总部、福建省京东司法拍卖服务丰泽总部、泉州金融云谷产业园、招商银行泉州分行大厦、安踏体育、海峡冰雪运动中心、中国太平洋人寿保险股份有限公司泉州中心支公司、泉州侨乡青年文化创业产业园。其中，海峡冰雪运动中心项目计划总投资8亿元，拟建设集冰雪竞技、体育教学、器材销售、养生康乐、健康娱乐、健康地产开发为一体的“海峡冰雪运动中心”。泉州侨乡青年文化创业产业园则是一流优质营商环境的载体之一，该项目计划总投资1.6亿元，拟建设集电子商务、新零售、新媒体、商务金融为一体的青年文化创业产业园。

石狮市与京东集团签订战略合作框架协议

京东集团与石狮市政府战略合作框架协议签约仪式在石狮青创城国际网批中心举行。仪式上，京东时尚、京东物流、京东平台生态等多个分公司和部门，与石狮市政府达成战略协议，并举行京东（石狮）商家成长中心授牌仪式。根据协议，京东将在石狮建设商家成长中心，由入驻京东的优质服务商在石狮举办招商、培训、店铺咨询等一系列商家赋能活动。京东（石狮）商家成长中心旨在通过线上地方特色产业集群入驻电子商务平台，线下建立地方产业集群电子商务培训、物流、仓储等项目服务中心的“线上平台+线下中心”新模式，发挥电子商务带动产业转型升级的“加速器”作用，研究探索“产业带”运营和管理的新机制，助推石狮市“创新转型 实业强市”发展战略。同时，京东物流还将在石狮建设京东泉州服饰物流中心，提供产地客户集存储、收发作业、逆向再生、尾货集散于一体的全链条物流服务。

全市高铁高速沿线环境综合整治工作会议召开

全市高铁高速和城乡重要通道沿线环境综合整治工作视频会议召开，总结阶段性工作成效，部署下阶段工作。会议指出，要紧抓重点、精准发力，趁势扩大整治战果，确保6月底前全面完成杭深高铁、沈海高速泉州段以及37条城乡重要通道的整治任务。同时，启动绕城高速及泉州市境内其他高速沿线环境整治工作，抓紧时机植树绿化，加大坡屋顶改造力度，尽快打造一批能够彰显泉州地域特色、展现泉州形象的展示面。

白濑水库规划设计报告技术讨论在安溪县举行

2—4日，水利部水利水电规划设计总院在安溪县举行泉州白濑水利枢纽工程初步设计阶段专业项目复（改）建规划设计报告技术讨论，组织专家组对有关设计单位提交的铁路、公路、电力、通信等专业项目复（改）建规划设计报告和集镇迁建、农村集中安置点等相关专题报告进行技术讨论。会议听取福建省水利水电勘测设计研究院、中土集团福州勘察设计研究院有限公司、福建省交通规划设计院有限公司等设计单位的汇报，组成专家组审阅设计报告。会议期间，专家分成公路组、铁路组、电力通信组和安置组开展分组讨论，听取各方面意见，提出修改完善意见建议。专家组提出，要做好设计报告优化工作，按照专家意见尽快完成会议成果的吸纳、消化，本着科学、严谨的态度，对报告逐条逐项进行补充、修改、细化，使之更完善、更精细、更合理。各设计单位、建设单位和项目业主要加强沟通协调和工作衔接，有序推进各项工作开展。要按照年度投资计划，提出先行建设任务报告，组织先行项目的开工建设，确保白濑水利枢纽工程顺利推进。

相关链接：水库正常蓄水位288米时；淹没影响泉州市2个县5个乡（镇）的22个行政村以及2个集镇所在地，规划搬迁总人口40758人。淹没影响的主要专业项目有：漳泉肖铁路8.34千米、天湖山支线铁路8.54千米；莆永高速公路3.2千米，二级公路22.6千米，三级公路1.5千米，四级公路27.6千米，等外公路36千米；110千伏输电线路0.5千米，35千伏输电线路5.5千米，10千伏输电线路89.4千米，变电站及供电所4座；通信线路392.1千米。

鲤城区招商恳亲会举行

鲤城区招商恳亲会举行，回乡祭祖的海外侨亲、台港澳商会、异地商会代表等与会共叙乡情，共话发展。恳亲会回顾近年来鲤城区应对各种风险挑战，聚力赶超跨越，在经济、社会、民生等方面取得的成效，并围绕片区开发、创新创业、文化旅游等领域进行招商推介，重点推介站前大道西侧棚户区（石结构房屋）改造及基础设施建设、延陵社区石结构房屋改造、高山社区改造等招商项目。鲤城区主要负责人在会上表示，鲤城区将强化政策引导和服务保障，竭力为到鲤城投资发展的客商提供最优质、最高效的服务，创建最佳的营商环境。区委、区政府主要负责人还与返乡考察的香港泉州社团联合会访问团座谈交流，畅叙乡情乡谊，希望乡贤一如既往关心支持家乡建设发展，积极到鲤城参观考察，共谋发展。

丰泽区“绿色清明·文明祭扫”移风易俗志愿服务活动启动

丰泽区2019年“绿色清明·文明祭扫”移风易俗志愿服务活动启动仪式在市区清源山游客中心举行。清明期间，市区23支队伍200多名志愿者开展内容丰富的志愿服务。“绿色清明·文明祭扫”志愿服务活动时间为5—7日，在华大街道新铺社区七里庵门口、东湖街道齐云路口铁路桥下、清源山正山门口左侧设立值守点，每个点设立宣传倡议签名墙和祭扫物品兑换处，上山扫墓的市民朋友可到兑换处，将金纸等兑换成环保的祭扫物品。

4月4日

农历己亥年二月廿九
星期四
温度：16℃—23℃
多云

●全市高铁高速和城乡重要通道沿线环境综合整治工作视频会议召开，总结阶段性工作成效，部署下阶段工作。

●市住宅小区综合治理视频工作会召开，市政府办印发专项整治工作方案，明确此次行动重点解决住宅小区（含无物业服务的住宅小区）内的消防安全、秩序管理、市容环境三大问题。

●2—4日，水利部水利水电规划设计总院在安溪县召开泉州白濑水利枢纽工程初步设计阶段专业项目复（改）建规划设计报告技术讨论。

●位于南安市丰州镇的省、市重点项目泉州金鸡水厂（一期）工程竣工通水。

●鲤城区招商恳亲会举行，回乡祭祖的海外侨亲、台港澳商会、异地商会代表等与会共叙乡情，共话发展。

●丰泽区2019年“绿色清明·文明祭扫”移风易俗志愿服务活动启动仪式在市区清源山游客中心举行。

4月5日

农历己亥年三月初一
星期五
温度：18℃—26℃
阴

●3—5日，国家文物局副局长宋新潮到泉州调研古泉州（刺桐）史迹。

●全市各地行政机关、企事业单位、学校、驻地部队及社会各界团体到泉州市革命烈士陵园开展形式多样的“传承·2019清明祭英烈”活动。

●由中国闽台缘博物馆、陕西历史博物馆、咸阳市文物局主办的“骁腾万里——中国古代马文化展”在中国闽台缘博物馆开幕。

宋新潮调研古泉州（刺桐）史迹

3—5日，国家文物局副局长宋新潮到泉州调研古泉州（刺桐）史迹，市委书记康涛、市长王永礼、副市长周真平等参加调研。宋新潮肯定泉州市申遗点保护、周边环境优化提升、文物保护利用及惠民所取得的成绩，对做好古泉州（刺桐）史迹申遗提出指导性意见，表示将全力以赴推进泉州项目申遗工作，并就遗产监测、展示、旅游管理优化提升、传统古村落保护等工作提出要求。

全市各地举行“传承·2019祭英烈”活动

清明节，泉州市革命烈士陵园迎来祭扫高峰，许多市民自发到陵园祭奠革命先烈。据不完全统计，是日祭扫人数达6000多人。连日来，全市各地行政机关、企事业单位、学校、驻地部队及社会各界团体到泉州市革命烈士陵园开展形式多样的“传承·2019清明祭英烈”活动，仅4日就有近2万人次参加祭扫活动。为确保烈士纪念活动安全有序开展，倡导文明祭扫新风尚，市退役军人事务局、泉州市革命烈士陵园管理所联合多部门发起以“传承·2019清明祭英烈”为主题的志愿服务公益活动，近800名社会爱心人士参加此次清明志愿服务。大学生红色志愿讲解员是2019年清明活动的主要亮点之一，烈士陵园与华侨大学结对共建，面向大学生群体招募、培训一批红色讲解员。管理所在节前组织5期专题培训，近200名大学生志愿者参加培训，并在清明节高峰期为到园参观的社会各界人士讲解泉州革命史和英烈故事。

泉州市革命烈士陵园管理所负责人介绍，泉州素有光荣的革命传统，自1926年12月中共泉州地方党组织成立以来，共有1730多名泉州儿女为民族解放和共和国建设事业英勇献身。近年来，越来越多的民众走进烈士陵园，学习英雄事迹，弘扬英烈精神，传承红色基因。在清明节期间，除提前预约的社会各界团队外，还有不少机关单位、学校、部队以及社会各界人士自发到陵园祭扫和瞻仰烈士。

泉州市革命烈士陵园祭奠现场（图/张九强）

“骁腾万里——中国古代马文化展”在泉州开幕

由中国闽台缘博物馆、陕西历史博物馆、咸阳市文物局主办的“骁腾万里——中国古代马文化展”在中国闽台缘博物馆开幕。昭陵博物馆、咸阳市文物考古研究所、咸阳市文物保护中心、陕西唐三彩艺术博物馆等单位参展。展览分五部分：“千里之足，一马当先——马的驯养”“玉鞍金羁，车水马龙——马与交通”“金戈铁马，千乘万骑——马与战争”“健儿快马，戏舞翩跹——马与娱乐”“骐骥驰骋，天马悠悠——马与艺术”，展出文物70件/套，其中一级品14件（组）、二级品21件（组）、三级品25件（组）。天生刚健、俊美的外貌，加上勇气、忠诚的品质，兼具力量、速度与激情，数千年的历史岁月里，马都深受崇尚奋斗、自强、进取、向上精神的中华民族的喜爱。展览持续到6月23日，期间邀请昭陵博物馆副馆长李浪涛主讲《人马情未了——从唐太宗昭陵六骏说起》，并举办各类教育活动。

“骁腾万里——中国古代马文化展”现场（图/吴寿民）

《泉州市校园食品安全守护行动方案》在全省率先出台

《泉州市校园食品安全守护行动方案》（以下简称“方案”）在全省率先出台，力争年底实现“零事故+全覆盖”目标：全市校园食品安全不发生一般以上食品中毒事故，全市学校（托幼机构）食堂和学生集体用餐配送单位明厨亮灶率达100%。国务院食安办在北京召开全国校园食品安全工作电视电话会议后，泉州市立即着手起草方案，经过多番征求意见和修改后印发实施。方案最大的亮点在于泉州市自加压力，把国家要求的相关目标提高到“实现食品安全零事故和明厨亮灶全覆盖”。

围绕总体目标，方案提出包括建立校园食品安全责任体系、宣传贯彻《学校食品安全与营养健康管理规定》、开展风险隐患排查整治、完善部门联动监管机制、加强应急舆情处置引导、查处违法违规行为、推进校园食品安全社会共治7项具体行动措施，整治校园食品安全。在建立校园食品安全责任体系方面，方案明确各级食安委要适当增加校园食品安全在“治理餐桌”评价体系中的分数占比，并将相关结果纳入综治（平安建设）以及党政领导班子和领导干部实绩考核范围。各相关部门启动风险隐患排查整治，及时向相关学校（托幼机构）列出问题清单，建立整改台账，实施销账式整改。学校及周边无证食品流动摊贩成为坚决取缔的对象，未建立进货查验制度、违法添加非食用物质和滥用食品添加剂、销售腐败变质食品等违法行为也将受到严厉打击。

方案提出建立完善部门联动监管机制，明确市场监管、政法、教育、卫健、城市管理等部门在行动中的各项分工，要求组织开展跨部门“双随机”联合抽查，探索校园食品安全信用监管和联合惩戒机制。市场监管部门持续推进“一品一码”食品安全可追溯体系建设，确保全市学校（托幼机构）食堂、集体用餐配送单位和主要食材品种100%纳入电子化追溯体系。卫健部门指导学校开展食源性疾病预防和营养健康的知识教育。教育部门要将食品安全教育纳入义务教育课程。

泉州市第二届鲍鱼文化节在晋江举办

由泉州市海洋与渔业局、晋江市农业农村局、金井镇政府主办的2019年泉州市鲍鱼文化节在晋江市金井镇举办。活动吸引近千名外地游客和清明返乡侨胞参与。活动期间，游客除可以免费品尝到正宗的泉州福贝金鲍外，还可以体验“拳头母”“润饼”“菜粿”等泉州地方特色小吃。鲍鱼是泉州市水产养殖的重要品种，是打造水产百亿产业链的重要产业。随着全国各地鲍鱼市场的普遍回暖，泉州市鲍鱼种业获得新一轮的发展机遇，同步促进海藻饲料、鲍鱼加工、商贸物流和技术服务的快速发展。2017年9月，晋江福大福贝金鲍入选金砖国家领导人厦门会晤元首级晚宴指定用鲍，成为泉州市鲍鱼产业发展的又一张新名片。

泉州市救助管理站获评全国民政系统先进集体

人力资源和社会保障部、民政部决定授予196个单位“全国民政系统先进集体”称号，泉州市救助管理站获评全国民政系统先进集体。近年来，以“民政为民、民政爱民”工作理念为指引，泉州市救助管理站在做好流浪乞讨人员服务管理和权益保障工作的同时，创新完善救助服务。从2013年开始，市救助管理站探索以政府购买社会工作服务项目的方式做好流浪乞讨人员救助服务，开展街头流浪乞讨人员救助社工外展服务、心理咨询服务、困境未成年人救助保护社工服务等项目。其中，街头流浪乞讨人员救助社工外展服务项目已连续开展近六年，建立街头流浪乞讨人员档案450份，个案辅导86个，开展外展服务670次，劝导和探访746人次。此外，近年来市救助管理站全力做好救助寻亲，在全省范围内首先探索与公安部门建立“警务大数据+救助寻亲”合作机制。全市各级救助管理机构帮助63名滞留人员寻亲成功，长期滞留人员寻亲成功率接近50%。

4月6日

农历己亥年三月初二
星期六
温度：18℃—26℃
多云

● 《泉州市校园食品安全守护行动方案》在全省率先出台，力争年底实现“零事故+全覆盖”目标：全市校园食品安全不发生一般以上食品中毒事故，全市学校（托幼机构）食堂和学生集体用餐配送单位明厨亮灶率达100%。

● 由泉州市海洋与渔业局、晋江市农业农村局、金井镇政府主办的2019年泉州市鲍鱼文化节在晋江市金井镇举办。

● 人力资源和社会保障部、民政部决定授予196个单位“全国民政系统先进集体”称号，泉州市救助管理站获评全国民政系统先进集体。

● 在丰泽区文体旅游局倡导下，泉州市区50多名作家、书画家文化志愿者和社区志愿者，到位于丰泽区城东街道的桃花山蔡清陵园，举行“倡导文物保护，弘扬廉政文化”祭奠活动。

4月7日

农历己亥年三月初三
星期日
温度：20℃—27℃
小雨转多云

●新华社播发通稿《国际范儿·科技范儿·绿色范儿——传统制造业崭露“新面孔”》关注泉州制造业转型升级。

●清明假期，全市接待游客94.75万人次，同比增长21.1%，实现旅游收入6.99亿元，同比增长25.6%。

●由市卫健委、泉州市疾控中心、鲤城区卫健局、区计生协会、江南街道办事处主办的以“维护人人健康 迈向全面小康”为主题的世界卫生日宣传服务活动在市区新天城市广场举行。

●7—9日，2019年全国田径大奖赛肇庆站比赛举行，代表福建队参赛的石狮籍运动员蔡俊奇获男子400米栏和4×400米接力赛冠军。

●2019泉州市青少年足球春季联赛在北京师大泉州附中足球场开赛。

●福建、浙江、江苏三省500多位邓氏后裔到泉州桃花山麓明朝著名抗倭民族英雄邓城墓前拜谒祭祖。

●“春禊有约靓家园·吉祥泉港大家好”泉港区第四届上巳节暨“百村千户”颂家风活动在该区后龙镇土坑村举行。

清明假期全市实现旅游收入6.99亿元

清明假期，全市接待游客94.75万人次，同比增长21.1%，实现旅游收入6.99亿元，同比增长25.6%。许多游客的泉州游行程已经不单单局限在古城，渐渐地迈向周边县（市、区）。南龙铁路的开通为游客到访泉州提供交通便利，全市各地景区景点也推出丰富多彩的旅游节庆活动，吸引许多游客前往。其中，九仙山景区举办汉服花朝节活动，依照传统祭祀花神的古礼，开展读祭文、行礼，表演古典舞蹈，组织投壶游戏等活动，游客参与热情高涨，假期接待游客2.88万人次，同比增长22.2%；凭南龙铁路动车票可享受门票优惠，清水岩、崇武古城、牛姆林等多个景区游客络绎不绝。据统计，清源山、崇武古城、中国闽台缘博物馆、清水岩、五店市传统文化旅游区5个景区假期接待游客10.08万人次，同比增长58.47%，全市全域旅游渐渐成势。

清明假期，全市烈士陵园、烈士墓地、红色旅游景区景点、革命战争纪念地、重大战役发生地等地均迎来祭扫高峰。泉州市开展2019年“我们的节日·清明”主题活动，组织干部群众、中小学生等瞻仰革命先烈，接受爱国主义教育。三天假期，泉州开元寺接待游客3.80万人次，同比增长31.5%；清水岩接待游客1.33万人次，同比增长2.3%；泉州府文庙、德济门遗址、天后宫、清净寺接待游客2.88万人次。赏花游、采摘游、乡村游也迎来旺季。东湖公园、西湖公园、俞大猷公园、石湖塔公园、森林公园、桃花山公园、田格里拉生态园，云龙谷景区等地成为热门选择，掀起春游小高潮。此外，全市多个乡村旅游点以“花”为媒，将趣味休闲、民俗传统元素深度融入旅游产品，举办多种多样的旅游活动，如洛江虹山乡举办油菜花文化节，将特色农家美食、特色民俗结合其中，拉动消费带动农民增收；泉港土坑村举办泉港区第四届上巳节系列活动，吸引众多游客感受海商聚落的魅力；惠安向天歌山庄依托菊花、三角梅等，延长消费链，打造休闲体验经济，市民游客在此用石臼磨豆浆、烤地瓜、赶小猪等，体验乡村农活和生活趣味。清明假期，香草世界接待游客1.75万人次，同比增长7.4%，实现门票收入11.24万元，同比增长8.3%；红星生态园接待游客0.63万人次，同比实现翻倍增长。

世界卫生日宣传服务活动举行

世界卫生日，由市卫健委、泉州市疾控中心、鲤城区卫健局、区计生协会、江南街道办事处主办的以“维护人人健康 迈向全面小康”为主题的世界卫生日宣传服务活动在市区新天城市广场举行。活动现场，主办方开展“越run越fun”健康彩色跑活动，广场设置4个“彩色健康驿站”，200余名参赛者在不同颜色的站点进行枕头大战、深蹲挑战、趣味碰碰球、室内马拉松等健身互动游戏。活动还通过现场义诊、健康知识咨询、发放疾病预防宣传册、制作慢性病健康知识答卷等方式，普及健康知识。

2019泉州市青少年足球春季联赛开赛

2019泉州市青少年足球春季联赛在北京师大泉州附中足球场开赛，16支队伍参赛，其中U10组8支队、U12组8支。此次比赛由那尔多青少年足球俱乐部统筹并搭建平台。赛事依托学校和俱乐部，以联赛为龙头，旨在促进泉州市青少年儿童足球赛事和足球运动的发展，对丰富和完善青少年儿童足球竞赛体系，培养和发现青少年足球运动人才具有推动作用。随着联赛的开展，小球员在训练之余有机会把平时训练的成果融入比赛中，用实战来检验训练成果。足球比赛带来的不仅仅是增强体魄，提高技艺，更能帮助孩子开拓眼界，增长见识，塑造人格，4年前联赛创办初衷正着眼于此。联赛制为孩子创造更多锻炼、学习、交流的机会，通过“周周有比赛”的方式发现不足，提高技术，培养孩子身边的明星，把足球文化融入孩子们当中，同时，更多的对抗还能让孩子尽情享受足球乐趣，培养体育精神。

4月8日

农历己亥年三月初四
星期一
温度：21℃—26℃
阴

● 全市2019年第一季度“领导干部一线办公”活动周启动。

● 市人大常委会党组理论学习中心组学习会召开，传达学习习近平在中央政治局第十三次集体学习时的讲话精神，以及省委常委会会议、市委常委会会议精神；学习《地方党政领导干部食品安全责任制规定》，省委常委会会议暨省委巡视整改工作领导小组第十二次会议精神，以及市委相关会议精神。

● 8—10日，市人大常委会召开行政审批服务提质提速工作推进会，听取全市各县（市、区）、泉州开发区、泉州台商投资区开展行政审批服务提质提速专题调研进展情况，探讨行政审批服务存在的困难和问题，以及推动行政审批服务提质提速的意见建议。

● 菲律宾达沃市华助中心访问团与晋江南音艺术团在晋江五店市传统街区南音会馆就共同设立“菲律宾达沃市华助中心南音传承中心”进行签约。

第一季度“领导干部一线办公”活动周启动

市委、市政府决定，是日起至18日，在全市开展2019年第一季度“领导干部一线办公”活动周。活动周围绕市委“作答时代命题，聚力赶超攻坚”要求，一线服务推动、一线督促检查项目攻坚、企业发展。活动周期间，市领导按分工要求，分别到各地听取工作情况简要汇报，根据市“领导干部一线办公”活动周办公室梳理的问题清单，现场督办、一线协调。

活动周具体内容包括五个方面：一线督促推动重点项目、“五个一批”（谋划一批、签约一批、开工一批、投产一批、增资一批）项目，重点是督促检查《泉州市“项目攻坚2019”活动方案》拟开工的项目是否按计划开工，是否倒排前期工作计划，是否有需要协调解决的问题；已开工的项目是否挂图作战，项目推进措施是否有力、时序进度是否完成，是否有需要协调解决的问题；督查各地“五个一批”新增项目签约、开工、投产情况，是否做到应报尽报，是否建立正向激励机制。一线督促推动“春季攻坚行动”。重点督促检查限期问题销号、城乡环境大整治、安全生产大整治、招商季、企业稳产扩能等专项行动完成情况，是否有需要协调解决的问题。一线督促推动项目招商。重点督促检查各地招商引资计划、工作机制及工作推进情况，一线协调指导招商工作。一线督促问题落实。重点督促检查2018年“领导干部一线办公”活动周有关存在问题及协调解决问题落实情况，2019年新提请协调解决问题及专业小组发现问题初步办理意见推进情况。一线帮扶企业。重点帮助协调企业普遍反映的共性问题；检查督促防范和化解金融风险情况。

市人大常委会党组中心组学习会召开

市人大常委会党组理论学习中心组学习会召开，传达学习习近平在中央政治局第十三次集体学习时的讲话精神，以及省委常委会会议、市委常委会会议精神；学习《地方党政领导干部食品安全责任制规定》等。图为学习会现场。（图/陈意鸣）

市人大常委会召开行政审批服务提质提速工作推进会

8—10日，市人大常委会召开行政审批服务提质提速工作推进会，听取全市各县（市、区）、泉州开发区、泉州台商投资区开展行政审批服务提质提速专题调研进展情况。会议指出，要继续发挥三级联动监督优势，强化问题导向，深入调研分析，将问题清单再细化再梳理，解剖麻雀，对标找差，举一反三，全方位推动行政审批服务提质提速。

菲律宾达沃市华助中心与晋江共建南音传承中心

菲律宾达沃市华助中心访问团与晋江南音艺术团在晋江五店市传统街区南音会馆就共同设立“菲律宾达沃市华助中心南音传承中心”进行签约。两个单位将联合在菲律宾推动南音传承工作，晋江南音艺术团将选派骨干到菲律宾。菲律宾达沃市是晋江市的友好城市，也是晋江先民下南洋谋生最早的城市之一。菲律宾曾经活跃着20多个南音社团，如今却面临师资缺乏、后继无人的局面。晋江南音艺术团成立于2010年，是福建省特色文艺示范基地，曾获省首届“丹桂奖”青少年曲艺比赛金奖、“和平杯”全国曲艺大赛优秀节目奖（节目最高奖）等。此次签约后，双方将共同推动南音进华校，让新一代华裔延续故乡的声音，增强对家乡的认同感。

4月9日

农历己亥年三月初五
星期二
温度：21℃—29℃
多云

●康涛、王永礼与企业家代表座谈，一起学习贯彻习近平在参加十三届全国人大二次会议福建代表团审议时的讲话精神，交流探讨如何营造创新创业创造良好环境、心无旁骛做强实体经济。

●泉州市举办追求卓越绩效公益培训暨政府质量奖获奖企业经验分享会，邀请质量奖评审专家周燕萍，以及361°（中国）有限公司研创中心总监魏书涛做政策解读和经验分享。

●首列福建造全自动无人驾驶地铁，在台商投资区杏田产业园区泉州中车唐车轨道车辆有限公司完成各项试验，顺利下线。

●9—13日，由中国文联文艺研修院、省文联主办，市文联协办的中国文联文艺研修院"2019筑梦计划·泉州：创造性转化、创新性发展"活动在泉州举行。

●省卫健委在南安举行纪念2019年世界卫生日暨健康扶贫进家庭宣传服务活动。

康涛王永礼与企业家代表交流座谈

市委书记康涛、市长王永礼与企业家代表座谈，一起学习贯彻习近平在参加十三届全国人大二次会议福建代表团审议时的讲话精神。康涛强调，要系统营造良好发展环境，鼓励企业把研发中心、精品工厂、营销中心、仓储配送等"祖厝"留在泉州，并进军石墨烯、集成电路、化合物半导体等，开拓服务型制造、平台经济等新空间。要跳出产业抓产业，跳出部门谋政策，系统思考如何吸引留住高层次人才、保障企业用工需求、培育平台经济、提升教育医疗公共服务的总量与质量等等。要优化营商环境，多从体制机制上下功夫，完善面向企业审批、群众办事的全流程台账管理，塑造诚信风气，打造"台胞台企登陆的第一家园"。王永礼表示，泉州政府在服务企业中是务实的，始终坚持目标导向和问题导向，对于企业的需求和反映的问题，一个一个去面对、一个一个去解决。希望企业家当好"联络员"，积极建言献策，共同把产业做好，共同推动营商环境越来越好。

政府质量奖获奖企业经验分享会举行

泉州市举办追求卓越绩效公益培训暨政府质量奖获奖企业经验分享会，邀请质量奖评审专家周燕萍，以及361°（中国）有限公司研创中心总监魏书涛做政策解读和经验分享。市市场监管局相关负责人介绍，通过设立政府质量奖提升企业的经营管理水平已成为许多国家和城市强化和提高国际竞争力的重要途径。2010年，泉州市设立泉州市政府质量奖，该奖每两年评选一次，由市政府授予证书及50万元奖金。已完成四届质量奖评选，恒安、七匹狼、九牧等16家企业获奖。政府质量奖的最大特点是以《卓越绩效评价准则》为评价标准，该标准为企业追求卓越提供一种经营管理模式，即卓越绩效管理模式。卓越绩效管理模式是企业发展的"方向盘"，也是企业发展的"诊断仪"，使企业可以通过与标杆的比对，查找管理短板，持续改进，提升企业经营管理水平。与会的多名企业负责人认为，参与市政府质量奖的评选有利于企业管理水平的提升，因为在参评过程中，企业能得到很多专家的评审和建议，了解企业在管理及战略上的不足，推动卓越绩效管理模式在企业的实施。

首列福建造全自动无人驾驶地铁列车在泉州下线

首列福建造全自动无人驾驶地铁列车，在台商投资区杏田产业园区泉州中车唐车轨道车辆有限公司（以下简称"泉州中车唐车公司"）完成各项试验，顺利下线。列车自动化程度达到国际领先水平。福建及海西地区群众有望乘坐本地制造的无人驾驶地铁出行。自动无人驾驶地铁列车设计时速为80千米，列车车身宽2.8米，长19米，在美工设计、车内设施人性化设计等方面融入八闽特色，整车造型体现古典与现代的完美契合，寓意新时代福建敢拼会赢、绿色崛起的劲风之势。该车主管设计师曹泽乾介绍，无人驾驶地铁列车集成世界上最先进、最成熟的动力分散电传牵引系统和再生电、空制动系统，启动快、制动准、平稳舒适、安全可靠。列车网络控制系统采用分布式车载电子计算机控制技术，智能化、自动化水平高，集列车监视、诊断和控制功能于一体，故障自动导向安全，是世界城市轨道交通领域最先进的主流技术。

首列福建造全自动无人驾驶地铁内部（图/泉州晚报社）

康涛到晋江调研项目攻坚和强基促稳等重点工作

泉州市委书记康涛到晋江，深入企业、走访乡镇，并召开现场办公会，调研推动项目攻坚、强基促稳等各项重点工作落实。泉州市委常委、晋江市委书记刘文儒等参加调研。在现场办公会上，康涛强调，晋江要站位全局，加紧转型升级，推动制造业高质量发展，为全市多作贡献。要系统营造良好发展环境，鼓励企业心无旁骛坚守实业，加快推动智能化改造、增资扩营、“精品工厂”建设。要关注产业工人需求的“敏感点”，提升城市功能形象、公共服务，提供市民化待遇，继续引进、很好留住实操型的产业工人和专技人才。要有统筹有节奏、长短结合，落实促进稳定、安全生产、生态环保、食品安全等党政同责工作。“一把手”要亲自盯到位，各职能部门要拧成一股绳，找准职能定位，深入一线指导到位，从机制层面解决问题。要提升基层组织战斗力，发挥“带头人”作用，调动多元化解主体力量，源头化解矛盾纠纷。

康涛（左三）在晋江调研（图/陈起拓）

全市基层党建工作重点任务推进会召开

全市组织系统实施“强基促稳”三年行动、参与扫黑除恶专项斗争暨基层党建工作重点任务推进会召开，部署基层党建工作重点任务。会议强调，要破解难点问题，直面党内组织生活制度落实不够严格、村级集体经济薄弱、非公企业党组织“空壳化”“半空壳化”易反复、党务工作者队伍不够强等问题，创新办法和手段，推动基层党建工作突破提升。要抓好落实，推项目、列清单、强保障、育品牌，确保取得实实在在的成效。要减轻基层负担，下功夫解决基层党建考核过多、过度留痕等突出问题，全面提升基层党组织的政治功能和组织力，为高质量发展落实赶超提供坚强组织保障。

全国文艺评论家协会2019年度工作会在泉州举行

10—11日，由中国文艺评论家协会、中国文联文艺评论中心、省文联主办，省文艺评论家协会、鲤城区政府、市文联承办的全国文艺评论家协会2019年度工作会在泉州举行。10日开幕式结束后，“新中国成立70周年：一家一言”主席论坛随后举行，16个省（自治区、直辖市）文艺评论家协会主席团的17位专家学者，围绕文艺评论基础理论的发展脉搏、今后需要重点突破的方向分别发言。11日，作为年度工作会重要内容的全国文艺评论发展经验交流会举行，全国各地10家文评协会代表到场分享交流。

晋江市社会救助综合改革试点工作启动

晋江市社会救助综合改革试点工作启动暨爱心企业授牌仪式在晋江市磁灶镇举行，标志晋江市社会救助综合改革试点工作启动。2018年晋江市被民政部确定为全国社会救助综合改革试点单位，也是全省承担改革试点任务的唯一县（市）。围绕试点工作，晋江制订和完善相关政策措施，童过出台城乡低保认定办法，完善临时救助政策来夯实社会救助工作基础；以下放城乡低保、特困人员及临时救助审批权限来创新社会救助工作模式；以建立社会救助监管机制和工作容错纠错机制来明确职责分工，优化社会救助基层工作环境，使困难群众享受到改革成果，总结并提炼出可向全国推广的社会救助改革“晋江经验”，助力发挥社会救助在打赢脱贫攻坚战和全面建成小康社会中的兜底保障作用。

4月10日

农历己亥年三月初六
星期三
温度：17℃—28℃
小雨

●康涛到晋江深入企业、走访乡镇，并召开现场办公会，调研推动项目攻坚、强基促稳等各项重点工作落实。

●李转生到永春企业、项目一线调研，现场协调解决困难和问题。

●孔繁军、李冀平到惠安一线了解和解决企业、项目所急所需，助推项目攻坚、企业发展。

●全市组织系统实施“强基促稳”三年行动、参与扫黑除恶专项斗争暨基层党建工作重点任务推进会召开，部署基层党建工作重点任务。

●10—11日，由中国文艺评论家协会、中国文联文艺评论中心、省文联主办，省文艺评论家协会、鲤城区政府、市文联承办的全国文艺评论家协会2019年度工作会在泉州举行。

●晋江市社会救助综合改革试点工作启动暨爱心企业授牌仪式在晋江市磁灶镇举行，标志晋江市社会救助综合改革试点工作启动。

4月11日

农历己亥年三月初七
星期四
温度：16℃—21℃
小雨转阴

●全国人大宪法和法律委员会副主任委员胡可明带领调研组到泉州，就土地管理法、城市房地产管理法（修正案草案）有关问题开展调研并召开座谈会。

●林万明、朱团能到洛江区调研，现场协调解决企业、项目遇到的困难、问题。

●游宇飞到安溪县调研。

●11—12日，由福建日报社主办，晋江市文旅局、社科联、文联、文化馆承办的中国民间文化艺术之乡（闽南戏曲）·晋江现象与乡村记忆文化研讨活动在晋江市举行。

●最高检察院、团中央召开“汇聚各方力量、护航孩子成长”新闻发布会，会上发布未成年人检察社会支持体系建设工作十大典型案（事）例，石狮市检察院办理的一案例入选。

全国人大调研组到泉州开展立法专项调研

全国人大宪法和法律委员会副主任委员胡可明带领调研组到泉州，就土地管理法、城市房地产管理法（修正案草案）有关问题开展调研并召开座谈会。调研组调研晋江市展馆、梧林古村落保护项目、晋江高铁新区土地征收项目、金井镇围头村集体土地入市项目，了解晋江市宅基地制度改革、土地征收制度改革、集体经营性建设用地入市制度改革等农村土地制度改革试点工作。座谈会上，与会人员围绕修正案草案展开讨论，并结合实践，提出意见建议。胡可明表示全国人大常委会将梳理、研究、吸纳大家的意见建议，对修正案草案作修改完善，共同推进立法工作取得新进展。

全国人大调研组在泉州召开座谈会（图/陈意鸣）

晋江现象与乡村记忆文化研讨活动举行

11—12日，由福建日报社主办，晋江市文旅局、社科联、文联、文化馆承办的中国民间文化艺术之乡（闽南戏曲）·晋江现象与乡村记忆文化研讨活动在晋江举行。省内外近50名文艺家、评论家和戏曲演员参与活动。与会人员参观包括乡村社区演出场所、团址在内的晋江戏曲活动场所，观摩晋江主要戏曲品种演出，并进行研讨。晋江境内有露天戏台1500多座，为剧团下乡提供很好的演出条件。晋江有专业剧团2个、民间职业剧团27个，从艺人员800多人。连同经常进入晋江戏剧市场的外县（市、区）40多个剧团，年演出超6000场，观众达4000万人次。晋江市政府在抓好专业剧团管理的同时，探索民间职业剧团管理新路，1981年建立全省首个专门的剧管机构——民间职业剧团管理处，对民间职业剧团进行规范管理。集看戏、评戏、订戏为一体的一年一度的戏剧展演节，至2018年已举办31届。

石狮市一案例入选未成年人检察社会支持体系建设十大典型

最高检察院、团中央召开“汇聚各方力量、护航孩子成长”新闻发布会，会上发布未成年人检察社会支持体系建设工作十大典型案（事）例，石狮市检察院办理的一案例入选。2018年暑假期间，16岁的小张伙同11岁的妹妹到石狮市某中学宿舍楼，盗窃现金人民币4728元。石狮市检察院在对案件进行审查的同时，通过“石狮市未成年人保护联盟”工作平台，委托团属社工组织对小张进行社会调查。经审查案件和社会调查发现，小张系外来务工人员子女，某中学高三毕业生，刚收到大学录取通知书。暑假期间，父亲因摔断腿回老家，母亲也回老家照顾，兄妹二人只能靠小张打暑期工生活。但由于打不到工，案发时兄妹二人已经几天没吃饭，便实施盗窃。案发后，赃款已退还，被害人也均表示谅解。小张所在学校也反映其在校期间表现良好。

检察机关经研究，依法对小张做出相对不起诉决定，同时联动团市委、教育局，成立由检察官、司法社工、学校等共同组成的帮教小组，制定帮教方案。一方面与小张定期联系，通过举办“青春成长法护航”法治培训班，组织参观法治教育基地、旁听刑事案件庭审、开展心理辅导、上专题法制课、组织军训等，开展全方位的教育帮扶。另一方面鉴于小张家境确实困难，联盟还帮其取得助学贷款。最终，小张得以到大学报到。同时，由于小张妹妹案发时只有11岁，帮教小组也专门为其建立未成年人帮扶档案，开展帮扶工作。2019年，小张妹妹升入中学学习。

市委常委会会议学习《中共中央关于加强党的政治建设的意见》

市委常委会召开会议，学习《中共中央关于加强党的政治建设的意见》和省委理论学习中心组学习会精神；学习中央、省委关于解决形式主义突出问题为基层减负部署精神；研究贯彻省委常委会会议、闽西南协同发展区建设工作座谈会和省委书记于伟国、省长唐登杰到泉州调研精神；分析第一季度经济运行情况。

会议要求，全市各级党组织和党员要学习贯彻习近平关于党的政治建设的论述，始终同以习近平同志为核心的党中央保持高度一致。把握意见精神，旗帜鲜明把党的政治建设摆在首位，筑牢信仰之基，把稳思想之舵，全面抓好党的政治建设各项任务。要落实党委（党组）主体责任，履行党委（党组）书记第一责任人职责，发挥领导干部示范引领作用。会议指出，一季度，全市共同努力，干部、企业家拼搏付出，春季攻坚行动成效明显，实现“开门红”。全市各级各部门要紧抓敏感点，盯紧盯牢大项目好项目、转型成长企业等新增长点，加快发展平台经济等新业态，下决心狠抓行业整治、维护泉州品牌质量形象，做实做细经济普查，营造良好的用工环境。要改进项目攻坚推进机制，强化调度权威，完善台账管理，提升专项服务，打通堵点痛点。要在招商对接上下大功夫，新旧渠道齐抓，既留住本地龙头企业的“根”，也要眼界向外，引进更多优质项目。要提升营商环境，规范行政审批自由裁量权，深化政企互动，激发创新创业创造活力。

康涛到丰泽石狮调研平台经济发展

市委书记康涛到丰泽、石狮调研，并主持召开座谈会，研究推动泉州市平台经济发展。市委常委、统战部部长林万明参加调研。座谈会上，工业互联网、电子商务、物流专业服务、第三方支付等领域的8个平台负责人发言，提出需要党委、政府支持的方向和建议。康涛指出，发展平台经济是构建产业生态圈的重要抓手，是培育互联网+、大数据、物联网等融合新业态的重要切入点，也是集聚服务并赋能众多中小企业的很好载体。要高度重视，抓住当前窗口期，持续抓，组织专门团队研究，专才干部跟进，专业服务保障，专项政策扶持。要抓住行业发展的需求敏感点，与协会、运营商一起研究，尽快推出有针对性的政策。既要“软”措施，给予资金、政策扶持，也要“硬”环境，结合都市型产业培育，整合、规划、提升一批平台经济载体，营造人才引进、交流、培训的良好氛围。

王永礼到南安调研项目建设和企业发展情况

市长王永礼到南安调研，了解项目建设和企业发展情况，协调解决项目攻坚和企业发展过程中遇到的困难、问题。调研期间，王永礼指出，南安要根据市委统一部署，以高端铸造产业园建设为契机，发挥现有产业优势，加大政策扶持力度，做好招商引资与落地服务工作，以骨干企业为龙头，以产业链为纽带，以重大项目为依托，做大做强做优高端装备制造业。要优化营商环境，推进产城融合，落实好各项惠企政策，帮助企业和项目解决融资、人才、用地等制约问题，完善医院、学校、人才公寓等配套设施，为企业和项目提供优质高效服务，助力赶超攻坚。

王永礼（右二）在泉州市聪勤机械制造有限公司调研（图/陈起拓）

4月12日

农历己亥年三月初八
星期五
温度：15℃—21℃
阴转小雨

●市委常委会召开会议，学习《中共中央关于加强党的政治建设的意见》和省委理论学习中心组学习会精神，研究泉州市贯彻意见等。

●康涛到丰泽、石狮调研，并主持召开座谈会，研究推动泉州市平台经济发展。

●王永礼到南安调研，了解项目建设和企业发展情况，协调解决项目攻坚和企业发展过程中遇到的困难、问题。

●杨晓山到石狮调研，督促项目攻坚，协调解决存在的问题。

●全市预防青少年违法犯罪暨校园安全专题会议召开，分析研判当前形势，研究部署下阶段工作。

●全省院士专家工作站建设推进会在晋江召开。

●福建省食品安全“一品一码”信息追溯推广应用和消费者体验活动在泉州举行。

4月13日

农历己亥年三月初九
星期六
温度：17℃—23℃
小雨

●由省关工委、省总工会主办，泉州市、晋江市两级关工委、总工会承办的“关爱农民工子女·进企业”首场活动在泉州市361°（中国）有限公司举行。

●由市科协、市教育局主办的第四届泉州市青少年机器人竞赛举行。

●电影《赤子情深》开机仪式在泉州华侨历史博物馆举行。

●台湾南宗少林俗派第八代掌门人吕松吉带领18位台湾少林弟子到泉州少林寺朝拜祖庭。

●由洛江区教育局主办，区书法家协会和区美术家协会承办的2019年洛江区“祭十班杯”中小学生美术、书法现场比赛在泉州外国语学校洛江校区举行。

●全国电子商务促进乡村振兴高峰论坛暨2019曹县电商节举办，安溪入选“电子商务促进乡村振兴十佳县域”城市，成为福建省唯一获评上榜的县（市、区）。

●“慈悲摆渡——德化陶瓷艺术展”在台湾佛光山佛陀纪念馆开幕。

第四届泉州市青少年机器人竞赛举行

由市科协、市教育局主办的第四届泉州市青少年机器人竞赛举行，全市297支队伍648名学生参赛。竞赛以“放飞中国梦，快乐共成长”为主题，包括综合技能比赛、机器人创意比赛等5个竞赛项目。市科协有关负责人表示，近年来，泉州市青少年机器人教育迅速发展，全市青少年踊跃参加各级举办的机器人竞赛，并取得可喜成绩。在最近举行的7届福建省青少年机器人竞赛中，泉州市入围全国赛队伍数量连续7年位居全省首位，所获金牌数量6次全省第一。

电影《赤子情深》开机仪式在泉州举行

电影《赤子情深》开机仪式在泉州华侨历史博物馆举行。《赤子情深》原型大多取材于泉州，展现以庄希泉为代表的泉州籍华侨为革命事业和新中国成立所做出的贡献。得知电影拍摄消息后，海外泉州籍乡亲踊跃出资。电影由厦门丹山影视有限公司出品，泉州籍著名导演黄健中执导，剧本由北京大学博士后黄文川撰写。电影叙述罗怀山出生在清末的泉州，从小因为家庭贫困和饥饿，为了活命，母亲卖掉女儿，送罗怀山到南洋。家国的不幸，在南洋的屈辱成长经历，让罗怀山意识到自己命运和中华民族的兴衰紧密相连。作为南洋华侨的一员，罗怀山在南洋华侨领袖庄希泉等带领下，为中国革命和新中国建设事业慷慨解囊，鼓励女儿回国参战，流血捐躯。当罗怀山老了，为让家乡小孩有学校读书，他卖掉自己在南洋的住宅，捐资助学。

相关链接：庄希泉祖籍安溪，著名爱国华侨领袖、实业家、教育家和社会活动家，中国侨务工作主要领导人之一。早年奔走于马来西亚、新加坡、印度尼西亚、中国香港和内地之间，从事反蒋、抗日等革命进步工作，并因此三次被英日帝国主义和反动当局拘捕下狱。他协助陈嘉庚创办全国侨联，任副主席，陈嘉庚病逝后受命担任第一届全国侨联代主席，当选第二届中国侨联主席，第五、六届全国政协副主席。庄希泉在海内外华人华侨界享有崇高声誉，一生充满传奇色彩。

电影《赤子情深》开机仪式（图/林　鹰）

台湾南宗少林弟子到泉州朝拜祖庭

台湾南宗少林俗派第八代掌门人吕松吉带领18位台湾少林弟子到泉州少林寺朝拜祖庭。台湾南宗少林俗派于1897年从泉州少林寺传到台湾地区，历经百年，传承至今。吕松吉带领弟子到位于少林路的南少林寺遗址参拜。随后，吕松吉一行到泉州少林寺，与泉州少林寺的师傅进行交流。在交流中，泉州少林寺方丈释常定表示，少林寺是每一个少林弟子的家，希望大家常回家看看，增强互动，将少林武术一代一代更好地传承下去，同时邀请台湾少林弟子到泉州参加国际南少林五祖拳联谊总会的活动。

德化陶瓷艺术展在台湾开幕

“慈悲摆渡——德化陶瓷艺术展”在台湾佛光山佛陀纪念馆开幕，展出德化75位省级名人以上陶瓷艺术大师的99件白瓷作品，展览时间从4月13日至6月9日。此次展品均是佛教题材，有观音、如来、达摩、文殊、普贤、罗汉、弥勒等佛造像。作品千姿百态，产生出各拥其美的艺术效果，给人慈悲、静穆、祥妙的感受和亲近、有趣、美好之感。在展现宗教神圣、庄严、崇高的同时，更着重体现德化陶瓷佛像世俗化、生活化的创作风格，以及艺术家的艺术个性和对真善美的独特见解。

3528万元中央资金支持泉州项目

省发改委转下达2019年福建省社会服务兜底工程中央预算内投资17318万元。其中，泉州4个项目列入该批投资计划，获3528万元中央资金支持。国家《“十三五”社会服务兜底工程实施方案》明确，重点支持养老服务体系建设、社会福利服务体系建设和残疾人服务体系建设。此次泉州市获中央预算内投资的项目主要为养老服务体系建设项目。其中，泉州台商投资区综合社会福利中心为新建项目，获投资补助540万元，计划设置床位200张；南安市老年人养护院为新建项目，获投资补助2520万元，计划设置床位350张；安溪县湖头镇养老院为改扩建项目，获投资补助416万元，设置床位180张；德化县桂阳乡敬老院为改建项目，获投资补助52万元，设置床位20张。

市发改委相关负责人表示，项目的实施将有助于改善泉州市社会服务基础设施条件，推动设施规范化、标准化建设，增强兜底保障能力，提升社会服务水平，逐步形成布局合理、设施完善、服务便捷、保障有力的社会服务体系。市发改委将认真组织实施，加强项目管理，确保项目建设所需其他资金足额及时到位，力促项目早竣工、早见效。

省关工委调研组到泉州调研两岸青少年交流基地建设情况

省关工委调研组到泉州调研两岸青少年交流基地建设情况，对泉州市、晋江市、金井镇、围头村四级关工委联建的围头村“两岸青少年交流基地”建设提出期许。近年来，泉州市发挥关工委等群团组织的优势和作用，打造两岸青少年沟通交流平台，为推进两岸和平发展发挥积极作用。晋江市金井镇围头村利用青少年社会教育活动中心等平台，连续多年开展闽台乡村旅游文化节、七夕返亲节、两岸青少年足球联谊等活动，积累丰富的民间对台交流经验。省关工委调研组要求，各级关工委要贯彻落实习近平关于“把福建建成台胞台企登陆的第一家园”的讲话精神，用家国情怀影响教育下一代、用事实来感染下一代；要策划一些项目，着眼于增进两岸青少年的情感联系，吸引更多台湾青年到泉州创业，打造两岸青少年交流示范品牌。

市领导到泉州台商投资区现场办公

市委常委、常务副市长洪自强，市政协副主席王瑞强到泉州台商投资区调研，深入项目一线，现场协调解决难题。现场办公会上，市领导对台商区在推动项目建设、产业发展上所作的努力，特别是创新推行“镇级指导、村级实施”的项目征迁新模式、创新保障服务新方式、创新政策宣传新方法等一系列好的工作做法给予肯定。市领导要求，台商区要按照全年目标计划，落实各项指标完成任务，加快产业转型升级，引进大项目好项目，夯实第二产业，提升第三产业；要做好要素保障，加大闲置土地处置盘活力度，攻坚克难，加快项目建设、产业发展，推动高质量发展落实赶超。

泉州市“协会杯”击剑比赛举行

12—14日，由省重竞技运动管理中心、泉州市击剑协会主办的2019年福建省全民健身运动会暨泉州市“协会杯”击剑比赛在泉州体工队举行。全国各地25个代表队、468名运动员分别参加男子花剑、重剑个人、团体赛和女子花剑、重剑个人、团体赛六个项目的比赛，决出30块个人赛金牌和26块团体赛金牌。

相关链接：泉州市击剑协会成立于2017年，“协会杯”击剑比赛已连续举办三届，促进击剑项目的推广和发展。击剑已成为泉州市的优势项目，有3名泉州选手代表中国队参加2016年里约奥运会，泉州体工队以及惠安、晋江、南安、洛江、德化等地都组建了击剑队。

4月14日

农历己亥年三月初十
星期日
温度：17℃—25℃
小雨

●省发改委转下达2019年福建省社会服务兜底工程中央预算内投资17318万元。其中，泉州4个项目列入该批投资计划，获3528万元中央资金支持。

●省关工委调研组到泉州调研两岸青少年交流基地建设情况。

●洪自强、王瑞强到泉州台商投资区调研，深入项目一线，现场协调解决难题。

●12—14日，由省重竞技运动管理中心、泉州市击剑协会主办的2019年福建省全民健身运动会暨泉州市“协会杯”击剑比赛在泉州体工队举行。

4月15日

农历己亥年三月十一
星期一
温度：15℃—22℃
多云转小雨

●康涛到市信访局接访群众。

●陈灿辉到丰泽调研，了解项目推进和企业生产经营中遇到的困难和难题，及时帮助协调解决。

●市人大常委会举行企业家座谈会，围绕助力泉州经济高质量发展，不同行业的15名企业家代表畅所欲言，共商民营企业减税降费、执法公平、人才引进、金融服务等改革意见建议。

●吕刚到泉港调研，一线服务推动、一线督促检查项目攻坚、企业发展。

●15—20日，全国第六届中小学生艺术展演活动在江苏苏州举行，泉州市6件作品获全国一等奖。

●由洛江区委组织部、区住建局主办的洛江区建筑行业人才专题研修班在北京清华大学开班。

●由教育部主办的全国第六届中小学生艺术展演在江苏苏州举行，安溪竹藤编学生艺术实践工作坊唯一代表泉州市参加展演并获一等奖。

陈灿辉到丰泽项目一线调研

市人大常委会主任陈灿辉到丰泽调研，了解项目推进和企业生产经营中遇到的困难和难题，及时帮助协调解决。现场办公会上，围绕项目推进中的困难问题，陈灿辉现场协调市直有关部门牵头，丰泽区政府指定相关负责人，联合相关单位，通过调研论证等方式，高效快速推动问题解决。陈灿辉强调，丰泽区要抢抓机遇，通盘统筹产业布局，发展多种业态；要接续孵化一批科技型、成长型创业项目，为泉州高质量发展落实赶超提供有力支撑。

陈灿辉（左三）在丰泽调研（图/陈意鸣）

市人大常委会举行企业家座谈会

市人大常委会举行企业家座谈会，围绕助力泉州经济高质量发展，不同行业的15名企业家代表畅所欲言，共商民营企业减税降费、执法公平、人才引进、金融服务等改革意见建议。2019年以来，围绕市委“作答时代命题、聚力赶超攻坚”工做主线，市人大常委会组织开展扶持民营经济发展政策落实情况专题调研工作，通过“问诊把脉”的方式，听取民营企业家意见建议，发挥人大监督力量，助推民营企业创新发展、提档升级。3月起，调研组相继组织召开综合汇报会、行业协会座谈会，听取扶持民营经济发展政策落实情况，同时到石狮、惠安、南安、安溪等地，与部门、企业面对面互动交流。调研组走访全市各县（市、区）不同产业、不同规模的上百家民营企业，收集到企业反馈问题和建议200多条，并整理归类成11方面问题清单。

市人大常委会举行企业家座谈会（图/王虎文）

洛江区建筑行业人才专题研修班在清华大学开班

由洛江区委组织部、区住建局主办的洛江区建筑行业人才专题研修班在北京清华大学开班。该区44名企业家代表参加研修。研修班为期7天，课程涵盖建筑工业化全产业链的搭建、建筑行业税务管理与筹划、资本市场与企业融资创新、项目管理、高绩效团队建设与执行力打造等专题。同时，学员还参观走访北京通州区城市之光展厅和城市配套服务中心。通过课程授课、走访座谈、个别交流等多种形式开展相关学习，力求为经济新常态下促进洛江区建筑业转型升级，民营企业传承创新探索路径，推动洛江经济更好更快发展。

安溪竹藤编获全国第六届中小学生艺术展演一等奖

由教育部主办的全国第六届中小学生艺术展演在江苏苏州举行，安溪竹藤编学生艺术实践工作坊唯一代表泉州市参加展演并获一等奖。全国中小学生艺术展演活动每三年举办一届，是国内规格最高、规模最大、影响最广的学生美育实践平台。该届展演活动举行包括工作坊、声乐、舞蹈等在内的五个专场活动，全国8000多名学生参加展演。安溪竹藤编学生艺术实践工作坊根据安溪教育系统创新探索的“大手小手齐心走”模式组建，整合安溪华侨职校、第十八小、第二十小的学生。展演期间，伴随学生们娴熟的编织表演，安溪竹藤编国家级非遗传承人陈清河现场介绍竹藤编工作坊校园传承与创新情况，从感性和理性两个层面加深观众的认知了解。

市委常委会会议学习习近平讲话精神

市委常委会召开会议，学习习近平在学校思想政治理论课教师座谈会上的讲话精神。会议指出，习近平讲话从党和国家事业发展全局出发，阐明学校思政课的重要性，对办好新时代思政课做出部署、提出要求。全市各级各部门要领会把握精神内涵、抓好贯彻落实，全面贯彻党的教育方针，落实立德树人根本任务，培养好担当民族复兴大任的时代新人。会议要求，要提升思政课质量和水平，对标落实“政治要强、情怀要深、思维要新、视野要广、自律要严、人格要正”要求，强化思政课改革创新，一体化推进大中小学思想政治工作，引导教师自觉做为学为人的表率，增强思政课的思想性、理论性和亲和力、针对性，把爱国主义情怀厚植在每个学生心中。要加强党对思政课建设的领导，全市各级党委要把思政课建设摆上重要议程，在工作格局、队伍建设、支持保障等方面采取有效措施，落实学校主体责任，突出从严管理与科学治理相结合，推动思政课建设内涵式发展。

市扫黑除恶专项斗争领导小组会议召开

市扫黑除恶专项斗争领导小组会议召开，传达学习省扫黑除恶专项斗争相关会议精神，研究泉州市贯彻意见。会议指出，开展扫黑除恶专项斗争，是以习近平同志为核心的党中央做出的一项重大决策部署。各级各部门要学习贯彻习近平指示精神，把扫黑除恶专项斗争向纵深推进。会议要求，要摒弃“过关”思想，以更高的标准、更扎实的作风、更大的干劲推动督导整改。全方位开展自查自纠，明确薄弱点、抓细抓实，推动整改更深入、更全面、更彻底，并及时总结提炼好经验好做法，健全长效常治机制。要围绕“深挖根治”阶段性目标，在打防并举、标本兼治上下细功夫，聚焦打深打透、深挖根除，尽快再攻克一批大案要案，破除“保护伞”“关系网”，加强重点行业领域乱象整治，以更大成效迎接中央督导“回头看”。

全市住宅小区专项整治工作推进会召开

全市住宅小区专项整治工作推进会暨业务培训会召开，各县（市、区）汇报工作进展及下一步计划，市整治办负责人布置具体整治工作。位于鲤城区、丰泽区、洛江区及泉州开发区的22个住宅小区被纳入市整治办重点督办小区。22个小区分别为：鲤城区开元街道的西湖小区，江南街道的江南花园小区，海滨街道的商林小区，金龙街道的石崎小区、后坑安置小区，常泰街道的江南水乡小区，浮桥街道的福隆星城小区，鲤中街道的后城小区，临江街道的向阳花苑小区；丰泽区东湖街道的圣湖小区，东海街道的宝秀小区，华大街道的水木春天小区，城东街道的美仙山一期，丰泽街道的云谷小区、丰泽新村，泉秀街道的中泰小区、大淮新村，清源街道的建南花园小区，北峰街道的见龙亭小区；洛江区双阳街道的阳光花园城小区，万安街道的杏园小区；泉州开发区的锦绣江南小区。

泉州市新选认200名科技特派员

经过严格的遴选，泉州市新选认科技特派员200名，其中自然人科技特派员172名、法人（团队）科技特派员28个。至此，全市科技特派员覆盖154个乡镇（街道），覆盖率达94.48%。2018年，泉州市制定科技特派员创新创业三年行动方案，将科技特派员制度作为科技工作的重要抓手，率先在全省将服务延伸拓展到二、三产业。全市累计选认省、市级自然人科技特派员862人、法人（团队）科技特派员50个。2019年泉州市进一步完善科技特派员制度，突破科技特派员服务领域，积极开展选认工作，鼓励科技特派员直接服务企业创新发展的技术需求，参与解决区域特色产业关键共性技术问题，确保实现科技特派员乡镇全覆盖。

4月16日

农历己亥年三月十二
星期二
温度：16℃—22℃
小雨转阴

●市委常委会召开会议，学习习近平在学校思想政治理论课教师座谈会上的讲话精神。

●市扫黑除恶专项斗争领导小组会议召开，传达学习省扫黑除恶专项斗争相关会议精神，研究泉州市贯彻意见。

●全市住宅小区专项整治工作推进会暨业务培训会召开。

●泉州市新选认科技特派员200名，其中自然人科技特派员172名、法人（团队）科技特派员28个。

4月17日

农历己亥年三月十三
星期三
温度：16℃—26℃
多云

●全国政协常委、港澳台侨委员会副主任裘援平、吴国华带领全国政协港澳台侨委员会和省政协调研组到泉州，围绕“国际经贸环境变化对港澳台侨企业的影响及对策建议”课题开展联合调研。

●省委副书记、福州市委书记王宁带领省委省政府工作检查组到泉州调研。

●17—19日，省人大常委会副主任雷春美、檀云坤带领调研组到泉州开展促进革命老区发展暨人大建设和工作情况调研。

●林锦明、曾巍到泉州经济技术开发区调研，并召开现场办公会。

●全市干部教育培训工作会议暨党校建设工作会议召开，部署下阶段工作任务。

●2019第二届丝路国家青少年国际摄影竞赛全球启动仪式暨丝路国家国际摄影优秀作品巡展首站在泉州举行。

●2019国际贸易方式创新交流大会暨石狮服装城市场采购贸易方式推介会在石狮举行，12个特色产品馆、产业集群馆等现场签约入驻中国石狮国际商贸城。

●“匠心设计创新时代”2019石狮国际时装周在石狮国际轻纺城物流中心开幕。

全国政协港澳台侨委偕省政协到泉州开展联合调研

全国政协常委、港澳台侨委员会副主任裘援平、吴国华带领全国政协港澳台侨委员会和省政协调研组到泉州，围绕“国际经贸环境变化对港澳台侨企业的影响及对策建议”课题开展联合调研。调研组走访利郎集团研发中心、九牧王集团自动化生产车间，与企业相关负责人交流，了解企业生产、研发、管理、市场等方面运营状况。随后召开座谈会，围绕“企业在经营中存在什么困难”“需要哪些支持和帮助”“对政府有什么建议”等话题，听取12位港澳台侨企业家代表的诉求和建议。

第二届丝路国家青少年国际摄影竞赛在泉州启动

由北京国际摄影周组委会、中国艺术摄影学会等主办的2019第二届丝路国家青少年国际摄影竞赛全球启动仪式暨丝路国家国际摄影优秀作品巡展首站在泉州举行。其中，“摄影家眼中的斯里兰卡”摄影展在分展区——鲤城区后城140号海上丝绸之路交流平台举行。鲤城分展区活动分为“摄影家眼中的斯里兰卡”摄影展、古泉州（刺桐）史迹申遗点图片展、锡兰公主许世吟娥返乡交流活动图片展、2018丝路国家青少年国际摄影竞赛福建分赛区部分获奖作品展四大版块，展出100幅摄影作品。

第二届丝路国家青少年国际摄影竞赛启动仪式（图/吴寿民）

2019国际贸易方式创新交流大会在石狮举行

2019国际贸易方式创新交流大会暨石狮服装城市场采购贸易方式推介会在石狮举行，12个特色产品馆、产业集群馆等现场签约入驻中国石狮国际商贸城。同时，国内的专家学者和兄弟城市的商务部门负责人也各自分享市场采购贸易方式的经验，研讨交流国际贸易方式的创新，助力石狮服装城市场采购贸易方式试点发展壮大。12个特色产品馆、产业集群馆分别是菲律宾中华侨商青年海丝商联总会、泰国石狮商会、越南福建商会、印中商务理事会、石狮市旅港同乡总会、澳门石狮同乡总会、德化县陶瓷发展委员会办公室、石狮市青年商会、世界六桂总商会、福建华闽丝路国际贸易有限公司、福建东邦服饰有限公司、厦门汇立通投资有限公司。

2019石狮国际时装周开幕

“匠心设计创新时代”2019石狮国际时装周在石狮国际轻纺城物流中心开幕。时装周以“匠心设计 创新时代”为主题，突出工匠精神，用设计的力量、创新的思想点燃“新时代”。主办方在开幕秀上以演绎匠心精神的《精灵·塑匠心》的情景舞蹈演绎，以及中国服装设计最高奖金顶奖获得者和新生代新锐设计师的创意碰撞作为点睛之笔，拉开时装周序幕。开幕秀现场被装扮成匠人劳心细作的工坊，一条代表石狮休闲服装产业发展30年历程的有30个刻度的工匠皮尺贯穿其中。舞台上设有四个工匠台，分别用历代纺纱、织布、设计、裁剪制作的代表性道具和用模特扮演的匠人演绎服饰工匠的场景，展现匠人怀着对专业的热爱与坚持精神、用心制造的传承故事。

第五届中国（泉州）海上丝绸之路国际品牌博览会在石狮开幕

第五届中国（泉州）海上丝绸之路国际品牌博览会（以下简称“海丝品博会”）、第二十二届海峡两岸纺织服装博览会（以下简称“海博会”）在石狮开幕，展会吸引全球48个国家和地区的340家企业和海峡两岸的500多家纺织服装企业参加。

第五届“海丝”品博会18—21日在石狮服装城展览艺术中心举行，展会以“新丝路、新合作、新生活”为主题，展出面积26000平方米，国际标准展位700个，参展品牌企业340家，来自“海丝”沿线48个国家和地区，创历届之最。展馆一层设泉州“海丝”精品展区、主宾国精品展区、“海丝”旅游文化展区、“海丝”国家精品展区（友城区）、泉州商标品牌馆、城市IP展示区、海关及市场监督管理局咨询处。展馆二层设“海丝”国家及地区精品展区。展馆三层设“海丝”泉州文旅展区、伴手礼展区、茶歇区及活动区。该届“海丝”品博会突出以下几个亮点：首设主宾国概念，创新展会经济互动模式；凸显“海丝”沿线特色和泉州产业优势，参展国家数历届最多；品牌企业集中亮相，质量把关展品审查历届最严；点亮丝路旅游，推动文旅经济协同发展。

第二十二届海博会18—20日同域举行，展会继续以“时尚石狮、魅力海丝”为主题，紧抓石狮服装城获批国家市场采购贸易方式试点及中国服装辅料大会举办契机，全方位展现海峡两岸纺织服装行业的新技术、新产品、新机遇，打造独具闽派特色的最佳行业交流展示平台。海博会主展区设于石狮服装城展览艺术中心2号馆，共六大展区：进出口贸易展示区、流行趋势展区、台湾馆、纺织新技术展示区、面料展区、辅料展区。主展区的参展企业121家，折合国际标准展位共200摊。台湾展商主要由台湾纺拓会组织，共计20家企业21个摊位。主办方还邀请台湾逢甲大学、台湾科技大学、昆山科技大学、万能科技大学纺织服装界的知名教授携带新产品于纺织新技术展示区亮相。主办方还举行系列活动，包括2019石狮国际时装周、第七届石狮电商大会、第十届中国纺织服装企业家活动日、2019中国服装辅料大会、2019年闽港服装设计师职业技能大赛、第八届“石狮杯”全国高校毕业生服装设计大赛等，不少活动直接对接当地企业。

第五届“海丝”品博会、第二十二届海博会开幕式

第五届“海丝”品博会现场（图/吴寿民）

中国石狮国际商贸城揭牌

中国石狮国际商贸城揭牌。商贸城由石狮服装城、石狮国际轻纺城组成，包括纺织面辅料、服装鞋帽、福建地方特色产品、国际采购集贸四大业态。图为中国石狮国际商贸城局部。

（图/吴寿民）

4月18日

农历己亥年三月十四

星期四

温度：19℃—25℃

阴转小雨

●18—19日，省政协副主席阮诗玮到泉州开展“加快闽西南协同发展区建设”专题协商调研。

●18—19日，杨晓山到德化调研，一线服务督促项目攻坚、企业发展。

●第五届中国（泉州）海上丝绸之路国际品牌博览会、第二十二届海峡两岸纺织服装博览会在石狮开幕。

●《福建日报》头版刊发报道《看泉州——心无旁骛做实业》。

●中国石狮国际商贸城揭牌。

●中国白文化艺术中心（石狮馆）揭牌暨“新海丝·中国白”德化陶瓷艺术展开幕仪式在石狮国际轻纺城举行。

●由市委文明办、市妇联、市教育局主办的泉州市“快乐童心·祝福祖国”亲子诵读展演评比活动暨2019年“书香小芽儿”亲子阅读系列活动启动仪式举行。

●安溪县海创人才工作站及县人才之家揭牌成立。

4月19日

农历己亥年三月十五
星期五
温度：19℃—22℃
大雨转小雨

●由省台港澳办、市委统战部、市台港澳办主办的第四届“海丝情·中国梦”港澳青年精英故乡行活动在泉州启动。

●著名实业家、慈善家陈守仁家族一行到泉州寻根考察。

●第二十一届中国（晋江）国际鞋业暨第四届国际体育产业博览会在晋江开幕。

●第十五届海峡旅游博览会在厦门开幕，泉州近120家旅游企事业单位参展。

第四届港澳青年精英故乡行活动在泉州启动

由省台港澳办、市委统战部、市台港澳办主办的第四届“海丝情·中国梦”港澳青年精英故乡行活动在泉州启动。香港、澳门30个主要社团的95名青年精英参加在泉州、福州等地举办的系列活动，畅叙乡情，共寻商机。活动旨在加强与港澳青年的联络联谊，增进亲情、友情，促进交流合作。参加活动的港澳青年精英，既有科技创新人才、企业总裁、高管，也有政坛新秀、社团骨干等。市委书记康涛参加启动仪式并为代表授旗，市领导杨晓山参加活动。康涛指出，港澳泉州籍青年秉承爱国爱港爱澳爱乡情怀，在诸多领域颇有建树，并积极参与家乡各项事业，家乡人民引以为豪、十分感谢。希望大家以国际视野、桑梓情怀，为家乡建设贡献智慧力量，成就事业梦想，共同讲好泉州故事。

陈守仁家族到泉州寻根考察

著名实业家、慈善家陈守仁家族一行到泉州寻根考察。市长王永礼与陈守仁一行座谈，市领导林万明、蔡思红、洪川夫参加座谈。王永礼指出，陈守仁家族秉承“忠诚处世、勤俭持家”等家训，为家乡发展做出突出贡献。泉州正推动高质量发展落实赶超，各级政府将主动当好“服务员”，希望考察团在泉州找到商机、谋求合作。

第二十一届中国（晋江）国际鞋业博览会开幕

第二十一届中国（晋江）国际鞋业暨第四届国际体育产业博览会（以下简称“鞋博会”）在晋江开幕。博览会展出时间为19—22日，以“彰显品牌展会国际风采，谱写‘晋江经验’崭新篇章”为主题，“聚焦体育新动能、拓展国际新市场、引领行业新趋势、打造经贸新平台”的办展特点更加突出。展览面积达6万平方米，设置2200个国际标准展位，规划鞋类成品/体育用品、鞋纺材料、机械设备等主体展区，同时设立“一带一路”品牌馆、国际流行趋势馆、科技馆、招商馆、晋江鞋业指数馆、品牌产品馆、中小企业鞋类精装区、媒体展示区和台湾鞋机馆等10多个特色馆。在国家发展体育产业和本土企业转型的背景下，博览会融入“体育+”“互联网+”及健康服务概念，引导参展企业深耕细化市场，跑步、足球、篮球、冰雪、泳装、赛事运营，每一个细分领域都得到充分展示。

第二十一届鞋博会开幕仪式（图/陈龙山）

第二十一届鞋博会现场（图/林劲峰）

泉州近120家旅游企事业单位参加第十五届海峡旅游博览会

第十五届海峡旅游博览会在厦门开幕，泉州近120家旅游企事业单位亮相泉州馆，展示丰富的旅游产品、伴手礼，吸引众多游客参观。泉州馆还举行特色互动演出，包括尽显惠女风情的舞蹈《惠女美》、传统折子戏《大名册》、南音表演《三千两金》等。为扩展客源市场，打造“海丝泉州”旅游品牌，每年市文旅局都组织相关单位和企业参加博览会，2019年参展的旅行商数量创下历史新高。

2019安溪开茶节暨第三届安溪铁观音大师赛启动

由中国茶叶流通协会、海峡两岸茶业交流协会、安溪县政府和福建农林大学安溪茶学院主办的“茶者匠心·国饮飘香”2019安溪开茶节暨第三届安溪铁观音大师赛启动仪式在安溪县云岭茶庄园举行。开茶节活动内容包括敬茶开采仪式、安溪本土茶民俗表演、“云岭茶生活”互动体验等。第三届安溪铁观音大师赛同时启动。此次大师赛评出“安溪铁观音大师”两名，各奖励工作研究经费100万元；“安溪铁观音名匠”8名，各奖励工作研究经费5万元，并扶持“安溪铁观音大师”“安溪铁观音名匠”建立大师（名匠）工作室，发挥示范带头作用，引导安溪铁观音大师和名匠更好服务安溪茶乡。启动仪式上，前两届的安溪铁观音大师李金登、王青海、刘金龙、刘协宗，向第三届安溪铁观音大师赛参赛代表赠书传艺。活动现场设置“云岭茶生活”游客互动体验环节，包含茶叶采摘体验、制茶工艺体验、“网红茶园打卡”摄影、安溪特产及茶食品体验、品茗休闲等活动。

2019安溪开茶节暨第三届安溪铁观音大师赛启动仪式
（图/刘伯怡）

第五届国际标准舞全国公开赛在泉州举行

20—21日，由市文联、泉州市工人文化宫主办，泉州市国际标准舞协会、泉州文化宫群艺国标舞艺术中心承办的2019中国·泉州“海丝情”第五届国际标准舞全国公开赛暨第九届福建省国际标准舞精英赛、省队选拔赛在泉州师范学院举行。比赛设200多个组别，吸引全国、全省46个代表队的1500多名国标舞选手共4000人次参赛，其中年龄最大的70多岁，最小的仅5岁。开幕式上，应主办方邀请，国际标准舞国家青年队的六对成员献上表演，给现场观众带来一场国标舞艺术盛宴。

省文学院2019年世界读书日系列公益文学活动在泉州举行

由省文学院主办，省文艺评论家协会承办，市作家协会、泉州文学院协办的“新时代、新阅读、新认知系列公益讲座”2019年世界读书日系列公益活动泉州专场，在闽南文化交流中心举行。此次活动主题为“新时代、新阅读、新认知”，省文联艺委会委员、省文艺评论家协会副主席傅翔研究员傅翔主讲《福建戏剧的成就与文学的命运》。

《杨双智钢琴作品集》新书发布暨作品座谈会在泉州举行

由厦门大学出版社、泉州歌舞剧团、泉州艺术学校、泉州市文艺评论家协会等主办的《杨双智钢琴作品集》新书发布暨作品座谈会在泉州南音艺苑举行，省内音乐界代表与会，为泉州音乐事业发展建言献策。杨双智为国家一级作曲、泉州音协副主席、泉州艺术教育学会会长，近年来，他开创性地用钢琴演绎南音。《杨双智钢琴作品集》收录第一钢琴组曲《梅花》、第二钢琴组曲《走马随想曲》等10首钢琴作品，这些作品以闽南音乐中的南音、戏剧（梨园戏、高甲戏、歌仔戏）、民歌、民间音乐等为主要素材，其中第一钢琴组曲《梅花》改编自传统南音古谱《梅花操》，为福建南音历史上第一次用钢琴演奏的南音作品。座谈会上，集美大学音乐学院教授卢广瑞表示，杨双智结合闽南传统音乐素材与西方乐器之王钢琴，让钢琴讲中国闽南话，让钢琴奏出福建南乐之韵，丰富中国钢琴音乐创作的内容。此次《杨双智钢琴作品集》出版，为中国钢琴音乐的多元化、多样性，增添色彩，是中西音乐结合的可喜成果。

4月20日

农历己亥年三月十六
星期六
温度：20℃—25℃
阴转中雨

●由中国茶叶流通协会、海峡两岸茶业交流协会、安溪县政府和福建农林大学安溪茶学院主办的“茶者匠心·国饮飘香”2019安溪开茶节暨第三届安溪铁观音大师赛启动仪式在安溪县云岭茶庄园举行。

●20—21日，由市文联、泉州市工人文化宫主办的2019中国·泉州“海丝情”第五届国际标准舞全国公开赛暨第九届福建省国际标准舞精英赛、省队选拔赛在泉州师范学院举行。

●由省文学院主办，省文艺评论家协会承办，市作家协会、泉州文学院协办的“新时代、新阅读、新认知系列公益讲座”2019年世界读书日系列公益活动泉州专场，在闽南文化交流中心举行。

●由厦门大学出版社、泉州歌舞剧团、泉州艺术学校、泉州市文艺评论家协会等主办的《杨双智钢琴作品集》新书发布暨作品座谈会在泉州南音艺苑举行。

●2019年举重亚锦赛暨奥运会资格赛在浙江宁波举行。代表中国队参赛的南安籍选手李发彬获得男子61公斤级抓举、挺举、总成绩三项冠军。

●20—23日，斯里兰卡—中国社会文化合作协会考察团到鲤城考察。

4月21日

农历己亥年三月十七
星期日
温度：21℃—26℃
大雨转中雨

●第五届中国（泉州）海上丝绸之路国际品牌博览会闭幕。全球48个国家和地区的340家企业参展，近50个境内外专业采购团组与会；国内20多个专业采购团组到会参加采购对接。展会期间，超过6万人次客商到场。

●由市委宣传部、团市委、市新闻出版局、丰泽区委宣传部等主办的泉州市纪念第24个“4·23世界读书日”主题活动启动仪式在泉州青少年宫音乐厅举行。

●由市自然资源和规划局、市体育局、市城市管理局、泉州晚报社主办的“城市向上 绿跑中国——泉州站”活动在泉州滨海公园启动。

●21—27日，由中国音乐家协会、省文联主办，福建省音乐家协会、市文联承办的中国音协第五期全国优秀青年词曲作家高级研修班在泉州举办。

●由市古城办和泉州晚报社主办的泉州古城精品咖啡分享会在泉州南音艺苑举行。

●晋江市第九届悦读节之“读吧！晋江”4·23世界读书日启动仪式在晋江市图书馆举行。

●2019国际高山徒步大赛在永春县呈祥乡举行。

“城市向上 绿跑中国——泉州站”活动举行

由市自然资源和规划局、市体育局、市城市管理局、泉州晚报社主办的“城市向上 绿跑中国——泉州站”活动在泉州滨海公园启动，近千名选手参赛。活动全程约6千米。相关部门和单位将绿跑这一健康运动方式带进泉州，共同倡导低碳、绿色、健康的生活方式，让大家一起感受“海丝”泉州大美湾区。通过挑战自我的跑步方式为自己赋能，给泉州带来全新的绿色正能量。活动启动仪式上，主办方介绍，4月22日是第50个世界地球日，市自然资源和规划局通过发放宣传资料、互动问答以及绿跑等公益活动的方式让大家懂得“珍爱美丽地球、守护自然资源”，同时，也借此宣传中国自然资源相关的法律法规政策。

“城市向上 绿跑中国”活动在泉州滨海公园启动
（图/洪 嵘 郑鸿隆）

第五期全国优秀青年词曲作家高级研修班在泉州举办

21—27日，由中国音乐家协会、省文联主办，福建省音乐家协会、市文联承办的中国音协第五期全国优秀青年词曲作家高级研修班在泉州举办，全国各地40多名优秀青年词曲作家参加研修班。该研修班是中国文学艺术基金会专项基金资助的中国青年音乐家培训工程。中国音协分党组书记、驻会副主席韩新安，中国音乐家协会副主席张千一，中国音乐文学学会副主席屈塬，山东省文联副主席戚建波，中国音协流行音乐学会副主席王晓锋等著名音乐家到泉州授课。中国音乐家协会副秘书长、中国文联音乐艺术中心主任熊纬表示，高级研修班是中国音协一项创新人才培养机制，打造优秀创作队伍、繁荣音乐创作的重要工程。此次活动从音乐作品产生的全链条入手，为大家打通培训、创作、比赛、推广这四个环节的通道。泉州作为海上丝绸之路重要起点城市，融汇多种文化，音乐文化积淀丰富。在泉州期间，参加高级研修班的学员还到惠安、安溪、晋江等地采风。

第五期全国优秀青年词曲作家高级研修班现场
（图/陈智勇 张 扬）

2019国际高山徒步大赛在永春举行

2019国际高山徒步大赛在永春县呈祥乡举行。美国、英国、印度、意大利、埃及等10多个国家的徒步选手和国内的高山徒步爱好者近2000人参赛，行进在柴桥头至雪山岩12.8千米景观带。最终，肯尼亚选手Waweru Daniel Irung以49分55秒的成绩获男子组冠军，云南选手郑文荣以1小时01分07秒的成绩获女子组冠军。赛事相关负责人介绍，国际高山徒步大赛已举办多年，呈祥乡的体育旅游活动已凸显效应，对宣传永春、推介呈祥发挥重要作用，吸引越来越多的国内外选手参赛。

2019国际高山徒步大赛现场（图/林劲峰）

康涛到丰泽督导扫黑除恶专项斗争攻坚工作

市委书记、市扫黑除恶专项斗争领导小组组长康涛到丰泽督导推动扫黑除恶专项斗争攻坚工作，并召开会议，听取相关工作情况汇报，研究部署下阶段工作。康涛要求，要持续对标对表，全面开展自查自纠，逐一过筛，确保整改更深入、更全面、更彻底；坚持“当下改”“长久立”相结合，健全长效常治机制。要持续攻坚发力，结合开展“强基促稳”行动，扩展侦查领域，再攻克一批大案要案；深挖彻查，对黑恶势力“关系网”“保护伞”，一查到底、绝不姑息；整合力量，统一执法尺度，确保把每一起案件办成铁案。要持续整治乱象，把行业治乱摆在更加突出的位置，重点聚焦“砂霸”“渣霸”“套路贷”、电信诈骗、违建和物业管理等领域突出问题，把群众关注、痛恨的行业乱象整治出成效。要持续总结提升，在线索核查、案件侦破、“打伞破网”、行业整治、基层治理等方面总结推广一批可借鉴、可复制的典型做法，形成规范化、制度化的工作机制。

市政府党组（扩大）会议召开

市政府党组（扩大）会议召开，传达学习习近平在中央政治局第十三次集体学习时的讲话和省委常委会会议精神，全省教育大会和市委常委会会议精神。会议指出，要增强推动金融业高质量发展的紧迫感，加快培育发展新型金融业态，引导做强存量，引进做大增量。要加大金融监管力度，防范化解金融风险，打击金融领域违法犯罪行为，为推进高质量发展落实赶超营造良好的金融环境。要坚持提高质量与补齐短板并举，立足泉州实际，瞄准民生需求、产业发展需求，明确教育发展目标任务，补齐教育发展短板弱项。要坚持培养管理与关怀激励并举，加强教师队伍建设，培养一批有德有智的高素质教师。

泉州市举行公路钢桥架设应急演练

泉州军分区和市公路局在南安市霞美镇举行公路民兵应急抢险突击队公路钢桥架设应急演练。演练假设连日来泉州市境内普降暴雨，导致泉州市公路多处发生严重灾情。某日凌晨，国道358线K20+662处一座小桥上游桥台被洪水冲塌，车辆和行人无法通行。接到上级“必须在24小时内完成抢通任务”的指令后，泉州市公路民兵应急抢险突击队迅速集结，利用机械辅助工具，仅用两个小时便架设起一座跨径12米的单层双排公路钢桥，确保运输救灾物资车辆安全通行。为做好泉州市公路交通应急抢险工作，泉州军分区负责抽组民兵应急分队与公路部门骨干队伍组成公路民兵应急抢险突击队，每年举行1—2次公路钢桥应急架设培训和演练，打造一支招之即来、来之能战、战之必胜的应急抢险队伍。定期的公路钢桥应急架设培训和演练，提升了泉州市交通战备能力、应对突发事件能力和防御自然灾害能力，推动泉州市在国防交通、防汛抢险救灾等领域深度发展。

德化成功研发“世界最薄的陶瓷杯子”

“世界最薄的陶瓷杯子”世界纪录认证仪式在德化县祥窑陶瓷研究所举行。经世界纪录认证机构首席认证官认证、核实，最终认定德化县祥窑陶瓷研究所生产的超薄蝉翼杯以厚度只有0.5毫米，被认证为“世界最薄的陶瓷杯子”。“世界最薄的陶瓷杯子”于2017年3月投入研发，历时一年七个月的反复试验，于2018年10月研发成功。该陶瓷杯子制作工艺复杂，要经过山中挑、碓中敲、水里淘、火里烧，靠纯手工制作几十道工序才能完成。生产出来的杯具有“白如雪、薄如纸、润如玉、声如磬”等特点，白度达到德化高白瓷的最高白度88.8度，厚度只有0.5毫米，光照下如蝉翼般细腻，纹理丝毫毕现。

4月22日

农历己亥年三月十八
星期一
温度：22℃—27℃
多云

●22—23日，省政协副主席洪捷序带领调研组到泉州开展“制造业高质量发展”课题调研。

●康涛到丰泽督导推动扫黑除恶专项斗争攻坚工作。

●市人大常委会党组理论学习中心组学习会召开，学习《中共中央关于加强党的政治建设的意见》。

●市人大常委会党组会议召开。围绕学习贯彻习近平在参加十三届全国人大二次会议福建代表团审议时的讲话精神，市人大常委会党组成员结合工作实际，互相交流学习心得。

●市政府党组（扩大）会议召开，传达学习习近平在中央政治局第十三次集体学习时的讲话和省委常委会会议精神。

●市政府党组理论学习中心组学习会召开，集中学习研讨《中共中央关于加强党的政治建设的意见》。

●泉州军分区和市公路局在南安市霞美镇举行公路民兵应急抢险突击队公路钢桥架设应急演练。

●第二十一届中国（晋江）国际鞋业暨第四届国际体育产业博览会闭幕。参会客商17.87万人次，同比增长12.1%；达成意向成交额238.2亿元，同比增长15.7%。

●由泉州市财政局、泉州市税务局主办的，以“聚焦减税降费，长吹便民春风”为主题的财税企业知识竞赛预赛在石狮举行。

●惠女形象代言人蔡婉明亮相中央电视台《非常6+1》，展示家乡风采。

●“世界最薄的陶瓷杯子”世界纪录认证仪式在德化县祥窑陶瓷研究所举行。

4月23日

农历己亥年三月十九
星期二
温度：22℃—28℃
多云转阴

●23—25日，以公安部副部长杜航伟为组长的国务院安委会2018年安全生产和消防工作第三考核巡查组到泉州考核巡查。

●宁夏回族自治区党委书记石泰峰、政协主席崔波带领党政代表团到泉州考察。

●市十六届人大常委会第三十六次主任会议召开，讨论关于全市2018年度环境状况和环境保护目标完成情况、地方政府性债务管理情况的审议意见稿等。

●泉州市评选道德模范活动组委会全体会议召开，听取关于第六届泉州市道德模范候选人人选推荐遴选等工作的汇报；投票表决第六届市级道德模范正式候选人，确定全国、省级道德模范推荐参评人选5名。

●由省“扫黄打非”办公室主办的以“绿色阅读、文明上网”为主题的“护苗2019”绿书签行动暨知识产权集中宣传周启动仪式在晋江市文化中心举行。

●市行政服务中心管委会、市人社局举行鼓励产业急需高校毕业生到泉州就业创业政策宣讲会。

●由市委宣传部、市委文明办、市文旅局、市文联、泉州晚报社、泉州广播电视台等主办的欢乐泉州·走进泉州开发区——2019年泉州市庆祝“五一”国际劳动节文艺演出在泉州开发区孵化基地举行。

●泉州市第二十三届老年人健身节开幕式暨第二届老年人“万人万步走”活动启动仪式在市区笋江公园主会场和各县（市、区）分会场同时举行。

国务院安委会考核组到泉州巡查

23—25日，以公安部副部长杜航伟为组长的国务院安委会2018年安全生产和消防工作第三考核巡查组到泉州考核巡查。杜航伟指出，考核巡查组到泉州部分县（市、区）和企业，采取汇报座谈、明察暗访等多种方式，对2018年度安全生产和消防工作进行现场考核，对开展危险化学品专项整治、贯彻落实《中共中央 国务院关于推进安全生产领域改革发展的意见》和《地方党政领导干部安全生产责任制规定》情况进行专项巡查，推动安全生产党政领导责任、部门监管责任、企业主体责任落实。希望泉州市委、市政府落实地方党政领导干部安全生产责任制、消防安全责任制实施办法，查问题、促整改、抓落实。

宁夏回族自治区党政代表团到泉州考察

宁夏回族自治区党委书记石泰峰、政协主席崔波带领党政代表团到泉州考察。省领导王宁、杜源生，市领导康涛、王永礼等参加活动。代表团到泉州开发区九牧王工业园及晋江市展馆、大埔村等地考察调研，了解泉州市产业发展、城市建设、乡村振兴、援宁工作等情况。

市十六届人大常委会第三十六次主任会议召开

市十六届人大常委会第三十六次主任会议召开。会议讨论关于全市2018年度环境状况和环境保护目标完成情况、地方政府性债务管理情况的审议意见稿，关于泉州市扶持民营经济发展政策措施落实情况、市人民检察院刑事执行检察工作情况的调研报告和审议意见稿，关于全面推动地方性法规进入执法融入司法列入普法工作的决定（草案），关于开展市中级人民法院审判监督工作情况、推进泉州市宗教工作三级网络和两级责任制情况的调研方案，关于开展《中华人民共和国传染病防治法》执法检查方案，关于全市海岸线保护管理工作调研情况。

市十六届人大常委会第三十六次主任会议现场（图/王虎文）

“护苗2019”绿书签行动在晋江举行

由省“扫黄打非”办公室主办，泉州市“扫黄打非”办公室和晋江市“扫黄打非”办公室承办的以“绿色阅读、文明上网”为主题的“护苗2019”绿书签行动暨知识产权集中宣传周启动仪式在晋江市文化中心举行，同时组织侵权盗版和非法出版物集中销毁活动。绿书签行动指的是以“4·26世界知识产权日”为契机，以特别设计制作的绿书签为载体，以“拒绝盗版，从我做起”为宣传口号，倡导公众尊重创意、支持正版，在全社会掀起营造繁荣健康有序文化市场环境热潮的年度主题行动。主办方通过广泛宣传，让群众和青少年掌握识别盗版制品的基本知识，正确认识侵权盗版和不良出版物的危害；引导青少年参与各种网上健康活动，形成文明上网的风气。

鼓励产业急需高校毕业生到泉州就业创业政策宣讲会举行

市行政服务中心管委会、市人社局举行鼓励产业急需高校毕业生到泉州就业创业政策宣讲会。宣讲会吸引泉州市人才服务专员、人才中心工作人员、人力资源服务机构、各大企业及在泉州本科院校师生等250多人参加。宣讲会上，市人社局专家和引智工作科负责人从《泉州市鼓励产业急需高校毕业生来泉就业创业实施意见（试行）》的出台背景、政策亮点，以及享受政策的基本条件、补助内容、补助方式等方面，为现场人员解读政策，答疑解惑；市城建集团有关工作负责人对网上申报具体操作流程进行讲解。

镇江文化旅游推介会在泉州举行

由镇江市政府主办、镇江市文化广电和旅游局及镇江市商务局承办的镇江文化旅游推介会在泉州举行。镇江地处中国经济发达的长三角核心区域，因地势雄伟、扼守长江，故名“镇江”。长江和京杭大运河交汇于此，这里是吴文化的重要发祥地、吴文化和楚文化的交汇点，是一座拥有3000多年历史的名城。推介会对镇江悠久的历史文化、丰富的旅游资源、精彩的节事活动、诱人的美食等进行集中宣传展示，还发布镇江重点旅游招商项目，解读18条优惠政策。泉州与镇江两地文化旅游既有相同点，又有差别性。此次推介会深化两地合作，两地旅游企业还签订战略合作协议。推介会结束后，镇江推介团还与泉州文化旅游同行进行交流，考察泉州文化旅游项目，商定将进一步开展合作，相互宣传、互送游客，促进两地旅游快速发展。

泉州湾河口湿地“护飞行动”在晋江举行

由中国野生动物保护协会志愿者委员会、泉州市林业局、泉州湾河口湿地自然保护区管理处等主办的泉州湾河口湿地自然保护区2019年春季“护飞行动”在晋江市陈埭镇仙石村举行。仙石村是泉州湾河口湿地“护飞行动”的第一站，也是福建省第一个开展2019春季“护飞行动”的村庄。当天，中国野生动物保护协会志愿者委员会与仙石村签订“爱鸟文明村”签章仪式。位于晋江入海口不远的仙石村，3500多人口中有2/3左右的村民从事捕鱼及相关工作。近年来，村民们保护候鸟的意识不断提高。加上生态环境持续向好，一些原本很少或者没有见过的鸟类，现在经常飞到村子周边，流连觅食。仙石村只是泉州湾环境改善的一个缩影。泉州湾河口湿地自然保护区刚建立时，发现120多种鸟类，现已增加到193种，其中国家级、省级以上保护鸟类40多种。每年都有数以万计的候鸟到此过冬。

《蕃薯浇米》全球首映式在俄罗斯举行

入围第41届莫斯科国际电影节的中国影片《蕃薯浇米》全球首映式在俄罗斯举行。这是一部讲述闽南地域文化和风土人情的艺术电影，由著名导演李少红监制，两大金马影后归亚蕾、杨贵媚担任主演。全片对白均为闽南语，是大陆第一部完全讲闽南语的院线电影，取景地多为泉港和惠安，就连片名亦是取自惠安闽南语“地瓜粥”的音译。该片导演、第二届“青葱计划”五强叶谦是泉港人，担任配乐制作的徐林亦是泉州人。

电影《蕃薯浇米》开机仪式（图/张 博）

“新能源汽车‘无忧’出行活动”举行

由国网泉州供电公司主办的“新能源汽车‘无忧’出行活动”举行，系省内首次电动汽车穿越行，从丰泽区到泉州最北端的德化县，往返近300千米。同时，活动还准备与此次驾乘的新能源车同等价位的燃油车同行，让大家更直观地了解出行成本差异，此举旨在倡导绿色低碳出行，向全社会推广环保节能理念以及电网公司构建的清洁低碳、安全高效的能源体系。近年来，泉州新能源电动汽车市场占有率持续增长，新能源车辆挂牌数量已超1.2万辆，且增长势头越来越强。

4月24日

农历己亥年三月二十
星期三
温度：22℃—31℃
小雨转多云

●退役军人事务部副部长钱锋带领全国双拥工作调研组到泉州调研双拥工作开展情况。

●24—26日，省政协副主席王光远带领调研组到泉州开展“关于构筑休闲农业创新机制，助力乡村振兴战略实施的建议”重点提案督办调研。

●市政协党组理论学习中心组（扩大）学习会议召开，学习《中共中央关于加强党的政治建设的意见》，习近平在学校思想政治理论课教师座谈会上的讲话精神等。

●市政协党组扩大会议召开。与会党组成员和副主席围绕学习贯彻习近平在参加十三届全国人大二次会议福建代表团审议时的讲话精神，结合各自工作实际，互相交流学习心得。

●全市乡镇防汛指挥长暨河湖长制业务知识培训班举办，并召开动员会议。

●由镇江市政府主办、镇江市文化广电和旅游局及镇江市商务局承办的镇江文化旅游推介会在泉州举行。

●由中国野生动物保护协会志愿者委员会、泉州市林业局等主办的泉州湾河口湿地自然保护区2019年春季“护飞行动”在晋江市陈埭镇仙石村举行。

●中央电视台二套《回家吃饭》栏目专集播出《丝丝缕缕闽南味》，展现泉州面线制作工艺。

●入围第41届莫斯科国际电影节的中国影片《蕃薯浇米》全球首映式在俄罗斯举行。

●由国网泉州供电公司主办的“新能源汽车‘无忧’出行活动”举行，系省内首次电动汽车穿越行，从丰泽到泉州最北端的德化，往返近300千米。

●“环中国边境万里骑行”活动泉州站接力在晋江市安海镇五里桥公园举行。

4月27日

农历己亥年三月廿三
星期六
温度：19℃—24℃
阴

●由市农业局、市社科联主办，泉州市茶文化研究会、泉州市劳模协会、泉州市茶叶学会、泉州市工人文化宫、安溪县茶叶发展促进会承办的2019年泉州市“全民饮茶日”活动在泉州市工人文化宫举行。

●由团市委、中建三局与黎明职业大学主办的“青春心向党·建功新时代”五四青年建筑技能竞赛在泉州中建三局海悦中心项目建设工地举行。

●泉州消防支队“青春心向党 建功新时代”主题“快闪”活动在市区西湖公园举行。

●由鲤城区总工会主办、区文体旅游局协办的“追梦新时代 奋斗新征程”庆“五一”暨向建国70周年献礼系列活动——“匠行当代 穿越古城”首届刺桐古城职工人文定向挑战赛在泉州天后宫广场举行。

●“新时代·新风里2019首届八卦街文化艺术节”在石狮市凤里街道开幕。

●27—28日，山西省运城市盐湖区组织到晋江市举行“改革创新、奋发有为”对标“晋江经验”大实践活动。

●南安市妇联、南安市女企业家联谊会联合深圳粉红丝带公益基金会、南安市丽月名品举行“粉红行动”乳腺癌防治大型公益活动。

2019年泉州市“全民饮茶日”活动举行

由市农业局、市社科联主办，泉州市茶文化研究会、泉州市劳模协会、泉州市茶叶学会、泉州市工人文化宫、安溪县茶叶发展促进会承办的2019年泉州市“全民饮茶日”活动在泉州市工人文化宫举行。此次活动的主题是“海丝茶韵，健康饮茶”，现场举行2018年“泉州茶叶与海上丝绸之路”主题论文全国大赛评选颁奖仪式、为劳模代表奉茶等与茶文化相关的活动，营造“知茶 爱茶 饮茶”氛围，更有茶叶知识有奖问答、茶联书写、茶叶品牌展示、茶旅文化展示、茶视频展示等。泉州市茶文化研究会会长陈文山表示，此次活动的主要目的，旨在推广健康饮茶、科学饮茶的观念。不少人跟风喝茶，这种做法其实不妥。科学健康饮茶，其实应该因人而异、因季节而异。比如，红茶适合胃比较冷的人，绿茶适合胃比较温的人，而铁观音不冷不热，则是属于比较中性的茶。泉州市“全民饮茶日”活动已连续举办九年，为促进茶叶消费、提高人民生活品质起到积极作用。

2019年泉州市“全民饮茶日”活动现场（图/洪 旭）

“青春心向党·建功新时代”五四青年建筑技能竞赛举行

由团市委、中建三局与黎明职业大学主办的“青春心向党·建功新时代”五四青年建筑技能竞赛在泉州中建三局海悦中心项目建设工地举行。中建三局员工、黎明职业大学学生组队比赛墙体砌筑和钢筋绑扎。共有6支队伍参赛，每队有一名中建三局管理人员、2名学生和2名工人。在实操环节，各队按照图纸要求进行实操，要在一个小时内完成钢筋绑扎和墙体砌筑，这对团队的技能水平和合理分工是一个很大考验。出乎意料的是，学生的表现让人惊喜，他们钢筋绑扎的速度和质量、墙体砌筑的平整度和垂直度都超出预期。中建三局和黎明职业大学土木工程学院签订共建协议，多次组织学生下工地，向经验丰富的工友师傅讨教技能，同时，学校还邀请建筑工人为学生授课，工友接地气的话语和丰富的实操经验受到学生喜爱，也为学生理论和实践的融会贯通带来莫大的推动作用。

首届刺桐古城职工人文定向挑战赛举行

由鲤城区总工会主办、区文体旅游局协办的“追梦新时代 奋斗新征程”庆“五一”暨向建国70周年献礼系列活动——“匠行当代 穿越古城”首届刺桐古城职工人文定向挑战赛在泉州天后宫广场举行。此次定向挑战赛吸引900余名职工参加，活动以海丝文化为背景，以古城匠人精神为核心，在古城10个人文景点设置线下工匠技艺体验和线上知识问答。

山西运城盐湖区到晋江举行对标“晋江经验”大实践活动

27—28日，山西省运城市盐湖区组织到晋江举行“改革创新、奋发有为”对标“晋江经验”大实践活动，助力盐湖、晋江两地以舜帝德孝文化、关公忠义文化为纽带，推动双方由文化到经济、由民间到政府的全面互动合作交流。活动包括举行第十届舜帝德孝文化和关公忠义文化实践活动启动仪式、盐湖文化旅游推介，及举行文化旅游、招商项目签约，参观学习晋江知名企业、美丽乡村建设和文化旅游产业等。山西省运城市盐湖区地处晋陕豫“黄河金三角”。此次到晋江开展对标学习晋江经验，寄望在发展实体经济、实施创新驱动、资源集约利用、城乡一体发展等方面，借智借力，实现突破，与晋江一起走出一条互利共赢的康庄大道。

市十六届人大常委会第二十次会议召开

市十六届人大常委会第二十次会议召开。会议听取和审议市政府关于2018年度全市环境状况和环境保护目标完成情况、地方政府性债务管理情况等的报告，市检察院刑事执行检查工作情况的报告；听取和审议市政府关于泉州市扶持民营经济发展政策措施落实情况的报告，并开展综题询问。会议听取和审议市政府研究处理《市人大常委会关于国有企业发展情况的审议意见》的情况的报告，并进行满意度测评，测评结果为满意；听取和审议市中级人民法院研究处理《市人大常委会关于我市法院推进以审判为中心的刑事诉讼制度改革及金融犯罪审判工作情况的审议意见》的情况的报告，并进行满意度测评，测评结果为满意。

市十六届人大常委会第二十次会议现场（图/王虎文）

泉州晋江国际机场口岸启用“一带一路”通道

作为全国首批18个实施“一带一路”沿线国家（地区）人员提供出入境便利安排的口岸之一，泉州在泉州晋江国际机场口岸启用“一带一路”通道，为执行“一带一路”建设重点工程、重要合作、重大项目或参加“一带一路”有关会议、活动的中外人员和车辆快捷办理边检手续提供便利。10时15分，泉州晋江国际机场的“一带一路”通道迎来第一位通关旅客——来自泰国的THEPTHAIN，他乘坐的航班ZH8011于13时飞往曼谷。从他进入通道到出关，整个通关用时不到2分钟。除THEPTHAIN以外，当天还有来自新加坡、菲律宾等“一带一路”沿线国家的612名人员从该通道快速通关。除开通“一带一路”通道以外，公安机关出入境管理部门还开通“绿色通道”，为参与“一带一路”建设人员提供“加急办证”“加班办证”“集中办证”服务等，为往来“一带一路”国家（地区）的相关人员创造更便捷、高效的出入境环境。泉州出入境边检站相关人士表示，首批实施‘一带一路’沿线国家（地区）人员出入境便利安排的口岸中，不乏北京、上海等全国特大口岸，泉州能与它们一起成为首批口岸，足见泉州的特殊价值和意义。这将有利于泉州乃至福建省进一步融入“一带一路”建设，加深与“一带一路”沿线国家（地区）间经济文化等方面的交流合作。

山美至惠女水库连通工程全线贯通

横跨南安5个乡镇11个村落、连通泉州市晋江流域和洛阳江流域中库容最大的两座水库间的跨流域引调水通道——山美至惠女连通工程全线贯通，标志“北水南调、东西互济”的泉州大水网建设取得重大突破。山美至惠女连通工程是省重点水利项目七库连通的龙头引调水工程，工程概算投资5.39亿元，于2014年12月底启动，2015年11月全线开工，至实现全线贯通历时40个月。项目建设范围涉及南安市码头、梅山、罗东、洪梅、洪濑5个乡镇，输水线路总长18.53千米（4段隧洞14.81千米、3段管道3.72千米）；工程设计引水量每秒12立方米，最大引水量每秒16立方米。山美至惠女连通工程的建成，将有效缓解长期困扰泉州市东南部水资源紧张问题。建成后多年平均引水量达1.55亿立方米，惠女水库的供水能力可从每秒1.3立方米提高至每秒6.64立方米，相当于新建一座大型水库，将有效解决洛江、泉港、惠安和泉州台商投资区等地水资源紧缺问题，保障泉州东南部生活生产用水和泉港全国石化基地、福建联合石化、中化泉州石化等大型企业用水需求，为千亿石化产业的转型升级提供根本的原水保障。

4月28日

农历己亥年三月廿四
星期日
温度：22℃—27℃
多云

●市十六届人大常委会第二十次会议召开，听取和审议市政府关于2018年度全市环境状况和环境保护目标完成情况、地方政府性债务管理情况等的报告，市检察院刑事执行检查工作情况的报告等。

●市人大常委会第三十六次主任会议召开，讨论市人大常委会代表资格审查委员会关于个别代表的代表资格的审查报告。

●作为全国首批18个实施“一带一路”沿线国家（地区）人员提供出入境便利安排的口岸之一，泉州在泉州晋江国际机场口岸启用“一带一路”通道。

●横跨南安市5个乡镇11个村落、连通泉州市晋江流域和洛阳江流域中库容最大的两座水库间的跨流域引调水通道——山美至惠女连通工程全线贯通。

●由泉州与青海黄南州主办的海丝唐卡百米长卷创作启动仪式在泉州举行。

●泉州开发区2019年第二季度重点项目集中开（竣）工活动举行，5个项目集中开竣工，其中开工项目3个、竣工项目2个，总投资超40亿元。

4月29日

农历己亥年三月廿五
星期一
温度：22℃—28℃
多云

●市委常委会召开会议，学习习近平在中央党校（国家行政学院）中青年干部培训班开班式上的讲话精神，学习新修订的《中华人民共和国公务员法》《党政领导干部选拔任用工作条例》《中国共产党党组工作条例》《公务员职务与职级并行规定》和省委常委会会议精神等。

●全市领导干部警示教育大会召开，剖析黄南康、邱经良、李清安、蔡锦忠等违纪违法典型案件。

●市委全面深化改革委员会2019年第一次会议召开，传达中央全面深化改革委员会第六次、第七次会议和省委全面深化改革委员会第三次会议精神等。

●全市“当好主力军·建功新时代”庆祝“五一”国际劳动节主题活动举行，获市总工会命名的41名泉州工匠上台接受表彰。

●市行政服务中心管委会、市市场监督管理局举行营商环境知识产权法律法规政策宣讲会。

●4月29日至5月8日，“匠心高致——全国书画小品精品展”在市工人文化宫举行。

●由鲤城区委宣传部、区直机关工委、区委文明办、团区委等主办的庆祝新中国成立70周年“快闪”活动在市区西街举行。

●主题为“匠心齐聚力 筑梦新征程”的2019鲤城区产业工人培育工程启动仪式暨职工歌咏比赛活动在泉州经贸职业技术学院举行。

市委常委会会议学习习近平讲话和指示精神

市委常委会召开会议，学习习近平在中央党校（国家行政学院）中青年干部培训班开班式上的讲话精神，学习新修订的《中华人民共和国公务员法》《党政领导干部选拔任用工作条例》《中国共产党党组工作条例》《公务员职务与职级并行规定》和省委常委会会议精神；学习贯彻习近平对民政工作的指示及全国民政会议和省委常委会会议精神，听取“十三五”以来泉州市民政工作情况汇报；学习《关于加强和改进中央和国家机关党的建设的意见》；研究省委检查组移交的泉州市2018年度落实全面从严治党主体责任问题清单整改工作。

会议指出，习近平对民政工作的指示为做好民政工作提供根本遵循。要学习领会、贯彻落实，坚持以人民为中心，按照全国、全省部署要求，精准用力保基本兜底线，织密扎牢民生保障“安全网”。要聚焦脱贫攻坚、聚焦特殊群体、聚焦群众关切，健全社会救助兜底服务保障体系，加大关爱帮扶力度，丰富生活服务供给，专项研究补齐养老服务等短板，解决好群众的“为难事”。要加强组织领导，增强基层民政服务能力，履行好基本民生保障、基层社会治理、基本社会服务等职责。省委对泉州主体责任检查，是对泉州市一次全面体检，指出的问题、提出的要求，也是省委对泉州市的政治要求。市委和全市各级党委（党组）要扛起整改落实政治责任，强化政治担当，保持清醒认识，认真回顾检视，坚持问题导向，以整改的实际成效诠释对党的绝对忠诚。各级党委（党组）书记要履行第一责任人责任，层层传导压力，逐项盯紧落实。要真抓实改，杜绝“过关”思想，拿出“当下改”举措，完善“长久立”机制，推动反馈问题根治解决。要盯紧节点，定人定责定措施，倒排时序推进，高标准严要求完成整改任务。

全市领导干部警示教育大会召开

全市领导干部警示教育大会召开，剖析黄南康、邱经良、李清安、蔡锦忠等违纪违法典型案件。会议强调，要学习贯彻习近平新时代中国特色社会主义思想，做到常学常新、走深走实、活学活用，学出坚定信仰、学出绝对忠诚、学出深厚感情、学出使命担当。要树立正确的权力观、地位观、利益观，常怀敬畏之心，依法秉公用权，永葆为民情怀。要把牢为人处事底线，严守廉洁从政各项规定，常修为政之德，严格自律自警，恪守亲清之道，培树良好家风。

全市领导干部警示教育大会现场（图/张九强）

41名劳动者获命名第三批“泉州工匠”

全市“当好主力军·建功新时代”庆祝“五一”国际劳动节主题活动举行，获市总工会命名的41名泉州工匠上台接受表彰。为发挥人才正面导向作用，让工匠精神成为全社会的共识，市总工会开展命名第三批“泉州工匠”活动。此次获命名的杨存岩等41名劳动者，来自全市先进制造业、战略性新兴产业和支柱产业生产一线。他们爱岗敬业、精益求精、技能高超、勇于突破、德艺双馨，是职工学习的榜样。市总工会希望全市职工以“泉州工匠”为榜样，干一行、爱一行、钻一行、精一行，围绕“作答时代命题、聚力赶超攻坚”建功立业。

全市安全生产工作紧急会议召开

全市安全生产工作紧急会议召开，传达省委、省政府领导批示精神。会议指出，要坚持隐患不整改视同事故发生，全面过筛排查整治在建排水沟边坡、地质灾害区域等，实行安全隐患台账销号制度，采取果断措施；举一反三排查整治，重点对旅游安全、交通安全、建筑施工安全及水利设施、城乡排水设施、矿山、尾矿库、弃挖土场等开展“回头看”、全方位检查，深化专项整治工作。

全省首座20千伏出线的公用变电站在晋江投入运行

泉州供电公司完成110千伏智能园变电站启动送电，标志全省首座20千伏出线的公用变电站投入运行。110千伏智能园变电站位于晋江市集成电路产业园内，总建筑面积1340平方米，远期规模为变压器3台6.3万千伏安，110千伏采用双回出线，互为备投方式，提高供电可靠性。变电站24回出线侧采用20千伏电压等级以用户专线形式向矽品电子（福建)有限公司供电，不仅能保证电能质量，还可以提供充足的电能供应。矽品电子（福建）有限公司是集成电路封装重点项目，项目分三期建设，2019年厂房满载用电约22000千瓦。变电站投运后，不仅能满足矽品电子的用电需求，还提高集成电路产业园区的供电可靠性。

全市首个5G电话拨出

是日15时30分，全市首个5G语音和高清视频电话在位于洛江的西人马集团内拨出，标志泉州跨入5G时代。同时，泉州第一个“中国移动5G智慧园区”也在西人马集团开通。通过5G试验基站，现网用户在终端支持前提下，不换卡、不换号即可实现5G高清通话。相较4G网络初期100兆位/秒的峰值速率，5G的理论值将达到5千兆/秒甚至是10千兆/秒，将会是4G网络的50—100倍。对于用户而言，从4G到5G，将带来更大传输速率的带宽，更多的连接，以及更低时延。市区已完成近千个5G站点的规划，并在各县（市、区）部分区域开通5G网络。

全市首个5G语音和高清视频电话拨出现场（图/泉州晚报社）

第25届泉州国际汽车展在晋江市举行

4月30日至5月4日，由泉州晚报社、泉州市汽车同业协会和晋江市贸促会主办的第25届泉州国际汽车展在晋江SM展览中心举行。图为汽车展现场。（图/张九强 洪 嵘）

德化青花白瓷艺术展在江苏苏州开幕

由苏州园林博物馆、德化窑·玫瑰青花陶瓷研究所主办的“寻·游园今梦——玫瑰青花白瓷艺术展”在江苏苏州园林博物馆开幕，40件德化窑玫瑰青花白瓷艺术作品参展。展览持续至6月15日。展览将德化白瓷与苏州园林、昆曲相融合，三大遗产文化通过德化陶瓷艺术家的制瓷技艺得以全面展现。展览展示的白瓷作品，以昆曲、江南仕女等元素点缀园林文化，引领游客的园林文化体验，让观众在游园过程中，更深入探寻返璞归真的园林生活。通过此次展览，苏州与德化两地将加强传统文化交流，推动世界遗产和非物质文化遗产的深度融合，挖掘文化内涵，促进文旅融合，为文化遗产的保护和传承做出新贡献。

4月30日

农历己亥年三月廿六
星期二
温度：20℃—29℃
小雨转大雨

●全市安全生产工作紧急会议召开，传达省委、省政府领导批示精神。

●泉州供电公司完成110千伏智能园变电站启动送电，标志全省首座20千伏出线的公用变电站投入运行。

●是日15时30分，全市首个5G语音和高清视频电话在位于洛江的西人马集团内拨出，标志泉州跨入5G时代。

●4月30日至5月4日，由泉州晚报社、泉州市汽车同业协会和晋江市贸促会主办的第25届泉州国际汽车展在晋江SM展览中心举行。

●由苏州园林博物馆、德化窑·玫瑰青花陶瓷研究所主办的“寻·游园今梦——玫瑰青花白瓷艺术展”在江苏苏州园林博物馆开幕，40件德化窑玫瑰青花白瓷艺术作品参展。

5月1日

农历己亥年三月廿七
星期三
温度：19℃—23℃
阴转多云

●“五一”国际劳动节，康涛、市长王永礼看望慰问劳动模范、企业家和一线职工，并向全市劳动者致以节日问候和美好祝愿。

●是日12时，一年一度的海洋伏季休渔开启，全市2624艘捕捞渔船和捕捞辅助船进入休渔期。

●1—4日，“新门新青年创·享集结号”系列活动在市区新门文旅街区创客空间举行。

●1—4日，由市文旅局主办的“遇见城南”街巷挑战游戏举行。

●福州市泉州商会组织泉州籍医疗专家返乡，到石狮市医院开展“同心助医 泉州故乡行”义诊和讲学公益活动。

康涛王永礼慰问劳动模范、企业家和一线职工

“五一”国际劳动节，市委书记康涛、市长王永礼看望慰问劳动模范、企业家和一线职工，并向全市劳动者致以节日问候和美好祝愿。在市环卫机械修理厂，康涛、王永礼看望加班加点的维修师团队和劳模代表。当了解到曾获全国环卫系统最高奖“时传祥”奖的老职工薛文生，因长期劳作患上肩周炎，康涛叮嘱他保重身体，并要求相关职能部门落实好关爱劳模和职工各项政策待遇，让奉献者享有荣光，也感知温暖。在文化宫交通岗亭，康涛、王永礼与一线执勤交警交流，鼓励大家再接再厉，越是节假日，越要站好岗、执好勤，传递为民服务正能量，赢得群众认可和点赞。康涛、王永礼还到福建晋工机械车间，了解企业发展情况，并与企业家、劳模和职工代表座谈交流。

康涛（左四）、王永礼（左二）在市环卫机械厂慰问机修工人

康涛（右一）、王永礼（右二）在市区工人文化宫岗亭慰问一线交警　（图/陈起拓）

全市2624艘捕捞渔船和捕捞辅助船进入休渔期

是日12时，一年一度的海洋伏季休渔开启，全市2624艘捕捞渔船和捕捞辅助船进入休渔期。根据《泉州市实施2019年度海洋伏季休渔制度工作方案》，5月1日12时至8月1日12时，福建省海域禁止灯光围（敷）网、张网、刺网、桁杆虾拖和笼壶作业；北纬26度30分至“闽粤海域交界线”的福建省海域从5月1日12时至8月16日12时，北纬26度30分以北的福建省海域从5月1日12时至9月16日12时，禁止拖网、杂渔具和围网（围缯）作业；兼作不同作业类型的渔船，休渔时间从最早的作业开始至最晚结束的作业为止。捕捞辅助船休渔时间为：北纬26度30分至“闽粤海域交界线”的福建省海域从5月1日12时至8月16日12时；北纬26度30分以北的福建省海域从5月1日12时至9月16日12时。

“遇见城南”街巷挑战游戏举行

“遇见城南”街巷挑战游戏现场（图/张素萍　曾世彬）

1—4日，由市文旅局主办的“遇见城南”街巷挑战游戏举行。活动通过“寻迹”“窄巷”“寻字”三关挑战环节，让参与者在闯关过程中走遍城南，到城南古街巷零距离体验古城的魅力。首日活动除主办方定向组织部分媒体记者、旅游达人及网上征集的市民、游客近百人参加体验外，还吸引众多市民和游客参与体验。

“同心助医 泉州故乡行”义诊举行

福州市泉州商会组织泉州籍医疗专家返乡，到石狮市医院开展“同心助医 泉州故乡行”义诊和讲学公益活动。活动吸引福州、泉州等地多家三甲医院的45名泉州籍医疗专家参加，义诊范围涉及胸外科、儿科、神经内科、普外科、中医科、骨科、肺科、心内科、内分泌科、消化内科等多个科室。活动期间，泉州籍医疗专家还为石狮市基层医护人员开展数场医学专题讲座。

5月2日

农历己亥年三月廿八
星期四
温度：17℃—24℃
多云转阴

●1—2日，康涛到市委、市政府总值班室，抽查各地各部门节日值班值守情况，到景区、企业、机场等一线，督促排查安全生产隐患，落实危险源监管机制。

●由中国轻工业联合会、中华全国台湾同胞联谊会、工信部工业文化发展中心主办，中国工艺美术协会、中国工艺美术学会、省工业和信息化厅等承办的第十届福建省工艺美术精品“争艳杯”大赛在莆田闭幕，泉州市参赛作品获评金奖35件。

●2—3日，由省网球协会、泉州市网球协会等主办的2019福建省业余网球联赛泉州站比赛在市区宝珊网球中心举行。

康涛到一线检查安全生产工作

1—2日，市委书记康涛到市委、市政府总值班室，抽查各地各部门节日值班值守情况，到景区、企业、机场等一线，督促排查安全生产隐患，落实危险源监管机制。1日，康涛到市委、市政府总值班室，看望慰问工作人员，并通过电话随机抽查南安、市交警支队、永春、安溪等部分县市和市直单位。康涛指出，各级各部门要以高度负责的态度，做到发现问题主动及时，应急处置迅速高效；市、县两级总值班室和效能办要延伸触角，加强检查抽查，严格督促落实。在市区西街，康涛查验西街游客服务中心、开元寺景区等关键节点的配套、秩序、疏散、卫生等现实状况，并和正在现场进行文化展示的青年技艺传承人、公式埔女家庭交流。2日，康涛到位于金井镇围头村的晋江市长城石化有限公司，敦促协调企业安全生产相关工作，要求晋江市会同泉州市应急管理、港口管理等部门，通力协作筑牢监管防线。康涛听取泉州晋江国际机场安全生产工作汇报，要求机场“软硬兼施”落实好安全生产主体责任。具体而言，硬件上要会同晋江市委、市政府和泉州市应急管理部门等，按节点推进各项安全隐患整治工作，软件上要强化队伍素质建设，采取借智引智等方式，全面提升安全生产工作水平。

康涛（左三）在泉州晋江国际机场检查安全生产落实情况（图/陈起拓）

泉州市35件作品获福建省工艺美术精品大赛金奖

由中国轻工业联合会、中华全国台湾同胞联谊会、工信部工业文化发展中心主办，中国工艺美术协会、中国工艺美术学会、省工业和信息化厅等承办的第十届福建省工艺美术精品“争艳杯”大赛在莆田闭幕。第十届福建省工艺美术精品“争艳杯”大赛是第十四届中国（莆田）海峡工艺品博览会活动之一。博览会期间，泉州市378家工艺美术企业、417名技艺人员参展和参评，涉及艺种有陶瓷、石雕、藤铁、玉雕、木雕、根雕、锡雕、刺绣、木偶头、漆画、树脂等30多项，参展参评作品10000多件。其中，第十届福建省工艺美术精品“争艳杯”大赛参评作品488件，占全省37.8%；第十四届海峡工艺品博览会参展展位60个、参展作品9000多件，占全国20%。此次博览会中，全市282件作品获奖，位居全省第一。其中，第十届福建省工艺美术精品“争艳杯”大赛，获评金奖35件、银奖47件、铜奖60件、优秀奖102件，合计244件；第十四届海峡工艺品博览会优秀作品评选，获评金奖5件（全国20件）、银奖7件、铜奖14件，合计26件；第六届中国传统宗教造像技艺大赛，获评金奖1人、铜奖2人、优秀奖2人；第十一届“艺鼎杯”中国木雕现场创作大赛，获评金奖1人、银奖2人、铜奖2人、优秀奖2人。

2019福建省业余网球联赛泉州站比赛举行

2—3日，由省网球协会、泉州市网球协会等主办的2019福建省业余网球联赛泉州站比赛在市区宝珊网球中心举行，福州、泉州、厦门、南平、宁德、三明等地的128名网球爱好者参赛。比赛设青年男双、常青男双2个项目。赛事采用六局金球制，所有报名参赛队通过抽签，分成六个小组。根据小组单循环比赛成绩，前两名出线，进入到第二阶段淘汰附加赛，并决出所有名次。

5月3日

农历己亥年三月廿九
星期五
温度：17℃—25℃
晴转阴

●2019年以来，泉州市实施《泉州市2019年“春季攻坚行动”活动方案》，推进企业技术改造，推动企业扩大产能，加快先进产能提质增效。

●为提高学生交通安全和自我防范意识，维护校园及周边交通秩序，杜绝涉校涉生交通安全事故的发生，市教育局发出关于加强学生道路交通安全工作的通知。

泉州市持续推动企业技术改造

2019年以来，泉州市实施《泉州市2019年“春季攻坚行动”活动方案》，推进企业技术改造，推动企业扩大产能，加快先进产能提质增效。2019年全市累计推动21项重点项目开工，总投资29.4亿元，年度计划投资14亿元，包括福建火炬电子科技股份有限公司的镍电极片式多层瓷介固定电容器产能扩充项目、泉州维盾电气有限公司的一、二次融合柱上开关及其智能控制设备生产项目等。累计推动20项重点项目投产，总投资56.8亿元，预计年可新增产值110亿元，包括玖龙纸业（泉州）有限公司的年产65万吨高档牛卡纸扩建工程、泉州鸿荣轻工有限公司的年产320万双运动休闲鞋技改项目、福建省泉州美岭水泥有限公司的美岭水泥熟料节煤降耗改造项目等。泉州市主动适应经济发展新常态，以“机器换工”、智能改造为突破口，推动企业采用新技术、新设备、新工艺和新标准实施技术改造，取得初步成效。近3年，全市企业技改投资近2500亿元，平均同比增长16.9%，总量和增速均居全省前列，全市2000多家规模以上企业开展“机器换工”改造。在此推动下，全市企业生产效率提高50%以上、减少用工近20%，全市重点行业重点企业的工艺技术装备达到国内或国际先进水平，产品的技术含量、质量档次和附加值普遍提高，产品市场竞争力不断增强。

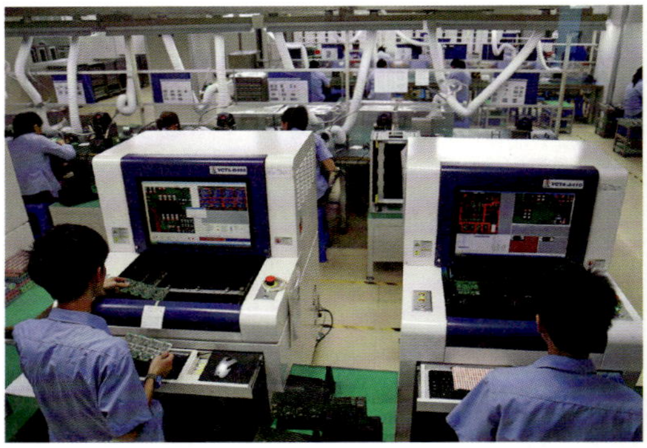

泉州琪祥公司DIP封装车间内智能化的光学检测仪器
（图/陈起拓）

泉州市加强学生道路交通安全工作

为提高学生交通安全和自我防范意识，维护校园及周边交通秩序，杜绝涉校涉生交通安全事故的发生，市教育局发出关于加强学生道路交通安全工作的通知。各地各校要以维护学生生命安全为核心，将学生道路交通安全教育作为一项重点工作抓牢抓实，加强组织领导，以对学生生命高度负责的态度，做好学生道路交通安全教育工作。按照通知，全市各地教育部门和各级各类学校要强化包括学生乘车安全教育、学生骑车安全教育、学生步行安全教育、加强家校联系工作等在内的学生交通安全宣传教育，学校要通过泉州市学校安全教育平台提醒功能、家长会、致家长一封信等途径，告知家长履行好监护人的职责，不让孩子骑乘摩托车、超标电动车等无安全保障的车辆。

除要强化学生交通安全宣传教育，市教育局要求各地教育部门要加强校车安全、车辆进出校园、学校集体活动等道路交通安全管理。各地教育行政部门要组织人员对辖区内校车进行一次全面深入排查，重点排查校车安全管理制度是否落实、校车是否存在安全隐患、驾驶员资质是否符合要求、安全运营措施是否到位、有无超员超速及“黑校车”行为等。严禁学校、幼儿园使用没有取得校车使用许可证（标牌）的车辆接送学生上放学。严格校园内部道路交通安全管理，所有社会车辆未经同意不得进入校园，因基建工程等原因必须进入校园的必须事先采取防护隔离、人车分离等措施。学校组织的师生集体外出春游、社会实践、研学等活动，要按照有关规定进行申报、审批，选择安全车辆、安全路线和安全场所开展活动，严防在集体活动中发生交通伤害事故。此外，各地各校要排查治理交通安全违法违规行为，主动邀请、配合交警部门整治校园周边的交通违法行为，对校门口的交通安全警示牌、减速带等设施标识，以及乱停乱放车辆等安全隐患进行排查。学生交通违法行为要通过校内LED、公告栏等进行通报，对交警部门抄告的学生交通违法行为，学校要组织学生进行交通安全集中教育学习。

泉州市纪念五四运动100周年主题活动举行

泉州市纪念五四运动100周年“新时代创业泉州·志愿泉州”主题活动举行，学习贯彻习近平在纪念五四运动100周年大会上的讲话精神，回顾五四历史、缅怀五四先烈、发扬五四精神，激励全市青年担当时代重任、勇于砥砺奋斗。市委书记康涛希望，青年要树立坚定信仰信念，勇担民族复兴重任，高举爱国主义伟大旗帜，坚定不移听党话、跟党走；将个人前途同国家命运紧密相连，与时代同步伐、与人民共命运，更好地实现人生价值、升华人生境界。要勇立时代潮头，成就青春之我奋斗之我，勇做时代奋进者、开拓者、奉献者，投身作答时代命题，为各行各业发展进步，发挥生力军和突击队作用。要坚持守正出新，锤炼过硬本领和品德修为，勤于求学、敏于求知，带头践行社会主义核心价值观，以自身的模范行动传递正能量，争当引领社会风尚的先锋。

泉州市纪念五四运动100周年主题活动现场
（图/陈英杰）

“五一”假期全市实现旅游收入14.18亿元

“五一”假期全市接待国内外游客171.18万人次，同比增长20.3%；实现旅游收入14.18亿元，同比增长23.2%。2019年，泉州突出“文化+旅游”融合助热假期市场，推出“遇见城南”街巷挑战、“海丝韵·古城情”泉州古城“五一”公益讲解活动、城市味道膘局小西埕1周年粉丝疯会、润物无声·趣遇等文旅活动。据不完全统计，假期第一天的“遇见城南”街巷挑战就吸引800多名市民游客参加，公益讲解活动也带动700多人次市民游客加入其中。“五一”期间，全市文艺院团也好戏连台，梨园戏、提线木偶戏、高甲戏等本土优秀剧种轮番上演，好听又好看的经典剧目丰富市民游客的节日文化生活。

“五一”假期，短途自助自驾游仍是旅游市场的主流。从游客抽样调查结果看，假日期间全市接待的游客中高达95.3%选择个人或与亲友结伴方式出游；而选择自驾车出游的比例超过六成，为65.1%。各地城区和近郊主要景区迎来客流高峰，停车场纷纷爆满。亲子游、家庭游、亲朋好友一起出游已经成为越来越多人的选择，不少景区景点也适时推出各式各样的亲子活动，吸引游客游玩。其中，石狮世茂茂险王主题乐园推出亲子童乐游园会，超过50款风情美食可供游客品尝。据统计，“五一”假期石狮世茂茂险王主题乐园接待游客0.59万人次。洛江乡韵花湾推出首届萌宠节，羊驼、矮马、鸵鸟、土拨鼠、豪猪等各种宠物登场，吸引众多亲子游客互动参与。南安清境桃源则推出“捕鱼小达人”活动，小朋友在父母陪同下浑水抓鱼，体验自然乐趣，吸引游客约2万人次。

2019年中国（泉州）全能定向公开赛举行

由市文旅局、市体育局、泉州文化旅游发展集团有限公司等主办的探索泉州·2019中国（泉州）全能定向公开赛在市区源和1916创意产业园开赛。作为2019年泉州市首场古城文化精品赛事，活动吸引近千人踊跃报名参与。活动以“你可能不知道的泉州”为角度，力求挖掘古城历史中隐藏的“遗珠”。活动范围除涵盖府文庙、关岳庙、清净寺历史文化遗址外，还囊括分布于古城的百余条巷子。在竞赛中，选手各持一张地图，以古城为战场，在六小时内自由、合理规划路线，根据要求尽可能完成任务点标，根据打卡数量的多少来评定总成绩，若出现相同成绩，则用时最短的获胜。

5月4日

农历己亥年三月三十
星期六
温度：19℃—25℃
多云转阴

●泉州市纪念五四运动100周年“新时代创业泉州·志愿泉州”主题活动举行，学习贯彻习近平在纪念五四运动100周年大会上的讲话精神，回顾五四历史、缅怀五四先烈、发扬五四精神，激励全市青年担当时代重任、勇于砥砺奋斗。

●“五一”假期全市接待国内外游客171.18万人次，同比增长20.3%；实现旅游收入14.18亿元，同比增长23.2%。

●由市文旅局、市体育局、泉州文化旅游发展集团有限公司等主办的探索泉州·2019中国（泉州）全能定向公开赛在市区源和1916创意产业园开赛。

●4—5日，由中国围棋协会主办的2019“棋妙柯城”中国围棋之乡联赛晋江分站赛在晋江举行。

5月5日

农历己亥年四月初一
星期日
温度：20℃—25℃
小雨

●康涛到德化、永春，就强基促稳及意识形态、安全生产、防汛减灾等重点工作清单对账，推动落深落细落实。

●王永礼到丰泽调研青年创新创业创造工作及两岸青年交流情况，并召开座谈会，倾听两岸青年创业者代表心声。

●市市场监管局加大重点行业治乱力度，将影响社会稳定、扰乱经济秩序、危害群众人身财产安全的网络传销行为列入治乱重点项目，开展网络传销的监测分析和防范打击工作，预防遏制本地原发性网络传销行为。

康涛到德化永春督导强基促稳等重点工作

市委书记康涛到德化、永春，就强基促稳及意识形态、安全生产、防汛减灾等重点工作清单对账，推动落深落细落实。康涛嘱咐，要发挥基层党组织和村主干的作用，找准群团组织、农民讲师团等联系服务群众的着力点，有针对性地解决一批群众关注的热点难点问题，聚人心、暖民心，形成常态长效。座谈会上，康涛强调，强基促稳涉及面广，要坚持“一把手”亲自抓，把各口力量拧成一股绳，边谋划边推进，搞好“试验田”，系统突破一批体制障碍，确保逐个阶段都有新成效。要抓牢意识形态工作责任制，健全工作机制，正确引导社会舆论。安全生产、防汛减灾等工作要更加突出精准具体，全面排查风险隐患，“拉清单”限期解决，并明确过渡性措施，强化跟踪考核，确保整改到位，真正防患于未然。调研期间，康涛还到德化陶瓷产业创新发展研究院，要求构建创新生态圈，为企业、市场、设计师搭建更多沟通合作平台，激发产业新活力。

王永礼到丰泽调研青年创新创业创造工作

市长王永礼到丰泽调研青年创新创业创造工作及两岸青年交流情况，并召开座谈会，倾听两岸青年创业者代表心声。在迪特工业产品设计公司，王永礼鼓励企业加强与本地优势产业合作对接，提升工业设计水平与自主创新能力，以设计创新推动产业转型升级。在华创园，王永礼强调，园区要把握平台经济发展新机，发挥平台的产业集聚和资源配置优势，引进好项目、培育新业态，为两岸青年创业者留出更多成长空间。座谈会上，两岸青年创业者代表围绕如何营造引才留才环境、打造知识经济圈等话题进行讨论。王永礼指出，各级政府各部门要在市委统一领导下，做好惠台惠企政策的梳理与传导，酝酿推出更多惠台惠企政策升级版，探索两岸融合发展新路，打造“台胞台企登陆的第一家园”；要主动作为，精准服务，为企业发展牵线搭桥，一件一件解决好企业反映的问题，以实际行动助推企业做大做强。

泉州市探索推进微商传销项目治理

扫黑除恶专项斗争开展以来，市市场监管局加大重点行业治乱力度，将影响社会稳定、扰乱经济秩序、危害群众人身财产安全的网络传销行为列入治乱重点项目，开展网络传销的监测分析和防范打击工作，预防遏制本地原发性网络传销行为，高效服务全国系统打传维稳扫黑除恶大局。

多要素保障，建设数据融合的技术支撑体系。与两家知名网络安全行业龙头企业签订战略合作协议，探索建设网络传销监测查处技术支撑体系，并与微信安全技术团队合作，探索推进微商传销项目合作治理。建成电子数据取证分析实验室和“中证司法鉴定中心工商管理工作站”，规范电子取证程序，提高取证效率。

多维度探索，建立科学灵敏的监测分析机制。建立集中监测和分级监测、全范围普查和监督抽查、定向和不定向、自动化监测和人工分析相结合的网络市场监测分析制度。对各门户网站、第三方交易平台等主流网络载体发布的网络传销案件信息、宣传报道、网民评论等舆情进行动态监测和靶向分析，2018年监测超过50万条涉传网络信息。其中贵州省市场监管部门根据泉州报告，连续查处“爱某某”“某某宝”等网络传销大案，罚没款合计近284万元，相关犯罪嫌疑人还被移交追究刑责。

多方位运作，构建协同高效的综合治理体系。密切关注和分析研判新经济新业态，对发展模式可能触碰传销红线的网络市场主体纳入重点关注名单。联合公安部门，线上线下联动，2018年，该局摸排22条传销涉黑涉恶线索移交市扫黑办，各级市场监管部门还协同配合公安部门查获“云联惠”“明人集团”等多个传销窝点。加强系统内各业务条线及系统外各信用管理部门的协作配合，对涉传主体实施信用联合惩戒。

市人大常委会党组中心组学习会召开

市人大常委会党组理论学习中心组学习会召开，学习习近平在中央党校中青年干部培训班开班式上的讲话精神、新修订的《中华人民共和国公务员法》《党政领导干部选拔任用工作条例》《中国共产党党组工作条例》《公务员职务与职级并行规定》；学习贯彻习近平对民政工作的指示精神、《关于加强和改进中央和国家机关党的建设的意见》；学习贯彻市委常委会暨市委落实全面从严治党主体责任工作领导小组会议精神，泉州市贯彻《中国共产党党内功勋荣誉表彰条例》等。

泉州5大项目参与第二届数字中国建设峰会集中签约

6—8日，第二届数字中国建设峰会在福州举行。峰会以“以信息化培育新动能，用新动能推动新发展，以新发展创造新辉煌”为主题，展览内容涵盖电子政务、智慧城市、大数据、物联网、人工智能、区块链、工业互联网等各领域。泉州9家企业（项目）入选数字福建成果展，分别是南威软件、西人马、奇鹭科技、牧月科技、天地汇物流、泉州半导体高新园区、中科院海西研究院、哈工大、政务云“晋江经验”，涵盖电子政务、物联网、智能穿戴、半导体等多个领域，展示数字建设下的泉州美好生活。泉州的城市超级IP项目、牧月科技无人驾驶项目、云链感知芯片项目、德尔电梯物联网项目、奇鹭智能穿戴产业园5大项目参与数字峰会现场集中签约，总投资金额79亿元。

泉州市“防震减灾知识进校园活动”启动

泉州市“防震减灾知识进校园活动”启动仪式在泉州市实验小学举行。2019年的防灾减灾日主题为“提高灾害防治能力，构筑生命安全防线”。启动仪式上，泉州市实验小学的学生聆听地震知识科普讲座，并通过VR体验，对地震成因、自救互救知识有更真实和科学的了解。宣传周期间，市地震局联合市教育局，在全市14所中小学校开展“防震减灾知识进校园”系列活动，通过科普讲座、地震VR体验、播放防震减灾短片、防震减灾知识问答、发放知识手册等多种方式，普及防震减灾知识。

泉州市“防震减灾知识进校园巡回活动”启动仪式
（图/市地震局）

泉州学生在全国职业院校技能大赛获佳绩

6—8日，全国职业院校技能大赛的“智能电梯装调与维护（高职组）”赛项及“工业机器人技术应用（高职组）”赛项在天津轻工职业学院举行。在此次举行的“智能电梯装调与维护（高职组）”赛项中，全国32个省、自治区、直辖市的90所高职院校代表队180名选手参赛，该赛项主要考查电气安装与调试能力、单台电梯调整与运行的能力、电梯的维护与检修以及故障排除的能力等。在该赛项的比拼中，黎明职业大学的吕耀宏、林雪铭组成的代表队获一等奖，该校教师曾喜娟及刘晓莉获该赛项的优秀指导教师称号。另在“工业机器人技术应用（高职组）”赛项中，全国30个省、自治区、直辖市的83支队伍249名选手参赛，该赛项主要比赛内容涉及机械安装、电气接线、工业机器人的编程与调试、机器视觉应用、PLC编程与控制等内容，主要考查学生PLC与机器视觉、工业机器人的通信联调能力、职业素养表现等。由黎明职业大学智能制造工程学院的丁铭钊、廖伟铭、陈子俊组成的工业机器人技术应用参赛团队在汪岚、程永强两位教师指导下获团体三等奖。

5月6日

农历己亥年四月初二
星期一
温度：17℃—23℃
阴转多云

●市人大常委会党组理论学习中心组学习会召开，学习习近平在中央党校中青年干部培训班开班式上的讲话精神、新修订的《中华人民共和国公务员法》《党政领导干部选拔任用工作条例》《中国共产党党组工作条例》《公务员职务与职级并行规定》等。

●6—8日，第二届数字中国建设峰会在福州举行，泉州的城市超级IP项目、牧月科技无人驾驶项目、云链感知芯片项目、德尔电梯物联网项目、奇鹭智能穿戴产业园5大项目参与现场集中签约，总投资金额79亿元。

●泉州市“防震减灾知识进校园活动”启动仪式在泉州市实验小学举行。

●6—8日，全国职业院校技能大赛的“智能电梯装调与维护（高职组）”赛项及“工业机器人技术应用（高职组）”赛项在天津轻工职业学院举行。黎明职业大学的吕耀宏、林雪铭组成的代表队获“智能电梯装调与维护（高职组）”赛项一等奖。

5月7日

农历己亥年四月初三
星期二
温度：16℃—22℃
多云

●2019泉州数字经济推进大会举行。市政府与中国联通福建省分公司、中国科学院国家授时中心、中国生产力促进中心协会分别签署战略合作协议。牧月科技·无人驾驶智能制造产业基地等19个重点项目现场集中签约，投资总额102.3亿元。

●7—13日，由省教育厅主办、省中职体协承办的福建省第十六届中职学校篮球赛在泉州举行。

●由市直机关党工委、市总工会、市文联、东南早报主办，市工人文化宫承办的第十八届“五月风”职工文艺晚会在市工人文化宫乡音广场举行。

●全市幼儿足球管理干部（园长）培训班在泉州幼师附属幼儿园举办，全市各地210多名幼儿园园长参加培训。

2019年泉州数字经济推进大会举行

2019泉州数字经济推进大会举行。众多商界和AI界人士与会，探讨数字赋能泉州实体经济、数字服务政府民生，谋求合作发展新平台与新机遇。市领导王永礼、洪自强、吕刚，省直、市直有关部门负责人，各县（市、区）、泉州开发区、泉州台商投资区主要负责人，以及全国各地近400名行业专家和企业代表出席大会。

市长王永礼在致辞中向来宾表示欢迎。王永礼表示，泉州在中国文明史上有过辉煌，在改革开放进程中没有掉队，在数字经济发展大潮中也蕴含万千商机。泉州是人口大市、经济大市、文化大市，良好的产业基础为产业数字化提供巨大空间，传统优势产业数字化生产线大规模建设，集成电路、高端化合物半导体等数字产业也正加快发展，形成一批基于本地优势产业的垂直供应链平台、物流云平台、工业设计云平台，以及泉州半导体高新技术产业园、中国国际信息技术（福建）产业园、泉州软件园等数字经济园区。泉州人敢拼、有智慧，泉州有活力、有商机，希望大家能够从中找到创意的灵感、合作的商机、发展的平台，欢迎各类企业链接到泉州的发展，捕捉到数字经济的机遇，深度参与数字泉州建设，共创数字经济美好明天。泉州各级政府、各部门一定会拿出最大的诚意和实惠，做好服务保障，让客商体验到泉州的“亲清”新型政商关系、一流营商环境。

会上，市政府与中国联通福建省分公司、中国科学院国家授时中心、中国生产力促进中心协会分别签署战略合作协议，赛迪研究院、阿里巴巴、华为等机构和企业的嘉宾上台演讲发言。数字经济产业园区专场招商推介同时举行。牧月科技·无人驾驶智能制造产业基地等19个重点项目现场集中签约，投资总额102.3亿元。

工作人员演示智慧医疗系统（图/林劲峰）

福建省第十六届中职学校篮球赛在泉州举行

7—13日，由省教育厅主办、省中职体协承办的福建省第十六届中职学校篮球赛在泉州举行。全省64个学校79支代表队参赛。参赛队伍分成男女组别，进行单循环赛，共进行151场比赛，决出男女队前8名。省中职体协会长、大赛组委会主任林启豫表示，此次比赛省内各学校参赛热情高，成为历次省中职学校篮球赛中规模最大、参赛队伍最多的一次比赛。

第十八届“五月风”职工文艺晚会举行

由市直机关党工委、市总工会、市文联、东南早报主办，市工人文化宫承办的第十八届“五月风”职工文艺晚会在市工人文化宫乡音广场举行。晚会在开场舞《锦绣中华》中拉开序幕。女声独唱《我爱你中国》、少儿舞蹈《七彩梦想》、表演唱《劳动最光荣》、舞蹈《锦鲤》、诗朗诵《最美情书》、小品《阿七哥》等节目轮番上演，特别是晚会精心设计的快闪节目《我和我的祖国》，视觉变幻，歌如潮涌，将现场气氛推向高潮。演员用劳动者的舞步和歌声，演绎时代的精彩，展示泉州市职工爱岗敬业、实干拼搏、昂扬向上的精神风貌。

第十八届“五月风”职工文艺晚会现场（图/泉州晚报社）

全省水土保持监督管理培训班在南安举办

8—10日，由省水利厅主办的2019年度全省水土保持监督管理培训班在南安举办。福建省各设区市水土保持监管工作负责人和业务骨干，各县（市、区）水土保持监管工作负责人或业务骨干共120人参加培训班。培训班邀请水利部专家授课，讲解最新的水土保持技术标准与水土流失防治标准。作为“天地一体化”监管的试点县，南安市就相关成果进行分享与应用经验交流。南安“天地一体化”的经验做法已在泉州市各县（市、区）全面推广和应用。

昌吉市旅游暨援疆专列推介会在泉州举行

由泉州市文旅局、昌吉州文旅局、泉州文旅集团、泉州市对支援办公室、泉州市援疆指挥部主办的昌吉市旅游暨援疆专列推介会在泉州举行。为推进泉州和昌吉两地间的文化旅游交流合作，从2016年起，两地共同打造的“援疆专列”就受到两地群众欢迎。2019年的“援疆专列”于7月9日从泉州出发，途经4个省11个城市，沿途畅玩黄土高原上的山西大同、有着“火州里的桃花源”之称的吐鲁番葡萄沟以及妙善公主出生地昌吉、甘肃张掖、安徽亳州等地，让游客16日玩遍山西、新疆、甘肃、安徽。全程不仅有跟车导游和当地导游陪同讲解，还有随团保健医生，确保游客玩得开心、放心。凡参加此次援疆旅游专列的泉州游客，还享受每人1000元的优惠补贴。

长篇报告文学《晋江，奔流向海》研讨会在北京举行

长篇报告文学《晋江，奔流向海》研讨会在北京举行。中国作协、《中国作家》杂志社、人民日报、光明日报、解放军报等多家单位的专家与该书作者、晋江市负责人及有关人员参加研讨会。《晋江，奔流向海》由任林举创作，展现40年来晋江波澜壮阔的改革历程，同时也展现晋江深厚的文化历史底蕴，以及多姿多彩的侨乡风情。该作品由海峡文艺出版社于4月出版。书中囊括晋江古今名人，从二十世纪晋江人背井离乡艰苦创业、回报桑梓，到改革开放时期，海内外500万晋江人激流勇进、创造“晋江奇迹”，再到新时代，乘着“一带一路”东风，晋江全面建设国际化创新型品质城市。任林举到实地采风，并翻阅大量文献资料，以兼具报告性与文学性的语言，记录晋江人的奋斗历程，写就一部讴歌新时代、抒怀中国梦、讲述县域奋斗故事、记录晋江历史变迁的作品。

泉州市生活垃圾分类宣讲会举行

由市行政服务中心管委会、市城市管理局主办的生活垃圾分类宣讲会举行，中国城市环境卫生协会副会长、华中科技大学教授陈海滨分享其对中国垃圾分类工作的思考。陈海滨教授从宏观角度介绍中国垃圾处理的历史沿革和现状，并以深圳、厦门等地的垃圾分类工作为例，解析垃圾分类存在的六大类问题和困难。陈海滨提出垃圾分类工作的双轨战略。所谓“双轨”，就是社会化分类与专业化分类两种模式并举。其中，社会化分类指全社会都参与的垃圾分类活动，专业化分类指少数人利用技术、技能以及设施设备进行的垃圾分类。对于泉州市的垃圾分类工作，陈海滨提出八方面的工作切入点。即，以“2+N”（2指干湿二分法或可回收否二分法，+N是指因地制宜、与时俱进地调整分类模式）分类新模式为基础，逐步细化分类工作；以关键局部带动全局，分类主体的关键局部主要包含学生和干部；以节点专业化分类，细化分类工作；以“党政机关强制分类”示范，带动全社会分类工作；以“小手牵大手”，促进社会化分类的深入开展；以低价值可回收物有效资源化为衔接点，实现协同协作；以低成本维持长期稳定运营；以精细化管理降低成本，提高效益等。

5月8日

农历己亥年四月初四
星期三
温度：18℃—23℃
阴

●康涛到石狮市和鲤城区，就强基促稳、安全生产、扫黑除恶、防汛减灾等重点工作清单对账，督促各级各部门压实工作。

●8—10日，由省水利厅主办的2019年度全省水土保持监督管理培训班在南安举办。

●由泉州市文旅局、昌吉州文旅局、泉州文旅集团、泉州市对支援办公室、泉州市援疆指挥部主办的昌吉市旅游暨援疆专列推介会在泉州举行。

●长篇报告文学《晋江，奔流向海》研讨会在北京举行。

●由市行政服务中心管委会、市城市管理局主办的生活垃圾分类宣讲会举行，中国城市环境卫生协会副会长、华中科技大学教授陈海滨分享其对中国垃圾分类工作的思考。

5月9日

农历己亥年四月初五
星期四
温度：18℃—24℃
小雨转多云

●市委常委会召开会议，学习习近平在中央编委第一次会议上的讲话和省委常委会会议精神，研究“强基促稳”年度市级指导意见专项清单。

●市委全面依法治市委员会第一次会议召开，传达学习习近平在中央全面依法治国委员会第一次、第二次会议上的讲话精神及省委全面依法治省委员会第一次会议精神，研究部署推进全面依法治市工作等。

●市老干委会议召开，研究老干部工作有关问题，部署下阶段工作。

●市政府党组（扩大）会议召开，传达贯彻中央、省委、省政府和市委解决形式主义突出问题为基层减负主要精神，以及全省扫黑除恶专项斗争相关会议精神和市委常委会会议精神等。

●市残联组织部分肢体残疾人、聋人、盲人以及助残志愿者，到晋江开展“残疾人无障碍体验行”。

●丰泽区第二季度部分重点项目集中开工仪式举行，维林森数字经济产业园、泉州时颖跨境电商总部大楼等3个项目开工，总投资约5亿元。

●2019中国品牌价值评价信息发布暨中国品牌建设高峰论坛在上海举办，会上发布“地理标志产品区域品牌”价值评价结果。安溪铁观音位列排行榜第二，为茶叶类第一。此系安溪铁观音连续第四年名列全国茶叶类区域品牌价值第一。

市委常委会会议学习习近平在中央编委第一次会议上的讲话

市委常委会召开会议，学习习近平在中央编委第一次会议上的讲话和省委常委会会议精神，研究“强基促稳”年度市级指导意见专项清单。会议强调，要抓好改革落地，突出抓好机构改革后续工作，统筹推进事业单位改革、综合执法改革等，加快职能转变。要突出强化刚性约束，完善制度建设，加强对涉及机构编制的文件草案的审核把关，加快形成长效管理机制。各级各部门要抓好“强基促稳”工作，维护好安全稳定的政治社会环境。要一级带着一级干，各专项牵头单位要自觉扛起统筹协调责任，相关责任单位要全力配合支持，扑下身子、沉到一线，更好帮助县一级细化措施、抓好落实。要对照清单，谋划好改革“施工图”，把握工作节奏，针对各地突出共性问题、痛点、难点，拎出管用好用的政策“干货”，创造性地推动改革，把矛盾化解在萌芽、解决在基层。

市委全面依法治市委员会第一次会议召开

市委全面依法治市委员会第一次会议召开。会议传达学习习近平在中央全面依法治国委员会第一次、第二次会议上的讲话精神及省委全面依法治省委员会第一次会议精神，研究部署推进全面依法治市工作；审议通过市委全面依法治市委员会工作规则、协调小组工作规则、办公室工作细则和各专项协调小组成员名单，听取2019年全面依法治市重点工作建议。会议要求，要突出提升立法质量，加强文化遗产保护、生态保护、城市管理、精神文明建设等领域立法。开展“法治政府建设年”活动，严格规范公正文明执法。深化司法体制综合配套改革，保障公正司法。推进法治社会建设，结合开展“强基促稳”行动，实施“七五”普法规划，创新基层社会治理模式，依法化解社会矛盾纠纷，营造公平、透明、可预期的法治环境。

市政府党组（扩大）会议召开

市政府党组（扩大）会议召开，传达贯彻中央、省委、省政府和市委解决形式主义突出问题为基层减负主要精神，以及全省扫黑除恶专项斗争相关会议精神和市委常委会会议精神；研究市政府党组落实2018年度省委全面从严治党主体责任检查反馈问题整改有关工作。会议指出，扫黑除恶专项斗争正处于“深水期”“攻坚期”，各级政府各部门要提高政治站位，对照中央督导反馈的问题清单、问责清单，逐一整改落实到位；同时，要紧盯重点地区、重点案件、重点问题，强化线索排查、行业治乱、精准打击，把专项斗争引向深入。市政府党组、政府各部门党组（党委）要扛起整改落实政治责任，“一把手”要履行“第一责任人”职责，亲自研究部署，亲自推动整改落实，其他党组成员要主动抓好分管部门和分管领域的问题整改。

安溪铁观音获全国茶叶类区域品牌价值“四连冠”

2019中国品牌价值评价信息发布暨中国品牌建设高峰论坛在上海举办，会上发布“地理标志产品区域品牌”价值评价结果。安溪铁观音位列排行榜第二，名列“贵州茅台酒”之后，为茶叶类第一。此系安溪铁观音连续第四年名列全国茶叶类区域品牌价值第一。2019年参与评价的品牌数量达1293家，此次发布品牌数量为598个，发布的总品牌价值达74185亿元，中国工商银行以2931.29亿元位居榜首。发布会上，安溪县有关方面分享透过品牌价值、不能不喝安溪铁观音的三个理由。

安溪铁观音茶叶制作场景（图/林劲峰）

泉州市2019年残疾人艺术作品展举行

“同心追梦·共奔小康”泉州市2019残疾人艺术作品展举行，全市近180名残疾人的近200件艺术作品参展。展览涵盖书画、摄影、雕刻、陶艺、竹藤编、布丝织等，报名人数和作品数量均为历届最多。在展览启动前的网络预展和投票活动中，吸引近50万人次关注，投票量达16万票，在此基础上，活动主办方还结合网络投票情况，聘请工艺美术、书画、摄影界专家学者在近200件入围参展作品中评选产生金奖4件、银奖15件、铜奖27件、优秀奖36件；结合组织发动和获奖情况评出优秀组织奖4个、优秀指导奖2个。值得一提的是，根据市总工会、市人力资源和社会保障局《关于举办2019年泉州市职工职业技能竞赛的通知》，该届残疾人艺术作品展在作品征集评选期间，还同步开展残疾人工艺美术技能竞赛，技能竞赛优胜选手被授予“泉州市技术能手”称号。

泉州市2019残疾人艺术作品展开幕（图/吴寿民）

石狮留联开办全省第一个“海归启航班”

石狮市留学人员暨归国创业人员联谊会（以下简称“石狮留联”）开办全省第一个“海归启航班”，吸引石狮留联以及泉州各地留联人士参与。开班仪式上，应邀授课的石狮市政协原主席蔡志从以“全国唯一农村集镇建市的石狮”为题，回忆参与筹备建市的点点滴滴，讲述石狮建市30多年的发展历程和取得的辉煌成就，并勉励在座的各位海归人士要秉承“敢为天下先”的精神，不断开拓进取，为“创新转型、实业强市”贡献智慧和力量。“海归启航班”将定期举办，面向全国邀请知名企业家、专家学者、退休老干部等前辈为留学人员授课，旨在激发留学人员爱国爱乡之情和报国强国之志，参与家乡经济社会建设。石狮留联自创会以来，团结一批优秀的留学归国人员，在对外交流、吸引人才、社会公益等方面取得丰硕成果，成为石狮统一战线的一个响亮品牌。

德化县牵头起草陶瓷行业职业经理人国标

中国陶瓷行业职业经理人标准化项目在德化启动，陶瓷行业的200多名企业代表以及社会各界人士参加活动。德化县将牵头起草编制陶瓷行业职业经理人国家标准，促进中国陶瓷行业职业经理人队伍建设及全国陶瓷行业实现高质量发展。此次中国陶瓷行业职业经理人标准研究制定，将由福建省职业经理服务行业协会会同德化同鑫陶瓷有限公司等10多家单位共同完成。

德化陶瓷产业集群作为全省重点培育的产业集群之一，在结构调整、技术创新以及公共服务平台建设方面都取得良好成绩，实现产业转型升级。特别是近年来，全县实施市人才“港湾计划”，构建人才政策体系，营造“近者悦，远者来”的人才生态，打造高素质企业经营管理人才队伍，为陶瓷产业转型升级提供强有力的人才支撑。2018年，全县实现陶瓷产值328.46亿元，增长14.1%，其中陶瓷工业产值263.81亿元，同比增长16%。德化县将围绕“改进人才服务、促进人才发展”，利用福建省职业经理服务行业协会德化工作站，开展中小企业管理义诊，每季度组织一次省内外专家对企业在人才管理、企业战略、市场营销、财税管理等存在的典型问题，进行针对性的咨询诊断。同时，定期举办新时代职业经理人大讲堂，开展标杆访学等活动，为企业提供人才评价、选聘和培养等个性化定制服务，造就一批本土化职业经理人。

5月10日

农历己亥年四月初六
星期五
温度：19℃—27℃
多云

● “同心追梦·共奔小康”泉州市2019残疾人艺术作品展举行。

● 石狮市留学人员暨归国创业人员联谊会开办全省第一个“海归启航班”。

● 中国陶瓷行业职业经理人标准化项目在德化启动。

5月11日

农历己亥年四月初七
星期六
温度：20℃—27℃
多云

●福建省纪念第72个“世界红十字日”健步宣传活动在泉州举行。

●由团市委、市体育局和泉州晚报社主办的“美好泉州斗阵行 2019城市向东穿越活动”举行。

●为纪念泉州南音入列“世非遗”10周年、进入课堂30周年，11个县（市、区）41所学校的313名中小学生组成14支学生南音代表队，在市区西街以歌吹漫步的方式展示泉州南音传承的成果。

●41集神话励志电视连续剧《圣公郭忠福》项目在南安启动。

福建省纪念“世界红十字日”健步宣传活动在泉州举行

福建省纪念第72个“世界红十字日”健步宣传活动在泉州举行，省、市及部分县（市、区）红十字会机关工作人员和爱心群众800多人参加活动。作为领走嘉宾，五次世界冠军获得者、福建省奥林匹克体育中心副主任陈子荷，2011年亚锦赛单人划艇1000米冠军黄少坤，中国红十字（福建）水上救援队队长郑志军带领各自方阵按“人道、博爱、奉献”3条路线健走。在纪念第72个“世界红十字日”活动期间，福建省各级红十字会举行多种多样的公益活动，包括应急救护知识进社区、进农村、进学校、进企业、进机关、进家庭的应急救护“六进”，无偿献血、造血干细胞捐献、遗体与人体器官捐献的动员推动与宣传表彰，针对不同年龄段青少年特点的体验式生命教育等，营造“爱心相伴、‘救’在身边”的人道公益行动氛围。

“美好泉州‘斗阵行’2019城市向东穿越活动”举行

由团市委、市体育局和泉州晚报社主办的“美好泉州‘斗阵行’ 2019城市向东穿越活动”（“斗阵行”为闽南俗语，意思是结伴行。）举行。穿越活动全程11千米，在泉州城市之东的中骏世界城到洛阳古桥之间举行。活动以中骏世界城为出发点，设置海峡体育中心、丰海路观景台、蔡襄祠、洛阳古街以及洛阳桥6个打卡点，同时设置包括有火线冲击、巨人脚步、手脚并用、百发百中以及争分夺秒等七大闯关游戏。活动旨在以青春的名义献礼“五四”100周年，让“五四”精神在新时代放射出更加夺目的时代光芒。

少儿南音“歌吹漫步”举行

为纪念泉州南音入列“世非遗”10周年、进入课堂30周年，11个县（市、区）41所学校的313名中小学生组成14支学生南音代表队，在市区西街以歌吹漫步的方式展示泉州南音传承的成果。“歌吹漫步”过程中，永春达埔中心小学学生身穿南音服装，演绎南音曲目；晋江市东石第二中心小学代表队带来当地极具特色的小宫灯和凉伞。泉州市南音艺术家协会原主席陈日升表示，南音进入课堂30年，已经深入泉州人的内心，受到老百姓和学校欢迎。“歌吹漫步”南音活动是一个展示泉州的机会，让更多人了解泉州，了解南音。2019年，是泉州南音被联合国教科文组织列入人类非物质文化遗产代表作名录的第10个年头。为呼应2019年全国“遗产日”，检阅展示泉州市三十年来在学校推行南音教学的成果，促进艺术交流，提高中小学生演奏演唱水平，泉州市非物质文化遗产保护中心、泉州市古城保护发展工作协调办公室举行此次活动。

少儿南音“歌吹漫步”现场（图/陈智勇）

神话励志电视剧《圣公郭忠福》项目在南安启动

41集神话励志电视连续剧《圣公郭忠福》项目在南安启动。该剧预计投资1.2亿元，已被写入南安市政府工作报告，于第七届南安·国际凤山文化旅游节期间开机，在南安等地进行拍摄。电视连续剧《圣公郭忠福》是一部反映郭忠福（广泽尊王）生平事迹的神话励志剧，讲述广泽尊王大忠大孝、大爱无私的动人故事。该剧的拍摄播出将有利于挖掘南安深厚的文化资源、盘活南安文化元素，加强海内外信众的情感交流、精神共鸣，促进民间信仰、民间学术、民间文艺、民间经贸等领域的交流交往。活动当天还举行南拳抗倭演员选拔活动，30多名获国际和全国、省级大奖的武师出场表演，为电视连续剧提供更多武术专业方面的知识和支持。

泉州市“防灾减灾日”主题活动举行

全国第十一个“防灾减灾日”，由市防汛抗旱指挥部、市水利局、市应急管理局、市气象局主办的以“提高灾害防治能力，构筑生命安全防线”为主题的防灾减灾宣传活动在市区府文庙广场举行。活动现场播放防汛防灾减灾动漫，分发印有“防汛抗旱相关防灾减灾科普常识及宣传标语”的宣传品，设置介绍暴雨、洪涝、台风、泥石流、干旱等自然灾害科普常识、防范措施的“科普长廊”。市防汛抢险机动救援支队现场演示无人机、水下搜救机器人、涵洞探测机器人等新装备新技术，并现场教授急救知识。除当天的宣传，主办方还在公交车上播放防灾宣传片、组织进社区宣传等，旨在通过形式多样的宣传方式扩大宣传覆盖面，提高群众避灾意识，让大家掌握一些基本技能，提高群众灾害防治能力。

丰泽永春德化获国务院办公厅督查激励

国务院办公厅印发通报，对2018年落实打好三大攻坚战和实施乡村振兴战略、深化放管服改革、推进创新驱动发展、持续扩大内需、推进高水平开放、保障和改善民生等有关重大政策措施真抓实干、取得明显成效的地方予以督查激励。丰泽、永春、德化分别受到相应激励。丰泽区在推动“双创”（“大众创业、万众创新”）政策落地、扶持“双创”支撑平台、构建“双创”发展生态、打造“双创”升级版等方面大胆探索、勇于尝试、成效明显，区域“双创”示范基地建设成效明显，受到表扬。2019年，国家发展改革委对丰泽区“双创”示范基地优先支持创新创业支撑平台建设，在中央预算内投资安排等方面予以重点倾斜；对区域内符合条件的创新创业项目，优先推介与国家新兴产业创业投资引导基金、国家级战略性新兴产业发展基金、国家中小企业发展基金等对接；优先支持区域内创新创业成果在全国“双创”活动周主会场重点展示；优先支持举办“创响中国”等重大活动，宣传推广形成的好经验好做法。永春县在开展农村人居环境整治方面成效明显，受到表扬。2019年，农业农村部、财政部对永春县在中央财政分配年度农村综合改革转移支付时，给予2000万元激励支持，主要用于农村“厕所革命”整村推进、村容村貌整治提升等农村人居环境整治相关建设。德化县在推进农产品流通现代化、发展农村电商和产销对接方面成效明显，受到表扬。2019年，商务部、财政部对德化县在电子商务进农村综合示范中优先支持，并给予专项资金扶持。

永春桃溪风光（图/林焕强）

俄罗斯风情歌舞晚会在晋江举行

“大美晋江”文化惠民工程卡尔美之夜俄罗斯风情歌舞晚会在晋江戏剧中心高甲剧场举行，俄罗斯舞蹈团体圣彼得堡歌舞剧院为观众献上俄罗斯民族风情歌舞表演。晚会在俄罗斯舞蹈《卡琳卡》中拉开序幕，随后，拉丁美洲墨西哥舞蹈《狂欢节》、卡尔梅克舞蹈《美丽姑娘》以及小提琴独奏、萨克斯独奏、独唱等节目轮番上演。表演期间，歌手还为观众演唱《我爱你中国》和《我们不一样》等歌曲。俄罗斯圣彼得堡歌舞剧院是联合国教科文组织国际舞蹈理事会成员，已建团60余年，由交响乐、舞蹈队、合唱团演员组成，该团曾获全俄罗斯比赛冠军、大奖赛冠军、欧洲金星座冠军、圣彼得堡冠军等，并拥有俄罗斯国家人民艺术家、功勋演员、优秀青年演员和许多几度参加欧洲艺术比赛多次获大奖的后起之秀。

5月12日

农历己亥年四月初八
星期日
温度：22℃—28℃
多云转阴

●全国第十一个“防灾减灾日”，由市防汛抗旱指挥部、市水利局、市应急管理局、市气象局主办的以“提高灾害防治能力，构筑生命安全防线”为主题的防灾减灾宣传活动在市区府文庙广场举行。

●国务院办公厅对2018年落实打好三大攻坚战和实施乡村振兴战略、深化放管服改革、推进创新驱动发展、持续扩大内需、推进高水平开放、保障和改善民生等有关重大政策措施真抓实干、取得明显成效的地方予以督查激励。丰泽、永春、德化分别受到相应激励。

●“大美晋江”文化惠民工程卡尔美之夜俄罗斯风情歌舞晚会在晋江戏剧中心高甲剧场举行。

5月13日

农历己亥年四月初九
星期一
温度：22℃—29℃
阴转多云

●13—15日，康涛到泉州台商投资区、泉州开发区、洛江督促推动重点工作。

●市人大常委会党组理论学习中心组学习会召开，学习习近平在中央全面依法治国委员会第一次、第二次全体会议的讲话精神和省委全面依法治省委员会第一次会议精神，以及市委有关推进全面依法治市工作精神等。

●位于南安市柳城街道的泉州市残疾人托养中心投入运营，可为144名符合条件的残疾人提供全日制集中式的托养照料综合服务。

康涛到一线督促推动重点工作

13—15日，市委书记康涛到泉州台商投资区、泉州开发区、洛江，就安全生产、扫黑除恶、移风易俗等重点工作清单对账，督促各级各部门压实工作。

泉州台商投资区张坂镇仑前村创新开展党员“修分争星”，党员评议折算爱心积分，兑换物资帮扶挂钩困难群众。康涛鼓励进一步总结提升、面上推广，建立党员和群众的情感纽带，让服务群众转化为党员的自发行动。泉州开发区以“网格化管理、项目化运作、菜单化服务”为抓手，创新推行非公党建精细化管理，设立“非公党员学堂”，推动党建写入公司章程、党组织融入公司治理，在创新创业创造、科研攻关等方面发挥党员人才的先锋作用。康涛指出，要推深做实“党建入章”，把发挥党组织作用融入企业日常经营管理。洛江区马甲镇构建区域化党建工作新格局，立足组织共建、资源共享、党员共管、事务共商、活动共办、产业共兴，形成区域联动、乡村振兴、文旅发展、校企村合作、慈善公益等党建“同心圆”。康涛指出，要有效整合各方资源力量，强化服务功能。每到一地，康涛都主持召开座谈会，与当地党政干部一起摆问题、找办法、求突破。康涛指出，要深入一线摸清问题，找准工作抓手，拿出决心、拿出办法，挂牌督办一批关系群众切身利益的“老大难”问题。要健全工作体系，整合工作职能，把各级各部门的优势力量拧成一股绳，联动破解一批体制机制障碍。

康涛（左二）在泉州开发区督促推动重点工作（图/陈起拓）

市人大常委会党组理论学习中心组学习会召开

市人大常委会党组理论学习中心组学习会召开，学习习近平在中央全面依法治国委员会第一次、第二次全体会议的讲话精神和省委全面依法治省委员会第一次会议精神，以及市委有关推进全面依法治市工作精神；学习习近平在中央编委第一次会议上的讲话和省委、市委有关精神；传达全省扫黑除恶专项斗争视频会精神，以及市委有关精神。会议还研究市人大常委会党组关于《泉州市2018年度落实全面从严治党主体责任问题清单整改任务分解方案》整改方案。

泉州市残疾人托养中心投入运营

位于南安市柳城街道的泉州市残疾人托养中心投入运营，可为144名符合条件的残疾人提供全日制集中式的托养照料综合服务。托养中心占地约3.33公顷，总建筑面积1.77万平方米，其中托养项目面积1万平方米，项目采取购买服务的方式由专业机构承接运营。托养中心分为工疗区、康复训练区、宿舍区等区域。其中，工疗区设有商品包装、手工加工、面点制作等职业康复项目，结合养护和就业模式，为需要长期养护的学员提供就业机会，也可输送水平较高的学员进入职场；康复训练区设有模拟购物训练室、康复理疗室、模拟交通训练室、医务室等特殊功能训练室，为学员提供康复训练场所；宿舍区共有144个床位，有专业护理人员进行24小时专业护理。托养中心招收对象为具有泉州市户口，年龄在16—45周岁，且具有一定人物辨别和生活自理能力，无传染性或心脏病、高血压、糖尿病、癫疯病等疾病，经评估认定适宜机构托养的中轻度智力残疾人或稳定期轻度精神残疾人（含自闭症）。每月最长托管25天，入托后每人托养周期暂定2年，2年后可推荐就业，或依能力再次申请入托。

福建省体育产业高质量发展现场推进会在泉州召开

福建省体育产业高质量发展现场推进会在泉州召开。会议强调，要结合福建省山海资源丰富的特色优势及全省体育产业“十三五”规划中的空间布局构想，加强福建省山海运动规划，做好顶层设计；要做大做强体育用品制造业，发展壮大竞赛表演业等本体产业，锻造健身休闲产业链，加大体育综合体建设，扶持体育培训业，打造体育产业高质量发展的全新链条；要加大招商引资及推介力度，搭建好体育产业人才及众创空间平台，加强体育产业招商引资和创新平台建设。

市人大常委会举办《传染病预防控制管理》专题讲座

市人大常委会举办《传染病预防控制管理》专题讲座。讲座上，中国疾病预防控制中心研究生院副院长罗会明结合其先后参与的SARS防控等重大传染病或突发公共卫生事件的调查与应急处置工作经验，向大家分享公共卫生的宗旨与任务。同时，以大量翔实的案例，从前期强化免疫、普及公共卫生常识、突发疫情应急处置等方面，多维度、多层次地阐述中国在传染病防控方面的经验与取得成绩，并结合中国卫生与健康工作方针、传染病防治工作的现状与管理、传染病防治法的实施等，增进与会人员对公共卫生应急处置与传染病防控管理的了解与认识。

市人大常委会开展传染病防治法实施情况检查（图/陈意鸣）

泉州市“全国城市节约用水宣传周”启动

由市城市管理局、市节水办主办的“全国城市节约用水宣传周”启动仪式暨“节水进校园”专题活动在泉州市晋光小学东海校区举行。11—17日是第28届“全国城市节约用水宣传周”，活动主题为“建设节水城市，推进绿色发展”。泉州市通过播放宣传片、沙画创作、文艺会演等方式，激发小学生对节约用水的兴趣，提高惜水、护水、节水的意识。泉州市属于“水资源紧张区”。推进城市节约用水、创建节水型城市，不仅是泉州市建设绿色城市、改善人居环境的具体行动，还关系到经济社会的可持续发展。2015年，泉州市全面开展节水型城市创建工作。在节水型城市创建过程中，泉州市还引入低影响开发理念，推进海绵城市建设。如，山线绿道工程精品示范段项目，结合海绵城市理念，在第三标段人行道采用透水砖铺设；在水线工程——晋江下游生态整治项目中，利用沉洲园、汀洲园、浦西园、笋江园地势及原有场地条件设计收集雨水的湖面，共计约10万平方米，同时全线公园大部分运用透水材料，总面积约9万平方米。通过持续不懈的努力，泉州市各项节水型城市考核指标均取得明显成效。

国家艺术基金《南音》高端人才培养项目会演在惠安举行

由惠安县文联主办、惠安南音协会协办、聚龙小镇承办的国家艺术基金《南音》高端人才培养项目暨惠安南音协会交流会演活动在惠安县聚龙小镇举行。活动吸引近百名爱好者到场感受南音的艺术魅力。《南音》高端人才培养为2018年度国家艺术基金的支持项目。厦门南乐团的众多艺术家同台献艺，交流切磋。演出现场，由集美大学音乐学院副教授陈萍表演的古筝独奏《山丹丹花开红艳艳》及青年琵琶演奏家陈雯雯的琵琶独奏《十面埋伏》，将活动推向高潮。

5月14日

农历己亥年四月初十
星期二
温度：23℃—29℃
多云转小雨

●财政部副部长程丽华到泉州开展减税降费政策落实情况专题调研。

●福建省体育产业高质量发展现场推进会在泉州召开。

●市人大常委会举办《传染病预防控制管理》专题讲座。

●14—18日，水利部水规总院在安溪召开泉州白濑水利枢纽工程初步设计报告审查会议。初步设计报告通过审查，标志白濑水利枢纽工程进入全面加快建设新阶段。

●由市城市管理局、市节水办主办的“全国城市节约用水宣传周”启动仪式暨“节水进校园”专题活动在泉州市晋光小学东海校区举行。

●晋江市未成年人保护联盟启动仪式在该市陈埭镇民族中学举行。

●全省首个台商投资企业妇联组织——晋江市安鼎妇女联合会成立。

●由惠安县文联主办、惠安南音协会协办、聚龙小镇承办的国家艺术基金《南音》高端人才培养项目暨惠安南音协会交流会演活动在惠安县聚龙小镇举行。

5月15日

农历己亥年四月十一
星期三
温度：22℃—27℃
阴转小雨

●15—17日，全国人大常委会财经委副主任委员郭庆平带领调研组到泉州，围绕贯彻实施《中小企业促进法》、落实党中央国务院支持中小企业和民营经济发展方针政策及措施，重点就中小企业融资问题进行专题调研。

●王永礼到市信访局接访。

●15—17日，十二届市政协委员届中履职培训班举办。

●缅怀国际木偶大师黄奕缺精品小戏专场演出在鲤城区文化馆举行。

●石狮市外贸集装箱航线推介会举行。

●15—17日，由世界手工艺理事会及其亚太地区理事会、中国工艺美术协会组成的考评专家组到安溪县开展"世界手工艺理事会手工艺城市——藤铁工艺之都"申报考评验收。

全国人大财经委调研组到泉州调研中小企业融资情况

15—17日，全国人大常委会财经委副主任委员郭庆平带领调研组到泉州，围绕贯彻实施《中小企业促进法》、落实党中央国务院支持中小企业和民营经济发展方针政策及措施，重点就中小企业融资问题进行专题调研。调研组与市政府有关部门、金融监管部门、金融机构、政策性担保机构、不同规模类型的企业和行业协会座谈，了解泉州市中小企业融资的现状和存在问题。调研组表示将把泉州在帮扶中小企业解决融资难融资贵所形成的经验做法，以及泉州各界反映的问题、提出的建议带回去，借鉴推广、梳理消化，研究探索推动民营经济特别是中小企业健康发展的政策思路。

缅怀国际木偶大师黄奕缺精品小戏专场演出在鲤城区举行

缅怀国际木偶大师黄奕缺精品小戏专场演出在鲤城区文化馆举行。演出由黄奕缺徒弟许润明领衔，表演提线木偶戏《驯猴》《钟馗醉酒》《小沙弥下山》，这些作品均是黄奕缺创作的作品，成为泉州市木偶剧团的保留剧目。许润明1977年考上泉州艺校木偶班，第二年就与黄奕缺结下师生缘，30余载情缘见证泉州提线木偶艺术代代相传的佳话。许润明此次表演的提线木偶均为黄奕缺亲手制作。与许润明一道出演的还有其师妹林晓军。林晓军10多岁开始师从黄奕缺，为国家一级演员。她不仅表演常演不衰的提线木偶戏《青春梦》，还首演黄奕缺遗作《贵妃颂》。

石狮市外贸集装箱航线推介会举行

石狮市外贸集装箱航线推介会举行。与会人士就利用好市场采购贸易方式试点的政策效应，开展外贸航线服务与交流合作，扩大泉州外贸集装箱航线的知晓度和影响力，助推泉州外向型经济的发展壮大展开探讨。石狮三面临海，海岸线长68千米，海域面积960平方千米，拥有泉州港为数不多的深水岸线，是泉州港的中心港区，境内主要有石湖港区、华锦港区。其中，石湖港区为国家一类口岸，是泉州港内贸集装箱枢纽港，拥有3000吨级、2万吨级、3万吨级、5万吨级、10万吨级泊位5座，在建10万吨级泊位2座，总陆域面积73万平方米，港外海关监管堆场40万平方米，主营集装箱业务，兼营以荒料石为主的散杂货业务(含保税仓储业务)，跻身中国内贸集装箱码头前五强。华锦港区拥有5000吨级泊位一座，3.5万吨级泊位两座，在建1.5万吨级泊位一座，主要经营集装箱、干散货及件杂货业务。泉州各地的外贸相关企业就外贸集装箱航线服务与运营进行交流与合作，业界人士共同挖掘国际贸易商机，携手实现多赢发展，为泉州货走泉州港开辟更加方便快捷的运输通道。

石狮市外贸集装箱航线推介会现场（图/温文清 许晓城）

世界手工艺理事会专家组到安溪县验收"藤铁工艺之都"

15—17日，由世界手工艺理事会及其亚太地区理事会、中国工艺美术协会组成的考评专家组到安溪县开展"世界手工艺理事会手工艺城市——藤铁工艺之都"申报考评验收。图为专家组在安溪县考评。（图/刘伯怡 林钦固）

泉州市八大类文创产品参展第十五届深圳文博会

16—20日，第十五届深圳文博会在广东深圳举行，泉州市7家企业8大类文创产品参展。深圳文博会是中国唯一一个国家级、国际化、综合性文化产业博览交易会。2019年福建综合展馆以“全福游 有全福”为主题，设置福州、泉州、南平、龙岩文化旅游展示板块，组织全省各地市文创企业参展参演。泉州市共有功夫动漫、如瓷生活文化、大魏文化、太和文化、新海峡石材、泉港文创产业协会、泉州市木偶剧团7家企业在福建综合馆参展，共有8大类文创产品，包括德化白瓷、玉雕、影雕、创意木偶、藤铁工艺、非遗产品、古船模、禅音文创、功漫IP等70多个小类展品。木偶传承人苏清良、陈俊翔和影雕传承人张月萍现场展演展示，吸引众多嘉宾和海内外客商观赏交流。泉州市木偶剧团的现场演出受到欢迎好评，同时，该团陈俊翔创作的木偶头获第15届中国深圳文博会中国工艺美术文化创意奖比赛金奖。此外，安溪县还与清华大学深圳研究生院主办清华大学深圳研究生院安溪课程实验教学基地教学成果展。

泉州市金融服务民营企业政策宣讲会举行

市行政服务中心管委会、市金融监管局、兴业银行举行泉州市金融服务民营企业政策宣讲会，企业、银行、准金融机构、金融服务相关部门等近200名代表参加。宣讲会邀请兴业银行首席经济学家鲁政委作“以金融供给侧结构性改革为指引，深化银企合作”的主题演讲。鲁政委围绕中央部署、经济形势、经济政策三方面内容，剖析金融领域的政策导向，引导银行和企业破解融资难题。泉州市中小企业融资担保公司总经理陈勇坚表示，对于金融机构，既要服务好实体经济，为企业发展提供信贷支持，又要做好风险防控，维护金融稳定。宣讲会组织金融信贷供需双方的人员参加，通过专家的角度，为大家解答困惑，有利于促进金融机构与企业之间的交流与合作。

第二届“安溪工匠”（藤铁工艺类）选拔暨技艺挑战赛举行

第二届“安溪工匠”（藤铁工艺类）选拔暨技艺挑战赛在安溪藤铁工艺博物馆举行。继两年前首届赛事之后，2019年的“安溪工匠”（藤铁工艺类）选拔暨技艺挑战赛将比赛篇数精简为五篇，同时增加团队比赛，综合考量企业的团队设计和研发制作能力，希冀通过拓宽选才的视野，再储备一批省、市工艺美术大师后备人选，让不断涌现的人才引领产业发展。

永春县陶瓷行业协会成立

永春县陶瓷行业协会成立，标志永春县陶瓷产业发展进入一个新阶段，将促进该县陶瓷产业抱团发展、持续繁荣。永春县陶瓷行业协会负责人表示，协会将履行好为会员服务的职能，通过开展信息咨询服务、培训服务、交流推广经验等方式，及时向会员提供产品、产业预警信息，引导企业优化生产、运作品牌、开辟市场、扩展商机，打造成为企业信赖、抱团发展的行业团体和合作平台。协会将提高行业自律水平，组织会员企业抱团出击、资源共享、互利共赢，抢占行业话语权和制高点，扩大品牌影响力，实现效益最大化。

相关链接：永春县陶瓷工业历史悠久，人文厚重，产业独特。近年来，该县高度重视陶瓷产业发展，出台《关于促进陶瓷产业加快发展的八条措施》三年行动方案等系列政策扶持陶瓷产业的发展。2016年，永春苦寨坑原始青瓷窑址获评全国考古界最高奖——“年度全国十大考古新发现”。2017年，永春介福乡获评“中国陶瓷之乡”。该县拥有陶瓷相关企业100多家，从事陶瓷相关产业人员近万人，2018年总产值约45亿元。

5月16日

农历己亥年四月十二
星期四
温度：24℃—30℃
小雨转阴

●继收听收看全国、全省促进生猪生产保障市场供应电视电话会议之后，泉州市随即召开电视电话会议，全面部署促进生猪生产发展保障市场供应各项工作。

●16—20日，第十五届深圳文博会在广东深圳举行，泉州市7家企业8大类文创产品参展。

●市行政服务中心管委会、市金融监管局、兴业银行举行泉州市金融服务民营企业政策宣讲会。

●第二届“安溪工匠”（藤铁工艺类）选拔暨技艺挑战赛在安溪藤铁工艺博物馆举行。

●永春县陶瓷行业协会成立。

5月17日

农历己亥年四月十三
星期五
温度：24℃—29℃
小雨转阴

●市委常委会召开会议，学习习近平在全国公安工作会议上的讲话、省委常委会扩大会议和全省公安机关视频会议以及全省公安机关学习推广新时代“漳州110”现场会精神等。

●市委外事工作委员会第一次会议召开，传达学习习近平在中央外事工作委员会第一次会议和中央外事工作会议上的讲话及省委外事工作委员会第一次会议精神等。

●市委审计委员会第一次会议召开，传达学习习近平在中央审计委员会第一次会议上的讲话精神和省委审计委员会第一次会议精神等。

●泉州市举行国防教育专题授课活动，中国核试验基地原副政治委员李文泉少将作题为《赤诚报国到生命最后一刻——林俊德院士先进事迹专题汇报》的讲座。

●康涛、王永礼到市防汛办会商部署防暴雨工作。

●由省妇联、市妇联主办，泉州市女企业家联谊会承办的“两岸情思·让爱回家”原创音乐会在泉州影剧院举行。

●25吨西班牙进口冻猪背膘进入泉州口岸。此系自2018年3月泉州港石湖港区获批成为泉州地区首个进口肉类指定口岸后，泉州口岸首次进口的肉类产品。

市委常委会会议学习习近平在全国公安工作会议上的讲话

市委常委会召开会议，学习习近平在全国公安工作会议上的讲话、省委常委会扩大会议和全省公安机关视频会议以及全省公安机关学习推广新时代“漳州110”现场会精神；学习习近平关于巡视工作的讲话以及全国巡视工作会议暨十九届中央第三轮巡视动员部署会、十届省委第六轮巡视动员部署会精神；研究《泉州市安全生产事故隐患排查治理问题整改督办和问责移送暂行规定》。

会议指出，习近平讲话对新时代公安工作做出战略部署、提出明确要求。要把握核心要义和精神实质，坚持党对公安工作的绝对领导，勇于担当新时代公安工作职责使命。要抓紧抓实防风险、保安全、护稳定各项措施，开展“强基促稳”行动，打好扫黑除恶攻坚战，创造良好的安全稳定环境。要推进公安工作创新发展，把机关做精、警种做优、基层做强、基础做实。要锻造高素质过硬公安铁军，打造一支对党忠诚、服务人民、执法公正、纪律严明的过硬公安队伍。会议要求，要学习贯彻习近平关于巡视工作的论述，把握巡视巡察的政治定位、基本原则、内容任务、制度方法、成果运用等重要要求。要更好发挥巡察监督政治导向作用，严明政治纪律和政治规矩，推进政治监督具体化常态化。要高质量推进巡察全覆盖，在深化上下联动、优化力量配置、创新组织方式上下功夫，健全落实巡察反馈、整改日常监督和成果综合运用机制，增强巡察监督政治效果、纪法效果和社会效果。要打造过硬巡察干部队伍，加强巡察规范化建设，锤炼巡察干部政治忠诚、责任担当、能力水平。

“两岸情思·让爱回家”原创音乐会举行

由省妇联、市妇联主办，泉州市女企业家联谊会承办的“两岸情思·让爱回家”原创音乐会在泉州影剧院举行，1000多名观众到场观看。音乐会旨在展示全国五好文明家庭、最美家庭风采、举办为贫困母亲圆梦活动，彰显海峡两岸妇女在弘扬中华民族传统美德和家庭建设中的独特作用，凝聚全市妇女为“强基促稳”和坚持高质量发展落实赶超贡献力量。音乐会通过新时代“暖风”式歌舞表演形式，以新时代新女性为切入角度，由《望》《寻》《归》三大乐章的层层递进，将视角延伸至千家万户。在十余首原创音乐的演绎中，让听众聆听“爱”的声音，感受“家”的温暖，以“春风化雨，润物无声”的方式，以乐化人、以乐育人。

“两岸情思·让爱回家”原创音乐会现场（图/泉州晚报社）

泉州港首批进口肉类产品通关

25吨西班牙进口冻猪背膘进入泉州口岸。此系自2018年3月泉州港石湖港区获批成为泉州地区首个进口肉类指定口岸后，泉州口岸首次进口的肉类产品。到港的进口货物，需要进行严格的检验检疫后方能放行。因此，进口肉类不仅要在国家批准的指定口岸进口，还要求当地具备进口肉类查验和存储一体化查验设施。泉州已有闽台农产品市场、福建万弘海洋生物科技有限公司两家查验场获批，为开展进口肉类贸易提供基础设施保障。16日，福建泉农贸易有限公司向泉州海关申报首批从西班牙进口的肉类产品。17日，当载有进口肉的集装箱车驶入设在闽台农产品市场的进口肉类查验和存储一体化查验场后，海关工作人员随即对该批产品进行检验检疫。监管完成后，肉品被顺利放行。

市政府与三一集团签署《战略合作框架协议》

市政府和洛江区政府分别与三一集团签署《战略合作框架协议》《三一筑工（泉州）建筑科技产业园项目投资协议》。作为全球建筑和工程装备制造领先企业，中国最大、全球第五的工程机械制造商——三一集团长期致力于把先进的装备制造技术和工业物联网技术应用于传统建筑业的转型升级，是建筑工程装备制造龙头企业。是日，三一筑工（泉州）建筑科技产业园开工仪式举行。该项目是三一集团在福建省投资建设的第一个产业项目，规划建设集新型墙材生产装备研发、制造、销售，建筑墙材安装机器人研制、培训、应用，建筑机器人等相关建筑科技产品装配、展示中心，新型墙材、SPCS生产流水线以及区域智能平台为一体的产业链。

“5·18国际博物馆日”福建主会场活动在泉州开幕

国际博物馆日，由省文物局、市文化广电和旅游局主办，泉州海外交通史博物馆承办的“5·18国际博物馆日”福建主会场暨海交馆建馆60周年系列活动在泉州开幕。此系省文物局首次举办主会场活动。2019年国际博物馆日的主题是“作为文化中枢的博物馆：传统的未来”，聚焦博物馆作为社区、社群、社会活跃参与者的角色定位，倡导博物馆以高质量文化供给，增进公众的文化认同感和归属感，增强公众的幸福感和获得感。开幕式适逢海外交通史博物馆建馆60周年，活动内容既有戏剧表演、非遗活态展演展示，也有免费鉴宝、文物修复、碑拓等体验活动，以及各类主题展览、座谈会。

“5·18国际博物馆日”福建主会场活动现场
（图/吴寿民）

市侨联与华侨大学国际学院签约开展共建合作

市侨联与华侨大学国际学院共建合作签约仪式在泉州华侨历史博物馆举行。签约旨在共同搭建侨务发展新平台，双方将围绕人才培养、文化交流、招生资讯、融媒体、志愿服务五方面展开共建合作。2019年，双方重点推进海外青少年寻根夏令营活动，引导海外泉州籍青少年到家乡学习、深造，同时开展侨企与优秀毕业生的对接活动。双方将整合优势资源，探索推动侨务发展的新路径。具体而言，将通过对接“一带一路”沿线国家侨商侨企，为企业与优秀学生提供实训、就业创业等平台。同时联手海外侨团、华侨大学海外校友会等，合作开展海外华裔青少年寻根夏令营、侨文化宣传、共建侨情智库等活动。

市侨联与华侨大学国际学院共建合作签约仪式
（图/吴寿民）

百城助力跑10千米测试赛举行

“用脚步丈量中国”百城助力跑10千米测试赛在市区金山公园举行。长跑爱好者努力奔跑，践行全民健身的国家重要发展战略，感受城市环境的美丽变化。图为活动现场。
（图/廖培煌 泉长跑）

5月18日

农历己亥年四月十四
星期六
温度：24℃—30℃
小雨转阴

● 市政府和洛江区政府分别与三一集团签署《战略合作框架协议》《三一筑工（泉州）建筑科技产业园项目投资协议》。

● 王永礼会见三一集团总裁唐修国。

● 国际博物馆日，由省文物局、市文化广电和旅游局主办，泉州海外交通史博物馆承办的“5·18国际博物馆日”福建主会场暨海交馆建馆60周年系列活动在泉州开幕。

● 市侨联与华侨大学国际学院共建合作签约仪式在泉州华侨历史博物馆举行。

● 18—20日，泉州工程机械展暨数控机床设备博览会在南安举行。

● 泉州市第十一届运动会电子竞技比赛开赛。

● 18—19日，由市体育局主办、市太极拳协会承办的2019年泉州市第二十届太极拳比赛暨第十六届青少年太极拳锦标赛在市侨乡体育馆举行。

● 由泉州师范学院音乐与舞蹈学院、中国邮政集团公司泉州分公司、泉州晚报社主办的九弈筝团专场音乐会在泉州音乐厅举行。

● “用脚步丈量中国”百城助力跑10千米测试赛在市区金山公园举行。

5月19日

农历己亥年四月十五
星期日
温度：25℃—31℃
小雨转阴

●由厦门大学经济学院与王亚南经济研究院、泉州金融研究院主办的第二届中国金融发展与泉州金融改革论坛在泉州举办。

●万名学子“海丝”研（游）学之旅启动。

●由市委宣传部、市直机关工委、市文联、市残联等主办的“同心追梦·共奔小康”泉州市2019爱心助残广场活动在南安市人民会堂广场举行。

●闽台两岸影视音乐孵化基地启动仪式在市区新门文旅街区举行。

●“献给祖国的歌”泉州市庆祝新中国成立70周年音乐快闪演出活动在市区浦西万达广场举行。

●中国旅游日福建分会场活动在福州举行，省文化和旅游厅、省住房和城乡建设厅公布福建省首批“金牌旅游村”宣传对象名单，晋江市围头村、永春县大羽村、德化县佛岭村入选。

●以“文旅融合，品质晋江”为主题的晋江市2019年文化旅游节开幕。

●由惠安县文化体育和旅游局主办的“2019行走惠安”徒步活动举行。

第二届中国金融发展与泉州金融改革论坛举办

由厦门大学经济学院与王亚南经济研究院、泉州金融研究院主办的第二届中国金融发展与泉州金融改革论坛在泉州举办，在泉州金融机构、准金融机构、金融交易场所、泉州企业等方面的200多名代表参加。论坛邀请7位国内金融领域的权威专家，围绕金融业改革开放、普惠金融与金融科技、深化金融供给侧结构性改革和增强金融服务实体经济能力等内容发表专题演讲。会议还举办专场圆桌论坛，就泉州金改的未来方向展开研讨，为提高金融改革助推经济转型升级能力、研究并指导工作部署提供政策建议。论坛透露，泉州市加快推进金融供给侧结构性改革，推动银行“敢贷、能贷、愿贷”，提升信贷服务民营和小微企业水平；撬动社会资本真投、敢投、多投，全面推进企业挂牌上市“育苗成林”工程，支持科创型企业尽快登陆资本市场，支持上市公司通过再融资、并购重组做强主业；推进融资环境改善、优化、提升，引导各类投资基金、金融机构重点支持信用优质企业的融资，增强金融服务实体经济能力。

万名学子“海丝”研（游）学之旅启动

万名学子“海丝”研（游）学之旅启动，首批350余名学生到清源山、少林寺、洪恩岩等地探寻“海丝”文化。活动现场，市文旅局、市教育局、市科协编制的“探寻海丝路·研游刺桐城”海丝泉州十大精品研（游）学推荐线路发布，十条线路分别围绕“品读千年古城，感受原味闽南”“学习‘晋江精神’，激发拼搏力量”“溯源铁观音，体验闽南茶生活”等主题，串联泉州诸多旅游景点，精准规划线路，为到泉州开展研（游）学活动的团体提供权威参考。清源山等全市25个景区也发布2019年的研（游）学优惠措施，涵盖门票、场地、讲解等优惠。泉州相关部门和履行机构根据已发布的十条线路，在全市范围内大力推动，组织万名以上中小学生参与研（游）学活动，力争吸引更多其他省市乃至境外的研（游）学团队参与其中。

相关链接：近年来，随着泉州旅游产业不断发展，泉州深厚的历史底蕴、丰富的人文内涵、多元的景点景区，都吸引大批境内外研（游）学团队到访。为更好地服务到泉州的研（游）学团队，市文旅局、市教育局、市科协等部门积极开展工作，支持研（游）学机构、基地建设，全市已有各类研学基地、游学基地、科普基地近200家。

泉州市庆祝建国70周年音乐快闪演出活动举行

“献给祖国的歌”泉州市庆祝新中国成立70周年音乐快闪演出活动在市区浦西万达广场举行，通过快闪这种充满活力的表现形式感染更多市民，激发大家的爱国热情。图为活动现场。
（图/王志超）

晋江市2019年文化旅游节开幕

以“文旅融合，品质晋江”为主题的晋江市2019年文化旅游节开幕。晋江市成立旅游产业联盟，开通首条旅游公交专线，并为首批4家旅游民宿颁发“身份证”。图为旅游节期间，掌中木偶机器人与晋江掌中木偶剧团演员同台演出。（图/陈英杰）

市领导干部提高政治能力专题培训班举办

20—24日，市领导干部提高政治能力专题培训班举办。市委书记康涛作专题讲座。康涛指出，要提升把握方向、把握大势、把握全局的能力，提升辨别政治是非、保持政治定力、驾驭政治局面、防范政治风险的能力，以过硬的政治能力担负起党和人民赋予的政治责任。要严肃抓好巡视督察反馈问题整改，把整改工作作为检验主体责任、第一责任、监督责任的标尺，坚决彻底落实整改。要防范政治风险，增强政治敏锐性和政治鉴别力，把各类矛盾纠纷和风险隐患化解在基层、解决在萌芽状态。

兴泉铁路开始全线架梁施工

兴泉铁路已进入全线架梁施工阶段。兴泉铁路建成通车后，将结束江西宁都、石城，福建宁化、清流、明溪、大田、德化、永春8个县不通铁路的历史。兴泉铁路正线全长496千米，设计时速160千米，为国家一级铁路，于2017年3月16日开工建设，建设工期为4.5年。该条线路由京九铁路兴国站引出，途经江西于都、宁都、石城，福建宁化、清流、明溪、永安、大田、德化、永春等县市，终至泉州，全线设33个车站，其中新建车站29个。兴泉铁路桥梁工程多次跨越江河、公路，铁路所经之处大部分为大山深处，地质条件复杂，桥隧比达63%，工程建设难点多，施工难度大，尤其是兴国站改工程属于既有营业线施工，安全风险大、安全防护要求高。在铁路建设过程中，建设单位优化细化工程规划、智能应用、BIM技术和工装配备等，开展创新攻关，保障铁路建设施工有序进行。兴泉铁路是一条以开发沿线国土资源、服务革命老区为主的区域客货运铁路，对于完善区域路网布局、提高路网密度，加快铁路沿线地区与周边城市的人流、物流往来，促进赣闽粤原中央苏区振兴发展，联通蒙华铁路煤运通道与泉州港更好地融入“一带一路”建设，形成连接福建与华中、西南、西北等内陆地区的铁路通道具有重要的意义和作用。

第九届闽台残疾人文化周暨扶残助残慈善晚会在泉州举行

由省残疾人联合会、市残疾人联合会、市慈善总会、台湾中华海峡两岸身障文创艺术协会主办的“爱在刺桐 同心筑梦”第九届闽台残疾人文化周暨扶残助残慈善晚会在泉州梨园古典剧院举行。晚会节目包括舞蹈、歌曲、乐器演奏及泉州南音、茶道、惠女服饰表演等，大多数节目由闽台两地的残疾人演出。演出在舞蹈《金色的海》中拉开帷幕。随后，台湾肢体残疾演员表演的轮椅舞蹈《舞动奇迹》给现场观众带来强烈的视觉冲击。一首男声独唱原创歌曲《一生陪伴》传达出真切的情感，该首歌是知名泉州籍音乐人、泉州市“爱心助残大使”杨望专门为孤独症儿童创作的。由省海峡残疾人艺术团舞蹈队带来的《千手观音》将晚会推向高潮。晚会现场收到企业、爱心人士的爱心捐款50多万元，市书法家协会和市工艺美术协会为晚会募集到爱心艺术名家捐赠的艺术作品23件。

泉州市开展计量日实验室开放活动

世界计量日。为强化民生计量工作，提升“计量为民、计量利民、计量惠民”意识，提升服务质量水平，市计量所实验室向市民开放，全市多个学校的学生及社区居民代表参观实验室，并参与由市市场监管局主办的计量知识及计量法律法规讲座活动。在讲座上，燃气表检定室、力学室、检定一室（电学）检定工作人员介绍民用三表相关知识以及检定流程。随后，在实验室工作人员带领下，学生及居民代表分别参观数字精密压力表、制冷恒温槽、计量专用油槽等计量器具，了解各种计量器具的检测方式。

5月20日

农历己亥年四月十六
星期一
温度：21℃—29℃
大雨转阴

●20—24日，市领导干部提高政治能力专题培训班举办。

●兴泉铁路进入全线架梁施工阶段。

●由省残疾人联合会、市残疾人联合会、市慈善总会、台湾中华海峡两岸身障文创艺术协会主办的“爱在刺桐 同心筑梦”第九届闽台残疾人文化周暨扶残助残慈善晚会在泉州梨园古典剧院举行。

●汽车运用与维修（含智能新能源汽车）职业技能等级证书制度全国试点工作说明会暨职业教育培训考核办公室授牌仪式在黎明职业大学举行。

●世界计量日，市计量所实验室向市民开放。

●丰泽区创建公共文化服务示范区建设系列活动之海丝艺术新品发布会举行。

●全省县域首家麻醉门诊——晋江市医院麻醉门诊开诊。

●泉州籍知名文史学者洪卜仁逝世，享年91岁。

5月21日

农历己亥年四月十七
星期二
温度：19℃—26℃
多云

●第十八届世界中学生运动会执行委员会第一次全体会议召开，研究部署相关筹办工作。

●全市人大代表联系群众活动室建设现场推进会在南安召开。

●21—23日，福建省商务人才培训班暨2019年福建跨境电商管理高级研修班在泉州举办。

●由省文联、省文化和旅游厅主办的第三届福建省曲艺“丹桂奖”大赛南音专场比赛决赛在泉州梨园古典剧院举行。

●由市总工会、市直机关工会委员会主办的“缘在工会·相约百源”单身职工交友活动在市区文化宫举行，全市企事业单位130名青年职工参加联谊活动。

●丰泽区丰泽社区第一届少代会在丰泽社区泉州二实小召开，大会启动丰泽社区红领巾绿色联盟，此系全市首个社区红领巾绿色联盟。

●泉州市首家康复专科医院——晋江市社会福利中心青鸟世嘉康复医院开业。

●南安市广播电视台与电信运营商签署5G技术应用于媒体行业的创新战略合作协议。同时，南安市广播电视台在全国率先开展县级“5G+4K”现场直播。

全市人大代表联系群众活动室建设现场推进会召开

全市人大代表联系群众活动室建设现场推进会在南安召开。与会人员考察南安市丰州镇、闽南科技学院及四季家园小区等地的活动室建设情况。图为与会人员考察南安市人大代表联系群众活动室建设情况。

（图/王虎文）

第三届省曲艺“丹桂奖”大赛南音决赛在泉州举行

由省文联、省文化和旅游厅主办的第三届福建省曲艺“丹桂奖”大赛南音专场比赛决赛在泉州梨园古典剧院举行。“丹桂奖”大赛为福建省曲艺界最高规格比赛，每年举办一届，此次南音专场比赛吸引省内30多个单位报名参与。经过初赛，南音《查莫仔，行厝头》《春光明媚》《刺桐帆影》等16个节目进入决赛。市曲艺家协会主席李白燕表示，此次参赛的南音曲目质量较高，有原汁原味的传统作品，也有近年创新的力作，还有学校代表队进入决赛，较好地体现南音在校园的传承情况。此次南音专场比赛对推广传承南音，提升南音表演艺术具有重要意义。

第三届福建省曲艺“丹桂奖”大赛南音决赛现场

（图/陈智勇）

全市首个社区红领巾绿色联盟启动

丰泽区丰泽社区第一届少代会在丰泽社区泉州二实小召开，大会启动丰泽社区红领巾绿色联盟，此系全市首个社区红领巾绿色联盟。丰泽社区红领巾绿色联盟单位代表与丰泽社区少工委举行签约仪式，认领丰泽社区“垃圾分类种子计划”项目品牌包装推广工作，并聘请专职人员协助社区少工委工作。丰泽社区少工委绿色联盟单位泉州市第二实验小学将以全国红旗大队、福建优秀少先队集体、泉州市首批垃圾分类试点单位等学校集体荣誉为载体，带头认领丰泽社区“垃圾分类种子计划”项目志愿辅导员队伍和红领巾志愿服务队优秀团队建设工作，并以此为依托创建泉州市首批红领巾示范学校，通过“小手拉大手”队伍优势作用，带动社区家庭参与社区垃圾分类绿色公益工作。

丰泽社区少工委将依托社区红领巾绿色联盟工作平台，围绕建设社区红领巾垃圾分类社区营造空间、丰泽社区红领巾“垃圾分类绿色走廊”、培育红领巾“一平米绿植”系列活动品牌、打造“一平米绿植”红领巾跳蚤市场活动精品等丰泽社区红领巾重点项目，打造高品质社区少先队员社会实践空间，实现家庭、学校、社区“三位一体”有效整合的社区青少年成长绿色环境。丰泽社区居委会和泉州市青年发展促进会作为丰泽社区红领巾绿色联盟发起单位，将整合社区党建共建单位资源和社会力量，助力社区少工委打造社区红领巾垃圾分类种子计划项目品牌，项目化系统化推进社区红领巾家庭垃圾分类习惯养成。

南安在全国率先实现县级“5G+4K”现场直播

南安市广播电视台与电信运营商签署5G技术应用于媒体行业的创新战略合作协议。同时，南安市广播电视台在全国率先开展县级“5G+4K”现场直播。以往南安电视台的直播方式主要是通过光缆或者4G网络进行传输，此系首次采用5G网络为主的信息传输方式。5G网络信号稳定，传输速率高，满足视频数据传输需求。

市十六届人大常委会第三十七次主任会议召开

市十六届人大常委会第三十七次主任会议召开，听取市政府有关部门研究处理《关于我市扶持民营经济发展政策措施落实情况的审议意见》情况的汇报；讨论关于开展泉州市石化园区环境保护工作情况评议调查的方案、关于开展《中华人民共和国水污染防治法》执法检查方案。图为会议现场。（图/王虎文）

25家泉州企业入列新一轮中国外贸出口先导指数调查样本

泉州海关召开中国外贸出口先导指数调查企业说明会，启动新一轮外贸出口先导指数企业问卷调查工作。全国3000家出口企业成为此轮调查样本企业，其中福建省入选企业164家，泉州共有25家企业入选，全国占比近1%。在影响中国外贸出口的主要因素中，加工贸易进口、制造业外商直接投资、主要经济体的投资消费等宏观指标，企业订单、信心、成本等微观指标对出口走势有提前预知作用，海关总署将这些指标进行统计处理后合成，最终形成中国外贸出口先导指数。从与中国月度出口实际增速的拟合程度来看，先导指数对中国未来2—3个月出口的走势具有较好的预测作用。因此，先导指数调查的问卷内容也主要围绕上述指标进行设计，包括企业出口新增订单情况、出口经理人信心指数、出口企业综合成本变动以及其他问题反馈四大方面。海关总署自2012年6月起组织实施中国外贸出口先导指数调查，每月面向样本企业收集订单、成本和信心等微观数据，编制并发布中国外贸出口先导指数。调查样本企业一般为2—3年轮换一次，在此期间，样本企业每个月都必须按要求真实、准确地填报信息。样本企业应当指派全面了解企业运营运作、财务状况和发展趋势并富有责任心的高级管理人员担任统计调查联系人。

此轮调查中，厦门关区有122家企业入选为调查样本企业，其中泉州关区25家，涵盖鞋服箱包、皮革、机械、食品、制伞、工艺品、餐具、物流等多个行业，包含一家高级认证企业。新一轮样本企业由海关总署直接确定。海关总署统计分析司按照稳定性、持续性、代表性以及随机性兼顾的原则，采用分群分层不等比例随机抽样方法，在2016—2018年有连续出口记录且2018年出口额超过3000万元的出口企业中抽取3000家。样本企业首先都具备一定的规模，其次是活跃性都比较强。泉州海关相关工作人员表示，问卷调查工作本身也成为企业和海关互通、互动、互信的有效渠道之一，样本企业在通关过程中遇到的问题，也可以第一时间与海关部门沟通。

2019年世界沙滩排球巡回赛晋江站举行

22—26日，由国际排球联合会主办的2019年世界沙滩排球巡回赛晋江站在晋江市龙湖镇衙口沙滩举行。按照国际排联巡回赛的标准，此次赛事为4星级，是晋江有史以来举办的级别最高的沙滩排球赛。该届世界沙滩排球巡回赛是奥运会选拔赛的积分赛，赛场内看台座位从1300个增加到2500个。中国、澳大利亚、巴西、加拿大、美国、法国、德国、西班牙、日本等29个国家和地区的48支正选队伍、54支资格队伍参赛，参赛运动员200多名。其中，男子沙排世界排名第1的安德斯·摩尔和世界排名第2的克里斯蒂安·斯科姆，不仅到晋江参赛，还带来他俩家乡——挪威的电视台记者。

5月22日

农历己亥年四月十八
星期三
温度：20℃—27℃
多云转小雨

●市十六届人大常委会第三十七次主任会议召开，听取市政府有关部门研究处理《关于我市扶持民营经济发展政策措施落实情况的审议意见》情况的汇报等。

●泉州海关召开中国外贸出口先导指数调查企业说明会，启动新一轮外贸出口先导指数企业问卷调查工作。

●第三届福建省曲艺“丹桂奖”大赛港澳台地区及海外南音专场展演在泉州梨园古典剧院举行。

●22—26日，由国际排球联合会主办的2019年世界沙滩排球巡回赛晋江站在晋江市龙湖镇衙口沙滩举行。

●世界拳击理事会（WBC）亚洲区年度颁奖典仪在泰国曼谷举行，惠安籍拳手卢冬强获WBC泰拳亚洲区杰出拳手奖，成为首位获此荣誉的中国搏击选手。

5月23日

农历己亥年四月十九
星期四
温度：20℃—27℃
多云转阴

●市委常委会召开会议，学习习近平在中央政治局会议听取2018年脱贫攻坚成效考核等情况汇报时和主持召开解决“两不愁三保障”突出问题座谈会时的讲话精神、在第二届“一带一路”国际合作高峰论坛上的讲话精神等。

●市委财经委员会第一次会议召开，传达学习习近平在中央财经委员会第四次会议上的讲话精神以及省委财经委员会第一次会议精神；审议通过市委财经委员会工作规则、办公室工作细则和2019年工作要点。

●市政协党组理论学习中心组（扩大）学习会议召开，学习习近平在中央党校中青年干部培训班开班式上的讲话精神，新修订的《中华人民共和国公务员法》《党政领导干部选拔任用工作条例》《中国共产党党组工作条例》《公务员职务与职级并行规定》等。

●23—25日，全国推进农村创业创新现场交流会暨经验推介活动在晋江举行。

●由市委政法委、市教育局、市司法局、市关工委、团市委主办的泉州市法治教育关爱青少年活动启动仪式在石狮一中举行。

●由市委宣传部、市文联、泉州广播电视台主办的向人民汇报——2019年泉州市“中国文艺志愿者服务日”主题晚会举行。

●由市委宣传部、省曲艺家协会、市文联、市曲艺家协会主办的记住乡愁——海内外南音联谊汇唱暨“我和我的祖国”福建省曲艺惠民演出在永春举行。

市委常委会学习习近平在中央政治局会议上的讲话

市委常委会召开会议，学习习近平在中央政治局会议听取2018年脱贫攻坚成效考核等情况汇报时和主持召开解决“两不愁三保障”（不愁吃、不愁穿，义务教育、基本医疗、住房安全有保障）突出问题座谈会时的讲话精神、在第二届“一带一路”国际合作高峰论坛上的讲话精神，以及省委常委会会议精神，研究泉州市贯彻意见。会议指出，各级各部门要强化政治责任和政治担当，对标对表、真抓实干，确保高质量打赢脱贫攻坚战。要探索建立防返贫控新贫稳脱贫长效机制，解决“两不愁三保障”突出问题，把底子摸清、把工作做实。带着感情、带着责任做好老区苏区脱贫奔小康工作，做好对口援宁、援疆、援藏和省内山海协作等各项帮扶工作。要实行最严格的考核评估制度，坚决防止松劲懈怠，确保脱贫成果经得起检验。

市委财经委员会第一次会议召开

市委财经委员会第一次会议召开，传达学习习近平在中央财经委员会第四次会议上的讲话精神以及省委财经委员会第一次会议精神，研究泉州市贯彻意见；审议通过市委财经委员会工作规则、办公室工作细则和2019年工作要点。会议指出，要学习领会习近平关于加强党对经济工作的集中统一领导论述，坚持稳中求进工作总基调，适应高质量发展要求，担起党委领导经济工作的政治责任，提高驾驭经济发展能力，推动中央决策部署和省委工作要求不折不扣落到实处。会议要求，要贯彻新发展理念，以供给侧结构性改革为主线，集中研究重大战略、重大规划、重大生产力布局、重大项目建设等关系全局、事关长远的根本性、方向性问题。要围绕经济发展、人民生活、三大攻坚战、资源环境等领域，拿出精准有效措施，确保高质量完成全面建成小康社会硬任务。

泉州市法治教育关爱青少年活动启动

由市委政法委、市教育局、市司法局、市关工委、团市委主办的泉州市法治教育关爱青少年活动启动仪式在石狮一中举行。活动以宪法为主题，通过举办法律讲座、知识竞赛、演讲比赛、模拟法庭等形式多样的宣传教育活动，加强对青少年的法律常识教育，更好地保护和促进青少年健康成长。联办单位根据各自职能分工，组织开展“五个百”系列宣传活动，包括：建立百个青少年法治教育基地、聘任百名青少年普法教育宣讲团成员、开展百场“学宪法、讲宪法、守宪法”为主题的法治讲座、开展百场“宪法伴我成长”演讲比赛、开展宪法进百所校园系列活动。

2019年泉州市“中国文艺志愿者服务日”主题晚会举行

由市委宣传部、市文联、泉州广播电视台主办的向人民汇报——2019年泉州市“中国文艺志愿者服务日”主题晚会举行。演出由大型歌舞《到人民中去》拉开序幕，紧接着女声小组唱《彩虹下的小村庄》、少儿民间舞《海的这边 海的那边》、钢琴·男声对唱《中国的旗帜》、童声小组唱·舞蹈《我像雪花天上来》、抒情舞蹈《梅花香自苦寒来》、群体配乐诗朗诵《为新时代放歌》等依次上演。最后，一曲领唱·合唱·舞蹈《我和我的祖国》将文艺晚会推向高潮。

2019年泉州市“中国文艺志愿者服务日”晚会现场（图/陈智勇）

市政府第六十次常务会议召开

市政府第六十次常务会议召开，研究并通过《关于加速高新技术企业培育发展的若干措施》《泉州市畜禽粪污资源化利用整市推进实施方案（2019—2020年）》等。会议指出，各县（市、区）政府、市直各部门要在市委统一部署下，实施创新驱动发展战略，突出抓企业、抓项目、抓平台，拿出实实在在可操作的措施，推动惠企政策落地落实，加快培育壮大一批、孵化生成一批、改造提升一批、对接转化一批、引进落地一批高新技术企业；要主动靠前服务，做好宣讲辅导工作，把政策宣传好、解释透，让企业听得懂、用得上。要贯彻落实习近平关于畜禽养殖废弃物处理和资源化利用工作的指示精神，按照源头减量、过程控制、末端利用的要求，强化责任落实，完善扶持政策，严格执法监管，加强科技支撑，统筹推进8个县（市、区）畜禽粪污资源化利用，以绿色发展引领乡村振兴。

“我们和留守流动儿童在一起”关爱主题活动在南安举行

由泉州市妇联、中共泉州市直党群系统委员会、泉州市委组织部机关党总支、南安市妇联等主办的“我们和留守流动儿童在一起”关爱主题活动在南安市梅山国专中心小学举行，拉开2019年泉州市关爱留守流动儿童系列活动序幕。泉州市委组织部、泉州市妇联以及南安市各界的80名“爱心妈妈”“爱心家长”与该校的留守流动儿童结对，和他们一起做游戏、包粽子、绘陶器，赠送儿童用品，为他们实现“六一微心愿”。在“爱心手牵手”捐赠环节，泉州市妇联、南安市民政局、爱心企业分别捐赠书籍、学习用具、服装、爱心款等。与往年不同的是，2019年的关爱活动与主题党日活动相结合，希望带动更多党员志愿者参与，共同关爱留守流动儿童。

2019年晋江企业创新发展大会召开

以“心无旁骛做实业 传承发展‘晋江经验’”为主题的2019年晋江企业创新发展大会召开。泉州市领导康涛、刘文儒，以及晋江市领导干部、工商企业界人士、高层次人才代表等千余人参加大会。会上，安踏、恒安两家纳税超十亿元企业，以及部分高层次人才获授牌表扬。泉州市委书记康涛向晋江党委政府和企业家提出“增信心、勇超越、筑平台”三点希望。一要增信心。要把干部与企业家“两支队伍”的力量凝聚起来，勇于面对深刻变化的国内外环境，保持定力，增强高质量发展的信心，一心一意办好自己的事，继续当好全市改革发展的榜样。二要勇超越。常讲常新“晋江经验”，看长远、看趋势，致力打造民族品牌、国际品牌。紧抓转型“后半场”、升级窗口期，打牢传统优势产业基石，立足强大国内市场，进军新价值制造，更加重视技术创新、研发投入，构筑好产业生态圈，积极稳妥有序“走出去”。三要筑平台。践行亲清新型政商关系，与时俱进、政企互动，更好服务企业发展。要系统整体、精准具体、突破短板，跳出产业抓产业、跳出城建抓城市、跳出部门谋政策，融入闽西南大格局，构建开放型经济新体制，加速环湾城市集聚，让城市形象与产业形象更加相匹配。要从企业的堵点、痛点出发制定务实管用措施，吸引更多高层次人才、实用人才、技能人才，让更多人选择在泉州、晋江安居乐业。

2019年晋江企业创新发展大会现场（图/泉州晚报社）

5月24日

农历己亥年四月二十
星期五
温度：22℃—27℃
阴

●市政府第六十次常务会议召开，研究并通过《关于加速高新技术企业培育发展的若干措施》《泉州市畜禽粪污资源化利用整市推进实施方案（2019—2020年）》等。

●市政府党组（扩大）会议召开，传达学习习近平对民政工作的指示精神及全国民政会议和省委常委会会议、市委常委会会议精神，研究市政府贯彻意见。

●由泉州市妇联、中共泉州市直党群系统委员会、泉州市委组织部机关党总支、南安市妇联等主办的“我们和留守流动儿童在一起”关爱主题活动在南安市梅山国专中心小学举行。

●以“心无旁骛做实业 传承发展‘晋江经验’”为主题的2019年晋江企业创新发展大会召开。

●市人社局在市区圣湖小区举行“面对面·人社服务进社区”政策宣传解答活动，围绕市民关心的退休年龄规定、社保费率下调、灵活就业人员参保、养老金领取资格认证等热点问题，进行一对一解答。

●由市粮食和物资储备局主办，丰泽区残联、丰泽区计生协会协办的“科技人才共支撑，兴粮兴储保安全”2019年粮油科技活动周暨计生协会会员活动日活动在市区松林社区举行。

5月25日

农历己亥年四月廿一
星期六
温度：23℃—28℃
阴转小雨

●全市脱贫攻坚工作“回头看”活动启动。

●革命烈士林任顺（又名林顺、林逊）故居揭牌仪式在惠安县螺阳镇锦东村东山自然村举行。

●由市委文明办、市直机关工委和市科协主办的“生活中的科学”刺桐科学传播学者下基层沙龙活动在鲤城区苏廷玉故居举行。

●由市教育局和泉州晚报社主办的2019年初招中招志愿填报咨询会在泉州晚报大厦举行。

●由市教育局、团市委主办的泉州市中小学生心理咨询现场活动在市青少年宫举行。

●由市文旅局主办的温陵讲坛“文化精品讲座”系列活动之一《书法是中华文化的瑰宝——学习书法的几点体会》专题讲座在市区府文庙明伦堂举行。

●由市总工会主办的首场“红五月”网上工会线下普惠广场活动在市区侨乡体育馆举行。

●“童心古城”书画艺术展暨义卖会在市区丰泽商城开幕。

全市脱贫攻坚工作“回头看”活动启动

是日起至6月25日，泉州市开展脱贫攻坚工作“回头看”活动，查找不足，补齐短板，确保能如期全面打赢脱贫攻坚战。全面开展“两不愁三保障”排查补缺工作。各县（市、区）对所有建档立卡的贫困户“两不愁三保障”和饮水安全落实情况进行全面排查，逐村逐户摸清情况，建立问题台账，按照“缺什么，补什么”的原则，在义务教育、基本医疗、住房安全、饮水安全上给予保障。教育、卫健、医保、住建、水利等职能部门加强督促指导，加大资金、项目倾斜力度，多措并举防止返贫和出现新的贫困。按时做好巡视巡察发现问题的整改工作。各相关县（市、区）重点在扛起脱贫攻坚政治责任、落实党中央精准扶贫精准脱贫决策部署、开展扶贫领域作风建设和专项治理三个方面，逐项逐条对照整改。

革命烈士林任顺故居揭牌

革命烈士林任顺（又名林顺、林逊）故居揭牌仪式在惠安县螺阳镇锦东村东山自然村举行。早在1929年第二次国内革命战争时期，中共惠安县委在当时被称为“锦水保”的东山村（现为螺阳镇锦东村东山自然村）建立革命据点。“锦水保”的林任顺、林和平参加革命，为实现革命理想，相继英勇就义。林任顺烈士故居始建于明朝，后经多次翻建，现貌修建于清末民初，由于年久失修，已倒塌过半。当地党组织、文史工作者、热心乡贤和烈士后裔对其进行了部分保护性修缮。

革命烈士林任顺故居揭牌仪式（图/综合科）

2019年初招中招志愿填报咨询会举行

由市教育局和泉州晚报社主办的2019年初招中招志愿填报咨询会在泉州晚报大厦举行。咨询会上，市教育局局长带领该局中教科、职成教科、初幼教科、办公室等有关科室负责人为到场咨询的考生和家长解读相关招生政策；鲤城区教育局、丰泽区教育局、洛江区教育局的相关负责人为考生和家长解疑释惑；30多所学校校长、招生办人员介绍各校的办学特色，并针对学生、家长提出的各种问题一一分析解答。

“红五月”网上工会线下普惠广场活动举行

由市总工会主办的首场“红五月”网上工会线下普惠广场活动在市区侨乡体育馆举行。活动内容包括办理“泉工惠”职工服务卡、免费领取商家提供的礼品、参与一元购和现场抽奖，以及优惠购物、健康义诊、法律咨询、舞台表演等。开场鼓《鼓韵辉煌》拉开线下普惠活动“情系劳动者”文艺会演序幕。50多家泉州工会普惠联盟商家和爱心企业在现场摆摊设点，产品种类包括面包、茶油、鞋服等各种生活用品。市民只要携带“泉工惠”职工服务卡到活动现场就能参与免费礼品、一元购、现场抽奖等优惠活动。而尚未办理“泉工惠”服务卡的，可携带身份证现场办卡。自2018年10月以来，市总工会联合工商银行、泉州农商银行、中国银行推出的“泉工惠”职工服务卡面向全市职工发行。持有“泉工惠”服务卡的职工已达25万余人。市总工会工作人员介绍，建设网上工会，为职工提供线上线下深度融合的普惠性、常态性、精准性服务，是市总工会的“一号工程”。该场活动是网上工会向线下延伸的尝试，市总工会希望通过网上“会员日”、网下“广场日”的方式，加强工会和职工的互动交流，让职工收获福利和实惠。

泉州市深化多项扶贫政策

2019年以来，泉州市通过深化产业、就业、教育、住房、医疗、低保兜底等扶贫政策，巩固提升全市脱贫成效，推进脱贫攻坚工作。在产业扶贫上，泉州市2019年继续安排1500万元扶贫产业发展专项资金。在就业扶贫上，全市采集南安、安溪、永春、德化4个县（市）农村贫困人口39591人，纳入“人力资源特殊人群”模块。在住房安全上，2019年安排2340万元，用于贫困户住房条件改善提升。在教育扶贫上，2019年春季学期，通过省建档立卡等学生信息管理系统，全市比对出建档立卡家庭经济困难学生2804人，安排补助资金489.75万元。在医疗扶贫上，实施基本医保、大病医保、医疗救助、精准扶贫医疗叠加保险、精准扶贫医保补充补助等保障政策。

世中运形象大使选拔赛泉州赛区复赛举行

世中运形象大使选拔赛泉州赛区复赛在泉州外国语学校举行，102名本地中学生参赛。世中运形象大使选拔赛包括初赛、复赛、五大赛区决赛、总决赛四阶段。全国范围内的中国籍初一至高二在校生均可报名，报名选手整体形象要求青春、阳光、活力，具备一定才艺，英语口语流利等。复赛19日启动，持续至6月上旬。此次复赛在全国设立16个赛区。泉州赛区复赛包括自我介绍、英语演讲、才艺展示三个环节，其中，自我介绍环节，选手围绕“为什么要代言世中运、这座城市为什么吸引你”等话题做英文介绍，英语演讲环节，选手从“2020世中运，welcome to 晋江”“在一起，更出彩，与世界相约2020”“2020年让我们‘在一起更出彩’”等命题选一个进行即兴演讲。评委按照形象气质、体态表现、英语演讲、才艺展示四个方面进行评定。

泉州信息工程学院名列全国民办学院教学发展指数榜单第14名

26—28日，中国高等教育博览会（2019·春）在福州举行，中国高等教育学会预发布全国首个普通本科院校教师教学发展指数。此次共发布10个榜单，包括“全国普通本科高校教师教学发展指数”（TOP300）以及“双一流”建设高校、地方本科院校、“民办及独立学院”教师教学发展指数等9个子榜单。在“民办及独立学院教师教学发展指数”（TOP20）榜单中，泉州信息工程学院位列全国第14名，为福建省民办及独立学院中唯一上榜高校。泉州信息工程学院创新师资队伍建设机制，实施引进与培养并举的“221工程”，即实施高端人才引进“双百工程”，到2020年引进（培养）教授100名、博士100名；实施“双师双能型”队伍建设“双百计划”，引进100名具有企业工作经验的工程师和选派100名教师到企业进行半年以上的挂职锻炼，形成“高端人才引领，骨干队伍支撑，青年教师跟进”的教师梯队的目标。该校拥有国务院政府特殊津贴专家3人，国家级教学名师1人，全国优秀教师2人，福建省杰出人民教师1人，福建省高校教学名师4人；建有“教育部—中兴通信ICT产教融合创新基地”，泉州市“卢秉恒院士工作站”、福建省教学示范、工程研究中心和科研创新平台13个，福建省教学、科技创新团队7个，泉州市“技能名师工作室”3个。

首届闽台听障人飞镖大赛在泉州举行

25—26日，由省残联、省教育厅、省体育局、市残联主办，省聋协与泉州师范学院承办的首届闽台听障人飞镖大赛在泉州师范学院举行。大赛以“心手相牵 ‘飞’向健康”为主题，设置男子个人、女子个人、男女团体、学生个人、学生团体等项目。福建和台湾两地19支代表队参赛，其中成人代表队11支、各设区市特教学校代表队8支。活动还吸引众多爱心人士和机构参与。在比赛现场，助残志愿者为听障运动员提供温馨周到的志愿服务，医学专家为听障人士开展爱耳护耳健康知识讲座。

5月26日

农历己亥年四月廿二
星期日
温度：23℃—27℃
小雨转中雨

●泉州市通过深化产业、就业、教育、住房、医疗、低保兜底等扶贫政策，巩固提升全市脱贫成效，推进脱贫攻坚工作。

●世中运形象大使选拔赛泉州赛区复赛在泉州外国语学校举行，102名本地中学生参赛。

●26—28日，中国高等教育博览会（2019·春）在福州举行，中国高等教育学会预发布全国首个普通本科院校教师教学发展指数。此次共发布10个榜单，在“民办及独立学院教师教学发展指数”（TOP20）榜单中，泉州信息工程学院位列全国第14名，为福建省民办及独立学院中唯一上榜高校。

●25—26日，由省残联、省教育厅、省体育局、市残联主办，省聋协与泉州师范学院承办的首届闽台听障人飞镖大赛在泉州师范学院举行。

5月27日

农历己亥年四月廿三
星期一
温度：23℃—28℃
小雨转阴

●陈灿辉带领市人大常委会机关全体干部职工到南安市反腐倡廉警示教育基地，开展廉政警示教育活动。

●由市司法局、市商务局、市行政服务中心主办的外商投资法宣讲会在市行政服务中心举行。

●教育部批准首批本科职业教育试点高校更名结果，它们由“职业学院”正式更名为“职业大学”，同时升格为本科院校，泉州理工职业学院（本科）也在其中。

●新加坡福建会馆属校海外浸濡交流团到泉州市第二实验小学开展文化交流活动。

●5月27日至6月3日，金门傀儡戏剧团南安校园巡演活动举行，共开展15场传统木偶表演活动。

市人大常委会开展廉政警示教育活动

市人大常委会党组书记、主任陈灿辉带领机关全体干部职工到南安市反腐倡廉警示教育基地，开展廉政警示教育活动。图为活动现场。

（图/王虎文）

泉州举行外商投资法宣讲会

由市司法局、市商务局、市行政服务中心主办的外商投资法宣讲会在市行政服务中心举行，外资企业、相关外资行业协会、律师事务所等近200名代表参加。宣讲会邀请福建重宇合众律师事务所首席合伙人涂崇禹作专题演讲。涂崇禹律师从立法背景、法案亮点、实施后注意事项等方面对《外商投资法》进行全面解读，并列举自己从业经历中遇到的具体案例，深入浅出地进行分析，给予与会企业代表建议。

泉州理工职业学院更名为泉州职业技术大学

教育部批准首批本科职业教育试点高校更名结果，它们由“职业学院”正式更名为“职业大学”，同时升格为本科院校，泉州理工职业学院（本科）也在其中。教育部批复福建省政府，“同意泉州理工职业学院（本科）更名为泉州职业技术大学，系民办本科层次职业教育试点学校。首批设置机械设计制造及其自动化、汽车服务工程、计算机应用工程、土木工程、油气储运工程、财务管理、电子商务、服装与服饰设计、数字媒体艺术、学前教育等10个职业本科专业。”

新加坡福建会馆属校交流团访问泉州

新加坡福建会馆属校海外浸濡交流团到泉州市第二实验小学开展文化交流活动。泉州市第二实验小学为交流团表演节目，包括诵读《记住乡愁》、民谣《细水长流》、京歌《梨花颂》和民乐《金蛇狂舞》。演出结束后，交流团一行66位少年分成五个小组，分别与泉州市第二实验小学的学生一起进入课堂，共同学习学校的特色课程。在课堂上，孩子们一起研习书法、一起动手制作花灯、一起探究科学奥秘、一起玩传统游戏，体验到非遗传承、趣学语文、趣味体育等丰富多彩的课程形式。据泉州市第二实验小学校长表示，相信通过此次交流，互相学习，切磋研讨，共同探寻教育的规律和真谛，定能有效地提升办学水平，促进文化教育交流。泉州市第二实验小学作为福建省首批海外华文基地校，积极开展对外交流，日本、马来西亚、美国，以及中国香港、中国台湾等地交流团曾经到校开展教育教学研讨活动，推进文化交流与合作。

金门傀儡戏剧团南安校园巡演活动举行

5月27日至6月3日，金门傀儡戏剧团南安校园巡演活动举行，开展15场传统木偶表演活动。邀请金门傀儡戏剧团到南安市开展巡演是该市“戏曲进校园工程”的组成部分。这种方式在推动海峡两岸传统文化艺术合作与交流、推进布袋戏薪传合作协作的基础上，通过剧团进校园演出，展现优秀的传统技艺，让更多孩子了解传统文化的特色与核心价值，为传统技艺传承打造创新载体。2019年的校园巡演与往年最大的不同在于，进行巡演的学校大多位于翔云等偏远乡镇，有助于将普及传统戏曲文化的触角延伸到最基层。南安市自开展传统戏曲文化进校园工程以来，逐步吸收全市优秀民间职业剧团参与，以“一年试点、两年推广、三年普及”为目标，力争到2020年实现全市中小学每位学生每年都能免费欣赏一场优秀戏剧曲艺演出，培育一批戏曲进校园示范基地。

第二届全国集成电路“创业之芯”大赛在晋江闭幕

由工业和信息化部人才交流中心主办的第二届全国集成电路“创业之芯”大赛在晋江闭幕。“5G通信射频芯片项目”和“光子人工智能芯片”两个项目分获大赛天使组和成长组特等奖，各获奖金10万元。作为国内首个面向集成电路领域中早期项目的全国赛事，第二届全国集成电路“创业之芯”大赛自2018年11月启动以来，收到参赛项目255个。根据项目融资规模划分为成长组项目164个和天使组项目91个。这些项目涵盖创意原理、产品研发等不同项目阶段，涉及5G通信、智能家居、智能农业、智能显示、智能医疗、智能汽车、智能装备等多个领域。

颁奖现场还举行参赛项目（意向）落地签约仪式和获奖团队成果发布会。曾在首届全国集成电路“创业之芯”大赛上获奖的福建迈通芯科技有限责任公司，擅长化合物半导体应用光通信器件，通过大赛了解晋江的产业环境和相关扶持政策，最终选择落地晋江。同样被吸引到晋江落地的还有首届全国集成电路“创业之芯”大赛一等奖得者——晋江亿芯源半导体科技有限公司。活动还邀请深圳市汇芯通信技术公司总经理曾学忠，云研技术董事长、云研资本创始及管理合伙人李利凯分别作题为《决战5G之巅——5G时代的芯片博弈与发展机遇》和《科技投资推动产业创新》的主题分享。

相关链接：近年来，以《晋江市集成电路产业发展规划纲要（2016—2025）》为基础，晋江市积极布局，全盘策划，打造完整的集成电路全产业链生态圈，建设全球重要的内存生产基地、海西地区特色集成电路全产业链生态圈以及两岸集成电路产业合作示范中心。晋江集成电路产业已形成相对完善的产业链，从IC设计、晶圆制造、封装测试到装备材料、终端应用，全产业链生态圈逐步呈现。晋江专门规划占地1600公顷的集成电路产业园，涵盖科学园、工业园、设计园和保税区，集产业研发、设计、生产、保税于一体，并构建出以制造为主，封装测试、设计为辅，装备材料、终端应用为配套的完整闭环生态圈。

第二届全国集成电路“创业之芯”大赛现场（图/泉州晚报社）

泉州公益微电影《承诺》获中国报业深度融合发展微电影十佳奖

28—30日，由中国报业协会、中国地市报研究会主办的中国报业第三届融合创新大会、中国地市报研究理事会年会暨全国媒体看邯郸活动在河北邯郸举行。包括泉州晚报社在内的29个省（市、自治区）230多家媒体的社长、总编、记者及业界专家、技术公司负责人和代表等380多人参加活动。28日，大会举行颁奖仪式，对2018年度中国报业深度融合创新先进集体、先进个人，以及优秀成果进行表彰。泉州大型公益微电影《承诺》获“中国报业深度融合发展微电影十佳奖”。《承诺》是由泉州市委文明办、东南早报指导，泉州市东南公益协会联合泉州资玺文化传媒摄制的关注留守儿童公益微电影。影片故事源于东南公益开展的关爱活动，在泉州本地取景拍摄，于2018年9月17日首映，此后通过东南早报新媒体、网络等平台进行传播，引发更为广泛的关注。影片旨在唤起社会各界对留守儿童的关注和关爱，营造有利于留守儿童健康成长的良好环境。此外，泉州晚报社获3项中国报业深度融合创新大奖，包括《承诺》及泉州通客户端获评“2018年度中国报业最具影响力创新性平台”；论文《新媒体背景下地方党报记者站功能转型探析》（作者：黄书招）获“中国报业深度融合发展优秀论文优秀奖”。

5月28日

农历己亥年四月廿四
星期二
温度：19℃—25℃
小雨转中雨

●由工业和信息化部人才交流中心主办的第二届全国集成电路“创业之芯”大赛在晋江闭幕，“5G通信射频芯片项目”和“光子人工智能芯片”两个项目分获大赛天使组和成长组特等奖。

●28—30日，由中国报业协会、中国地市报研究会主办的中国报业第三届融合创新大会、中国地市报研究理事会年会暨全国媒体看邯郸活动在河北邯郸举行，泉州大型公益微电影《承诺》获“中国报业深度融合发展微电影十佳奖”。

5月29日

农历己亥年四月廿五
星期三
温度：18℃—25℃
阴

●2019年上半年政党协商专题座谈会召开，就泉州市贯彻落实习近平在参加十三届全国人大二次会议福建代表团审议时讲话精神，听取各民主党派泉州市委员会、市工商联、无党派人士代表的意见、建议。

●由市委文明办、市教育局、团市委、市妇联、市关工委和泉港区精神文明建设指导委员会主办的首届泉州市“新时代好少年”先进事迹发布会暨泉州市中小学“童心向党”歌咏比赛在泉港举行。

●全市面积最大的禁毒宣传教育馆——泉州九中林则徐禁毒宣传教育馆开馆。

●晋江市第二届平安创建考评结果新闻发布会暨系列宣传活动启动仪式举行，晋江全市162个村（社区）获评平安村（社区），三四十万名村民获千万元大礼包奖励。

●由德化县妇联、县教育局、文明办等主办的“圆梦瓷都，我们和留守流动儿童在一起”活动在该县浔中镇蒲坂小学举行。

2019年上半年政党协商专题座谈会召开

2019年上半年政党协商专题座谈会召开，就泉州市贯彻落实习近平在参加十三届全国人大二次会议福建代表团审议时讲话精神，听取各民主党派泉州市委员会、市工商联、无党派人士代表的意见、建议。座谈中，各民主党派、工商联和无党派人士发言，围绕产业转型升级、优化营商环境、吸引台湾人才技术、精准脱贫防止返贫等方面提出意见、建议。市委书记康涛强调，各民主党派、工商联和无党派人士要主动融入大局服务发展，发挥界别特色、智力资源，聚焦创新创业创造环境、人口人才聚集、制造业高质量发展、泉州和台湾融合发展新路、稳定长效脱贫等课题，到一线调研，多出实招、多献良策；发挥联系面广、根植群众优势，协同做好项目攻坚、强基促稳、改善民生、文明创建等工作，展现担当作为。要始终同频共振，坚持好践行好新型政党关系。全市各级党委要把政党协商列入重要议事日程，统战部门要发挥好桥梁纽带作用，拓展政党协商的平台和机会、内容和形式。各民主党派、工商联和无党派人士要增强参与政党协商的政治意识，建设适应新时代要求的高素质参政党，做好参谋、好帮手、好同事。

首届泉州市“新时代好少年”先进事迹发布会举行

由市委文明办、市教育局、团市委、市妇联、市关工委和泉港区精神文明建设指导委员会主办的首届泉州市“新时代好少年”先进事迹发布会暨泉州市中小学“童心向党”歌咏比赛在泉港举行。活动旨在引导未成年人培育和践行社会主义核心价值观，深化“我的中国梦”教育，厚植未成年人红色基因和爱国主义精神。

发布会上，市委文明办、市教育局、团市委、市委妇联、市关工委发布泉州市第一批10名“新时代好少年”先进事迹。这10名青少年是在全市各中小学校开展“争当新时代好少年”学习宣传活动中涌现的先进典型，分别是热爱集体、尊师敬长的张琼婷，多才多艺、关心社会的柯熙芃，才艺双全、热心公益的刘辰，拾金不昧、品德高尚的王俊杰，勤学善思、诚实守信的杨凯烨，自强自立、助人为乐的郑清松，勤奋好学、阳光向上的余传熙，勇于创新、勤俭节约的许航睿，好学上进、孝敬友善的李嘉涛，积极进取、品学兼优的连滢征。他们有志向、有梦想，爱学习、爱劳动、爱祖国，生动展现新时代青少年乐观进取、向上向善的亮丽风采，为未成年人树立学习榜样。发布会通过节目演出、故事讲述、现场互动等方式，全方位、多层次生动展示“新时代好少年”的先进事迹。学生代表、泉州市第五中学的柯熙芃向青少年发出倡议：时刻牢记习近平总书记的谆谆教导，多一分担当、多一分努力、多一分行动、多一分坚守，争当“新时代好少年”，努力成长为担当民族复兴大任的时代新人。

全市面积最大的禁毒宣传教育馆开馆

全市面积最大的禁毒宣传教育馆——泉州九中林则徐禁毒宣传教育馆开馆。这里将成为禁毒工作的重要平台，推动丰泽区毒品预防教育工作常态化。位于泉州九中图书楼二楼的禁毒宣传教育馆面积达500平方米，室内布置以传统建设和科技融合为主线，有机结合禁毒宣教和娱乐，包含禁毒教育机器人、禁毒翻书一体机、模型展示、全息展示系统、AR禁毒游戏一体机、VR禁毒体感系统、3D打印机、多人体感互动系统等。两个展区陈列40多种毒品模型及仿真吸毒工具，以形象的方式普及禁毒教育。在拒毒区，人体吸毒血液演示模型很是醒目，模型前设有鼻吸、口服、静脉注射、肌肉注射、吸毒过量死亡五个按钮，往下一按，就能看到采取这种方式吸毒后的人体血液走向；而包含3款3D禁毒模拟体验场景的AR禁毒一体机，还能通过手机端下载扫描体验。

市委常委会传达省委十届八次全会精神

市委常委会召开会议，传达贯彻省委十届八次全会精神，研究召开市委全会有关事项。会议指出，习近平参加十三届全国人大二次会议福建代表团审议时的讲话，为新时代新福建建设赋予重大使命、带来重大机遇、注入重大动力，具有重大里程碑意义，是指导新时代新福建建设的纲领性文献。省委全会动员全省干部群众牢记重托、奋力前行，坚定自觉用习近平讲话精神统揽新时代新福建建设。全市各级各部门要把学习贯彻习近平讲话精神作为重大政治任务，触及思想深处、覆盖工作全局。

十二届市政协第十七次主席会召开

十二届市政协第十七次主席会召开，研究《政协泉州市委员会提案工作条例》《政协泉州市委员会重点提案遴选与督办办法》《政协泉州市委员会提案办理协商实施办法》。会议指出，这三份制度性文件，为提案的提出、审查、立案、办理、答复等环节建立更加规范的程序和制度，要及时梳理、吸纳好的意见建议，加以修改完善。要丰富和拓展提案办理协商途径，助力委员围绕中心建诤言、献良策，促进提案办理成果“落地有声”。

全市开展火灾隐患整治年专项行动

全市消防工作暨“防风险保平安迎大庆”火灾隐患整治年动员部署会议召开。即日起至10月，在全市范围内集中开展火灾隐患整治年专项行动，为庆祝新中国成立70周年创造良好的消防安全环境。此次专项行动在10类重点场所（区域）展开，包括：“多合一”、群租房、劳动密集型企业、公众聚集场所（商场市场、公共娱乐场所、宾馆饭店）、养老院、高层建筑、施工工地、住宅小区、文物古建筑、区域性隐患。专项行动中，重点整治违规使用易燃可燃材料装修、防火分隔不到位、疏散通道不畅、违规存放易燃易爆危险品、消防设施损坏、电动自行车违规停放充电、电气火灾隐患、重点岗位人员责任不落实、管理机制不健全和宣传培训不深入10类突出问题。

市科协开展泉州市科协委员之家活动

全国科技工作者日，市科协开展泉州市科协委员之家活动。图为活动现场。（图/吴宗宝）

泉州在地文创作品展举行

“鱼里·与你”泉州在地文创作品展在仰恩大学人文学院文化创意数字化展示体验中心举行。仰恩大学人文学院文化创意人才培养实验班60多名学生创作的200余件作品参展。这些作品融合闽南文化元素，如泉州民俗文化、闽南建筑文化、海洋文化、宗教文化、姓氏文化、地方戏剧文化等特色，通过丝巾、杯垫、钥匙扣、明信片、冰箱贴、胸针、手机壳、挂毯等载体，为闽南文化“代言”。该校人文学院院长欧怒表示，仰恩大学作为地方本科高校，其部分功能就是要服务地方文化与文化传播。如何贴近文化的力量、创意的力量，以“文创+”助推传统产业转型升级，让实体经济更加强壮、更加鲜活、更有生命力，是值得深思的问题。“文创班”作为省级文化创意产业专业群试点班级，着重培养学生创新意识和动手能力，力争为泉州及海西经济的文化创意产业培养传媒应用型文化创意与传播类创新创业人才。

5月30日

农历己亥年四月廿六
星期四
温度：21℃—28℃
多云

●市委常委会召开会议，传达贯彻省委十届八次全会精神，研究召开市委全会有关事项。

●十二届市政协第十七次主席会召开，研究《政协泉州市委员会提案工作条例》《政协泉州市委员会重点提案遴选与督办办法》《政协泉州市委员会提案办理协商实施办法》。

●市政协党组理论学习中心组（扩大）学习会议召开，学习习近平在中央财经委员会第四次会议、第二届“一带一路”国际合作高峰论坛、中央政治局会议听取2018年脱贫攻坚成效考核等情况汇报和主持召开解决“两不愁三保障”突出问题座谈会的讲话精神，以及省委、市委有关会议精神。

●市委新时代新担当新作为工作领导小组第二次会议召开。

●全市消防工作暨“防风险保平安迎大庆”火灾隐患整治年动员部署会议召开。

●全市2019年普通高考严肃考风考纪暨考务工作视频会召开，部署高考考务工作。

●由市总工会、市关工委主办的“关爱农民工子女·进校园”活动在泉州开发区实验学校举行。

●全国科技工作者日，市科协开展泉州市科协委员之家活动。

●由市邮政管理局、市总工会主办的泉州市第二届邮政行业职业技能竞赛在泉州轻工职业学院举行，全市11个品牌快递企业代表队的42名快递员、快件处理员参赛。

●“鱼里·与你”泉州在地文创作品展在仰恩大学人文学院文化创意数字化展示体验中心举行。

5月31日

农历己亥年四月廿七
星期五
温度：23℃—29℃
小雨

●张永宁、张建生、李冀平到市晋光小学东海校区、市温陵实验幼儿园东海园区、市特殊教育学校、市第二实验小学、泉州丰泽幼儿园、泉州市直机关金山幼儿园，与孩子们"六一"儿童节。

●由市委宣传部、市教育局、市文联和泉州广播电视台等主办的2019泉州市庆祝"六一"国际儿童节电视文艺晚会在泉州广播电视台演播大厅举行。

●市市场监管局牵头在市行政服务中心试行企业开办"一窗通办"服务。

●市教育局、市妇联在市直机关金山幼儿园举行"欢乐童心·祝福祖国""我们和留守流动儿童在一起"关爱主题活动。

●5月31日至6月1日，第五届电气工程预测控制专题国际会议在泉州召开。

●5月31日至6月2日，由省教育厅主办的福建省第三届两岸高校师生羽毛球邀请赛在福建体育职业技术学院羽毛球馆举行，华侨大学队获本科学生组冠军。

2019泉州市庆祝"六一"儿童节电视文艺晚会举行

由市委宣传部、市教育局、市文联和泉州广播电视台等主办的2019泉州市庆祝"六一"国际儿童节电视文艺晚会在泉州广播电视台演播大厅举行。图为晚会现场。（图/陈晓东 陈智勇）

泉州试行企业开办"一窗通办"服务

市市场监管局牵头在市行政服务中心试行企业开办"一窗通办"服务。当日，"一窗通办"窗口办结业务3件，核发营业执照3套。"一窗通办"涵盖企业设立登记、公章刻制、初次申领发票及开办企业涉及的税务事项、社保及医保的参保单位和人员登记业务。该服务推行后，企业开办申请人只需在一个窗口提交办件材料，就可办理好相应的各类业务。此举有效减轻企业开办申请人负担。市行政服务中心一楼设立企业开办专区及企业开办综合服务窗口，向企业开办申请人提供咨询、办理、发证等一条龙服务。企业在设立登记的同时申请后续开办业务的，由市场监管部门窗口统一收件至后台流转、并联审批后，再通过窗口出证。市市场监管局相关负责人介绍，"一窗通办"的推行可让企业开办申请人少跑8次窗口，少提交20份材料。

第五届电气工程预测控制专题国际会议在泉州召开

5月31日至6月1日，第五届电气工程预测控制专题国际会议在泉州召开，中国、德国、智利、意大利等18个国家的高校学者、行业专家参加会议。电气工程预测控制专题国际会议是电气预测控制领域全球最顶级的国际会议，主要针对工业4.0对电气系统提出的更高要求而于2011年在德国诞生，每两年举办一届。此次是第一次在亚洲举办，会议投稿量和参会人数均创历史新高。近年来，泉州市科技创新取得长足进步，引进中科院海西研究院泉州装备所、华中科大智能研究院、哈工大工程研究院、天津大学集成电路及人工智能研究院、福建师范大学泉港石化研究院、中国皮革和制鞋工业研究院、海西纺织新材料工业技术晋江研究院、南京大学环保产业研究院、中国科学院授时中心"海上丝绸之路时间中心"等一批重大科研创新平台、大科学装置。全市培育企业工程研究中心287家、省级重点实验室16家，建成35家科技孵化器、52家众创空间；培育高新技术企业508家、创新型企业279家、科技小巨人领军企业493家、知识产权试点示范单位506家。同时，泉州市实施人才"港湾计划"，实施"领军人才+创新团队+创新项目"的精准引才模式，引进培养一批具有较强创新能力的科研人员和团队。

华侨大学队获两岸高校师生羽毛球邀请赛学生组冠军

5月31日至6月2日，由省教育厅主办的福建省第三届两岸高校师生羽毛球邀请赛在福建体育职业技术学院羽毛球馆举行，华侨大学队获本科学生组冠军。比赛汇集37所省内及台湾高校，60多支师生队伍近600人参加。竞赛项目在往年高职院校比赛基础上扩大至全省本科院校，本科组包括厦门大学、福州大学、福建师范大学、华侨大学等。团体比赛采取第一阶段小组循环，第二阶段交叉淘汰的办法，师生队伍各录取前八名。比赛邀请台湾成功大学队参赛，在8位参赛选手中，既有本科生，也有博士生。参赛选手表示，希望以球会友，增加两岸之间的交流，增强对大陆的认识。经过角逐，厦门大学队和华侨大学队分获本科教师组、学生组冠军；福建体育职业技术学院队则包揽大专教师组及学生组冠军。

康涛部署防御强降雨工作

市委书记康涛到市防汛办，同安溪、永春、德化等地视频连线，会商部署防御强降雨工作。副市长肖汉辉参加会商。康涛强调，各级各相关部门决不能麻痹大意，基层干部要加强值班值守，特别要盯紧盯牢山围塘、小流域、高陡边坡等危险区域，重点防范降雨叠加区域次生灾害，及时启动应急机制，落实各项防御措施。高考在即，相关部门要提前好高考期间相关考务工作的应急准备。

康涛（右六）在市防汛抗旱指挥部了解防御强降雨工作落实情况（图/市防汛办）

2019年“安全生产月”活动启动

泉州市启动2019年“安全生产月”活动，以危险化学品安全为重点，以“防风险、除隐患、遏事故”为主题，开展宣传教育活动，促进安全生产水平提升和安全生产形势持续稳定好转。各县（市、区）、各有关部门和单位组织“志愿服务宣讲团”，面向危险化学品生产、经营、运输、储存和使用等重点企业、化工园区负责人和管理团队进行宣讲。企业主要负责人面向全体职工讲一堂“安全课”，到一线班组交流安全生产心得体会。各级各部门开展巡回宣讲，向全社会普及安全知识，传授安全技能。此外，市安办组织市安委会有关成员单位、安全生产领域的专家学者和部分化工企业负责人交流经验做法，探讨提升危险化学品安全管理水平的思路举措。各县（市、区）、各有关部门和单位结合自身实际，聚焦重点行业，强化问题导向，有针对性地开展多种形式的交流活动，汇智聚力助推安全发展。

泉州市庆祝建国70周年文艺志愿服务活动在德化县举行

由市委宣传部、市文旅局、市文联主办的泉州市庆祝新中国成立70周年文艺志愿服务活动暨德化县“墟日文化车”百场文艺展演走基层启动仪式在德化县三班镇中国茶具城举行。启动仪式上，除文艺演出外，还有流动文化巡回展览、现场陶瓷非遗技艺展示、“你看书 我买单”流动图书走基层免费借阅活动等。文艺演出过程中雨水连绵，但泉州市歌舞剧团的演员仍撑着雨伞坚持演出。

福建省跟进国家药品集中采购和使用的政策在泉州落地

石狮市总医院开出泉州市第一张含有“4+7”带量采购药品之一的处方，标志福建省跟进国家药品集中采购和使用的政策在泉州落地。2018年底，国家组织药品集中采购和使用试点工作启动，选择北京、天津、上海、重庆和沈阳、大连、厦门、广州、深圳、成都、西安11个城市（简称“4+7”）开展国家药品集中采购和使用试点。由11个纳入试点城市的公立医疗机构组成采购联盟，药品范围从通过一致性评价的仿制药对应的通用名药品中遴选试点品种，给予通过一致性评价的仿制药与原研药公平竞争的机会，给出一定比例的市场份额进行联合采购，以量换价，共有25种药品中选。2019年5月，省政府办公厅印发《福建省全面落实跟进国家组织药品集中采购和使用试点工作的实施方案》，明确福建省全面跟进国家组织药品集中采购和使用试点工作。按照全省统一部署，6月1日起，泉州市公立医疗机构（含附属二院、解放军第910医院）开始采购相关药品，共25个品种，43个品规。6月3日起患者可按照中选价格购药。中选的25种药品中，通过一致性评价的仿制药22个，占88%；原研药3个，占12%，仿制药替代效应显现。

6月1日

农历己亥年四月廿八
星期六
温度：24℃—27℃
小雨

●康涛到市防汛办，同安溪、永春、德化等地视频连线，会商部署防御强降雨工作。

●市防汛抗旱指挥部召开防御强降雨工作视频会议，部署安溪、永春、德化、南安、洛江、泉港、惠安7个预报降雨集中的县（市、区）的防御工作。

●泉州市启动2019年“安全生产月”活动，以危险化学品安全为重点，以“防风险、除隐患、遏事故”为主题，开展宣传教育活动。

●由市委宣传部、市文旅局、市文联主办的泉州市庆祝新中国成立70周年文艺志愿服务活动暨德化县“墟日文化车”百场文艺展演走基层启动仪式在德化县三班镇中国茶具城举行。

●由泉州旗袍总会等主办的旗袍闪秀活动在市区西湖公园举行。

●石狮市总医院开出泉州市第一张含有“4+7”带量采购药品之一的处方，标志福建省跟进国家药品集中采购和使用的政策在泉州落地。

6月2日

农历己亥年四月廿九
星期日
温度：24℃—29℃
小雨转中雨

●由中国报关协会主办的2019国际贸易服务博览会跨境电商发展论坛暨第二届中国跨境电商新生态大会在广东广州举行，泉州电商企业参与发起倡议，制定国内首个跨境电商行业标准，推动全国跨境电商标准化建设。

●福建省第一批绿色制造名单公布，泉州辖内13家企业入选。

●2—5日，由市档案馆、泉州师范学院文传学院、市书法家协会主办的泉州师范学院2015级书法专业学生毕业作品展暨毕业季记忆档案寄存活动举行。

●1—2日，由漳州市体育局、漳浦县政府主办的福建省全民健身运动会（漳浦赛区）暨2019年第二届海峡两岸游泳邀请赛在漳州漳浦县举行，泉州崇武海泳协会队获团体总分亚军。

泉州企业参与制定国内首个跨境电商行业标准

由中国报关协会主办，中国报关协会跨境电商分会、联测科技(广州)有限公司、深圳市众信电子商务交易保障促进中心承办的2019国际贸易服务博览会跨境电商发展论坛暨第二届中国跨境电商新生态大会在广东广州举行。部分国内具有代表性的电商企业及行业协会共同发起倡议，制定国内首个跨境电商行业标准，推动全国跨境电商标准化建设。业内人士普遍认为，国内跨境电商的交易规模正快速增长，行业洗牌趋势越来越明显，亟需行业标准解决各种风险问题，提升平台的管理及服务水平，从而促进跨境电商经营行为的良性循环和跨境电商产业的稳健有序发展。福建陆地港集团旗下子公司晋江陆地港进出境快件管理中心，是发起此次倡议的主要电商企业之一。陆地港跨境服务事业部总经理张立晖表示，事实上，标准编写工作在3月已启动，标准内容主要包括运营、支付、物流、监管几大模块，各模块内容前期先由在相应领域表现突出、被业内普遍认可的企业或机构编写，最后再汇总讨论。例如，晋江陆地港依托国际快件中心、跨境电商通关服务中心、国际邮件互换局等几大监管场所，在跨境通关监管方面积累丰富经验，因此，此次所负责编写的部分就是监管场所模块，包括管流程、操作流程和数据接口等。

13家泉州企业入选首批省级绿色制造名单

福建省第一批绿色制造名单公布，泉州辖内13家企业入选。首批省级绿色制造项目主要涵盖绿色工厂、绿色设计产品、绿色园区、绿色供应链管理企业四个子项目。其中，泉州市有13家企业入选绿色工厂，分别为福建省燕京惠泉啤酒股份有限公司、兴业皮革科技股份有限公司、福建浔兴拉链科技股份有限公司、福建省闽发铝业股份有限公司、福建凤竹纺织科技股份有限公司、信泰（福建）科技有限公司、三六一°（中国）有限公司、福建省泉州美岭水泥有限公司、福建省海峡水泥股份有限公司、福建省百川资源再生科技股份有限公司、九牧厨卫股份有限公司、中仑塑业（福建）有限公司、泉州市凯鹰电源电器有限公司。

泉州市开展毕业季记忆档案寄存活动

2—5日，由市档案馆、泉州师范学院文传学院、市书法家协会主办的泉州师范学院2015级书法专业学生毕业作品展暨毕业季记忆档案寄存活动举行。一批书法系师生的作品捐赠给档案馆，应届毕业生写了一封信寄存于市档案馆内，定下十年之约。泉州市数位知名书法家、市档案馆部分人员、泉州师范学院书法系老师及书法学专业学生近200人，参加毕业展开幕式。开幕式现场举行作品捐赠仪式和档案寄存仪式。6名参展师生代表现场向市档案馆捐赠各自的书法代表作品。而其他作品5日闭展后，统一收齐，并捐赠给档案馆永久保存。在寄存仪式上，市档案馆与学生代表进行现场交接，接收40名书法系应届毕业生寄存在档案馆内的毕业记忆物品，这是他们写给十年后自己的一封信。

泉州代表队获海峡两岸游泳邀请赛团体总分亚军

1—2日，由漳州市体育局、漳浦县政府主办的福建省全民健身运动会（漳浦赛区）暨2019年第二届海峡两岸游泳邀请赛在漳州漳浦县举行，泉州崇武海泳协会队获团体总分亚军。福建、广东、浙江、江西、香港、澳门、台湾等地的36支游泳队近400名运动员参赛。比赛分别在佛昙和六鳌两个赛场进行，项目设有50米自由泳、仰泳、蝶泳，100米蛙泳，4×50米两男两女自由式接力，公开水域海泳600米等。经过4场角逐，最终漳浦游泳协会一队、泉州崇武海泳协会队、漳浦游泳协会二队分获团体总分前三名。

“同心安居工程”捐赠活动举行

由市委统战部发起的“同心安居工程”举行捐赠活动，为泉州籍商会人士、非公经济人士、侨界人士、海外泉州籍社团代表人士等“同心安居工程”捐赠代表颁授证书。“同心安居工程”通过“政府支持+社会力量”的叠加帮扶，选择103户困难群众进行精准帮扶，实施危房改造。其中，市住建局、农业农村局、扶贫办负责落实中央和省、市、县相关危旧房改造经费补助，市侨办、工商联、侨联负责筹集412万元帮扶资金，每户帮扶4万元。活动得到230多位统一战线爱心人士的响应。全市统一战线筹集到帮扶资金429.89万元，中央和省、市、县相关危旧房改造经费补助基本拨付。

林俊德纪念馆对外开放

永春县介福乡林俊德纪念馆对外开放。该纪念馆位于林俊德故乡紫美村，占地面积逾300平方米。纪念馆分前言、桃源学子、大漠铸盾、卓越功勋、情牵故里、最后冲锋、感动中国、时代英模、结束语等板块，通过大量实物、珍贵图片及翔实的史料，运用声光电现代科技，声情并茂地展示时代英模林俊德的一生。早在2016年，介福乡就在紫美村村部布置一个林俊德展馆，占地面积约120平方米，主要展示将军生前在部队的工作成果。该展馆开馆不到3年时间，就接待近5万人次的参观者。为更好地宣传林俊德将军精神、扩大时代英模的影响力，在永春县纪委监委、县委宣传部等有关部门的指导支持下，介福乡党委、政府于3月启动林俊德纪念馆各项建馆前期工作，全面开展展馆建设。为建好纪念馆，他们走访林俊德将军的亲人、生前好友，并到档案馆、将军故居等处，查阅、收集到大量珍贵资料，还联系到将军就读的浙江大学获取宝贵的资料。

相关链接：林俊德是泉州市永春县大山走出的首位院士、中国爆炸力学与核试验工程领域著名专家，总装备部某基地研究员，“两弹一星”伟业的重要开拓者。他扎根戈壁52年，参与中国全部45次核试验任务，取得一系列重大科研创新成果，获国家科技进步奖4项、国家技术发明奖2项、军队科技进步奖31项，为中国国防科技事业做出重大贡献。林俊德当选2012年度全军践行当代革命军人核心价值观模范、“感动中国2012年度人物”、第四届全国道德模范。2013年，中央军委追授林俊德“献身国防科技事业杰出科学家”称号。2018年，经中央军委批准，增加林俊德为全军挂像英模。

林俊德纪念馆（图/姚德纯）

福建省2019年高雅艺术进校园首场演出在泉州举行

浙江越剧团在泉州师范学院祖昌大礼堂演出越剧《天之娇女》，此系福建省2019年高雅艺术进校园首场演出。该剧是浙江越剧团坚持越剧男女合演最为经典的保留剧目之一，讲的是唐朝高阳公主的故事。唐太宗勤于国政，却无暇教育子女，诸王子为争夺太子之位，不断钩心斗角。贞观末年，唐太宗将爱女高阳公主下嫁房玄龄次子房遗爱。高阳公主嫌嫂嫂出身微贱，恃帝之宠，逼休嫂嫂尉迟燕娘，气死宰相房玄龄。大将尉迟恭与程咬金夫人程诰命心中不服，大闹寝殿告御状。唐太宗方悟宠女误了大事，招致功臣侧目，勋旧寒心。又值长沙王谋害太子事发，唐太宗气恼交加，痛恨子女不肖，家事如麻，心病暴发而亡。太宗死后，高阳公主与长沙王更肆无忌惮，假借超度亡魂，勾结妖僧，阴谋毒死新登基的唐高宗。幸武媚娘与燕娘协力，揭穿阴谋，化险为夷。

6月3日

农历己亥年五月初一
星期一
温度：24℃—28℃
大雨转小雨

●市防汛抗旱指挥部发出紧急通知，要求做好强降雨山洪地质灾害防范工作。

●由市委统战部发起的“同心安居工程”举行捐赠活动。

●永春县介福乡林俊德纪念馆对外开放。

●2019年第二届东南亚金门籍青少年祖地行——泉州海丝之旅活动启动仪式在泉州信息工程学院举行。

●浙江越剧团在泉州师范学院祖昌大礼堂演出越剧《天之娇女》，此系福建省2019年高雅艺术进校园首场演出。

●以“健康人生 绿色无毒”为主题的鲤城区纪念“虎门销烟”180周年禁毒宣传进校园活动暨禁毒宣传月启动仪式在泉州市第七中学金山校区举行。

●由泉州市晋江生态环境局、晋江市自然资源局主办的“美丽晋江 我是行动者”百米亲子绘画活动在晋江SM国际广场举行。

6月6日

农历己亥年五月初四
星期四
温度：25℃—31℃
阴

●中共泉州市委十二届九次全会召开。

●全市“强基促稳”及重大风险防范化解工作推进会召开，交流首批县（市、区）“强基促稳”典型案例，听取部分市直部门和县（市、区）防范化解重大风险工作情况汇报，研究部署下阶段工作。

●市工信局举行泉州市企业“上云上平台”推进会，吸引全市200多家企业参加。

●由泉州晚报社指导，东南早报、帝羿佳影视策划发起主办，泉州市学生记者团、泉州通、小狮子艺术教育承办的“海丝少年”培养系列行动之公益微电影小演员总决赛在市区南益广场举行。

●由丰泽区政府主办，区委宣传部、区文化体育和旅游局承办的丰泽区第二届海丝文化节暨“文化和自然遗产日”系列活动开幕式在泉州少林寺举行。

●第十一届海峡论坛——晋江市（安海）第八届两岸端午民俗旅游文化节开幕式在晋江安海文化中心举行。

●由福建和祥雕塑集团和新加坡雕塑协会主办的中国·新加坡石雕艺术研讨创作营开营仪式在惠安举行。

中共泉州市委十二届九次全会召开

中共泉州市委十二届九次全会召开。市委书记康涛代表市委常委会向全会作报告。全会审议通过《中共泉州市委关于深入学习贯彻习近平总书记在参加十三届全国人大二次会议福建代表团审议时重要讲话精神的意见》《中国共产党泉州市第十二届委员会第九次全体会议决议》。

会议强调，要提升政治站位，在细学深思、吃透精神的基础上，对标对表对照；突出系统整体，跳出产业抓产业、跳出城建抓城市，放开视野谋划人口人才集聚，更好地谋划当前乃至“十四五”时期的发展战略；加紧专项推进，明确目标、集中目标、落实目标，抓好配套措施落实。要着眼营造创新创业创造环境，推动“产城人”融合发展，加快由总量优势向综合竞争优势迈进。力促产业升级再加快，更加重视构建产业生态圈，加快高新板块建链、重化板块补链、传统板块强链，支持传统优势产业就地改造升级，抓好平台经济、科技“小巨人”、大招商招大商等。力促城市功能提升再加快，站位闽西南协同发展区大局，在全市统筹上下功夫，在建设提速上见实效，提升组团主导产业标准、城市创新中心标准、城乡生态颜值标准和营商环境标准。力促人口人才集聚再加快，从产业城市升级着眼，从公共服务规模效应入手，从各类人才需求敏感点破题，造好“工作圈、生活圈、交流圈”。要着眼建设台胞台企登陆的第一家园，坚持以“通”促融、以“惠”促融、以“情”促融，促进泉州和台湾融合发展。落实落细国家、省各项惠台措施，筑牢金门供水工程安全保障体系，探索产业融合新路径。推出便利就业创业新举措，搭好民间信仰、宗族宗亲、闽南民间习俗交流载体，把工作做到台湾同胞心里。要着眼全面建成小康社会，完善脱贫攻坚长效机制，确保稳定脱贫、高质量脱贫。突出防返贫，动态预警帮扶，保持标准不降、力度不减，完善精准扶贫医疗叠加保险政策。突出控新贫，及早介入干预，建立“病、残、灾”应急救助机制。突出稳脱贫，推进老区乡村振兴，实施村集体经济“消薄倍增”行动，推广“三百工程”“双拥+扶贫”模式。深化山海协作、对口帮扶，促进全方位共建。

中共泉州市委十二届九次全会现场（图/泉州晚报社）

晋江市两岸端午民俗旅游文化节开幕

第十一届海峡论坛——晋江市（安海）第八届两岸端午民俗旅游文化节开幕式在晋江安海文化中心举行。泉州市委副书记、宣传部部长张永宁参加开幕式。文化节紧扣“文旅融合、品质晋江”及“两岸两安平”主题，集中体现晋江、安海独特的文化内涵、浓郁的地域特色和丰富的旅游资源。开幕式上，石井书院朱子文化展馆提升项目启动。同时，举行安海“嗦啰嗹”习俗舞台展示和新编高甲历史剧《浮海孤臣》专场演出。文化节期间，还举行安海镇敬老院项目开工仪式、“两岸两安平”艺术家笔绘交流活动、“情缘安海”——宜兴紫砂十二人艺术作品展、安海端午“嗦啰嗹”习俗原生态展示、“水上捉鸭”竞技活动、“两岸两安平”文化沙龙等活动。安海古称“安平”，而台湾台南也有一个安平区，海峡两岸一衣带水两安平，遥相呼应。郑成功、龙山寺、安平桥等一脉相承的文化元素，使两岸两“安平”越走越近。

全市超四万人参加2019年高考

7—8日，2019年福建省普通高考举行，全市45084人报考，设12个考区、47个考点、1553个考场。全市缺考430人，为伤病等特殊照顾的考生专门安排备用考场7个，为14名残疾考生提供考试便利服务，连续两年实现“零违纪”。全市各地各有关部门履职尽责，精心组织，抓早抓细抓实，做好考务和试卷的运送分发各具体环节的安全隐患排查、突发事件的应急准备、严肃考风考纪、考生服务保障和舆论宣传等工作，开展考试环境综合整治专项行动，落实各项措施，为考生提供周到细致贴心的服务。全市各地考试秩序井然，没有出现试答卷失泄密事件，没有出现任何违纪舞弊事件，没有出现突发、偶发事件，没有出现考试工作事故，没有接到举报电话，实现平安高考、诚信高考、公平高考、温馨高考。

泉州南音、提线木偶代表福建献演全国非遗宣传展示活动

7—10日，由文化和旅游部、广东省政府主办的“看见·非遗”2019年“文化和自然遗产日”全国非遗宣传展示活动启动仪式暨主会场展演活动在广东广州举行。此系中国列入联合国教科文组织人类非物质文化遗产代表作名录和优秀实践名册的40个项目首次同台亮相，泉州南音和提线木偶戏代表福建省到场献演。泉州南音系中国音乐史上的“活化石”，在展演中第三个出场。泉州市南音传承中心5名演员到场献演《风落梧桐》。特别值得一提的是，舞台上不仅出现漫天的灯笼、渔灯，还用全息投影的效果在画面上呈现南音横琶、尺八两个特色乐器的介绍，通过舞美给泉州传统南音插上科技的翅膀，让整个节目科技感与艺术感兼备。中国曲艺“二度牡丹奖”获得者、福建省曲艺家协会副主席庄丽芬领衔出演《风落梧桐》。此次泉州提线木偶戏与京剧《铡美案》选段、中国皮影戏《鸡斗》安排在同一环节展演。此次参演的不仅有保留剧目《狮子舞》，还有创新的木偶书法《中国实践》，该节目是应导演组要求，专门为该场演出创排的。木偶书法《中国实践》的表演者庄丽娥为庄丽芬的姐姐，此前其凭借提线木偶书法《花好月圆》中的表演获金狮奖·第四届全国木偶皮影中青年技艺大赛最高奖。《中国实践》是其不断提升的木偶书法表演艺术的体现。姐妹同台演出成为展演佳话，也是泉州市非物质文化遗产很好传承和保护的缩影。

泉州南音参加全国非遗宣传展示（图/陈智勇 曾晓萍）

第十三届闽台对渡文化节暨蚶江海上泼水节在石狮举行

7—14日，第十三届闽台对渡文化节暨蚶江海上泼水节在石狮举行。该届活动设海上和陆地两部分内容。开幕式包括体育舞蹈、民俗舞以及大型民俗仪式《祈福同祥》等表演。文化节既有海上泼水、海上捉鸭、龙舟赛、“王爷船”巡海，也有陆上文艺踩街、攻炮城、两岸灯谜联猜，还有健身舞展演和美食节等配套活动。

第十三届闽台对渡文化节暨蚶江海上泼水节现场（图/陈英杰）

6月7日

农历己亥年五月初五
星期五
温度：26℃—31℃
阴

●7—8日，2019年福建省普通高考举行，全市45084人报考，设12个考区、47个考点、1553个考场。

●7—10日，由文化和旅游部、广东省政府主办的“看见·非遗”2019年“文化和自然遗产日”全国非遗宣传展示活动启动仪式暨主会场展演活动在广东广州举行，泉州南音和提线木偶戏代表福建省到场献演。

●7—14日，第十三届闽台对渡文化节暨蚶江海上泼水节在石狮举行。

●庆祝“文化与自然遗产日”南音上寮曲会唱在泉州南音中心举行。

●7—8日，由泉州市音协古筝艺术专业委员会、中国邮政集团公司泉州市分公司、泉州晚报社主办的2019“刺桐中学杯”泉州古筝专业大赛在丰泽区刺桐中学举行。

●“海丝杯”石狮市首届谜王争霸赛在该市蚶江镇政府礼堂举行。

●“两岸一家亲”海峡两岸端午联欢晚会在石狮市音乐厅举行。

●“偶韵薪传”2019年布袋木偶戏展演节开幕式在晋江戏剧中心举行。

●7—13日，“情缘安海——宜兴紫砂十二人艺术作品展”在晋江市安海镇举行。

6月8日

农历己亥年五月初六
星期六
温度：26℃—31℃
阴

●由市文化广电和旅游局主办、泉州市非物质文化遗产保护中心和泉州府文庙文物保护管理处承办的泉州市2019年“文化和自然遗产日”主题活动在泉州府文庙广场举行。

●由中国工艺美术学会、福建省工艺美术学会、中国闽台缘博物馆、福建省工艺美术学会民间工艺专委会主办的中国工艺美术学会工艺美术科普教育日“情系闽台缘—流动的博物馆”活动在中国闽台缘博物馆举行。

●丰泽区第二届海丝文化节暨“文化和自然遗产日”非物质文化遗产展演活动——梨园戏《蔡伯喈》（选场）在泉州木偶剧院演出。

●第11个世界海洋日，石狮市祥芝美丽海岸志愿者协会在古浮龙海寺海滩举行“世界海洋日”净滩公益行动。222位志愿者参加，清理两车石头与布条、衣服等垃圾共5.3吨。

●8—14日，由泉州市老年集邮协会、德化县集邮协会主办的主题为“放歌祖国颂 集邮瓷都行”的大型集邮展览在德化县福尧图书馆楼举行。

泉州市2019年“文化和自然遗产日”主题活动举行

由市文化广电和旅游局主办、泉州市非物质文化遗产保护中心和泉州府文庙文物保护管理处承办的泉州市2019年“文化和自然遗产日”主题活动在泉州府文庙广场举行。活动内容包括为第五批国家级非物质文化遗产代表性传承人授牌、举行《泉州花灯图集》《惠安传统建筑营造技艺》首发，以及“非遗”展演等。“非遗”展演为此次活动的重头戏，不仅包括泉州南音《梅花操》、提线木偶戏《青春梦》、梨园戏《玉真行》和高甲戏《梨园初盛》等保留剧目，难得一见的打城戏《宝莲灯》（片段）也到现场展演。同时，泉州市非遗项目“记录·传承”工程成果《拍胸舞》也到场分享。

泉州市2019年“文化和自然遗产日”展演现场
（图/李芸生）

“情系闽台缘—流动的博物馆”活动举行

由中国工艺美术学会、福建省工艺美术学会、中国闽台缘博物馆、福建省工艺美术学会民间工艺专委会主办的中国工艺美术学会工艺美术科普教育日“情系闽台缘—流动的博物馆”活动在中国闽台缘博物馆举行。图为活动现场。
（图/吴寿民）

梨园戏《蔡伯喈》演出

丰泽区第二届海丝文化节暨“文化和自然遗产日”非物质文化遗产展演活动——梨园戏《蔡伯喈》（选场）在泉州木偶剧院演出。此次演出的梨园戏上路流派传统剧目《蔡伯喈》选场《真女行》《做功德》《入牛府》，根据梨园戏名旦何淑敏的口述整理、排练和演出，主要讲述东汉年间，蔡伯喈上京赴试，中状元后入赘相府。其妻赵真女在家侍奉公婆至孝，遭遇荒年，公婆亡故，赵真女剪发换钱掊土葬亲后，身背公婆真容画像，扮作道姑，入京寻找蔡伯喈。在弥陀寺为公婆做功德时，方知蔡伯喈入赘相府，赵真女随即入牛府试探相府千金牛丽华，见其贤惠，乃敢道明相认的故事。剧中塑造赵真女的孝道，保留宋元南戏的原始风貌，文化遗产价值十分珍贵。担任此次演出领衔主演的是吴艺华。作为国家一级演员、福建省非物质文化遗产代表性传承人，从艺四十余年来，她以“传承、传播和弘扬梨园戏优秀传统戏曲文化”为宗旨，培养职业化的梨园戏表演人才，致力于抢救、继承、整理、排练和演出梨园戏优秀传统经典剧目，并专注于梨园戏传统戏曲文化的整理、研究及数字化工程。

“放歌祖国颂 集邮瓷都行”大型集邮展览在德化举行

8—14日，由泉州市老年集邮协会、德化县集邮协会主办的主题为“放歌祖国颂 集邮瓷都行”的大型集邮展览在德化县福尧图书馆楼举行。此次展出的邮品共有12部51框，包括邮票、纪念信封、明信片、“侨批”等，既反映新中国成立历程、社会主义建设巨大成就，又展现灿烂的历史文化、雄奇秀美的自然风光，其中约1/3的展品展示“世界陶瓷之都——德化”悠久的陶瓷文化历史。展览还发行纪念邮资封一枚。此系德化县历年来类别最全、数量最多、水平最高的一次综合性邮展，其中不乏一些难得一见的珍贵展品。

康涛走访调研“12345”便民服务平台

市委书记康涛到泉州市“12345”便民服务平台，看望端午假期坚守岗位的平台工作人员，走访调研平台运行情况。副市长李伙金参加调研。康涛与平台各接入单位相关负责人、话务员等交流探讨，研究如何完善平台运行机制，更好服务民生、服务社会。康涛强调，要转变思维方式，多从体制机制层面入手，拓展平台服务功能，利用平台海量数据优势，寻找普遍问题、深挖症结，形成合力、综合施策，解决一批“老大难”问题。要跟踪群众反映的热点难点问题，不定时开展办结事项“回头看”，专项治理与常态整治相结合，确保问题不反弹、群众真有感。

端午假日全市实现旅游收入6.50亿元

端午小长假，泉州民俗展演、乡村体验、亲水休闲等旅游产品受到游客青睐，旅游市场呈现出旅游产品优质化、节庆活动体验化、管理服务精细化的态势。市文旅局统计，端午假日，全市接待游客84.86万人次，同比增长19.4%，实现旅游收入6.50亿元，同比增长24.1%。端午小长假期间，全市各地纷纷推出游乐性、参与性和体验性较强的民俗旅游活动。纳入省重点监测的5个景区接待人数15.73万人次，增长30.6%，其中闽台缘博物馆同比增长幅度最大，达143.0%，接待游客3.16万人次。

以农家乐为主的乡村旅游区，成为假日出游的主要目的地。各地乡村旅游持续活跃，安溪国心绿谷推出亲子体验制茶工艺流程、索桥秋千跷板乐、云端滑道、玻璃观景台等多种项目，永春牛姆林推出端午二日游家庭优惠套餐，吸引众多家庭。受出游时间较短的限制，多数市民游客选择周边短途自驾游。从抽样调查结果看，假日期间全市接待游客中选择自驾车出游的比例为56.8%。随着气温升高，玩沙玩水、海边漫步和戏水乐园等亲水项目受到青睐。崇武古城开启“遇见崇武·街巷挑战”活动，以及崇武西沙湾海域举办的端午海泳赛，受到年轻游客追捧，假日期间，崇武古城接待游客2.12万人次，同比增长22.3%；青山湾赶海拾贝、拉网捕鱼、沙滩摩托车、帐篷露营、沙滩篝火晚会等众多海上项目预订火爆。

市文旅及各县（市、区）旅游公众号随时发布各类旅游资讯、出行指南，以及应用旅游大数据加强各民俗活动、旅游景点等管控力度，逐步实现旅游管理和服务智能化。假日期间，游客使用移动支付的金额占比83.6%，现金和刷卡支付的金额占比分别为8.1%和8.3%，移动支付已成为日常消费的第一大支付工具。

首届蟳埔女盘头大赛举行

作为2019年丰泽区第二届海丝文化节暨“文化和自然遗产日”系列活动之一的首届蟳埔女盘头大赛在丰泽区东海街道蟳埔社区举行。30名盘头师傅和30名模特一一展示盘头的整个过程及服饰搭配等。从孩提时起，蟳埔女就要留长头发，待到成年后把头发盘于脑后，梳成圆髻，再穿上一支骨髻，用当季的小朵茉莉、素馨等鲜花扎成整齐的花环，少则一二环，多则四五环，圈戴在脑后，俗称簪花围，也有人称之为“头顶花园”。值得一提的是，蟳埔女的骨笄保留了古代骨针安发的本意，系全国独有的活化石。蟳埔街巷徒步半日游活动同时进行，让市民既可走读海丝历史，还能了解闽南生态文化保护区和非物质文化遗产。

首届蟳埔女盘头大赛现场（图/陈小阳）

6月9日

农历己亥年五月初七
星期日
温度：26℃—31℃
阴

●康涛到泉州市“12345”便民服务平台，看望端午假期坚守岗位的平台工作人员，走访调研平台运行情况。

●康涛到安溪县调研妇幼保健院迁建、沼涛实小片区改造、凤山书院、绿道北线景观绿化工程等民生事业项目。

●端午假日，全市接待游客84.86万人次，同比增长19.4%，实现旅游收入6.50亿元，同比增长24.1%。

●作为2019年丰泽区第二届海丝文化节暨“文化和自然遗产日”系列活动之一的首届蟳埔女盘头大赛在丰泽区东海街道蟳埔社区举行。

●“我们的节日·端午话茶韵 滴水富源情”端午节诵读雅集活动在市区富源茶文化交流中心举行。

6月10日

农历己亥年五月初八
星期一
温度：23℃—29℃
大雨

●康涛、王永礼、肖汉辉到市防汛办，听取防暴雨工作汇报，会商部署防御措施。

●泉州市举行以“养护水生生物资源，促进生态文明建设”为主题的“放鱼日”活动，现场放鱼92万尾。

●市十六届人大常委会第三十八次主任会议召开，讨论关于泉州市2018年市本级财政收支决算报告与2018年市本级预算执行和其他财政收支审计工作报告的审议意见稿等。

●市人大常委会党组扩大会议召开，研究市人大常委会贯彻落实市委十二届九次全会精神的初步意见。

●是日起至10月7日，市区中山路（打锡街—钟楼，全长约650米）实施为期四个月的封闭式保护提升工程。

●10—14日，2019年第十一届海峡论坛·海峡两岸舞龙舞狮大赛暨狮阵大会演在石狮市闽南理工学院体育馆举行。

泉州市举行“放鱼日”活动

泉州市举行以“养护水生生物资源，促进生态文明建设”为主题的“放鱼日”活动，现场放鱼92万尾，为渔业增效增添活力。市领导康涛、王永礼、李转生、肖汉辉和市直部门、丰泽区相关负责人、海洋环保志愿者一行登上中国海监8003船，驶向泉州湾湾外海域。大家将黑鲷鱼苗倒入船舷外侧临时安装的导流槽，鱼儿顺着导流槽飞奔而下，游向大海。近年来，市委、市政府高度重视海洋渔业资源保护工作。自2015年举办首个“放鱼日”以来，泉州市每年都举办“放鱼日”活动，鼓励引导社会各界人士参与渔业资源增殖放流活动，保护海洋环境生态，促进渔业资源可持续利用。据统计，“十三五”至今，泉州市已在各大海湾、主要流域开展多场增殖放流活动，投入1449.1万元，放流渔业苗种15.5亿尾。每次增殖放流之后，项目实施单位均组织技术人员对放流水域鱼苗生长情况进行后续跟踪观测，同时向放流水域捕捞渔民和周边群众调查了解情况，掌握增殖放流效果。

市十六届人大常委会第三十八次主任会议召开

市十六届人大常委会第三十八次主任会议召开。会议讨论关于泉州市2018年市本级财政收支决算报告与2018年市本级预算执行和其他财政收支审计工作报告的审议意见稿，2019年地方政府债券转贷收支相应调整市本级预算的审查报告，《泉州市晋江洛阳江流域水环境保护条例（草案）》的初步审查报告，以及市中级人民法院审判监督工作情况的调研报告和审议意见稿，检查水污染防治法、传染病防治法实施情况的报告和审议意见稿，和推进泉州市宗教工作三级网络和两级责任制情况的调研报告；讨论开展扫黑除恶专项斗争工作情况、发展壮大村集体经济等的调研方案。

市十六届人大常委会第三十八次主任会议现场
（图/王虎文）

中山中路保护提升工程动工

是日起至10月7日，市区中山路（打锡街—钟楼，全长约650米）实施为期四个月的封闭式保护提升。此次提升工程涉及建筑风貌、景观交通、市政基础设施、夜景照明四方面。施工期间，该路段禁止一切车辆（含非机动车）通行。中心市区的中山路是古城的南北中轴线，承载市民对古城的重要记忆。市区中山路（打锡街—钟楼）保护提升工程施工过程以修旧如旧、绿色施工、保护古城为原则，尽最大努力保留中山路原有风貌。此次保护提升路段包含立面的加固与修缮、地下综合管线、景观提升等各个要素，其中，市政道路施工和地下综合管线建设的工期为四个月。为力求细节完美，此次保护提升工程，项目部专门成立古建专家组，包含有经验的传统手艺老匠人、原先修复文庙、开元寺等的古建筑专家、地方文史专家等，在施工全过程进行跟踪指导。

海峡两岸舞龙舞狮大赛暨狮阵大会演在石狮举行

10—14日，2019年第十一届海峡论坛·海峡两岸舞龙舞狮大赛暨狮阵大会演在石狮市闽南理工学院体育馆举行。图为会演现场。 （图/许晓城）

首部反映南音题材的电影在泉州完成拍摄

首部反映南音题材的电影《旦后》在泉州南音艺苑完成拍摄工作，并举行杀青仪式。电影《旦后》讲述二十世纪50年代，女主角林波儿随养母到香港艰难营生，依然坚持传承南音，在侨胞帮助下坚持出演闽南语片而一举成名，被东南亚影迷誉为“一代旦后”的传奇故事。“女一号”是90后实力派青年演员林晨，2015年7月因出演剧情片《我是路人甲》而被观众熟知；同年11月，主演剧情片《大赌豪》在网络上热播。剧中主人公于1945年离开故土，南音陪伴她奋斗大半生。因为善于演唱南音而演戏，出名以后还在香港成立南音社，弘扬南音艺术。晚年时，还带着南音社员回到泉州，走进泉州南音艺苑演唱。为拍好这场戏，力邀81岁“老戏骨”吴彦姝助阵，饰演89岁的角色，十分逼真到位。

《旦后》在泉州南音艺苑拍摄（图/陈智勇　黄清耀　林艺萍）

晋江市（粤港澳）投资推介会在深圳举行

晋江市（粤港澳）投资推介会暨招商项目集中签约仪式在广东深圳举行，现场签约10个项目，投资总额65.2亿元。此次签约的10个项目涵盖领域广。其中，广塑导光膜生产项目聚焦高新产业，引领超薄异型导光膜行业发展，未来产品将广泛运用于5G手机、柔性屏手机。有9个项目属于现代服务业，覆盖供应链管理、现代金融、航空物流、检测平台、跨境电商等领域，将补强补齐晋江产业链条。其中，薛航现代航空物流项目将建成国内、国际超级货站；御金跨境贸易产业园将打造一站式贸易服务链条；汇城医药物流项目将规划建设医药处理厂、仓储区、物流配送及配套设施，推进药品现代物流业发展；宝能供应链创新产业园将立足泉州、晋江产业情况，打造包含供应链、综合物流、金融、跨境贸易、大数据等产业配套服务的供应链创新产业园；深圳前海金盈谷资产基金将在晋江设立股权投资公司，助力晋江企业发展。

纪念郑成功诞辰395周年系列活动在南安举行

第十一届海峡论坛·纪念郑成功诞辰395周年系列活动在南安举行。两岸知名人士及郑成功宫庙、郑氏宗亲代表等300多人参加活动。其间，国台办为郑成功故里授牌“海峡两岸交流基地”，省民宗局为郑成功庙授予“福建省民间信仰活动场所联系点”。两岸信众、各界人士到郑成功庙，遵循古老而传统的仪式程序，共祭郑成功，祈盼两岸和平共进。主办方还举办《明郑四代的历史贡献》主题讲座。台南南安商会秘书长周芷茹表示，郑成功不仅是两岸民众共同敬仰的民族英雄，也是海洋文化、闽商精神的代表。希望随着大陆惠台措施的不断推出、升级，泉州和台湾两地能加深宗教信仰、节庆民俗、文化教育等领域交流往来，以郑成功文化为纽带，共同打响品牌，开发“成功故里”研学基地，吸引更多台湾同胞，尤其是台湾青年到泉州研学、就业、创业。澎湖县导游领队、服务职业工会理事长许耀彬表示，两岸交流互动有必要继续深入，而透过旅游、省亲等方式开展交流，能够更好地传承、发扬郑成功精神。

纪念郑成功诞辰395周年系列活动现场（图/市委台港澳办）

6月11日

农历己亥年五月初九
星期二
温度：22℃—27℃
大雨转小雨

- 市委常委会会议暨市委理论学习中心组会议召开，交流对《学习时报》刊发的《习近平在宁德》等采访实录的学习体会，部署推进泉州市学习宣传贯彻习近平新时代中国特色社会主义思想等。
- 市人大常委会、市海洋与渔业局举办《海岸带保护与综合管理》专题讲座。
- 首部反映南音题材的电影《旦后》在泉州南音艺苑完成拍摄工作，并举行杀青仪式。
- 晋江市（粤港澳）投资推介会暨招商项目集中签约仪式在广东深圳举行，现场签约10个项目，投资总额65.2亿元。
- 第十一届海峡论坛·纪念郑成功诞辰395周年系列活动在南安举行。

6月12日

农历己亥年五月初十
星期三
温度：22℃—27℃
中雨转小雨

●市人大常委会召开发展壮大村集体经济工作督促会。

●市政府第六十一次常务会议召开，研究并通过《泉州市打赢蓝天保卫战三年行动计划贯彻实施方案》等。

●市政府党组会议暨市政府党组理论学习中心组学习会召开，集中学习研讨《学习时报》刊发的《习近平在宁德》等采访实录等。

●“华大讲堂”第82讲举行，中国教育电视台总编辑、中国传媒大学原校长胡正荣作《数字时代的意识形态、文化发展与文明互鉴》专题报告。

●以“e心庆华诞”为主题的晋江第六届网络文化节开幕。

●安溪县驻村干部联络服务中心在县委党校成立，系全省首个驻村干部联络服务中心。

市人大常委会召开发展壮大村集体经济工作督促会

市人大常委会召开发展壮大村集体经济工作督促会。会议听取市农业农村局关于泉州市发展壮大村集体经济工作开展情况的汇报；与会者还就推进村集体经济可持续发展的新模式新举措，进行交流探索分析。会议指出，发展壮大村集体经济，增强薄弱村集体经济“造血”功能，稳定实现村财创收，对实施乡村振兴战略目标具有重大意义。要加强调查研究，因地制宜，精准施策，发展壮大村集体经济；要创新工作机制，整合土地政策，依法依规激活有效资源；要创新发展模式，拓宽村集体经济可持续增收渠道；要完善发展规划，集中资金资源技术力量发展特色产业；要落实责任，强化督查，共同推动薄弱村消除工作按时序推进，推进村集体经济可持续发展。

市政府第六十一次常务会议召开

市政府第六十一次常务会议召开，研究并通过《泉州市打赢蓝天保卫战三年行动计划贯彻实施方案》等。会议指出，各级政府、各相关部门要深化认识、凝聚合力，采取更加有效的举措，确保打赢蓝天保卫战。要坚持各司其职，按照责任分工全面认领，对标目标要求、时间节点，细化分解任务，制定配套政策措施，确保各项工作有力完成。要坚持问题导向，对摸排梳理出亟须整改的环境问题，逐个攻克、限期解决，坚决整改到位，决不允许弄虚作假。要坚持重点突破，加强建筑和道路施工扬尘、柴油货车污染、工业挥发性有机物等治理，降低大气污染物排放总量。

“华大讲堂”第82讲举行

“华大讲堂”第82讲举行，中国教育电视台总编辑、中国传媒大学原校长胡正荣作《数字时代的意识形态、文化发展与文明互鉴》专题报告。市委学习中心组成员张永宁、林万明、杨晓山等，市直有关部门、在泉州各高校、各民主党派负责人，华侨大学负责人和部分师生等参加报告会。胡正荣立足数字时代背景，结合媒体传播特征、信息舆论生态、国际文化交流、文明对话以及自身实践经验等，对数字时代的意识形态、文化发展和文明互鉴进行阐述，提出发展路径方面的建议。报告内容丰富、观点鲜明，既有理论阐释，也有实践案例，为更好地加强意识形态建设、深化文化交流发展、推进国际文明互鉴提供新视角，具有重要的启发和指导意义。

晋江第六届网络文化节开幕

以“e心庆华诞”为主题的晋江第六届网络文化节开幕。文化节包括“我和祖国共成长·追梦路上看晋江”短视频征集、“奔跑吧，晋江”双微互动传播活动等28个配套项目，旨在推动晋江网络文化、网络事业紧扣时代脉搏，更好地向外展现新中国成立70周年以来晋江取得的成就，展现晋江实践发展“晋江经验”的最新成果。

安溪县在全省率先成立驻村干部联络服务中心

安溪县驻村干部联络服务中心在县委党校成立，系全省首个驻村干部联络服务中心。驻村干部联络服务中心将在24个乡镇设立联络服务站，依托当地分布县乡村三级的农民讲师团、乡村振兴服务队成员优势，设置兼职联络员，提供全方位、多元化服务。搭建这一互动交流平台基于三点考虑：一是联络情谊，让历届驻村干部“回家”有人接待、有人引路；二是共谋发展，通过联络服务中心适时向驻村干部汇报安溪发展成就、分享发展成果，诚邀大家“二次帮扶”，为安溪发展继续出谋划策；三是传承精神，联络服务中心成立后将传承“无私奉献、担当作为”的驻村精神，鼓舞基层干部打赢脱贫攻坚战、发力乡村振兴主战场。

应急管理知识竞赛预赛举行

由市委宣传部、市委市直机关工委、市应急管理局、市总工会、团市委、泉州晚报社、泉州广播电视台主办的应急管理知识竞赛预赛举行。知识竞赛预赛以笔试的形式进行，市直各系统党委，直属机关党委（党总支、党支部），驻泉州省、部属单位党委，各县（市、区）、开发区、台商投资区，驻泉州大型企业等65支代表队260名参赛选手展开应急管理知识比拼。预赛分四组进行，每组比赛总分前两名的代表队获得决赛资格，获得决赛资格的8支代表队在6月下旬进行决赛。5月泉州市开展应急管理知识网上竞答。活动期间，通过泉州网等竞答平台的访问量达1400万多人次，参与人数达270万多人次。其中，市直机关、省部属单位，以及泉港区、晋江市、惠安县、德化县、泉州台商投资区的参与率均达100%。

泉州市加强广告监管净化市场环境

2018年以来，泉州市根据社会热点难点问题，制定虚假违法广告整治工作方案，开展互联网金融广告、涉嫌非法集资广告排查清理、互联网广告、医疗广告、保健品广告等专项整治，全市查处各类虚假违法广告案件579件。市市场监管局发挥广告联席会议牵头作用，各成员单位互通信息、分析情况、整合优势、密切配合、协同行动，形成打击虚假违法广告的合力；市委宣传部、市网信办加强对市直新闻单位的监督管理，强化广告导向管理；市公安局坚持"打早打小"，保持对虚假广告案件的高压震慑态势，组织查办"黑电台"发布虚假违法医疗广告案件；市通管办依托行业协会，推动行业自律，要求基础电信运营企业不得通过短信彩信发送虚假违法广告，并加强网站备案、IP地址、域名管理等。下一步，泉州市将深化重点领域专项整治，立足金融服务、保健品、房地产、美容等领域违法广告问题多发易发态势和打击非法集资广告、强化行业治乱等要求，加大监测执法力度。同时强化违法广告监测预警，运用国家互联网广告监测中心、省市场监管局广告监测平台中的大数据，加强对各类广告的监测预警。

泉州市以奖代补建立农村小水电站有序退出机制

为消除部分小水电损害生态环境的隐患，保障河流生态安全，市级财政下达奖补资金900万元，对南安、安溪、永春、德化等县（市）退出农村小水电的业主或运营管理单位进行奖补，涉及小水电站44个，装机总容量8100千瓦。四类电站成为重点退出对象，包括：防洪标准低的临水临崖水电站；运行时间长，设备严重老化、安全隐患大的老旧水电站；造成河道减水断流长，对生态影响大的水电站；装机容量小，经济效益低下、管理不到位的水电站。纳入清新流域项目且符合以上四种类型的小水电站，将被优先安排退出。市级财政按照小水电站多年平均发电量、上网电价、装机容量、建设时间、设施设备状况、电站建设手续合规性等因素进行综合评估，按照不高于近5年平均上网电量1元/千瓦时的标准给予奖补。泉州市将以流域区域整体推进为重点，通过报废退出存在严重安全隐患和对生态影响重大的小水电站，引导小水电健康、有序、可持续发展，实现小水电的转型升级。

2019年福建省服装行业服装立裁高级研修班在晋江举办

2019年福建省服装行业服装立裁高级研修班在晋江洪山文创园举办，邀请欧洲服装版型师、立裁专家近藤保授课，吸引利郎、七匹狼、劲霸、九牧王、柒牌、361° 等知名企业的服装版型师、设计主管40余人参加培训。研修主题为"服装立体裁剪"，研修内容是通过立裁款式解析最新欧洲2019/20年秋冬时尚秀中的流行趋势，并由近藤保实践指导各种款式服装立裁，包括机车夹克、西装领外套、长款大衣。课上，近藤保现场勾画图纸、裁剪布料、设计服装，学员不时向老师提出版型立裁中遇到的疑难问题，现场气氛热烈、互动频繁。

6月13日

农历己亥年五月十一
星期四
温度：21℃—25℃
中雨

●由市委宣传部、市委市直机关工委、市应急管理局、市总工会、团市委、泉州晚报社、泉州广播电视台主办的应急管理知识竞赛预赛举行。

●泉州市加强广告监管净化市场环境。

●市级财政下达奖补资金900万元，对南安、安溪、永春、德化等县（市）退出农村小水电的业主或运营管理单位进行奖补，涉及小水电站44个，装机总容量8100千瓦。

●2019年福建省服装行业服装立裁高级研修班在晋江洪山文创园举办。

6月14日

农历己亥年五月十二
星期五
温度：22℃—28℃
阴转多云

●十届全国人大常委会副委员长、中国关工委主任顾秀莲到泉州调研两岸青少年交流及关心下一代工作。

●14—15日，国家市场监督管理总局局长、党组书记肖亚庆到泉州调研市场监管工作。

●全国妇联党组书记、副主席、书记处第一书记黄晓薇带领调研组到泉州开展妇女工作专题调研。

●第十一届海峡论坛·海峡百姓论坛在南安举办。

●全市建筑施工安全生产整治工作视频会议召开，对农村自建房安全生产管理、受监工程安全监管等工作进行部署。

●由市食品安全委员会办公室、市市场监督管理局主办的以“尚德守法 食品安全让生活更美好”为主题的食品安全宣传周启动仪式举行。

●防汛抢险及突发环境事件应急处置演练在金鸡河闸举行。

●17—23日，由中国美术家协会、省文联、市委宣传部主办的大写至道——庄毓聪大写意花鸟画全国巡回展（泉州站）在中国闽台缘博物馆举行。

顾秀莲到泉州调研两岸青少年交流及关心下一代工作

十届全国人大常委会副委员长、中国关工委主任顾秀莲到泉州调研两岸青少年交流及关心下一代工作。中国关工委常务副主任刘雅芝，省关工委主任刘群英，市领导康涛、陈灿辉等参加调研。顾秀莲走访晋江金井镇围头村的两岸青少年活动基地、战地公园、战争与和平展馆、两岸青少年关爱基地等，了解两岸基层交流情况。顾秀莲指出，要坚持以习近平新时代中国特色社会主义思想为指导，落实习近平对关心下一代工作的指示，弘扬社会主义核心价值观，挖掘爱国主义教育资源，推动两岸青少年交流及关心下一代事业更好发展，共同谱写新时代“两岸一家亲”的新篇章。

黄晓薇到泉州调研妇女工作

全国妇联党组书记、副主席、书记处第一书记黄晓薇带领调研组到泉州开展妇女工作专题调研。省妇联主席徐姗娜，市领导康涛、孔繁军、刘文儒参加调研。调研组到鲤城、石狮、惠安、晋江，到“温陵书院”、中国闽台缘博物馆、宝盖镇“咱厝边家庭服务中心”、螺阳镇尾透村惠女调解室、福州大学晋江校区、安踏等地，调研泉州市思想引领、家风家教、妇联组织区域化改革、女性参与基层治理、非公企业妇联组织建设等工作。黄晓薇指出，要用好各类活动组织和平台载体，发挥“最美家庭”等品牌效应，采取妇女群众喜闻乐见的方式，弘扬社会主义核心价值观，厚植思想基础和价值取向，推动移风易俗，树立文明新风；要立足泉州实际，细分服务对象，深化沟通交流，精准做好留守流动妇女儿童、残疾妇女儿童等特殊群体的服务工作；要发挥妇女在社会生活和家庭生活中的两个独特作用，弘扬中华传统文化，促进两岸融合发展；要提升女性教育工作水平，为妇女群众全面发展、建功新时代创造良好条件。

第十一届“海峡论坛·海峡百姓论坛”在南安举办

第十一届海峡论坛·海峡百姓论坛在南安举办。省委常委、统战部部长邢善萍，泉州市领导王永礼、林万明、杨晓山，中央统战部、全国台联、台湾百姓文化交流协会相关负责人等出席开幕式。大陆及台湾的主办单位及宗亲代表1200多人参加活动。

邢善萍指出，姓氏文化是两岸同胞沟通亲情乡情、维系民族感情的重要纽带。福建正贯彻落实习近平对台工作思想和省委十届八次全会精神，在推进两岸深度融合和实现两岸“应通尽通”上走前头、作示范。希望大家旗帜鲜明坚持“九二共识”，携手推动两岸关系和平发展，推进祖国和平统一；要共同传承和弘扬中华优秀传统文化，增进两岸同胞心灵契合；要发挥桥梁纽带作用，做闽台融合发展的参与者、两岸民间交流的先行者、两岸和平发展的推动者，共创两岸同胞的美好未来。希望海峡百姓论坛丰富活动内容和形式，创新服务方式，加强交流互鉴，对话包容，让两岸宗亲的“心”靠得更近、“情”变得更浓，为携手推进两岸关系和平发展、同心致力民族复兴而奋斗。

市委副书记、市长王永礼表示，海峡百姓论坛在泉州举办，将推动两岸之间地对地、民对民、姓对姓的宗亲联谊交流，促进文化认同、心灵契合，共同弘扬中华优秀传统文化。泉州将以此次论坛为新起点，按照习近平在《告台湾同胞书》发表40周年纪念会上提出的主张和在2019年全国“两会”期间参加福建代表团审议时的讲话精神，根据中央和省里部署，结合泉州实际，致力推动两岸“新四通”（通水、通电、通气、通桥），确保金门供水保障工程稳步推进，为金门同胞持续输送清洁水、安全水、浓情水；致力探索产业融合新路径，发挥国家级台商投资区、国家经济技术开发区、国家高新区等品牌优势，聚焦优势产业，合作创新、共拓市场，促进泉州和台湾产业融合发展；致力建设台胞台企登陆的第一家园，落实落细国家和省、市惠台措施，同台湾同胞分享大陆发展机遇、为台胞台企提供同等待遇。

第三届“福建广电网络用户节”启动仪式在泉州举行

第三届“福建广电网络用户节”启动仪式在市区府文庙广场举行，现场发布“惠民服务十大举措”。此次“用户节”以“智慧新广网 惠享新生活”为主题，在全省各地同步启动，从6月15日持续到7月31日。“用户节”启动“全省百万回馈服务季”和“福建文惠卡百万惠民季”两大活动，上线发布融合型智能网关3.0以及多个智慧广电创新服务平台。“全闽共舞 礼赞新中国”福建省第三届广场舞大赛也同时启动并接受报名，于8—9月举办全省各县区级初赛，10月举办地市级复赛，并在11月举行全省总决赛。自2017年首届大赛举办以来，共有超过3000支队伍、6万名选手热情参与，已成为全省规模最大、影响最广、水平最高的群众性文化品牌活动之一。2019年比赛的一个亮点是青少年首次可以报名参赛。

高层次人才快闪活动举行

由市委人才办、丰泽区委人才办主办的高层次人才快闪活动在市区领SHOW天地举行，全市各行业各领域的高层次人才歌唱《我和我的祖国》，用快闪方式表达对新中国成立70周年的祝福。中科院海西研究院泉州装备制造研究所副所长汪凤翔表示，泉州智能制造产业基础雄厚，同时正处于转型升级的关键阶段。将带领研究所的人员砥砺奋进，为泉州高质量发展添砖加瓦。泉州市约克颜料有限公司总经理曾福泉表示，作为一名泉州人，希望今后把更多新技术新成果，注入泉州创新发展的土壤中，让更多企业尝到高新技术带来的甜头。玖龙纸业（泉州）有限公司一线工人庄超表示，很荣幸通过企业自主认定有机会被评上高层次人才。将在自己的岗位上继续发挥作用，带动员工发挥创造力，把产品做到精致。福建领秀文旅产业运营有限公司总经理张澍楠表示，希望从内心、行动上为泉州多做点事情，与更多的年轻创业者分享创业经验。活动旨在贯彻落实习近平关于“大力吸引集聚爱国奉献的各方面优秀人才”的指示和市委十二届九次全会精神，加强对高层次人才的政治引领，引导全市各行各业人才弘扬爱国奋斗精神、建功立业新时代，为泉州高质量发展落实赶超聚力攻坚。

高层次人才快闪活动现场（图/泉州网）

泉州金控集团发布三大战略定位

泉州金融控股集团举行战略规划发布会，提出“国有金融资产整合运营及开展产业投资的核心平台、新兴战略性产业落地泉州的首要伙伴、泉州国有资产证券化的领军企业”三大战略定位，打造成为全国知名的、产业转型升级带动力强的金融、产业、园区综合型投资运营集团。根据新一轮战略规划，泉州金控集团将以自身挖掘作为发展主要动力，明定位、聚资源、优布局、冲规模、强能力、抢速度，促进战略升级转型与二次重组。集团将以汇聚资本财智、培育战略产业、引领创新发展为使命，采取“一体两翼”格局下的三维发展模式，即产业+金融、金融+园区、园区+产业，互为支撑、两两互动。通过做实金融综合服务、做强国有资本投资运营、做精产业载体投资运营，逐步完善金融产业链、创新金融业态、推进产融结合，增强整体联动发展势能。

发布会上举行战略伙伴签约仪式（图/市国资委）

6月15日

农历己亥年五月十三

星期六

温度：20℃—29℃

多云

●第三届“福建广电网络用户节”启动仪式在市区府文庙广场举行。

●由市委人才办、丰泽区委人才办主办的高层次人才快闪活动在市区领SHOW天地举行。

●泉州金融控股集团举行战略规划发布会，提出“国有金融资产整合运营及开展产业投资的核心平台、新兴战略性产业落地泉州的首要伙伴、泉州国有资产证券化的领军企业”三大战略定位。

●17—23日，由鲤城区、丰泽区、洛江区和江西省弋阳县、横峰县政协主办、文联协办、摄协承办的“红土地 海丝情 庆七一 迎国庆”摄影联展在中国闽台缘博物馆举行。

●石狮市第十一届渔民文化节开幕式在该市祥芝镇举行。

6月16日

农历己亥年五月十四
星期日
温度：22℃—29℃
阴转多云

●“践行新使命、忠诚保大庆”首届中国警察马拉松赛在晋江举行，全国3000名警察跑友参赛。

●王永礼到安溪调研白濑水利枢纽工程，并举行座谈会。

●全国安全宣传咨询日，市安办与洛江区安办举行广场宣传咨询活动。

●由泉州市文联、泉州市作协主办的2018年度泉州文学奖在南安颁发。

●16—18日，第八届世界传统武术锦标赛在四川峨眉山市举行。泉州市武协获21枚金牌，晋江武协代表队获5枚金牌。

首届中国警察马拉松赛在晋江举行

“践行新使命、忠诚保大庆”首届中国警察马拉松赛在晋江举行，全国3000名警察跑友参赛。7时许，随着发令枪响，首届中国警察马拉松赛开跑。3000名跑友从晋江市体育中心出发，沿当地“最美道路”世纪大道一路前进，在颇具闽南特色的红砖古厝群和现代建筑中穿梭，享受奔跑的激情和乐趣。最终，辽宁省沈阳第一监狱狱警代俊峰以1小时11分54秒的成绩获男子半程冠军，澳门治安警吴杨杨以1小时29分35秒的成绩获女子半程冠军。值得一提的是，吴杨杨的祖籍是晋江龙湖。该赛事为中国警察专属马拉松赛，参赛跑友都是来自全国的警察、公安辅警及警校学生，赛事从报名一开始就十分火爆，赛事报名通道启动仅18个小时，原计划招募的2000人便报满，但依旧有很多跑友咨询报名，组委会紧急协商增加1000个名额，满足跑友需求。

首届中国警察马拉松赛是晋江市公安局刑侦大队获“特别能战斗刑警队”20周年活动之一。举办此场马拉松赛，旨在推进公安部部署开展的“践行新使命、忠诚保大庆”实践活动，传承新时代“背包精神”，深化平安建设，激励公安民警全身心投入新中国成立70周年大庆安保工作。赛事奖牌正面融入新中国成立70周年、“践行新使命、忠诚保大庆”实践活动和首届中国警察马拉松赛设计元素，反面则展现晋江“特别能战斗刑警队”的“背包精神”，突出纪念意义。赛事为半程马拉松赛（21.0975千米），分别取男子组、女子组前20名进行奖励，冠军奖金5000元。比赛延续“体育赛事＋防范宣传”模式，现场结合开展防诈骗、扫黑除恶、禁毒等方面宣传。

首届中国警察马拉松赛鸣枪仪式（图/市公安局）

王永礼到安溪调研白濑水利枢纽工程

市长王永礼到安溪调研白濑水利枢纽工程，并举行座谈会。王永礼指出，要强化统筹意识，加强组织领导，明确目标责任，建立健全行之有效的工程运行机制；要做好要素保障，围绕土地、资金、人才等瓶颈制约出实招、见成效，确保项目按时保质保量完成。

2018年度泉州文学奖颁奖

由泉州市文联、泉州市作协主办的2018年度泉州文学奖在南安颁发。泉州文学奖每年评选一次，是全市唯一的官方文学奖项，用以奖励前一年度取得较好成绩的作家作品。2019年获奖的作品为：《伦敦星光不散场》（长篇小说，作者：吕亦涵）、《嘈嘈切切错杂弹》（中篇小说，作者：林清秀）、《泉州：古刺桐港的故事》（长篇小说，作者：陈小平）、《芬芳了一片海》（散文，作者：姚雅丽）、《马鸣声去远》（散文，作者：谢美永）、《酒话》（组诗，作者：吴小猛）、《甦生》（长篇小说，作者：邱婷婷）、《走一趟丁屋岭》（散文，作者：张百隐）、《一首摇滚乐的蓝》（组诗，作者：张志忠）、《折射海丝光芒的泉州蓝》（散文，作者：潘艳红）。

泉州市作家协会主席蔡飞跃表示，2019年获奖作品整体水平较高，小说与散文成绩都很突出，诗歌与报告文学均有佳作获奖，较全面地反映泉州市文学发展的成果。泉州市历年来散文、诗歌创作成绩都很突出，过去一年小说创作也收获不小，长篇小说和中篇小说均有作品获奖。值得一提的是，泉州市知名畅销书作家吕亦涵凭借《伦敦星光不散场》再次获此奖项，该作品出版后引起广泛好评，已售出影视版权，将拍成影视作品。此前，吕亦涵的长篇小说《阮陈恩静》出版两个月就连印5版，创下出版不到三个月销量突破20万册的佳绩。

市十六届人大常委会第二十一次会议召开

市十六届人大常委会第二十一次会议召开。会议听取和审议市政府关于提请审议《泉州市晋江洛阳江流域水环境保护条例（草案）》的议案，市政府关于2018年市本级决算草案的报告、关于2018年市本级预算执行和其他财政收支的审计工作报告，审议并表决通过关于批准2018年市本级决算的决议和关于批准《泉州市人民政府关于提请审议2019年地方政府债券转贷收支市本级预算调整方案的议案》的决议；听取和审议市政府研究处理《市人大常委会关于〈中华人民共和国水土保持法〉实施情况的审议意见》的情况、市检察院研究处理《市人大常委会关于市人民检察院公益诉讼工作情况的审议意见》的情况等报告，并进行满意度测评，测评结果均为满意；听取和审议市人大常委会执法检查组关于检查《中华人民共和国水污染防治法》《中华人民共和国传染病防治法》实施情况的报告等。

市十六届人大常委会第二十一次会议现场（图/王虎文）

第十届海峡两岸生物多样性与森林保护文化研讨会在德化举行

由德化县政府、中国科学院城市环境研究所（厦门）、福建省科学技术协会、台湾水土保持技术协会等主办的第十届海峡两岸生物多样性与森林保护文化研讨会在德化举行，海峡两岸院校（机构）近120名专家学者与会，畅谈生物多样性与森林保护。此次研讨会是第十一届海峡论坛·2019年海峡科技专家论坛系列活动之一，以“生物多样性与森林游学”为主题。研讨会上，中国城市和小城镇改革发展中心总经济师顾惠芳作题为《幸福产业与特色小镇的相融相合》的主旨报告，就幸福产业与特色小镇的培育和发展促进森林游学提出建议。日本国立长崎大学环境科学部杉村乾教授作题为《日本西南离岛基于森林可持续发展的生态旅游及珍稀物种保护——以奄美大岛为中心》的主旨报告。研讨会举办前还举行戴云山生态博物馆开馆仪式。

二手房交易登记开通网上预约

为方便企业群众办事，缩短办事群众等候的时间，营造优质的政务服务环境，市不动产登记中心增开工作日申请二手房交易业务的网上预约服务。具体操作上，关注并进入市不动产登记中心微信公众号，点击页面下方“办事服务”，选择“预约服务”选项，选择“我要预约”，在弹出的界面中选择“二楼的不动产登记中心”选择拟办理的事项，点击事项名称，即可浏览该事项办事指南，下拉至该界面底端，点击“我要预约”按钮，选择时间段进行预约，然后填写预约人的基本信息。如预约成功，需要备好相关申请材料、持预约对应的身份证及预约号，比预约时间提前15分钟到市行政服务中心二楼导办取号台或取号机、自助一体机进行履约取号。市不动产登记中心表示，市民应在预约时间之前履约，避免错过履约时间，上午无法履约下午的号码；如无法履约，需在预约时间之前取消预约，以免影响信用记录；为防止网上预约资源的浪费，预约人与申请人必须一致，二手房交易业务需由买方进行预约，如预约人与申请人不一致的，则无法办理预约的事项，需现场重新取号。

6月17日

农历己亥年五月十五
星期一
温度：25℃—30℃
阴转小雨

●市十六届人大常委会第二十一次会议召开，听取和审议市政府关于提请审议《泉州市晋江洛阳江流域水环境保护条例（草案）》的议案，市政府关于2018年市本级决算草案的报告、关于2018年市本级预算执行和其他财政收支的审计工作报告等。

●由德化县政府、中国科学院城市环境研究所（厦门）、福建省科学技术协会、台湾水土保持技术协会等主办的第十届海峡两岸生物多样性与森林保护文化研讨会在德化举行。

●市不动产登记中心增开工作日申请二手房交易业务的网上预约服务。

6月18日

农历己亥年五月十六
星期二
温度：25℃—31℃
小雨转阴

●18—21日，泉州市组织开展脱贫攻坚工作“回头看”督导调研活动。

●第六届世界闽商大会召开之际，泉州市在福州举行项目对接和招商引资活动。

●第十七届中国·海峡项目成果交易会在福州开幕，泉州市26家企业49个创新成果产品参展。

●泉州市山美水库管理处电站联合国网泉州供电公司电力调控中心举行山美水电站黑启动暨孤网运行模式演练。

●丰泽区举行招商项目集中签约仪式，现场完成签约8个项目，总投资额约40亿元，涵盖文化创意、高新技术、金融、服务业等领域。

●永春县首批村级供销社分别在下洋镇大荣村、湖洋镇溪东村、五里街镇高垄村举行揭牌仪式，此系全市首批成立的村级供销社。

泉州市组织开展脱贫攻坚工作“回头看”督导调研活动

18—21日，泉州市组织开展脱贫攻坚工作“回头看”督导调研活动。此次重点督导调研内容主要包括“两不愁三保障”排查补缺工作情况、巡视巡察发现问题的整改工作情况、建档立卡贫困户就业引导工作情况、前两季度挂钩帮扶工作“回头看”情况等。

“两不愁三保障”排查补缺方面，主要是对所有建档立卡贫困户“两不愁三保障”和饮水安全落实情况进行全面排查，根据各相关县（市、区）提供的50户建档立卡贫困户入户核查表，逐户摸清情况，建立问题台账，按照“缺什么、补什么”的原则，在义务教育、基本医疗、住房安全、饮水安全上切实给予保障。巡视巡察发现问题的整改方面，主要是对各相关县（市、区）在扛起脱贫攻坚政治责任、落实党中央精准扶贫精准脱贫决策部署、开展扶贫领域作风建设和专项治理三方面的整改落实情况进行调研。建档立卡贫困户就业引导方面，主要是调研了解各相关县（市、区）是否组织乡镇、村对本辖区内有劳动能力未就业贫困人口进行调查摸底，建立贫困人口应就业未就业信息库；是否组织摸清保洁、保安、生态护林员、公路养护员等公益性岗位，组织开展有针对性的技能培训，每年向有就业意愿的贫困家庭劳动力至少推送1次以上人岗适配的岗位信息，优先安排贫困群众就业，保障其实现稳定就业。

泉州市在福州举行项目对接和招商引资活动

第六届世界闽商大会召开之际，泉州市在福州举行项目对接和招商引资活动，市领导康涛、林万明、洪自强、吕刚等与海内外的福建企业家、泉州籍乡亲共话乡谊，共商发展。市委书记康涛指出，开展专场项目对接和招商推介，就是要借助乡贤的技术项目、商脉网络、智慧力量，全面建设“创新、智造、海丝、美丽、幸福”的现代化泉州。近年来，在省委、省政府领导下，泉州传承“晋江经验”再出发，凝聚海内外乡亲力量，产业升级、城市品质、文化底蕴、营商环境、创业氛围等取得长足进步。泉州将弘扬政企互动好传统，加快建设一流营商环境，对重点招商签约项目实行专人专班跟踪服务。希望乡亲踊跃对接、牵线搭桥，寻求合作共赢机会，继续助力家乡发展。活动中，市发改委、泉州半导体高新技术产业园区管委会相关负责人推介半导体、智能装备、数字经济等项目。现场还举行泉州市政府与中信重工机械股份有限公司《战略合作框架协议》签约仪式。

泉州市26家企业参展第十七届“6·18”

第十七届中国·海峡项目成果交易会（以下简称“6·18”）在福州开幕，泉州市26家企业49个创新成果产品参展。该届“6·18”设置中心展区、专题展区、综合展区三大展区，1200多家企业参展，企业规模层次比往年高。展馆方面，除常设展馆以外，2019年还首次设立中国科协“科技社团馆”和科技特派员展区，集聚高端资源，展示科技创新成果。

泉州市领导康涛、吕刚等到泉州馆了解项目、技术和企业参展情况，询问展品技术优势、对接情况和市场前景。泉州馆设在闽西南区域协同发展馆，以“新兴产业、创新发展”为主题，重点围绕国家创新型城市、国家自主创新示范区建设和泉州市18个重点产业转型升级路线图实施方面取得的成就，集中展示一批智能制造、新材料、节能环保、生物医药等领域的创新创业创造成果、前沿科技成果、创新平台、龙头企业、创新政策和发布技术需求。参展的49个成果主要集中在自动化设备、智能家居、新材料、芯片等领域。现场，以5G通信应用为代表的泉州“芯”科技、人工智能家居产品、机器人、智慧医疗等产品吸引许多客商驻足洽谈。此外，泉州市还策划举行2019中国纺织科技成果对接峰会暨第六届“中国十大纺织科技”评选活动，作为该届“6·18”系列活动之一，推动成果对接交易。

周济到泉州考察制造强国战略落实情况

国家制造强国建设战略咨询委员会主任、中国工程院院士周济到泉州调研，考察泉州市落实制造强国战略工作情况并召开座谈会。市领导康涛、王永礼、刘文儒、洪自强参加相关活动。座谈会上，调研组听取泉州市落实制造强国建设和智能制造开展情况汇报，了解泉州市民营企业在转型升级、智能制造等方面取得的成效、遇到的困难，倾听大家关于推动制造业高质量发展的意见和建议。调研组还围绕如何为企业发展创造良好环境、打造定制化平台、实施差异化发展等关切内容现场提问，与参会人员交流。周济指出，必须坚持以习近平新时代中国特色社会主义思想为指导，坚持“创新驱动、质量为先、绿色发展、结构优化、人才为本”基本方针，抢抓数字化、网络化、智能化发展机遇，抢先布局战略性新兴产业，营造新经济增长点；要把传统产业转型升级摆在更加突出位置，发挥优势、盘活存量，推动传统产业向中高端升级；要弘扬企业家精神，建设高素质人才队伍，加大自主研发力度，为创新转型、推动制造业高质量发展和建设制造强市奠定坚实基础。

康涛调研退役军人事务工作

市委书记康涛到市退役军人事务局，看望该局机关干部职工，了解机构运行情况、2019年工作思路，研究需要协调解决的困难问题。副市长肖汉辉参加调研。座谈会上，康涛肯定市退役军人事务局组建以来的各项工作，并与有关单位负责人交流探讨，研究如何做好泉州市退役军人事务工作。康涛强调，退役军人是党和国家的宝贵财富，各级各有关部门要坚持以习近平新时代中国特色社会主义思想为指导，学习贯彻习近平关于退役军人工作的指示精神，引导退役军人永葆军人本色，保持优良作风，在新时代建功立业。要带着感情、带着责任做好退役军人各项工作，健全服务管理长效机制，发动社会力量共同参与，打造“退役军人之家”，提升退役军人服务保障水平。

参加海峡妇女论坛的台湾嘉宾到泉州考察

17—19日，参加第十一届海峡论坛·海峡妇女论坛的台湾“中华港澳闽妇女协进会”、台湾农村美国际观光发展协会、新北市文教工商经贸交流协会等31人到泉州开展“激荡家国情怀·促进融合发展”系列考察交流活动。考察团走访永春余光中文学馆、永春老醋文创园、晋江金井围头村、中国闽台缘博物馆、台商投资区雕艺街、台商投资区张坂雕艺艺术馆。考察团还在晋江金井镇围头村部故事馆开展家庭联谊结对签约仪式，两岸5对家庭现场签约并互赠结对卡，双方深耕家庭文化，共同谱写海峡两岸家庭之间的缘分新佳话。通过走访，台湾嘉宾感受到传统闽南特色文化、闽台民间文化交流情况，感触到精湛的雕刻技艺，表示将以“姐妹情·一家亲”为纽带，推动两岸弘扬中华文化，鼓励更多台湾姐妹到祖国大陆学习生活、就业创业、投资兴业，为新时代两岸关系和平发展增添动力。

全市首批民办高校关工委挂牌成立

泉州信息工程学院关工委、泉州华光职业学校关工委分别举行挂牌仪式，成为全市首批民办高校关工委。这意味着，两所高校将多了一支在教育青年学生、服务青年学生、培养青年学生等方面政治坚定、经验丰富、实力强劲的“五老”（即老干部、老战士、老专家、老教师、老模范）队伍。关工委是在党领导下，配合有关部门，动员组织“五老”，专门从事关心青少年健康成长的群众性工作组织。大中专院校是青少年的集中地，全市现有各层次大中专院校25所，在读学生超过15万名。在高校建立关工委组织，是党和国家重视青少年健康成长、重视老同志特殊作用的重要举措。

6月19日

农历己亥年五月十七
星期三
温度：26℃—32℃
阴

●国家制造强国建设战略咨询委员会主任、中国工程院院士周济到泉州调研，考察泉州市落实制造强国战略工作情况并召开座谈会。

●康涛到市退役军人事务局，看望该局机关干部职工，了解机构运行情况、2019年工作思路，研究需要协调解决的困难问题。

●17—19日，参加第十一届海峡论坛·海峡妇女论坛的台湾“中华港澳闽妇女协进会”、台湾农村美国际观光发展协会、新北市文教工商经贸交流协会等31人到泉州开展“激荡家国情怀·促进融合发展”系列考察交流活动。

●泉州信息工程学院关工委、泉州华光职业学校关工委分别举行挂牌仪式，成为全市首批民办高校关工委。

●为庆祝西藏民主改革60周年，弘扬西藏民间传统文化，雪巴拉姆藏戏艺术团在泉州华侨大厦演出，系继西安、兰州、太原、郑州、武汉、合肥、南昌之后雪巴拉姆2019全国巡演的第八站。

6月20日

农历己亥年五月十八
星期四
温度：26℃—33℃
阴

●市委常委会会议暨市委理论学习中心组会议召开，传达学习中共中央关于印发《习近平新时代中国特色社会主义思想学习纲要》的通知精神和省委常委会会议精神。

●第六届世界闽商大会延续活动——“新视野·新动能”“海丝”闽商资本高峰论坛在泉州举办。

●作为第十七届中国·海峡项目成果交易会的系列活动之一，2019中国纺织科技成果对接会暨第六届“中国十大纺织科技”发布会在泉州举行。

●到福建参访的香港特区政府高级公务员清华大学国家事务研习班成员到泉州，与泉州相关部门、民营企业相关人士座谈交流。

●由市河长办、市检察院牵头，区域相关河长、市公安局、生态环境局及各地检察院、河长办等部门共同参与的泉州市南部安全供水保护联盟揭牌成立。

●由市政府节约能源办公室、市工业和信息化局、市生态环境局等主办的泉州市2019年节能宣传周（鲤城）启动仪式暨“全国低碳日”绿色制造宣传活动举行。

●由市委宣传部和市委老干部局等主办的“我和我的祖国”音乐快闪活动在市区东湖公园举行。

●由市人社局、市总工会、市工信局、市市场监管局主办的泉州市首届机器人焊接技能大赛在洛江举行。

●泉州城建集团在泉州市柯石排洪渠生态绿廊工程（桂屿公园）举行防台防汛应急救援演练。

“海丝”闽商资本高峰论坛在泉州举办

第六届世界闽商大会延续活动——“新视野·新动能”“海丝”闽商资本高峰论坛在泉州举办。100多位福建企业家代表与会，交流探讨闽商资本在新时代下的转型升级，吸引海内外闽商资本和其他产业目光聚焦和回流泉州。论坛上举行闽商系列基金签约仪式。高盛亚洲投资管理团队主管、亚洲投资策略团队联席主管邓智杰博士，厦门大学经济学院院长、厦门大学王亚南经济研究院（WISE）院长洪永淼分别做主题演讲。泉州经贸职业技术学院院长杜朝运、福建七匹狼控股集团执行总裁陈欣慰、嘉泰数控董事长苏亚帅、中民石材产业集团董事长邱尚启、亚伦集团董事长陈方林、世界晋江同乡总会常务顾问许金聪围绕闽商产业与资本的共生共赢开展圆桌对话讨论。

2019中国纺织科技成果对接会在泉州举行

作为第十七届中国·海峡项目成果交易会的系列活动之一，2019中国纺织科技成果对接会暨第六届“中国十大纺织科技”发布会在泉州举行，全国各地200余名纺织服装企业代表与会。会议以“聚科技，智未来”为主题，发布“中国十大纺织科技”奖项及产业推动、应用示范、新锐科技三个子奖项。其中，“中国十大纺织科技”作为该活动每年的重头戏，是历时4个月、经过海量网络投票与20余位专家投票评选而出，涵盖纺织设备、纤维、纱线、面料、印染、后整理等纺织业全产业链。在项目成果对接环节，有3个科技合作项目完成签约。此外，会议还设置项目演说、智囊解惑、服装秀演、科技长廊、样板企业参观五大环节，促进纺织服装企业的交流及纺织行业科技成果转化。中国纺织科学研究院有限公司党委委员、副总经理刘瑞彪表示，该活动既是科技成果发布会，也是项目对接会。泉州是中国纺织产业的重要基地，该活动的落地对泉州乃至对中国纺织服装产业的转型升级都具有巨大的推动作用。

“我和我的祖国”音乐快闪活动举行

由市委宣传部和市委老干部局等主办的“我和我的祖国”音乐快闪活动在市区东湖公园举行。图为活动现场。

（图/林劲峰 王树帆）

泉州市首届机器人焊接技能大赛在洛江举行

由市人社局、市总工会、市工信局、市市场监管局主办的泉州市首届机器人焊接技能大赛在洛江举行。参赛对象包括具有焊工、机器人焊接相关工作经历的企业员工和从事教学的职业院校、技工学校教师等。大赛分“锻造人才，焊动未来”泉州智能制造人才沙龙和正赛两个系列，14个单位20支队伍参加。

泉州城建集团举行防台防汛应急救援演练

泉州城建集团在泉州市柯石排洪渠生态绿廊工程（桂屿公园）举行防台防汛应急救援演练。演练紧扣2019年安全生产月“防风险、除隐患、遏事故”的主题，以因强降雨造成洪水暴发，即将淹没施工区域设备和材料，对已成型桩孔造成破坏，项目部办公区、生活区边坡存在坍塌危险为场景设计展开模拟演练。模拟事故发生后，现场管理人员立刻向指挥部报告事故情况，指挥部随即启动应急预案，组织各小组迅速进入抢险救援状态。各抢险小组按照预案要求协同作战，紧张有序，经艰苦奋战，迅速控制险情。

外国驻华使节团访问泉州

20—21日，由22个国家和国际组织的驻华使节、驻华代表组成的外国驻华使节团访问泉州。20日，市委书记康涛会见外国驻华使节团一行。康涛代表市委、市政府向各位驻华使节访问泉州表示欢迎，并介绍泉州经济社会发展情况。康涛表示，开放包容的历史文化基因，塑造了泉州生动多元的城市面貌，给予这座城市当代发展的动力。希望通过使节团此次访问，加深彼此了解，扩大经贸、文化、旅游等领域交流，更好地合作共赢。斯里兰卡驻华大使科迪图瓦库代表外国驻华使节团感谢外交部、福建和泉州的热情安排。科迪图瓦库表示，500多年前，锡兰王子在泉州定居，斯里兰卡从此与泉州结下不解之缘；今天，友好亲善的各国使者也一定会成为泉州人民的好朋友，为延续双方的美好情谊、深化各领域交流合作牵线搭桥。在泉州期间，外国驻华使节团还参观开元寺、海交馆，以及南方路机、安踏集团。

市政府党组巡视整改工作领导小组第九次会议召开

市政府党组（扩大）会议暨市政府党组巡视整改工作领导小组第九次会议召开，传达学习习近平关于巡视工作的讲话以及全国巡视工作会议暨十九届中央第三轮巡视动员部署会、省委常委会会议、市委常委会会议精神；学习《习近平关于力戒形式主义官僚主义论述摘编》，传达中央、省委、市委关于解决形式主义突出问题为基层减负工作系列会议精神。会议要求，要学习贯彻习近平关于巡视工作的论述，坚持发现问题和整改落实并重，力戒形式主义、官僚主义，敢于动真碰硬，持续攻坚突破。要以落实巡视整改为契机，层层传导压力，层层压实责任，推动政府系统全面从严治党向纵深发展。要学习贯彻习近平关于力戒形式主义、官僚主义的论述，按照中央、省上和市委部署要求，狠抓形式主义、官僚主义整治，确保“基层减负年”各项工作落到实处。要以“钉钉子”精神盯紧抓好各项重点任务，同时注意改进方式方法，防止用形式主义反对形式主义。政府系统党员领导干部要带好头、当表率，主动担当作为，将该项工作抓紧抓实抓出成效。

倡导文明敬香、创建安全生态和谐寺观工作推进会召开

倡导文明敬香、创建安全生态和谐寺观工作推进会在泉州大开元寺召开。推进会就相关工作做出部署，旨在摒弃敬香陋习，形成文明敬香的新风气，使泉州市的寺观宫庙更清净、更安全、更优美、更和谐。市佛协、市道协、重点民间信仰活动场所代表发出倡议，在全市重点寺观宫庙开展倡导文明敬香、创建安全生态和谐寺观活动，做到“一少三无一规范”，也就是少烧香，无烧金纸、点蜡烛、放鞭炮等影响环境、安全行为和规范佛教、道教、民间信仰活动场所管理。为支持宗教界倡议，市民族宗教局等十个部门下发《关于进一步推进文明敬香建设安全生态和谐寺观的通知》，把该项工作分成宣传引导、试点推进、全面实施、建章立制四个阶段，确保文明敬香工作年底前取得实效，相关职能部门开展寺观宫庙周边环境综合整治，依法治理无证或违规售卖香烛、金纸、粗香等行为。

倡导文明敬香、创建安全生态和谐寺观工作推进会现场（图 市民宗局）

6月21日

农历己亥年五月十九
星期五
温度：27℃—33℃
多云转阴

●20—21日，由22个国家和国际组织的驻华使节、驻华代表组成的外国驻华使节团访问泉州。

●市政府党组（扩大）会议暨市政府党组巡视整改工作领导小组第九次会议召开，传达学习习近平关于巡视工作的讲话以及全国巡视工作会议暨十九届中央第三轮巡视动员部署会、省委常委会会议、市委常委会会议精神等。

●市政府第六十二次常务会议召开，研究并通过《关于进一步推进我市融资担保公司健康持续发展八条措施的通知》《泉州市专利奖评奖规定》等。

●王永礼与到泉州参访的台湾云林县长张丽善座谈。

●全市强降雨防御工作视频会议召开。

●由省海洋与渔业局、泉州市政府主办，泉州市应急管理局、泉州市海洋与渔业局、石狮市政府承办的2019年泉州市渔业船舶水上突发事件、渔港及渔业船舶消防应急演练在石狮祥芝中心渔港后斗美海域举行。

●倡导文明敬香、创建安全生态和谐寺观工作推进会在泉州大开元寺召开。

●第二届“蔡襄杯”泉州市少年儿童书法大赛启动仪式在洛江区实验小学举行。

6月22日

农历己亥年五月二十
星期六
温度：26℃—32℃
小雨转中雨

●20—22日，2019年中国化纤科技大会在泉州举行。

●泉州市第十一届运动会群众足球比赛在华侨大学足球场开赛。

●22—23日，台湾高雄市副市长叶匡时带团到泉州参访交流。

●云林农特产品推介会在泉州举行，福建闽台农产品市场与云林农产品物流中心股份有限公司签订合作意向书。

2019年中国化纤科技大会在泉州举行

20—22日，2019年中国化纤科技大会在泉州举行。中国工程院、中国纺织工业联合会、中国化学纤维工业协会、天津工业大学、东华大学研究院、中国纺织科学研究院等各科研院校、学术机构的院士、专家、学者与会，共同探讨纤维新材料的前沿技术、产业化应用、市场趋势等，并展示最新的创新成果，以推动化纤行业产品结构升级、产业结构升级、技术结构升级，实现行业高质量发展。

泉州市第十一届运动会群众足球比赛开赛

泉州市第十一届运动会群众足球比赛在华侨大学足球场开赛，该场比赛为该届市运动会群众比赛拉开帷幕。该届市运动会参照省运会的赛事组织模式增设群众比赛，在竞技比赛基础上，增设笼式足球、乒乓球、气排球、羽毛球、三人篮球、健身气功的群众比赛，让众多体育爱好者登上舞台展示健身风采。全市各县（市、区）开展以“我要上市运”为主题的群众性赛事活动，选拔、组建参赛队伍。市第十一届运动会增设群众比赛，增加全民参与性，让普通百姓能够通过市运会的平台参与竞技比赛，分享体育竞赛带来的乐趣，更好地促进竞技体育与群众体育的全面发展，推进各县（市、区）全民健身工作的开展。

高雄市参访团到泉州参访交流

22—23日，台湾高雄市副市长叶匡时带团到泉州参访交流，走访福建闽台农产品市场有限公司、开元寺、中国闽台缘博物馆等，了解闽台双方市场农渔产品需求和码头运输方式情况，以及泉州和台湾历史文化渊源。参访团表示，泉州与高雄有共同的方言和民间信仰，地缘相近、文缘相承，泉州深厚的文化积淀给他们留下美好而深刻的印象，希望两市能有更多的合作与交流，共同携手进步。

云林农特产品推介会在泉州举行

云林农特产品推介会在泉州举行，福建闽台农产品市场与云林农产品物流中心股份有限公司签订合作意向书。云林县位于台湾中部，是台湾农业大县。推介会上，到泉州参访的云林县长张丽善介绍此次带来的特色农产品：“浊水溪水浇灌出云林有名的西螺米，以及文旦柚、凤梨等水果，日照条件充足造就了优质的西螺酱油，高海拔地区出产的咖啡香浓四溢，我们还有不少农业深加工产品，如黑蒜精、苦茶油、黑米烧、地瓜制品等。泉台两地同文同种，有相同的生活、饮食习惯，希望泉台两地进一步加强经贸交流、农产品合作，相信大家看到云林农产品，会像看到家乡产品那样亲切。”作为泉州签约方，闽台农产品市场董事长王世哲表示，泉州与云林的农产品交流已有十余年历史，此次签订合作意向书，是在两地原有的深厚合作基础上，更上一层楼。希望能够建立更加紧密的合作关系，一起把更多的云林优质农产品推广给泉州人民。同时，以引进农产品为桥梁，吸引更多台湾青年到大陆工作、创业，实现融合发展。

相关链接：泉州是大陆距离台湾最近区域，也是台湾汉族同胞的主要祖籍地之一。泉州和台湾两地经贸往来、民间交流频繁。泉州在两岸交往史上，创下不少“第一”，如第一艘台轮停靠，第一次进行两岸小额贸易，第一个设置台轮停泊点等。两岸经济互补性强，开展互利合作具有得天独厚的条件。2018年，泉州和台湾贸易总额达65亿元。在农业交流方面，泉州已引进台湾动植物9大类200多种，涉及粮食、茶叶、瓜果、蔬菜、花卉、苗木、食用菌、禽畜、水产等。其中，闽台农产品市场是台湾冰鲜海捕带鱼、冰鲜养殖午仔鱼、槟榔、鳖卵等产品进入大陆的最大中转站，每年进口高雄、新北、云林等地的台湾农水产品和加工品，总计达2.5万吨，贸易额1.73亿元。

泉州市简化高层次人才落户流程

为贯彻落实人才“港湾计划”、鼓励产业急需高校毕业生到泉州就业创业、服务和保障民营企业港澳台资企业健康发展等政策措施要求，全面服务和保障泉州人才及重点群体的户口迁移工作，市公安局、市人力资源和社会保障局出台《关于做好高校毕业生及重点群体户口迁移服务工作的通知》，对高层次人才、专科院校及专业人才、就业创业人员户口迁移及放宽集体户设立条件等提出简化办理流程工作措施，全面服务和保障泉州市人才及重点群体的户口迁移工作。

通知明确，对泉州市高层次人才，实行“无门槛”落户政策，本人及其配偶、父母、子女户口均可迁入泉州市。对有意到泉州市创业、就业（包括非公有制经济组织）的普通院校专科学历或中级职称以上专业人才，实行“先落户、后就业”政策，本人户口可迁入市、县（区）政府所属人才公共服务机构集体户。对已在泉州市创业的人员，实行“创业落户”政策，本人及其配偶、父母、未成年子女户口均可申请迁入创业地。对已在泉州市国有、民营、港澳台资、合资、外资独资等企业工作的员工，实行“举家均可迁移”落户政策，本人及其配偶、未成年子女、父母，均可申请迁入就业地。此外，通知还全面放宽集体户设立条件。其中，部队、机关、团体、学校、企业、事业单位等编制或者从业人数达到5人的，可向单位所在地公安派出所申请设立单位集体户。一个单位原则上只设立一个单位集体户。单位集体户仅限本单位职工落户，部队集体户用于非军籍职工及随军家属落户。

泉州市组团到河南参加第二届中国粮食交易大会

21—23日，第二届中国粮食交易大会在河南郑州举行。市发改委（市粮食与物资储备局）相关负责人及20多家泉州粮食重点企业代表组团参加。此次粮食交易大会期间，泉州市代表团考察河南当地优秀粮食企业和优质粮食商品基地，走访中储粮新乡直属库，就粮食储备机制、粮食订单收购进行交流；到河南工业大学，就储备粮库智能化信息化建设、粮食行业人才引进展开探讨。会上，泉州市与当地粮食部门开展产销对接，签订粮食购销合同10万吨。泉州市还作为福建省唯一的政府部门代表，上台与河南省濮阳市签署粮食流通产销协作框架协议。泉州市是福建省最大的缺粮区，为满足市场需求，每年需从粮食主产区调入粮食达200多万吨。濮阳市是河南省最大的粮食主产区，且为全国重要的优质商品粮基地。市发改委（市粮食与物资储备局）相关负责人表示，两地建立产销战略协作关系，可望实现资源互补，该协议的签订对稳定引粮粮源、拓宽引粮渠道、确保泉州市粮食安全，具有重要意义。

2019年“泉州青创大讲堂”活动举行

由泉州晚报社主办、福建省中小企业互助商会联办的2019泉州青创大讲堂活动在市区东海万科营销中心举行。活动邀请到福建路虎小镇商务服务有限公司运营部首席CEO王思迪、厦门哆哆洗生物科技有限公司总经理林永峰、衍芮手造创始人陈鸿芮、泉州市众康农业科技有限公司总经理曾寿华等，分享《打造“田园综合体”特色小镇》《传统渠道+互联网思维的洗护蓝海创业平台》《衍纸+手作+亲子手工+生活美学》、《舌尖上的茶油》等内容。

2019泉州青创大讲堂现场（图/洪荣堆）

6月23日

农历己亥年五月廿一
星期日
温度：22℃—28℃
中雨转小雨

●泉州市出台《关于做好高校毕业生及重点群体户口迁移服务工作的通知》。

●21—23日，第二届中国粮食交易大会在河南郑州举行。市发改委（市粮食与物资储备局）相关负责人及20多家泉州粮食重点企业代表组团参加。

●由泉州晚报社主办、福建省中小企业互助商会联办的2019泉州青创大讲堂活动在市区东海万科营销中心举行。

6月24日

农历己亥年五月廿二
星期一
温度：22℃—26℃
中雨转大雨

●为落实“项目攻坚2019”具体部署，市委、市政府决定从是日起，在全市开展2019年第二季度“领导干部一线办公”活动周。

●由中法文化论坛泉州筹备工作领导小组、德化县陶瓷发展委员会、“中国白”国际陶瓷艺术大奖赛组委会主办的2019“中国白”国际陶瓷艺术论坛在德化举办。

●十二届市政协第十八次主席会召开，协商十二届泉州市政协常委会第十六次会议相关事项。

●市政协党组理论学习中心组（扩大）学习会议召开，集中研讨、交流《学习时报》刊发的《习近平在宁德》采访实录学习体会等。

●由市委宣传部、市委文明办、市文旅局、市文联、泉州晚报社、泉州广播电视台等主办的“欢乐泉州 走进罗东”——泉州市庆祝中国共产党成立98周年暨“不忘初心、牢记使命”主题教育文艺演出在南安市罗东镇银河新城广场举行。

●高考成绩揭晓。泉州市考生高考总体成绩较好，取得大面积丰收，有18人进入全省文科前50名，14人进入全省理科前100名。

●由原市工商局办公楼改造的泉州市第一医院老年病分院（泉州市老年医院）揭牌并投入使用。

●丰泽区政府与泉州师范学院合作办学签约仪式举行，泉州十中更名挂牌为泉州师范学院附属中学。

2019年“中国白”国际陶瓷艺术论坛在德化举办

由中法文化论坛泉州筹备工作领导小组、德化县陶瓷发展委员会、“中国白”国际陶瓷艺术大奖赛组委会主办的2019“中国白”国际陶瓷艺术论坛在德化举办。市长王永礼、市政协副主席李冀平参加活动。近700名专家学者、工艺美术大师、企业家、艺术新秀以及职业学校师生代表现场交流互动。清华大学美术学院陶瓷系主任、教授白明，纽约大学教授、博士朱迪思·施瓦茨，法国赛努齐博物馆前馆长、法国博物馆遗产总监克里斯蒂娜·清水，华侨大学美术学院副院长、教授、博士生导师杨学太，分别围绕世界的“中国白”、“中国白”再出发等主题做分享交流。同时，各位嘉宾还就当代陶瓷艺术创作、陶瓷工业设计等方面，与现场的陶瓷工艺美术师、企业家、艺术新秀代表，以及泉州工艺美术学院、德化职业技术学校的师生代表，进行互动探讨。现场还举行《“中国白”再出发》书籍首发仪式、“‘中国白’国际艺术家驻地创作交流基地”授牌仪式；德化县陶瓷发展委员会、泉州瓷路艺术发展中心与泉州工艺美术职业学院、德化职业技术学校签署《“中国白”国际驻地项目合作备忘录》。

“中国白”国际陶瓷艺术论坛签约仪式（图/泉州晚报社）

泉州市高考取得大面积丰收

高考成绩揭晓。泉州市考生高考总体成绩较好，取得大面积丰收，有18人进入全省文科前50名，14人进入全省理科前100名。泉州五中高分考生取得历史性突破，文科3人进入全省前4名，5人进入全省前10名，7人进入全省前16名，10人进入全省前30名；理科1人进入全省前3名，4人进入全省前50名。文科600分以上125人，理科600分以上175人，总计300人。泉州七中1人进入全省理科前3名，文科1名学生数学取得满分150分。泉州一中文科有1名学生进入全省前50名，文理科合计410人上本一线。泉州实验中学文科2人进入全省前60名，理科1人进入全省前100名，60多人超600分，400多人超本一线。泉州培元中学有4名学生进入全省前500名，文理科上600分共15人。泉州九中本一上线人数比2018年增长336%。

泉州市老年医院投入使用

由原市工商局办公楼改造的泉州市第一医院老年病分院（泉州市老年医院）揭牌并投入使用。老年医院位于丰泽区刺桐北路与田淮街交汇处，占地约1.28公顷，设置床位290张，面积约2.9万平方米，按三级医院标准建设。在管理上，该院与泉州市第一医院实行同质化管理。由于老年医院主要收治的是老年慢性病病人及康复期病人，为此，医院针对该群体行动不便的特殊性做了特别的改造。该院各个楼层、通道均设置无障碍通道，门诊单独开辟无障碍卫生间，在病房内卫生间里，配有安全扶手、防滑地垫、紧急呼叫系统等。医院以内科、康复医学治疗为主，重点发展老年医疗疾病、心脑血管、内分泌、中医专科、老年康复、健康养老等相关业务，并拓展社区康复、家庭医生、老年中医馆等延伸业务。作为省内第一家地市级老年医院，该医院将有效整合和扩充泉州市的老年医疗资源，弥补泉州市公立医疗老年专科医院空白。

泉州市老年医院（图/吴寿民）

康涛到晋江督促落实各项攻坚部署

市委书记康涛到晋江察看项目进展，并召开现场办公会，督促推动市委、市政府各项攻坚部署落实。康涛强调政府要过紧日子，让企业过好日子，落实减税降费政策，减轻企业负担。要营造有利于创新创业创造的良好发展环境，提升城市功能、城乡生态环境，完善公共服务配套。要突破项目攻坚中的瓶颈问题，发挥重点项目协调推进机制的作用，市直部门要站位全局、主动服务、靠前指导，与县（市、区）一起想办法、谋措施。

康涛（左二）在晋江市现场办公（图/陈起拓）

康涛部署防御强降雨和抢险救灾工作

康涛到市防汛办会商部署防御强降雨和抢险救灾工作。康涛通过抢险救援异地联动指挥系统，与南安东田镇美洋村溜方路段的抢险人员视频连线，了解现场抢险、人员撤离等情况。图为防御强降雨和抢险救灾会商现场。（图/市防汛办）

泉州市禁毒教育基地开馆

位于丰泽区城东街道美仙山花苑的泉州市禁毒教育基地开馆。泉州市禁毒教育基地由市禁毒委、市公安局主办，以提高全民禁毒意识为核心理念，设有序厅、认识毒品、毒品危害、禁绝毒品、毒品预防和尾厅六大展区，建设面积达1500平方米，融入体感互动、VR虚拟现实、多媒体数字化技术等高科技元素，是省内规模最大、投入最多、设备最全、科技含量最高的禁毒教育展馆之一。高科技设备能让参观的群众直观地看到、感受到吸毒的毁灭性。如在“拍照区”，人们对着摄像头拍照后，系统会自动显示拍照人无吸毒的正常脸部，以及假如吸毒3年后、吸毒5年后、吸毒8年后脸部的惊悚变化。在“虚拟吸毒”区，人们借助现场的仪器，顿时感觉到如多只虫子啃咬的毒瘾折磨，出现幻听等状况。

泉州市禁毒教育基地揭牌仪式（图/市公安局）

全市机关身边的感动主题演讲比赛决赛举行

由市委市直机关工委、市总工会、市文联主办的全市机关“践行新思想·建功新时代”身边的感动主题演讲比赛决赛举行。演讲比赛自4月开展以来，得到全市机关各级党组织的响应，掀起树典型、立标杆、学先进的热潮。全市机关有56个单位70名选手参赛，12名选手进入决赛。参赛选手讲述一个个平凡岗位上不忘初心、担当有为、砥砺奋进、敬业奉献的人物形象，传递基层好声音，讲出机关好故事，凝聚发展正能量，集中展示机关党员干部职工新时代新担当新作为的风采。市委市直机关工委有关负责人表示，希望通过此次活动激励全市机关党员干部职工学先进、找差距，明目标、抓落实，奋力作答时代命题，争当忠诚实干楷模。

6月25日

农历己亥年五月廿三
星期二
温度：22℃—27℃
大雨

●康涛到晋江察看项目进展，并召开现场办公会，督促推动市委、市政府各项攻坚部署落实。

●康涛到市防汛办会商部署防御强降雨和抢险救灾工作。

●全国深化“放管服”改革优化营商环境电视电话会议召开，泉州市设立分会场组织收听收看。

●位于丰泽区城东街道美仙山花苑的泉州市禁毒教育基地开馆。

●由市委市直机关工委、市总工会、市文联主办的全市机关“践行新思想·建功新时代”身边的感动主题演讲比赛决赛举行。

●第九届全国“人民满意的公务员”和“人民满意的公务员集体”表彰大会在北京举行，晋江市公安局刑事侦查大队被授予“全国人民满意的公务员集体”称号。

6月26日

农历己亥年五月廿四
星期三
温度：24℃—30℃
小雨

●市委与市政协召开会议，围绕“推动民营企业发展 高质量落实赶超”展开专题协商。

●王永礼到南安调研，察看项目进展，并召开现场办公会，一线督办、协调解决项目建设和企业发展遇到的问题和困难。

●十二届市政协常委会第十六次会议召开，审议通过《政协泉州市委员会提案工作条例》（草案）。

●24—26日，全市各地同时举行第二季度重点项目集中开竣工活动。全市集中开竣工项目217个，总投资494亿元，涵盖交通、工业、能源、教育、旅游、基础设施、城建环保和社会民生等领域。

●由市科协、市教育局、市发改委、市文明办、团市委、市关工委主办的“体验科学·快乐成长——2019年泉州市青少年科学调查体验活动”启动仪式在丰泽区第三中心小学举行。

●由市教育局和泉州晚报社主办的2019年泉州高招志愿填报咨询会在泉州晚报大厦举，泉州晚报社旗下泉州通客户端首次采用5G技术进行现场直播。

●由市总工会、市人力资源和社会保障局、市卫生健康委员会主办，泉州台商投资区总工会等承办的首届泉州和台湾医护人员岗位职工技能竞赛活动在泉州华光职业学院开幕。

市委与市政协召开专题协商会议

市委与市政协召开会议，围绕“推动民营企业发展 高质量落实赶超”展开专题协商。市政协课题组、委员代表从泉州企业家新生代、加大研发投入、营商环境、制造业标准化、新型政商关系等方面建言。市委书记康涛强调，要踢好转型升级“后半场”，理清主导产业、新经济新业态、现代服务业发展路径。要构建亲清政商关系，升级党委政府帮扶企业的方式方法，盯住企业痛点、堵点、敏感点，树立系统思维，造好“产城人”大环境、一流营商环境。市政协主席李转生指出，要拓展发展空间、培育新增长点，强化要素保障、增强企业发展后劲，强化学习提升、加强企业家队伍建设，加强风险防控、促进持续健康发展，优化营商环境、营造良好发展氛围。

王永礼到南安调研项目建设情况

市长王永礼到南安调研，察看项目进展，并召开现场办公会，一线督办、协调解决项目建设和企业发展遇到的问题和困难。王永礼强调，要抓实抓细项目用地、用海、资金等要素保障，跟踪落实好已签约的重大外资项目、打造一批总部在南安的跨国公司，加力加劲确保全年目标任务完成。市直部门要主动担当，发挥统筹协调、指导督促作用，不仅要发现提出问题、更要有解决问题的方案措施，合力做好项目攻坚和企业发展的服务保障。

全市第二季度重点项目集中开竣工活动举行

24—26日，全市各地同时举行第二季度重点项目集中开竣工活动。全市集中开竣工项目217个，总投资494亿元，涵盖交通、工业、能源、教育、旅游、基础设施、城建环保和社会民生等领域。新开工项目127个。其中，基础设施项目25个，产业项目73个，社会民生项目29个，总投资324亿元。竣工投产项目90个。其中，基础设施项目15个，产业项目61个，社会民生项目14个，总投资170亿元。

2019年泉州市青少年科学调查体验活动启动

由市科协、市教育局、市发改委、市文明办、团市委、市关工委主办的“体验科学·快乐成长——2019年泉州市青少年科学调查体验活动”启动仪式在丰泽区第三中心小学举行。2019年全国青少年科学调查体验活动由中国科协、教育部、国家发展改革委、中央文明办、共青团中央发起，设置“能源资源”“生态环境”“安全健康”和“创新创意”四个活动领域，各活动领域下又分别设置若干推荐活动内容，供学校和青少年自主选择推荐活动参加调查体验。活动旨在培养青少年科学兴趣、提高科学探究能力、增强创新意识和实践能力。

泉州首次运用5G直播高招志愿填报咨询会

由市教育局和泉州晚报社主办的2019年泉州高招志愿填报咨询会在泉州晚报大厦举。包括清华大学、北京大学、厦门大学等省内外百余所高校招生办工作人员坐镇现场，吸引大批考生及其家长到场咨询。泉州晚报社旗下泉州通客户端首次采用5G技术进行现场直播。泉州通客户端携手中国移动泉州分公司，利用5G网络环境低延时网速的优势，直播画面清晰、流畅，音质真实、还原度高。现场观众通过泉州通客户端观看5G直播，享受“近在眼前”的视觉体验。

2019年泉州高招志愿填报咨询会现场（图/陈小阳）

泉州市庆祝中国共产党成立98周年暨“两优一先”表彰大会召开

泉州市庆祝中国共产党成立98周年暨“两优一先”表彰大会召开，表彰做出突出贡献和取得优异成绩的优秀共产党员、优秀党务工作者、先进党组织。四位“两优一先”代表在会上作事迹报告。市委书记康涛指出，要贯彻习近平在参加十三届全国人大二次会议福建代表团审议时讲话精神，全面落实新时代新福建建设部署。各级党组织要扛起重大政治责任，以坚强有力的党组织确保工作任务落实；党员领导干部要发挥“关键少数”作用，带头学、带头贯彻；党员要投身泉州建设火热实践，以贯彻的实际成效体现担当作为。要保持清醒执着，推动全面从严治党向纵深发展。要贯彻新时代党的建设总要求，把政治建设摆在首位，高标准推进“不忘初心、牢记使命”主题教育，兴起“大学习”热潮，激励干部新担当新作为，建强党的基层战斗堡垒，推动“强基促稳”三年行动，持之以恒正风肃纪，把各领域党建工作抓具体、抓深入。要从纪念建党98周年活动中汲取力量，继承和发扬党的优良传统，彰显新时期党员风采，争当对党忠诚的表率、真情为民的表率、实干担当的表率、清正廉洁的表率。

泉州市“两优一先”表彰大会现场（图/陈起拓）

中国共产党创建历史图片展在泉州开幕

由中国闽台缘博物馆、中共一大会址纪念馆、市委市直机关工委主办的“伟大开端——中国共产党创建历史图片展”在中国闽台缘博物馆开幕。此系该展览首次在福建巡展，也是此次福建巡展的首站。展出持续到7月13日。展览分“前赴后继 救亡图存”“风云际会 相约建党”“群英汇聚 开天辟地”三个部分，内容涵盖广泛，包括自鸦片战争后，中国人民在帝国主义、封建主义的侵略压迫下，进行不屈不挠的反抗斗争；直至中国工人阶级崛起和五四运动后，中国早期共产主义运动的发展；还有中共一大会议情况，以及中国共产党创建时期的各项活动等。该展览为中共一大会址纪念馆的基本陈列，选取近300张历史图片及文献资料，用一个个鲜活的故事，讲述中共一大召开的历史背景及中国共产党的创建史。展览旨在让党员群众零距离接触红色文化，了解中国共产党创建历史，传承红色精神，并从中汲取力量、坚定理想信念。

中国共产党创建历史图片展开幕式（图/吴寿民）

泉州市高甲戏表演教学实践合作共建项目签约

泉州市高甲戏表演教学实践合作共建项目签约仪式在泉州师范学院第二附属小学举行。泉州市实验小学、泉州师范学院第二附属小学、丰泽区第二中心小学、鲤城区新隅小学与泉州市高甲戏传承中心签订协议。此次多所学校与泉州高甲戏传承中心开展合作共建，是泉州市弘扬传统文化和实施素质教育的一项重要举措，通过教育进行文化传承，引导学生们去听传统艺术的词韵，学传统艺术的板眼，并从一招一式、唱念坐打中感受中华民族的文化精神。泉州市通过以校内课堂教学为主阵地，在实施好高甲戏表演教学实践合作共建项目的过程中，不仅能有效推进教学和欣赏活动的开展，也能够在普及戏曲知识的基础上，加强特长学生和有浓厚兴趣学生的培养与训练，提高学生戏曲表演水平。

6月27日

农历己亥年五月廿五
星期四
温度：26℃—31℃
小雨转多云

●泉州市庆祝中国共产党成立98周年暨“两优一先”表彰大会召开，表彰做出突出贡献和取得优异成绩的优秀共产党员、优秀党务工作者、先进党组织。

●市委常委会召开会议，学习习近平《〈福州古厝〉序》，贯彻习近平关于文物工作系列论述精神，落实省委常委会扩大会议要求，研究部署泉州市文物保护利用及文化和自然遗产保护传承工作。

●市委常委会召开会议，传达学习贯彻习近平对四川长宁6.0级地震做出的指示精神和李克强的批示要求以及省委常委会会议精神，部署泉州市防汛防台风和近阶段有关重点工作。

●省委党校、福建行政学院与市委举行战略合作框架协议签约仪式。

●由中国闽台缘博物馆、中共一大会址纪念馆、市委市直机关工委主办的“伟大开端——中国共产党创建历史图片展”在中国闽台缘博物馆开幕。此系该展览首次在福建巡展，也是此次福建巡展的首站。

●泉州市高甲戏表演教学实践合作共建项目签约仪式在泉州师范学院第二附属小学举行。

6月28日

农历己亥年五月廿六
星期五
温度：26℃—32℃
阴

●市委党校“三名工程”启动仪式举行。

●由市委宣传部、市委市直机关工委、市应急局、市总工会、团市委、泉州晚报社、泉州广播电视台主办的，以“作答时代命题、聚力赶超攻坚”为主题的2019年泉州市应急管理知识竞赛总决赛在泉州广播电视台举行。

●全市首个VR/AR党建智慧体验中心在市区源和1916创意产业园启用。

●泉州职业技术大学揭牌仪式举行。

●28—30日，受邀参加香港康乐及文化事务署主办的“中国戏曲节2019”的福建省梨园戏传承中心在香港大会堂剧场连续举行三场演出。

●安溪县2019年第二季度重点项目集中开（竣）工活动举行。

市委党校“三名工程”启动

市委党校“三名工程”（培育名师、打造名课、建设名校）启动仪式举行。启动仪式上，市领导要求党校名师工作室成员珍惜机会、开拓进取，成为政治强、业务精、作风好的知名教师，带动更多党校教师努力学习、努力实践、努力提升，推动形成担当作为、务实进取的氛围。同时要求“晋江经验”“非公企业党建”课程项目组，聚力攻坚、创新作为，打造一批在全国有影响力的精品课程、在全国有示范效应的现场教学基地。

市委党校“三名工程”启动仪式（图/苏展辉）

全市应急管理知识竞赛总决赛举行

由市委宣传部、市委市直机关工委、市应急局、市总工会、团市委、泉州晚报社、泉州广播电视台主办的，以“作答时代命题、聚力赶超攻坚”为主题的2019年泉州市应急管理知识竞赛总决赛在泉州广播电视台举行。此次竞赛活动4月启动，分网上竞答、笔试预赛和现场竞答决赛三个阶段。活动期间，全市党员干部群众广泛参与，270多万人次参与网上竞答，65个代表队260名选手参加预赛。其中，网上平台总访问量1400万人次，活动覆盖面广、辐射带动性强。通过层层筛选，8支队伍进入最后的电视总决赛。经过必答题、限时竞答、抢答题和风险题环节的角逐，最终，市直公安系统、市直卫健系统和市纪委监委三支队伍获一等奖。

泉州职业技术大学揭牌

泉州职业技术大学揭牌仪式举行。泉州职业技术大学的前身是创办于1986年的晋江摩托培训学校，而后经过发展成为福建省摩托汽车培训学校、泉州中营职业学校、泉州理工职业学院。2018年12月获教育部批准升格为本科，2019年5月教育部发函，同意泉州理工职业学院更名为泉州职业技术大学，意味着泉州职业技术大学成为全国首批、福建省首家本科层次职业教育试点学校。学校相关负责人表示，升本后，学校将立足晋江，打造具有晋江基因的本土院校，更好地对接晋江产业。首批设置的本科专业均为区域主导产业急需紧缺专业。学校将坚持职业教育办学定位，以区域社会经济及产业发展需求为导向，以原有优势专业为依托，重点构建与区域产业对接的学科专业群。未来五年，学校将逐渐增批2—3个本科专业，并逐年减少专科批次专业，争创职业教育的“晋江经验”。是日除举行揭牌仪式外，还开展本科层次职业教育试点战略发展研讨会、现代职业教育与体育人才培养论坛、揭牌庆典晚会暨2019届毕业典礼等系列活动。

泉州梨园戏在香港演出

28—30日，受邀参加香港康乐及文化事务署主办的“中国戏曲节2019”的福建省梨园戏传承中心在香港大会堂剧场连续举行三场演出。此次演出的梨园戏剧目主要有《吕蒙正》《朱买臣》《刘智远》残本，以及折子戏《李亚仙·莲花落》。此次参演的演员，囊括三个流派不同风格，既有中国戏曲梅花奖“二度梅”获得者曾静萍献演传统大戏《吕蒙正》《朱买臣》，又有89级、97级和07级等不同梯队演员献上各自的拿手好戏，较全面地展示梨园戏当下的整体实力。首场演出是梨园戏《吕蒙正》，该剧是福建省梨园戏传承中心近年复排成功的一个经典传统剧目。这部戏文辞古朴典雅而又不失活泼，演员表演得自然细腻又生动有趣，此次演出其中四折戏《过桥入窑》《煮糜》《验脚迹》《辞窑》，每一折都有其独特的呈现，铺陈张弛有度。

泉州市争取省级及以上财政水利项目资金11.5亿元

2020年以来，市水利局把握上级政策导向和资金投向，争取省级及以上财政资金11.5亿元，包括水利重大项目建设6.53亿元、水生态文明建设3.55亿元、库区建设移民支出7991万元、农村水利发展4131万元、水利防灾减灾2075万元。市水利局按照国家有关政策、投资方向和重点，组织各县（市、区）水利部门、各有关单位、科室在对口申报的基础上，对上报争取中央、省资金的项目全程跟踪、分工负责，并做好现场调研、项目分析和科学论证等前期准备工作，推进项目落地。同时，联合发改、财政等部门，主动沟通协调省上相关部门，解决存在问题，争取国家河湖长制激励奖励、水库管护等各项资金，力争在国家和省上的大盘子里占有更大份额。

5名泉州中学生晋级世中运形象大使全国总决赛

2020年世界中学生运动会形象大使选拔赛福建地区决赛在福州举行，12名中学生从63名参赛选手中脱颖而出，晋级全国总决赛。其中包括5名泉州选手。福建赛区决赛采取现场抽签的方式，男生组、女生组分开，比赛时交替上场。比赛内容包括英语定题演讲、才艺展示和英语互动问答三个环节。其中，英语定题演讲主题为“2020世中运，Welcome to晋江”。经过现场打分，柯熙芃、陈思妤等6名女生组选手，陈宇轩、王鹏等6名男生组选手获晋级全国总决赛的资格。形象大使将承担赛事宣传、志愿服务等职责，并根据组委会安排，参与其他相关工作，向全世界展示新时代中国青少年学子的风采，展现年轻、活力的晋江形象。

省高等职业院校外语教学指导委员会工作会议在泉州召开

福建省高等职业院校外语教学指导委员会2019年工作会议在黎明职业大学召开。教育部职业院校外语类专业教学指导委员会福建委员、福建省各高职院校现任外语教指委委员及新一届委员会委员候选人参加会议。与会人员听取并审议第一届委员会工作报告、酝酿产生新一届委员会领导机构及组成成员，黎明职业大学担任新一届主任委员单位，该校副校长李冬梅当选主任委员，旅游学院院长姚丽梅当选秘书长。福建省高等职业院校外语教学指导委员会是省教育厅领导组织的外语教学与研究指导团体。具体人员由从事外语教育教学、教学研究和教学管理的专业人员和有关专家学者组成，并与其他相关专业教学委员会协作，共同促进福建高等职业院校外语教学与研究水平。

泉州晚报社首届粉丝节启动

由泉州晚报社主办，中国邮政集团公司泉州分公司、中国银行股份有限公司泉州分行、中国人民财产保险股份有限公司泉州市分公司协办的泉州晚报社首届粉丝节启动。粉丝节的主题是：与城市共生长，与粉丝共约“惠”。在启动仪式上，除环西湖亲子跑，还有智能机器人互动体验、航模飞行秀，小小艺术家才艺表演、旗袍秀、红歌献唱、太极拳表演，以及防诈骗金融知识问答、节能用电、名医义诊、法律援助等超20项便民服务和互动体验。泉州晚报社旗下的泉州网、泉州通客户端对活动进行全程直播，现场的视频直播车亮相，VR技术展示，H5泉州达人“烤”问答小游戏，多重新技术、新手段的运用，吸引线上线下数十万粉丝围观、参与互动。

幸福泉州环西湖亲子跑开跑（图/泉州晚报社）

6月29日

农历己亥年五月廿七
星期六
温度：24℃—35℃
小雨

●泉州市争取省级及以上财政水利项目资金11.5亿元。

●2020年世界中学生运动会形象大使选拔赛福建地区决赛在福州举行，5名泉州中学生晋级全国总决赛。

●福建省高等职业院校外语教学指导委员会2019年工作会议在黎明职业大学召开。

●以“感党恩·颂祖国”为主题的庆祝建党98周年暨新中国成立70周年主题音乐会在位于安溪县城厢镇经兜村的全省首个室外党建文化主题公园——初心公园举行。

●由泉州晚报社主办，中国邮政集团公司泉州分公司、中国银行股份有限公司泉州分行、中国人民财产保险股份有限公司泉州市分公司协办的泉州晚报社首届粉丝节启动。

●旅美泉州籍钢琴家黄婧宁在泉州举行小型钢琴独奏会。

●由惠安县文化体育和旅游局、崇武镇政府主办的“行走惠安·天风海涛话崇武”暨“文明旅游·为中国加分（惠安）”活动举行。

6月30日

农历己亥年五月廿八
星期日
温度：26℃—33℃
阴

●由市文旅局、鲤城区委组织部主办的“不忘初心 匠心传承——文化高层次人才献礼新中国70周年华诞”晚会举行。

●位于市区东海片区的泉州市公共文化中心正式亮灯。

●象征泉州大剧院运营管理权的“金钥匙”交接仪式举行，宣告泉州大剧院交付并投用。

●泉州历史文化中心丛书“泉城”：《刺桐双塔》（古斯塔夫·埃克、保罗·戴密微著）、《泉水之城》（安妮·邓肯著）、《中国传奇》（坎贝尔·布朗著）分享会举行。

●讲述泉州爱拼敢赢故事的电视剧《那片花那片海》在中央电视台电视剧频道（CCTV-8）黄金强档播出。

●泉州、三明、厦门三市诗友联吟会在大田举行。

●安溪县邀请14位与安溪产业发展契合度较高的国家特聘专家到该县开展项目对接、企业咨询等活动。

泉州大剧院交付投用

象征泉州大剧院运营管理权的“金钥匙”交接仪式举行，宣告泉州大剧院交付并投用。泉州大剧院是闽南地区规模最大、功能最完善的现代化专业剧院。原创大型歌剧《马可·波罗》作为开幕大戏率先亮相。《马可·波罗》讲述十三世纪意大利旅行家马可·波罗自陆上丝绸之路和海上丝绸之路往返中国的传奇经历，主创阵容强大，台前幕后超过200人参与。泉州市闽南民间舞蹈歌舞传承中心的80多名优秀演员受邀加盟。该剧自2018年5月首演以来，在国际上引发强烈关注。该剧被列入中意文化交流合作项目。是日，泉州大剧院还举行两岸合制原创剧目签约仪式暨“艺术与城市”对话活动。

原创歌剧《马可·波罗》演出现场（图/东南早报）

泉州历史文化中心丛书“泉城”分享会举行

泉州历史文化中心丛书“泉城”：《刺桐双塔》（古斯塔夫·埃克、保罗·戴密微著）、《泉水之城》（安妮·邓肯著）、《中国传奇》（坎贝尔·布朗著）分享会举行。图为泉州历史文化中心丛书“泉城”。

（图/吴寿民）

讲述泉州爱拼敢赢故事的电视剧在央视播出

讲述泉州爱拼敢赢故事的电视剧《那片花那片海》在中央电视台电视剧频道（CCTV-8）黄金强档播出。电视剧《那片花那片海》由知名导演车父执导，国家一级编剧苏润娟担任编剧，曾泳醍、张陆、林佑威领衔主演，孙文婷、马子洛、王雨薇、刘浩闻、杨雪儿出演，实力派演员颜丹晨、丁泊中、苏丽友情出演。该剧讲述贫困山区女孩康乃欣与鞋厂工人程垦在泉州石狮因误会结缘，两人在相互帮衬的创业拼搏中多次分合聚散，凭借坚韧不拔的毅力和爱拼敢赢的精神，勇敢地抓住机遇，最终创立起中国自主品牌的创业故事。《那片花那片海》根据时代节点对场景进行遴选，前期以泉州中心市区、石狮、惠安等地的老街、老建筑为主体，注重那个时代的特色和特点。以石狮为代表的闽南地区是早期服装行业的发源地，保留富有闽南文化特质的建筑，更有美丽漫长的海岸线，保证全剧场景的质感、美感和风格感，基调扎实不失明快。《那片花那片海》跨越30年时间，书写第一代创业青年从“中国制造”到“中国创造”的创业时代。

《那片花那片海》主创人员参加开播发布会（图/吴聪伟）

安溪县邀请国家特聘专家开展项目对接、企业咨询等活动

安溪县邀请14位与安溪产业发展契合度较高的国家特聘专家到该县开展项目对接、企业咨询等活动。安溪县上百名重点企业负责人、部分高层次人才代表，以及各乡镇、县直单位负责人150多人参加活动。安溪县委组织部耗时半年收集茶产业、光电信息、智能制造等该县主导产业、新兴产业的人才需求和项目需求，最终邀请契合度较高的14位专家到安溪开展项目对接、企业咨询等活动。

康涛王永礼调研110工作

市委书记康涛、市长王永礼调研泉州市110工作，并以普通党员身份，受邀参加市公安局指挥情报中心党支部主题党日活动，庆祝中国共产党成立98周年。康涛、王永礼走访丰泽区领SHOW天地110执勤点和鲤城公安分局巡特警队伍，了解有关屯警路面、动中处警情况和接处警勤务工作，现场协调指挥情报中心改造项目、巡特警办公场所等。

随后，康涛、王永礼与指挥情报中心党支部党员一起开展主题学习讨论。康涛表示，解民忧、解民困是110的出发点。学习“漳州110”，就是要从党悟上找差距，学习以人民为中心、赤诚为民的价值追求，学习改革创新的信心勇气，把“枫桥经验”坚持好、发展好，把党的群众路线坚持好、贯彻好；就是要发掘“漳州110”精髓，补上工作短板，探索鲜活做法，增强群众的获得感、幸福感、安全感。王永礼表示，学习新时代“漳州110”精神，本质上要回答“跟谁走”“为谁做事”“怎么做事”三个问题，自觉提升站位，始终对党忠诚，结合开展“强基促稳”三年行动，把警力压到基层一线，有为有效服务保障市委、市政府工作大局。要坚持以人民为中心，以铁的纪律和坚定的意志，打造一支全心全意为民服务的队伍，主动帮助解决基层群众反映强烈的困难问题，维护人民权益、增进人民福祉。要坚持创新履职，完善组织架构、创新科技手段，把初心牢记好、把职责履行好。

康涛（右三）、王永礼（右一）在领SHOW天地了解110工作情况（图/陈起拓）

清华大学博士生到泉州社会实践

清华大学18位博士研究生到泉州参加2019年清华大学博士生社会实践。2016年，泉州市与清华大学研究生院成立清华大学研究生社会实践泉州试点基地，并于2018年转为一星级实践基地。三年来，共有72名清华博士生到泉州市开展63个社会实践项目研究，涵盖装备制造、电子信息、建筑建陶、水利工程、石油化工以及新能源新材料等各大产业。撰写调研报告累计62份，解决技术难题70项，申请专利15项，帮助实践单位解决不少专业技术难题，树立校地合作的良好典范。2019年，来自清华大学机械工程、能源与动力工程、微电子与纳微电子学以及五道口金融学院、社会科学学院等12个院系的18位博士生，分别到丰泽、洛江、南安、安溪、永春5个县（市、区）的10个单位，进行为期6周的社会实践活动，从高新技术产业、装备制造行业、规划管理等方向开展12个项目研究。泉州市迫切需要各类各层次创新型、技能型、复合型和适用性人才的强力支撑。泉州市与清华大学共建研究生社会实践泉州基地，是纵深推进人才“港湾计划”的体现，将打造柔性引进高校人才的新平台，在促进企事业单位与清华大学开展协同创新的基础上，探索建立校企合作新模式、新平台，吸引更多高校人才资源向泉州集聚，促进产业转型升级。

“我和我的祖国”红色经典电影海报展举行

1—15日，由福建省电影家协会、市文旅局 、市文联主办的“我和我的祖国”红色经典电影海报展在泉州海外交通史博物馆举行。展览通过展出泉州电影人珍藏的100余张新中国成立以来拍摄的红色经典电影海报，以及老式胶片放映机，歌剧、京剧演出单等，唤起人们对不同年代红色经典的回忆，弘扬以爱国主义为核心的伟大民族精神，回顾新中国成立70年来的光辉历程。

红色经典电影海报展现场（图/吴寿民）

7月1日

农历己亥年五月廿九
星期一
温度：26℃—33℃
阴转小雨

●康涛、王永礼调研泉州市110工作，并以普通党员身份，应邀参加市公安局指挥情报中心党支部主题党日活动，庆祝中国共产党成立98周年。

●市人大常委会党组理论中心组学习会召开，学习全国“不忘初心、牢记使命”主题教育工作会议精神和习近平为第五批全国干部学习培训教材所作《序言》精神、《习近平关于力戒形式主义官僚主义论述摘编》，传达中央关于解决形式主义突出问题为基层减负工作系列会议精神等。

●张永宁到石狮一线办公，协调解决项目存在的困难和问题，并召开现场办公会，督促推动石狮市各级部门落实项目攻坚部署。

●市人大常委会机关组织全体党员干部到永春开展“七一”主题党日活动。

●第五批省派泉州驻村工作队举行“抱团发展、献礼‘七一’”项目签约仪式。

●清华大学18位博士研究生到泉州参加2019年清华大学博士生社会实践。

●1—15日，由福建省电影家协会、市文旅局 、市文联主办的“我和我的祖国”红色经典电影海报展在泉州海外交通史博物馆举行。

7月2日

农历己亥年五月三十
星期二
温度：26℃—32℃
中雨

●陈灿辉、李伙金到丰泽了解项目推进及企业发展过程中所遇到的困难和问题，帮助协调解决。

●孔繁军、李冀平到惠安项目、企业一线帮助解决困难问题。

●游宇飞到安溪一线办公。

●林锦明、曾巍到泉州开发区项目、企业一线召开现场办公会，协调解决困难和问题。

●吕刚到泉港调研企业和重点项目情况，帮助协调解决发展难题。

●市行政服务中心管委会与市司法局举办政策法规宣讲会，省司法厅政府法制监督处处长林良灌围绕中办国办近期印发的《法治政府建设与责任落实督察工作规定》进行解读。

●华侨大学支持泉州信息工程学院办学协议签字仪式举行。

●由市慈善总会与泉州晚报社主办的“共同托起他们的理想2019行动”启动。

市领导到全市各地开展一线办公

市领导陈灿辉、李伙金到丰泽了解项目推进及企业发展过程中所遇到的困难和问题，帮助协调解决。市领导要求，要立足当下，抢抓机遇发展高新技术产业，助推经济转型升级；要以审慎的态度做好项目论证，营造创新创造、宜居宜业的环境，高质量推进产城人融合发展。

市领导孔繁军、李冀平到惠安项目、企业一线帮助解决困难问题。在黄塘镇家世比工业4.0电商产业园，市领导勉励企业优化上下游产业链，促进园区企业健康快速发展。同时，要通过多种激励措施，提升员工干事创业精气神。在福建琦峰科技有限公司，市领导要求树立忧患意识，引进更多高端技术人才，提升产品质量，降低生产成本，强化市场竞争优势。市领导还到祥盈商贸中心、华荣服装等项目调研。市领导询问项目建设情况和存在困难、问题，并现场协调解决，要求各级各部门提升服务水平，主动沉到一线破解项目难题，凝心聚力推动项目高质量建成。

市委常委、市纪委书记、市监委主任游宇飞到安溪一线办公。在聚丰工艺品有限公司，游宇飞了解企业运行情况、倾听企业发展诉求，鼓励企业坚定信心、练好内功，增强创新能力，推动产能提质、产品升级，提高企业核心竞争力。在同德大桥施工现场，游宇飞了解工程管理做法及经验，叮嘱项目责任单位加强施工管理和工程质量管控，倒排工期，加快推进项目建设。游宇飞还走访味博食品有限公司、绿道北线景观绿化工程等，了解项目推进和企业生产经营中遇到的困难问题，帮助协调解决。游宇飞强调，各级各部门要主动靠前，营造良好营商环境，为项目攻坚和企业发展提供服务保障；要推动各项惠企政策落地、落细、落实，及时纾解困难问题，提振企业发展信心。

市领导林锦明、曾巍到泉州开发区项目、企业一线召开现场办公会，协调解决困难和问题。每到一处，市领导了解企业生产运行、技术改造、施工建设等方面情况，要求泉州开发区要对标找差抓进度，继续做好招商工作，做大经济总量；要换位思考抓服务，为企业解决资金、用工等方面的困难和问题；要居安思危抓稳定，查找难点、节点，排查化解矛盾。

副市长吕刚到泉港调研企业和重点项目情况，帮助协调解决发展难题。在泉港石化工业园区南山片区福建立亚化学有限公司，吕刚询问企业产品、应用行业、产能产值、技术支撑等情况，要求项目加快进度，力争早日落地投产。吕刚还走访福建钟山化工有限公司、泉港佳化乙（烷）氧基化物项目、泉港丰鹏3.8万吨/年度催化剂综合利用项目、福建钜港环保科技有限公司等，了解项目进度、关心企业效益、倾听企业心声，与一线干部共同为企业普遍反映的招工难等问题想办法、出对策。吕刚指出，泉港区各级各部门要加强要素保障，加大招商引资力度，正确应对企业发展遇到的挑战和难题，坚持问题导向，主动靠前服务，帮助业主推进项目建设。要想办法解决“招工难”问题，主动搭建企业与高校对接沟通平台，在教育、医疗等公共服务建设上多下功夫，吸引更多外来人口到泉港，让人才成为助推企业发展的新动能。

华侨大学支持泉州信息工程学院办学协议签订

华侨大学支持泉州信息工程学院办学协议签字仪式举行。为促进福建省、泉州市社会经济和教育事业发展，早在2013年，华侨大学与泉州信息职业技术学院签订《关于华侨大学支持泉州信息职业技术学院办学的协议》。鉴于该校已升格为泉州信息工程学院，为帮助该校提高人才培养质量和办学水平，双方充分协商，续签协议。依据协议，在师资队伍方面，华侨大学将为泉州信息工程学院提供相关学科的师资培训，对该校重点学科将在学科（学术）带头人、学术队伍建设等方面给予指导和帮助。在人才培养方面，华侨大学将帮助泉州信息工程学院有步骤推进研究生培养工作，以项目和平台助推人才的联合培养，而在实验室建设方面，两校将实现设备和平台共享。此外，在教学、行政管理及图书资源等方面，华侨大学也将给予泉州信息工程学院大力支持。

市委常委会学习习近平讲话精神

市委常委会召开会议，学习习近平文章《把乡村振兴战略作为新时代三农工作总抓手》，传达全国农村人居环境整治暨“厕所革命”现场会和省委常委会会议精神；传达学习全省公安工作会议、全省公安局长座谈会精神；传达省委常委会会议暨省委巡视整改工作领导小组第十三次会议精神，研究部署泉州市巡视整改工作；研究《关于加强水土保持工作的实施意见》，部署全市河湖长制工作；研究《进一步完善“五个一批”项目推进机制的意见》。

会议要求，要学习贯彻习近平关于“三农”工作论述，实施乡村振兴战略，巩固和发展“三农”持续向好形势。要打好农村人居环境整治这场硬仗，抓实抓细既定目标任务落实，建立务实管用的建、管、运机制。要压实责任分工抓好落实，各职能部门要加强指导督促，及时总结推广好经验、好做法。

会议指出，要贯彻习近平关于加强新时代公安工作的论述，毫不动摇坚持党对公安工作的绝对领导，坚持政治建警、改革强警、科技兴警、从严治警，履行好党和人民赋予的职责使命。要学习推广新时代“漳州110”精神，推行“屯警路面、就近出警、动中处警、扁平指挥、快速反应”模式，做到热情服务、高效服务。

会议要求，要学习贯彻习近平关于巡视工作的论述，结合学习贯彻习近平在参加十三届全国人大二次会议福建代表团审议时讲话精神，一如既往扛起整改政治责任，全面彻底完成好整改任务。要全程跟踪督导，严把整改质量关，紧盯不放，推动整改措施落地见效。要凸显巡视标本兼治战略作用，推动整改成果转化为制度优势、发展优势。

会议指出，要学习贯彻习近平生态文明思想，扛起管水治水政治责任，补短板强弱项，提升河湖治理保护成效。要紧盯问题狠抓整改，抓住关键环节，集中力量攻坚，全力抓好源头治理。要推动河长制责任落实，形成管用长效机制，以强有力的措施加强日常监管，确保巡、管、护、治各环节抓到位、管到位。

会议强调，要健全完善项目推进机制，深化项目管理、服务保障、协调推进、监督监管等，把机制运行好，真正发挥效应。要强化运行评估反馈，查摆薄弱环节，持续改进提升，把项目工作做得更好更扎实。发改部门要发挥好参谋作用，相关职能部门要密切配合，推进项目高效滚动实施。

南京大学高新技术产业成果对接会在泉州举行

为加快南京大学科技成果在泉州的转移转化，市科技局和南京大学举行高新技术产业成果对接交流会，吸引数十家泉州企业代表与会，与南京大学专家教授交流技术，探讨对接合作。南京大学物理学院、工程管理学院、化学化工学院、计算机系、电子科学与工程学院、现代工程与应用科学学院6个院系的相关教师分享7项科研成果，涉及智能制造、信息化技术、电子器件、新材料、新能源等领域。会上还印发南京大学重点推介科技成果项目汇编。

水生态环境保护暨防汛应急抢险演练综合实训举行

由泉州市南渠供水有限责任公司、泉州市山美灌区管理处、鲤城区生态环境局、泉州市水利水电工程有限公司主办的2019年水生态环境保护暨防汛应急抢险演练综合实训在南高干渠树兜站举行。18个部门、单位近40人参加实训。演练以一辆小货车掉入南高干渠渠道内开始，车辆漏油，货车司机不识水性，急喊救命。现场管理人员立刻向总指挥报告事故情况，总指挥随即启动应急预案，联系鲤城区生态环境局、泉州市水利水电工程有限公司等单位开展紧急救援。抢险救援小组按照预案，协同合作，先将受困群众抢救起来，随后用吸油毡对漏油区域进行处置，并对水质进行检测，清理渠道堵塞物，修理故障设备。突发事件处置完毕后，开展事件通报会。

7月3日

农历己亥年六月初一
星期三
温度：26℃—30℃
中雨转小雨

●3—4日，省政协副主席王惠敏到泉州开展“关于加强政协党的建设的文件精神贯彻落实情况”专题调研。

●市委常委会召开会议，学习习近平文章《把乡村振兴战略作为新时代三农工作总抓手》，传达全国农村人居环境整治暨“厕所革命”现场会和省委常委会会议精神；传达学习全省公安工作会议、全省公安局长座谈会精神等。

●市委网络安全和信息化委员会第一次会议召开，传达学习中央网信委第二次会议、省委网信委第一次会议精神；审议通过市委网络安全和信息化委员会工作规则、办公室工作细则。

●王永礼会见到泉州参加泉州澎湖直航会香交流活动的台湾澎湖县长赖峰伟。

●市科技局和南京大学举行高新技术产业成果对接交流会，吸引数十家泉州企业代表与会，与南京大学专家教授交流技术，探讨对接合作。

●由泉州市南渠供水有限责任公司、泉州市山美灌区管理处、鲤城区生态环境局、泉州市水利水电工程有限公司主办的2019年水生态环境保护暨防汛应急抢险演练综合实训在南高干渠树兜站举行。

7月4日

农历己亥年六月初二
星期四
温度：26℃—31℃
小雨

●4—5日，全国人大社会建设委员会副主任委员任贤良带队到泉州开展《安全生产法》（修改）立法调研。

●市政府创新举行政府工作部门"年中工作述职"活动，对各部门上半年工作落实情况、存在问题和下半年工作安排，进行一次集中检验、会诊剖析。

●市政府党组（扩大）会议召开，传达学习中共中央关于印发《习近平新时代中国特色社会主义思想学习纲要》的通知精神以及省委常委会会议、市委常委会会议精神。

●2019泉州澎湖直航妈祖会香活动在泉州举行，500余名台湾澎湖妈祖信众与泉州当地信众一同走上街头，参加妈祖绕境活动。此系自2002年泉州和澎湖首开直航会香以来，时隔17年，再次举办直航宗教会香活动。

●福建省2019年厂网联合电力应急示范性演练泉州市演练分会场在国网泉州供电公司应急指挥中心举行。

●黎明职业大学妇女联合会成立暨第一次妇女代表大会召开。该组织是全市高校中首个校级妇联组织。

●永春县重点项目集中开竣工活动举行，其中3个项目竣工、3个项目开工，涵盖工业、基础设施、社会事业等多个领域。

泉州市创新举行市政府工作部门"年中工作述职"活动

市政府创新举行政府工作部门"年中工作述职"活动，对各部门上半年工作落实情况、存在问题和下半年工作安排，进行一次集中检验、会诊剖析。在市长王永礼主持下，首场述职活动举行，市工信局、市农业农村局率先"迎检"。市领导洪自强、周真平、李伙金、吕刚、肖汉辉，市政府秘书长廖国文等参加活动。述职部门对标对表、从严从实报告已完成的工作事项、进展顺利的工作事项、存在的问题、下半年工作安排等内容。随后，市政府领导及市人大常委会相关工委、政府工作部门负责人分别紧扣各自职责，开门见山、单刀直入对述职部门进行点评。王永礼肯定各政府工作部门上半年的工作。王永礼叮嘱，政府各部门要明职责，站在讲政治的立场上，紧跟党中央、省和市委决策部署，坚持高质量发展落实赶超，履行好各自职责。要明目标，敢于担当、主动作为，紧盯全年目标，按时序扎实推进各项工作。要明要求，保持务实工作作风和良好精神状态，兢兢业业、扎扎实实抓工作、见成效。

2019年泉州澎湖直航妈祖会香活动在泉州举行

2019泉州澎湖直航妈祖会香活动在泉州举行，500余名台湾澎湖妈祖信众与泉州当地信众一同走上街头，参加妈祖绕境活动。此系自2002年泉州和澎湖首开直航会香以来，时隔17年，再次举办直航宗教会香活动，也是2007年两地再次举办会香活动后，时隔12年重启宗教会香活动。作为两次直航会香活动的牵头人和促成者，澎湖县县长赖峰伟表示，首次会香之时，两岸的互动还不多，光是直航就谈了两年，所以那次直航也被称为"破冰之旅"。随着这些年彼此交流不断加深，两岸变化很大，除了谈宗教直航以外，也谈文化交流、经济贸易，这些无一不是两岸和平发展带来的成果。如今，我们正积极促成两地直航常态化，为两岸民众互访打通"一条路"，相信不久的将来，会有越来越多澎湖民众通过直航到泉州寻根谒祖，也会有越来越多的泉州民众直航到澎湖旅游观光，届时，两地的情谊必将更加深厚。随团到泉州的澎湖信众黄天明表示宗教交流是民间交流的第一步，而民间交流则是两岸交往互动的重要组成部分。两地语言相通，信仰相同，交流起来当然有得天独厚的优势。希望两地多举办类似活动，加深两岸民众情谊，进而推动两岸和平统一。

相关链接：澎湖自古为泉州外府，早在南宋时期，泉州先民到澎湖定居时，妈祖信仰就随之传到澎湖，成为联系两地民间信仰的重要纽带。近年来，两地依托妈祖信仰和泉州天后宫，连续举办13届泉州澎湖"乞龟"民俗文化活动，促进两地交流交往。

泉州澎湖直航妈祖会香活动现场（图/何国辉）

福建省厂网联合电力应急演练泉州市分会场举行

福建省2019年厂网联合电力应急示范性演练泉州市演练分会场在国网泉州供电公司应急指挥中心举行。演练模拟福建电网500千伏堡江Ⅰ、Ⅱ路出线连续出现线路下方火灾及倒塔事件，导致500千伏堡江Ⅰ、Ⅱ路出线两次跳闸，神华福能伍堡发电厂全部机组被迫停运，全厂对外停电，福建省电网损失发电负荷210万千瓦。事件发生后，伍堡发电厂、福建省电力有限公司、泉州市政府、石狮市政府相继启动应急预案，迅速组织应对。经过紧张抢险救援处置，电网及由停电引发的次生、衍生问题得到解决，电网及发电企业生产恢复正常。此次演练检验各级政府、电网企业、发电企业的应急处置能力，达到检验预案、磨合机制、完善准备、科普宣教等目的。

全省首个减税降费可视化集成管理平台在泉州上线

全省首个减税降费可视化集成管理平台在泉州上线，该平台设置于减税降费融合宣传服务中心（泉州），对办税服务厅视频资源统一控制、集成管理、实时发布，也是福建省税务系统首次实现设区市局范围内自有可视化屏幕资源的集成管理。该平台已联网全市13个县（市、区）20个自有屏幕，构建全省首个立体化、全覆盖的减税降费可视化集成管理平台。全市屏幕实现远程控制、一键发布，有效节约各县（市、区）宣传辅导资源，让信息发布更精准、高效。为让传播内容更规范，市一级统筹信息发布内容，同步集中投放，让内容传播更安全、规范。为发挥可视化集成管理功效，提高政策宣传的针对性和时效性，市税务局与市财税部门启动以“落实减税降费政策，服务民营经济发展”为主题的作品征集活动，面向社会各界征集宣传片、短视频、动漫、微电影等视频类作品，有组织、有步骤地夯实平台内容支撑，为确保减税降费政策措施落地生根注入新的生机与活力。

“泉台青年交流汇”系列活动在泉港举行

5—6日，由泉港区委、区政府主办的第十一届海峡论坛·“泉台青年交流汇——分享、体验、融合”系列活动在泉港举行。两岸嘉宾通过企业投资合作协议签约、主题演讲分享、青少年艺术展演、武术健身交流、北管交流、茶文化交流、两岸农副产品展销等方式，增进了解沟通，助推两岸青年融合发展。在主题演讲分享会上，台湾花莲创业青年卢纪烨将自己高校毕业、返乡发展智慧农业的经历娓娓道来。在约2个小时的交流中，两岸8位创业精英分别讲述各自的创业成长经历和感受。金门大学原校长黄奇表示，两岸的交流要从青年开始，不仅要推动两岸青年分享个人的智慧、成就等，最重要的是要推动青年的融合。大陆推出一系列惠台政策，对台商和台湾青年十分有帮助，此次活动将促进两岸民众互相了解、认识。近年来，泉港区发挥区位、人文独特优势，深化与台湾各领域交流融合。该区创新开展两岸“同名·同宗·同乐”的“三同文化”交流，取得积极成效。

“泉台青年交流汇”系列活动开幕仪式（图/陈龙山）

海峡两岸武术健身“大家练”活动启动仪式（图/综合科）

2019年“奥运健儿公益服务大行动”在永春举行

5—7日，由中国奥委会市场开发部主办的2019“奥运健儿公益服务大行动”在永春县第六中学举行。该活动以传承女排精神，推动校园排球运动发展为主题，邀请陈亚琼、曹慧英、张蓉芳、孙晋芳、朱玲、梁艳6位中国女排首次获得世界冠军的主力队员以及女排“五连冠”期间的名将侯玉珠和永春第六中学的学生交流互动。此次活动恰逢自2011年举办以来的第100站。中国奥委会市场开发部副部长王明晏介绍，活动举办的8年间，中国奥委会组织优秀的现役和退役运动员，到全国20多个省区市基层学校、社区、运动场，为群众特别是青少年群体，提供体育技能指导和培训等公益服务。

7月5日

农历己亥年六月初三
星期五
温度：27℃—32℃
阴

●全省首个减税降费可视化集成管理平台在泉州上线。

●2019年泉州市区初中招生电脑派位在鲤城区教师进修学校举行，鲤城区、丰泽区共7000多名小学毕业生参加派位。

●5—6日，由泉港区委、区政府主办的第十一届海峡论坛·“泉台青年交流汇——分享、体验、融合”系列活动在泉港举行。

●5—7日，由中国奥委会市场开发部主办的2019“奥运健儿公益服务大行动”在永春县第六中学举行。

7月6日

农历己亥年六月初四
星期六
温度：27℃—32℃
小雨转阴

●市委、市政府工作检查组分两组到各地，对泉州市部分城建项目开展现场工作检查，并召开点评会。

●由教育部语言文字应用管理司、省教育厅、人民教育出版社主办，泉州师范学院承办的2019年两岸学生语言文化交流夏令营开营式暨“一带一路送经典”活动在泉州师范学院举行。

●由50余名泉州社会各界人士、宫庙代表、妈祖信众组成的泉州妈祖文化交流团，随“云豹”客轮护送“温陵妈祖”到台湾澎湖开展会香之旅。

●3D电影《雷霆行动》新闻发布会在石狮举行。

●由本土青年歌手、企业家、留学人员自发筹办的“我和我的祖国”泉州市优秀青年歌手音乐会在晋江祖昌音乐厅举行。

●6—9日，2019福建省青少年网球排名赛·龙岩站比赛举行,泉州市网球队获7个第一名。

市委市政府开展2019年城建项目工作检查

市委、市政府工作检查组分两组到各地，对泉州市部分城建项目开展现场工作检查，并召开点评会。市委书记康涛指出，要注重点上拓展、面上延伸，突出全社会共同参与，形成一套行之有效的常态化建设管理机制。要系统整体推进，从点、线、面入手，统筹推进生态连绵带建设，构建“市民常走、客人常到”景观线。要一年一年攻坚克难，长效化抓落实，让泉州城市“大变样”，提升知名度。市长王永礼指出，要拓宽城市视野，坚持规划先行，梳理出层次清晰、功能齐全的城市空间。要统筹规划实施，主动推进“大泉州”的城市化发展进程。要加快推进工程项目审批制度改革，统一信息数据平台，简化审批流程。要补齐城市建设短板，针对污水治理、农贸市场、老旧闲置厂房等薄弱环节，逐一解决。

2019年两岸学生语言文化交流夏令营在泉州开营

由教育部语言文字应用管理司、省教育厅、人民教育出版社主办，泉州师范学院承办的2019年两岸学生语言文化交流夏令营开营式暨“一带一路送经典”活动在泉州师范学院举行，夏令营师生共300多人参加活动。6日举行首场专家讲座。6—14日期间，省内众多知名专家学者为100多名两岸中学生讲授著名书法碑刻及书法演变发展史，讲授诵读、演讲、口才及用气发声等技巧与相关文化；讲授文学创作技巧等。营员还与泉州师范学院学生围绕书法创作、朗诵技巧、在校学习心得等进行一对一交流。活动期间，营员参观泉州开元寺、中国闽台缘博物馆、泉州海交馆等。此次“一带一路送经典”活动以“丝路传经典 泉州再启航”为主题。

3D电影《雷霆行动》在石狮开拍

3D电影《雷霆行动》新闻发布会在石狮举行。《雷霆行动》是一部扫毒除恶的爱国主旋律作品，讲述海市公安局为彻底清除毒瘤，展开雷霆行动。就在“雷霆行动”收网之际，缉毒队长廖勇智却惨遭陷害，涉嫌杀人贩毒，直属上级也遭遇不测。昔日的缉毒队长面临双重绝境，于是将计就计，孤身一人潜入毒窝，找出幕后毒枭，将海市贩毒集团一网打尽，以证明自己的清白。曾主导《武媚娘传奇》《甄嬛传》《赢天下》等众多影片的著名导演高翊浚任该片监制及总导演，资深TVC导演、职业编剧年世亚，曾执导《青青蔓萝》《巴清传》《卧底》等作品的导演李志强共同执导。男、女主角方面，男主角是实力与偶像兼备的刘俊孝，女主角则选择在《破冰行动》中担任女一号的新生代女演员马渝捷。其他演员都是老戏骨，包括出演过《人民的名义》《战狼2》的丁海峰，曾获第22届华鼎奖中国近现代题材电视剧最佳女演员的柯蓝，著名影星张晞临，《人民的名义》中的冯雷、黄俊鹏等。《雷霆行动》在石狮市取景拍摄。

泉州市优秀青年歌手音乐会在晋江举行

由本土青年歌手、企业家、留学人员自发筹办的“我和我的祖国”泉州市优秀青年歌手音乐会在晋江祖昌音乐厅举行。音乐会历时两个小时，本土青年歌手演唱《我爱你，中国》《我和我的祖国》等21首脍炙人口的歌曲，表达自己对祖国的热爱之情。这是一场“众筹”的公益性音乐会。年初，在晋江市文化馆工作的赵珂莹萌生举行以歌唱祖国为主题的音乐会的想法，她第一时间与本土优秀青年歌手沟通。赵珂莹表示，为祖国献歌，是每个歌手的梦想与幸福。当她表达她的想法后，很多本土优秀青年歌手都响应、支持。2019年是新中国成立70周年，在与多位本土青年歌手商量后，决定将“我和我的祖国”定为音乐会主题，将《我爱你，中国》定为第一首演出曲目，用歌者独特的方式诠释和表达对祖国的感情。

泉州市入列知识产权“国家队”

泉州市与浙江台州等9座城市列入“国家队”，成为国家知识产权运营服务体系建设重点城市（以下简称“重点城市”），也是福建省唯一入选城市。未来三年，中央财政将给予泉州1.5亿—2亿元资金支持，用于建设知识产权运营服务体系，激发知识产权创新创造活力。此次入选的10座城市都是在全国范围内创新资源集聚度高、辐射带动作用强、知识产权支撑创新驱动发展需求迫切的重点城市。泉州作为“国家自主创新示范区”“国家知识产权示范城市”“国家商标战略实施示范城市”，区位优势明显，知识产权工作扎实。为激发全市知识产权行业发展动力，泉州市持续加大政策、资金扶持力度，出台《泉州市专利奖评奖规定》《关于加强商标品牌建设工作的意见》等相关政策文件，并于2007年在全省范围内率先设立知识产权专项发展资金，专项扶持知识产权行业发展。

泉州知识产权事业发展迅速，内生动力强劲。自2011年起，泉州市专利申请量、授权量连续8年居全省设区市首位，近三年的发明专利申请量和授权量年均增长39.25%、50.22%，增速均高于全省平均速度。截至2019年年底，全市每万人发明专利拥有量9.99件，超过全省平均水平；商标有效注册量32万件，位居全国前列；全市培育各级知识产权试点示范、优势企业535家，知识产权中介机构近1200家，从业人员近6000人，专利权质押金额、知识产权贯标企业数量、知识产权强企数量均位居全省首位。市市场监管局相关负责人表示，这是机构改革后迎来的首个重大工作成效，既是机遇也是挑战。将整合部门资源力量，在今后三年里，聚焦知识产权创造运用重点领域和薄弱环节，优化知识产权创造的产出质量，提高创新主体对知识产权的运用能力，拓展知识产权金融服务范畴，建设区域性知识产权运营服务聚集区，形成立足泉州、面向福建、辐射全国的知识产权运营服务体系，为坚持高质量发展落实赶超提供强有力的知识产权支撑。

泉州市5所学校入选“中华优秀传统文化传承校”名单

教育部办公厅印发《关于做好2019年全国中小学中华优秀传统文化传承学校遴选工作的通知》，2020年计划遴选2000所左右中华优秀传统文化传承学校。省教育厅发布全国中华优秀文化传承学校推荐名单公示，福建60所学校上榜，其中包括泉州市5所学校一批极具泉州特色的文化项目。泉州市上榜的学校和项目分别是：惠安县小岞中心小学的惠女服饰、闽南师范大学泉州市洛江区附属小学（前洋小学）的妆糕人，永春县实验小学的白鹤拳、晋江市平山实验小学的舞龙项目；南安市岑兜小学的闽南高甲戏。教育部遴选的中华优秀传统文化传承学校传承项目主要包括：民族民间音乐、民族民间美术、民族民间舞蹈、戏剧、戏曲、曲艺、书法（篆刻）、传统手工技艺和民族传统体育等。遴选的基本要求包括组织管理、教育教学、师资队伍、条件保障等方面，要求学校将美育纳入学校发展规划和年度工作计划，执行有力；美育课程的开课率达到100%，将传承项目纳入校本课程，面向全体学生组织开展传承项目艺术实践活动，建立多种类型的传承项目兴趣小组、学生社团和工作坊，保证活动时间和活动效果；建立相对稳定的传承项目专兼职师资队伍，发掘和利用当地资源，聘请校外专家或民间艺人担任美育兼职教师；设有传承项目专用教室或活动室，配备持续开展传承项目教学活动所必需的设施设备和相关资料，学校所在地教育行政部门积极开展各项工作，为本地区学校创建传承学校工作提供必要的业务指导和政策支持等。

相关链接：泉州市坚持把加强美育工作作为全面实施素质教育、提高学生人文素养、确保教育均衡发展的重中之重。在全市各个中小学开展形式多样的美育课程，如音乐、美术、书法、舞蹈、戏剧、戏曲等都进入了校园，南音、北管、高甲、梨园、木偶、剪（刻）纸等优秀传统文化艺术成为校园文化传承的重点。

7月7日

农历己亥年六月初五
星期日
温度：27℃—32℃
阴

●泉州市与浙江台州等9座城市列入“国家队”，成为国家知识产权运营服务体系建设重点城市，也是福建省唯一入选城市。

●省教育厅发布全国中华优秀文化传承学校推荐名单公示，福建60所学校上榜，其中包括泉州市5所学校一批极具泉州特色的文化项目。

7月8日

农历己亥年六月初六
星期一
温度：27℃—32℃
小雨转阴

●省科学技术厅公布2019年福建省星创天地认定名单，21家企业入选。其中，泉州市有4家入选，分别是：金桂荔枝星创天地、智汇谷星创天地、泉州百福花卉星创天地、鸿盛星创天地。

●泉州开通直飞柬埔寨暹粒航班。

●8—12日，海峡两岸青少年学生第二届“魅力海丝”杯书法大赛获奖的台湾学生代表及带队老师到泉州开展两岸青少年书法教育交流活动。

泉州市新增4家省级星创天地

省科学技术厅公布2019年福建省星创天地认定名单，21家企业入选。其中，泉州市有4家入选，分别是：金桂荔枝星创天地、智汇谷星创天地、泉州百福花卉星创天地、鸿盛星创天地。“星创天地”由科技部于2016年倡导发起，是农村“大众创业、万众创新”的有效载体，也是发展现代农业的众创空间，以及新型农业创新创业一站式开放性综合服务平台，具有集聚创业人才、技术集成示范、创业培育孵化、创业人才培训、科技金融服务和创业政策集成六大功能。国家级星创天地将纳入国家级科技企业孵化器的管理和服务体系，享受国家规定的各项优惠政策。

泉州开通直飞柬埔寨航班

是日，泉州直飞柬埔寨暹粒航班执行首航，由柬埔寨景成国际航空执飞。该航班班期具体时刻为：航班号QD820暹粒—泉州，每周一、周五17:00—21:00；航班号QD821泉州—暹粒，每周一、周五22:00—次日00:10。10日，泉州开通直飞柬埔寨金边航班，航班号QD716金边—泉州，每周三、周日16:50—21:00；航班号QD717泉州—金边，每周三、周日22:00—次日00:10。

随着“一带一路”倡议的深层次推进与区域经贸交流的务实化合作的深入，泉州晋江国际机场开通柬埔寨暹粒、金边航班，联通泉州与柬埔寨两座重要城市的文化交流，也使得闽南文化与高棉文化之间能够相互交融、共赏互进。为中柬两国搭建双边政治上真诚互信、经贸上合作共赢、人文上彼此促进的桥梁。暹粒是柬埔寨著名旅游城市，著名的世界文化遗产“吴哥窟”坐落于此，得天独厚的文化积淀每年都吸引无数国内外游客到此观光；金边是柬埔寨首都，是柬埔寨最大城市，为柬埔寨政治、经济、文化、交通、贸易、宗教中心。2018年泉州GDP稳居福建省前列，再加上特色的闽南风俗，就使得泉州成为一座经济发展与文化传承比翼双飞的城市。泉州在经济发展方面取得的宝贵经验，可以通过新航线被快速地送达柬埔寨，为柬埔寨提供“泉州经验”。泉州到柬埔寨观光的旅客也可以在家门口就坐上飞机直飞暹粒、金边，去欣赏高棉文化、品味高棉风情。

泉州开通直飞柬埔寨金边航班（图/廖平和）

台湾师生到泉州开展两岸青少年书法教育交流活动

8—12日，海峡两岸青少年学生第二届“魅力海丝”杯书法大赛获奖的台湾学生代表及带队老师到泉州开展两岸青少年书法教育交流活动。台湾青少年学生代表一行七人在古城志愿讲解员黄强带领下夜游西街，打卡网红景点小西埕，聆听象峰巷、裴巷、井亭巷等街巷里的故事，品尝润饼、四果汤等美食，从视觉、听觉、味觉、触觉，感知泉州这座古城独特的魅力。此次两岸（泉台）青少年书法交流活动由市教育局、泉州晚报社主办，台湾“中华青年发展联合会”协办，东南早报承办，市政府台港澳事务办公室为指导单位。台湾学生代表参加第二届“魅力海丝”杯书法大赛颁奖典礼，并与泉州获奖学子同写一副对联，交流书法技艺。此外，他们还走访开元寺、洛阳桥、九日山、承天寺等泉州“海丝”景点，参观中国闽台缘博物馆、泉州海外交通史博物馆、郑成功纪念馆等，并体验泉州提线木偶等闽南非遗文化。

2019年晋江海峡两岸大学生设计营开营

由泉州市工信局指导，以“聚智实业，创享共赢”为主题的2019年晋江海峡两岸大学生设计营开营。每年利用暑假期间，邀请海峡两岸设计系大学生到泉州为企业贡献设计力已成为惯例。在泉州、晋江等地工信部门的推动下，已有数百位年轻设计师到企业了解设计诉求，将自己的设计力留在当地。每年都有多家企业参与设计营工作。三斯达（福建）塑胶有限公司执行副总丁志伟表示，已多次参与设计营活动。这样的活动不但为学生带来难得的实践机会，更为企业提供设计创新的启发。通过设计营已先后收获150多件设计作品，其中部分作品已实现产业化落地，还有部分前卫设计为企业提供很好的设计思路。多次在设计营带队的亚洲大学创意商品设计学系教授刘芃均表示，作为传统型生产企业，开展产品工业设计，为公司拓展全新的业务道路，也为产业转型升级提供良好的基础。“设计营”代表三个力量，即设计力、创新力和实践力。对企业而言是一个设计能量的注入，对师生而言则是一个设计力实践的际遇。对当地产业而言，则提供产业升级的能量。晋江市政府相关负责人表示，工业设计、创新创造将成为晋江实体经济及企业走向个性化、高端化、专业化发展的新引擎，成为书写晋江创造、晋江智造的新动能。

泉州市危险化学品安全培训班举办

9—11日，泉州市危险化学品安全培训班举办，各县（市、区）应急局危化监管人员，危险化学品生产、使用、储存企业主要负责人、实际控制人、安全管理员150人参加培训。培训班邀请相关专家、教授，采取授课的形式讲解危险化学品的法律法规及安全管理知识等。培训的主要特点：一是聘请全国危险化学品安全管理专家、教授进行高质量授课；二是全市58家危化企业实际控制人（法人）全部参加学习培训，抓住“关键少数”，助推企业主体责任落实；三是强化危险化学品安全管理人员的法规政策意识，解决部分企业安全管理“想管管不好”的问题，提升危化企业的安全。市应急局相关负责人介绍，发展决不能以牺牲人的生命为代价，企业要落实安全生产主体责任，任何事故的发生都是因小失大，要抓好“五小”工程：抓小防大、小中见大、小洞大补、小题大做、小惩大诫。培训旨在促进参训人员对危险化学品法规政策的理解，了解化工过程安全管理全要素，理清企业安全文化建设的思路，探讨危险化学品双重预防体系的建设，提升危险化学品安全监督管理水平。

泉州市首个5G专递课堂开启

泉州市晋光小学东海校区、南俊校区、台商投资区第八实验小学，以及泉州一中东海校区、南安五星中学两所中学的学生，同时开启泉州市首个5G专递课堂。在专递课堂上，除上课的显示屏外，教室的黑板旁还多出一个大屏幕，显示其他学校的画面。当老师进行现场提问时，不仅现场的孩子可以参与，显示屏里的学生也可以举手互动。在专递课堂上，每个学生手中都拿着一个平板电脑，老师布置现场讨论的题目等都会在平板上呈现。泉州移动公司的工作人员介绍，中国移动与国内知名教育厂商合作打造智慧课堂，通过平板电脑上的多个APP平台，可以让学生和老师实现课前、课中、课后的互动连接。

石狮公安率先实现“一趟办结”出具无犯罪记录证明

石狮市公安局发布会透露，根据上级公安机关和石狮市委、市政府深化“放管服”的决策部署，石狮公安缩短派出所出具无犯罪记录证明的办理时间，在泉州市率先实现出具无犯罪记录证明“一趟办结”的目标。无犯罪记录证明主要适用于办理出入境事务需要，及法律、法规、规章规定关于资质、资格注册或执业，就业、升学、服现役等以无犯罪记录为前提的等。2018年石狮公安开具无犯罪记录证明近2000份。新举措下，石狮市公安局统一在派出所设立出具无犯罪记录证明工作台，由值班民警负责出具无犯罪记录证明，规定各派出所出具无犯罪记录证明时，对无犯罪记录的，由规定的三个工作日缩短为当场办结并发给证明；对曾被采取刑事强制措施需核查的，由规定的十五个工作日缩短为三个工作日。办结后，申请人可自主选择通过EMS邮寄送达，也可自行领取，实现“一趟办结”。

7月9日

农历己亥年六月初七
星期二
温度：27℃—32℃
小雨转阴

●市政府第六十三次常务会议召开，学习《中央生态环境保护督察工作规定》，研究推进中央环保督察反馈问题整改工作；传达全国深化“放管服”改革优化营商环境电视电话会议、省政府第三十四次常务会议精神等。

●李转生到永春企业、项目调研，帮助协调解决发展难题。

●由泉州市工信局指导，以“聚智实业，创享共赢”为主题的2019年晋江海峡两岸大学生设计营开营。

●9—11日，泉州市危险化学品安全培训班举办。

●泉州市晋光小学东海校区、南俊校区、台商投资区第八实验小学，以及泉州一中东海校区、南安五星中学两所中学的学生，同时开启泉州市首个5G专递课堂。

●石狮市公安局发布会透露，石狮公安缩短派出所出具无犯罪记录证明的办理时间，在泉州市率先实现出具无犯罪记录证明“一趟办结”的目标。

7月10日

农历己亥年六月初八
星期三
温度：26℃—31℃
小雨转中雨

●市委常委会召开会议，传达学习习近平在中央政治局第十五次集体学习时的讲话、中央主题教育领导小组《关于认真学习贯彻习近平总书记在中央政治局第十五次集体学习时重要讲话的通知》和省委常委会扩大会议暨省委主题教育领导小组第三次会议精神等。

●市委退役军人事务工作领导小组会议召开，审议《市委退役军人事务工作领导小组工作规则》《市委退役军人事务工作领导小组办公室工作细则》，研究《市委退役军人事务工作领导小组2019年工作要点》。

●第二场市政府工作部门"年中工作述职"活动举行，听取市教育局、市资源规划局工作述职。

●由市市场监管局和泉州经济技术开发区管委会主办的特种设备安全进企业暨电梯应急救援现场演练活动在泉州经济技术开发区举行。

●市总工会、安溪县总工会开展"夏送清凉"高温慰问活动，对酷暑中在苦、脏、累、险等岗位上坚持工作的一线职工进行慰问。

●泉州开通直飞柬埔寨金边航班。

●德化月记窑祭窑仪式举行。

市委常委会会议学习习近平在中央政治局集体学习时的讲话

市委常委会召开会议，传达学习习近平在中央政治局第十五次集体学习时的讲话、中央主题教育领导小组《关于认真学习贯彻习近平总书记在中央政治局第十五次集体学习时重要讲话的通知》和省委常委会扩大会议暨省委主题教育领导小组第三次会议精神；学习《中央生态环境保护督察工作规定》和省委常委会会议精神，研究推进第一轮中央环保督察反馈问题整改；学习习近平关于残疾人事业的论述和指示，传达全国、全省自强模范暨助残先进表彰大会精神和省委常委会会议精神。

会议指出，习近平在中央政治局第十五次集体学习时的讲话，是推进主题教育，加强新时代党的建设的行动指南。各级党委（党组）要学习贯彻，作为一项重要政治任务，引导党员干部增强政治自觉、思想自觉、行动自觉。要把初心和使命落实在行动上，学深悟透习近平新时代中国特色社会主义思想，保持刀刃向内的自我革命精神，为民服务解难题。各级党员领导干部要当好主题教育的组织者、参与者，以上率下，在抓实抓细抓自身中起好带头示范作用。

会议指出，《中央生态环境保护督察工作规定》以党内法规的形式规范督察工作，彰显党中央、国务院加强生态文明建设、加强生态环境保护工作的坚强意志和坚定决心。要学习贯彻习近平生态文明思想，扛牢生态文明建设和生态环境保护的政治责任。要把握督察规定要求，全面彻底抓好环保督察问题整改，提升生态环境质量。要紧盯重点问题和薄弱环节，加强对整改落实情况的督导，健全生态环境保护长效机制，严格执法、强化监管，解决落实"最后一公里"问题。

会议强调，要学习贯彻习近平关于残疾人事业的论述，全面落实中央、省委部署要求，把加快推进残疾人小康进程摆在突出位置，推动泉州市残疾人事业实现新发展。要用心用情做好爱残扶残助残工作，办好惠残民生实事，抓好残疾人康复、教育、就业、维权、文化、体育、无障碍建设等工作，让残疾人生活更加殷实、更有尊严。要营造关心关爱残疾人氛围，让理解、尊重、关心、帮助残疾人蔚然成风。

市委退役军人事务工作领导小组会议召开

市委退役军人事务工作领导小组会议召开，审议《市委退役军人事务工作领导小组工作规则》《市委退役军人事务工作领导小组办公室工作细则》，研究《市委退役军人事务工作领导小组2019年工作要点》。会议指出，要带着责任带着感情做好退役军人工作，落实各项优待政策，统筹做好退役军人就业安置、待遇保障、服务管理、教育培训、抚恤优待等工作，维护退役军人合法权益。要发扬泉州市拥军优属的传统，营造全社会尊崇军人的氛围。要坚持党对退役军人工作的集中统一领导，健全管理制度、运行机制、考核评价，推动责任压实、任务落实。

特种设备安全进企业暨电梯应急救援演练活动举行

由市市场监管局和泉州经济技术开发区管委会主办的特种设备安全进企业暨电梯应急救援现场演练活动在泉州经济技术开发区举行。活动旨在提高泉州市应对特种设备突发事件的应急处置综合联动能力，检验应急预案的可操作性，锻炼应急队伍的实战水平。演练模拟电梯故障困人的应急救援现场。被困人员通过轿厢内救援屏幕拨打96196报警，平台值班员接警后开展心理安抚，并让另一名值班人员分别向业主、维保公司、应急救援队发出救援指令，同时告知属地市场监管局。随后，应急救援队赶到现场，其中第一小组救援队在业主帮助下到机房，并在维保人员帮助下，在机房手动盘车将电梯轿厢下降至四楼层口，并通过对讲机向第二小组发出在四楼打开层门救人的指令；第二小组来到电梯停留的楼层电梯层门口，队员用三角钥匙打开层门，救出被困人员，并了解被困人员身体状况做出相关处置。此系泉州市首次模拟96196救援平台、运用传感器远程开展救援演练，同时演练活动首次创新采用室外LED屏幕直播方式，让更多现场群众可以通过LED大屏幕直观地看到整个救援活动，达到良好的宣传效果。

泉州市内河船舶“多证合一”改革启动

泉州西湖公园游船经营公司经理赖子朝一次性拿到公司所属“峰晟16号”客船的4本行政许可证书。此系泉州市在内河船舶经营领域启动“多证合一”改革进程的首单业务。一段时间来，市交通运输部门通过对审批流程的优化，使得该领域的4项行政许可实现“最多跑一趟”。而在原来，办理这样的许可，最少得跑四趟。这4本证书分别是《船舶所有权登记证书》《船舶国籍证书》《船舶最低安全配员证书》《内河船舶检验证书》。为确保船舶适航安全，按规定，船舶在投入内河封闭水域航行前必须取得上述证书，分别由地方海事和船检部门颁发。

闽台青少年武术文化夏令营在泉州举办

11—16日，由福建体育总会主办，福建省社会体育指导中心、市体育局和泉州南少林国际学校承办的“营动福建”2019年全国青少年体育冬夏令营（福建站）暨闽台青少年武术文化夏令营在泉州南少林国际学校举办。开营式上，泉州著名木偶戏表演艺术家许润明表演《小沙弥下山》，泉州南少林国际学校武术队表演《功夫少年》《少年强中国强》等节目。夏令营活动内容包括学习中华武术，参访中国闽台缘博物馆、洛阳桥和永春白鹤拳训练基地等，旨在通过青少年朋友参观学习和亲身体验，感受福建风土人情，探索八闽文化的历史变迁，感悟中华文化的博大精深，找到自己的“根”，找到文化的“源”，使夏令营成为一次学习之旅、寻根之旅。

全省首家民办非企业海上救援单位在泉州启动

全省首家民办非企业海上救援单位——泉州市港兴海上义务救援中心启动。泉州市港兴海上义务救援中心以“开展海上义务救援服务，为沿海渔民及群众解忧，协调政府打造平安和谐的海上安全生产环境”为宗旨，在石狮市鸿山镇东埔村和锦尚镇设点，配套海上气象台、海上电台、船只以及系列救护设备，开展海上抢险救灾，救助海上溺水伤病人员，提供渔市、渔情、天气播报服务。救援中心志愿服务员有80多人，最大的已经80多岁。市应急局有关负责人介绍，海上搜救工作需要全社会的关注、参与，义务救援中心是对海上搜救力量的有益补充。泉州海岸线长，仅仅依靠社会专业救助力量是不够的，特别是在一些近海浅水区域的海上搜救工作中，如海上失踪人员搜寻、遇险人员转移等方面，由于专业救助力量距离较远，同时受到水深限制，不能够实现快速有效救援，这种情况下，义务救援中心能够发挥优势，有效弥补专业救援力量的不足。当日，泉州市港兴海上义务救援中心还开展海上义务救援演练。

泉州与台湾民间征信机构首次签约合作

福建品尚征信有限公司与台湾“中华征信所”签署全面战略合作协议，开展包括征信报告互售在内的全面业务合作，开启大陆与台湾民间征信融合互通的“破冰之旅”。两岸经贸交流密切，互设企业数量庞大，不论是在台湾创业发展的大陆企业，还是在大陆创业发展的台湾企业，都共同面临与金融机构之间信息不对称等融资问题。此次品尚征信与台湾“中华征信所”签约合作后，将打通两岸企业征信信息共享的新路径，消除两岸企业征信信息壁垒，为两岸企业享受更优更好的金融服务打下基础，促进两岸经济共同发展。台湾“中华征信所”是台湾成立最早、规模最大的民间征信机构，福建品尚征信有限公司则是福建省唯一一家通过征信备案的民营征信机构，扎根民营经济发达的泉州，行业起点高。福建品尚征信有限公司董事长林宏楠表示，将以此为契机，推动两岸金融机构和企业互通有无，为两岸企业提供高质量的征信产品和服务，助力福建打造台胞台企登陆的第一家园。双方将深化“一带一路”沿线国家和地区的征信信息互通，为两岸企业和金融机构走出去营造更安全、良好的发展氛围。

7月11日

农历己亥年六月初九
星期四
温度：26℃—30℃
中雨转小雨

●市人大常委会党组理论中心组学习会召开，学习习近平在中央政治局第十五次集体学习时的讲话、中央“不忘初心、牢记使命”主题教育领导小组《通知》和省委常委会扩大会议暨省委主题教育领导小组第三次会议精神等。

●泉州西湖公园游船经营公司经理赖子朝一次性拿到公司所属“峰晟16号”客船的4本行政许可证书。此系泉州市在内河船舶经营领域启动“多证合一”改革进程的首单业务。

●11—16日，由福建体育总会主办，福建省社会体育指导中心、市体育局和泉州南少林国际学校承办的“营动福建”2019年全国青少年体育冬夏令营（福建站）暨闽台青少年武术文化夏令营在泉州南少林国际学校举办。

●全省首家民办非企业海上救援单位——泉州市港兴海上义务救援中心启动。

●福建品尚征信有限公司与台湾“中华征信所”签署全面战略合作协议，开展包括征信报告互售在内的全面业务合作，开启大陆与台湾民间征信融合互通的“破冰之旅”。

●海峡两岸青少年学生第二届“魅力海丝”杯书法大赛颁奖典礼在泉州市实验小学举行。

7月12日

农历己亥年六月初十
星期五
温度：27℃—32℃
小雨转阴

●12—16日，2019年福建省青少年击剑锦标赛在泉州市侨乡体育馆举行。

●2019年上半年全市坚持高质量发展落实赶超工作分析会召开，通报分析上半年全市经济运行情况，以及全市生态环境质量情况和问题。

●市委“强基促稳”2019年上半年工作点评会召开。

●由市直机关工委、市卫健委、市计生协会主办，市妇幼保健院·儿童医院协办的优生优育·儿童早期发展科学育儿公益大讲堂举行。

●晋江高铁新区项目二期征迁最后一宗房屋签约。

●2020年世界中学生运动会形象大使选拔赛西南赛区决赛闭幕，12名中学生从43名参赛选手中脱颖而出，晋级全国总决赛。

●永春县生态文明人才驿站揭牌仪式在该县岵山镇茂霞村举行。该驿站由永春县生态文明研究院负责，为全省首个生态文明人才驿站。

2019年福建省青少年击剑锦标赛在泉州举行

12—15日，2019年福建省青少年击剑锦标赛在泉州侨乡体育馆举行。全省8支代表队483名运动员参赛。比赛设有男女花剑和男女重剑，分四个年龄组进行，分别为少年甲、少年乙、儿童甲、儿童乙。少年甲的年龄为U17至U15，少年乙年龄为U14至U13，儿童甲年龄为U12至U11，儿童乙年龄为U10至U9，参赛运动员最小9岁，最大17岁。除南平市和平潭综合实验区外，其他各设区市均有代表队参赛，其中泉州市代表队派出96名运动员。在泉州代表队中，有2018年的省运会女子重剑个人冠军杨静雯、女子花剑个人冠军黄芊芊和男子甲组花剑团体冠军张伟松等多名优秀选手。泉州市击剑队组建于2003年，设有花剑和重剑两个剑种。经过十几年发展，击剑项目已经成为泉州市的优势项目，一直保持在全省的领先水平，在上个省运会周期，连续三年蝉联年度锦标赛的男女团体总分第一名。

上半年全市坚持高质量发展落实赶超工作分析会召开

2019年上半年全市坚持高质量发展落实赶超工作分析会召开，通报分析上半年全市经济运行情况，以及全市生态环境质量情况和问题。会议就下半年工作作具体部署，要求全市各级各部门在市委领导下，齐心协力完成全年目标任务。要抓中央、省和市委政策措施的贯彻落实，强化政策执行，确保落地见效。要抓项目推进，开展投资攻坚，强化项目资金保障，全力以赴稳增长、促投资。要抓制造业高质量发展，加快传统产业强链、高新产业建链、重化产业补链，推动企业产品、工艺、管理赋能，强化技术、人才、金融等要素保障。要抓改革开放，深化“放管服”改革，优化营商环境；发挥民综改、综保区、对台湾工作等优势，推动高水平开放。要抓民生补短板，落实精准脱贫工作机制，推动申遗工作，完善教育、医疗等资源配置，提升人民福祉。

晋江高铁新区项目二期征迁完成房屋签约工作

晋江高铁新区项目二期征迁最后一宗房屋签约。标志晋江高铁新区项目二期涉及1022幢、103万平方米的房屋签约工作，仅用23天就实现完美收官，再次刷新和谐征迁“晋江速度”。福厦高铁是国家沿海高速通道的重要组成部分。晋江高铁新区规划总用地面积9.2平方千米，项目预计总拆迁面积超300万平方米，总征地面积超666.67公顷，总投入超100亿元。已实施的第一期项目拆迁157万平方米、征地590.53公顷；二期征迁范围主要围绕高铁站对外交通道路、安置房建设用地、开发用地的完整性展开。二期征迁范围涉及罗山街道、新塘街道、永和镇及经济开发区食品园区的13个村（社区），含山仔、梧桐、许坑、梧垵、樟井、湖格、塘市、梧林、上郭、坂头、山前、梨星、英墩等，涉及房屋征收1022幢、103万平方米，土地征收142.6公顷。4月2日，晋江市启动高铁新区项目二期征迁工作，抽调11个晋江市直机关系统、4个属地镇、街道（开发区）的400名干部，组成12个征收工作组，在一线参与征迁。6月20日，高铁二期启动房屋征迁签约，启动第一天就有多个工作组实现“冲线”，率先完成签约任务，项目总签约率达93.15%。7月12日，房屋签约工作全面完成。

全省首个生态文明人才驿站在永春揭牌

永春县生态文明人才驿站揭牌仪式在该县岵山镇茂霞村举行。该驿站由永春县生态文明研究院负责，为全省首个生态文明人才驿站。永春县生态文明人才驿站运营后，将争取创建县乡村振兴人才示范工程、公共文化建设示范点、闽台融合试点工程、高校综合实践基地、驻村干部联络点等，开展政策宣讲与咨询、专家联系、文化交流、学术探讨、项目落地谋划、实践创意、分享技术等综合服务活动，打造永春县柔性引才的平台、人才信息发布的窗口、人才资源交流对接的纽带以及人才队伍工作休闲的基地。

崔玉英到泉州开展主题教育调研

11—13日，省政协主席崔玉英到泉州开展“不忘初心、牢记使命”主题教育调查研究，查找省政协在加强对市县政协工作联系指导等方面的差距和问题，探求加强和改进市县政协工作的对策思路。市政协主席李转生参加调研。调研组到泉州市、石狮市、晋江市和惠安县的政协机关调研，走访通达电子集团、安踏（中国）有限公司、福建达利集团、闽南理工学院、丰泽区领SHOW天地等省市政协委员所在的企业和院校。每到一处，崔玉英都看望政协委员和政协机关干部，并与他们座谈交流，了解市县政协的工作情况，探讨加强和改进的工作思路，征求对省政协开展主题教育的意见建议。

崔玉英指出，开展“不忘初心、牢记使命”主题教育，是党中央做出的重大决策部署。人民政协是党领导的政治组织，党的初心就是政协的使命。省政协开展好主题教育工作，要学习贯彻习近平新时代中国特色社会主义思想，贯彻落实习近平关于加强和改进人民政协工作的思想，按照中央和省委的要求，查找工作中的薄弱环节和不足之处，在加强和改进上下功夫、求突破。省政协要按照全国政协和省委的要求，加强对设区市政协的指导，密切与市县政协的联系，研究加强和改进市县政协工作的举措和办法。市县政协工作重在明晰定位、聚力协商、制度规范，成在党建引领、双向发力、队伍建设，要发挥好专门协商机构作用，探索协商民主向基层延伸的工作机制，在为民服务解难题中体现政协作为；要发挥各地优势，做好港澳台侨团结联谊工作，在凝聚海内外中华儿女的智慧力量上展现政协担当。

2019年海峡两岸暨港澳地区群众羽毛球赛在晋江举行

13—14日，由中华全国体育总会联络部、福建省体育总会主办，福建省社会体育指导中心、福建省乒羽网运动管理中心、福建省羽毛球协会承办的2019年海峡两岸暨港澳地区群众羽毛球赛在晋江市体育中心举行。海峡两岸暨港澳地区的23个代表队283名队员参赛。海峡两岸暨港澳地区群众羽毛球赛已连续举办4届，已发展成为全国最具魅力的业余羽毛球赛事之一。作为海峡两岸重要赛事，一直是海峡两岸羽毛球爱好者齐聚一堂、互相交流的最佳平台。经过角逐，泉州新东阳俱乐部、泉州豪逸健体、石狮羽协、清之羽（台湾）、厦门中扬、金门羽协、洛江羽协、晋江羽协队进入8强。

泉州市第三届“十大杰出职业经理人”揭晓

泉州市第三届“十大杰出职业经理人”颁奖典礼在泉州举行，侯朝辉、许聪艳、吴丽卿、王博、黄智勇、王飚、杨咏梅、肖冬云、吴美莉、李水才获“泉州市第三届十大杰出职业经理人”称号。职业经理人作为泉州企业的中坚力量，在创造财富、助推社会经济发展方面发挥重要作用。为寻找榜样的力量，举办泉州市“十大杰出职业经理人”推选活动。推选活动由市工业和信息化局、市工商联、市委人才办、泉州晚报社指导，泉州市职业经理人协会、泉州商报主办。泉州市第三届“十大杰出职业经理人”推选活动自4月启动以来，受到社会各界关注。活动分成网络投票和专家投票，各按40%和60%比重进行综合计分，其中网络公众投票环节异常火爆，总投票量超过169万人次。最终综合排名前十名获“泉州市第三届十大杰出职业经理人”称号，同时列入泉州市人才“港湾计划”高层次人才中的第五层次人才，享受相关人才政策福利待遇。当天还举行“海峡两岸职业经理人会长高峰论坛”和发布“海峡两岸职业经理人（泉州）宣言”。

7月13日

农历己亥年六月十一
星期六
温度：27℃—33℃
阴

●11—13日，省政协主席崔玉英到泉州开展“不忘初心、牢记使命”主题教育调查研究，查找省政协在加强对市县政协工作联系指导等方面的差距和问题，探求加强和改进市县政协工作的对策思路。

●13—14日，由中华全国体育总会联络部、福建省体育总会主办，福建省社会体育指导中心、福建省乒羽网运动管理中心、福建省羽毛球协会承办的2019年海峡两岸暨港澳地区群众羽毛球赛在晋江市体育中心举行。

●由泉州晚报社、福建省高校招生咨询统一平台、泉州信息工程学院主办的福建省2019年本二批志愿填报咨询会（泉州场）在泉州信息工程学院举行。

●泉州市第三届“十大杰出职业经理人”颁奖典礼在泉州举行，侯朝辉、许聪艳、吴丽卿、王博、黄智勇、王飚、杨咏梅、肖冬云、吴美莉、李水才获“泉州市第三届十大杰出职业经理人”称号。

7月14日

农历己亥年六月十二
星期日
温度：27℃—33℃
阴

●由国务院发展研究中心和省政府指导，省政府发展研究中心、泉州市政府主办的民营经济创新发展高峰论坛在晋江举办。

●即日起至8月15日，市安办在全市范围内开展重点行业领域应急救援队伍建设普查和抽查，摸清应急救援队伍底数、现状，增强风险防范和应急处置能力。

●14—16日，泉州市第十一届运动会射箭比赛在惠安举行。

●由福建省梨园戏传承中心创作的新编梨园戏《陈仲子》在北京梅兰芳大剧院演出，参加由中宣部、文化和旅游部主办的2019年全国基层院团戏曲会演。

民营经济创新发展高峰论坛在晋江举办

由国务院发展研究中心和省政府指导，省政府发展研究中心、泉州市政府主办的民营经济创新发展高峰论坛在晋江举办。国务院发展研究中心副主任隆国强，副省长郭宁宁，泉州市领导康涛、王永礼、刘文儒、吕刚等出席论坛。

受国务院发展研究中心党组书记马建堂委托，隆国强宣读题为《践行“晋江经验”，促进实体经济高质量发展》的主旨演讲，阐释发展实体经济的重要性，指出要以“晋江经验”为镜鉴，采取综合系统、精准有效的举措，为实体经济创造优良的发展环境。郭宁宁在致辞中表示，习近平在福建工作期间七下晋江，在调研的基础上总结提炼出 “晋江经验”，为民营经济发展提供根本遵循。省委、省政府高度重视发挥“晋江经验”的科学引领作用，民营经济已经成为福建的核心竞争力、社会经济发展的强劲引擎、新福建建设的重要力量。下一步，福建省将贯彻落实习近平在参加十三届全国人大二次会议福建代表团审议时的讲话精神，增强服务意识，优化营商环境，深化机制体制改革，帮助民营企业在创新发展上取得新突破，推动福建省从民营经济大省向民营经济强省转变。泉州市委书记康涛在致辞中指出，改革开放以来，泉州民营经济从无到有、成长壮大。在习近平总结的“晋江经验”指引下，泉州民营企业家爱拼敢赢、薪火相传。过去17年来，全市GDP年均增长12.1%，2018年达8468亿元，其中民营经济贡献超过八成，分量举足轻重。泉州将贯彻习近平在参加十三届全国人大二次会议福建代表团审议时的讲话精神，传承弘扬“晋江经验”，把民营企业和民营企业家当作自己人，造好产业生态、营商环境、城市平台等，营造有利于创新创业创造的良好发展环境，推动民营经济创新发展、高质量发展。

论坛以“深入践行‘晋江经验’，聚焦实业、专注主业，促进新时代民营经济创新发展”为主题。院士、专家学者、各级智库代表、企业家代表等200多人参加论坛，围绕中美贸易摩擦、民营企业投融资、数字经济等问题，聚焦民营企业未来发展之路，从创新赋能、数字赋能、金融赋能等方面展开探讨。5位世界500强企业代表围绕“助推福建高质量发展”进行战略对话。论坛还举行国务院发展研究中心泉州民营经济固定调研基地签约仪式和省政府发展研究中心民营企业家“特约研究员”聘任仪式。

泉州市普查应急救援队伍建设

即日起至8月15日，市安办在全市范围内开展重点行业领域应急救援队伍建设普查和抽查，摸清应急救援队伍底数、现状，增强风险防范和应急处置能力。此次普查对象为全市各级各部门危化、煤矿、非煤矿山、水（海）上、隧道施工、油气管道、金属冶炼、交通运输、建筑施工、地震、防汛抗旱、消防、森林消防、医疗、通信、电力等各类应急救援队伍。普查的主要内容为各类应急救援队伍基本情况，包括队伍主管单位、队伍专兼职情况、队伍性质、驻地、专业类别、规模、人员、装备等情况。

此次抽查对象为易燃易爆物品、危险化学品等危险物品的生产、经营、储存、运输单位，矿山、金属冶炼、建筑施工单位应急救援队伍。抽查的主要内容为易燃易爆物品、危险化学品等危险物品的生产、经营、储存、运输单位，矿山、金属冶炼、城市轨道交通运营、建筑施工单位应急救援队伍建设情况，主要检查是否按照相关法律法规和标准要求，建立专（兼）职应急救援队伍；应急救援队伍建立单位或者兼职应急救援人员所在单位是否按规定对应急救援人员开展培训，应急救援人员是否持有培训合格证书；应急救援队伍是否配备必要的应急救援装备和物资，并定期组织训练；是否针对服务对象制定应急救援方案，并定期组织演练；依法未建立应急救援队伍的单位是否与邻近的专业应急救援队伍签订应急救援协议，签订应急救援协议的应急救援队伍是否具备救援需要的专业能力；生产经营单位是否将本单位应急救援队伍建立情况按规定报送县级以上人民政府负有安全生产监督管理职责的部门，并依法向社会公布。

市政协党组理论学习中心组（扩大）学习会议召开

市政协党组理论学习中心组（扩大）学习会议召开，传达学习中共中央关于印发《习近平新时代中国特色社会主义思想学习纲要》的通知精神、习近平对四川长宁6.0级地震做出的指示精神和李克强批示要求，学习贯彻习近平《〈福州古厝〉序》，以及省委常委会会议、市委常委会会议精神。会议指出，要学深悟透《学习纲要》，开展学习培训，引导政协机关党员干部用以武装头脑、指导实践、推动工作，推动习近平新时代中国特色社会主义思想入心入脑、落地生根。要树立安全发展理念，围绕提升防灾减灾救灾能力建言献策，助力保障人民群众生命财产安全，为保持经济持续健康发展和社会大局稳定做出贡献。要学习贯彻《〈福州古厝〉序》文章精神，主动参与文物保护利用及文化和自然遗产保护传承工作，聚焦申报世遗工作、古城保护利用、对外文化交流等议题，建良言、出实招，为泉州市推进文化遗产保护与传承贡献政协智慧和力量。

2019年泉州市100个社区“暑期活动营”开营

由市委文明办、鲤城区委文明办、丰泽区委文明办、洛江区委文明办、泉港区委文明办主办，泉州市丰泽区志愿者协会承办的2019年泉州市100个社区“暑期活动营”暨丰泽区“暑期乐园”活动开营仪式在丰泽区城东街道浔美社区举行。市委文明办有关负责人为14支丰泽区2019“暑期乐园”活动志愿服务队授旗。“暑期活动营”活动依托主城区100个社区“未成年人文体活动设施、场所”，让社区未成年人在家门口即可参加形式多样的文体活动，传承闽南优秀传统文化，引导他们成长为担当民族复兴大任的时代新人。活动营办在企业园，对园区企业、员工和员工子女三者之间形成“多赢”效应。活动营已吸引50多人报名，不但能保障企业员工子女的安全，解决父母的后顾之忧，让员工更加安心地工作，而且丰富小朋友的暑假生活。2015年至2019年，泉州市分别在鲤城、丰泽、洛江、泉港规范化建设100个“社区未成年人文体活动设施、场所”，并列入为民办实事项目。

鲤城法院在全国法院系统首创家事文化馆

鲤城区人民法院打造的全国法院首家家事文化馆在该区海滨街道水沟巷3号（市舶司遗址对面）揭牌开馆。该文化馆全称为鲤城区人民法院家事文化馆。文化馆占地650平方米，场景设置具有浓厚的闽南风格，建筑造型古朴，展出内容富有闽南特色，共有四个展厅一个大院。第一展厅为“家庭家事”，展示泉州传统的婚姻文化、宗族文化、家居文化等；第二展厅为“家风家教”，展示族规家训、乡规民约以及革命领袖家风；第三展厅为“家事法律”，展示古代以来婚姻家事立法历程、新中国成立以来家事审判发展历程及“一带一路”沿线国家婚姻趣闻；第四展厅为“多功能厅”，设置圆形审判桌、调解桌等。此外，鲤城区海滨街道牵头将周边街巷建设为“家风家教示范巷”，与该馆共同形成家风家教示范片区。家事文化馆内设有巡回法庭设施、家事调解室、家事纠纷服务站点。家事文化馆面向社会开放，成为家事审判文化走出法院，走向社会的载体。鲤城法院将依托家事文化馆开展巡回审判、家事纠纷调处等服务，将家事审判的预约调解、家事调查、普法救助等特色机制延伸到社区，让该馆成为宣传法院文化、家事审判文化的交流窗口。

鲤城区人民法院家事文化馆（图/吴寿民）

7月15日

农历己亥年六月十三
星期一
温度：27℃—33℃
多云转阴

●康涛到市信访局接访。

●市政协党组理论学习中心组（扩大）学习会议召开，传达学习中共中央关于印发《习近平新时代中国特色社会主义思想学习纲要》的通知精神、习近平对四川长宁6.0级地震做出的指示精神和李克强批示要求等。

●由省体育局、省教育厅主办，省社体中心、市体育局、市教育局承办的福建省青少年象棋锦标赛在石狮开幕。

●市教育局召开2019年市区普通高中招生录取切线发布会。

●由市委文明办、鲤城区委文明办、丰泽区委文明办、洛江区委文明办、泉港区委文明办主办的2019年泉州市100个社区“暑期活动营”暨丰泽区“暑期乐园”活动开营仪式在丰泽区城东街道浔美社区举行。

●泉州市舞蹈家协会第六次会员代表大会举行。

●鲤城区人民法院打造的全国法院首家家事文化馆在该区海滨街道水沟巷3号（市舶司遗址对面）揭牌开馆。

7月16日

农历己亥年六月十四
星期二
温度：26℃—33℃
阴

●康涛到南安暗访生态环境突出问题整改工作和农村人居环境整治工作。

●由市工信局、市台港澳办指导，泉州台商投资区党工委、管委会主办的2019泉州海峡两岸工业设计大赛暨海峡两岸大学生设计工作坊在泉州台商投资区启动。

●第九届海峡两岸高校文化与创意论坛暨百名台湾青年“首来族”福建行活动在华侨大学开幕。

●市政府与福建医科大学签订战略合作框架协议。

●省作家协会主席陈毅达带队到泉州，与泉州作家代表围绕“基层文学创作和文学繁荣”主题进行座谈。

●泉州市音乐家协会第六次会员代表大会举行。

2019年泉州海峡两岸工业设计大赛启动

由市工信局、市台港澳办指导，泉州台商投资区党工委、管委会主办的2019泉州海峡两岸工业设计大赛暨海峡两岸大学生设计工作坊在泉州台商投资区启动。市长王永礼到现场与两岸师生代表座谈，交流探讨如何搭建泉州和台湾工业设计合作新平台，吸引两岸青年到泉州就业创业。市委常委、常务副市长洪自强参加相关活动。

座谈会上，两岸师生代表围绕台湾大学生到泉州工作、营造引才留才环境、两岸文化互动、泉州工业设计产业特色及需求等方面，畅所欲言，出谋划策。王永礼指出，泉州经济总量大、产业基础好，工业增加值占GDP比重超过五成，规上工业企业达到4800多家，工业设计市场需求巨大、发展环境优良。希望专注工业设计领域的大家，把握泉州生产性服务业发展机遇，发挥年轻人特有的创造力与活力，推动泉州工业设计水平提升和制造业转型升级。市委、市政府高度重视泉州和台湾融合发展，落实落细国家“31条”和省、市惠台的政策措施，在“同等待遇”上下更大功夫，让台湾同胞享受到更多均等化、普惠化、便捷化的基本公共服务，致力打造“台胞台企登陆的第一家园”。

启动仪式上，两岸专家学者进行创新设计分享，并举行泉州和台湾工业设计人才服务中心授牌仪式。亿达家用电器、恒安集团等16家制造企业报名承办设计工作坊，两岸37所高校130多名工业设计专业学生参与，其中台湾学生67人。自活动启动到8月15日，两岸工业设计大学生入驻16家企业，每家企业入驻16名大学生，分7月下旬和8月上旬两批次入驻企业15天。学生对企业进行调研，了解企业的生产过程，然后针对企业的需求进行设计研发。活动结束后，对学生的设计进行综合性评比。

海峡两岸工业设计大赛启动仪式（图/泉州台商投资区融媒体中心）

第九届海峡两岸高校文化与创意论坛在泉州开幕

第九届海峡两岸高校文化与创意论坛暨百名台湾青年“首来族”福建行活动在华侨大学开幕。省委常委周联清，市委副书记、宣传部长张永宁，华侨大学校长徐西鹏出席活动。海峡两岸66所高校近300名师生参加活动，其中台湾师生180余名，覆盖台湾12个县市的58所高校、22所中学，有140多名台湾学生是首次到大陆。活动以“一水连两岸，溯源共护河”为主题，通过实地调研、圆桌探讨、新闻发布、成果汇报等多种活动，为两岸学子提供一段增长见识、智慧碰撞的平台。活动持续至22日，包含百名台湾青年“首来族”福建行、“刺桐好礼”伴手礼设计大赛、创意墙绘涂鸦比赛、溯源晋江环保体验之旅等内容。“福建行活动”以推动两岸文教交流和增进学生视野与人文素养为目的，在泉州、厦门、漳州等地进行研习参访；“伴手礼设计大赛”以闽南优秀传统文化、福建特色为主要元素，设计具有创新性、突破性、创意性和引领性的“刺桐好礼”；“墙绘涂鸦比赛”利用创意将泉州传统文化与现代生活融合，制作媒体广告、微电影、短片、海报等；“环保体验之旅”探访晋江水域、泉州市历史文化街区等地点，挖掘沿岸的历史遗迹和旅游资源。

第九届海峡两岸高校文化与创意论坛开幕式（图/华侨大学）

泉州市下达扶贫专项补助资金扶持村集体经济创收项目

泉州市下达2019年度村集体经济创收项目补助资金3000万元。根据规定，该项补助资金用于扶持全市255个“薄弱村”发展村集体经济创收项目，如盘活村集体闲置的建设用地、办公用房、旧厂房、旧仓库、旧校舍等存量资源，增加资产性收入的项目；村集体“四荒”（荒山、荒沟、荒丘、荒滩）整理开发，发展特色产品，增加资源性收入的项目；以村集体资金投资本辖区范围内的县城或中心集镇店面、厂房、光伏发电等固定资产，实现村集体资金保值、增值的项目。

泉州市首批“六大旅游产品”出炉

泉州市首批15个“六大旅游产品”公布，标志泉州市“六大旅游产品”培育计划启动。根据2019年发布的《泉州市进一步加快“六大旅游产品”培育（2018—2020年）实施方案》，泉州市按照“亮点在古城、厚度在山海、空间在生态连绵带”的全域旅游发展思路，在全市范围内培育10条特色旅游风景道、10个特色文化旅游示范基地、10个旅游休闲集镇、10个旅游特色村、10个旅游特色街区、10个旅游度假区，打造一批多样化融合发展的示范产品。此次15个“六大旅游产品”是泉州市确定的首批培育对象，文旅部门将按照“分批建立培育对象、中间动态优胜劣汰、建成后验收命名”的原则，将培育成效纳入考核绩效，并建立健全考核结果与补助资金挂钩的奖励机制，对取得实效的单位和个人将进行表彰。

泉州企业环保型核级涂料通过国家级鉴定

由中国核能行业协会组织，信和新材料股份有限公司、中广核工程有限公司承办的“环保型核级涂料研制及国产化应用等5项成果鉴定会”在泉州举行，泉州企业制造的环保型核级涂料通过专家鉴定。中国核电站的核岛涂料长期被外资品牌垄断，直到2017年，核电涂料的主要供应商美国某公司宣布不再供应相关涂料，国内核电站才开始寻找达到外资品牌同一水准的国产化产品。信和2009年开始从事核电站的涂料研发，2012年获得相关的核电涂料订单。这家泉州企业已成为巴基斯坦卡拉奇华龙一号核电站和中国防城港二期华龙一号核电站、连云港田湾核电站、霞浦核电站（在建）的主要供应商。

泉州市新增2家省重点实验室

省科学技术厅发布关于2019年度认定建设的30个福建省重点实验室（学科类）的名单，泉州市2家单位入选。泉州市2019年度新增的省重点实验室分别为依托泉州师范学院成立的福建省先进微纳光子技术与器件重点实验室、依托中科院海西研究院泉州装备制造研究所成立的福建省复杂动态系统智能辨识与控制重点实验室。

泉州开发区举办在泉州务工人员子女夏令营

由泉州开发区党务工作部、区社会事业局、区工委会主办的“我为泉州骄傲 我是小小‘新泉州人’”主题夏令营活动启动。活动利用暑假时间，分批次组织18个民族、25个省（市）的2000多名学生探访泉州古城、新城，并举办绘画、摄影、征文、讲故事比赛，让孩子们以多元的视角记录下他们心中的美丽泉州。此次活动中孩子们的绘画摄影作品还会在开发区项目建设工地的围挡等区域进行展示，深化孩子们作为新泉州人的骄傲与自豪感。此次活动也是开发区鼓励在泉州务工人员扎根泉州、创业追梦的举措之一。近年来，开发区加大力度解决务工人员子女教育问题，持续优化办学条件，让孩子们享有均等而优越的学习环境和教育资源，升级拴心留人的良好创业环境。

7月17日

农历己亥年六月十五
星期三
温度：27℃—34℃
多云转阴

●泉州市下达2019年度村集体经济创收项目补助资金3000万元，用于扶持全市255个“薄弱村”发展村集体经济创收项目。

●泉州市首批15个“六大旅游产品”公布，标志泉州市“六大旅游产品”培育计划启动。

●由中国核能行业协会组织，信和新材料股份有限公司、中广核工程有限公司承办的“环保型核级涂料研制及国产化应用等5项成果鉴定会”在泉州举行，泉州企业制造的环保型核级涂料通过专家鉴定。

●省科学技术厅发布关于2019年度认定建设的30个福建省重点实验室（学科类）的名单，泉州市2家单位入选。

●由国家体育总局主办、山西省政府承办的中华人民共和国第二届青年运动会武术套路比赛（社会俱乐部组）在山西转型综改示范区体育馆闭幕，代表福建省参赛的泉州市剑影武术文化研究社队获两枚金牌。

●17—22日，泉州市第十一届运动会羽毛球比赛在永春县棣兰体育馆举行。

●由泉州开发区党务工作部、区社会事业局、区工委会主办的“我为泉州骄傲 我是小小‘新泉州人’”主题夏令营活动启动。

7月18日

农历己亥年六月十六
星期四
温度：27℃—34℃
多云转阴

●18—19日，省委常委、统战部部长邢善萍到泉州开展“破解民营经济发展难题，营造创新创业创造良好环境”调研。

●市委常委会召开会议，传达学习贯彻习近平对垃圾分类工作做出的指示和省委常委会会议精神，研究《泉州市加快推进生活垃圾分类工作方案》。

●市委、市政府召开工作通报会，向老干部通报上半年全市工作情况。

●市十六届人大常委会第三十九次主任会议召开，讨论关于推进行政审批服务提质提速的综合调研报告，关于加强全市流域水环境保护情况专题询问工作方案等。

●18—22日，省公安厅副巡视员徐敏洪带领省扫黑除恶专项斗争督导组进驻泉州开展督导“回头看”。

●泉州网与华人头条合作签约暨“泉州发布”“华人头条泉州频道”“泉州网信微信公号”上线启动仪式在泉州晚报社举行。

●18—20日，由国家体育总局田径运动管理中心、中国田径协会、省体育局、省教育厅主办的2019年“聚龙教育”杯全国体育项目传统学校田径联赛（南部赛区）在泉州聚龙外国语学校举行。

●云迪奏鸣曲2019世界巡回钢琴独奏音乐会在泉州大剧院举行。

●作为全省唯一获评单位，德化县与浙江省青田县等51个地区获2019年“中国天然氧吧”创建地区称号并接受授牌，此系全市首个“中国天然氧吧”国字号招牌。

市委常委会会议传达习近平对垃圾分类工作做出的指示

市委常委会召开会议，传达学习贯彻习近平对垃圾分类工作做出的指示和省委常委会会议精神，研究《泉州市加快推进生活垃圾分类工作方案》。会议指出，要树立系统思维，全链条抓好垃圾分类投放、收集、运输、处理各环节，加紧补齐设施能力短板，提升垃圾减量化、资源化、无害化处置水平。

泉州网与华人头条合作签约

泉州网与华人头条合作签约暨“泉州发布”“华人头条泉州频道”“泉州网信微信公号”上线启动仪式在泉州晚报社举行。市委副书记、宣传部部长张永宁到场见证并致辞。张永宁指出，三个项目的上线启动，是泉州市推动媒体融合发展、建设全媒体的一项重要举措，将为泉州对外传播再添新的平台和窗口。各级各部门新闻发言人要适应网络传播规律，主动发声、敢于发声、善于发声，科学做好新闻发布和政策解读工作；新闻工作者要牢记职责使命，守方向、守立场、守根脉、守底线，实现新作为，激发新活力，展现新面貌；全市各级宣传部门要落实意识形态工作责任制，把握正确的政治方向、舆论导向、价值取向，推动媒体融合朝正确方向发展。启动仪式上，张永宁点击发布“泉州发布”首条信息，内容为涵盖120多个单位130余人的2019年度泉州市新闻发言人名单。省委宣传部老领导，华人头条负责人，市委宣传部、市委网信办、泉州晚报社有关负责人，部分市直单位新闻发言人及各县（市、区）、泉州开发区、泉州台商投资区宣传工作负责人等参加仪式。

2019年全国体育项目传统学校田径联赛（南部赛区）在泉州举行

18—20日，由国家体育总局田径运动管理中心、中国田径协会、省体育局、省教育厅主办的2019年“聚龙教育”杯全国体育项目传统学校田径联赛（南部赛区）在泉州聚龙外国语学校举行。福建、江西、湖南、广东、广西、云南、贵州、海南的84支代表队、1300名运动员参赛。比赛设两个年龄组，分男、女甲组和乙组4个组别，进行16个大项、64个小项的角逐。首个比赛日产生18枚金牌，21名运动员比赛成绩达到国家一级运动员水平。株洲第五中学的张雨潇获大赛首金，以1.70米的成绩获女子乙组跳高冠军。参与比赛的裁判员共有143人，总裁判长廖冠群是参加过2008年北京奥运会的国际级裁判。

德化获评“中国天然氧吧”

作为全省唯一获评单位，德化县与浙江省青田县等51个地区获2019年“中国天然氧吧”创建地区称号并接受授牌，此系全市首个“中国天然氧吧”国字号招牌。“中国天然氧吧”创建活动由中国气象局指导、中国气象服务协会发起，每年度由地区自愿申报，经过规范程序，对地区的气候、空气质量、大气负离子水平等生态环境质量、生态及旅游发展规划、旅游配套情况等进行综合评价。2018年，该创建活动被列入《国务院办公厅关于促进全域旅游发展的指导意见》，成为气象与旅游融合发展的典型。按照评选条件，获评“中国天然氧吧”，需要符合“年人居环境气候舒适度达‘舒适’的月份不少于3个月，年负氧离子平均浓度不低于1000个/立方米，年均AQI指数不大于100，旅游设施齐全、服务管理规范”等基本条件。德化县年人居环境气候舒适度达“舒适”的月份长达7个月、年平均负氧离子浓度值在1267个/立方米—2003个/立方米、AQI年均值为53、全年空气质量达标率98.4%，森林覆盖率高达78.4%，均优于获评条件。

德化县获“中国天然氧吧”授牌仪式（图/市气象局）

市委全面深化改革委员会第四次会议召开

市委全面深化改革委员会第四次会议召开。会议传达学习中央全面深化改革委员会第八次会议和省委全面深化改革委员会第五次、第六次会议精神；传达全国、全省医改工作电视电话会议精神，听取泉州市医改工作专题汇报；审议《关于建立容错纠错机制鼓励改革创新激励干部干事创业的实施意见（试行）》《关于党建引领城市基层治理创新服务机制的指导意见》《关于进一步加强农村（社区）集体资金资产资源管理工作的意见》等7份市级“强基促稳”指导意见。

会议指出，要增强抓改革、促改革的政治自觉、思想自觉和行动自觉，推动改革发展全局工作整体提升。要加强改革实效评估、跟进指导，盯紧责任主体，抓住关键环节，推动改革精准落实到“最后一公里”。要加强改革经验总结推广，将试点经验提升为制度性成果，推动“盆景”变“风景”。要推动医改工作创新做实，加快构建“大健康、大卫生”工作格局。要聚焦重点发力，逐项盯紧抓实医改任务，开展“暖心服务”行动，解决好“看病难”“看病贵”等突出问题。要深化农村土地制度改革，推进晋江改革试点，加强重点难点研究，拿出务实管用的解决思路和办法举措，力争提供更多可推广、可复制的有益借鉴。市“强基促稳”办要加强统筹协调，各牵头部门要当好“指挥部”，加强市县联动互动，分析问题、细化措施，推动“强基促稳”工作扎实有效开展。要甄选培育一批典型案例，以点带面、整体推进，推动从解决一个问题到解决一类问题，增强人民群众获得感和满意度。

泉州电网负荷再度刷新纪录

是日，泉州地区用电负荷达831.1万千瓦，再度刷新历史高峰纪录，较2018年最高负荷799.1万千瓦增长4%。受连日高温影响，空调等降温设备大规模使用，工业用电量和居民用电量均呈上升趋势，拉动用电负荷的增长，地区全口径供电负荷不断攀升。面对巨大的供电压力，泉州地区加快基建投产建设，近两个月完成220千伏后坑变#2主变、110千伏智能园变以及110千伏一都变投运工作，增加电网的容量，以满足泉州地区经济发展和人民群众生活的用电需求。为保证迎峰度夏高负荷期间泉州地区电网安全稳定运行，国网泉州供电公司加强电网负荷预测分析，掌控迎峰度夏期间电力供需形势，合理调整电网运行方式，加强24小时不间断调控，保障电网安全稳定和电力可靠供应。

中国运动用品品牌集群在晋江成立

由中国品牌建设促进会主办、晋江市政府和省品牌建设促进会承办的中国运动用品品牌集群成立大会在晋江举行。福建省的运动用品制造业产业集群优势凸显，福州、厦门、泉州、莆田等都是国内运动用品的重要产地。鉴于福建省运动用品产业影响力，中国品牌建设促进会委托省品牌建设促进会牵头筹建中国运动用品品牌集群。中国品牌建设促进会有关人士表示，中国已成为全球最大的运动用品制造国，运动用品产业链较为成熟，具备成本端优势与品质基础，但仍存在核心产品和高端产品缺位、品牌影响力欠缺等问题。通过建立品牌集群，整合中国运动用品行业品牌，形成高度集约化的品牌集群参与国际竞争，有利于推动中国运动用品产业品牌走向世界，扩大国际影响力，拓展国际市场空间。

中国运动用品品牌集群成立大会现场（图/泉州品牌发展中心）

7月19日

农历己亥年六月十七
星期五
温度：28℃—34℃
多云

●市委全面深化改革委员会第四次会议召开，传达学习中央全面深化改革委员会第八次会议和省委全面深化改革委员会第五次、第六次会议精神；传达全国、全省医改工作电视电话会议精神，听取泉州市医改工作专题汇报等。

●市委非公有制企业和社会组织工委工作会议暨全市组织系统实施“强基促稳”三年行动工作推进会召开，传达省委非公企业和社会组织工委工作会议精神，部署下阶段任务。

●泉州地区用电负荷达831.1万千瓦，再度刷新历史高峰纪录，较2018年最高负荷799.1万千瓦增长4%。

●由中国品牌建设促进会主办、晋江市政府和省品牌建设促进会承办的中国运动用品品牌集群成立大会在晋江举行。

●工信部赛迪顾问县域经济研究中心发布《2019年赛迪县域经济百强研究》及“县域经济100强（2019年）榜单”，晋江（第5位）、石狮（第25位）、南安（第28位）入选。

7月20日

农历己亥年六月十八
星期六
温度：27℃—32℃
终于转阴

●20—22日，由海峡两岸经贸交流协会、中国国际贸易促进委员会台港澳企业服务中心、福建省海峡商务交流协会、泉州进出口商会、晋江市食品行业协会主办的第三届海峡两岸食品交易会暨第六届闽台（泉州）食品交易会在晋江举行。

●泉商商学院成立，旨在激活企业家创新创业创造精神，帮助泉州企业家实现由“爱拼敢赢”向“善拼会赢”转变。

●20—25日，“丝路人和—福建省美协中国人物画艺委会学术年展”在泉州海外交通史博物馆举行。

●由福建省国际标准舞协会、石狮市文化体育和旅游局、石狮市文学艺术界联合会主办的2019福建省国际标准舞锦标赛暨中国·石狮首届东南城市体育舞蹈公开赛在石狮体育馆举行。

第三届海峡两岸食品交易会在晋江举行

20—22日，由海峡两岸经贸交流协会、中国国际贸易促进委员会台港澳企业服务中心、福建省海峡商务交流协会、泉州进出口商会、晋江市食品行业协会主办的第三届海峡两岸食品交易会暨第六届闽台（泉州）食品交易会在晋江举行，中国、意大利、泰国、马来西亚、韩国等16个国家的456家食品企业参展。进口食品及台湾展区企业数量超参展总数量的23%以上，并新增俄罗斯、菲律宾、乌克兰及电商展区。交易会设置1900个标准展位，展会面积4.2万平方米，到会参展人数超8万。交易会还坚持开展区域性特色食品推介会，通过对接国内食品产区，发掘特色食品和优质原材料，为参展企业提供丰富资源，凸显食品交易会在食品产业中的枢纽作用。该届交易会还与台湾高雄举行的海峡两岸农业展暨渔业展缔结为战略合作伙伴，聚合海峡两岸各方资源，助力两岸食品企业抱团拓展市场。展会配套海峡两岸食品文化节、海峡两岸名优食品推介会、中国食品产业高峰论坛、第六届欧中食品文化艺术节、食交会采购商对接会、第九届全国海鲜烹饪技能大赛、海峡两岸商界精英金门徒步邀请赛等11个活动，实现从规模化、专业化到国际化的全方位升级。

晋江食品产业的发展历程，是“晋江经验”实践的写照。晋江是全省最大休闲食品出口基地，也是中国休闲食品主产地和食品销售辐射基地，享有“中国食品工业强市”“全国县域食品经济发展示范县”“中国休闲食品出口加工基地”等荣誉。一年一度的食品交易会是晋江食品产业与时俱进的发展成果，更是晋江市引以为豪的城市名片。食品交易会作为由商务部批准的“国字号”国际休闲食品专业展会，历经五年培育，展会品牌效应日益凸显，参展面积、参展人数年均增长约15%，受到参展企业、参会客商、业界人士的一致好评。晋江市有食品企业540家。食品交易会是晋江市顺应福建和台湾深化合作、晋江和台湾两地食品产业协作发展，致力打造的一个重要展会平台，规格逐届提升，影响力逐年扩大，已成为引领休闲食品行业发展的“风向标”，为世界各地客商提供国际性、专业化食品产业对接平台。

泉商商学院成立

泉商商学院成立，旨在激活企业家创新创业创造精神，帮助泉州企业家实现由“爱拼敢赢”向“善拼会赢”转变。泉商商学院由市工商联牵头筹建，将围绕国家“十三五”发展规划及泉州市重点产业转型升级路线图，整合统战、工信、科技、金融等部门及高校资源开展系列培训：一是以中型以上企业的企业家为重点，开展企业发展战略、风险防控系列培训，帮助企业家厘清企业战略定位和发展规划，掌握转型升级的方法和途径；二是以成长性良好的中小企业企业家为重点，开展商业模式创新、企业经营管理、金融资本运作、企业技术创新、市场营销创新等系列培训，帮助企业家补齐短板、提高经营转型期的适应能力；三是针对二代企业家开展专项培训，邀请老一代成功企业家分享创业故事与经验，增强二代企业家的创业精神和社会责任感，促进泉州民营企业家的代际传承。泉商商学院的近期目标是通过1至2年有效整合，完善“泉州市企业家讲师团”队伍，以企业家培训企业家模式，扩充导师库建设，加快企业家代际传承培养；远期目标是以政府牵头推动、企业出资参与的模式，借鉴“湖畔大学”或“新华都商学院”的办学模式，联合有关高校，以泉州企业家为核心，立足海西，服务全国，培养创造型商界人才。

福建省美协中国人物画艺委会学术年展在泉州举行

20—25日，“丝路人和—福建省美协中国人物画艺委会学术年展”在泉州海外交通史博物馆举行。展览汇聚25个福建当代最具实力的人物画家的近80幅新作。活动期间，参展画家到惠安县大岞、小岞和丰泽区蟳埔采风写生，体验“海丝”文化和泉州新时代的生活面貌，感受人们迈向新生活的喜悦，从中激发画家们新的创作激情。

第七届全国大学生光电设计竞赛东南区赛在泉州举行

全国高校光电类专业顶级赛事——第七届全国大学生光电设计竞赛东南区赛在泉州举行。该届东南区赛有广东、广西、海南、福建四省区的40支创意组参赛队、4支初创组参赛队在泉州师范学院参加路演环节比赛。路演项目将光电信息技术与移动互联网、云计算、大数据、人工智能、物联网等新一代信息技术和经济社会各领域相结合，展示光电技术在教育、医疗、交通、制造、金融、绿色能源、生态农业、消费生活等方面的创新应用，富有创新性和时代感，参赛队伍全方位、多维度展现“勇立时代潮头、展示光电魅力”的竞赛主题。经过角逐，13支队伍获一等奖，19支队伍获二等奖，12支队伍获三等奖，泉州师范学院、暨南大学等9所高校获优秀组织奖。其中，泉州师范学院的“基于机器视觉的半导体致冷晶粒表面缺陷智能检测系统”和“‘安心’智能方向盘系统”获一等奖，“‘霾中灯’全智能路灯系统”获三等奖。全国大学生光电设计竞赛由中国光学学会和教育部高等学校电子信息类专业教学指导委员会主办。该赛事已成为光电及相关专业学生综合运用专业知识开展科研实践活动的国家级交流平台，在促进学生创新实践能力提升方面起到重要作用。

全省首家成长天使基金定点医院落户泉州

中国红十字基金会成长天使基金定点医院启动仪式举行，泉州市妇幼保健院·儿童医院成为全省首家“成长天使”基金合作医院。2017年《中国儿童身高管理现状调研报告》显示，中国超过50%的儿童没有达到遗传身高，近八成的儿童没有达到父母对其身高的预期水平，中国家长对孩子身高盲目乐观。更有一些地区，因家长无意识或治疗负担较重，而使孩子错过最佳诊治时机，遗憾终生。中国红十字基金会成长天使基金是国内首个关注青少年儿童身高问题的专项公益基金，自2010年成立以来，已帮助近2000名矮小儿童实现长高梦想。泉州市妇幼保健院·儿童医院在儿童生长发育领域，开展的相关业务已超过15年，致力于儿童性早熟、矮小症、肥胖症等生长发育疾病的诊治，此次成为中国红十字基金会成长天使基金合作医院，有助于提升社会对儿童生长发育健康的关注度，推动儿童生长发育知识的普及。

茶叶品鉴交流大会举行

由泉州市茶文化研究会主办的茶叶品鉴交流大会举行。多位茶叶爱好者及专家畅谈茶文化。普洱茶茶艺表演让观众感受茶文化的博大精深。泉州市茶文化研究会常务理事郭柯柯表示，此次茶叶品鉴活动不仅有利于更好推广传播茶文化，同时也为泉州本土茶叶爱好者提供一个互相交流切磋的平台，很有意义。

“廖俊波影像馆”在惠安开馆

“廖俊波影像馆”在惠安海丝电影小镇开馆。惠安海丝电影小镇是福建省重点工程，位于惠安县紫山镇辖区内。此前由朱一龙主演的《许你浮生若梦》和近期在中央电视台热播的励志创业温情剧《那片花那片海》都曾在惠安海丝电影小镇取景拍摄。小镇上特设的“廖俊波影像馆”，分三个区域进行展示，一是以海报和视频资料回顾廖俊波苦干实干、开拓奋进、一心为民、廉洁奉公的一生；二是生动地还原廖俊波的办公场所，包含政和发展规划图，令人回忆起廖俊波带领政和人民走出贫困的岁月；三是展示电影《樵夫·廖俊波》和电视剧《廖俊波》剧照和海报，弘扬先进事迹、坚定发展信念，倡导高尚品格，以艺术作品鼓舞人心。海丝小镇负责人表示，“廖俊波影像馆”的设立是坚定文化自信，推进文化发展的举措，通过这种更直观的方式在激励党员的同时，也希望能让到海丝电影小镇的游客自发学习先进人物，树立良好的价值观，体会到幸福生活来之不易。

7月21日

农历己亥年六月十九
星期日
温度：26℃—31℃
中雨转小雨

●第七届全国大学生光电设计竞赛东南区赛在泉州举行。

●中国红十字基金会成长天使基金定点医院启动仪式举行，泉州市妇幼保健院·儿童医院成为全省首家“成长天使”基金合作医院。

●第三届“蔡襄杯”闽台中小学生书法大赛现场书写决赛在泉州外国语学校洛江校区举行。

●由泉州市茶文化研究会主办的茶叶品鉴交流大会举行。

●丰泽区高层次人才嘉年华活动举行。

●“廖俊波影像馆”在惠安海丝电影小镇开馆。

7月22日

农历己亥年六月二十
星期一
温度：26℃—32℃
小雨转阴

●第三届海峡两岸食品交易会闭幕，达成交易额107.8亿元。

●泉州市国际友好城市德国诺伊施塔特市青少年代表团应邀到泉州访问，与泉州市中学生开展“1+1住家式”交流活动。

●由福建省对外文化交流协会、福建省闽台交流协会、中国闽台缘博物馆、福建省闽台文化交流中心、台湾书院联谊会主办的“2019年朱子之路——闽台书院文化之旅”活动开营仪式在泉州举行。

●由省侨联主办，永春县侨联、北溪文苑承办，台湾专案管理学会、两岸和平发展联合总会、余光中文学馆合作开展的“诗词连两岸，丹青描乡愁”两岸乡愁笔会暨书画作品展在永春县北溪文苑举行。

德国诺伊施塔特市青少年代表团到泉州访问

泉州市国际友好城市德国诺伊施塔特市（以下简称“诺市”）青少年代表团应邀到泉州访问，与泉州市中学生开展“1+1住家式”交流活动。诺市青少年代表团一行27人，其中包括21名学生。在泉州交流时间从7月22日持续至8月2日。其间，学生们与泉州的同龄人一起，参观多所学校以及陶瓷博物馆、藤铁工作室、海交馆、五店市传统文化街区等；参加兴趣小组活动，体验制茶工艺、提线木偶、书法、民间美术、砖画等，通过学习了解闽南传统文化艺术，与泉州接待家庭相处交流，体验泉州本地风土人情。

青少年交流作为国际友城交往中的重要组成部分，对泉州和诺市友好关系的长远发展，具有深远意义。参观、学习、体验不同文化背景的生活，对两市青少年而言，一方面能增长见识，开阔视野，另一方面更是对大家未来的发展、人生规划产生积极影响。通过青少年交流活动这座“桥梁”，也加深两市人民的了解，增进友谊，推动友城关系可持续发展。1995年，泉州与诺市缔结友好城市关系，两市在经贸、文化、人员往来等领域开展富有成效的交流，友城关系不断巩固发展。为加强两市年青一代的相互了解，双方于2010年起开展中学生交流项目，每年暑假进行定期交流。2017年，两市签订青少年交流备忘录，明确该项目为两市政府、议会支持的常规交流项目，将长期开展下去。活动开展以来，得到两市各界人民的欢迎与好评，已成为泉州市国际友城交流中的品牌项目。泉州青少年代表团已五度应邀访问诺市。诺市青少年代表团此前也曾经四次访问泉州。

“2019年朱子之路——闽台书院文化之旅”活动在泉州启动

由福建省对外文化交流协会、福建省闽台交流协会、中国闽台缘博物馆、福建省闽台文化交流中心、台湾书院联谊会主办的“2019年朱子之路——闽台书院文化之旅”活动开营仪式在泉州举行，来自台湾的台湾书院联谊会、象山书院，以及省内正谊书院、开山书院等闽台两地书院，共56名代表参加多场书院文化交流。活动为期一周，营员参访同安朱子书院、泉州石井书院、福州鳌峰书院和正谊书院等，行“朱子敬师礼”，吟诵“朱子家训”，体验圣人走过的朱子巷，品尝象征朱子源头活水的泉水。同时，营员在泉州参观中国闽台缘博物馆、泉州开元寺、安海龙山寺和安平桥，畅游五店市闽南古建筑群。期间，主办方还举办系列书院文化交流活动。

“闽台书院文化之旅”活动开营仪式（图/陈龙山）

“两岸乡愁”笔会暨书画作品展在永春举行

由省侨联主办，永春县侨联、北溪文苑承办，台湾专案管理学会、两岸和平发展联合总会、余光中文学馆合作开展的“诗词连两岸，丹青描乡愁”两岸乡愁笔会暨书画作品展在永春县北溪文苑举行，美国、加拿大、阿根廷等10余个国家和中国香港、澳门、台湾地区的150多名书画家、爱好者参加活动。书画展展出100幅作品，其中包括30位台湾书画家的30幅作品。有159幅投稿作品由作者捐赠给省侨联作公益之用，其中台湾同胞投稿的80幅作品全数捐赠。作品紧扣主题、贴近时代，以写意水墨、精细工笔等画法，以隶、楷、行、草各种书体，展现两岸一脉相承的中华优秀文化，书写两岸绵绵不断的情缘，表达两岸共同的“根”和“魂”。在两岸乡愁笔会上，书画家还集体创作“书画同源，闽台同根”书法长卷和“亲情中华”国画长卷。

康涛到晋江查核督办环保整改工作

泉州市委书记康涛到晋江查核督办中央第二生态环境保护督察组转办的群众信访举报件整改工作，泉州市委常委、晋江市委书记刘文儒参加活动。每到一处，康涛都要求企业负责人落实环保制度要求，及时办理相关手续，完善废水废气治理设施，不能应付了事、留有尾巴。康涛要求各级各有关部门落实党政同责、一岗双责，回应群众关切，立行立改，巩固整治成效，防止问题反弹；举一反三，盯紧盯牢关键区域、重点行业，主动提前介入，既加强日常监管，又有效服务引导，帮助企业提升环保水平。在随后召开的现场交办会上，康涛强调，生态环境保护督察，是以习近平同志为核心的党中央加强生态环境保护、推进生态文明建设的重大举措。全市各级党委政府要提高政治站位、强化政治担当，落实中央督察组的各项要求，一把手必须亲力亲为，市、县、镇、村四级联动，态度坚决、具体务实抓整改。禁止“一刀切”做法，避免集中停工停业停产，避免执法过程简单化，特别要妥善处理涉及民生的产业领域，分类推进企业规范化经营，尽可能避免影响人民群众正常生产生活。坚持“当下改”与“长久立”相结合，分门别类建立长效监管机制，发动群众共建共治共享，以生态优先、绿色发展让老百姓有获得感。

泉州市中级人民法院社会服务中心成立

泉州市中级人民法院社会服务中心揭牌成立，此举扩展了便民诉讼服务功能，尤其是24小时司法自助服务区提供全天候服务。24小时司法自助服务区有效解决“法院上班我也上班，我下班了法院也下班了”的难题，为当事人提供全天候的自助司法服务；知识产权保护展示中心展示泉州法院近年来知识产权保护成果及泉州非物质文化遗产司法保护状况；社会服务对接中心可办理122交通查询、泉州市出入境预约、泉州市和丰泽区行政服务中心预约、公积金查询、工商和不动产登记查询、人行征信查询等各项社会事务；跨域诉讼服务中心有效解决“异地诉讼难”“异地诉讼累”的难题，为当事人提供跨域诉讼服务，当日，泉州中院速裁团队对陈某与晋江市某物业公司物业服务合同纠纷案进行跨域庭审；司法公开中心从立案、审判到执行，全部重要流程节点实现信息化、可视化、公开化；电子文档中心，电子文档管理平台、智能中间柜、金融案件办案一体化平台、统一送达平台、京东司法拍卖平台，各种高大上的信息系统为审判更高效、政务管理更便捷、队伍建设更廉洁提供强大的技术支持；泉州市矛盾纠纷多元化解中心构建全市联动调解网。此外，泉州中院还设置督察中心、警务中心，加强监督管理。

泉州市获准开展跨境金融区块链服务平台试点工作

为更好地服务实体经济，帮助中小企业解决融资难、融资贵问题，国家外汇管理局决定扩大跨境金融区块链服务平台试点范围 ，泉州10家银行机构被纳入试点单位。是日，泉州首笔试点业务落地。跨境金融区块链服务平台是国家外汇管理局创新应用区块链技术而推出的类基础设施服务，为市场主体外汇业务办理提供信息支持。该平台推出“出口应收账款融资”“企业跨境信用信息授权查证”两项业务场景，为银行办理企业融资申请提供报关单真实性验证服务以及企业跨境信用信息授权查证服务。国家外汇管理局泉州市中心支局在收到扩大试点文件后，立即成立业务工作组，组织试点银行机构外汇业务骨干参加试点工作培训。是日，中国银行南安支行为福建恒利生活用品公司办理1笔出口应收账款融资业务，金额为人民币180万元，该笔业务系辖区跨境金融区块链服务平台首笔业务。相关企业和银行机构反映，借助平台办理链上融资审核耗时不超过10分钟，节省银行上门现场查验、比对报关单原件等繁琐业务操作，提高银行融资审核效率。

7月23日

农历己亥年六月廿一
星期二
温度：26℃—32℃
多云

●康涛到晋江查核督办中央第二生态环境保护督察组转办的群众信访举报件整改工作。

●王永礼与由德国诺伊施塔特市常务副市长因格·罗特令斯霍夫带队的青少年代表团座谈。

●泉州市中级人民法院社会服务中心揭牌成立。

●为更好地服务实体经济，帮助中小企业解决融资难、融资贵问题，国家外汇管理局决定扩大跨境金融区块链服务平台试点范围 ，泉州10家银行机构被纳入试点单位。是日，泉州首笔试点业务落地。

7月24日

农历己亥年六月廿二
星期三
温度：27℃—33℃
阴转多云

●中央生态环境保护督察省级联合督导泉州组到泉港和南安，聚焦突出生态环境问题和中央生态环境保护督察组转办的信访件，核查各地边督边改、立行立改的情况。

●市人大常委会、市政府召开联席会议，互相通报上半年工作情况，同时围绕贯彻市委十二届九次全会部署进行座谈。

●王永礼到南安市丰州镇素雅村，查核督办中央第二生态环境保护督察组转办的群众信访举报件整改工作。

●两岸大学生农业VR科技应用调研成果发布会在泉州举行。

●24—28日，2019年福建省青少年网球锦标赛在莆田市体育公园举行，泉州队获7枚金牌，居各队之首，并获男子团体总分和女子团体总分两个第一名。

●24—25日，由市教育局、台盟泉州市委会主办，海峡友谊文化交流中心协办的2019海峡两岸青少年女子篮球友谊赛在泉州师范学院明德体育馆举行。

●《福布斯》中文版发布2019中国慈善榜，泉州5个企业家（家族）上榜。

中央生态环境保护督导组督导泉州市边督边改情况

中央生态环境保护督察省级联合督导泉州组到泉港和南安，聚焦突出生态环境问题和中央生态环境保护督察组转办的信访件，核查各地边督边改、立行立改的情况。督导组强调，要把环保“一刀切”与依法依规查处环境违法行为区分开来，禁止“一律关停”“先停再说”等敷衍应对做法。对中央第二生态环境保护督察组转办的信访件和群众身边的突出生态环境问题，要把措施做实，把整改做细，把短板补齐，推动边督边改工作不走样、不偏离。

市人大常委会和市政府联席会议召开

市人大常委会、市政府召开联席会议，互相通报上半年工作情况，同时围绕贯彻市委十二届九次全会部署进行座谈。

市长王永礼指出，市政府将贯彻落实市委决策部署，执行市人大及其常委会的各项决议，回应群众呼声。一是赶超攻坚再加力，对照赶超任务和人大会目标，全力稳增长、促投资，破解用海用地用工用钱等要素瓶颈，加快赶超步伐；二是高质量发展再加力，从制造业、服务业、生态和乡村振兴入手，推动各个领域的高质量发展；三是改革开放再加力，以综改区、综保区为抓手，优化营商环境，打造对外开放新高地，建设台胞台企登陆第一家园；四是民生事业再加力，实施教育、卫生、养老和民生基础设施“四心”工程、泉州“XIN”行动和为民办实事项目，做好精准脱贫、“强基促稳”、安全生产等各项工作。

市人大常委会主任陈灿辉指出，下阶段，市政府及其组成部门要继续解放思想，推动有关工作更加落实落细，立足泉州实际调整民营经济扶持政策，解决突出问题。各部门一把手在打造良好营商环境中要负起责任。要推动高科技产业发展，抓好平台建设，高起点建设“智慧城市”，推动管理提质、技术提级，培育一批龙头企业，力争在科创板上市，起好示范效应。要加快城市建设进程，优化基础设施，完善交通网络，推动古城提质、新城集聚，尤其要主动融入闽西南协同发展区，统筹推进南翼新城建设，做大城市体量。

市人大常委会和市政府联席会议现场（图/王虎文）

两岸大学生农业VR科技应用调研成果发布会在泉州举行

两岸大学生农业VR科技应用调研成果发布会在泉州举行，海峡两岸近40名大学生通过趣味汇报的形式，分享调研成果，携手推动两岸农业发展。此前，两岸大学生已到晋江市九十九溪小桥村和南安市仑苍镇后垵村进行近半个月的调研。成果发布会上，台湾中华科技大学原校长李宗霖博士表示，此次调研是在两岸大学生的协作下，运用新科技展开，致力打造乡村新风貌和“记得住乡愁”的样本。活动发起者王淑贞表示，希望通过此次活动，让两岸先进的农业技术和理念进行碰撞，产生新的火花，也希望引导更多青年学生关注田园，回归农业。据了解，此次调研活动吸引台湾嘉南药理大学、屏东科技大学、淡江大学，以及福建农业职业技术学院和泉州轻工职业学院等多所高校师生参与。

泉州5个企业家（家族）登上福布斯2019中国慈善榜

《福布斯》中文版发布2019中国慈善榜。泉州5个企业家（家族）上榜：恒安集团的许连捷家族、施文博以2.0555亿元排名第21位，安踏的丁世家家族以5000万元排名第63位，七匹狼集团的周永伟以2800万元排名第84位，达利食品集团的许世辉以2126万元排名第89位，柒牌集团的洪肇设以2000万元排名第90位。

市委常委会会议传达习近平讲话精神

市委常委会召开会议，传达学习习近平在中央和国家机关党的建设工作会议上的讲话、在中央政治局会议审议《中国共产党机构编制工作条例》时和在中央深化党和国家机构改革总结会上的讲话精神，以及省委常委会会议精神。

会议指出，要深化理论武装，抓实基层党组织建设，持之以恒正风肃纪。全市各级领导机关、领导班子要模范带头、以上率下，党组（党委）要扛起主责、抓好主业，以机关带系统、带基层，推动各项工作落细落实。要健全党对重大工作的领导体制，强化职能统筹，更好发挥党统揽全局、协调各方作用。要巩固深化机构改革成果，坚持优化协同高效原则，厘清职责边界、权责清单，加快构建系统完备、科学规范、运行高效的机构职能体系。

市中级人民法院与华东政法大学签订合作协议

市中级人民法院与华东政法大学举行签约仪式，双方就域外法查明、课题调研、法律培训、教学实践等开展合作。双方签订合作协议，该协议主要就域外法查明合作机制及操作流程进行细化，确保查明程序及结果的客观性，明确查明责任归属；协议也对双方进行课题调研、法律培训、教学实践等方面的合作进行框架性约定。仪式上，市中级人民法院相关人士表示，此次合作有助于增加查明结果的权威性，满足泉州经济市场主体诉讼便利化需求，推动营造稳定公平透明、可预期的营商环境。华东政法大学希望在合作过程中，深挖优势资源，增强品牌特色，提升合作的高度，服务大局，强化合作管理，优化合作机制。

泉州市首次组队参加全国轮滑锦标赛

2019全国轮滑锦标赛在浙江丽水体育中心开幕。泉州市负责组建三支队伍参加此次为期7天的比赛，其中包括福建省女子轮滑冰球队、仰恩大学轮滑冰球队、泉州市实验小学洛江校区轮滑冰球队。此系泉州乃至福建首次组队参加全国轮滑锦标赛。此次比赛也是第十四届冬季运动会轮滑比赛资格赛，新增滑板车项目，比赛项目11个，涵盖所有轮滑项目。全国33个省、市、自治区和北京体育大学共34个代表团3625名运动员和教练员参赛，实现全项目全区域覆盖。其中，自由式轮滑、单排轮滑球、速度轮滑为主要项目，参赛人数较2018年增长21.4%。

美国百老汇原版音乐剧首度到泉州献演

美国百老汇原版音乐剧《绿野仙踪》在泉州大剧院上演，此系该剧首次到中国巡演，也让泉州市观众首次在家门口观赏到美国百老汇音乐剧。《绿野仙踪》源自"美国童话之父"莱曼·弗兰克·鲍姆的经典童话故事《奇妙的奥兹男巫》，讲述女孩桃乐茜误入魔幻王国"奥兹国"，在寻找回家之路的过程中，结识没有头脑的稻草人、缺少心脏的铁皮人和寻找勇气的狮子，他们互相帮助、团结协作、历尽艰险，最终战胜邪恶女巫，实现各自心愿。100多年来，这一经典童话故事一直感动着世界各地的读者和观众。此次上演的音乐剧《绿野仙踪》是对经典的一次全新演绎，升级版的特效和绚丽的舞台让人眼花缭乱。音乐剧还原小说中的诸多奇幻场景，魔幻疯狂的龙卷风、色彩斑斓的矮人王国、奇幻瑰丽的翡翠城。当桃乐茜进入奥兹国的那一刻，舞台瞬间从黑白转变为绚烂的彩色，结合特效实现丰富的舞台艺术呈现，让观众和主演一起身临其境，共同感受童话的奇幻世界。

美国百老汇原版音乐剧《绿野仙踪》剧照（资料图片）

7月25日

农历己亥年六月廿三
星期四
温度：27℃—33℃
阴转多云

●市委常委会召开会议，传达学习习近平在中央和国家机关党的建设工作会议上的讲话、在中央政治局会议审议《中国共产党机构编制工作条例》时和在中央深化党和国家机构改革总结会上的讲话精神，以及省委常委会会议精神。

●康涛到永春县东关镇督促推进生态环境突出问题整改工作。

●市中级人民法院与华东政法大学举行签约仪式，双方就域外法查明、课题调研、法律培训、教学实践等开展合作。

●2019全国轮滑锦标赛在浙江丽水体育中心开幕。泉州市负责组建三支队伍参加此次为期7天的比赛，此系泉州乃至福建首次组队参加全国轮滑锦标赛。

●25—29日，2019年福建省中学生（高中组）篮球联赛在泉州举行。

●美国百老汇原版音乐剧《绿野仙踪》在泉州大剧院上演，此系该剧首次到中国巡演，也让泉州市观众首次在家门口观赏到美国百老汇音乐剧。

7月26日

农历己亥年六月廿四
星期五
温度：27℃—33℃
小雨转阴

●全市征兵工作电视电话会议召开，总结2018年征兵工作，部署2019年征兵任务。

●市政府第六十四次常务会议召开，传达学习《黄龙云、刘华、于伟国在中央第二生态环境保护督察组督察福建省工作动员会上的讲话》和省中央生态环保督察整改工作领导小组会议精神。

●泉州海丝史迹志愿服务队业务培训在泉州府文庙明伦堂国学讲堂举行。

●26—28日，由泉州师范学院美术与设计学院主办的“丝潮新生——一带一路·文化的传承与传播”作品展在市区西街肃清门举行。

●由晋江市新时代文明实践中心、晋江市委宣传部、晋江市文联等主办的“邹鲁两地乡愁作品展”在晋江市博物馆开幕。

●26—31日，“行走的爱·走进大凉山”石材公益摄影展在南安市水头镇英良集团文创园五号仓库举行。

●德化县举行推广“大师+作家”共创模式促陶瓷文化发展活动签约仪式。

市政府第六十四次常务会议召开

市政府第六十四次常务会议召开，传达学习《黄龙云、刘华、于伟国在中央第二生态环境保护督察组督察福建省工作动员会上的讲话》和省中央生态环保督察整改工作领导小组会议精神；研究并通过《泉州市高层次人才跨县域住房保障实施意见》《泉州市人民政府关于进一步实施技术标准战略工作的意见》等。会议指出，人才工作事关全市经济社会发展，要主动对接，形成合力，健全主管部门牵头抓总、相关部门密切配合的工作机制，做好政策衔接，发挥政策叠加效应，推动政策尽快落地。要统筹房源，优化配置，探索空置房源流通机制，完善公共服务设施配套，解决人才多元化居住需求。要加强后续监管，做好安居住房使用、退出、移交管理。

泉州海丝史迹志愿服务队业务培训举行

泉州海丝史迹志愿服务队业务培训在泉州府文庙明伦堂国学讲堂举行。15名不同领域的专家和代表，穿上红色志愿者服，成为泉州海丝史迹志愿服务队首批志愿者。志愿者将针对古泉州（刺桐）史迹申报世界文化遗产16处遗产点及其他海丝史迹等各级文物保护单位，参与文物安全巡查检查、法律援助、技术支持和宣传引导等工作，更好地保护文物，保存城市文脉，为全国全面开展文物保护志愿者活动创出“泉州模式”。

福建省是国家文物局和共青团中央确定的中国文物安全志愿者行动试点省份，泉州海丝史迹志愿服务队是省文物局确定的志愿试点队伍。首批15名志愿者是不同领域的代表，是经过国家文物局、省文物局审核备案的文物保护志愿者。这支队伍中有文物专家，有泉州留学联谊会的英文骨干，有一线执法人员，有检察官和律师，也有教师及社区工作者。如，原泉州市文物保护研究中心主任陈鹏鹏，数十年奋斗在泉州文物界；省文物保护专家库专家刘大山，是闽南民居营造技艺的省级传承人，中国文物修缮领域的重要专家；泉州市留学生联谊会副会长曾国恒，是遗产点的金牌英文讲解。泉州海丝史迹志愿服务队将制定年度工作计划，在文物安全领域、文物专业领域、文物宣传推介领域发挥作用。通过参与文物安全检查评估工作，成为客观、公正的第三方评价体系；重点开展宣传普及、保护观摩、法律援助、学术研究等活动，落实专业化的志愿服务，提升队伍专业含金量；开展讲解志愿者招募培训工作，更专业地阐释古泉州（刺桐）史迹价值，做泉州遗产推介的代言人。

“邹鲁两地乡愁作品展”在晋江开幕

由晋江市新时代文明实践中心、晋江市委宣传部、晋江市文联等主办的“邹鲁两地乡愁作品展”在晋江市博物馆开幕。展览以邹鲁乡愁为主题，特邀中国美术家协会会员、山东籍画家范永康，中华名寺高僧书画系列执行人、佛学博士周晶，泉州本地漆画家许晓松展出近年来创作的百幅漆画、山水画和禅画作品。

“邹鲁两地乡愁作品展”开幕式

“邹鲁两地乡愁作品展”现场（图/吴寿民）

泉州市召开会议部署做好配合中央生态环境保护督察工作

市委、市政府召开会议，研究部署做好配合第二轮中央生态环境保护督察相关工作。会议强调，要以极端负责的精神，办理信访举报件，做到事事有回音、件件有着落。要建立领导挂钩督办制度，组织专班专人推进，依法依规处置，推动化解“老大难”问题。要坚持具体务实抓整改，边督边改、立行立改，杜绝“一刀切”以及表面整改、虚假整改、敷衍整改等现象。要突出举一反三、标本兼治，查摆共性问题，以整改成效回应群众关切。各级党政主要负责同志、市直部门主要负责人要履行生态环境保护第一责任人责任，亲力亲为，深入一线，确保整改效果让群众满意。各级政府各部门要从认知上、行动上做好配合中央生态环境保护督察工作，让老百姓有更多获得感。对群众反映的问题，要核事实，负责任、实事求是地核，各县（市、区）和市直部门主要领导要到一线核，跨部门、跨企业、跨地域、跨时段全面核查。要核整改措施，对能马上解决的，要立行立改，对一时解决不了的，要明确责任、给出时限、区别对待、分类施策。

泉州市建立市领导挂钩督办生态环境问题机制

为配合做好中央生态环境保护督察工作，泉州市建立市委、市政府领导挂钩督办中央生态环境保护督察重点信访件和突出生态环境问题机制，将第一批全市53件重点信访件或重复信访件列为市委、市政府领导挂钩督办问题。纳入这项机制的15位市领导，将挂钩12个县（市、区），通过加强组织领导、督导问效，到挂钩县（市、区）督办重点信访件办理工作，协调解决信访件办理中碰到的困难和问题，推动化解生态环保难题积案，尤其是那些反复投诉的信访件、整改过程中的难点重点问题以及一些老大难问题。根据要求，泉州市参照省里做法建立挂钩督办“四个一”机制，每周抽出时间一检查、一会诊、一协调、一推动，全程跟踪督办、跟进落实、跟进整改。各县（市、区）党委政府也将参照省、市做法，建立相应的挂钩督办和“四个一”机制，党政主要领导直接抓、亲自抓、具体抓、带头抓。同时，泉州市从是日起还向各县（市、区）派驻10个督查核实组，核实督导重点信访件、重复信访件、不属实信访件及已办结信访件，通过这些举措，提升信访件办理水平，确保信访件事事有回音、件件有着落。

泉州市电子竞技大赛开幕

由泉州市体育总会指导、泉州市电子竞技协会等主办的2019福建省全民健身运动会“椰树杯”泉州市电子竞技大赛在市区中骏世界城开幕。大赛至8月17日决赛闭幕，总奖金超万元。赛事在中骏世界城、开元盛世广场、新天城市广场、东海泰禾广场等泉州商业体举行。比赛内容除时下热门的王者荣耀五对五竞赛项目之外，还设有VR体验、街机互动、射箭投壶等市民喜闻乐见的项目，旨在通过传统体育项目与电竞项目相结合，让更多人参与其中，享受全民健身乐趣，以此打造泉州本土电竞官方IP，为泉州电竞事业发展再添新动力。

市律师协会会长首次由专职律师担任

泉州市第五次律师代表大会举行，选举市律师协会新一届领导班子，律师协会会长首次由专职律师担任。泉州市律师人数1840名，律师事务所156家，比2013年年底分别增长78%和68%，五年来全市律师办理各类案件197184件，其中法律援助案件32254件。泉州市社会律师中共党员518名，比2013年年底增长114%，以党建引领和带动行业发展成效显著；律师制度改革不断深化，市委、市政府出台《关于进一步深化律师制度改革的实施方案》，建立律师工作联席会议制度，律师调解试点工作有序开展，律师积极参与扫黑除恶专项斗争，在服务中心工作、保障和改善民生、推进法治泉州法治政府建设中发挥重要作用；律师行业自律管理体系日趋完善，市律师协会成立维权和惩戒两个中心，指引泉州市律师行业往正确、健康的方向发展。

7月27日

农历己亥年六月廿五
星期六
温度：25℃—32℃
中雨转小雨

●市委、市政府召开会议，研究部署做好配合第二轮中央生态环境保护督察相关工作。

●泉州市建立市委、市政府领导挂钩督办中央生态环境保护督察重点信访件和突出生态环境问题机制，将第一批全市53件重点信访件或重复信访件列为市委、市政府领导挂钩督办问题。

●由泉州市体育总会指导、泉州市电子竞技协会等主办的2019福建省全民健身运动会“椰树杯”泉州市电子竞技大赛在市区中骏世界城开幕。

●由泉州晚报社、福建省高校招生咨询统一平台、泉州信息工程学院主办的福建省2019年专科批志愿填报咨询会（泉州场）活动举行。

●由团市委、泉州晚报社主办的“与时光相遇·和青春有约——2019泉州市单身青年联谊活动”系列首场活动在泉州晚报大厦举行。

●泉州市第五次律师代表大会举行，选举市律师协会新一届领导班子，律师协会会长首次由专职律师担任。

7月28日

农历己亥年六月廿六
星期日
温度：25℃—31℃
小雨转多云

●由省人大社会建设委员会指导的“不忘初心、牢记使命——助力革命老区扶贫义诊”泉州地区启动仪式在南安举行。

●王永礼调研市政设施建设管理工作，走访东海污水处理厂、法石水闸等地。

●由市委宣传部、市委文明办和市退役军人事务局、市文化广电和旅游局、市文联、泉州晚报社、泉州广播电视台主办的“欢乐泉州 走进军营”——泉州市庆祝中国人民解放军建军92周年文艺演出在石狮市永宁镇将军山举行。

●由市委宣传部和市文旅局主办，泉州市艺术馆、泉州府文庙文物保护管理处、泉州市演出管理处等承办的泉州市第八届少儿普通话朗诵艺术大赛颁奖晚会在泉州府文庙广场举行。

●泉州五祖拳题材电影《武动拳城》开机新闻发布会在晋江举行。

●2019年世界羽联日本公开赛混双决赛举行，代表中国队参赛的泉州市运动员黄东萍和队友王懿律密切配合，获得冠军。

助力革命老区扶贫义诊泉州地区启动仪式在南安举行

由省人大社会建设委员会指导的“不忘初心、牢记使命——助力革命老区扶贫义诊”泉州地区启动仪式在南安举行。省人大常委会副主任雷春美，泉州市人大常委会主任陈灿辉、副主任朱团能，部分全国人大代表参加活动。雷春美指出，要结合“不忘初心、牢记使命”主题教育，把习近平指示要求落到实处，用心用情抓好老区苏区振兴发展；要以此次活动为契机，开展老区苏区慈善事业，助力脱贫攻坚；要抓住中央支持老区苏区发展、实施乡村振兴战略等重大历史机遇，做好经济社会发展、民生改善、生态保护等各项工作，助力老区苏区高质量发展。陈灿辉指出，泉州正学习贯彻习近平讲话精神，按照中央、省委决策部署，打好脱贫攻坚战，确保老区苏区人民在全面建成小康社会进程中一个都不少、一个都不掉队。启动仪式上，厦门南普陀中医院与南安市中医院举行学科共建签约仪式，厦门南普陀寺慈善会向南安市中医院捐赠价值100万元的医疗设备。随后，雷春美走访南安市金淘镇占石村3户困难群众。

泉州市庆祝建军92周年文艺演出在石狮举行

由中共泉州市委宣传部、市委文明办和泉州市退役军人事务局、市文化广电和旅游局、市文联、泉州晚报社、泉州广播电视台主办的“欢乐泉州 走进军营”——泉州市庆祝中国人民解放军建军92周年文艺演出在石狮市永宁镇将军山举行。演出内容包括舞蹈、歌曲、诗朗诵、小品、武术等。

泉州市第八届少儿普通话朗诵艺术大赛颁奖

由市委宣传部和市文旅局主办，泉州市艺术馆、泉州府文庙文物保护管理处、泉州市演出管理处等承办的泉州市第八届少儿普通话朗诵艺术大赛颁奖晚会在泉州府文庙广场举行，近百名选手分获各组别金银铜奖。此次大赛以“我和我的祖国”为主题，4月启动以来，吸引600多名少儿朋友报名参加。大赛分四个赛区进行初赛，随后再进行复赛和决赛，经过层层选拔，一批优秀选手脱颖而出，其中，汪思绮、肖瑶、赵梓铄、康译勋、林彦博、林晟柏和郑祎祎等获少儿A组金奖，林霖紫、游语晨、庄杰一、杨罗一、刘若祺、张睿悦、周诺恒、唐瀚、郑子祺和赵雨菁等获少儿B组金奖，廖海榕、王歆、耿语涵、刘彦彤、李书瑶等获少儿C组金奖。李少平、曾慧敏、刘时等获优秀指导教师奖。颁奖晚会上，部分获奖代表朗诵《我和我的祖国》《老爷爷的帽子》《嫩绿的豆荚》等。

泉州五祖拳题材电影《武动拳城》开机

泉州五祖拳题材电影《武动拳城》开机新闻发布会在晋江举行。电影主创成员、部分参演演员、文化传媒行业知名人士等参加发布会。《武动拳城》主要讲述菲律宾华裔青年阿龙，从小就有习武天赋，因在自由搏击赛失利，回到家乡泉州，认识了五祖拳传人李海江的女儿李胜男。阿龙与李胜男之间发生误会，却意外学习了五祖拳。最终，阿龙决定留在泉州，把五祖拳发扬光大，也收获了与李胜男的美好爱情。《武动拳城》由福建省美宝文化传播有限公司、福建省灵耀文化传媒有限公司、福建佳欣文化传媒有限公司出品，泉州嘉华盛视文化传播有限公司摄制。该片主创团队阵容强大，汇集多位实力派演员，国际影帝韩三明，香港著名演员李国麟、元华，台湾演员李志希等都在片中饰演重要角色。泉州市原副市长、国际南少林五祖拳联谊会总会主席周焜民担任《武动拳城》总顾问。

相关链接：五祖拳发源于泉州，在泉州南少林拳系中最具有代表性，是福建省七大拳种中历史最悠久、传播地域最广的优秀拳种。五祖拳盛行于闽南和中国南部各省，随着华侨的足迹传播至东南亚各国，随后在五大洲流传开来。

第六届全球重要农业文化遗产工作交流会在安溪召开

29—31日，由农业农村部国际合作司、农业农村部国际交流服务中心主办，安溪县政府承办的第六届全球重要农业文化遗产工作交流会在安溪召开，全国18个地区150多名从事农业文化遗产保护研究的专家学者、遗产地代表参加会议。交流会分析全球重要农业文化遗产工作面临的形势和任务，总结各地遗产工作的成绩与经验，研究谋划下阶段的重点工作。与会专家还到安溪茶都茶文化博物馆、安溪铁观音集团等安溪铁观音茶文化系统组成部分进行考察。

游宇飞到石狮调研非法围堰整治工作

市委常委、市纪委书记、市监委主任游宇飞（右侧居中）到石狮调研泉州湾河口湿地非法围堰整治工作。（图/市纪委）

大陆工会首个台湾籍职工法律服务工作站在泉州成立

泉州台商投资区台籍职工法律服务工作站在泉州台商投资区职工服务中心成立，系大陆工会首个台湾籍职工法律服务工作站。该工作站将与台北的法律服务站连线合作，共同为台湾籍职工解忧。泉州台商投资区总工会、民革泉州市委、中台湾律师联盟大陆同胞法律服务中心、泉州台商投资区台资企业工会联合会的相关人员以及泉州律师代表、台湾籍职工代表数十人参加启动仪式。启动仪式上，围绕如何为台湾籍职工提供法律服务，解难事、办实事，打造“温馨第一家园”为主题，台湾籍职工、泉州和台湾两地律师、台资企业工会干部进行座谈交流。泉州台商投资区台资企业工会联合会主席邱俊杰表示，在泉州台商投资区的台湾籍职工有近200人，台籍职工法律服务工作站更有专业知识，将成为台湾职工干事创业的后盾，对保障台湾职工权益、稳定台胞人才队伍发挥重要作用。中台湾律师联盟大陆同胞法律服务中心执行长何志扬律师表示，他们每个月都将通过视频，并不定期派台湾籍律师到泉州台商投资区，为台湾籍职工提供法律方面的咨询和解答，也希望可以由点到面，以后将法律服务工作站推广到全省乃至全国。

金门旅游专场推介会在泉州举行

“来闽南·游金门”金门旅游专场推介会在泉州举行。推介会以创新推介形式开展，采用篇章主题推介的互动方式，由金门旅游推广大使带领金门各行业厂商代表向泉州旅行商、媒体等献上“印象·金门”“初见·金门”“知遇·金门”三大旅游新主张。值得一提的是，主办方根据客源市场需求，把泉州与金门的旅游资源进行整合，捆绑进行联合营销，现场发布“秘境金门”八大精品旅游线路：古韵闽南·文化探索之旅、魅力泉金·滨海休闲之旅、大手拉小手·亲子之旅、舌尖上的古早味·街巷美食之旅、品读古城·泉金研学之旅、泉州邂逅金门·休闲之旅、清新泉金·生态养生之旅、会展商务·品质泉金半自助商务之旅。4天时间里把泉州和金门的景点看透透。此外，推介会上金门县旅行商业同业公会、厦门观光国际旅行社有限公司与泉州相关旅行社签订客源输送战略合作协议，两地旅游企业将共拓旅游客源市场，助力金门及泉州旅游品牌互推、客源互送、产品研发，打造两地“旅游黄金通道”。

7月29日

农历己亥年六月廿七
星期一
温度：27℃—34℃
多云

●29—31日，由农业农村部国际合作司、农业农村部国际交流服务中心主办，安溪县政府承办的第六届全球重要农业文化遗产工作交流会在安溪召开。

●康涛到泉港走访慰问基层部队官兵。

●市人大常委会党组理论中心组学习会召开，学习贯彻习近平对地方人大及其常委会工作的指示等。

●市政府第六十五次常务会议召开，传达学习习近平对贵州水城“7·23”特大山体滑坡灾害做出的指示精神和全国安全生产电视电话会议、省委常委会、省政府常务会议精神，听取上半年全市安全生产工作情况汇报，研究部署下阶段工作等。

●游宇飞到石狮调研非法围堰整治工作。

●刘建军到解放军第910医院，慰问看望医院全体官兵及驻泉州部队住院伤病员。

●29—31日，2019年福建省青少年武术散打锦标赛在邵武举行，泉州选手获10枚金牌。

●泉州台商投资区台籍职工法律服务工作站在泉州台商投资区职工服务中心成立，系大陆工会首个台湾籍职工法律服务工作站。

●“来闽南·游金门”金门旅游专场推介会在泉州举行。

7月30日

农历己亥年六月廿八
星期二
温度：26℃—34℃
多云

●市委常委会召开会议，传达学习习近平对地方人大及其常委会工作做出的指示和省委常委会会议精神，传达学习习近平对贵州水城“7·23”特大山体滑坡灾害做出的指示精神和全国安全生产电视电话会议、省委常委会会议、省政府常务会议精神等。

●市中央环境保护督察整改工作领导小组会议召开，就落实中央督察反馈问题和交办信访件整改作具体部署。

●康涛、王永礼与由全国政协常委、澳门福建同乡总会会长许健康带领的澳门福建同乡总会访问团座谈。

●30—31日，泉州市、县两级纪委监委、党委宣传部、文明办和妇联等联合开展“一镇一孝廉”创建活动。

●市委政法委召开上半年平安稳定形势分析会，总结上半年工作，部署下半年工作及重大节假日安保任务。

●7月30日至8月5日，由市人大常委会办公室、市文联主办的“砥砺前行 致敬时代——泉州市庆祝新中国成立70周年暨地方人大设立常委会40周年书画摄影联展”，在泉州海外交通史博物馆举行。

●由市退役军人事务局（市双拥办）、市农业农村局（市扶贫办）、泉州军分区政治工作处主办的泉州市“双拥+扶贫”农产品产销对接活动举行。

●由市全民健身领导小组主办、市体育局承办的泉州市第二十四届“匹克杯”百队千场广场篮球赛开幕。

●德化县首批援宁医疗队出发前往宁夏红寺堡区人民医院，支援当地医疗事业发展。

市领导与澳门福建同乡总会访问团座谈

市委书记康涛、市长王永礼与全国政协常委、澳门福建同乡总会会长许健康带领的澳门福建同乡总会访问团座谈。康涛指出，泉州正主动融入新福建建设大局，传承弘扬“晋江经验”再出发，经济结构优化升级，城市品质加快提升，社会事业长足发展，民生福祉持续改善，发展前景更加广阔，欢迎各位乡亲常回家看看，携手努力，成就事业梦想，共同把家乡建设得更加美好。许健康表示，看到家乡全方位的提升和变化，感到十分振奋。澳门福建同乡总会将继续胸怀家国、履行职责、发挥优势，为澳门的繁荣稳定、为家乡的美好前景做出应有贡献。

全市开展“一镇一孝廉”创建活动

30—31日，泉州市、县两级纪委监委、党委宣传部、文明办和妇联等联合开展“一镇一孝廉”创建活动。30日，南安市“红色孝廉”专场活动在泉州华侨革命历史博物馆举行，该活动以“微直播”形式在央视新闻移动网和南安市广播电视台微信公众号进行现场全程同步直播，线上线下6万多人共同感受孝廉文化的洗礼。31日，丰泽区举行“讲好孝廉故事·树立良好家风”主题活动，通过书法写意、古筝演奏、家规诵读、家风故事宣讲、赠送家风书籍等方式，发挥孝廉文化的感召力、影响力，促进以孝养廉、以廉促孝社会氛围的形成。同日，石狮市“古卫城—孝廉行”专场活动在该市永宁镇举行，现场发布石狮市孝廉研学路线，邀请文史专家讲述身边的典范——明朝“五部尚书”黄克缵孝廉事迹，同时举行孝廉文化书画笔会。

泉州市庆祝新中国成立70周年书画摄影联展举行

7月30日至8月5日，由市人大常委会办公室、市文联主办的“砥砺前行 致敬时代——泉州市庆祝新中国成立70周年暨地方人大设立常委会40周年书画摄影联展”，在泉州海外交通史博物馆举行。参展的130多幅作品，均出自各级人大系统机关干部、人大代表和知名书画家、摄影家之手，多方位、多视角、宽领域地展示人民当家做主的精神风貌。开幕式上，市人大书画摄影研究院特聘郭宁等39位知名艺术家为新一届研究院书画师、摄影师，勉励他们坚持以人民为中心的创作导向，不忘初心、牢记使命、深入生活、扎根人民，推出更多有筋骨、有道德、有温度的精品力作。

泉州市庆祝新中国成立70周年书画摄影联展现场
（图/吴寿民）

泉州市“双拥+扶贫”农产品产销对接活动举行

由市退役军人事务局（市双拥办）、市农业农村局（市扶贫办）、泉州军分区政治工作处主办的泉州市“双拥+扶贫”农产品产销对接活动举行。活动旨在运用驻泉州部队及官兵这一特殊消费市场，帮助拓宽贫困地区农产品流通和销售渠道，助力贫困地区打赢脱贫攻坚战，这一做法走在全省、全国前列。活动中，市退役军人事务局与泉州农商银行签订金融助力“双拥+扶贫”合作意向协议，为“双拥+扶贫”提供金融保障。近70家农产品生产企业代表、11家农产品电商平台（企业）代表、5家农产品批发市场代表以及部队食品供货商代表等到场进行交流对接，300多种农特产品参加产销对接活动。活动当天，各部队供应商与农产品企业签署意向协议超过15份，订单包括各约2000斤的地瓜粉、笋干、米粉以及300斤的蜂蜜等，价值十万余元。此外，驻泉州部队还与挂钩乡镇签订农产品产销意向协议。

“涉外商事法律服务八闽行”培训活动在惠安举行

由省贸促会、市贸促会、惠安县贸促会主办的“涉外商事法律服务八闽行”培训活动在惠安举行。培训旨在落实国家“一带一路”倡议，拓展泉州市与“海丝”沿线国家的双向贸易，更好地服务基层、服务企业。活动现场，中国贸促会经贸摩擦法律顾问委员会副主任委员张振安、省律师协会一带一路专业委员会委员余建兴分别做“经贸摩擦应对策略和法律防范措施”“中国企业赴东南亚国家投资的若干法律问题”主题演讲。同时，北京中银（泉州）律师事务所负责人、福建南山集团投资部经理何嘉卫还与现场企业分享“走出去”的企业投资心得。张振安向与会企业介绍2010国际贸易术语解释通则（INCOTERMS 2010）、1980年国际货物销售合同公约（CISG）、跟单信用证统一惯例（UCP600）、海商法、国际仲裁和国际诉讼、纽约公约等国际贸易法。张振安还着重介绍反倾销、反补贴等贸易救济，以及美国337调查、232调查、301调查、美国出口安全审查、反垄断调查等贸易措施。

200辆新能源出租车上岗

截至是日，泉州市首批新能源出租汽车全部上岗。相比于传统出租车，节能、零排放、保养成本低，是此批新能源出租车的最大优势。首次投放的200辆新能源出租车为纯电动巡游出租车，等速续航最高540千米，百千米耗电低至13.2度。与传统车型相比，该批纯电动出租车空间更大，配置更高，具有较强的乘坐舒适性，可以大大降低驾驶员劳动强度。首批新能源出租汽车的全部投放，标志泉州市出租车行业在新能源领域迈出重要一步，也标志泉州出租车发展向着绿色、环保、节能方面实现新跨越。

两岸学子携手重走海丝路

海峡两岸10名高校学子携手重走海上丝绸之路，近距离感受海丝文化。是日，经过21天跋涉，他们完成预计旅程，抵达泉州分享“海丝故事”。他们于10日从泉州出发到金门、台湾，随后再到马来西亚的槟城和吉隆坡，最后再回到泉州。21天里，他们顶着炎炎烈日，奔跑穿梭在大街小巷，以美食、民间信仰、民俗文化等与老百姓息息相关的东西为切入点，通过考察不仅让他们感受到海丝文化在这些地方得以很好地传承和发展，也感受到华人在海外的拼搏精神。北京大学硕士研究生俞涵表示，通过此次活动，探寻海上丝绸之路的历史印记，更加深入地了解海丝文化。同时，此次体验之旅也是人生难得的经历，大家同甘共苦，共同欢笑与面对挫折，大家携手前行，收获深情厚谊。

全市首个市级基金小镇竣工

丰泽区第三季度部分重点项目集中开（竣）工仪式举行。为吸引金融资源聚集和泉州企业家资本投入泉州实体经济，泉州市在丰泽区浦西时尚商业街区建设了海丝基金小镇，成为全市首个市级基金小镇、一站式金融产业集群园区。是日，该项目竣工。泉州海丝基金小镇（一期）项目总面积约5000平方米，将通过全国性专业化招商和运营，吸引泉州周边地区和全国范围内的基金公司和其他金融配套产业落地丰泽，预计用2到3年时间，把这个基金小镇打造成泉州市区域内基金管理规模最大、金融配套业务种类最多，集聚基金为主，银行、证券、第三方支付等其他金融产业为配套的“一站式”金融产业集群园区。根据项目建设目标，至12月，基金小镇入驻企业将超50家，基金管理规模超150亿元；至2020年12月，入驻企业超200家，管理资金规模超300亿元；至2021年12月，入驻企业超300家，管理资金规模超500亿元。此外，为推动泉州市产业结构加快调整、升级，提升城市产业水平，丰泽区还在东海总部集聚区规划建设集高级办公、高端商业及高端公寓于一体的办公综合大楼——中淥广场，项目占地0.69亩，总建筑面积7.3万平方米，预计2021年全面运营管理。

7月31日

农历己亥年六月廿九
星期三
温度：26℃—34℃
阴转小雨

●市政协党组理论学习中心组（扩大）学习会议召开，传达学习习近平在中央政治局第十五次集体学习时的讲话、中央“不忘初心、牢记使命”主题教育领导小组《通知》及省委常委会扩大会议暨省委主题教育领导小组第三次会议精神等。

●全市宣传思想文化工作学习交流会召开，集体学习习近平关于宣传思想工作的思想；分析宣传思想文化工作面临的新形势新要求；回顾上半年工作，部署推进下阶段重点工作。

●全市宣传系统学习贯彻习近平关于宣传思想工作的思想专题培训会举行。

●由省贸促会、市贸促会、惠安县贸促会主办的“涉外商事法律服务八闽行”培训活动在惠安举行。

●泉州市首批新能源出租汽车全部上岗。

●海峡两岸10名高校学子携手重走海上丝绸之路，近距离感受海丝文化。是日，经过21天跋涉，他们完成预计旅程，抵达泉州分享“海丝故事”。

●丰泽区第三季度部分重点项目集中开（竣）工仪式举行，全市首个市级基金小镇、一站式金融产业集群园区竣工。

●晋江举行2019年危险化学品道路运输事故综合应急救援演练。

8月1日

农历己亥年七月初一
星期四
温度：26℃—32℃
小雨

●市政协召开会议听取市检察院工作情况通报。

●泉州在市本级试行满一个月的开办企业“零费用”新举措，在全市范围推开，意味着泉州在全省率先打造“零成本开办企业”城市。

●泉州晋江国际机场首次开通飞往泰国清迈的航班。

●阿里研究院发布最新中国淘宝村研究报告，泉州淘宝村、淘宝镇数量均居福建省首位，占比分别为64%、51%。

●1—7日，第二届全国青年运动会空手道比赛在山西临汾举行。泉州南少林国际学校选手郭懿娴获女子乙组个人型冠军，此系福建省代表团空手道队在该次比赛中获得的唯一金牌。

●泉州市妇幼保健院·儿童医院与复旦大学附属儿科医院签署协作协议，挂牌成为“复旦大学附属儿科医院协作医院”。

泉州在全省首创“零成本开办企业”

泉州在市本级试行满一个月的开办企业“零费用”新举措，在全市范围推开，意味着泉州在全省率先打造“零成本开办企业”城市。以往开办企业，刻制印章需在执照核发后再找刻章公司办理，除经济成本，还耗费不少时间成本。2019年以来，市营商办（市发改委）积极推动，多个部门联手，将开办企业“零费用”这道“经济实惠小菜”捧到企业和群众跟前。从7月1日起，泉州市就在市本级率先试行，对新开办企业免费发放一套印章（含公章、财务专用章、发票专用章），印章刻制公司直接进驻市行政服务中心，实现印章刊刻“立等可取”。按照2018年全市新增5.5万家企业主体、单套印章费用约400元测算，该举措预计可减免成本至少2200万元。这背后更务实的改革是，泉州在全省率先将公章刻制环节纳入企业登记环节合并受理，又简化一个环节。是日起，复印费、邮寄费开始由政府“买单”。企业群众在行政服务中心办事无需再为复印材料自掏腰包，政府部门办理涉企审批（含公共服务）事项发放给企业的证照，也可免费邮寄。

泉州首次开通飞往泰国清迈航班

泉州晋江国际机场首次开通飞往泰国清迈的航班。航班由泰国亚洲航空执飞，每周二、四、日执行，航班时刻：清迈16:00-20:00泉州；泉州20:55-次日1:00清迈（以上时刻均为当地时间）。航线开航初期，航空公司还推出特惠机票。清迈位于泰国北部，是泰国第二大城市，历史悠久，有许多文化古迹和寺庙。

泉州首次开通飞往泰国清迈航班（图/廖平和）

泉州淘宝村淘宝镇数量均居全省首位

阿里研究院发布最新中国淘宝村研究报告，泉州淘宝村、淘宝镇数量均居福建省首位，占比分别为64%、51%。泉州继续保持电子商务发展领先势头，淘宝村数量达205个，较上年新增65个，同比增长近五成。上榜的205个泉州淘宝村分布于安溪（28）、德化（13）、惠安（6）、晋江（74）、洛江（2）、南安（38）、石狮（32）、台商投资区（8）、永春（3）。泉州淘宝镇数量达54个，全省占比51%，较上年新增35个，分布于安溪（9）、德化（3）、惠安（6）、晋江（12）、南安（15）、石狮（7）、台商投资区（1）、永春（1）。

泉州市儿童医院与复旦大学附属儿科医院签署协作协议

泉州市妇幼保健院·儿童医院与复旦大学附属儿科医院签署协作协议，挂牌成为“复旦大学附属儿科医院协作医院”。挂牌仪式后，双方分别就各自医院的基本情况、人员配备、重点临床科室、科研、教学及医院管理和工作亮点做介绍。同时，就今后合作项目的开展进行交流和探讨。创建于1952年的复旦大学附属儿科医院，是集医、教、研、防、管为一体的综合性的三级甲等儿童专科医院，于2017年1月获批成为国家儿童医学中心。该院拥有全国儿科学重点学科，为国家“211”工程和“985”工程建设单位，并被国家授予儿科学硕士和博士学位授权点、临床医学博士后流动站。在中国医学科学院发布的中国医院科技竞争力排行榜、复旦大学发布的中国医院最佳专科声誉排行榜和北京大学发布的中国医院最佳临床学科排行榜，该院均位居前列。复旦大学附属儿科医院与全国各省市儿科医院都有密切合作关系，为全国培养3万多名的儿科医学人才。

全省学习推广晋江刑警“背包”精神现场会在泉州召开

全省公安机关学习推广新时代晋江刑警“背包”精神现场会在泉州召开。会议宣读晋江公安局刑事侦查大队获第九届全国“人民满意的公务员集体”表彰决定及公安部授予晋江公安局刑事侦查大队一等功命令。

副省长、省公安厅厅长田湘利强调，要迅速掀起学习推广新时代晋江刑警“背包”精神的热潮，把弘扬新时代晋江刑警“背包”精神与推广新时代“漳州110”精神统筹起来，与学习其他先进典型结合起来，在更高层次上引领全省公安工作发展进步；要以改革创新的精神提升全省公安机关打击违法犯罪工作新水平，把学习推广新时代晋江刑警“背包”精神作为起点，以改革创新的精神破解“痛点”“堵点”，提高打击犯罪效能；要把晋江刑警身上体现的对党忠诚、担当为民、改革创新、坚守正义、从严治警等优良作风贯穿到新中国成立70周年大庆安保维稳全过程，确保全省社会大局持续稳定。市委书记康涛指出，全市各级党委、政府要把维护政治安全、社会安定、人民安宁放在重要位置，贯彻全国、全省公安工作会议部署，落实从优待警各项措施，推动政治建警、改革强警、科技兴警、从严治警。

全省公安机关学习推广新时代晋江刑警“背包”精神现场会（图/市公安局）

泉州选送多个节目参演2019世界闽南文化节

由福建省对外文化交流协会、省文化和旅游厅、省侨联作为指导单位，香港泉州市社团联合总会、香港永春同乡会主办的2019世界闽南文化节在香港开幕。在开幕式文艺晚会上，泉州南音、梨园戏、提线木偶、高甲戏、闽南民间歌舞、白鹤拳等轮番上演。此次闽南文化节以“海丝风·家国情”为主题，吸引马来西亚、阿拉伯联合酋长国、新加坡、泰国、越南、斯里兰卡、印度尼西亚、缅甸、日本、英国、澳大利亚、乌干达、马达加斯加，以及中国香港、澳门、台湾地区的24个闽南社团的700余名海内外闽南乡亲参加。开幕式文艺晚会上，泉州、台湾和印尼的50多名艺术家同台演艺。泉州带来南音《春光明媚》、提线木偶《金童戏狮》、高甲折子戏《骑驴探亲》、梨园折子戏《陈三五娘》（片段）、武术《白鹤起舞在永春》、香道表演《永春香道》、女声独唱《茉莉花》和舞蹈《金色的海》等。泉州作为闽南文化的主要发祥地和富集区，此次展演的节目以传统为主，也有不少创新作品，如舞蹈《金色的海》就是近年来创作的。

此次文化节除开幕式暨文艺演出外，还举行闽南文化论坛、闽南文化书法联展、闽南传统技艺及文创精品展和泉州文化旅游推介会等，集中展示闽南文化魅力。闽南文化论坛上，专家学者交流探讨闽南语与中原雅言的关联、南音的发展与传承、明清以来海峡两岸的书法交流与文化传承、泉州非遗的舞台化实践与传播等议题。闽南文化书法联展集中展出香港、台湾、泉州、厦门、漳州五地书法家的45幅作品，作品内容以中国梦、爱国爱港、闽南优秀传统家风家训为主。闽南传统技艺及文创精品，展示享誉丝路的中国白瓷225件、传承千年的闽南民居营造技艺、国家级非物质文化遗产泉州木偶头雕刻、成为许多欧洲和中东地区皇室贵族用具的泉州锡雕、来自阿拉伯的永春制香技艺、被誉为石头上摄影的惠安影雕和扎根闽南文化的融合创新产品，并引导观展嘉宾现场进行制作体验互动。泉州文化旅游推介会通过播放城市宣传片和PPT推介，带领全场嘉宾从旅游资源、多元文化、舌尖美食、交通住宿和活力生活五方面一同探寻海上丝绸之路起点——泉州的历史文化魅力。

8月2日

农历己亥年七月初二
星期五
温度：25℃—32℃
小雨

●全省公安机关学习推广新时代晋江刑警“背包”精神现场会在泉州召开。

●由香港泉州市社团联合总会、香港永春同乡会主办的2019世界闽南文化节在香港开幕。

●北京大学附属中学到泉州学习南音汇报演出在泉州南音艺苑举行。

8月3日

农历己亥年七月初三
星期六
温度：25℃—32℃
多云转阴

●市委、市政府召开海域管理存在问题约谈会。

●2019年新增省科技小巨人领军企业培育名单公布。123家泉州企业入选，占全省24.45%。

●市公安局出入境管理支队为4名外籍人士办理5年有效期《外国人居留许可》，标志国家移民管理局12项移民和出入境便利政策措施在泉州落地。

●2019年中华小姐环球大赛美洲赛区决赛在加拿大多伦多举行，来自泉州的潘千蓉从10位佳丽中脱颖而出，成为该赛区冠军。

123家泉州企业入选2019年省科技小巨人领军企业名单

2019年新增省科技小巨人领军企业培育名单公布。经各设区市遴选推荐、省科技小巨人领军企业培育工作联席会议审核确认，503家企业符合条件，被列入“科技小巨人领军企业培育发展库”。其中，123家泉州企业入选，占全省24.45%。入选企业可获得加大研发支持力度、加快研发机构建设、推进重大科技成果落地转化和产业化、支持市场开拓、加强知识产权工作、强化创新人才支撑、健全科技金融服务体系、完善科技中介服务体系等方面政策支持。如，对培育对象在福建省转移转化的重大成果项目，分阶段给予资金资助，单个项目最高资助总额可达2000万元；培育对象为规模以上工业制造业企业，参与省外公开招标项目中标并单个中标合同金额600万元以上，且实际履行合同收付款项已达合同总金额60%以上的，按合同金额的3%给予奖励，单个企业同一项目累计奖励金额最高可达300万元，单个企业年度签约项目奖励金额最高可达500万元；培育对象并购国外高端品牌的，按并购金额的5%给予补助，单项补助不超过500万元等。

相关链接：科技小巨人领军企业遴选以新一代信息技术、高端装备制造、新能源汽车、生物与新医药、节能环保、新能源、新材料、海洋高新等战略性新兴产业领域为重点，遴选具有较强创新能力、高成长性、良好发展潜力和后劲、良好市场前景，在当地行业内有代表性和领头示范作用的科技型中小企业。

4名在泉州外籍人士获5年居留许可

市公安局出入境管理支队为4名外籍人士办理5年有效期《外国人居留许可》，标志国家移民管理局12项移民和出入境便利政策措施在泉州落地。8月起，国家移民管理局12项移民和出入境便利政策措施在全国范围内实施。12项政策涵盖扩大外国人才申请永久居留对象范围、放宽签发长期签证和居留许可的对象范围、拓宽外国人才引进对象范围和提高外国人服务管理水平四方面。这是国家移民管理局主动服务国家开放发展的战略决策，对泉州市优化营商环境、吸引高层次人才、促进经济发展将产生重要作用。市公安局出入境管理支队迅速将政策落地落实，在做好政策宣传的同时，梳理外籍人士名单，走访各大企业了解外籍人才需求，介入符合政策条件人员证件申请，为企业提供业务指导。从一年一签到五年一签，迅速落地的12项移民和出入境便利政策措施，让在泉州工作生活的外籍人士感受到第二故乡的友好与亲切。4名在泉州外籍人士分别是泉州某语言培训机构的外教Janet和Kim，以及来自菲律宾的留小姐和林先生。

外籍人士领取五年签证护照（图/陈起拓）

泉州佳丽获“中华小姐”美洲赛区冠军

2019年中华小姐环球大赛美洲赛区决赛在加拿大多伦多举行，来自泉州的潘千蓉从10位佳丽中脱颖而出，成为该赛区冠军，并获“最上镜小姐”奖，她将代表美洲赛区参加11月在香港举行的2019年中华小姐环球大赛总决赛。2019年刚满19周岁的潘千蓉是土生土长的泉州人，6岁起开始弹琵琶，受到良好的艺术熏陶。潘千蓉初中就读于泉州外国语学校，性格外向，成绩优良，之后就读泉州五中高中部，2018年考入加拿大多伦多大学金融与经济专业。

市级财政加大对企业研发经费投入奖补力度

为推动实施创新驱动发展，激励企业加大研发投入，推动全社会研发（R&D）经费投入持续增长，市财政局会同市科技局、市税务局出台《关于鼓励企业加大研发投入市级奖补事项的通知》，加大对企业研发经费投入的奖补力度。根据通知，泉州市对企业研发投入增量部分给予奖补。具体而言，对企业研发经费投入增量部分，在落实省定企业研发经费分段补助基础上，市级财政再按市级承担部分的50%，给予增加奖补。对新进入国家规模以上企业研发投入统计口径的规模以上企业，泉州市也给予奖补，在落实省定企业研发经费分段补助的基础上，市级财政再按照市级承担部分的50%，给予增加奖励。通知明确，对企业与省级以上重大科研平台的合作项目，也给予奖补。为鼓励企业与中科院海西研究院泉州装备所、华中科大智能研究院等省级以上重大科研平台（不包括以企业为依托的科研平台）合作，市级财政采取后奖补的办法，按合作项目实际研发费用的20%给予奖补，每个项目最高不超过100万元。

泉州市放宽稳岗返还申请条件

为减轻企业负担，更好地发挥失业保险预防失业、促进就业作用，泉州市把作为稳岗返还申请条件之一的上年度末裁员率由低于统筹地区年末城镇登记失业率，放宽至低于全国城镇登记失业率，力争让更多企业受益。除符合失业率条件外，申请稳岗返还的企业还须同时具备以下条件：一是生产经营活动符合国家及所在区域产业结构调整和环保政策；二是参加失业保险并足额缴纳失业保险费12个月以上。2019年，稳岗返还企业申请日期截至8月31日。根据《泉州市失业保险支持企业稳定岗位实施意见》，自2015年起至2020年底前，泉州市对采取有效措施不裁员少裁员、稳定就业岗位的符合条件的企业（含非公企业、小微企业），由失业保险基金按该企业及其职工上年度实际缴纳失业保险费总额的50%给予稳岗返还。稳岗返还可用于职工生活补助、缴纳社会保险费、转岗培训、技能提升培训等相关支出。

高甲戏表演人才培养首获国家艺术基金支持

国家艺术基金2019年度艺术人才培养资助项目高甲戏《连升三级》表演人才培养开班，在近两个月时间，省内外数十名表演人才在泉州学习传承这部经典剧目。此系泉州高甲戏表演人才培养首度获得国家艺术基金支持。参加此次表演人才培养授课老师有中国戏剧家协会副主席季国平、中国戏剧家协会秘书长崔伟、福建省戏剧家协会主席吴新斌、福建省艺术研究院院长饶文富、中国戏剧梅花奖获得者陈娟娟等专家学者，还有吕忠文、王景贤、张伯萍等本土知名编导。泉州市高甲戏传承中心副主任陈娟娟表示，高甲戏《连升三级》表演人才培养项目入选国家艺术基金艺术人才培养资助项目，将面向全国培养一批优秀的青年表演人才，力争在中国戏曲表演艺术和喜剧创作的传承发展中发挥积极作用。此次表演人才培养课程内容丰富，除集体学习理论课程外，还分组学习行当表演、音乐唱腔、道白等，多名高甲戏国家国家级演员现场进行“口传身授”，学习结束后还举行汇报演出和研讨会。

高甲戏《连升三级》剧照（图/吴寿民）

8月4日

农历己亥年七月初四
星期日
温度：26℃—34℃
阴转多云

●市财政局会同市科技局、市税务局出台《关于鼓励企业加大研发投入市级奖补事项的通知》，加大对企业研发经费投入的奖补力度。

●泉州市把作为稳岗返还申请条件之一的上年度末裁员率由低于统筹地区年末城镇登记失业率，放宽至低于全国城镇登记失业率。

●国家艺术基金2019年度艺术人才培养资助项目高甲戏《连升三级》表演人才培养开班，此系泉州高甲戏表演人才培养首度获得国家艺术基金支持。

8月5日

农历己亥年七月初五
星期一
温度：27℃—34℃
多云

●泉州市召开第18届世界中学生运动会筹备工作会议，听取运动会筹备进展情况汇报，协调推进有关工作。

●王永礼到泉港区峰尾镇，检查中央生态环保督察海洋专项督察重点信访件办理情况。

●晋江向金门供水工程通水一周年纪念活动在晋江举行。

●全省第二套、县域第一套医疗优先分级调度系统MPDS在晋江上线。

●2019年首届晋港澳“助力世中运”英语夏令营在晋江市东石镇开营。

泉州市召开第18届世界中学生运动会筹备工作会议

泉州市召开第18届世界中学生运动会筹备工作会议，听取运动会筹备进展情况汇报，协调推进有关工作。会议强调，要学习贯彻习近平关于体育工作的论述，以临战姿态投入到各项筹备工作中，迅速进入角色，全面倒排计划，融入本土特色，逐项制定方案，高要求、高质量办好世界中学生体育盛会。

王永礼到泉港检查生态环保工作

市长王永礼到泉港区峰尾镇，检查中央生态环保督察海洋专项督察重点信访件办理情况。副市长肖汉辉参加检查。王永礼要求，要提高政治站位，做细做实海洋生态环境保护的日常管理、服务和执法工作；对违法违规围填海问题要立行立改，科学制定评估整改方案，严格规范施工，防止二次污染，尽快组织生态环境修复，并依法依纪严肃责任追究。

晋江向金门供水工程通水一周年纪念活动举行

晋江向金门供水工程通水一周年纪念活动在晋江举行。省台港澳办、省水利厅、晋江市政府领导，金门县政府负责人，金门供水工程有关单位的两岸专家学者、企业代表等参加活动。与会者观看通水视频和工程历程展，重温晋江向金门供水工程走过的23年不平凡历程，并参观龙湖水源地和晋金供水泵站，了解龙湖水源地管护和取水泵站运行情况。

晋江向金门供水工程的水源，来自泉州山美水库和晋江流域的东溪、西溪。水源汇集至金鸡拦河闸，再引至位于晋江的龙湖水库，经过水泵站加压，从晋江市金井镇的管道入海，最终抵达金门。金门供水工程通水以来，运营单位福建晋金供水有限公司按照“科学调度、保质保量、安全生产、优质服务”的工作要求，加强工程运营管理，为金门乡亲提供清洁、安全、生态的优质水。从2018年8月5日到2019年7月底，累计向金门供水超过366万吨，平均日供水超过1万吨。泉州、晋江市委、市政府专门成立向金门供水安全保障工作领导小组，制定《福建向金门供水安全保障工作方案》，有序开展金门供水工程水源地保护整治工作，使供应金门的水质常年均保持在Ⅱ类以上。供应金门的水全面落实115项水质指标检测，其中，日检采用24小时不间断的水质在线监测设备，由水质实验室进行数据指标检测，月检、半年检则委托有资质的检测单位进行，三个检测频次的结果，都及时提交给金门方。金门县自来水厂厂长张武达表示，两岸水厂通力协作，不仅共同监控运营操作系统，也通过定期、不定期的工作会议，对日常运营事项进行商讨，确保供水安全，期待双方深化合作，共同为向金门乡亲提供质优量足的好水而努力。

供水工程取水地晋江龙湖（图/泉州晚报社）

首届晋港澳“助力世中运”英语夏令营在晋江开营

2019年首届晋港澳“助力世中运”英语夏令营在晋江市东石镇开营，63名晋江、香港、澳门三地青年参加为期一周的夏令营。此次夏令营活动围绕“助力世中运”主题，重点突出英语元素，开展参观学习、素质拓展、体验闽南家庭生活等互动交流活动，用足迹探索、感受东石独特魅力，在互动交流中加深友谊，推动晋江、香港、澳门三地交流合作，用英语的纽带助力世中运。

王永礼会见日本浦添市少儿友好交流团

市长王永礼会见到泉州访问的日本浦添市少儿友好交流团，副市长吕刚参加会见。王永礼指出，泉州与浦添两地渊源深厚，自缔结友好城市以来，两地交流日趋频繁。少年儿童是两地友谊新一代传承者，希望孩子们以此为契机，多走走看看，多交朋友，加深对泉州的了解，增进彼此友谊，为今后两地深化交往打下基础。

市政府党组（扩大）会议学习习近平讲话精神

市政府党组（扩大）会议召开，传达学习习近平在中央政治局第十五次集体学习时的讲话、中央主题教育领导小组《关于认真学习贯彻习近平总书记在中央政治局第十五次集体学习时重要讲话的通知》和省委常委会扩大会议暨省委主题教育领导小组第三次会议、市委常委会会议精神；传达学习习近平总书记在中央政治局会议审议《中国共产党机构编制工作条例》时和在中央深化党和国家机构改革总结会上的重要讲话及省委常委会、市委常委会会议精神。会议要求，要弘扬自我革命精神，真刀真枪推动政府工作领域各类问题有效解决、各项任务圆满完成。要发挥“关键少数”示范引领作用，坚持加强党的集中统一领导和解决党内问题相统一，坚持守正和创新相统一，坚持严管和厚爱相统一，坚持组织推动和个人主动相统一，确保主题教育和政府各项工作取得实实在在的成效。

第五届海峡两岸高校大学生记者挑战赛在泉州启动

由福建省青年联合会、泉州市青年联合会和台湾“中华杰出青年交流促进会”主办的“品味刺桐古城·文化寻根之旅”第五届海峡两岸高校大学生记者挑战赛在中国闽台缘博物馆启动。在6天时间里，海峡两岸的高校大学生记者在泉州进行参观考察、古城徒步、非遗体验和竞赛交流。台湾33所高校以及大陆22所高校共84名两岸大学生记者参赛。除进行古城徒步、民俗活动体验和市区核心商圈考察，大家还围绕活动主题，以“品味刺桐古城魅力”为主线，挖掘两岸同根同源的文化脉络，通过所行、所见、所闻、所思、所想，捕捉新闻切入点，从经济、社会、文化等方面，通过新闻报道、新闻评论等来参与比赛，比赛作品由知名媒体人为主组成专家评审团，对新闻作品进行评比并决出奖项。此外，主办方鼓励参赛学生将新闻作品通过网络新媒体平台进行传播，让更多台湾青年了解大陆。自2014年起，大赛已累计邀请391名台湾大学生记者到泉州交流，该活动已成为两岸青年交流的知名品牌。

中国小篮球联赛华南大区夏令营在泉州举办

6—8日，由中国篮球协会主办、福建省篮球协会承办的2019中国小篮球联赛华南大区夏令营在泉州市海峡体育中心举办。福建、广东、海南、湖北等地的360名小球员参加活动。2019中国小篮球联赛分省级联赛、大区赛和总决赛三个阶段。“小篮球”是中国篮协推出的针对12岁以下青少年的篮球推广计划，参考成人比赛的规则，使用适合青少年儿童使用的小尺寸篮球、降低高度的篮筐和小型球场。据此前公布的数据，2018年有10万名6岁至12岁的孩子注册“小篮球”运动员，全国已有18万余名少年儿童参加2019中国小篮球联赛。

泉州市第二十九届中小学生南音比赛举行

由市文旅局和市教育局主办、泉州艺术馆承办的泉州市第二十九届中小学生南音比赛举行，全市各地62所学校120多名学生参赛。比赛旨在推动泉州南音传承发展，纪念南音进入课堂30周年和泉州南音入选“人类非物质文化遗产”10周年。

8月6日

农历己亥年七月初六
星期二
温度：25℃—33℃
多云

●王永礼会见到泉州访问的日本浦添市少儿友好交流团。

●市政府党组（扩大）会议召开，传达学习习近平在中央政治局第十五次集体学习时的讲话、中央主题教育领导小组《关于认真学习贯彻习近平总书记在中央政治局第十五次集体学习时重要讲话的通知》等。

●由福建省青年联合会、泉州市青年联合会和台湾“中华杰出青年交流促进会”主办的“品味刺桐古城·文化寻根之旅”第五届海峡两岸高校大学生记者挑战赛在中国闽台缘博物馆启动。

●6—8日，由中国篮球协会主办、福建省篮球协会承办的2019中国小篮球联赛华南大区夏令营在泉州市海峡体育中心举办。

●由市文旅局和市教育局主办、泉州艺术馆承办的泉州市第二十九届中小学生南音比赛举行。

●2019年宁夏同心县中学生“走进福建”夏令营开营仪式在永春县桃溪实验小学举行。

8月7日

农历己亥年七月初七
星期三
温度：27℃—34℃
多云

●王永礼到泉州开发区和晋江，督办中央生态环境保护督察信访件整改情况。

●市政府党组理论学习中心组学习会召开，学习研讨习近平在中央全面依法治国委员会第一次、第二次会议上的讲话精神和在《求是》杂志发表的《加强党对全面依法治国的领导》文章等。

●全市公安工作会议召开，贯彻习近平关于加强新时代公安工作的论述，落实全国、全省公安工作会议精神，部署泉州市公安工作。

●5.34万吨铁精粉自巴拿马籍“COOPER”散货轮卸载至泉州沙格码头堆场。此系中断4年之后，塞拉利昂铁矿石恢复出口的第一船，也是泉州口岸四年后再度进口非洲铁矿砂。

●由市全民健身领导小组主办，市体育局和泉州市农民体育协会承办的泉州市2019年“全民健身日”暨全国第七套健身秧歌展示表演举行。

●由市总工会主办的“缘在工会 相约七夕”单身职工联谊会在泉州迎宾馆举行。

●7—12日，由中国大学生体育协会主办的第十二届中国大学生舞龙舞狮锦标赛在安徽安庆岳西县举行，华侨大学舞龙队获女子舞龙规定套路冠军。

市政府党组理论学习中心组学习会召开

市政府党组理论学习中心组学习会召开，学习研讨习近平在中央全面依法治国委员会第一次、第二次会议上的讲话精神和在《求是》杂志发表的《加强党对全面依法治国的领导》文章，以及省委全面依法治省委员会第一次会议精神和市委全面依法治市委员会第一次会议精神。与会党组成员结合工作实际，畅谈学习体会。大家一致认为，习近平讲话精神和文章，系统阐明依法治国的新理念新思想新战略，为推进依法治市和法治政府建设提供根本遵循。会议强调，法治是最好的营商环境、民生福祉。市政府党组、政府各部门党组（党委）要坚持党对法治政府建设的集中统一领导，按照市委统一部署，把法治政府建设摆在全局工作的突出位置，与经济社会发展同部署、同推进、同落实，推动更高层次、更高水平的法治泉州建设。要树立法治思维，运用法治方法，开展“法治政府建设年”活动，把涉及政府的全面依法治市各项任务落深落细落实，提升政府法治化建设水平。

全市公安工作会议召开

全市公安工作会议召开，贯彻习近平关于加强新时代公安工作的论述，落实全国、全省公安工作会议精神，部署泉州市公安工作。会议指出，要把防范化解各类风险作为重大任务，确保政治社会大局安全稳定。推进“强基促稳”，完善矛盾纠纷多元化解机制，深化经济领域风险排查，提升应急处突的能力水平。推进扫黑除恶专项斗争，深化平安建设，净化社会治安环境，防范交通、消防等公共安全风险。要坚持发扬新时代“枫桥经验”，学习推广新时代“漳州110”和晋江刑警“背包精神”，深化公安机构改革，提升打击犯罪整体效能。要夯实公安基层基础工作，促进大数据融合应用，加强服务管理创新，推进法治公安建设，提升公安工作现代化水平和警务工作效能。要毫不动摇抓政治建设，深化纪律作风建设，强化实战练兵，落实从优待警各项措施，增强公安民警的职业荣誉感、自豪感、归属感。全市各级党委要重视公安工作，加强对公安工作的领导，帮助解决实际困难，为公安机关依法履职创造条件。

非洲铁矿砂时隔四年再抵泉州港

在泉州海关关员监管下，5.34万吨铁精粉自巴拿马籍“COOPER”散货轮卸载至泉州沙格码头堆场。此系中断4年之后，塞拉利昂铁矿石恢复出口的第一船，也是泉州口岸四年后再度进口非洲铁矿砂。非洲国家塞拉利昂矿产资源丰富，铁矿石储量大，品位高。仅该国唐克里里（Tonkolili）矿区铁矿石储量就达105亿吨。2014年铁矿石价格跌落到70美元/吨，加之该国爆发埃博拉疫情，导致采矿成本提高而被迫暂停铁矿出口。2019年上半年，受巴西矿难和澳大利亚飓风影响，全球三大矿区大幅度减产，铁含量62%的铁矿石价格一路看涨，并于7月16日达到118美元/吨的高价位。2019年以来，国内钢企开工率上升，对铁矿石需求较为旺盛。近期，中国企业积极开拓非洲市场，实现贸易多元化，以满足市场需求。为此，泉州海关对进口铁矿实行“先验放、后检测”通关监管模式，大幅降低铁矿通关时间，促进铁矿石快速通关。1—7月，泉州海关监管进口铁矿33.51万吨、3429.97万美元，分别同比增长52.73%和79.74%，主要来自澳大利亚、巴西等国家和地区，助推“海丝”先行区发展。

“缘在工会 相约七夕”单身职工联谊会举行

由市总工会主办的“缘在工会 相约七夕”单身职工联谊会在泉州迎宾馆举行。全市金融、医疗、水利、化工等行业约150位单身青年参加联谊会。单身青年在中洲岛草坪通过才艺表演、互动游戏，扩大朋友圈，结识有缘人。

市委常委会会议学习习近平给下党乡乡亲的回信精神

市委常委会召开会议，传达学习习近平给下党乡乡亲的回信和省委常委会扩大会议精神；传达学习习近平在中央政治局会议上研究当前经济形势及经济工作时的讲话和在中共中央召开的党外人士座谈会上的讲话精神以及省委常委会会议精神。会议指出，要贯彻落实回信要求，坚守为民情怀和使命担当，实施好精准扶贫精准脱贫方略，巩固提升脱贫成果，探索具有泉州特色的乡村振兴之路，推进农村人居环境整治，开展“强基促稳”行动，提升基层组织力，解难题暖民心。

康涛到市区部分学校调研

市委书记康涛到市区部分学校开展工作调研，市领导张永宁、周真平参加调研。康涛与教师、教育工作者代表交流探讨，一起分析泉州市教育发展的现状、需求以及努力方向。康涛强调，要抓牢立德树人根本任务，把培养德智体美劳全面发展的社会主义建设者和接班人作为“培养什么人”“怎样培养人”“为谁培养人”最鲜明的方向，把师德师风作为评价教师队伍素质的第一标准，引导学生扣好人生第一粒扣子。要坚持以人民为中心发展教育，系统梳理群众关切的短板和不足，深化办学体制和教育管理改革，组织工作专班专项推进，调动学校和教师的积极性，促进教育实现公平而有质量的发展。要加强党对教育工作的全面领导，建立健全党委统一领导、党政齐抓共管、部门各负其责的教育领导体制，各级各类学校党组织要把抓好学校党建工作作为办学治校的基本功。

泉州市第十一个“全民健身日”启动

由市政府主办，鲤城区政府、市体育局承办，鲤城区文化体育和旅游局、海滨街道办事处协办的以“健康中国，你我同行”为主题的泉州市第十一个“全民健身日”启动仪式在市区芳草园举行。极具地方特色的文体表演在启动仪式前上演。拍胸舞、火鼎公婆表演演绎闽南文化特色；孩子们进行独轮车表演，穿梭在各个障碍物间，展示身体的协调之美；热情洋溢的街舞、啦啦操、广场舞表演点燃现场的激情。观众纷纷跟随音乐舞动。与往年不同，2019年的启动仪式上还融入残疾人表演方队。伴着音乐，他们将一套轮椅五祖拳操打得虎虎生风。

该周也是全国第九届残疾人健身周，活动主题为“康复健身、共享残运、喜迎新中国70华诞”。此次组织残疾人参加“全民健身日”活动表演，旨在通过活动引导全市残疾人走出家庭参与全民健身，提高残疾人体育锻炼的参与率与覆盖面，做到“全民健身，残疾人也一个不能少”。启动仪式结束后，近300名与会人员参与徒步健行。他们沿着既定路线行进，用运动健身的方式迎接全民健身日，用健康的风貌展示运动的风采。全市各地通过系列主题活动营造“全民健身”氛围，推动群众树立人人健身、天天健身、科学健身、自觉健身意识。“全民健身日”活动期间，各类公共体育设施按照《全民健身条例》要求免费向群众开放。

2019年鲤城区国际青少年夏令营开营

由鲤城区政府外事办主办，泉州七中承办的2019年鲤城区国际青少年夏令营开营仪式在泉州七中举行，德国奥博豪森市和美国洛杉矶市的二十多名青少年学生和泉州七中部分师生参加开营式。夏令营由鲤城区政府外事办主办，泉州七中承办。夏令营持续到19日，举行破冰游戏、CityGame、爱心公益义卖、体验闽南传统文化和海丝文化、寄宿家庭日等活动，德国、美国的青少年学生还与泉州七中学生共同参观泉州的风景名胜，品尝古城特色美食，感受古城独特魅力。

8月8日

农历己亥年七月初八
星期四
温度：28℃—34℃
阴

●市委常委会召开会议，传达学习习近平给下党乡乡亲的回信和省委常委会扩大会议精神；传达学习习近平在中央政治局会议上研究当前经济形势及经济工作时的讲话和在中共中央召开的党外人士座谈会上的讲话精神以及省委常委会会议精神。

●康涛到市区部分学校开展工作调研。

●由市政府主办，鲤城区政府、市体育局承办的以“健康中国，你我同行”为主题的泉州市第十一个“全民健身日”启动仪式在市区芳草园举行。

●由鲤城区政府外事办主办，泉州七中承办的2019年鲤城区国际青少年夏令营开营仪式在泉州七中举行。

8月9日

农历己亥年七月初九
星期五
温度：29℃—37℃
阴

●康涛到市第一医院、福医大二院调研医疗卫生补短板、推进“健康泉州”建设等工作。

●全市移风易俗工作现场推进会召开，交流推广各地经验做法。

●市政协举行2019年度少数民族困难大学生座谈会暨“助学金”发放仪式。

●泉州市城市管理提升行动之“社区营造”2019竞赛选点启动，标志2019年“社区营造”活动开始。

●全市首场劳模进企业示范性宣讲活动在泉州台商投资区举行。

●9—13日，由市委宣传部、市文联、泉州晚报社主办，市书法家协会、兴业消费金融股份公司承办的“刺桐翰墨颂辉煌——泉州市庆祝中华人民共和国成立70周年书法展”在泉州海交馆举行。

康涛到市区部分医院调研

市委书记康涛到市第一医院、福医大二院调研医疗卫生补短板、推进“健康泉州”建设等工作。副市长周真平参加调研。康涛指出，要抓紧补上床位、学科、人才短板，强化项目督促推进，瞄准紧缺薄弱学科，主动对接引入优质资源，加大医技人才培养力度，建立上下医联体、县域医共体、专科联盟，推动资源下沉、优势整合。要全面落实医疗体制改革任务，以增进人民群众健康获得感作为深化医改的出发点、落脚点和根本价值取向，旗帜鲜明坚持基本医疗卫生的公益性导向，把解决“看病难、看病贵”作为主攻方向，建立现代医院管理制度；开展医疗“暖心服务”行动，在就医流程、服务态度、人文关怀等方面下功夫，让群众有更直观、更明显的获得感。

康涛（后排左三）在福医大二院调研（图/陈起拓）

2019年“社区营造”启动

泉州市城市管理提升行动之“社区营造”2019竞赛选点启动，标志2019年“社区营造”活动开始。“社区营造”是指居住在同一社区的居民，以集体行动来处理共同面对的社区生活议题，如居住环境的改善、公共空间的营造、安全秩序的维护、居家养老的需求、邻里守望的期待等，以提高居民的自治参与意识和协商共治能力，创造社区共同生活福祉。泉州市于2017年开启“社区营造”试点行动，已有两批8个社区进行“社区营造”，2019年则是第三批，共有4个社区进行“社区营造”。

全市劳模进企业示范性宣讲活动启动

全市首场劳模进企业示范性宣讲活动在泉州台商投资区举行。省劳模沈来勇、全国五一劳动奖章获得者许福忠、全国五一劳动奖章获得者张文山、省五一劳动奖章获得者邱俊杰四位劳模代表上台进行示范性宣讲。四位不同领域、不同岗位的劳模代表分享自身敬业、精业、奉献的事迹和感悟，激励在场人员爱岗敬业、精益求精、矢志奉献。宣讲活动以“我和我的祖国”为主题，结合“不忘初心、牢记使命”主题教育，主动融入闽西南协同发展区劳模联盟行动，在全市职工群众中开展系列主题宣传活动，弘扬劳模精神，传承“晋江经验”，发挥先进模范在推进高质量发展落实赶超中的示范引领作用。

泉州市庆祝建国70周年书法展举行

9—13日，由市委宣传部、市文联、泉州晚报社主办，市书法家协会、兴业消费金融股份公司承办的“刺桐翰墨颂辉煌——泉州市庆祝中华人民共和国成立70周年书法展”在泉州海交馆举行。活动旨在庆祝中华人民共和国成立70周年，讴歌祖国翻天覆地的历史变化和取得的辉煌成就。展览共展出泉州市书法家创作的书法作品130多件，这些作品主题鲜明，形式多样，风格各异，笔墨间饱含创作激情，展现出书法家纯熟的创作技法，既是书法家祝福国家繁荣昌盛的生动表达，也是对实现中华民族伟大复兴的美好祝愿，集中展示近年来泉州市书法艺术创作的新成果，展现泉州市书法家的创作热情。

泉州市庆祝建国70周年书法展现场（图/吴寿民）

省医疗志愿服务八闽行义诊活动在泉州举行

由省政协教科卫体委、省卫健委、省计生协主办，省医务志愿者协会、市政协教科卫体委、市卫健委、市计生协会、市爱国卫生运动委员会办公室等协办的泉州台商投资区“健康中国行”主题活动启动仪式暨省医疗志愿服务八闽行义诊活动，在泉州台商投资区海上丝绸之路艺术公园·亚洲园内举行。活动主题是“传播健康理念，共建幸福新区”。省卫健委、省计生协、市卫健委、泉州台商投资区民生保障局等单位负责人现场慰问困难户，给计生特殊家庭送上家庭药包、健康书籍、大米、食用油等物资。启动仪式结束后，数十名来自省级各个医疗机构的专家在现场为当地居民义诊。不少参加义诊的居民表示，参与活动，主要是希望多了解些健康知识，提前预防。

除当天的活动外，11日，医务工作者还到泉州台商投资区张坂镇獭窟岛，并在獭窟岛浮山村委旧址开展义诊活动。义诊活动开始后，来自福建省立医院、福建医科大学附属协和医院、福建医科大学附属第一医院、福建医科大学附属第二医院、中国人民解放军联勤保障部队第900医院、福建省老年医院、福建医科大学附属口腔医院、福建医科大学附属福州市第一医院、厦门大学附属福州市第二医院、泉州市正骨医院等多家医院的医生询问当地居民健康状况，利用专业设备为他们检查身体状况，并提出治疗方案。

相关链接：“健康中国行”活动自2013年由国家卫生健康委发起，作为一项由多部门共同组织的系列活动，每年选定一个健康主题，面向公众开展健康科普宣传倡导。

中心市区确定14家犬类免疫点

中心市区确定14家犬类免疫点，养犬人可携犬到免疫点注射疫苗。为做好犬类狂犬病的常年免疫工作，市农业农村局要求各地要按照实行定点免疫、自愿自费、规范管理的原则，做好犬类狂犬病的免疫工作。鲤城区、丰泽区和洛江区已设立和委托14家免疫点，使用农业农村部批准的疫苗实施免疫，对已免犬只由定点免疫注射点发放免疫证，规范做好免疫档案，免疫点工作职责上墙，做好犬类的免疫监测和疫病监测。市民只要准备4张2寸的宠物狗照片（正面、侧面各两张），然后带上宠物狗到定点单位进行“体检”、免疫登记、定期注射犬类狂犬病疫苗，就可领取《泉州市犬类免疫证》。

泉州市推进“一品一码”追溯体系建设

近年来，泉州市食品生产环节在落实“一品一码”及信息化追溯推进工作中，以“注册率、录入品种率、上传频次率、数据质量完整率”为工作目标，有效推进工作。全市1489家食品生产企业注册启用追溯系统，注册启用率达100%，上传信息1200多万条，平均每户企业上传有效信息800多条，全市录入和上传的追溯信息基本达到真实、规范、完整。食品安全“一品一码”是指一个批次食品对应有唯一的追溯码，相当于食品的“身份证”。“一品一码”全过程追溯体系是依托全省统一的追溯管理平台而建立的，这一体系覆盖种植养殖、生产加工、仓储物流、终端销售、检验检测、政府监管、企业管理、公众查询等各个环节，通过赋予从“农田到餐桌”的每一批次食品的追溯码，实现食品质量安全顺向可追踪、逆向可溯源、风险可管控。

市、县两级分期召开食品生产环节“一品一码”及信息化追溯推进工作培训会，把建立食品生产企业“一品一码”及信息化追溯系统的法律依据、标准要求、操作方式等逐一进行解读，既对一线监管人员进行培训，也对企业人员进行培训，保障监管人员能学懂追溯系统，企业能熟练运用和操作系统，正确、真实、准确地录入数据。同时，依托“商品条码+生产日期”的形式，监管部门还对实行“一品一码”的企业逐一进行包装标识，实现商品条码信息、生产日期的实时数据连接，构建生产环节预包装食品追溯信息链条，扩大追溯企业的覆盖面。

8月10日

农历己亥年七月初十
星期六
温度：28℃—37℃
阴

●由省政协教科卫体委、省卫健委、省计生协主办的泉州台商投资区“健康中国行”主题活动启动仪式暨省医疗志愿服务八闽行义诊活动，在泉州台商投资区海上丝绸之路艺术公园·亚洲园内举行。

●王永礼到南安督办中央生态环境保护督察生态环境领域信访件办理情况。

●泉州市推进“一品一码”追溯体系建设。

●中心市区确定14家犬类免疫点。

●由泉州晚报社发起主办的“2019闽南都市圈置业指南暨首届闽南名盘巡展活动”在市区浦西万达广场举行。

8月11日

农历己亥年七月十一
星期日
温度：28℃—35℃
阴

●《泉州市提升城市供水水质行动方案》印发。

●泉州市推进退役士兵社保接续工作。

●教育部认定并命名1890所中小学校为2019年全国青少年校园篮球特色学校，泉州市10所学校入选。

《泉州市提升城市供水水质行动方案》印发

《泉州市提升城市供水水质行动方案》印发。行动方案提出，在饮用水水源保障上，力争至2020年底前，县级以上集中式饮用水水源水质达到或者优于Ⅲ类水比例100%。对此，泉州市将从加强饮用水水源地环境监管、制定水环境污染处置机制、加快建设应急备用水源、加强水源地生态修复保护、加强自备水源管理等方面，加强饮用水源的保护。其中，在应急备用水源建设方面，市水利局牵头加快桃源水库扩蓄市区应急水源输水工程建设，并督促石狮、晋江、安溪、永春、德化等地加快应急用水源建设，提高应急保障能力。确保2020年底前，全市各县（市、区）具备双水源供水或者应急备用水源，应急供水天数为7—15天。至2020年底前，泉州市力争实现县级以上饮用水综合合格率达97%以上，确保饮用水水质优于国家标准。

行动方案明确，提升改造城市供水厂，推广采用次氯酸钠消毒。鼓励中心市区、泉港、石狮、晋江等地有条件的供水企业和水源地污染风险较大的地区采用臭氧、活性炭、膜处理等深度处理技术。推进市政供水管网改造。2019、2020年，泉州市开展老旧破损管网改造，每年新建、改造供水管网150千米以上。创新二次供水设施的建设和管理，是行动方案的最大动作之一。各县（市、区）政府组织开展老旧小区供水设施及管道改造调查摸底，制定分年度改造计划，并交供水企业统一改造。根据此前初步调查摸底，中心市区需改造二次供水设施的住宅小区452个，按2019年试点推进、2020、2021两年全面实施的工作目标，力争三年内完成改造任务。在此后的供水设施建设中，中心市区及有条件的县（市、区），要在辖区范围内的保障安置房以及新建住宅小区、棚户区改造等项目，试点实行供水设施统一建设、统一管理模式。

泉州市推进退役士兵社保接续工作

为做好退役士兵社会保险接续，泉州市成立工作专班推进该项工作。市退役士兵社保接续工作专班设在市行政中心，人社、税务、医保、财政和退役军人事务部门相关业务骨干人员实行集中办公，为退役士兵提供“一站式”服务。这样的窗口在全市有13个，71名工作人员为退役士兵提供政策解答、受理申请，对于手续完备、认定清晰的对象及时进行社保缴交情况核查，加快办理速度；对于工作中遇到的疑难问题，定期召开讨论，研究解决方案。5月1日前，泉州市完成第一、第二阶段的退役军人信息采集任务，通过率100%，采集数量全省最多，基本建成全市退役军人数据库。上半年，970名退役军人和随军家属就地参加职业技能培训，74名2017年度军转干部到泉州师范学院进行为期1年的专项培训，创造军转干部进高校的“泉州模式”。

泉州市10所学校入选全国校园篮球特色校

教育部认定并命名1890所中小学校为2019年全国青少年校园篮球特色学校。福建省97所学校上榜，其中，泉州市有10所学校入选。泉州市入选的学校分别是：泉州市第十中学、泉港庄重文实验小学、泉港区界山玉湖中心小学、泉港区美发中学、惠安县城南实验小学、惠安崇武中学、惠安广海中学、安溪第六中学、德化县第二实验小学、泉州第十七中学。特色学校遴选程序由学校自主申报、教育行政部门逐级审核推荐、教育部综合认定3个阶段组成。2019年篮球特色学校建设坚持合理布局，狠抓实效的原则，带动更多的学校强化体育课和课外锻炼，提高学生体质健康水平，满足学生学习篮球与发展篮球运动兴趣的需求。从2017年开始，教育部决定在北京市、河北省等15个开展校园篮球试点工作的城市，遴选青少年校园篮球特色学校，首批认定并命名1976所学校。2018年遴选工作扩展到全国其他省份，福建省100所学校入选，其中泉州市有38所学校上榜。从2019年起，教育部全面建设和完善校园篮球的竞赛体系，初步构建成小学、初中的竞赛选拔体系。

2019年闽台红十字大学生人道之旅夏令营在泉州开营

由省红十字会主办、市红十字会协办的2019年闽台红十字大学生人道之旅夏令营在泉州开营。来自台湾的真理大学等26所高校和来自福建省的厦门大学等27所高校的104名红十字大学生和带队老师参加开营仪式。参加夏令营的44名台湾大学生均为第一次到大陆，他们围绕“青春与人道同行”主题，与福建各高校红十字大学生一道，参加为期6天5夜的夏令营活动，共同开展国际红十字运动基本知识与红十字应急救护培训、素质拓展、民俗文化交流、“爱老敬老”主题实践等一系列活动。

泉州木偶剧获全国木偶皮影优秀剧目展演最佳节目奖

由联合国教科文组织国际木偶联会中国中心、中国木偶皮影艺术学会、扬州市政府主办的第五届全国木偶皮影优秀剧（节）目展演在江苏扬州闭幕，泉州市木偶剧团表演的现代偶戏三题《铁窗蝴蝶》《慈母曲》《赴宴斗鸠山》获多个奖项，其中《铁窗蝴蝶》获最佳节目奖。全国木偶皮影优秀剧（节）目展演每四年举办一届，是中国木偶皮影行业的最高赛事。此次展演活动吸引北京、上海、福建等15个省（市、自治区）的24家剧团参加。在为期一周的活动中，26台剧（节）目50场演出涵盖不同地域、不同风格、不同流派的作品。

《铁窗蝴蝶》讲述革命烈士小萝卜头宋振中的故事，年仅8岁的他身陷国民党反动派铁窗，唯一能带给他心灵慰藉的只有一只美丽的蝴蝶“小花”。为保护“小花”，他勇敢地与狱警“大狗熊”搏斗，他的理想和信仰像蝴蝶一样美丽，永远在蓝天下飞舞。该剧获最佳节目奖、编剧奖（王景贤、李延年），导演奖（张天鹏）、偶型设计制作奖（林聪鹏）。《慈母曲》（闽南语版）讲述年届八旬的郑母在发现儿子腐败堕落后，将自家故事编成一曲“劝世歌”，带着儿媳四处传唱，以实际行动为家人赎罪。该剧在此次角逐中获优秀节目奖、作曲奖和表演奖。《赴宴斗鸠山》在此次展演中进行示范演出，该剧移植自现代京剧《红灯记》，将古老的提线木偶戏与京剧艺术相结合。

德化陶瓷产业发展新闻发布会在北京举行

由德化县政府、中国陶瓷工业协会主办的世界陶瓷之都·德化陶瓷产业发展新闻发布会在北京国家会议中心举行。近年来，德化陶瓷产业发展取得令人瞩目的成就。全县拥有陶瓷企业3000多家，2018年实现陶瓷产值328.5亿元，60%以上的陶瓷产品出口国外，远销190多个国家和地区，“中国白”作品被国家博物馆等40多家国内外知名博物馆收藏。从2006年至今，数百件“中国白”作品被选为国礼送给世界各国领导人。2019年5月，中国资产评估协会出具的评估报告显示，德化陶瓷品牌价值高达1086亿元，在全国陶瓷产区品牌价值中排名第一。当月，德化获评全国发展农村电商和产销对接十大典型县、国家级电子商务进农村综合示范县，受到国务院办公厅通报表彰，并给予2000万元中央财政专项资金扶持。作为全国陶瓷电商行业“领头羊”，德化历时4年时间，主导制定陶瓷电商4项国家标准，已进入征求意见阶段，其中2项国家标准列入国家重点研发计划项目。

广交会境外客商被精美的德化白瓷所吸引（图/李宏图）

8月12日

农历己亥年七月十二
星期一
温度：27℃—35℃
阴转多云

●市人大常委会党组理论中心组学习会议召开，传达学习习近平给下党乡乡亲的回信和省委常委会扩大会议精神，以及市委有关精神等。

●市政协党组理论学习中心组（扩大）学习会议召开，传达学习习近平对贵州水城“7·23”特大山体滑坡灾害做出的指示精神和全国安全生产电视电话会议、省委常委会会议、省政府常务会议精神等。

●由省红十字会主办、市红十字会协办的2019年闽台红十字大学生人道之旅夏令营在泉州开营。

●由联合国教科文组织国际木偶联会中国中心、中国木偶皮影艺术学会、扬州市政府主办的第五届全国木偶皮影优秀剧（节）目展演在江苏扬州闭幕，泉州市木偶剧团表演的现代偶戏三题《铁窗蝴蝶》《慈母曲》《赴宴斗鸠山》获多个奖项，其中《铁窗蝴蝶》获最佳节目奖。

●由德化县政府、中国陶瓷工业协会主办的世界陶瓷之都·德化陶瓷产业发展新闻发布会在北京国家会议中心举行。

8月13日

农历己亥年七月十三
星期二
温度：27℃—34℃
小雨转多云

●康涛、王永礼分别到部分重点项目施工现场及户外岗位，看望慰问坚守岗位的一线高温作业劳动者。

●市委中心组（扩大）学习会召开，邀请国家公共文化服务体系建设专家委员会主任委员、北京大学教授李国新作“公共文化服务体系示范区创建与推动公共文化服务高质量发展”专题讲座。

●国家卫生健康委在其官网发布《关于印发城市医疗联合体建设试点城市名单的通知》，在各地推荐的基础上，结合医疗资源需求与布局等因素，全国确定118个城市医联体建设试点城市。泉州市成为试点城市之一。

●泉州市供销社系统工作推进会在南安召开，回顾总结和交流全市供销社系统2019年上半年工作，研究部署下半年工作。

●13—15日，2019年福建省青少年摔跤锦标赛在宁德蕉城区体育馆举行，泉州队获9枚金牌，金牌数和奖牌数居各队之首，并获男子团体总分冠军。

●“泰兴号”沉船瓷器捐赠入藏仪式在北京中国国家博物馆举行。

●第九届“达利集团许世辉惠安教育基金”颁奖仪式在惠安县文化中心举行，颁发奖教、奖学、助学金962.65万元，2822名学生获得奖励。

康涛王永礼看望慰问一线高温作业劳动者

市委书记康涛、市长王永礼分别到部分重点项目施工现场及户外岗位，看望慰问坚守岗位的一线高温作业劳动者。康涛到顺丰速运东海网点，叮咛快递员做好防暑降温，注意道路交通安全，确保身体健康和人身安全，并要求邮政部门和快递企业强化安全意识，创造条件，落实防暑降温各项措施。在晋江市第二体育中心施工现场，康涛询问高温作业情况和应对措施落实，要求各级人力资源和社会保障部门、工会以及用工单位，落实安全生产责任，科学调度、合理安排户外工作时间，采取多种措施，保证工人安全度夏，保障项目保质按时推进。在海江大道一期后渚大桥东桥头互通工程施工现场，王永礼了解项目建设进展、防暑降温措施等情况，叮嘱施工单位要盯紧看牢安全生产，采取措施应对高温、雷雨等特殊天气，保质保量完成建设任务；要落实防暑降温有关规定，科学合理安排施工时间，杜绝欠薪欠劳务费等行为发生。在市区丰泽街与田安路交叉路口，王永礼勉励一线执勤民警辅警保持昂扬的精神状态，注意轮换值班和防暑降温，站好岗、执好勤，确保道路交通安全顺畅有序。

康涛（左三）看望高温作业一线劳动者（图/陈起拓）

清代沉船“泰兴号”德化青花瓷入藏国家博物馆

“泰兴号”沉船瓷器捐赠入藏仪式在北京中国国家博物馆举行。此次捐赠的40余类、190余件瓷器为清代中晚期的德化窑青花瓷。1822年，“泰兴号”商船从厦门港出发前往印度尼西亚，途中触礁沉没于印度尼西亚附近海域，船上载有100多万件青花瓷器等货物，其中大部分青花瓷器为德化窑口生产。1999年，英国打捞队伍发现该沉船，并将打捞出水的35万件瓷器运往德国拍卖。2018年，郑长来从英国一家公司购入12万件“泰兴号”沉船青花瓷器。德化县希望通过此次捐赠，弘扬中国陶瓷文化，吸引更多社会有志之士参与到中国陶瓷文化的保护、传承和创新中来，把中国陶瓷文化推向一个新的艺术高度。接受捐赠的中国国家博物馆表示，将对这些文物的重要价值进行整理研究、保管和展示，让这些文物“活起来”。此次捐赠的这批瓷器，对于完善中国国家博物馆水下文物藏品体系、见证“一带一路”沿线国家的文明交往，具有重要的历史意义和学术价值。

第九届“达利集团许世辉惠安教育基金”颁奖

第九届“达利集团许世辉惠安教育基金”颁奖仪式在惠安县文化中心举行，颁发奖教、奖学、助学金962.65万元，2822名学生获得奖励。“达利集团许世辉惠安教育基金”已连续9年发放奖助学金，发放奖助学金7500万元，惠及当地优秀师生近2万人。2019年“达利集团许世辉惠安教育基金”设立三大类奖项，分别奖励学校、教师、学生。其中，学校类奖项设立“达利集团许世辉惠安教育基金惠安一中奖教基金”50万元，专项用于奖励惠安一中教育教学成绩突出、贡献大的优秀教师，激励惠安一中继续在惠安发挥引领作用；教师类奖项设“达利优秀园丁奖”，该奖项以学校为单位，小学、初中校按综合比率，高中校按高考上线情况核发奖金，发放奖金125.4万元；学生类奖项设“达利英才奖”“达利技能奖”“达利智慧奖”“达利卓越奖”“达利励志奖”七大类，奖励成绩优异、品学兼优的学生，发放奖金约787万元。

于伟国到泉州调研

省委书记于伟国到鲤城、丰泽、南安，了解历史文化遗产保护、社区治理服务、民营企业转型升级等情况，与基层干部群众、企业负责人共话初心使命，共同研究解决经济民生等发展中难题的思路办法。泉州市委书记康涛参加活动。于伟国强调，要学习贯彻习近平关于开展“不忘初心、牢记使命”主题教育的讲话精神，抓好整改落实，开展“找差距、抓落实、解难题、化积案”行动，啃下经济发展和民生改善中的“硬骨头”，让群众和企业有更多获得感。

驻泉州部队科技文化拥军集中现场办公会召开

2019年驻泉州部队科技文化拥军集中现场办公会召开，共商军地发展事宜，帮助驻泉州部队解决科技练兵和军营文化建设各项问题。会议指出，近年来，市委、市政府高度重视双拥工作，在支持部队建设、支前保障、拥军优属方面做了大量工作。驻泉州部队在完成战备训练任务的同时，参与脱贫攻坚、抢险救灾等工作，支持驻地经济发展。自2003年泉州市在全省率先开展科技文化拥军工作以来，泉州市适应部队建设需要，科技文化拥军工作呈现资金投入逐年递增、形式逐年拓展、内涵不断延伸等特点，在提升部队“能打仗、打胜仗”能力的同时，也丰富了官兵的精神文化生活。就做好2019年科技文化拥军工作，会议强调，要提高站位，增强新时代科技文化拥军工作的责任感和使命感，把地方科技文化实力转化为部队战斗力，推动泉州市双拥工作更好服从服务国防和军队改革；要统筹安排，落实好科技文化拥军项目；要加强领导、军地协同，形成工作合力，健全项目安排、跟踪、落实机制，密切配合，狠抓落实，把地方援建的项目建设好。

泉州市印发方案聚焦解决“两不愁三保障”突出问题

《泉州市解决“两不愁三保障”突出问题实施方案》印发，聚焦解决“两不愁三保障”突出问题，加快补齐短板，夯实稳定脱贫基础，提高脱贫质量，确保脱贫攻坚目标任务全面实现。根据方案，此次排查时间为即日起至12月20日，全面查清泉州市全部农户“两不愁三保障”情况，重点关注老区苏区和5月以来因强降雨等自然灾害受灾地区，特别是对建档立卡贫困户和未纳入建档立卡的低保户、危房户、重病户、残疾人户、无劳动力户、受灾户等农村困难群众，逐村逐户逐人逐项开展全面核查，确保不漏一户、不落一人。方案指出，贫困人口退出的标准是收入稳定超过国家扶贫标准且不愁吃不愁穿，义务教育、基本医疗、住房安全有保障。各县（市、区）可在国家基本标准和总体要求的基础上，因地制宜细化实化标准并严格执行，确保工作有章可循。对已实施“两不愁三保障”的政策举措，明显超出基本标准的，要实事求是地予以纠正，同时要保持政策连续性稳定性。

方案要求，各县（市、区）各相关部门要迅速部署解决“两不愁三保障”突出问题排查整改工作，立足本地本单位实际，抓紧制定实施方案。从8月15日起至10月15日，各县（市、区）要对所有农户“两不愁三保障”和饮水安全落实情况进行全面排查，逐村逐户逐人逐项摸清情况，建立问题台账。市教育、卫健、医保、住建、水利等职能部门要加强督促指导，提供政策指导及咨询，配合各地开展排查核实工作。10月16日至12月20日，各县（市、区）在建立问题清单的基础上，建立已脱贫户返贫预警机制，收入水平略高于贫困户标准群众致贫预防监测机制，“因病、因残、因灾、因学”等突发原因致贫应急救助的三项机制，对排查出的“两不愁三保障”方面不到位的对象，分类建立台账，明确整改措施、整改时限及整改责任人，在相关职能部门的配合指导下分类开展整改，确保政策落实无遗漏、问题整改无死角。

8月14日

农历己亥年七月十四
星期三
温度：26℃—34℃
小雨

●省委书记于伟国到鲤城、丰泽、南安，了解历史文化遗产保护、社区治理服务、民营企业转型升级等情况。

●2019年驻泉州部队科技文化拥军集中现场办公会召开，共商军地发展事宜，帮助驻泉州部队解决科技练兵和军营文化建设各项问题。

●《泉州市解决“两不愁三保障”突出问题实施方案》印发，聚焦解决“两不愁三保障”突出问题，加快补齐短板，夯实稳定脱贫基础，提高脱贫质量，确保脱贫攻坚目标任务全面实现。

●14—16日，《经济日报》头版刊发系列报道《福建泉州推进高质量发展纪实》。

●由民盟泉州市委会、泉州市妇联主办的“书法传家风 翰墨话家训——泉州市家庭书法邀请展”在泉州市妇女儿童活动中心举行。

●泉州贤銮福利基金会第32届（2019年）“贤銮奖”颁奖大会在市区通政中心小学北校区举行。

●省财政厅对外发布消息称，省级财政已下达7800万元，按照每村500万元标准，对15个列入2019年省级重点改善提升的历史文化名镇名村和传统村落进行补助。泉港区涂岭镇樟脚村在列。

8月15日

农历己亥年七月十五
星期四
温度：26℃—33℃
中雨转小雨

●王永礼到市信访局接访。

●市政协召开会议听取市中级人民法院工作情况通报。

●泉州市对2017—2020年新能源汽车推广应用补助办法进行调整，地方补助标准按照同期国家补助资金的15%执行。

●商务部公布2019年新认定国家外贸转型升级基地名单，福建石狮市国家外贸转型升级基地（纺织服装）入列。

王永礼到市信访局接访

市长王永礼到市信访局接访。王永礼强调，民生无小事，各级政府各相关部门要强化担当，主动作为，积极协调，对市民反映的排污管道维护、物业管理等问题，要明确牵头单位、解决时限，从根源解难题，维护群众合法权益；要加强宣传发动，共同营造美好的城市家园。

市政协听取市中级人民法院工作情况通报

市政协召开会议听取市中级人民法院工作情况通报。市政协主席李转生，副主席骆沙鸣、王祖耀、王瑞强、林志建，秘书长陈伟平参加会议。市中级人民法院院长陈明通报2019年以来全市法院主要工作情况。与会委员就司法便民利民、攻坚破解执行难、保障社会公平正义、建立多元化纠纷化解机制等议题建言献策。李转生强调，市中级人民法院要更加有效服务发展大局，分析研究审判、执行工作中发现的新情况、新问题，为党委、政府决策提供参考。要抓好执法办案，办好每一起案件，完善司法政策举措，优化营商环境。要锐意改革服务群众，总结现代化诉讼服务体系、智慧法院建设等经验，为全省乃至全国贡献更多的泉州经验和泉州解法。要严管队伍树好形象，加强沟通联络，强化情况通报机制，为委员履职发声提供多样化平台。全市政协机关、各民主党派、工商联和政协委员要一如既往理解、支持法院各项工作。

泉州市调整新能源汽车推广应用补助办法

泉州市对2017—2020年新能源汽车推广应用补助办法进行调整，地方补助标准按照同期国家补助资金的15%执行。为做好新能源汽车推广应用工作，根据《关于进一步完善新能源汽车推广应用财政补贴政策的通知》（财建〔2019〕138号）、《关于支持新能源公交车推广应用的通知》（财建〔2019〕213号）和《福建省工业和信息化厅 福建省财政厅关于调整新能源汽车推广应用补助办法的通知》(闽工信函装备〔2019〕419号），泉州市对2017—2020年新能源汽车推广应用补助办法进行调整。对2017年1月1日至2019年6月25日推广应用的新能源汽车，按照《关于2017—2020年新能源汽车推广应用补助办法的通知》(闽经信函装备〔2018〕482号）要求，地方补助标准按照同期国家补助资金的15%执行。自2019年6月26日至2020年12月31日，仅对新能源公交车和燃料电池汽车给予推广应用补助，地方补助标准按照同期国家补助资金的15%执行。

石狮入选国家外贸转型升级基地

商务部公布2019年新认定国家外贸转型升级基地名单，全国65个基地入列，其中福建省3个，分别是福建石狮市国家外贸转型升级基地（纺织服装）、福建省福安市国家外贸转型升级基地（电机电器）、厦门市思明区国家外贸转型升级基地（保健康复器具）。国家外贸转型升级示范基地是国家和地方重点扶持和发展的集生产和出口功能为一体的产业集聚体，是培育信息、营销、品牌、质量、技术、标准、服务等出口竞争新优势的重要载体，是促进外贸发展方式转变和优化出口商品结构的重要抓手，是实现出口稳定、协调发展的重要推动力量。近年来，石狮通过推进智能制造、打造外贸综合服务生态链、搭建外贸综合服务平台等方式创新外贸发展方式，取得良好成绩。尤其是2018年11月15日，石狮服装城市场采购贸易方式试点启动以来，试点出口货物逐步实现对泉州优势产业集群货物的基本覆盖。全市乃至全省私营企业参与市场采购方式的氛围更加浓厚，试点正逐步走向全省共建、共享的市场采购贸易推进实体经济发展的综合性平台。

中意“两国双园”两大项目在泉州签约

“中意（泉州）时尚创意谷”“意大利CSMT（泉州）中心”项目在泉州开发区签约，标志中意“两国双园”项目开启新的建设征程。“中意（泉州）时尚创意谷”拟在泉州开发区建设时尚产业集聚中心、技术研发中心、产品采购中心、创意设计中心、品牌展示中心、创意人才培养中心及意大利高端项目招引平台、意大利时尚品牌孵化平台、国际时尚产业公共服务平台（六中心三平台）。“意大利CSMT（泉州）中心”项目拟以意大利CSMT（综合技术服务中心）为依托，架设泉州企业与意大利的人才、技术、项目对接平台，开展泉州企业生产技术难题公关，嫁接国际合作项目，孵化高新技术企业。中意“两国双园”是在中国和意大利两国政府的支持下，由中意泉州产业园与意中产业园共同组成的“双园”合作新模式。此次“中意（泉州）时尚创意谷”与“意大利CSMT（泉州）中心”两个项目的入驻，将打通泉州开发区引进意大利企业、意大利设计师团队、意大利品牌的招商渠道，推动中意“两国双园”以及开发区搭乘国际产能合作快车，加快转型升级实现高质量赶超发展。

庆祝建国70周年、人民政协成立70周年书画摄影展举行

16—23日，由市政协联合市各民主党派、工商联及县（市、区）政协等主办的“‘新时代 新泉州’——庆祝新中国成立70周年、人民政协成立70周年书画摄影展”在泉州海交馆举行。书画摄影展展出泉州市当代书画摄影名家的书法、美术、摄影作品120多幅。

第三十届“威远楼之夏”戏剧节开幕

由市文旅局主办的第三十届“威远楼之夏”戏剧节在市区威远楼开幕。在近一个月时间里举行20多场演出，其中包括梨园戏、高甲戏、掌中木偶等。2019年是新中国成立70周年，戏剧节在展演闽南戏剧的基础上，新开辟“我和我的祖国”系列活动。该系列活动包括“我和我的祖国”威远楼广场露天革命故事题材影片展映周、“我和我的祖国”群众歌舞晚会等书画艺术展览活动。其中，由市文旅局主办、市电影家协会和市威远楼文物保管所承办的威远楼广场露天电影展映周活动，于国庆节起展映7部革命题材故事影片。

第三十届“威远楼之夏”戏剧节演出现场（图/李芸生）

全市46所幼儿园成为全国足球特色园

教育部发布《2019年全国足球特色幼儿园名单》，全国3570所幼儿园被认定为全国足球特色幼儿园，其中泉州市有46所幼儿园入选。泉州市将以这些足球特色幼儿园作为试点，探索幼儿足球教育模式，并在试点基础上逐步普及和推广幼儿足球。为加强幼儿足球兴趣培养，3月，教育部决定开展足球特色幼儿园试点工作，抓住3至6岁幼儿的运动兴趣、习惯、认知和技能产生发展的关键期，尊重规律，以游戏、兴趣为主，引导各类幼儿园开展幼儿足球活动。泉州市先行先试，于5月开展全市幼儿足球管理干部（园长）培训班，在全国范围内率先开展政策解读和贯彻落实工作，部署幼儿足球试点工作。

丰泽区海城学府幼儿园足球场（图/苏 琳）

8月16日

农历己亥年七月十六
星期五
温度：26℃—33℃
中雨转多云

●市委常委会召开会议，传达省委书记于伟国到泉州调研讲话精神，研究《泉州市晋江洛阳江流域水环境保护条例（草案）》。

●“中意（泉州）时尚创意谷”“意大利CSMT（泉州）中心”项目在泉州开发区签约。

●16—23日，由市政协联合市各民主党派、工商联及县（市、区）政协等主办的“‘新时代 新泉州’——庆祝新中国成立70周年、人民政协成立70周年书画摄影展”在泉州海交馆举行。

●由市文旅局主办的第三十届“威远楼之夏”戏剧节在市区威远楼开幕。

●教育部发布《2019年全国足球特色幼儿园名单》，泉州市46所幼儿园成为全国足球特色幼儿园。

●“爱在鲤中，情满金秋”助学活动在市区承天寺举行。

●省林业局在安溪县召开拟建安溪云岭省级森林公园总体规划专家评审会，邀请规划建设专家对项目设计方案进行评审，《拟建规划》方案通过专家评审。

●由惠安县政府、《雕塑》杂志社、泉州市文改办主办的第五届全国高校毕业生石雕创作营在惠安开幕。

●全国首个基于区块链技术的陶瓷溯源中心——德化县陶瓷质量溯源中心产品质量追溯系统上线。

8月17日

农历己亥年七月十七
星期六
温度：26℃—34℃
中雨转多云

●17—18日，全国政协副主席苏辉带领全国政协委员考察团到泉州，就“新中国成立70周年伟大成就”开展考察。

●泉州市建立防止脱贫人口返贫预警、收入水平略高于贫困户标准群众致贫预防监测、“因病、因残、因灾和因学”等突发原因致贫应急救助三项机制。

●2020年世界中学生运动会形象大使选拔赛全国总决赛在晋江举行。

●韩国光州市第五届“中国文化周”活动举行，泉州提线木偶戏和南音等“非遗”项目亮相开幕式。

全国政协委员考察团到泉州考察

17—18日，全国政协副主席苏辉带领全国政协委员考察团到泉州，就“新中国成立70周年伟大成就”开展考察。考察团到晋江五店市传统街区和晋江市展馆等，全方位了解“晋江经验”的诞生、成型、发展及典型做法。

泉州市建立突发原因致贫应急救助三项机制

泉州市建立防止脱贫人口返贫预警、收入水平略高于贫困户标准群众致贫预防监测、“因病、因残、因灾和因学”等突发原因致贫应急救助三项机制。建立防止脱贫人口返贫预警机制：每年第一季度组织对已脱贫人口进行全面摸底，建立脱贫人口信息档案，将因病、因残、因灾和因学致贫，无劳动能力致贫，依靠政府兜底脱贫等三类对象列为重点关注对象。组织县、乡、村挂钩帮扶责任人，每个月对这部分群体进行定期走访，如出现返贫迹象，及时列入预警对象，按照相关政策，第一时间进行扶持。建立收入水平略高于贫困户标准群众致贫预防监测机制：每年第一季度全面排查收入水平略高于建档立卡贫困户标准这部分群众的收入情况；分析可能致贫原因，分门别类建立信息库。探索制定符合本区域实际的扶持政策，每年统筹安排部分资金从产业、就业、教育、医疗、住房等方面进行帮扶。建立季度动态监测制度，由镇、村干部进行挂钩联系，发现可能致贫迹象的，及时纳入帮扶范围。建立“因病、因残、因灾和因学”等突发原因致贫应急救助机制：各县（市、区）立足实际，探索建立“病、残、灾、学”应急救助机制，并设立应急救助资金，依托村级党组织、群众性自治组织、公共服务机构和社会组织等主动发现救助对象，及时采取救急措施。

2020年世中运形象大使选拔赛全国总决赛在晋江举行

2020年世界中学生运动会（以下简称“世中运”）形象大使选拔赛全国总决赛在晋江举行。60名全国各地的优秀中学生参赛，最终决出最佳形象奖（综合奖）和5个单项奖、入围奖。此次选拔赛于2018年11月启动，跨越全国22座城市210所学校，6320名在校中学生报名参赛。经过初赛、复赛和五大赛区决赛，最终有60名选手获得总决赛入场券。总决赛进行英语命题演讲、才艺展示和中英文问答三轮比拼。最佳形象奖（综合奖）获得者为深圳市高级中学的李笑驰、成都外国语学校的李依蒙，最佳风尚奖获得者为福州三中的祝润田、人大附中分校的崔紫祺，最佳才艺奖获得者为长沙雅礼中学的李杜若、人大附中分校的张文嘉，最具青春魅力奖获得者为江苏省天一中学国际部的梁亦宁、北京一零一中学的李唯灿，最具体育活力奖获得者为深圳实验学校的朱叙昌、晋江华侨中学的王鹏，最具网络人气奖获得者为泉州实验中学的李嘉涛、成都市实验外国语学校西区的陆洋旸，上海民办永昌中学的郑景豪等40位选手获入围奖。

泉州“非遗”项目参演韩国光州“中国文化周”活动

韩国光州市第五届“中国文化周”活动举行，泉州提线木偶戏和南音等“非遗”项目亮相开幕式，受到现场观众好评。光州市“中国文化周”已连续举办5年，成为中韩友好的名片，为增进两国人民相互了解，加深彼此友谊，推动双方各领域交流合作发挥积极作用。该届“中国文化周”活动盛况空前，第19届光州游泳世锦赛大师赛中国参赛选手以及在光州工作生活的华侨华人、中国留学生和光州市民等1000余人参加开幕式。泉州市艺术馆（市非遗保护中心）应韩国光州市市政府邀请，组织泉州市提线木偶戏传承保护中心、泉州市南音传承中心的演员参加开幕式演出，为现场嘉宾和观众献上提线木偶戏《钟馗醉酒》《青春梦》及南音演唱《一身爱到我君乡里》。

泉州运动员在第二届全国青年运动会创佳绩

第二届全国青年运动会闭幕。福建省共派出1376名运动员参加25个大项、666个小项的预赛，其中954名运动员获决赛资格。福建运动员获66枚金牌、73枚银牌、92枚铜牌。其中，泉州18名选手为福建代表团获得冠军，实现“参赛项目、参赛人数、金牌奖牌数全面超越上一届”的目标。同时，福建代表团还获评体育道德风尚奖。该届青年运动会是中国体育历史上规模最大的综合性运动会——不仅包含夏季运动项目，还有冬季项目，比赛项目从首届的26个大项增加到49个。除传统项目，还设置很多符合青少年运动特点的跨界项目，参赛运动员为首届青年运动会的6倍。值得一提的是，该届青年运动会将过去以城市为单位组团参赛的方式，改为以省为单位组团参赛，按参赛人群设体校组、社会俱乐部组组织比赛，扩大选手来源和参与面，调动社会各界参与体育运动的积极性。

泉州“美丽古城 家园共造”试点立项中期评审会议举行

泉州“美丽古城 家园共造”试点立项中期评审会议在市区苏廷玉故居举行。来自古城通政社区、溪亭社区、隘南社区、新桥社区的五支队伍汇报行动成果。2017年8月启动“美丽古城 家园共造”活动，五支团队立足试点社区现状，历经多次调研考察、修正方案、评审成果，在不断探讨、论证的过程探寻“自下而上”古城保护和活化的新路径。团队驻扎在社区开展营造活动，通过反反复复实践、探索、总结，与社区居民进行沟通，让古城保护、家园共造的理念在古城居民心中生根发芽。五支团队进行社区问题挖掘、社区力量动员、对美好社区的项目规划，以“低冲击、微干扰”为理念，发动社区居民共同参与活动。会尚，专家对项目可行性等提出建议。五支团队将综合专家意见，对各自的项目进行调整补充和更深入挖掘，通过立项的项目将获资金支持。

中国杂技团到泉州演出

中国杂技团现代杂技剧《因为爱》在泉州大剧院上演。《因为爱》聘请美国金牌制作团队与中国杂技团合作，借用西方流行音乐和百老汇音乐剧独特的舞蹈语汇重新打造中国杂技，从全新角度讲述当代中国年轻人的故事，在近两个小时演出中，巧妙运用故事情节串联、原创音乐烘托、精致灯光与多媒体特效，让传统杂技成为充满质感的“秀”，看点十足，不仅让现场观众为中西结合的爱情故事感动，还为飞天遁地的精彩表演赞叹。

第九届中国城际机器人嘉年华全国总决赛在泉州举行

第九届中国城际机器人嘉年华全国总决赛在泉州海峡体育馆举行。总决赛分完美复制、我做你说、夺宝奇兵、精彩射门、豌豆射手、极限越野、空中技巧、解密高手8个项目，全国25个城市800多人组成的近400支队伍参赛。泉州选手在决赛中取得优异成绩，获得8个项目的7个冠军、6个亚军和6个季军。中国城际机器人嘉年华由中国城市青少年机器人联盟发起并主办，自2006年起，已经在深圳、柳州、青岛、银川、重庆等城市举办八届。

第七届王者荣耀城市赛省赛泉州站举行

由腾讯游戏、泉州市电子竞技协会、福建悟空互动娱乐有限公司主办的第七届王者荣耀城市赛省赛泉州站在市区开元盛世广场举行。泉州、厦门、福州、三明、南平、石狮等地的12支队伍参赛。最终由来自福州的“又菜又爱玩战队”获得冠军，代表福建赛区征战下一轮比赛，来自南平的“HPG战队”及来自泉州的“Tame战队”分列二、三名。

8月18日

农历己亥年七月十八
星期日
温度：25℃—32℃
中雨转多云

●第二届全国青年运动会闭幕。泉州18名选手为福建代表团获得冠军，实现“参赛项目、参赛人数、金牌奖牌数全面超越上一届”的目标。

●泉州“美丽古城 家园共造”试点立项中期评审会议在市区苏廷玉故居举行。

●中国杂技团现代杂技剧《因为爱》在泉州大剧院上演。

●泉州苏氏宗亲联谊会2019年度“苏夫人姑文化·信源吉祥爱心奖”奖助学大会在市区苏夫人姑庙举行，奖助博士、硕士、百强学校本科生以及困难学子254人。

●第九届中国城际机器人嘉年华全国总决赛在泉州海峡体育馆举行。

●由腾讯游戏、泉州市电子竞技协会、福建悟空互动娱乐有限公司主办的第七届王者荣耀城市赛省赛泉州站在市区开元盛世广场举行。

8月19日

农历己亥年七月十九
星期一
温度：25℃—31℃
小雨

●全市生活垃圾分类工作推进会召开。

●全市各地举行文艺活动助推国家公共文化服务体系示范区创建。

●由中国品牌建设促进会主办，晋江市政府、福建省品牌建设促进会承办的中国运动用品品牌集群成立大会在晋江举行。

泉州市推进生活垃圾分类工作

全市生活垃圾分类工作推进会召开。会议透露，根据已出台的《泉州市加快推进生活垃圾分类工作方案》，至2020年，丰泽区、泉州开发区的生活垃圾分类将实现全覆盖，基本建成生活垃圾分类处理系统。自2017年开展生活垃圾分类工作以来，市直党政机关（含事业）单位、各县（市、区）党委政府机关大院以及中心市区的18个街道办事处办公场所全面开展生活垃圾分类工作；泉州开发区全域推进垃圾分类工作，鲤城区、丰泽区18个试点社区（小区）2.6万户居民，及医院、市场、酒店、商业综合体等类型9个试点开展生活垃圾分类，其余县（市、区）选择住宅小区、公共机构、学校等共42个试点对象推进工作。

根据方案，泉州市在2017年试点单位的基础上，分2019年、2020年两个阶段，扩大试点范围。2019年，泉州市生活垃圾分类试点的范围和目标为：泉州开发区全域推进，生活垃圾分类达标投放户数占总户数比例50%；丰泽区实现2个街道全覆盖，其余每个街道实现1个社区全覆盖；鲤城区每个街道实现1个社区全覆盖；其余各县（市、区）至少启动1个街道（镇）生活垃圾分类工作，实现1个社区全覆盖。全市公共机构生活垃圾分类覆盖率达60%，其中，党政机关（含事业单位）、学校生活垃圾分类覆盖率达100%，准确投放率达80%。2020年，丰泽区、泉州开发区实现全覆盖，基本建成生活垃圾分类处理系统；鲤城区开元、鲤中、海滨、临江4个街道和其他各县（市、区）的1个街道（镇）实现全覆盖。鲤城区、洛江区各1个街道基本建成生活垃圾分类示范片区。全市公共机构基本实现生活垃圾分类全覆盖，生活垃圾分类知识进教材、进课堂。

全市各地举行文艺活动助推公共文化服务体系示范区创建

全市各地举行文艺活动助推国家公共文化服务体系示范区创建。由鲤城区文旅局、鲤城文旅集团主办的“刺桐城文艺促进计划——听鲤”活动在鲤城区海上丝绸之路交流平台举行。金牌音乐人姚谦携带其新书《我们都是有歌的人》与大家分享其音乐历程。由石狮市文化馆主办的“燕闲师生音乐会”公益演出在石狮市音乐厅举行。由牛小西等七位青年民族器乐演奏家组成的“燕闲民族室内乐团”，演绎《幸福渠水到俺村》《送我一枝玫瑰花》《大鱼海棠》等曲目。“多彩非遗，魅力传承”惠安县文化馆2019年暑期少儿非遗免费培训结业汇报演出在惠安县文化馆举行，节目涵盖南派布袋戏、南音、惠安烙画、惠安女服饰、糊纸、闽南讲古、刻纸、惠安高甲戏等。“技近乎道——2019罗小平雕塑·泥片成型塑造艺术研修班师生作品展”在德化陶瓷博物馆开幕，展出上海美术学院博士生导师罗小平教授及其学员创作的泥片雕塑作品近200件。

中国运动用品品牌集群成立大会在晋江举行

由中国品牌建设促进会主办，晋江市政府、福建省品牌建设促进会承办的中国运动用品品牌集群成立大会在晋江举行，全国各地运动用品品牌企业代表等500余人与会，共同探讨中国运动用品品牌建设的发展路径。“中国品牌集群”是由中国品牌建设促进会牵头实施，旨在联合相关行业内有影响力的品牌企业，引领产业发展，提高行业总体水平，参与全球品牌竞争，中国已成立中国茶叶、中国白酒、中国竹藤三批共21个品牌集群。

中国运动用品品牌集群授牌仪式（图/泉州品牌发展中心）

市十六届人大常委会第四十次主任会议召开

市十六届人大常委会第四十次主任会议召开。会议讨论《泉州市晋江洛阳江流域水环境保护条例（草案二审稿）》，关于推进行政审批服务提质提速和1—7月国民经济和社会发展计划、预算执行情况的审议意见稿，关于泉州市石化园区环境保护工作情况评议的调查报告和评议意见，关于市政府开展扫黑除恶专项斗争工作情况的调研报告和审议意见稿，关于对市十六届人大四次会议代表建议办理情况开展满意度测评的实施方案；讨论《市人大常委会关于依法推动打好防范化解重大风险、精准脱贫、污染防治三大攻坚战的决定》执行情况、关于泉州市妇女、儿童发展纲要（2011—2020年）实施情况、关于全市垃圾分类处理利用情况的专题调研方案。

市十六届人大常委会第四十次主任会议现场
（图/王虎文）

市政府市政协开展“推动产业转型升级”重点提案督办活动

市政府、市政协组织开展“推动产业转型升级”4个重点提案督办活动。近年来，泉州市市场监督管理部门高度重视检验检测体系建设，各县（市、区）结合产业发展实际，已形成对应茶产业、制鞋产业、纺织服装产业、水暖洁具、石材建陶、阀门、燃香、特种机器人等开展检验检测的公共服务平台。工业产品方面，泉州市加强建设与传统产业转型升级和新兴现代产业发展相适应的检验检测机构，初步形成“依托县域特色经济、建设专尖检测机构”的总体布局。特别是围绕打造智能制造产业方面，推动“国家特种机器人产品质量监督检验中心（福建）”落户洛江，该项目将填补中国在特种机器人专项检验、技术研发、标准制定等方面的空白。泉州市还依托市中小企业服务平台，试点建设第三方检验检测公共服务模块，精准对接中小微企业发展需求，搭建集政府、小微企业、检验检测机构、科研学校等多位一体的沟通交流平台。

安溪获评全球唯一的“世界藤铁工艺之都”

由世界手工艺理事会及亚太地区理事会、中国工艺美术协会、安溪县政府主办的新闻发布会召开。会上宣布，经世界手工艺理事会审核通过，安溪县获评全球唯一的“世界藤铁工艺之都”。“安溪社会各界人士勠力同心，共同发展藤铁工艺。安溪县政府在发展县直第二十小学，藤铁工艺博物馆和西溪藤铁工艺主题公园上所做的努力给考评组留下深刻的印象。安溪县有望履行其作为世界手工艺城市的承诺扩大国际交流，与手工艺城市网络中的其他城市开展合作交流，为世界手工艺者提供一个共同的平台。”世界手工艺理事会在确定安溪县为世界手工艺理事会手工艺城市——藤铁工艺之都的函中如此肯定。同日，“世界藤铁工艺之都·安溪”中国行出征仪式举行，安溪县在全国范围开展藤铁工艺之都品牌宣传。

安溪县获评“世界藤铁工艺之都”新闻发布会现场
（图/刘伯怡）

8月20日

农历己亥年七月二十
星期二
温度：25℃—32℃
小雨转多云

●市十六届人大常委会第四十次主任会议召开，讨论《泉州市晋江洛阳江流域水环境保护条例（草案二审稿）》，关于推进行政审批服务提质提速和1—7月国民经济和社会发展计划、预算执行情况的审议意见稿等。

●市政府、市政协组织开展“推动产业转型升级”重点提案督办活动。

●20—21日，李转生带领泉州市省政协委员小组到永春、德化开展“传承红色基因 不忘初心使命”主题教育考察。

●第十二届海峡两岸（泉州）农产品采购订货会新闻发布会在南安举行。

●经世界手工艺理事会审核通过，安溪获评全球唯一的“世界藤铁工艺之都”。

●永春县公安局启动110接处警勤务新模式，同时举行反恐处突实战演练。

●福建省实验幼儿园泉州分园签约仪式在泉州台商投资区举行。

8月21日

农历己亥年七月廿一
星期三
温度：25℃—33℃
阴

●21—22日，副省长李德金到泉州调研乡村振兴战略实施情况。

●21—22日，省政协副主席刘献祥带领省政协文化文史和学习委委员及省直相关部门负责人到泉州，开展《培育文旅融合新业态，推动研学旅行产业化》重点提案调研。

●市政府党组（扩大）会议召开，传达学习中央纪委《关于贯彻习近平总书记重要批示精神深入落实中央八项规定精神的工作意见》及省委落实全面从严治党主体责任工作领导小组会议、省政府党组会议精神等。

●泉州市佛教协会举行全市佛教寺院主要执事培训开班仪式。

●市慈善总会与泉州晚报社主办的“共同托起他们的理想2019行动”助学金发放仪式在泉州晚报社举行。

●法国原版琵琶芙舞台音乐传记《玫瑰人生》在泉州大剧院演出。

●21—28日，首届福建省民间职业剧团优秀剧目展演在晋江市举行。

市政府党组（扩大）会议召开

市政府党组（扩大）会议召开，传达学习中央纪委《关于贯彻习近平总书记重要批示精神深入落实中央八项规定精神的工作意见》及省委落实全面从严治党主体责任工作领导小组会议、省政府党组会议精神，对市政府领导、市政府组成部门主要负责人及市政府办公室党组成员开展集体廉政谈话；传达学习省委扫黑除恶专项斗争督导组“回头看”情况反馈会精神，研究部署下阶段扫黑除恶专项斗争工作。会议强调，要突出问题导向，以“钉钉子”精神抓好职责履行、推动作风转变，重点做到知边界、抓日常、建机制，把握纪律底线和红线，注重日常提示提醒，织密织牢制度笼子，一体推进不敢腐、不能腐、不想腐。要突出主责主业和“一岗双责”，落深落细管党治党政治责任，纵深推进政府系统全面从严治党。各级政府各部门要纵深推进扫黑除恶专项斗争，针对省委督导“回头看”反馈问题，逐一明确牵头领导、责任单位、细化措施和步骤时限。要咬定目标任务，围绕工作短板再加力，抓紧抓实线索核查、案件侦办，推进“打伞破网”“打财断血”和行业治乱等。要压实责任链条，强化部门联动，讲究方式方法，打好专项斗争持久仗、攻坚仗、整体仗。

泉州市开展佛教寺院主要执事培训

在市民族与宗教事务局指导下，泉州市佛教协会举行全市佛教寺院主要执事培训开班仪式。培训为期两天，全市各寺院主要执事近200人参加。泉州市佛教协会邀请专家讲授佛教经典教义，同时也邀请省级宗教部门相关负责人讲授宗教的政策法规，为深化学员的佛教专业知识，强化学员的法律法规意识奠定基础。市民族与宗教事务局相关负责人介绍，推进泉州佛教工作需要大量人才，举办全市佛教寺院主要执事培训班十分必要。各寺院主要执事，要注意以身作则，自觉抵制商业化不良风气，坚持佛教的终极关怀、价值追求和理想信念，坚持基本的宗教生活和佛教修学，坚持依法依规科学有序管理寺院，正信正行，以戒为师，恪守仪轨，保持愿力和定力，护持佛教清净庄严本色。

“共同托起他们的理想2019行动”助学金发放

市慈善总会与泉州晚报社主办的“共同托起他们的理想2019行动”助学金发放仪式在泉州晚报社举行。2019年活动共筹得128.8万元善款，让全市139名学子受益。活动自7月开展以来，得到社会各界支持，不仅市慈善总会下设的各慈善基金积极参与，不少单位或个人也纷纷致电要求资助优秀贫困生。活动中，经泉州晚报报道的21名贫困学子全部获得结对资助。2003年起，市慈善总会与泉州晚报社携手开展“共同托起他们的理想”助学活动。17年来，该活动帮助一批又一批高考成绩优秀的寒门学生进入大学校园。泉州晚报社在做好对优秀学子新闻报道的同时，积极牵线搭桥，呼吁社会各界爱心人士关注、参与助学活动，推动社会形成热心公益、捐资助学的风气。17年来，助学活动共筹得善款2024.8万余元，帮助6835名学子圆了大学梦。

法国原版琵琶芙舞台音乐传记首度到泉州演出

法国原版琵琶芙舞台音乐传记《玫瑰人生》在泉州大剧院演出。此系该剧首度到泉州交流。法国原版琵琶芙舞台音乐传记《玫瑰人生》是对法国香颂女王伊迪丝·琵琶芙传奇音乐人生的舞台演绎。此次巡演是第一次与中国观众见面。伊迪丝·琵琶芙是法国著名女歌手，被誉为法国的“香颂女王”（法语“香颂”一词译为“歌曲”）。其众多歌曲早已成为法国大街小巷吟唱的经典。其中以世界名曲《玫瑰人生》最为著名。

“同心助学 松柏成才”行动举行助学金发放仪式

由市委统战部牵头开展的“同心助学 松柏成才”行动举行助学金发放仪式，全市237名品学兼优、家庭困难的学生得到资助。作为统战系统同心系列工程重要组成部分，由市委统战部联合各民主党派市委会、市民宗局、市侨办、市工商联于2018年共同发起的“同心助学 松柏成才”行动。2019年，该项行动延续，共筹集202万元善款，资助237名学子。筹资活动发起后，统一战线各界人士积极响应。开元寺、崇福寺各捐赠20万元，元妙观、通淮关岳庙、市基督教两会、基督教泉南堂各捐赠10万元；8个民主党派成员捐赠23万元；晋江市女企业家联谊会，泉州市莆田商会、长沙市泉州商会、北京泉州商会等14家商会以及方圆建设有限公司董事长任剑锋等企业家共捐赠80万元；香港福建社团联会副主席叶建明捐赠10万港币，海外爱心人士捐赠10万元。

3家泉州企业入围中国民企500强

全国工商联发布“2019中国民营企业500强”榜单和《2019中国民营企业500强调研分析报告》。福建省共有22家企业上榜，其中泉州市有3家企业入围。泉州市的安踏体育用品集团有限公司、达利食品集团有限公司、福建恒安集团有限公司，分别以营收2410004万元、2086356万元和2051388万元，位列“2019年中国民营企业500强”的第353位、第427位和第441位。数据显示，进入“2019年中国民营企业500强”的22家福建民企平均年营业收入为529.78亿元，较2018年报告数据增长24.13%；营业收入总额为11655.08亿元，在全国占比为4.09%；资产总额18013.48亿元，在全国占比为5.20%。全国工商联还发布2019中国民营企业制造业500强名单，泉州市的安踏体育、达利食品、恒安集团、百宏聚纤分列第203位、第250位、第259位、第496位。

“泉商中国行”主题巡回采风活动启动

由市工商联、泉州晚报社主办，泉州商报承办的“心无旁骛做实业 推动高质量发展”异地泉州籍商会献礼新中国70华诞系列活动暨“泉商中国行”主题巡回采风活动启动仪式在泉州举行。主办方对异地泉州籍商会献礼新中国70华诞系列活动的背景、主要项目等情况作介绍，并向“泉商中国行”巡回采风团授旗。系列活动持续到年底，包含“壮丽70年 奋斗新时代·泉商中国行”巡回采风活动、“泉商在中国——献礼新中国70华诞”异地泉州籍商会风采图片展、出版《泉商在中国》异地泉州籍商会风采文集等。巡回采风团到京津冀、长三角、珠三角、东北、西南、中原以及福建省内等地，采访全国异地泉州籍商会，感受泉州企业家在外抱团发展的成果，与商会成员面对面，倾听他们讲述商会发展之道，挖掘异地泉州籍商会背后的故事。

台湾学者张家鳞到泉州寻根

22—23日，台湾宗教学会副理事长张家鳞带领台湾儒林张氏参访团到泉州进行寻根之旅，对两岸张氏家史编纂工作进行调查研究。参访团在市委史志研究室陪同下到市区大寺后张延鲁故宅旧址、晋江鉴湖张氏宗祠、张林张氏家庙、儒林张氏家庙、上厝张氏家庙、上方张氏家庙以及安溪等地寻根谒祖、实地调研。参访团在张氏宗亲帮助下查阅相关族谱，根据家谱记载的字辈昭穆，张家鳞确认自己家族的根地。张家鳞在张家祖厝燃香拜祖，并一再向为其寻根和调研工作提供帮助的人致谢。

张家鳞在晋江陈埭湖中延鲁张公家庙参观访问
（图/宣教科）

8月22日

农历己亥年七月廿二
星期四
温度：26℃—34℃
多云

●由市委统战部牵头开展的“同心助学 松柏成才”行动举行助学金发放仪式，全市237名品学兼优、家庭困难的学生得到资助。

●22—28日，《与新中国一起走过》文献纪录片摄制组到泉州采访拍摄。

●泉州高速公路首个非省界ETC门架在甬莞高速泉州段完成吊装。

●全国工商联发布“2019中国民营企业500强”榜单和《2019中国民营企业500强调研分析报告》，泉州市3家企业入围。

●由市工商联、泉州晚报社主办，泉州商报承办的“心无旁骛做实业 推动高质量发展”异地泉州籍商会献礼新中国70华诞系列活动暨“泉商中国行”主题巡回采风活动启动仪式在泉州举行。

●第二届泉州开发区“特步杯”制鞋行业岗位技能竞赛举行。

●22—23日，台湾宗教学会副理事长张家鳞带领台湾儒林张氏参访团到泉州进行寻根之旅，对两岸张氏家史编纂工作进行调查研究。

8月25日

农历己亥年七月廿五
星期日
温度：26℃—29℃
大雨转中雨

●23—24日，王永礼到宁夏回族自治区吴忠市，到泉州市永春县、德化县、洛江区对口帮扶的同心县、红寺堡区、盐池县，看望泉州援宁干部，调研对口扶贫协作工作。

●泉州市残疾人可享多项康复补助。

●由团市委、市教育局、市文联、泉州晚报社、泉州广播电视台和泉州市青少年宫主办的“为成长插上飞舞翅膀——2019泉州市舞蹈艺术讲座暨李琼琼从艺50年舞蹈晚会”活动举行。

●25—28日，由丰泽区委办公室、区委统战部主办的2019年第四届海丝（两岸）青少年足球精英赛在泉州东海湾实验学校举行。

王永礼到宁夏吴忠市调研对口扶贫协作工作

23—24日，泉州市长王永礼到宁夏回族自治区吴忠市，到泉州市永春县、德化县、洛江区对口帮扶的同心县、红寺堡区、盐池县，看望泉州援宁干部，调研对口扶贫协作工作。吴忠市市长喜清江一同调研。王永礼走访同心县旱天岭村扶贫车间及养殖园区、宁夏圣峰百年农牧发展企业、红寺堡区弘德村闽宁扶贫车间、瑞丰葡萄产业专业合作社、盐池县宁鑫滩羊发展企业，并看望慰问贫困户，了解当地产业脱贫、发展需求等情况。座谈会上，王永礼指出，此行调研，一是接受思想政治再教育，感受习近平生态文明思想在吴忠落地生根带来的生态环境巨大变化，学习“不到长城非好汉”的宁夏精神和吴忠干部群众饱满的干事创业“精气神”。二是对焦上级部署再落实，贯彻习近平在东西部扶贫协作座谈会上的讲话和关于脱贫攻坚工作的指示精神，以及省委、省政府和市委的部署要求，落实好闽宁协作各项任务。三是推进对口帮扶再要求，各级政府各部门要加强与吴忠的对接联系，建立健全撮合服务机制，强化产业扶贫、消费扶贫和社会扶贫；全体援宁干部要在当地党委、政府的领导下开展支援工作，依靠对口扶贫协作机制，精准扶贫到村到户到人。

泉州市残疾人可享多项康复补助

全国残疾预防日，全市持证残疾人约有16.6万人。改善残疾人康复服务方面，泉州市残疾人可享受多项康复服务补助政策，包括残疾儿童康复救助、听力残疾儿童人工耳蜗手术、基本型辅助器具适配等。残疾儿童康复救助方面，救助对象为具有泉州市户籍或居住证的且在进行康复训练的残疾儿童。听力残疾儿童人工耳蜗手术方面，经省人工耳蜗救助项目定点医院检查有装配需求且符合人工耳蜗手术医学标准的听力残疾儿童。

2019泉州市舞蹈艺术讲座暨舞蹈晚会举行

由团市委、市教育局、市文联、泉州晚报社、泉州广播电视台和泉州市青少年宫主办的“为成长插上飞舞翅膀——2019泉州市舞蹈艺术讲座暨李琼琼从艺50年舞蹈晚会”活动举行。舞蹈晚会以李琼琼童年时听到的一个红舞鞋的童话故事发端，用“我的自叙”“学生的视角”“朋友的视角”“家人的视角”四个环节贯穿整场，无缝连接，最后升华到群雁高飞、我和我的祖国，把个人平凡的五十年融入祖国母亲辉煌的七十年。李琼琼系中国舞蹈家协会会员、泉州市青少年宫舞蹈教师。她力图以一个热爱舞蹈艺术的小女孩半世纪追梦、圆梦的心路历程和大家分享，同时也用泉州市青少年宫艺术教育的部分成果和大家交流。

第四届海丝（两岸）青少年足球精英赛在泉州举行

25—28日，由丰泽区委办公室、区委统战部主办的2019年第四届海丝（两岸）青少年足球精英赛在泉州东海湾实验学校举行。比赛旨在促进两岸青少年的体育文化交流，构建两岸青少年足球活动交流新平台，让两岸更多的青少年增强体育运动的互动，增进传统文化的交流，增加彼此成长的了解，感受一家人血浓于水的亲情。比赛设有U8、U10、U12三个年龄组别，来自福建、台湾、广东、浙江等地的18支代表队参赛。值得一提的是，除为两岸少年提供展示球技的舞台，组会委还安排海丝文化体验活动，举行颁奖晚会等。

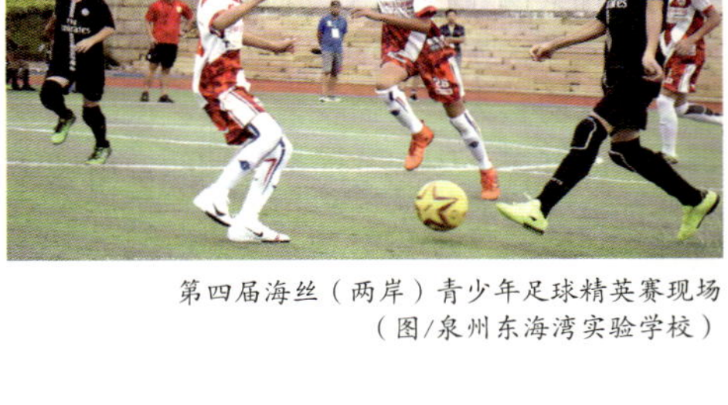

第四届海丝（两岸）青少年足球精英赛现场
（图/泉州东海湾实验学校）

全市教育大会召开

全市教育大会召开，学习习近平关于教育的论述，贯彻落实全国、全省教育大会精神，研究部署推进教育现代化、建设教育强市。会议指出，各级各部门要把握“培养什么人、怎样培养人、为谁培养人”根本问题，把握“教好、学好、管好”等重点任务，把握党对教育工作的全面领导，结合即将开展的“不忘初心、牢记使命”主题教育，回应群众关切，谋划推进教育现代化、建设教育强市的重点工作，办好人民满意的教育。要抓牢立德树人根本任务，树立科学教育质量观，建立以发展素质教育为导向的科学评价体系，在坚定理想信念、厚植爱国主义情怀、加强品德修养、增长知识见识、培养奋斗精神、增强综合素质等方面下功夫。要补齐教育领域短板，多渠道增加优质教育资源供给，推进学前教育优质普惠发展、义务教育优质均衡发展、高中教育优质多样发展，探索产教融合新途径，发展公平而有质量的教育。要落实中央、省委关于教育改革有关部署，深化招生考试制度改革、办学体制和教育管理改革、教师队伍建设改革、课程教学改革和教育理念创新，激发教育发展活力动力。

泉州市中考中招改革方案出炉

《泉州市高中阶段学校考试招生制度改革实施方案》出炉，从2018年秋季入学的初一新生开始，实行新的学业水平考试和学生综合素质评价制度，2021届初中毕业生全面实施新的高中阶段学校考试招生方案。改革内容包括：继续实行初中毕业、高中招生考试“两考合一”；13门科目均纳入初中学业水平考试范围，即“全科开考”；初中学业水平考试分为等级性考试与合格性考试两类。等级性考试科目为语文、数学、英语、道德与法治、历史、地理、物理、化学、生物、体育与健康10门科目；合格性考试科目为音乐、美术、信息技术3门科目及物理、化学、生物实验操作考试；初中学生在校期间，各科学业水平考试只报考1次；建立初中学生综合素质评价制度，以学生思想品德、学业水平、身心健康、艺术素养、社会实践五个维度为主要评价内容，评价结果作为中招录取的重要参考或依据之一；2021年起，学业水平等级性考试科目成绩作为中招录取的基本依据；中招录取采取“省级统考等级性考试9门科目成绩等级和等级性考试10门科目成绩计分”相结合的方式进行。设定等级底线要求，根据文理兼顾、全面发展原则，结合实际科学制定各科等级在中招录取中的使用方案；等级性考试10门科目成绩计分方式分卷面原始分数及折算分数两种方式、中招录取总分800分；推进和完善统招生、定向生、特长特色自主招生等多元化的高中招生录取办法。2021年起，在学业水平考试和综合素质评价的基础上，根据实际制定中招录取方案；全市初中毕业生都要参加初中学业水平考试。

全球商报联盟成员媒体到泉州采访考察

由《香港商报》牵头组织的“全球商报媒体高层泉州行”采访考察活动走进泉州，全球商报联盟的十八位商报媒体高层参与活动。在泉州期间，媒体高层一行通过走访、召开座谈会、联合采访等形式，对泉州经济社会发展情况进行全面深入了解。在当天召开的座谈会上，泉州市发改、工信、商务、文旅以及世中运执委会办公室等单位相关负责人向考察团介绍泉州市有关情况和第18届世界中学生运动会筹备工作情况。采访考察活动持续至29日，媒体高层一行还参访泉州海交馆、开元寺，调研采访泛家居成功馆、奎霞村番仔楼等。

相关链接： 全球商报联盟于2007年5月17日由《香港商报》组织成立，乃非政治性、非宗教性和非牟利的机构。参与此次采访考察活动的有《香港商报》、香港卫视、香港《经济导报》、《镜报》、《澳门商报》等十余家全球商报联盟成员媒体。此次活动旨在借助全球商报联盟成员的视角和高度，向海外读者传递泉州故事，扩大泉州在海外的美誉度和影响力。

8月26日

农历己亥年七月廿六
星期一
温度：26℃—32℃
多云

●全市教育大会召开，学习习近平关于教育的论述，贯彻落实全国、全省教育大会精神，研究部署推进教育现代化、建设教育强市。

●《泉州市高中阶段学校考试招生制度改革实施方案》出炉，从2018年秋季入学的初一新生开始，实行新的学业水平考试和学生综合素质评价制度，2021届初中毕业生全面实施新的高中阶段学校考试招生方案。

●中国物流与采购联合会对外发布第28批次A级物流企业的通告。最新统计数据显示，福建省通过A级物流企业综合评估的企业达377家，泉州市有106家，是全省A级物流企业数量最多的城市。

●由《香港商报》牵头组织的“全球商报媒体高层泉州行”采访考察活动走进泉州，全球商报联盟的十八位商报媒体高层参与活动。

●26—28日，由市农业农村局、市人社局、市总工会主办的“海丝泉州·人才港湾”2019年泉州市农业行业职业技能竞赛在泉州市农业学校举行。

●第五届全国高校毕业生石雕创作营点评暨研讨会在惠安举行。

8月27日

农历己亥年七月廿七
星期二
温度：26℃—34℃
多云

●第18届世界中学生运动会组委会成立大会暨第一次全体会议在晋江召开。

●全市市县政协主席工作座谈会召开，传达学习全国地方政协工作经验交流会精神，全国政协主席汪洋在福建省政协机关视察时的讲话精神等。

●全市落实意识形态工作责任制专题培训班开班，学习习近平新时代中国特色社会主义思想，特别是习近平关于意识形态工作的论述。

●由省农业农村厅主办，福建省农产品加工推广总站、晋江市农业农村局承办的第三届福建省农村创业创新大赛决赛在晋江举行。

●“百万骑手千城亿户”全国反诈宣传活动泉州站启动仪式在中心市区浦西广场举行。

●市计生协会举行“我与新中国共成长”演讲比赛。

●第二届“蔡襄杯”泉州市少年儿童书法大赛现场决赛在洛江区实验小学举行。

第18届世界中学生运动会组委会成立

第18届世界中学生运动会组委会成立大会暨第一次全体会议在晋江召开。会议听取世中运筹备工作进展及下一步工作计划汇报，审议总体工作方案等事项。组委会主席、教育部部长陈宝生，组委会主席、省长唐登杰出席会议并讲话。教育部副部长钟登华出席会议。泉州市领导康涛、王永礼、刘文儒、周真平参加会议。陈宝生指出，要高质量高水平做好各项筹办工作，办成一届和平、友谊、青春的盛会。要突出青少年全面发展、办成教体融合的运动会，突出全世界中学生对话沟通、办成人文交流的运动会，突出中国城市特色文化特色、办成展示中国形象的运动会。要开展“在一起、更出彩”核心理念宣传，做好开闭幕式和火炬传递等大型活动，开展赛事各项筹备，做好中国代表团组团工作。要安全应对筹办期间突发事件和敏感问题，确保中国代表团反兴奋剂工作安全，确保赛事举办期间安保工作万无一失。

第18届世界中学生运动会组委会成立大会现场
（图/赖进财）

全市落实意识形态工作责任制专题培训班开班

由市委宣传部主办的全市落实意识形态工作责任制专题培训班开班，学习习近平新时代中国特色社会主义思想，特别是习近平关于意识形态工作的论述。培训班强调，要强化责任意识、担当意识，通过构建意识形态工作立体化网络、规范管理各类意识形态阵地、落实网络意识形态工作责任制、建立健全意识形态工作长效机制等举措，落实好意识形态工做主体责任。

第三届福建省农村创业创新大赛决赛在晋江举行

由省农业农村厅主办，福建省农产品加工推广总站、晋江市农业农村局承办的第三届福建省农村创业创新大赛决赛在晋江举行。大赛以“激情创业创新 梦圆乡村振兴”为主题，设初创组和成长组，经过省级审核，两组分别有12名选手进入决赛。各组参赛选手需要在5分钟时间内，通过PPT向大赛评委展示企业主要业务、创业历程和发展目标，并在3分钟内对评委的提问进行答辩。最终按得分高低决出各组选手名次。经过比拼，代表泉州市参赛的福建省力豪现代农业有限公司刘立至的“西甜瓜高周转低成本有机无土栽培项目”获成长组一等奖，代表福建省角逐全国选拔赛；福建司雷植保技术有限公司万佳的“基于智能虫害防治系统的生态防控全程托管服务及产业化项目”、福建省晋航农业股份有限公司洪良彬的“那‘稻’五颜六色‘互联网+立体农业+文化旅游’产销一体化模式”分获初创组和成长组二等奖；福建田洋九九文旅发展有限公司黄锦銮的“田洋九九田园风光项目”、福建省稻香园农业发展有限公司庄荫家的“稻香园农场城市田园综合体项目”分获初创组和成长组优胜奖。

“百万骑手千城亿户”全国反诈宣传活动泉州站启动

“百万骑手千城亿户”全国反诈宣传活动泉州站启动仪式在中心市区浦西广场举行。数千名外卖骑手加入反诈骗宣传队伍。活动中，市公安局相关负责人为骑手代表佩戴“泉州反诈骑士”绶带，发放反诈骗宣传品。骑手小李表示，此前，市反诈骗中心的民警已为他们讲课，传授反诈骗知识。在平日里，他们送外卖给市民的同时，会发放一些反诈骗宣传材料；在餐箱后面张贴反诈骗资料；面对客人的咨询和疑惑，进行力所能及的解答。

全省公安特警实战演练在泉州举行

28—29日，全省公安特警跨区域拉动增援暨实战演练在泉州举行。28日，全省9个设区市公安局、平潭综合实验区公安局及福州、厦门铁路公安处的12支特警队伍一千多名特警队员，以及直升机、装甲车、攀登车、水炮车、排爆车、突击车、摩托车等156辆交通工具列队完毕，省公安厅下达拉动演练指令，12支集结队伍采用摩托化开进方式，4个小时内全部到达指定增援地点。29日，12支队伍分别开展狙击步枪应用射击、长短枪应用射击、团体T字警棍术、极限体能、特警枪械基础战术、空地协同楼宇突击战术等多科目演练。演练现场还展示特警装备、特种车辆、安检排爆、武器警械、反恐救援、侦查技术、警用航空等一批高精尖装备。

市委全面依法治市委员会第二次会议召开

市委常委会会议暨市委全面依法治市委员会第二次会议召开，传达学习贯彻省委全面依法治省委员会第二次会议精神和中办国办《法治政府建设与责任落实督察工作规定》，研究泉州市参加全国法治政府建设示范创建评选活动事宜和《2019年督察计划》。会议指出，要做好法治政府建设示范创建申报工作，以创带建、精准发力，及时总结推广好经验、好做法。要开展“法治政府建设年”，优化法治化营商环境，运用法治思维和法治方式推动工作。要贯彻执行《法治政府建设与责任落实督察工作规定》，突出重点、聚焦问题，改进督察方式，以督促干、提升实效。

市十六届人大常委会第二十二次会议召开

市十六届人大常委会第二十二次会议召开。会议学习贯彻习近平对地方人大及其常委会工作的指示和全国人大、省委、市委有关会议精神；听取市人大法制委关于《泉州市晋江洛阳江流域水环境保护条例（草案一审稿）》修改情况的报告，审议通过《泉州市晋江洛阳江流域水环境保护条例（草案表决稿）》；听取和审议市政府关于1—7月泉州市国民经济和社会发展计划、预算执行情况的报告，和开展扫黑除恶专项斗争工作情况、关于泉州市石化园区环境保护工作情况、关于推进行政审批服务提质提速的报告。

市十六届人大常委会第二十二次会议现场

（图/王虎文）

泉州市推进创建国家公共文化服务体系示范区

泉州市创建国家公共文化服务体系示范区省中期督查汇报会举行。汇报会结束后，督查组到全市各地检查具体创建工作。督查组对泉州市创建工作给予肯定，并指出要深化认识创建国家公共文化服务体系示范区的重要意义，为全省公共文化服务体系建设提供宝贵经验，为文化强省建设贡献力量；要依法依规创建，结合泉州实际，坚持公益性、基本性、均等性、便利性，满足群众基本文化需求；要突出亮点，体现泉州特色，将泉州在公共文化服务体系建设中的优势和文化特色展示出来；要整改提升，对照国家创建标准和创建规划要求，按照创建时间表、路线图，着力补短板、完善创建资料，确保全面完成各项创建任务。泉州市自2018年4月获得第四批创建国家公共文化服务体系示范区资格以来，围绕创建工作目标，通过实施“1234”创建举措（即：设计“一套制度”、突出“两大特色”、发挥“三大作用”、实施“四大工程”），全面推进各项创建任务，各项工作取得较好成效。

8月28日

农历己亥年七月廿八

星期三

温度：26℃—35℃

多云转阴

●28—29日，全省公安特警跨区域拉动增援暨实战演练在泉州举行。

●市委常委会会议暨市委全面依法治市委员会第二次会议召开，传达学习贯彻省委全面依法治省委员会第二次会议精神和中办国办《法治政府建设与责任落实督察工作规定》，研究泉州市参加全国法治政府建设示范创建评选活动事宜和《2019年督察计划》。

●市十六届人大常委会第二十二次会议召开，学习贯彻习近平对地方人大及其常委会工作的指示和全国人大、省委、市委有关会议精神；听取市人大法制委关于《泉州市晋江洛阳江流域水环境保护条例（草案一审稿）》修改情况的报告等。

●市人大常委会第四十一次主任会议召开，讨论《泉州市晋江洛阳江流域水环境保护条例（草案建议表决稿）》，提出第四十二次主任会议建议议题。

●市政协组织开展“国旗、宪法和法律法规、社会主义核心价值观、中华优秀传统文化”进宗教活动场所调研视察。

●泉州市创建国家公共文化服务体系示范区省中期督查汇报会举行。

●2019福建省民间戏剧发展座谈会在晋江召开。

8月29日

农历己亥年七月廿九
星期四
温度：26℃—34℃
多云转小雨

●K701公交线路纯电动公交车投入运营，全市11条环湾公交线路151辆公交车实现100%纯电动化。

●国家卫生健康委、国家中医药管理局发布《关于印发紧密型县域医疗卫生共同体建设试点省和试点县名单的通知》，全国县域紧密型医共体建设试点县名单出炉，石狮、安溪入选。

●由宁夏回族自治区博物馆和泉州海外交通史博物馆主办的“朔地恋歌——宁夏岩画特展”在泉州海外交通史博物馆开幕。

全市环湾公交线路实现纯电动公交车全覆盖

K701公交线路纯电动公交车投入运营，全市11条环湾公交线路151辆公交车实现100%纯电动化。11条线路分别为201路、202路、203路、601路、K201路、K207路、K602路、K605路、K701路、K702路、K901路。为减少能源消耗和污染排放，践行绿色生产方式和生活方式，市环湾公交公司逐步加快传统燃油公交车的更替进度，分两批次购置新能源纯电动公交车。随着充电桩设施建成后陆续投入运营，历经近两年时间，新旧公交车完成替换工作。纯电动公交车车内没有燃油味道，且噪音小、乘坐舒适，有利于改善市民的乘车环境，提升公交服务质量。经测算，相较于燃油公交车，151辆纯电动公交车一年可以节省燃油2000多吨。

石狮安溪入选全国县域紧密型医共体建设试点县

国家卫生健康委、国家中医药管理局发布《关于印发紧密型县域医疗卫生共同体建设试点省和试点县名单的通知》，全国县域紧密型医共体建设试点县名单出炉，石狮、安溪入选。县域紧密型医共体是以县级医院为龙头、乡镇卫生院为枢纽的一体化管理模式，通过纵向医疗资源整合而形成的医疗机构联合组织。4月，国家卫健委发布《关于推进紧密型县域医疗卫生共同体建设的通知》，要求到2020年底，在500个县初步建成目标明确、权责清晰、分工协作的新型县域医疗卫生服务体系，逐步形成服务、责任、利益、管理的共同体。国家卫健委从四个方面明确医共体建设的13项工作内容。一是完善县域医疗卫生服务体系，包括整合县乡医疗卫生资源、加强医联体建设和乡村一体化管理、完善医疗卫生资源集约配置、加强信息化建设；二是深化体制机制改革，包括推进管理体制改革、推进人事制度改革、推进薪酬制度改革；三是提升服务能力和质量，包括强化医疗服务能力、加强医疗质量管理、做实做细家庭医生签约服务、强化公共卫生服务水平；四是建立健全保障机制，包括深化医保支付方式改革、落实财政投入经费。

近年来，泉州市探索县域医共体建设，整合服务体系，推进分级诊疗。制定《泉州市县域紧密型医共体实施方案》，在石狮市、永春县、德化县试点开展县域紧密型医共体建设，以县级公立医院为龙头，整合县域内县乡村三级医疗资源，组建县级总医院，实行县、乡、村一体化的人、财、物统一管理，促进医疗资源均衡下沉。3个试点县加上新增的安溪县，已完成方案制订。《泉州市推进分级诊疗工作实施方案》明确各级各类医疗机构诊疗服务功能定位和项目，将加强专业公共卫生机构、基层医疗卫生机构和医院之间的分工协作，并将分级诊疗指标纳入政府绩效考核，促进分级诊疗政策落实。截至2018年年底，全市二级以上公立医院收治由下级医疗机构转诊住院人数36117人、向下转诊的住院人数7008人，分别占住院量的5.97%、1.16%，同比分别增长2.12、0.28个百分点；全市基层医疗机构总诊疗量达933.13万人次，同比增长9.95%，“基层首诊、双向转诊、急慢分治、上下联动”分级诊疗秩序建设取得初步成效。

“朔地恋歌——宁夏岩画特展”在泉州开幕

由宁夏回族自治区博物馆和泉州海外交通史博物馆主办的“朔地恋歌——宁夏岩画特展”在泉州海外交通史博物馆开幕，展示北方游牧民族的艺术世界。岩画产生于文字出现之前，记录人类早期的生存活动，是已发现的人类记录自身历史的最初方式。宁夏因特殊的地理位置和人文环境，发现大量的岩画遗存，存世总量占全国岩画总量的一半以上。宁夏岩画系研究史前人类史、文化史、风俗史、宗教史无可替代的百科全书，是中国北方岩画体系的一个重要组成部分，也是世界岩画大观园中极具特色、不可或缺的重要景观。展览持续至10月28日。现场展出包括岩画实物、拓片、复制品等在内的100余件展品。

市委学习中心组学习习近平民族宗教工作重要论述

市委学习中心组（扩大）学习会召开，邀请省民族与宗教事务厅副厅长宋哩作“学习和贯彻习近平总书记重要论述 做好新时代民族宗教工作”专题报告。市四套班子领导王永礼、陈灿辉、张永宁、孔繁军、林万明、刘建军等，市中级人民法院、市人民检察院主要负责人，市委统一战线工作领导小组成员，各县（市、区）、泉州开发区、泉州台商投资区分管民族与宗教工作的负责人参加学习会。宋哩围绕宗教的起源与发展、对宗教认识的偏差、宗教的五大特性、新中国成立以来宗教的政策变化、开创宗教工作新局面五大主题分析宗教形势和宗教工作现状；介绍民族工作有关政策、福建省民族工作情况和把福建省建设成为中华民族团结进步的窗口的基本思路，阐释党的民族宗教工作方针政策和习近平关于民族宗教工作的论述，为做好民族宗教工作提供指导意见。报告紧扣形势变化，条理清晰，为与会者更好掌握应用民族宗教政策法规，适应新形势变化，做好泉州民族宗教工作提供指导。会议要求，各级领导干部要扛起抓好民族宗教工作的政治责任，落实中央、省委、市委关于民族宗教工作一系列决策部署，共同维护民族宗教领域和谐稳定，推动泉州市民族宗教工作迈上新台阶。

第四届海上丝绸之路国际艺术节第一次筹备工作会议召开

第四届海上丝绸之路国际艺术节第一次筹备工作会议召开。会议强调，海艺节是经中央批准同意的首个海丝主题的国家级文化艺术盛会，要提高政治站位，增强使命感和紧迫感，做到讲政治、重创新、守底线；要抓紧落实落细，做好各项筹备工作，做到启动快、安保严、保障细、氛围浓；要强化责任担当，落实每一项责任和要求，做到领导到位、严明责任，组织到位、严格纪律，发动到位、合力共为。

全市稳定生猪生产保障市场供应电视电话会议召开

继收听收看全国、全省稳定生猪生产保障市场供应电视电话会议之后，泉州市紧接着召开电视电话会议，对下阶段泉州市稳定生猪生产保障市场供应工作进行再动员、再部署，确保生猪生产平稳、市场供需平衡。会议要求，要采取应急措施，保障市场供应。迅速引导增加生猪存栏量，在生猪产业用地政策、资金等方面给予扶持；鼓励规模养猪场利用现有养殖空间适当增加养殖量；加强同外地、外省生猪基地和屠宰企业建立“点对点”生猪和猪肉产品调入机制，加大外地猪肉市场供应量。要抓长效机制，发展规模养殖。取消超出法律法规的生猪禁养、限养规定，适当调增辖区内可养区范围；对于非禁养区内的生猪规模场，需要升级改造的，允许在原场地范围内进行重建或改建，经过评估调增许可规模；加强动物防疫体系建设，提升疫病防控能力。

全市新增71家“瞪羚企业”

2019年度泉州市瞪羚企业培育库入库企业名单出炉，71家企业入选。至此，从2017年在全省率先实施瞪羚企业培育计划以来，泉州市累计入库培育的企业已达123家。这些“瞪羚企业”（高成长型企业）增长势头强劲，创新引领作用突出，成为带动泉州高质量发展的新动能。从产业分布来看，“瞪羚企业”趋向高技术产业聚集与发展，集中分布在新材料、电子信息、先进制造与自动化、新能源、节能环保、生物与新医药6个行业门类。其中，新材料行业培育企业数量最多，达47家，占总数的38.21%；先进制造与自动化行业有38家，占总数的30.89%；电子信息行业有25家，占总数的20.33%。在企业成长性、发展持续性方面，近三年来，每年都满足入库标准的企业有11家。其中，5家企业每年营业收入增速超过50%，21家企业实现每年营业收入增速20%以上。

8月30日

农历己亥年八月初一
星期五
温度：26℃—30℃
大雨转中雨

●市委学习中心组（扩大）学习会召开，邀请省民族与宗教事务厅副厅长宋哩作“学习和贯彻习近平总书记重要论述 做好新时代民族宗教工作”专题报告。

●第四届海上丝绸之路国际艺术节第一次筹备工作会议召开。

●继收听收看全国、全省稳定生猪生产保障市场供应电视电话会议之后，泉州市紧接着召开电视电话会议，对下阶段泉州市稳定生猪生产保障市场供应工作进行再动员、再部署，确保生猪生产平稳、市场供需平衡。

●2019年度泉州市瞪羚企业培育库入库企业名单出炉，71家企业入选。

●第十二届（2019）全国地市新媒体创新发展峰会对主题评选活动颁奖，晋江新闻网获2019“全国地方融媒体传播综合实力十强”称号。

8月31日

农历己亥年八月初二
星期六
温度：26℃—31℃
小雨转阴

●泉州市养老地图出炉，系全省首张养老地图。

●由市委宣传部、市文联主办的“朱砂启智、开笔识礼”开笔礼活动在泉州市闽南文化交流中心举行。

●由市文化广电和旅游局、市总工会、市人力资源与社会保障局、市妇联主办的“礼赞新中国 作答新命题”全市广播影视编导岗位练兵活动在德化举行。

泉州市养老地图出炉

由市民政局编制的泉州市养老地图出炉，系全省首张养老地图。泉州市养老地图涵盖居家、社区、机构、医养结合四大类型养老服务。地图上详细标注各个县（市、区）已经开业的和即将开业的养老机构的名称、位置和联系电话。从地图上可以看到，鲤城区和丰泽区各有11家养老机构，洛江区9家，泉港区13家，南安市50家，晋江市34家，石狮市5家，惠安县15家，安溪县29家，永春县8家，德化县19家，台商投资区8家。泉州市养老地图可以方便市民更好地根据自己的需求选择养老服务。面对人口老龄化的挑战，泉州市把加快推进社会养老服务体系作为稳增长、惠民生、促和谐的重要工作内容，落实养老服务保障政策，加大资金支持力度，加快发展养老服务产业，建立与社会经济发展相协调，与人口老龄化相适应的养老服务体系。全市基本建成以居家为基础、社区为依托、机构为补充，医养结合、覆盖城乡的养老服务体系。

全省建筑面积最大的养老机构——泉州江南老年颐乐园（图/陈晓东）

“朱砂启智、开笔识礼”开笔礼活动举行

由市委宣传部、市文联主办的“朱砂启智、开笔识礼”开笔礼活动在泉州市闽南文化交流中心举行。该活动是“礼赞新中国 奋进新时代——庆祝新中国成立七十周年·古城文艺系列活动”之一。学生们在绵远楼下，汉服端正衣冠、朱砂启智、击鼓鸣志、启蒙描红、开笔明礼。庄重的仪式让孩子们感受到入学是人生中的一件大事，是开始学习、走向成材的起点，也让他们从小就领略到中国优秀传统文化的魅力所在。先正衣冠，后明事理；启智明心，立根为学；寄声明志，志向高远；识字聪明，始学为人。每一道程序，都承载着父母对子女成材的期望，也让孩子们在寓教于乐的开笔仪式中接受勤学苦读、尊师孝亲、崇德立志、仁爱处世的中华传统文化精髓。

全市广播影视编导岗位练兵活动在德化举行

由市文化广电和旅游局、市总工会、市人力资源与社会保障局、市妇联主办的“礼赞新中国 作答新命题”全市广播影视编导岗位练兵活动在德化举行。此系泉州市广电部门规模最大的岗位练兵活动，旨在提升全市广播电视队伍业务水平，助力泉州市国家公共文化服务体系示范区建设。和往届岗位练兵活动不同的是，该届活动时间跨度长（启动至结束共9天，包括采录2天、制作4天、评审及讲评3天），采访线路多（分为陶瓷产业三条，生态乡村两条），参赛人员一百多人。参赛人员到陶瓷园区和企业，深入生态乡村，感受美丽瓷都，用镜头记录泉州市生机勃勃的发展情况。

此外，为打造优秀影视节目，提升泉州市影视编导思想水平、业务素质和全媒体意识，泉州市广播影视编导人才培训班在中国传媒大学举办。培训班由市文化广电和旅游局、泉州市广播影视协会主办，参加培训的40多名编导来自泉州市级和各县级广播电视台（融媒体中心）、影视机构。培训课程针对性强，课堂生动多彩，整合国内前沿的短视频策划叙事技巧、电视片创意写作、新媒体环境下主旋律专题片的策划与拍摄制作技巧等精品课程及师资。课程包括理论讲述、案例解析、互动交流等多种形式。资深教授联手业界专家，导师讲解融合学员交流，让培训班学员获得融媒体新形势下编导的相关知识和实际实用的学习效果。

康涛到市信访局接访群众

市委书记康涛到市信访局接访群众，市领导林锦明、季翔峰参加接访。康涛强调，要践行以人民为中心的发展思想，加强协调督促，解决好各类信访问题。对群众反映的老旧小区配套、环保等具体问题，要强化双向沟通，立行立改，依法依规从速解决；对涉及面广的共性问题，要系统梳理研究，抓紧制定方案，常态化推进，维护好群众合法权益。

龙岩市党政代表团到泉州考察

1—2日，龙岩市委书记许维泽带领龙岩市党政代表团到泉州考察，并与泉州市党政领导座谈交流，共同贯彻落实省委、省政府战略部署，融入闽西南协同发展区建设，增进两地交流合作。泉州市领导康涛、王永礼、刘文儒、吕刚；龙岩市领导何明华、詹昌建、黄庆辉、谢海波等参加座谈或考察。

康涛指出，龙岩是中央苏区、革命老区、红色圣地，位于闽西南协同发展区西部，区位好、资源富、后劲足。近年来，龙岩担当作为、先行先试，推进新时代新龙岩建设，创造许多好经验好做法好成果。泉州要学习贯彻习近平新时代中国特色社会主义思想，与兄弟市互学互鉴，深化交流合作，更好地推动高质量发展。希望两地共同把握历史契机，发挥各自优势，一起抓好闽西南协同发展区规划、机制、项目落地，共同为新时代新福建建设做出更大贡献。许维泽表示，此次到泉州学习考察，一路走、一路看、一路学、一路议，对泉州的产业发展、园区建设、城市建设等方面成就感到十分震撼。考察团学习了泉州抓发展的大思路、抓项目的大策划、抓建设的大手笔和抓工作的大气魄。此次学习考察就是要以泉州为标兵，向泉州学习、向泉州取经。回去以后，将在拉开城市框架、打造高端园区、推进产业转型升级等方面重点发力，把所学所获转化为推动龙岩高质量发展的有力举措和强大动力。

在泉州期间，龙岩市党政代表团到丰泽、南安、晋江等地，参观山线绿道一期、生态连绵带水线示范段、泉州半导体高新技术产业园区南安分园、泉州市公共文化中心、南威软件、安踏一体化产业园项目、晋江市展馆、晋江“三创园”、晋江陆地港、五店市传统街区等，对泉州产业发展、园区建设、城市建设进行了解。

流动人口子女纳入泉州市城乡居民基本医保参保范围

泉州市2020年城乡居民医保参保缴费工作启动。参保时间提前至9月1日开始，减免对象登记期限截至9月30日。集中缴费时间为10月10日至12月31日，特殊情况的可延至2020年3月10日，对超出此规定时间办理参保缴费的城乡居民，缴费后60天为等待期。按规定，2020年各级财政对城乡居民医保补助不低于520元/人，集中缴费时间内，泉州市按国家最低缴费标准对每人征缴250元。在集中缴费期内未缴费的参保人员，可在2020年1月1日至12月31日继续缴纳当年的城乡居民医保费。其中：1月1日至6月30日，补缴人员仍按个人缴费标准（250元/人）缴费。7月1日起，补缴人员（新生儿、职工医保转城乡居民医保除外）按个人缴费金额和财政补助金额之和缴费。

此外，2020年城乡居民基本医保参保范围新增已在泉州参加基本医保的流动人口子女，方便“新泉州人”子女在泉州参保，扩大基本医保覆盖面。同时，取消在泉州居住的非从业港澳台人员需居住1年以上的规定，凡在泉州居住的非从业港澳台人员均可凭居住证参加泉州市2020年城乡居民基本医保。具体参保范围如下：除参加城镇职工基本医保以外的泉州市户籍城乡居民；泉州市行政区域内就读的大中专、技校学生，包括侨、港、澳、台学生；驻县（市、区）武警中队、武警森林支队官兵；持有泉州市居住证（有效期内）且未参加其他医疗保险的居民；在泉州居住的非从业港澳台人员；已在泉州参加基本医保的流动人口子女。

9月1日

农历己亥年八月初三
星期日
温度：26℃—34℃
小雨转阴

●康涛到市信访局接访群众。

●1—2日，龙岩市党政代表团到泉州考察，并与泉州市党政领导座谈交流，共同贯彻落实省委、省政府战略部署，融入闽西南协同发展区建设，增进两地交流合作。

●泉州市2020年城乡居民医保参保缴费工作启动，参保范围新增已在泉州参加基本医保的流动人口子女，方便“新泉州人”子女在泉州参保，扩大基本医保覆盖面。

●泉州考区2019年国家统一法律职业资格考试的客观题考试开考，近1600人参加。

●泉州市2018年度部分军转干部进高校专项培训开学典礼在泉州师范学院举行。

9月2日

农历己亥年八月初四
星期一
温度：26℃—34℃
阴

● 市人大常委会党组理论中心组学习会召开，传达学习省委书记于伟国到泉州调研精神，以及市委有关精神等。

● 市资源规划局印发《泉州市村庄分类指引（试行）》，将全市村庄划分为集聚提升中心类、转型融合城郊类、保护开发特色类、搬迁撤并衰退类和待定类（看不准的村庄）五大类型，并对每一类型的村庄提出相应的发展指引。

● 市纪检监察系统举行“永远跟党走”合唱比赛。

●8月31日至9月2日，晋江市组织到香港、澳门开展晋江（海外）文化旅游推介会、晋江（澳门）文化旅游暨招商推介会。

市人大常委会党组理论中心组学习会召开

市人大常委会党组理论中心组学习会召开，传达学习省委书记于伟国到泉州调研精神，以及市委有关精神；传达学习贯彻省委全面依法治省委员会第二次会议精神和中办国办《法治政府建设与责任落实督察工作规定》，省委新时代新担当新作为工作领导小组第三次会议精神，以及市委有关精神。会议指出，要联系人大工作实际，紧盯薄弱环节精准发力，为营造有利于创新创业创造的良好环境发挥作用。要密切跟踪《关于全面推动地方性法规进入执法融入司法列入普法工作的决定》贯彻执行情况，督促问题整改，推动地方性法规落地生根见效，提高依法治市水平。要在开展主题教育中，抓好不担当不作为问题专项整治工作，为完成常委会全年工作任务营造工作氛围。

全市村庄发展分五类推进

为加快推进乡村振兴分类施策，统筹谋划村庄发展，市资源规划局印发《泉州市村庄分类指引（试行）》，将全市村庄划分为集聚提升中心类、转型融合城郊类、保护开发特色类、搬迁撤并衰退类和待定类（看不准的村庄）五大类型，并对每一类型的村庄提出相应的发展指引。

集聚提升中心类：科学确定村庄发展方向，在原有基础上有序推进人口与产业集聚提升；激活产业、优化环境、增添活力，保护乡村风貌，改善提升村庄基础设施和公共环境，建设宜居宜业美丽村庄。转型融合城郊类：纳入城镇建设统筹安排，对村庄产业发展及人居环境进行改造提升；加快承接城镇人口疏解和功能外溢，加快推动与城镇水、电、路、信息等基础设施互联互通，促进村庄与城镇资金、技术、人才、管理等要素双向流动。保护开发特色类：坚持保护优先，统筹保护、利用与发展的关系，把改善农民的生产生活条件与保护自然人文特色资源统一起来；保护村庄的传统选址、格局、风貌以及自然和田园景观等整体空间形态与环境，保护文物古迹、历史建筑、传统民居等传统建筑；尊重原住居民生活形态和传统习惯，加快改善村庄基础设施和公共环境，合理利用村庄特色资源，发展乡村旅游和特色产业。搬迁撤并衰退类、待定类：严格限制新建、扩建活动，可通过易地扶贫搬迁、生态移民搬迁、异地集聚安置搬迁等方式，实施村庄搬迁撤并，统筹解决村民生计、生态保护等问题。

永春县一都镇仙阳村挖掘古街文化，建设酒香古街（图/姚德纯）

晋江市在港澳举行旅游推介会

8月31日至9月2日，晋江市组织到香港、澳门开展晋江（海外）文化旅游推介会、晋江（澳门）文化旅游暨招商推介会。晋江（海外）文化旅游推介会在香港会议展览中心举行，15个国家（地区）和国内16个城市的晋江异地商会嘉宾与乡亲参加活动，现场集中展示晋江的城市风采和文旅特色，包括晋江文化旅游宣传片展播、“说咱闽南话”APP推介、“‘侨’见晋江，礼赞祖国”庆祝新中国成立70周年摄影巡回展、晋江特色伴手礼展示品鉴等。晋江（澳门）文化旅游暨招商推介会对晋江投资环境、文化旅游进行推介，鼓励海外乡亲发挥人脉、资本、信息等资源优势，在外多宣传晋江、推介晋江，把更多优质项目、优秀人才、先进技术带回家乡，为家乡发展出谋划策，注入更多“活水”。此次活动得到旅澳乡亲的支持和响应，诠释了乡亲们恋土爱乡的根脉意识和“祖厝”情怀。

八闽好家庭好家风巡讲走进泉州暨“最美家庭”揭晓活动举行

由省妇联主办，市妇联、人民网福建频道承办的“激荡家国情，奋进新时代”八闽好家庭好家风巡讲走进泉州暨“最美家庭”揭晓活动在惠安文化馆举行。巡讲活动中，谷文昌的儿子、第一届全国文明家庭成员谷豫东讲述全家如何坚守传承父亲踏实做人、干净做事，不追逐名利，不享受特权的“红色好家风”；敬业警嫂、晋江市税务局干部、全国最美家庭成员毛娟文讲述“他无暇顾家，她敬业守家”；中国青年报福建记者站高级记者，第一届全国文明家庭潘明继、施增英的女婿，2018年度全国最美家庭成员陈强分享潘家两代人的仁心仁术好家风；永泰县赤锡乡赤玉学堂创办人、2019年度全国最美家庭成员杨璞和丈夫辞去在北京的工作，回到永泰赤锡乡，创办公益国学课堂，传承家风，共扬书香；平潭台商协会监事长、第十一届全国五好家庭成员台胞薛清德，宣传大陆惠台政策，热衷公益事业，用实际行动讲述两岸家园情。通过视频展播、家风宣讲、家庭访谈等形式，嘉宾分享各自的好家风好家训故事。此外，活动揭晓2019年度福建省、泉州市最美家庭名单，并为泉州市23户福建省最美家庭的代表和50户泉州市最美家庭的代表颁发证书。

泉州市庆祝新中国成立70周年摄影展举行

3—10日，由市委宣传部、中国闽台缘博物馆、市文联主办的泉州市庆祝新中国成立70周年摄影展在中国闽台缘博物馆举行。展览以“古城展风采，盛世铸辉煌”为主题，展出摄影作品150幅。图为摄影展开幕式。

（图/吴寿民）

纪念中国人民解放军长江支队入泉70周年仪式举行

由泉州市中国人民解放军长江支队历史研究会与泉州市公园管理中心主办的纪念中国人民解放军长江支队入泉70周年暨纪念园“泉州市爱国主义教育基地”授牌仪式举行。上百名长江支队、南下服务团老队员及其后代共同见证授牌。中国人民解放军长江支队泉州纪念园位于市区桃花山下，占地4000余平方米，于2018年9月3日落成。纪念园记录着长江支队进入泉州的战斗历程和卓越功绩。

纪念长江支队入泉70周年活动现场（图/宣教科）

国内最大3D打印桥在泉州完成吊装

全国体量最大、全省首座3D打印桥在泉州台商投资区百崎湖生态连绵带完成吊装。该3D打印桥桥身乳白色，全长17.5米、宽3.2米、高3.2米，桥体净重12吨。它通过先进的“3D打印技术”，经过连续5周的时间打印完成，比起传统混凝土灌浆制造法缩短将近一半的时间，成型后由厂家直接打包发货送上门。泉州台商区百崎湖生态连绵带沿途设置“一廊”“四区”“九园”。“一廊”为百崎湖生态廊道；“四区”为山水田塘展示区、海绵城市展示区、田园风光展示区、果林荷塘展示区；“九园”为九个特色景观节点。3D打印桥坐落在山水田塘展示区，故设计主题为云与水，追求山峦起伏、行云流水的视觉效果，后期将结合雾森效果，打造一座时尚梦幻的山水桥。

9月3日

农历己亥年八月初五
星期二
温度：26℃—33℃
阴转多云

●王永礼到丰泽区实验幼儿园潘山分园、南安市玉田小学、南安市特教学校调研慰问，了解教学情况。

●由省妇联主办，市妇联、人民网福建频道承办的“激荡家国情，奋进新时代”八闽好家庭好家风巡讲走进泉州暨“最美家庭”揭晓活动在惠安文化馆举行。

●3—10日，由市委宣传部、中国闽台缘博物馆、市文联主办的泉州市庆祝新中国成立70周年摄影展在中国闽台缘博物馆举行。

●由泉州市中国人民解放军长江支队历史研究会与泉州市公园管理中心主办的纪念中国人民解放军长江支队入泉70周年暨纪念园“泉州市爱国主义教育基地”授牌仪式举行。

●全国体量最大、全省首座3D打印桥在泉州台商投资区百崎湖生态连绵带完成吊装。

9月4日

农历己亥年八月初六
星期三
温度：25℃—31℃
小雨

●市政府党组（扩大）会议召开，传达学习全国市县巡察工作推进会和全省巡视巡察工作会议、市委常委会会议精神，研究下一步巡视整改工作等。

●市政府党组理论学习中心组学习会召开，集中学习研讨习近平在中央和国家机关党的建设工作会议上的讲话精神以及省委常委会、省委机关党的建设工作会议、市委常委会会议精神。

●市政府、市政协联合开展重点提案《关于完善泉州晋江流域入城交通系统的建议》《关于进一步优化泉州火车站综合交通枢纽功能和周边环境的建议》《关于推进大泉州城乡公交一体化助推乡村振兴战略实施的建议》《关于提升公交行业发展的建议》督办活动。

●中央网信办网络新闻信息传播局组织人民网、中国经济网、光明网、中国日报网、中国网等多家重点新闻网站编辑记者和专家学者，到泉州开展“新时代民营经济和高质量发展”网络主题宣传活动。

●全市自然资源统一确权登记（不动产登记）培训班举办。

●泉州市迎接世界中学生运动会城市环境品质提升工作动员部署会召开。

●4—6日，由省总工会、省市场监督管理局主办，市总工会、市市场监督管理局、市人社局等承办的闽东北、闽西南机器人焊接技能大赛，在福建省特种设备检验研究院泉州分院举行。

●以“礼赞70年，铸牢中华民族共同体意识”为主题的泉州市第十二个民族团结进步宣传月启动仪式，在泉州台商投资区百崎乡举行。

●由市文旅局与市教育局主办，泉州文旅集团、泉州市云旅旅游开发有限公司承办的2019年在泉州高校新生免费游泉州活动启动。

市政府党组（扩大）会议召开

市政府党组（扩大）会议召开，传达学习全国市县巡察工作推进会和全省巡视巡察工作会议、市委常委会会议精神，研究下一步巡视整改工作；传达学习习近平给下党乡乡亲的回信和省委常委会会议、市委常委会会议精神，研究市政府贯彻意见。会议强调，市政府党组、政府各部门党组（党委）要提高政治站位，认识开展巡视巡察对纵深推进政机关全面从严治党的重要意义，在行动上支持配合巡视巡察工作，自觉接受“政治体检”，真正实现“祛病强身”。要克服“过关”思想，针对巡视巡察反馈涉及本单位本部门的问题，要按照既定整改措施、整改时限一项一项推进，一件一件落实，确保高质量完成整改任务；针对巡视巡察反馈涉及其他单位和部门的问题，要加强警示，举一反三，健全机制，完善制度，防患于未然。习近平的回信，体现始终心系群众的为民情怀和强烈的使命担当。市政府党组、政府各部门党组（党委）要带着情感、带着责任，深入学习、深刻领会、贯彻落实回信精神，将其转化为干事创业的强大动力。要久久为功、滴水穿石，打赢脱贫攻坚战，探索具有泉州特色的乡村振兴之路。要不忘初心、牢记使命，为民服务解难题，提升人民群众的幸福感、获得感。

中央网络媒体采访团到泉州开展主题宣传活动

中央网信办网络新闻信息传播局组织人民网、中国经济网、光明网、中国日报网、中国网等多家重点新闻网站编辑记者和专家学者，到泉州开展“新时代民营经济和高质量发展”网络主题宣传活动。采访团媒体参加在晋江市举行的福建民营经济座谈会，了解福建、泉州构建“亲”“清”政商关系，紧盯企业痛点、堵点、敏感点，量身定制系列政策措施，造好一流营商环境，护航民营经济高质量发展等情况；到安踏集团、恒安集团采访调研，探寻民营企业家主动持续创新，从农民企业到乡镇企业再到现代企业高质量发展的脉络轨迹。

全市自然资源统一确权登记培训班举办

全市自然资源统一确权登记（不动产登记）培训班举办，市、县两级自然资源规划部门及不动产登记部门约40名业务骨干参加培训。培训班邀请中国自然资源（不动产）登记协同研究创新中心秘书长、北京城市学院众城智库（自然资源产权制度研究中心）院长吴春岐，讲解自然资源资产产权改革和确权登记理论、立法、实践；邀请省自然资源厅自然资源确权登记处（不动产登记局）副处（局）长石晨谊，讲解不动产登记常见问题及焦点问题。

2019年在泉州高校新生免费游泉州活动启动

由市文旅局与市教育局主办，泉州文旅集团、泉州市云旅旅游开发有限公司承办的2019年在泉州高校新生免费游泉州活动启动。即日起至10月31日（个别景区时间略有调整），新生仅需凭相应凭证即可免费畅游泉州48家景区。2019年活动有三大突破：一是参与的景区更多，在2018年8家景区基础上，泉州全域所有A级景区均可免费畅游，门票价值近千元；二是惠及的人数更多，2019年惠及人数突破4万人；三是陪同亲属也可享受5折优惠。新生仅需通过微信小程序“泉州市智慧旅游云平台”完成新生资格认证，即可凭平台串码及录取通知书（原件/复印件/照片）在景区票房兑换免费门票。为让新生更便捷、智能地畅玩泉州，市文旅局还向新生发放海丝泉州旅游导览图，同时，新生还可在“泉州市智慧旅游云平台”上查询泉州的景区旅游攻略等信息。

福建省庆祝新中国成立70周年泉州专场新闻发布会举行

以“弘扬‘晋江经验’ 心无旁骛做实业 实现高质量发展”为主题的福建省庆祝新中国成立70周年泉州专场新闻发布会在省政府新闻发布厅举行。市委书记康涛作新闻发布，市委副书记、市长王永礼，市委常委、常务副市长洪自强出席新闻发布会。

在新闻发布会上，康涛表示，海丝城市、“晋江经验”和爱拼敢赢是人们提起泉州时经常讲到的3个关键词。新中国成立70年来，特别是改革开放以来，泉州在中央、省委的领导下，艰苦奋斗，砥砺前行，从一方水土难养一方人到小康富裕，从工业基础一穷二白到制造业大市，从“乡镇企业一枝花”到县域经济竞相发展，从“南北一条街”到环湾城市格局，实现历史性的进步和变化。回顾新中国成立70年来的奋斗历程，特别让泉州干部群众记忆犹新、振奋鼓舞的是，习近平亲自总结的“晋江经验”，成为指导泉州不断跨越、经济社会全面发展的思想武器。中共十八大以来，泉州坚持以习近平新时代中国特色社会主义思想为指导，全面贯彻新发展理念，传承弘扬“晋江经验”，坚持实体经济当家，加快推进新旧动能转换，总体实现稳中有进、稳中蓄力。一抓产业链，致力制造业高质量发展，注重高新建链、传统强链、重化补链；二抓创新驱动，引进建设14家大院大所和44家新型研发机构，助推生产、产品、平台“三个赋能”；三抓政企互动，把握实业导向造环境、踩准节拍促转型、既亲又清优服务“三个关键”，把实体经济作为泉州的根基引导好、发展好。2013—2018年，泉州GDP年均增长9.3%，工业产值年均增长10.1%，制造业占GDP比重稳定在50%左右。泉州将贯彻习近平新时代中国特色社会主义思想，常学常新、常讲常新“晋江经验”，落实好中央、省委关于高质量发展的要求，建设“创新、智造、海丝、美丽、幸福”的现代化泉州。

随后，媒体记者围绕服务引导民营企业转型升级、推动数字经济与实体经济深度融合、探索创新生态文明建设、活态化保护历史文化遗产、营造优良营商环境、招才引智、泉台融合发展、建设海丝重要战略支点城市等方面提问。康涛、王永礼、洪自强用具体事例和翔实数据，逐一回答记者提问。

福建省庆祝新中国成立70周年泉州专场新闻发布会现场（图/陈英杰）

“我的家乡我的舰”主题宣传活动在泉州举行

为展示新中国成立特别是中共十八大以来，地方发展和新时代海军建设取得的成就，由海军政治工作部和省委宣传部主办的“我的家乡我的舰”主题宣传活动在泉州举行，海军部分官兵及中央、省、市各级新闻媒体的近40名记者到石狮、晋江、南安等地，感受军民鱼水情的新时代风采。“我的家乡我的舰”主题事迹报告会在闽南理工学院举行，海军泉州舰舰长沈闽锋做主题报告。沈闽锋讲述“海上猛虎艇”泉州舰的光荣事迹与精神传承。“我的家乡我的舰”主题宣传活动从9月开始举行，泉州作为首批站点，除“我的家乡我的舰”主题事迹报告会，活动还举行“壮丽70年海军建设成就”图片展，到“国际军事比赛—2018海上登陆赛”赛址、拥军大妈荣誉室、晋江市展馆、中国闽台缘博物馆、军民共建社会主义精神文明示范点南安市梅山镇蓉中村等地参观交流。主办方还组织观看泉州舰部署操演，参观军史长廊和泉州舰，并邀请泉州青年代表与泉州舰官兵代表举行“舷边共话新时代”座谈交流。

9月5日

农历己亥年八月初七
星期四
温度：25℃—31℃
中雨转晴

●福建省庆祝中华人民共和国成立70周年系列主题新闻发布会泉州专场在省政府新闻发布厅举行。康涛作新闻发布，王永礼、洪自强出席新闻发布会。

●市人大常委会召开《泉州市人大常委会关于依法推动打好防范化解重大风险、精准脱贫、污染防治三大攻坚战的决定》执行情况调研汇报座谈会。

●市政协党组理论学习中心组（扩大）学习会议召开，传达学习省委书记于伟国到泉州调研精神，省委全面依法治省委员会第二次会议、中办国办《法治政府建设与责任落实督察工作规定》精神，省委新时代新担当新作为工作领导小组第三次会议精神等。

●由海军政治工作部和省委宣传部主办的“我的家乡我的舰”主题宣传活动在泉州举行，海军部分官兵及中央、省、市各级新闻媒体的近40名记者到石狮、晋江、南安等地，感受军民鱼水情的新时代风采。

●第四个“中华慈善日”，市慈善总会、丰泽区慈善总会、区司法局在市区福新花园城广场举行“慈善法进社区”活动。

9月6日

农历己亥年八月初八
星期五
温度：26℃—33℃
多云

●市委常委会召开会议，听取泉州市学习贯彻习近平在参加十三届全国人大二次会议福建代表团审议时讲话精神的工作推进情况汇报等。

●市委全面深化改革委员会第五次会议召开，传达学习中央全面深化改革委员会第九次会议和省委全面深化改革委员会第七次会议精神等。

●晋江市“手拉手”产能对接暨党政与企业家恳谈会召开。康涛参加会议，并与纺织鞋服、建陶、食品等行业的晋江企业家代表交流。

●在收听收看全国全省秋冬季森林防灭火工作视频会议后，泉州市随即召开全市秋冬季森林防火工作视频会议。

●6—11日，第二届福建省手工艺现场创作技能竞赛在惠安举行。

●市区首个“体医融合”实践基地在丰泽区华大街道社区卫生服务中心揭牌。

●泉州中心城区4539名环卫工人获赠意外伤害保险。

市委全面深化改革委员会第五次会议召开

市委全面深化改革委员会第五次会议召开，传达学习中央全面深化改革委员会第九次会议和省委全面深化改革委员会第七次会议精神；传达学习中共中央政治局委员、国务院副总理孙春兰在全国医改推进现场会的讲话及省委常委会会议精神，听取泉州市深化医药卫生体制改革工作情况汇报；听取泉州市科技特派员制度落实推进情况汇报；书面审议2019年以来改革工作有关情况。会议指出，要查摆改革推进中的薄弱环节，发力解决一批基层亟须、社会期待、群众期盼的痛点堵点。要突出实绩实效，加快改革攻坚和成果复制推广，对账梳理本年度重点突破改革事项落实情况。要聚焦重点攻坚，科学研判、完善深化医改措施，完善分级诊疗体系，加快医联体建设，抓好医保制度改革和薪酬制度改革。

晋江市“手拉手”产能对接暨党政与企业家恳谈会召开

晋江市“手拉手”产能对接暨党政与企业家恳谈会召开。泉州市委书记康涛参加会议，并与纺织鞋服、建陶、食品等行业的晋江企业家代表交流。泉州市委常委、晋江市委书记刘文儒参加会议。与会企业家结合企业实际和行业需求，围绕“强内功、铸链条、树信心、拓市场、提品质”依次发言，从抱团“走出去”拓展市场、实施智能制造提升产品品质、加快跨界融合创新、互联网时代品牌推广、产业转型品牌代工经验、产能对接等方面提出建议、交流心得。部分企业代表介绍ODM代工供应商筛选要求。

康涛表示，企业家和干部是泉州敢担当、能扛事的两支队伍，政企互动是泉州的优良传统。面对当前经济形势，企业家要辨大势、看长远，树立信心，加快转型练好内功，实现全方位提升；各级党委、政府要践行亲清政商关系，主动走访调研，了解企业诉求，加强服务引导。要提升龙头企业与中小企业协作水平，合力打造协同发展产业生态圈。龙头企业、品牌企业要有格局、有情怀，通过供应链，将质量体系、技术标准、管理模式输出给本地企业，帮助共同提升。代工企业、原辅材料企业要专心专注专业，进行设备、工艺、管理升级，加快打造“专精特新”。行业协会要搭好平台，通过资源整合固化优势。会上还举行品牌企业与代工企业产能对接签约、品牌企业与上游原辅材料供应商产能对接签约、银行金融机构与拟为品牌企业代工的企业（意向）授信签约。

第二届福建省手工艺现场创作技能竞赛在惠安举行

6—11日，第二届福建省手工艺现场创作技能竞赛在惠安举行，全省6个地市的近百名手工艺技能人才参赛。竞赛包括玉石雕刻、木竹根雕、藤铁工艺、陶瓷工艺4个项目，采取现场操作、现场评分的办法进行评审，主要考察参赛选手的完成程度、题材特色、工艺技巧、创意美感等。竞赛旨在推进传统手工艺行业高技能人才培养选拔，引导和激励惠安本土手工艺人才提高技能，发展壮大惠安手工艺人才队伍，扩大惠安手工艺产业的知名度和美誉度。

市区首个“体医融合”实践基地揭牌

市区首个“体医融合”实践基地在丰泽区华大街道社区卫生服务中心揭牌。此系“体医融合”健康促进行动在泉州市的先试先行。揭牌式上，华侨大学体育学院、体育与健康科学研究中心与华大街道社区卫生服务中心签订运动健康促进联合行动协议书，双方在整合社区医疗和高校资源的基础上，形成体医结合疾病管理和健康的社区服务模式，助力推动丰泽区国家慢性病综合防控示范区建设内涵的提升。根据协议，华侨大学体育学院相关领域专家和华大街道社区卫生服务中心的医生共同组建社区健康促进工作组，推进社区健康促进工作。

泉州市2019年尊师重教座谈会召开

泉州市2019年尊师重教座谈会在市区府文庙明伦堂召开。市领导康涛、王永礼、张永宁、张建生、周真平、骆沙鸣等，与全国教育系统先进个人，省、市优秀教师、“桐江学者”、“泉州市教育世家”、离退休教师、学生等共商教育事业发展。座谈会上，教师、学生代表围绕“庆祝新中国七十华诞，弘扬新时代尊师风尚”的主题，结合自身实际，抒发对教育的热爱、对尊师重教的传承，为教育事业建言献策。

市委书记康涛指出，习近平在全国教育大会和学校思想政治理论课教师座谈会上发表讲话，阐述“培养什么人、怎样培养人、为谁培养人”的根本问题。全市各级各部门和教师、教育工作者要学习贯彻习近平关于教育的论述，共同担负起培养社会主义建设者和接班人的光荣使命。作为好老师要把牢立德树人的根本任务，做到心中始终有国家、有民族、有大义，有热爱教育的定力、淡泊名利的坚守，执着于教书育人；要始终处于学习状态，做到“给学生一碗水，自己先有一潭水”，以广博学识和宽广胸怀培养学生；要用真心拉近同学生的距离，用爱培育爱、激发爱、传播爱，让每一位学生全面发展、享有人生出彩机会。教育工作是全党全社会的工作，要坚持教育优先发展，办好人民满意的教育。各级党委、政府要结合“不忘初心、牢记使命”主题教育，找差距、补短板，统筹抓好教育领域思想政治、体制改革、硬件建设、人员编制、资金投入、人才队伍等工作。各级人大、政协和群团组织要发挥联系广泛优势，积极建言献策、民主监督、参政议政，确保各项尊师重教政策有效落实。各地要为社会力量参与教育事业搭建更多平台，在提升校园软硬件、多元合作办学等方面，形成共建共享、共治共管的局面。

“我和我的祖国”音乐快闪活动举行

由市委统战部、市海外联谊会主办的全市统一战线庆祝新中国成立70周年“我和我的祖国”音乐快闪活动在市区西街和开元寺举行。图为开元寺活动现场。（图/王树帆 丁子翔）

省级暖心服务推进经验交流会在晋江举行

为贯彻落实国家“进一步改善医疗服务行动计划”及泉州市暖心服务三年行动工作要求，通过汇聚传播改善医疗服务的先进方法和优秀成果，促进各医疗机构共同纵深推进改善医疗服务行动，省级暖心服务推进经验交流会在晋江举行。会议的主题为“传递关怀力量，践行医者仁心”，省内外优秀医院管理专家和医务工作者300余人与会，为推进医院优质服务交流经验、共享智慧。此次交流会专家阵容强大，省内外众多优秀医院管理专家轮番登台授课，内容实用、针对性强，涉及医务社工、医患沟通技巧、医疗服务礼仪、现代医院管理与人文精神、志愿者的发展和管理经验等。

关爱保护农村留守儿童志愿者宣讲进工地活动在泉州举行

中国建筑关爱保护农村留守儿童志愿者宣讲进工地活动（福建分场）在泉州台商投资区举行。志愿者为务工人员及留守儿童代表作志愿宣讲，通过数据分析、解说真实案例、现场互动等方式，指导家长改进沟通方式，让孩子学会自我保护。

9月7日

农历己亥年八月初九
星期六
温度：25℃—33℃
多云转小雨

●泉州市2019年尊师重教座谈会在市区府文庙明伦堂召开。

●由市委统战部、市海外联谊会主办的全市统一战线庆祝新中国成立70周年“我和我的祖国”音乐快闪活动在市区西街和开元寺举行。

●省级暖心服务推进经验交流会在晋江举行。

●中国建筑关爱保护农村留守儿童志愿者宣讲进工地活动（福建分场）在泉州台商投资区举行。

9月10日

农历己亥年八月十二
星期二
温度：26℃—33℃
多云

●泉州市部分学校和教师获全国表彰。

●市政府公布2019年度“泉州市教育世家”名单，31户从教三代以上、累计从教100年及以上的教育世家上榜。

●市委党校（泉州行政学院）2019年秋季学期开学典礼举行。

●10—12日，由市商务局、惠安县工业信息化和商务局主办的2019年泉州市农村电子商务培训班在惠安举办。

●由安溪县文体旅局、离退休干部活动中心、南音研究会主办的“清溪扬雅韵 弦管庆中秋”南音大会唱在安溪举行。

●由永春县教育局、永春一中、县文化馆、县作家协会创作编排、以林俊德将军为原型的音诗画《将军的敬礼》，在省委教育工委、省教育厅主办的“我和我的祖国”福建省教育系统庆祝新中国成立70周年暨2019年教师节文艺演出上献演。

泉州市部分学校和教师获全国表彰

第35个教师节，泉州市部分学校和教师获全国表彰。在获表彰的学校和教师名单中，泉州市实验小学、南安职业中专学校、泉港区三川中学上榜“全国教育系统先进集体”名单；泉州七中杨利、南安一中蒋新征老师获“全国模范教师”称号；永春县桃城镇中心小学邹慧明、泉港区惠华中学陈福水、安溪县剑斗中心学校林秀轧、洛江区罗溪中心小学黄天生、晋江市首峰中学曾喜玲、泉州第九中学戴鸿程老师获“全国优秀教师”称号。为弘扬尊师重教的社会风尚，吸引更多优秀人才投身教育事业，人力资源社会保障部、教育部决定授予597个单位“全国教育系统先进集体”称号，福建省20所学校入选，其中泉州市3所；授予718人“全国模范教师”称号，福建省20位教师入选，其中泉州市2位；授予79人“全国教育系统先进工作者”称号，福建省2人入选。被授予“全国模范教师”和“全国教育系统先进工作者”称号的人员，享受省部级表彰奖励获得者待遇。此外，教育部还授予1432人“全国优秀教师”称号，福建省41名教师入选，其中泉州市6名。

2019年度“泉州市教育世家”名单公布

为展现泉州市教师爱国奋斗、立德树人的精神风貌，市政府公布2019年度“泉州市教育世家”名单，31户从教三代以上、累计从教100年及以上的教育世家上榜。2019年度“泉州市教育世家”名单（按区域及从教年限排序）如下：柯国种（泉州师范学院）、黄振平（泉州师范学院）、赖佳作（洛江区罗溪中心小学）、陈秉相（泉港区职业中专学校）、肖枫生（泉港区老年大学）、王宗顺（泉港区沙格小学）、庄进来（泉港区山腰盐场美发中学）、邱婉清（石狮市锦尚镇琼山中心小学）、杨舒芃（石狮市银江华侨学校）、柯妮娜（石狮市凤里街道五星小学）、王美宣（石狮市鸿山镇鸿山小学）、傅水波（石狮市蚶江镇洪窟小学）、张德伦（晋江市养正中学）、陈道生（晋江市紫帽镇中心小学）、李志勇（晋江市英林中学）、杨雅清（晋江市第一中学）、潘老菊（南安市乐峰中心小学）、黄良盒（南安市美林中心小学）、谢绵湘（南安国光中学）、黄淑华（南安市溪美中心小学）、刘乙凡（惠安县东岭中心小学）、赵振新（惠安县黄塘中心小学）、董双兴（福建省安溪俊民中学）、陈福彩（安溪县金谷中心学校）、杨永辉（安溪县逸夫实验小学）、刘秋陵（安溪县蓬莱中心学校）、林奕玲（安溪县第十小学）、林文欣（福建省安溪龙门中学）、谢大节（永春县坑仔口中心小学）、姚启瑞（永春县达埔中心小学）、陈月莹（永春县五里街中心小学）。

2019年泉州市农村电子商务培训班在惠安举办

10—12日，由市商务局、惠安县工业信息化和商务局主办的2019年泉州市农村电子商务培训班在惠安举办。洛江、泉港、惠安、台商投资区的100多名学员参加集中培训。培训对象主要为各县（区）驻村书记、大学生村官，基层政府、涉农企业、农民专业合作社工作人员，农民、农村电商创业青年，以及部分有电商经验的从业人员。培训内容既有关于泉州市电子商务政策的解读，也有关于农村电商的基础课程、新媒体营销、大数据培训，课堂学习结束后，还组织学员参观优秀电商企业。市商务局相关负责人表示，农村电子商务培训是泉州市落实电子商务助力乡村战略、将农村电子商务做大做强的重要举措，也是提高农民创业激情，提高创业能力，促进农民增收创收的有效手段。通过实施“电商育才”，强化人才支撑，能够帮助泉州市农村青年提升电子商务应用技能和水平，助力乡村振兴。

相关链接：泉州农村电子商务蓬勃发展，近年来取得不少成绩。2019年，泉州淘宝村、淘宝镇数量分别达到205个、54个，占全省64.5%、50.9%，淘宝镇数量位居全国第一，淘宝村数量位居全国第五，泉州农村电商网络零售额占全省近7成。

市委常委会传达学习省委常委会会议精神

市委常委会召开会议，传达学习省委常委会会议和全省学习贯彻习近平论述加强新时代文化和自然遗产保护利用工作会议精神；传达学习省委常委会会议精神，研究做好泉州市社会稳定和安全生产工作。会议强调，要自觉对标对表，提升政治站位，深学细悟、细照笃行，把文化和自然遗产保护的责任担起来、落下去，精心守护、永续传承。要边研究边推进边落实，深化一批重点专项研究，抓紧制定泉州市相关文件和工作方案，节点推进安全技术保障、资源普查建档、保护法规机制等20多项马上行动任务。要绷紧安全这根弦，扛起政治责任，做好防风险、保安全、护稳定各项工作。要结合实施“强基促稳”行动，开展安全隐患排查整治，突出抓早抓小，及时回应解决群众合理诉求，把矛盾纠纷化解在基层、把隐患消除在萌芽状态。要抓牢抓实校园安全工作，盯紧各个环节细化管理，加强校园周边治安综合治理。要落实安全生产责任制，统筹抓好渔业船舶、危险化学品、建筑施工、消防安全、道路交通、人员密集场所等安全监管。

市政府第六十八次常务会议召开

市政府第六十八次常务会议召开，传达学习全国、全省民政会议精神，研究市政府贯彻落实意见；研究并通过《关于鼓励招工引才十条工作措施》等。会议指出，要提高政治站位，结合“不忘初心、牢记使命”主题教育，做好基本民生保障、基层社会治理、基本社会服务等民政工作。要兜住民生保障底线，健全老弱病残孤等困难群体帮扶机制，做好城乡低保救助工作。要聚焦解决群众难题，发展居家社区养老服务，强化殡葬领域治理，创新基层治理工作，化解“养老难”“治丧难”“治理难”等公共服务难题。要夯实基层基础，强化基层队伍和设施建设，提升矛盾纠纷化解能力。要从“招得来”“用得好”“留得住”出发，用足用好用活省市专项资金，落实好企业稳岗政策。要结合泉州发展大局，针对产业转型升级需求精准引才招工，为泉州提供新动能。要做好政策衔接，梳理现有优惠政策，创新服务机制，形成多重合力，营造有利于创新创业创造的良好环境。

2019厦洽会泉州市签约外资项目58个

2019厦门国际投资贸易洽谈会暨丝路投资大会（以下简称“厦洽会”）闭幕。泉州市签约外资项目58个，投资总额267亿元，拟利用外资162.2亿元，同比增长1.1%。其中，合同项目43个、意向项目15个。会前预定的参会目标顺利实现。该届厦洽会唱响“丝路”主旋律，从展览展示、论坛研讨，到对接交流、活动策划，均积极融入国家“一带一路”倡议，聚焦丝路投资贸易合作。大会吸引40多个国家和地区超1500家境内外企业参展，120个国家和地区的10万余名客商与会。2019年全省采用“三合一”（即福建省团与厦门市团联合馆、开发区馆、平潭综合试验区馆）连片布展，增强福建品牌形象宣传效果。泉州虽没有单独设立展区，但泉州企业热情不减，积极投身闽台经贸合作对接会、中国（福建）—印尼双向投资合作推介会、中德经济合作对接会、福建—长崎经贸对接会、福建—柔佛州经贸对接活动等40多场投资促进活动中。

泉州市2019年秋季入伍新兵欢送会举行

泉州市2019年秋季入伍新兵欢送会在泉州火车站举行。在欢送现场，新兵胸戴绶带、大红花，精神高昂，整队上车。新兵纷纷表示，到部队后要遵规守纪、听从指挥、勤奋学习、刻苦训练，争做优秀军人，以展示泉州青年的良好形象，为实现中国梦、强军梦做出应有贡献。

9月11日

农历己亥年八月十三
星期三
温度：26℃—33℃
多云

●市委常委会会议暨“不忘初心、牢记使命”主题教育领导小组第一次会议召开，传达学习贯彻中央、全省“不忘初心、牢记使命”主题教育第一批总结暨第二批部署会议精神，研究部署泉州市主题教育相关工作。

●市委常委会召开会议，传达学习省委常委会会议和全省学习贯彻习近平论述加强新时代文化和自然遗产保护利用工作会议精神；传达学习省委常委会会议精神，研究做好泉州市社会稳定和安全生产工作。

●市委机关党的建设工作会议召开，学习贯彻习近平在中央和国家机关党的建设工作会议上的讲话精神，贯彻落实中央和省委机关党的建设会议部署要求，研究泉州市机关党的建设工作。

●市政府第六十八次常务会议召开，传达学习全国、全省民政会议精神，研究市政府贯彻落实意见；研究并通过《关于鼓励招工引才十条工作措施》等。

●2019厦门国际投资贸易洽谈会暨丝路投资大会闭幕。泉州市签约外资项目58个，投资总额267亿元，拟利用外资162.2亿元，同比增长1.1%。

●泉州市2019年秋季入伍新兵欢送会在泉州火车站举行。

●中国社会科学院社会研究所“晋江经验”调研基地揭牌。

9月12日

农历己亥年八月十四
星期四
温度：26℃—34℃
多云

●全市“不忘初心、牢记使命”主题教育部署会议召开，贯彻习近平关于“不忘初心、牢记使命”主题教育的讲话和指示批示精神，落实中央、省委会议部署要求，对全市主题教育进行动员部署。

●市委“不忘初心、牢记使命”主题教育工作培训会召开。

●市十六届人大常委会第四十二次主任会议召开，讨论关于市十六届人大四次会议代表建议办理工作的视察方案，听取市人大常委会调研组关于泉州市养老服务体系建设调研情况的报告等。

●市政府党组（扩大）会议暨“不忘初心、牢记使命”主题教育领导小组第一次会议召开，传达贯彻中央、全省“不忘初心、牢记使命”主题教育第一批总结暨第二批部署会议，以及全市主题教育工作会议和市委常委会会议精神等。

●市政协组织开展“实施乡村振兴战略”重点提案督办活动。

●由省委文明办主办的2019年“我们的节日·中秋”主题系列活动启动仪式在惠安县聚龙小镇举行。

●由省妇联、市委宣传部、市妇联主办的“悦读·家@万家”“刺桐花贝之夜”泉州专场展示活动举行。

●晋江市（安海）第四届中秋文化节开幕式暨“礼赞新中国 奋进新时代”文艺演出在该市安海文化中心举行。

市十六届人大常委会第四十二次主任会议召开

市十六届人大常委会第四十二次主任会议召开。会议讨论关于市十六届人大四次会议代表建议办理工作的视察方案，听取市人大常委会调研组关于泉州市养老服务体系建设调研情况的报告，初定市十六届人大常委会第二十三次会议的召开时间和建议议程，提出第四十三次主任会议建议议题。会议指出，代表建议反映人民群众的要求和呼声，要高度重视代表建议办理工作，组织好代表建议办理工作视察的各项工作，认真总结，提出有质量的综合报告。当前老龄化、高龄化“双高”挑战和养老服务体系建设需求已成为亟待解决的现实问题，要认识养老工作的重要意义，逐步完善养老服务体系建设，推动泉州市养老事业发展。

市十六届人大常委会第四十二次主任会议现场（图/王虎文）

2019年“我们的节日·中秋”主题系列活动在惠安启动

由省委文明办主办的2019年“我们的节日·中秋”主题系列活动启动仪式在惠安县聚龙小镇举行。系列活动以“祖国美、中秋月、邻里情”为主题，围绕“忆中秋、趣中秋、咏中秋、诵中秋、缘中秋”五个环节展开，包括惠安民俗展演、闽南中秋博饼、诗文朗诵会、邻里百家宴、中秋邻里晚会等。其中“咏中秋”环节，由市委文明办、市文联、泉州晚报社主办，惠安县委宣传部、县委文明办、县文联承办，泉州市作协、惠安县作协、聚龙小镇协办“牵一缕月光回家”中秋诗会，集中发布近年来活跃于诗坛的十五位泉州诗人为诗会创作的最新诗作，并邀请知名主持人、青年朗诵家现场诵读。诗会分为《望月》《游吟》《怀远》《回家》四个篇章，以“中秋”“咏月”“家”为主要素材，以团圆、亲情、温暖为感情基调，每一个节目，都融入人们对团圆的渴望、对家的热爱。

“悦读·家@万家”“刺桐花贝之夜”泉州专场展示活动举行

由省妇联、市委宣传部、市妇联主办的“悦读·家@万家”“刺桐花贝之夜”泉州专场展示活动举行。活动旨在贯彻落实习近平关于“注重家庭、注重家教、注重家风”指示精神，升华爱国爱家的家国情怀、建设相亲相爱的家庭关系、弘扬向上向善的家庭美德、体现共建共享的家庭追求。整个展示活动在诗朗诵《祖国富强》中拉开序幕，随后八户家庭代表上台分享家庭故事及人生阅历，并进行现场朗诵。八户家庭代表中，包括有“中斯友好纽带、海丝民间大使”之称的许世吟娥家庭，坚守大岞海防女子民兵哨所、书写无悔人生的张丽蓉家庭，传承传播蟳埔女文化并以此为己任的外地媳妇蒋玲玲家庭，情牵两岸、让“亲家”更亲的吴秀梨家庭，坚守优良家风、热心公益事业的苏尧棠家庭，坚守初心、匠心制茶的安溪何环珠家庭，守护碧海银滩、缔造“净滩神话”的蔡加渐家庭，古训留香、入木三分的黄泉福家庭。

为营造全民阅读的氛围，7月市妇联发动全市家庭参与“悦读·家@万家”活动，从各县（市、区）报名家庭中选取20户参与线上展示与投票，并优选8户家庭进行现场展示。现场展示结束后，所有参赛家庭视频在海博TV及“闽姐姐”上进行网络展示及投票，投票时间为10天。评委评分及网络投票权重各占50%，总分前3名的家庭进入全省评选，获第一名的家庭参加全省“悦读·家@万家”年度盛典进行单独展示，第二、三名的家庭进行组合展示。

泉州科技大市场开始运营

泉州市生产力促进中心与浙江伍一技术股份有限公司达成合作共建签约，开始运营泉州科技大市场，预计三年内累计促成在泉州企业实际引进购买技术成果1.5亿元，推动全市技术合同认定登记额累计达10亿元以上。泉州科技大市场将按照“线上网络平台、线下实体服务”思路，集中“展示、交易、共享、服务、交流”五位一体的功能定位，集聚技术、资金、人才、服务、政策等创新要素，运用“互联网+”，打造一站式科技成果转移转化生态系统，促进人才、技术、成果自由流转、自由交易。浙江伍一技术股份有限公司长期承担浙江科技大市场和中国浙江网上技术市场运营管理，公司主要股东为浙江省科技信息研究院、浙江科技发展投资有限公司、阿里巴巴（中国）网络技术有限公司等。合作共建期间，浙江伍一技术股份有限公司将在泉州出资注册成立一家公司，组建专职团队常驻泉州科技大市场，重点推动促成产学研项目和军民两用技术成果落地泉州，发布推介技术成果项目、企业技术需求，举办技术项目对接活动、科技成果（专利技术）竞价（拍卖）活动、技术转移人才培训、企业创新能力体检等系列活动。

泉州科技大市场设在泉州市国家级高新技术企业孵化基地创业2号楼（泉州开发区德泰路71号），采取边建设边运营的方式，推进线下运营场所的建设，已完成修缮平面布置图、效果图设计初稿，并做好施工图设计及招标代理、监理等下阶段准备工作，同时加紧起草关于加强技术合同认定登记工作有关配套文件。2019年以来，泉州市已认定登记技术合同成交总金额9830.88万元，同比增长65.83%。泉州科技大市场常态化办理全市技术合同认定登记，经认定登记的技术合同可享受国家规定的增值税和企业所得税减免政策，以及省、市有关奖励性后补助优惠政策。

泉州市高新技术企业孵化基地（图/吴寿民）

百姓大舞台“2019中秋晚会”举行

由市文旅局主办的百姓大舞台“2019中秋晚会”在市区府文庙广场举行。整场演出以南音《望明月》揭开序幕。紧接着，提线木偶戏《小沙弥下山》、高甲戏《武松打店》、水姑娘组合《望春风》、器乐曲《梅花操》、梨园戏《睇灯》、提线木偶戏《钟馗醉酒》、男女声二重唱《风吹麦浪》等节目轮番献演，泉州市南音传承中心、福建省梨园戏传承中心、泉州市提线木偶戏传承保护中心、泉州市高甲戏传承中心、泉州市闽南民间歌舞传承中心等市直主要院团和泉州艺术学校携手出演。

600多名华大港澳台学生及国外留学生体验中秋民俗

来自中国香港、澳门、台湾地区及老挝、泰国、马来西亚等国家的600多名学生参与华侨大学举行的“我们的节日”中秋民俗体验活动，了解中国传统节日文化，亲手制作月饼，庆祝中秋佳节。活动中，先是关于中秋节民俗文化的讲解，接着是大家一起和面、包馅、搓圆、印模，动手制作月饼。刚入学不久的旅游学院泰国学生周美心表示，此次活动让她收获很多，了解了中国传统文化，在感受中国民俗文化的同时也认识许多朋友。通过活动，大家感受到月饼制作的乐趣，加深对中国传统文化的了解，增进文化交流。华侨大学为传播中华优秀传统文化，每年都利用端午、中秋、冬至等传统节日举办丰富的体验活动，为世界各地的留学生和港澳台侨生营造“家”的氛围。

9月13日

农历己亥年八月十五
星期五
温度：26℃—34℃
多云

●泉州市生产力促进中心与浙江伍一技术股份有限公司达成合作共建签约，开始运营泉州科技大市场。

●由市文旅局主办的百姓大舞台“2019中秋晚会”在市区府文庙广场举行。

●13—15日，2019泉州首届花海热气球旅游节在洛江举办。

●来自中国香港、澳门、台湾地区及老挝、泰国、马来西亚等国家的600多名学生参与华侨大学举行的“我们的节日”中秋民俗体验活动。

●泉州少林寺举行“喜迎中秋·献礼新中国成立70周年”活动。

●13—19日，由中国书法家协会女书法家委员会、北京大学书法艺术研究所、泉州师范学院等主办的“清气若兰——黄鸿琼书法作品展”在晋江市博物馆举行。

9月14日

农历己亥年八月十六
星期六
温度：25℃—33℃
多云

●是日下午和晚上的黄金时段，中央广播电视总台所属中国国际电视台CGTN大型系列特别报道《全景中国》（New China）聚焦泉州，通过融媒体方式，用英语向全球观众推介泉州经济文化。

●11—14日，第九届海峡两岸曲艺欢乐汇在南安举办，海峡两岸160余名演员参加，共计11个曲种、26个节目轮番上演，参与人数、活动规模创历届之最。

●由泉州市关工委、泉州老年大学、晋江市关工委主办的“两岸缘聚同声，共度中秋佳节”沙滩音乐会在晋江市金井镇围头村金沙湾举行。

中国国际电视台用英语向世界推介泉州

是日下午和晚上的黄金时段，中央广播电视总台所属中国国际电视台CGTN大型系列特别报道《全景中国》（New China）聚焦泉州，通过融媒体方式，用英语向全球观众推介泉州经济文化。是日下午，《全景中国》东南线主持人到泉州九牧洁具有限公司，围绕“中国制造的品质与情怀”主题，通过CGTN APP、Facebook、Twitter、YouTube等新媒体直播方式，与位于长春一汽红旗文化展馆的东北线记者和红旗汽车生产车间的主持人联动。直播中，主持人与九牧工作人员展示九牧最新的跑车造型智能马桶，该款马桶不仅造型前卫，还可进行语音操作，仅通过语音指令即可实现所有功能。新媒体面向世界直播泉州，展现新中国成立以来制造业的迅速发展，及从“智能”产品走向“智慧”产品的新成就。

晚8点23分至8点42分，中国国际电视台CGTN的《全景中国》节目开始以“从海上丝绸之路到‘一带一路’倡议”为主题的电视直播报道。除在北京的总部外，节目还安排多个地区连线，分别是西南地区、东北地区，以及西安。节目中，记者在泉州海外交通史博物馆的展厅内与北京演播室连线直播，通过珍贵文物和模型的画面讲解古代刺桐港的兴盛。作为中世纪“海上丝绸之路”的起点，泉州曾在东西方文明交流中，占有重要的历史地位。节目介绍泉州与古代海丝沿线国家交流与发展中，不同文化交汇，在泉州留下丰富多彩的珍贵交通史遗迹和宗教遗迹，展现宋元时期泉州经济繁华、文化多元包容、与世界各地和平共处的精彩故事。

相关链接：《全景中国》是CGTN为庆祝新中国成立70周年打造的融媒体产品，采用移动直播形式，不仅为观众呈现秀美清奇、波澜壮阔的沿途风光，也对所经过的地区进行多角度的深度报道。系列报道于9日启动，持续12天，跨越15个省级行政区、共计36个直播点位，每天进行2场新媒体直播和3场电视直播。

第九届海峡两岸曲艺欢乐汇在南安举办

11—14日，第九届海峡两岸曲艺欢乐汇在南安举办，海峡两岸160余名演员参加，共计11个曲种、26个节目轮番上演，参与人数、活动规模创历届之最。两岸曲艺家、曲艺爱好者以艺术为纽带，深化“两岸一家亲”理念。该届活动内容丰富，由三个专场演出、一个研讨会和一次采风活动构成。13日，三个专场演出之一的“牡丹芳华——中国曲协送欢笑走进福建南安”举行，名家轮番上场：姜昆与戴志诚表演相声《欢歌笑语》、郭达和搭档王芯宜表演小品《山花》、陈寒柏和王敏表演相声《老歌新唱》、南安市文化志愿者协会表演舞蹈《丝路妙音》。相声《说文解字》，演员来自两岸。10岁的吴律宽、8岁的吴冠征来自台湾新竹，兄弟俩在母亲支持下，专程到北京，跟随中青年相声演员应宁学相声。演出前，南安市获“中国曲艺之乡”授牌，成为全省第二个获此荣誉的县级市。“互惠互融——共建两岸曲艺命运共同体研讨会”同日举行，两岸曲艺家就建设“两岸曲艺命运共同体”建言献策。中国曲协理论委员会委员彭俐表示，应该打造两岸曲艺平台，实现两岸曲艺艺术资源共享，促进演出市场共同繁荣。台东大学音乐系教授郭美女表示，两岸曲艺人才传承都面临着“曲艺人才培养”难题，两岸曲艺人应协力打造两岸青少年曲艺艺术平台，让两岸热爱曲艺的青少年有更多展示机会。

第九届海峡两岸曲艺欢乐会演出现场（图/林劲峰　蔡紫旻）

中秋假期全市实现旅游收入6.01亿元

中秋假日期间，全市接待游客84.72万人次，同比增长17.3%；实现旅游收入6.01亿元，同比增长22.1%。围绕“庆祝新中国成立七十周年”“我们的节日·中秋”等主题，全市各地挖掘以闽南文化为代表的传统文化，举办民俗讲座、文艺晚会、中秋诗会、民间艺术展示、民间艺术表演、科普知识宣传等一系列节庆活动，做到“一地一特色”。其中，惠安县聚龙小镇举办“牵一缕月光回家”中秋诗会，晋江市举办第四届中秋文化节开幕式暨“礼赞新中国·奋进新时代”文艺演出。作为传统文化聚集区，市区西街、中山路、金鱼巷迎接八方来客，南音、梨园戏、木偶、闽南民间歌舞等节目接连上演，小西埕举办的“跨月中秋”活动更成为网红打卡点。

中秋节是阖家团聚的节日，举家出行成为主流，寓教于乐的亲子游更是备受追捧。从游客抽样调查结果看，假日期间，全市接待的国内游客中，与亲友结伴出游的游客占93.2%。为迎合游客需求，泉州科技馆推出七项大型科学体验、铁甲争霸主题展等，成为家庭出游的热门景点；晋江市光影艺术科技展开放全互动儿童亲子乐园，沙滩抓鱼、神笔画画、花舞森林等“合家欢”活动吸引游客；晋江市博物馆推出《月圆中秋，温暖亲子DIY》活动，受到家长和孩子的欢迎。此外，泉州海丝野生动物园、东湖公园、西湖公园和中国闽台缘博物馆等博物馆类和公园类景区游客也络绎不绝，中秋假期，中国闽台缘博物馆、海丝野生动物园和香草世界接待游客数量分别同比增长6.0%、10.0%和18.0%。

中秋假期，全市主要景区纷纷推出营销和优惠活动。清源山风景名胜区、安溪清水岩、永春牛姆林、崇武古城和晋江五店市传统文化旅游区等泉州所有A级景区对新入学泉州高校的学生实行免门票，随行亲属五折购票优惠，为中秋假期增添新客源。其中，惠安崇武古城接待游客1.80万人次，增长23.1%；安溪清水岩接待游客1.66万人次，增长2.5%；清源山接待游客0.90万人次，增长12.4%。此外，泉州大霞美欢乐水世界等景区也推出门票优惠折扣，激发游客出游热情。首届花海热气球旅游节在洛江区开幕，中秋期间发放免费门票一千张，并每天送出热气球空中飞行限量免费票；德化县九仙山度假区推出“中秋赢豪礼”活动，活动奖品丰厚，吸引永春、晋江等周边县市游客。中秋假期，九仙山接待游客1.52万人次，同比增长20.6%。

“海峡杯”两岸轮滑交流赛在泉州举行

“海峡杯”两岸轮滑交流赛暨2019全国青少年体育冬夏令营（福建站）在泉州举行。“海峡杯”两岸轮滑交流赛暨2019全国青少年体育冬夏令营（福建站）与全国青少年体育俱乐部联赛轮滑比赛（南赛区）暨全国轮滑球联赛分站赛（泉州站）同时在泉州进行。赛事举办地点设在泉州市海峡体育中心和泉州市实验小学洛江校区。赛会集体项目邀请各个省市的29支参赛队伍及台湾地区的5支参赛队伍；在个人项目上，海峡两岸300多名青少年运动员受邀参赛。在台湾地区参赛选手中，有多人在世界大赛中取得过优异成绩。

第六届闽台乡村旅游文化节在晋江举办

第六届闽台乡村旅游文化节在晋江市金井镇围头村举办。该届乡村旅游文化节的主题是“两岸一家亲·文旅新融合”，围绕“乡村活动”“产业融合”“文旅宣传”三大类开展一系列闽台交流活动，其中包括“心连闽台·缘聚围头”海峡两岸民间晚会、“两岸缘聚同声，共度中秋佳节”沙滩音乐会、“金井记忆”在晋台胞秋游活动、海峡两岸青少年露营大会、第四届围头“八二三·海峡杯”老人门球邀请赛、“遇见·美好金井”海峡两岸摄影采风活动暨摄影创作基地挂牌仪式、海峡两岸特色民宿设计大赛、“美好金井”抖音挑战赛、第二届闽台乡村社区营造（围头）交流会暨“看围头·想两岸”座谈会等。

9月15日

农历己亥年八月十七
星期日
温度：25℃—33℃
多云

●中秋假日期间，全市接待游客84.72万人次，同比增长17.3%；实现旅游收入6.01亿元，同比增长22.1%。

●“海峡杯”两岸轮滑交流赛暨2019全国青少年体育冬夏令营（福建站）在泉州举行。

●第六届闽台乡村旅游文化节在晋江市金井镇围头村举办。

9月16日

农历己亥年八月十八
星期一
温度：24℃—32℃
多云

●康涛到南安和安溪调查研究强基促稳工作，并召开座谈会，听取县、镇、村代表意见建议。

●市人大常委会党组扩大会议暨“不忘初心、牢记使命”主题教育领导小组第一次会议召开，传达学习中央财经委员会第五次会议和省委常委会会议暨省委财经委员会第三次会议精神等。

●王永礼到石狮和丰泽调研，了解泉州市电商平台发展情况，并召开座谈会现场协调解决企业遇到的困难问题、听取企业家意见建议。

●王永礼到市信访局接访，现场为群众排忧解难。

●市人大常委会组织开展发展壮大村集体经济专题调研。

●市政协党组扩大会议暨“不忘初心、牢记使命”主题教育领导小组第一次会议召开，传达学习中央财经委员会第五次会议和省委常委会会议暨省委财经委员会第三次会议精神等。

●福建省第22届全国推广普通话宣传周开幕式在石狮市石光中学举行。

●市委网信办联合相关单位，启动泉州市2019年国家网络安全宣传周活动。

●市住建局、人社局以及自然资源和规划局在全市启动高层次人才跨县域住房保障申请工作。

●泉州后渚大桥东立交桥通车。

康涛到南安安溪调查研究强基促稳工作

市委书记康涛到南安和安溪调查研究强基促稳工作。康涛指出，“强基促稳”是泉州开展主题教育的一项重要举措，是推进国家治理体系和治理能力现代化的一项重大动作，各级党组织和党员干部要迅速动员起来，贯彻“守初心、担使命，找差距、抓落实”总要求，把学习教育、调查研究、检视问题、整改落实贯穿始终，推进“找差距、抓落实、解难题、化积案”行动。要注重实效加强调查研究，查摆强基促稳的短板弱项，边调研边推进边落实。要了解民情掌握实情，搞清楚问题是什么、症结在哪里，拿出破解难题的实招硬招，层层压实责任，打通“最后一公里”、推动“盆景”变“风景”，增强群众的获得感、幸福感、安全感。

福建省第22届全国推广普通话宣传周在石狮市开幕

福建省第22届全国推广普通话宣传周开幕式在石狮市石光中学举行。该届宣传周以“普通话诵七十华诞，规范字书爱国情怀”为主题开展系列活动。经国务院批准，每年9月第三周为全国推广普通话宣传周。2019年9月16—22日，是第22届全国推广普通话宣传周。开幕式上，省语委办及成员单位、各设区市语委办的负责人、专家齐聚一堂，共享推普工作发展成果、共谋推普工作改革思路。系列活动包括“我爱我的国”规范汉字现场书写比、中华经典诵读展演、泉州市中小学师生书法作品展、语言文字工作成果展、推普灯谜竞猜活动、公园推普活动等。

泉州市2019年国家网络安全宣传周活动启动

市委网信办联合相关单位，启动泉州市2019年国家网络安全宣传周活动。市委副书记、宣传部部长张永宁出席宣传周开幕式。张永宁强调，开展网络安全宣传活动是提升网络安全保障能力的重要举措、重要抓手，在全社会普及网络安全知识、提升网络安全意识、共筑网络安全防线中发挥着十分重要的作用。要加大宣传，提高网络安全思想认识，通过采取灵活多样的宣传形式，提升全社会网络安全意识和防护技能；要协同联动，健全网络综合治理机制，加快建立党委领导、政府管理、企业履责、社会监督、网民自律的综合治网体系；要强化防护，筑牢网络安全“防火墙”，做好关键信息基础设施保护工作，强化安全防范措施，提升网络安全监测预警和应急处置能力；要统筹发展，构建网络安全支撑体系，推动形成网络安全人才培养、技术创新、产业发展的良性生态链；要围绕中心大局，增强做好新时代网信工作的责任感、使命感和紧迫感，加快推进网络强市建设，开创全市网络安全工作新局面。

泉州后渚大桥东立交桥通车

泉州后渚大桥东立交桥通车。通过纵横交错、别具一格的苜蓿叶型互通式三层立交桥，后渚大桥与泉州台商投资区东西主干道、海江大道、海湾大道实现全面互通，台商区与中心市区的往来交通更加顺畅。项目主线按城市主干道标准建设，双向8车道，两侧设机动车和非机动车混行辅路。立交桥按城市三层立交设计，建有匝道8个，平面交叉4处，以无红绿灯、四通八达为特点，为市民带来便利的行车体验。项目采取多项全市乃至全省首次使用的新技术、新工艺，如桥梁降噪减振橡胶伸缩装置，可提高行车舒适度，实现减震降噪，箱梁、桥墩、混凝土护栏采用有机硅透明无色涂装，具有良好的抗氧化性防腐作用。整个立交桥相当于在后渚大桥东桥头画了一个直径约1千米的超级大圆盘，与后渚大桥西桥头立交形成“双立交”，通车后市区往返海丝艺术公园、月亮湾等台商区旅游景点可实现快速直达，极大提升和释放后渚大桥的通行能力，也大大提升城市景观。

闽西南协同发展区联席会议第二次会议召开

闽西南协同发展区联席会议第二次会议在漳州召开。厦门、漳州、泉州、三明、龙岩五市党政主要领导与会，学习贯彻习近平在参加十三届全国人大二次会议福建代表团审议时的讲话精神和对福建工作的指示批示精神，落实省委十届八次全会部署和省委、省政府闽西南协同发展区建设工作座谈会精神，总结闽西南协同发展区建设成效，在新起点上谋划深化和加快推动协同发展区建设的新思路、新举措、新机制。省委常委、厦门市委书记胡昌升，漳州市委书记邵玉龙、市长刘远，泉州市委书记康涛、市长王永礼，三明市委书记林兴禄、市长余红胜，龙岩市委书记许维泽，围绕创新跨市协作机制、做好发展规划对接、共建重大产业平台、共同保护生态环境方面进行交流，畅谈思路举措。

胡昌升表示，要提高政治站位，强化大局意识，勇担使命责任，以更大胸怀、更大气魄、更大信心通力合作，打破行政壁垒，集聚要素资源，强化优势互补，凝聚工作合力，加快把闽西南7万平方千米的土地建设成为践行新发展理念、坚持高质量发展落实赶超的先行区、示范区，为新福建建设再添动力、再立新功。要把握协同发展的关键点和着力点，加快策划推进一批重大项目建设，统筹打造一批共建共享的创新创业创造平台，主动对接中央、省重要规划部署及其他经济板块，更好服务全国、全省发展大局。要树立“一盘棋”思想和“一加一大于二”的理念，增强合作共识，创新合作机制，遵循市场规律，提升协同发展的凝聚力和创造力。

会议审议通过《闽西南五市贯彻落实协同发展区发展规划的意见》《闽西南协同发展区陆路交通互联互通三年行动计划（2019—2021）》。意见提出，五市将紧密协作形成合力，推进区域发展新格局、基础设施互联互通、产业协作互利共赢、公共服务共建共享、延伸拓展区域合作、区域市场一体化、生态环境共治共保7个方面重点任务。计划明确，未来三年，协同区将安排88个项目、投资约6100亿元，用于加快陆路交通互联互通，力争到2021年底，建设高速公路总里程达1000千米以上、轨道交通总里程达1000千米以上、国省干道及其他道路总里程约500千米、开工建设1条城际铁路，为闽西南协同区发展提供交通保障。

王永礼到安溪调研乡村振兴等工作

市长王永礼到安溪部分镇村调研乡村振兴、古厝保护、革命老区发展等工作。王永礼强调，要围绕特色做产业，加大农村环境卫生整治，推进厕所革命，让乡村既宜居又宜业；要做好古厝保护这篇文章，因地制宜合理开发利用，发展民宿带动乡村旅游，让老百姓更有获得感。

泉州市启动“平安铁路”联勤联动模式

泉州市举行“践行新使命·忠诚保大庆”誓师大会暨“平安铁路”联勤联动启动仪式，对新中国成立70周年大庆安保期间铁路安全工作进行再动员、再部署，并启动“平安铁路”联勤联动模式。誓师大会上，公安、武警、交警、市交通运输执法队等队伍代表宣誓：进一步统一思想、鼓舞士气、明确责任，各个部门将忠诚履职尽责，做好新中国成立70周年大庆安保维稳工作。此次启动的“平安铁路”联勤联动将特警、武警、路警、治安、交警、交管等各执法力量进行整合，实行联合驻勤办公执法，建立常态化治安防控联勤联动指挥机制，便于集中研判、集中调度、集中保障和联动处置，提高车站周边及铁路沿线警情、险情处置的快速性、高效性。联勤联动中心每月召开一次研判会议，遇到重大安保或紧急情况随时召开会议，及时解决影响动车站区安全秩序的热点难点问题和铁路运行隐患，引导开展打击、整治、防范、管理、控制工作，增强联勤联动指挥的准确性、派单的针对性、处置的时效性，为有效应对各类突发事件，提高泉州市动车站社会治安综合治理水平提供情报信息保障。

9月17日

农历己亥年八月十九
星期二
温度：24℃—32℃
多云

●闽西南协同发展区联席会议第二次会议在漳州召开。厦门、漳州、泉州、三明、龙岩五市党政主要领导与会。

●市人大常委会党组暨机关“不忘初心、牢记使命”主题教育动员部署会议召开，贯彻习近平关于“不忘初心、牢记使命”主题教育的讲话和指示批示精神，落实中央和省委、市委会议部署要求，对市人大常委会党组和机关主题教育进行部署。

●王永礼到安溪部分镇村调研乡村振兴、古厝保护、革命老区发展等工作。

●市政协党组暨机关“不忘初心、牢记使命”主题教育动员部署会议召开，贯彻习近平关于“不忘初心、牢记使命”主题教育的讲话和指示批示精神，落实中央和省委、市委会议部署要求，对市政协党组和机关开展主题教育进行动员部署。

●泉州市举行“践行新使命·忠诚保大庆”誓师大会暨“平安铁路”联勤联动启动仪式。

●泉州市组织开展道路交通安全综合整治专项督查。

●由天猫海外主办，天猫福建服务中心、双奇电商城承办，福建省电子商务协会、石狮市电子商务协会指导的天猫出海跨境峰会暨台湾地区跨境商家大会在石狮市双奇智慧电商城举行。

9月18日

农历己亥年八月二十
星期三
温度：24℃—33℃
多云

●市委常委会中心组学习（扩大）会议召开，开展“不忘初心、牢记使命”主题教育集中学习研讨。

●市人大常委会党组“不忘初心、牢记使命”主题教育交流研讨会召开。

●泉州市第22次防空警报试鸣暨人口疏散演练举行。

●由中华人民共和国驻坦桑尼亚联合共和国大使馆、泉州市文旅局支持，文化和旅游部中外文化交流中心、坦桑尼亚中国文化中心和泉州市艺术馆主办的“匠之道——泉州非遗文化体验工作坊”在坦桑尼亚中国文化中心开幕。

●由市社科联与黎明职业大学图书馆主办的“巴金与泉州”研学活动举行。

●鲤城区“万人同歌，祝福祖国”主题活动举行，老城区区属14所中小学师生在同一时间段同唱《中华人民共和国国歌》和《歌唱祖国》。

●“礼赞新中国 讴歌新时代”惠安·泉港·台商投资区美术作品联展在惠安县文化馆启动。

泉州市第22次防空警报试鸣暨人口疏散演练举行

泉州市第22次防空警报试鸣暨人口疏散演练举行。主演练场设在德化县泉州工艺美术职业学院，各县（市、区）、泉州开发区、泉州台商投资区及部分重点设防镇同步试鸣，全市约30万人在不同地点参与演练活动。“预先警报”“空袭警报”“解除警报”按照预定顺序拉响。治安防控、重要经济目标防护、人口紧急疏散掩蔽及各类救援演练活动在主演练场有序开展。演练方阵出现新面孔——无人机梯队。模拟场景中，有群众因“空袭”受伤，需及时补充血浆，但此地段路况较差，公路运输无法及时将血浆送达。四架无人机接到命令后，穿越硝烟将血浆送到阵地上空进行投放，等候的卫生员获取后迅速取出血浆，无人机则自主返航，伤员及时得到救治。此系泉州市首次运用无人机实施联合补给及空投抢险救援物资设备演练，也是对新型后勤保障手段的一种探索尝试。无人机具有伤亡率低、速度快、定位准、调整灵活等优势，可支持各类恶劣环境和高风险地区空中补给任务，能够提高战时复杂条件下快速补给和持续保障能力，此次演练符合未来无人化、智能化战场演变趋势。

泉州市人口疏散演练现场（图/陈林森）

“匠之道——泉州非遗文化体验工作坊”在坦桑尼亚开幕

由中华人民共和国驻坦桑尼亚联合共和国大使馆、泉州市文旅局支持，文化和旅游部中外文化交流中心、坦桑尼亚中国文化中心和泉州市艺术馆主办的“匠之道——泉州非遗文化体验工作坊”在坦桑尼亚中国文化中心开幕。“匠之道——泉州非遗文化体验工作坊”现场展出34件传统“非遗”手工艺品，涉及世界级“非遗”泉州提线木偶戏和国家级“非遗”泉州刻纸、泉州花灯、德化瓷烧制技艺以及省级“非遗”项目金苍绣等，这些作品由中国工艺美术大师、国家级“非遗”传承人陈明良、省级工艺美术大师郭志刚、金苍绣传承人黄明霞等创作。活动现场还为坦桑尼亚民众举办泉州“非遗”专题讲座，播放泉州旅游宣传片和泉州“非遗”巡礼专题片，展出泉州“非遗”图片。陈明良和泉州提线木偶戏知名演员夏荣峰、庄丽娥等现场展演，吸引不少观众现场体验。现场观众在互动中感受到深厚的中国传统手工艺术底蕴和中国传统文化的魅力，促进两国的文化交流和友谊。活动期间，坦桑尼亚国家电视台等媒体给予特别关注。

“巴金与泉州”研学活动举行

由市社科联与黎明职业大学图书馆主办的“巴金与泉州”研学活动举行。30多名参加“巴金与泉州”研学旅行的师生以黎明职业大学图书馆为起点，途经泉州府文庙、黎明高中旧址、顺济桥、真武庙等，探访巴金笔下的泉州人文风景，品尝巴金作品中的神曲汁和龙眼。探访途中，黎明职业大学副研究馆员、泉州首批刺桐科学传播学者戴莲治为参加研学的师生作讲解。

惠安·泉港·台商投资区美术作品联展启动

“礼赞新中国 讴歌新时代”惠安·泉港·台商投资区美术作品联展在惠安县文化馆启动，展览持续至28日，在泉港、惠安、泉州台商投资区三地巡展。联展共展出62幅作品，主题鲜明，寓意深刻，笔墨苍劲，气韵雄浑，具有较高的艺术性和鲜明的时代特征，体现惠安、泉港、台商区极佳的美术创作水平，同时也表达艺术界人士对党、对祖国、对家乡的深切情怀。

市委常委会传达全国扫黑除恶第七次会议精神

市委常委会召开会议，传达学习全国扫黑除恶第七次会议精神，研究省扫黑除恶督导“回头看”反馈问题整改；传达学习《中国共产党农村工作条例》。会议指出，要按照中央、省里部署要求，始终保持定力，巩固拓展“深挖根治”更大成效，谋划“长效常治”制度机制，把专项斗争不断推向深入。要强化责任担当，对照问题清单，逐项细化措施，紧盯抓实整改，做到举一反三、标本兼治。要持续打准打狠，强化举措，突破瓶颈，掀起强大攻势，提升专项斗争质效。要抓牢乡村振兴战略总抓手，打赢脱贫攻坚战，推进农村人居环境整治，推动农业全面升级、农村全面进步、农民全面发展。要把坚持党的领导贯穿农村工作方方面面，加强农村党的建设，推动全面从严治党向基层延伸，整治群众身边的不正之风和腐败问题。

福建“海安会战”行动在泉州启动

福建海事局在泉州石井南辉码头启动以“防风险 保安全 迎大庆”为主题的跨辖区联合巡航执法暨“海安会战”行动。当日出动海巡船艇5艘，海事、海洋与渔业、公安海防等部门40余人，巡航围头湾、菊江码头一带，查获一艘非法采运砂船和一艘超载的工程船舶。此次行动持续20天。行动期间，全省各地海事部门着重发挥海事监管信息化设备及海巡船艇功效，强化和海洋与渔业、公安海防等涉海部门的协同合力，突出对辖区水上交通安全风险的管控及隐患的排查治理，突出对重点客运航线、通航密集区、事故多发区、施工作业区、桥区等重点水域的巡航巡查及定点驻守，突出对相关航道、航路、锚地等的通航秩序维护，突出对辖区客渡运船舶、危险品船舶的安全检查及对内河船涉海运输、非法采运砂船、长期脱管船等违法违章船舶的打击。

2019年泉州市“全国科普日”启动

2019年泉州市“全国科普日”启动仪式暨科普文艺展演活动举行。2019年“全国科普日”以“礼赞共和国、智慧新生活”为主题。活动期间，泉州市组织开展517项重点科普活动，占全省活动总数1/3，创历年之最。启动仪式上，泉州市“我最喜爱的十佳科普教育基地”获得授牌，第二批刺桐科学传播学者代表接受聘书。在科普文艺展演中，主办方编排了朗诵《马兰谣》、科普剧《神秘的纸条》、科学表演《科学就是这么好玩》、人机互动《斗舞》、5G应用场景展示等富有科普元素的节目，营造普及科学知识、弘扬科学精神、传播科学思想、倡导科学方法的氛围，最后，现场人员合唱《我和我的祖国》，共同庆祝新中国成立70周年。

相关链接：泉州市科普事业迅速发展。泉州成为全省唯一的中国科协创新驱动示范市和省级科普示范创建“满堂红”设区市。市科协自2012年起连续7年获评中国科协“全国科普日”优秀组织单位，获评全国全民科学素质“十二五”实施工作先进集体。至2018年泉州市公民具备基本科学素质比例达9.81%，高于全省9.05%的水平。

“我和我的祖国”主题合唱展演举行

由市委市直机关工委、市总工会、市文联主办，鲤城区总工会、泉州市工人文化宫承办的泉州市职工庆祝新中国成立70周年暨“我和我的祖国”主题合唱展演在泉州经贸职业技术学院举行。演出由红歌联唱拉开序幕，《东方红》《中国，中国，鲜红的太阳永不落》《我们走在大路上》等接连唱响，紧接着《没有共产党就没有新中国》《龙的传人》《我的家在泉州》等先后唱响，最后在大合唱《我和我的祖国》中达到高潮。全市各条战线的职工用合唱的形式歌唱祖国、祝福祖国。

9月19日

农历己亥年八月廿一

星期四

温度：22℃—30℃

多云

●市委常委会召开会议，传达学习全国扫黑除恶第七次会议精神，研究省扫黑除恶督导“回头看”反馈问题整改；传达学习《中国共产党农村工作条例》。

●市政府党组理论学习中心组学习会召开，结合开展“不忘初心、牢记使命”主题教育，围绕“践行初心使命”主题进行交流研讨。

●市政府与市政协组织开展加强智慧城市建设方面重点提案联合督办活动。

●市政协党组“不忘初心、牢记使命”主题教育交流研讨会召开。

●福建海事局在泉州石井南辉码头启动以“防风险 保安全 迎大庆”为主题的跨辖区联合巡航执法暨“海安会战”行动。

●2019年泉州市“全国科普日”启动仪式暨科普文艺展演活动举行。

●由市委市直机关工委、市总工会、市文联主办，鲤城区总工会、泉州市工人文化宫承办的泉州市职工庆祝新中国成立70周年暨“我和我的祖国”主题合唱展演在泉州经贸职业技术学院举行。

●由市总工会、市人社局主办的2019年泉州市评茶员职业技能竞赛在鲤城区金龙街道举行。

●“爱我国防”大学生主题演讲比赛总决赛暨颁奖典礼在泉州师范学院举行。

●2019年举重世锦赛男子61公斤级比赛在泰国芭提雅举行，南安籍选手李发彬创造抓举和总成绩两项世界纪录，并获抓举、挺举和总成绩3项冠军。

9月20日

农历己亥年八月廿二
星期五
温度：21℃—32℃
晴转多云

●康涛到基层一线调研督导，推动安全稳定工作落实到“最后一公里”。

●市政府第六十九次常务会议会议召开，传达学习国务院、省政府关于稳定生猪生产保障市场供应会议精神。

●泉州市第十一届运动会在泉州市海峡体育中心体育馆开幕。

●泉州市银行业保险业消费者权益保护服务中心成立。

●由市委宣传部、市委文明办、市文旅局、市教育局、市总工会、团市委、市妇联、新华发行集团泉州分公司等主办的第十三届“书香泉州”全民读书月启动仪式暨图书展会在丰泽区城东中骏世界城举行。

●第七届丰泽购物节在市区南益广场启动。

●20—23日，石狮市第17届广场文化艺术节举办。

泉州市第十一届运动会开幕

泉州市第十一届运动会在泉州市海峡体育中心体育馆开幕。该届市运会以“奋进新时代·活力新泉州”为主题，展示全民健身成果，反映泉州人勇敢拼搏、砥砺前行的精神风貌。15时，伴随着运动员进行曲，国旗队、会旗队、鲜花队和红旗队进入会场。紧随其后的是近1400名运动员、教练员、裁判员代表。当中华人民共和国国歌奏响，全体起立、奏唱国歌。15时30分许，市委书记康涛宣布：“泉州市第十一届运动会开幕！”市长王永礼致开幕辞。王永礼指出，近年来，全市高举习近平新时代中国特色社会主义思想伟大旗帜，贯彻落实习近平关于体育工作系列讲话精神，紧抓获批国家体育产业联系点城市的契机，实施健康泉州和全民健身战略，体育事业、体育产业协同发展，竞技体育取得新突破。市运会是四年一届的体育盛会，是集中体现泉州人民团结进取、蓬勃向上、顽强拼搏精神风貌的大舞台。希望全体运动健儿发扬“爱拼敢赢”的精神，比出友谊、赛出风格，比出水平、赛出形象；全体裁判员公平公正、严格执行竞赛规则；组委会及全体工作人员细致周到、全力保障，举办一届精彩的体育盛会。省体育局副局长唐佑明在开幕式上致辞；市领导张永宁、张建生、骆沙鸣出席开幕式；副市长周真平主持开幕式。开幕式上还举行文体表演。

泉州市第十一届运动会开幕式文艺演出现场（图/市体育局）

市银行业保险业消保中心成立

泉州市银行业保险业消费者权益保护服务中心（以下简称“泉州市消保中心”）成立，旨在建立银行业保险业消费纠纷非诉讼解决机制，建设富有公益性和专业性、公信力和执行力的第三方调解组织，维护银行保险消费者的合法权益。泉州市消保中心主要承担为银行保险消费者提供咨询、投诉受理、转办投诉、调解、裁决、仲裁等“一站式、多元化”纠纷调处服务；承接调解法院按照诉调对接机制转来的涉诉案件，协同公安、司法等部门开展纠纷多元调处工作；统计监测银行保险机构被投诉情况、纠纷调解情况等，分析预警消费投诉风险，并定期向银保监部门报告等职责。该中心成立后，泉州市银行业保险业消费者可通过全省统一服务热线968133和泉州市消保中心服务热线0595—22912315咨询投诉。

第十三届“书香泉州”全民读书月启动

由市委宣传部、市委文明办、市文旅局、市教育局、市总工会、团市委、市妇联、新华发行集团泉州分公司等主办的第十三届“书香泉州”全民读书月启动仪式暨图书展会在丰泽区城东中骏世界城举行。启动仪式后，全市各地陆续围绕“辉煌七十年 逐梦新时代 书香伴我行”主题，组织开展主题演讲、经典诵读、读书征文、知识竞赛、阅读晚会等活动。其中包括，举办“品味经典 歌颂祖国”中华经典美文诵读和“书香润心灵 阅读促成长”语言类表演；举行“亲子阅读 书香润德”亲子阅读专题讲座、大师画作展《荷花镇的早市》及“小绘本 大创意”亲子绘本制作、宋雪君新书分享交流会等活动。启动仪式上，泉州市版权宣传作品比赛颁奖仪式同时举行。由市委宣传部（市版权局）、市司法局、市市场监管局（市知识产权局）主办，泉州晚报社协办的泉州市版权宣传作品征集大赛，公开征集以“版权保护知识宣传”为主题的平面作品和微视频作品。收到全国各地的作品300多件。主办方综合专家评审和网络投票情况，最终评选出一二三等奖和优秀奖。

康涛参加市委办机关党支部主题党日活动

市委书记康涛以普通党员身份，参加所在的市委办机关党支部开展的主题党日活动。市委常委、秘书长季翔峰以普通党员身份参加活动。康涛指出，要领悟习近平关于“不忘初心、牢记使命”的论述，以坚定的实际行动，守初心、担使命，找差距、抓落实。缅怀先烈、追溯过往，就是要在历史中汲取力量、接受洗礼。党员干部要不忘先烈先辈，以他们为镜，查找理想信念、对党忠诚、为民服务等方面的差距，更加担当作为、清正廉洁、甘于奉献，走好新时代的长征路。要不忘老区人民，带着政治责任、带着感情，从特色农业和生态旅游业培育、基础设施补短板、机制建设等入手，推进高质量脱贫稳定脱贫，把老区人民对美好生活的向往变成现实。要不忘初心使命，一级抓一级，层层守好责，保持锐意进取、开拓创新的精气神，稳稳地做、实实地干，把中央、省委、市委部署的工作一项一项落实好，推动高质量发展落实赶超，用发展的实际成果检验主题教育的成效。

市委办机关党支部党员干部在中共福建省委旧址陈列馆参观（图/陈起拓）

海峡两岸暨港澳新兴产业中小企业创新创业大赛决赛在泉州举行

21—22日，由工业和信息化部网络安全产业发展中心（信息中心）、中国投资协会新兴产业中心、市政府主办的2019年“创客中国”海峡两岸暨香港、澳门新兴产业中小企业创新创业大赛决赛在泉州台商投资区举行。大赛面向海峡两岸暨香港、澳门新兴产业，自7月启动以来，受到社会各界响应，共有185个项目参赛，参赛项目涵盖新能源、新材料、生物技术等领域，呈现出“产业层次高、分布领域广、科技含量足、运作团队强”等特点。从大赛初审环节脱颖而出的24个创新项目相继进行路演，将自己的项目展示给参会嘉宾、评委和观众。经过角逐，甄选出4个优秀项目作为代表，参加2019年“创客中国”全国总决赛。

大赛旨在激发海峡两岸及香港、澳门的创新潜力，集聚创业资源，营造“双创”氛围，共同打造为中小企业和创客提供交流展示、产融对接、项目孵化的平台，发掘和培育一批“双创”优秀项目和优秀团队，为优秀企业、创业项目、高端人才提供一系列优惠政策，催生新产品、新技术、新模式和新业态，加强创新创业交流，促进区域和成员间合作，推动新兴产业中小企业蓬勃发展。活动中，泉州市向参赛的创客抛出“橄榄枝”，欢迎创客投资创业、共谋发展，泉州市将营造一个有助于创新创业的良好生态，让创客的创新技术在这里生根发芽、家喻户晓，让更多的人因创客的技术创新而受益。

首届海峡两岸闽南最强音选秀赛在晋江举行

由泉州市台联、泉州市档案局（馆）、泉州市共建办、泉州市咱厝闽南文化研究中心指导的首届海峡两岸闽南最强音选秀赛在晋江举行。经过1个多月的海选、复赛，最终有33位选手进入决赛。比赛中，选手用自己独特的歌喉唱出自己的风格与魅力。经过3个多小时的比赛，最终，来自东北的魏晓龙和洛江区马甲镇的吴彩云分获男、女金奖。林宝霞等10名选手获“十佳歌手”。比赛旨在以群众喜闻乐见的形式庆祝新中国成立70周年。同时，搭建一个海峡两岸文化交流的平台，展现海峡两岸群众文化创作成果，推动闽南语原创歌曲的进一步繁荣。

9月21日

农历己亥年八月廿三
星期六
温度：23℃—33℃
晴

●康涛以普通党员身份，参加所在的市委办机关党支部开展的主题党日活动。

●康涛到德化调查研究老区苏区脱贫奔小康工作，并召开重点县（市）脱贫攻坚座谈会，查找短板问题，听取意见建议。

●21—22日，由工业和信息化部网络安全产业发展中心（信息中心）、中国投资协会新兴产业中心、市政府主办的2019年“创客中国”海峡两岸暨香港、澳门新兴产业中小企业创新创业大赛决赛在泉州台商投资区举行。

●由泉州市台联、泉州市档案局（馆）、泉州市共建办、泉州市咱厝闽南文化研究中心指导的首届海峡两岸闽南最强音选秀赛在晋江举行。

●晋江2019年“健康中国行”健步走暨全民健康生活方式月宣传活动在晋阳湖畔举行。

9月22日

农历己亥年八月廿四
星期日
温度：23℃—31℃
多云

●市城市管理局编制的《泉州市城市管理精细化标准》出台。

●中心城区组织开展灭蚊与环境卫生清洁统一行动，防蚊灭蚊，防控登革热。

●21—22日，2019年泉州市律师实务交流与研讨会在德化举行。

●2019年惠安县“中国农民丰收节”暨台湾黄金百香果采摘节在惠安县辋川镇峰南村举办。

《泉州市城市管理精细化标准》出台

市城市管理局编制的《泉州市城市管理精细化标准》（以下简称“标准”）出台。此系全市首部城市管理精细化标准。标准借鉴先进经验，立足分类施治，包括城市道路管理、城市桥梁管理、燃气行业管理、内沟河管理、雨污水管理、环境卫生管理、环卫设施设备、生活垃圾收运、生活垃圾分类、城市道路绿化管理、城市公园管理、市容秩序管理、城市照明管理、广告招牌管理、“两违”综合治理、行政执法管理、数字化城市管理、网络理政平台18项具体标准，涵盖城市管理各个业务领域，主要适用范围为中心市区，其他县（市、区）可参照执行。

标准专门就桥梁、燃气、广告招牌管理等做出规范和要求，如：针对燃气行业管理，制定《液化石油气储配站设施与操作检查》《瓶装液化石油气供应站设施与操作检查》以及《天然气加气站设施与操作检查》等操作细则和检查规范。标准将城市管理的诸多指标进行量化。如生活垃圾收集方面，规定一、二级道路（区域）果皮箱应当每日内部清掏、外部保洁，清掏和保洁每日不少于4次，公交站台、小饮食店、繁华商业区等人口密集区域应增加频次；三级道路（区域）果皮箱每日清掏和保洁不少于3次，并根据箱体内垃圾存量随时清掏、保洁。城市主、次干道亮灯率方面，城市功能照明设施，主干道亮灯率≥97%，次干道、支路的亮灯率≥95%；城市快速路、主干道照明设施应每年进行1次照明质量检测，支、次干道照明设施应每2年进行1次照明质量检测。城市井盖方面，缺失、严重破损的，除应进行预处理外，其中缺失的在24小时内补齐，破损的在3天内更换完毕；井框破损或井盖沉降需要整套更换的，应在3天内整改完毕。市容秩序管理方面，将市容秩序管理划分为严管街（路）、管控街（路）和规范街（路）三类，做出不同的管理要求；在具体落实精细化管理提标目标时，根据街（路）分类管理的实际，建立街（路）长制，落实属地管理、街道主导，做到路段全覆盖、责任全落实。精细化管理是一个系统工程，建立标准化管理体系是城市精细化管理的基础。

2019年泉州市律师实务交流与研讨会在德化举行

21—22日，2019年泉州市律师实务交流与研讨会在德化举行。市、县（市、区）司法局分管负责人和全市律师所选派的律师、高校专家学者等130多人参加。研讨会围绕“政府法律顾问、村（社区）法律顾问、企业破产管理、农村集体产权改革制度、法律+科技时代的律师服务业发展”等律师实务开展研讨，89篇论文参会研讨，其中15篇论文被推选提交大会交流。入选作者就论文研讨主题发表演讲，与会律师分享各自的学术观点和实务经验。最后，大会评委会评定福建华晖律师事务所等9家律师所获优秀论文组织奖，蔡炳福、柯福星、郑晋、鲍莹玉、张居彪5位作者的3篇文章获论文一等奖。市司法局有关负责人表示，希望律师们通过律师实务交流与研讨会等形式，锤炼精深本领，践行忠于宪法、忠于祖国、忠于人民，维护法律的正确实施、维护社会公平正义的崇高信念。希望市律师协会改进工作作风，增强服务意识，把握律师需求，及时回应律师关切，维护律师执业权利和规范律师执业行为“两手抓”，同时，为律师提升业务能力搭建各类平台。

惠安举办台湾黄金百香果采摘节

2019年惠安县“中国农民丰收节”暨台湾黄金百香果采摘节在惠安县辋川镇峰南村举办。此次活动以“惠民庆丰收 礼赞70年 振兴新农村”为主题，乡村为舞台、让农民唱主角，展现该县农业农村发展的成果。通过农产品展示展销交流会、台湾黄金百香果采摘、农事体验互动比赛、“我为家乡农产品代言”摄影创作展、民俗表演等系列活动内容，将农民丰收的喜悦展现得淋漓尽致。

2019泉州电商创新创业创造大赛启动

由市政府、省商务厅指导，市商务局、市人才办、市人力资源和社会保障局等主办，泉州市电子商务中心、泉州市跨境电商协会等协办的2019泉州电商创新创业创造大赛启动。从2017年的全省首个电商“双创”大赛，到2018年升级为电商“三创”大赛，两届大赛都为泉州发现和遴选优秀电商创新创业项目起到重要的推动作用。已有校品会、95来呗、临临期等一批参赛获奖项目在泉州落地。2019年，大赛赛程、赛制进一步完善，参赛项目分类更明确、细化，大赛评审组也更加重视项目的可操作化、可落地性。2019泉州电商创新创业创造大赛项目组分为创新创业组和创造组，比赛内容为电子商务相关项目，涵盖农村电商、跨境电商、服务业电商、社交电商、产业电商和电商创新等领域创业项目。启动仪式上，华侨大学教授洪国彬、泉州师范学院陈火全博士两位专家评委分别发布创造组和创新创业组的参赛条件、评审方式、评分标准等参赛注意事项。专家提醒，项目团队在报名时一定要参照相关要求，选择准确的项目填报。创新创业组指的是项目发展还在初创阶段或者策划、创意阶段，各方面都还在起步期。创造组指的是项目已经发展一段时期，取得一定的成果，并且以公司化方式来运营。创造组还新增销售类项目和非销售类项目的分类，销售类项目指依托第三方平台和自营平台的B2C项目（含跨境贸易）项目。

泉州统一战线“我和我的祖国”主题演讲会举行

泉州统一战线庆祝中华人民共和国成立70周年“我和我的祖国”主题演讲会在泉州市青少年宫举行。演讲会上，各民主党派、工商联，宗教界、港澳同胞、少数民族和民办教育界的14位代表通过演讲方式，讲述泉州统一战线成员与共和国同成长、共命运的故事，抒发他们热爱党、热爱祖国、热爱统一战线的情感，表达对伟大祖国繁荣昌盛的美好祝愿。与会的统一战线成员纷纷表示，要以庆祝中华人民共和国成立70周年系列活动为契机，自觉把思想和行动统一到中共十九大和中央、省委、市委决策部署上来，弘扬爱国情、激发奋斗热情，以实实在在的行动，携手开创泉州发展新局面，以优异成绩庆祝新中国成立70周年。

晋江首次评选十佳新型职业农民

为庆祝2019年“农民丰收节”和中华人民共和国成立70周年，晋江举行“庆丰收 迎国庆”农民游园活动，30位优秀人才获颁首批晋江市优秀农村实用人才、晋江市十佳新型职业农民称号。为宣传晋江十佳新型职业农民、优秀农村实用人才专注农业农村、创业干事的典型风采，展示他们务实重干、开拓创新的精神风貌，营造社会氛围，8月，晋江市委农办、晋江市农业农村局开展征集首批十佳新型职业农民和优秀农村实用人才典型事迹活动。经过一个多月时间评选，吕建波等10人获“晋江市十佳新型职业农民”荣誉称号，王权等20人获“晋江市首批优秀农村实用人才”称号。活动现场，中国农业银行晋江市支行为获奖者每人信用授信30万元，并给予利率优惠。评选活动旨在更好地展现晋江农民新气象、新成就，鼓励农民积极、主动、创造新生活，营造重农崇农的浓厚氛围，凝聚爱农支农的强大力量。活动现场还举行晋江市美丽乡村建设成果展、乡村微景观成果展、盆景展、工艺美术展、创意集市、伴手礼展销等活动。

相关链接：晋江各基层农技人员以“农”为本，致力于农业新技术推广，解决农业科技推广“最后一公里”难题，为推进现代农业发展架桥铺路。2017年以来，组织1653人参与新型职业农民培训，认定新型职业农民252人，确认农民助理技师资格67人、农民技术员资格12人，同时也涌现出一批爱农业、懂技术、善经营的新型职业农民，培育壮大农业新型经营主体。

9月23日

农历己亥年八月廿五
星期一
温度：22℃—31℃
多云

●康涛检查督导安全生产工作落实情况。

●由市政府、省商务厅指导，市商务局、市人才办、市人力资源和社会保障局等主办，泉州市电子商务中心、泉州市跨境电商协会等协办的2019泉州电商创新创业创造大赛启动。

●泉州统一战线庆祝中华人民共和国成立70周年“我和我的祖国”主题演讲会在泉州市青少年宫举行。

●晋江举行“庆丰收 迎国庆”农民游园活动，30位优秀人才获颁首批晋江市优秀农村实用人才、晋江市十佳新型职业农民称号。

9月24日

农历己亥年八月廿六
星期二
温度：22℃—29℃
多云转晴

●市委常委会召开会议，学习《中国共产党宣传工作条例》《中国共产党问责条例》，学习习近平对国家网络安全宣传周指示精神和省委常委会会议精神。

●全市主题教育专项整治工作部署会召开，传达全省第二批主题教育专项整治工作会议精神，落实中央、省委和各专项整治实施方案的有关要求，研究部署泉州市主题教育专项整治工作。

●市直老干部祝寿会举行。

●市领导分别带队到鲤城、丰泽慰问百岁老人，向他们送上祝福与问候。

●由市委老干部局和泉州晚报社主办的离退休干部“老照片新成就”摄影展在泉州市老干部活动中心举行。

●2019年第一次农产品地理标志登记专家评审会在北京举行，泉州市“德化黑鸡”“大铭生姜”“山格淮山”“安海土笋冻”4个农产品通过专家评审。

市委常委会学习习近平对国家网络安全宣传周指示精神

市委常委会召开会议，学习《中国共产党宣传工作条例》《中国共产党问责条例》，学习习近平对国家网络安全宣传周指示精神和省委常委会会议精神。会议强调，要旗帜鲜明坚持党管宣传、党管意识形态、党管媒体，自觉担负起举旗帜、聚民心、育新人、兴文化、展形象的使命任务，推动宣传工作实起来、强起来。要把学习贯彻《中国共产党问责条例》作为重要政治任务，增强贯彻执行的自觉性，组织党员干部对照检视，把刚性要求转化为担当行动。要增强政策把握的精准性，坚持严管厚爱结合、激励约束并重，树立鲜明的干事导向。要增强监督问责的实效性，压实管党治党政治责任，把制度的刚性立起来，推动各项规定落到实处。习近平对国家网络安全宣传周的指示，为做好网络安全工作提供根本遵循。要强化政治自觉行动自觉，按照中央、省委部署，应对网络安全挑战，维护人民群众在网络空间的切身利益。

市直老干部祝寿会举行

市直老干部祝寿会举行。市领导向老干部、老同志致以节日问候和良好祝愿，祝他们健康长寿，并祝全市老年朋友节日快乐。市委书记康涛指出，全市上下正贯彻落实习近平在参加十三届全国人大二次会议福建代表团审议时的讲话精神，开展主题教育，推动高质量发展，增强群众的获得感、幸福感、安全感。希望各位老同志发挥独特优势，积极建言献策，为泉州各项事业发展加油鼓劲。各级各部门要落实习近平关于老干部工作指示要求，落实各项惠老政策，突出“有感”的精准服务，用心用情、周到周全，把党的关怀和温暖送到老同志的心坎上。

泉州市开展重阳节慰问活动

市领导分别带队到鲤城区、丰泽区慰问百岁老人，向他们送上祝福与问候。市老龄办统计，截至6月，全市有百岁及以上老人444人，比2018年同期增加40人。其中，男性53名，占11.9%。女性391名，占88.1%。百岁老人最多的是南安市，有118名；其次是晋江市，有68名。全市年龄最大者111岁，是南安市向阳乡卓厝村的林累。全市80岁以上老年人有近16万人，已建立高龄老人生活补贴制度，其中百岁老人每人每月补贴不少于300元，每位百岁老人重阳节还可领到省级慰问金1000元。80岁及以上老年人每人每月补贴不少于50元。同时，泉州为80周岁以上老年人购买意外伤害保险，为65周岁以上的老年人建立健康档案，实施“医疗+养老”，为老年人提供更优质的医疗养老服务。

泉州市4个农产品通过国家农产品地理标志评审

2019年第一次农产品地理标志登记专家评审会在北京举行，泉州市“德化黑鸡”“大铭生姜”“山格淮山”“安海土笋冻”4个农产品通过专家评审。近年来，泉州市贯彻落实省政府加快品牌农业发展七条措施，坚定不移走质量兴农之路，将全市品牌影响广、发展空间大、具有独特特征的优质农产品纳入农业部地理标志登记范围，加快推动泉州市农业向绿色化、优质化、特色化、品牌化发展。此前，全市已拥有“泉州龙眼”“鲤城东壁龙眼”“晋江衙口花生”“晋江紫菜”“惠安余柑”“蓬华脐橙”“安溪铁观音”“永春白番鸭”“德化黄花菜”“德化淮山”“德化黑兔”“德化十八学士茶花”“德化黑羊”“德化梨”14个具有泉州地方特色的农产品地理标志，品牌创建持续保持全省领先。农产品地理标志是指标示农产品来源于特定地域，产品品质和相关特征主要取决于自然生态环境和历史人文因素，并以地域名称冠名的特有农产品标志。农产品地理标志登记保护旨在培育、保护和发展农产品品牌，是促进特色农业发展的重要举措。

全市各地举行第三季度重点项目开竣工活动

25—27日，全市各地举行第三季度重点项目开竣工活动，涉及项目178个，总投资852亿元。其中，开工项目93个，总投资368亿元，竣工项目85个，总投资484亿元，涵盖交通、工业、能源、教育、旅游、基础设施、城建环保和社会民生等领域。

位于泉港区南山片区的特种陶瓷材料先驱体产业化项目于2018年4月初开工建设。该项目由福建火炬电子科技股份有限公司全资子公司福建立亚化学有限公司投资建设，总投资7.5亿元，新建18条生产线，产品主要应用于工业、医学、电子、航天、航空等领域。历经一年多建设，项目已建成竣工。石狮海洋船舶北斗卫星导航系统及通信设备飞通（福建）生产项目，为福建省海洋强省在建重大项目。项目选址石狮高新区，总投资1.3亿元。中国正加快北斗卫星导航系统建设，推动北斗卫星导航系统的民用产业化应用，鼓励海洋船舶通信导航科技领域采用北斗卫星导航兼容其他卫星导航系统。该项目的建成投产，将补充相关产业空白，提升城市经济。此外，晋江乔丹工程扩建改造项目开工建设，将引进意大利进口流水线设备，推动技术达到国内领先水平，提高企业产能、增加就业。惠安裕忠差别化化学纤维项目（一期）建成投产，其生产的ES纤维丰富和优化了非织造布产品品种和质量。选址安溪的泉州闽光钢铁烧结改造、料场综合省级改造项目，将通过升级设备、引进先进技术设备，加快提升企业产能。

第三季度，泉州市部分幼儿园、小学、中学新（迁）建项目陆续开工建设或竣工交付。其中，洛江阳江学园（小学校区）、晋江紫峰中学综合楼及体育馆项目、晋江深沪第二中心幼儿园建设项目、惠安城南第三实验小学项目、永春县实验幼儿园迁建项目等开工建设；石狮凤里第二中心幼儿园、洛江实验小学第二校区、石狮市第七实验小学、德化鹏祥中学、泉州台商投资区凤浦幼儿园等项目竣工交付。项目投用后，可整合本地区的教育资源，优化教育布局，推动教育事业可持续发展。

泉州菲莉喜来登大酒店、泉州众和豪生大酒店两大国际顶级酒店开工建设。泉州菲莉喜来登大酒店总投资10亿元，选址泉州海峡体育中心南侧，总建筑面积约4.5万平方米，引进国际顶级酒店公司万豪国际集团旗下喜来登品牌，拟建设成集度假旅游、城市商务、休闲娱乐于一体的国际五星级酒店。项目建成后，可服务海峡体育中心及周边商住载体举办的各类文化、体育、娱乐活动，提高城东片区服务配套设施水平。同样选址于城东的泉州众和豪生大酒店，总投资6亿元，选址于安吉南路星光耀万达广场16号楼，总建筑面积5.3万平方米，将建设五星级标准客房、综合配套裙楼以及会议宴会、餐饮等设施，打造丰泽、洛江区域高端生活、文化辐射中心。此外，惠安禹洲酒店、泉州台商投资区维也纳商务酒店及区域营运中心项目同期开工建设；永春天沐温泉旅游度假区项目、德化九仙山酒店等项目竣工。其中，维也纳商务酒店是维也纳酒店在闽南地区建设的首家旗舰店，项目按照四星级标准建设。

福建省第四届燃气行业职工岗位技能竞赛在泉州举行

25—27日，由福建省城市建设协会、市城市管理局主办的2019年福建省第四届燃气行业“新奥杯”职工岗位技能竞赛在泉州举行。省内各地级市8支代表队、90名选手参赛。竞赛内容包含管道调压工和维修客服员两个工种，分为理论考试和技能实操考核两部分。

惠安县2019年青年集体婚礼活动举行

惠安县2019年“牵手风车岛·传承惠女情”青年集体婚礼活动在该县小岞美术馆举行，20对新人身穿惠安传统婚服参加活动。在上百人的见证下，新人依次进行穿越爱情门、互喂喜丸、奉茶等具有传统惠安民俗、闽南喜俗文化寓意的特色结婚礼仪。此次集体婚礼是惠安开展新时代文明实践移风易俗主题活动的举措，更是弘扬中华优秀传统文化和时代新风的创新之举。

9月25日

农历己亥年八月廿七
星期三
温度：21℃—30℃
晴

●25—26日，市领导“不忘初心、牢记使命”主题教育集中学习读书班举办。

●25—27日，全市各地举行第三季度重点项目开竣工活动，涉及项目178个，总投资852亿元。其中，开工项目93个，总投资368亿元，竣工项目85个，总投资484亿元。

●25—27日，由福建省城市建设协会、市城市管理局主办的2019年福建省第四届燃气行业“新奥杯”职工岗位技能竞赛在泉州举行。

●惠安县2019年“牵手风车岛·传承惠女情”青年集体婚礼活动在该县小岞美术馆举行。

9月26日

农历己亥年八月廿八
星期四
温度：22℃—30℃
晴转多云

●省第十三届人民代表大会常务委员会第十二次会议对泉州市人民代表大会常务委员会报请批准的《泉州市晋江洛阳江流域水环境保护条例》进行审议，高票通过，决定批准该条例。

●十二届市政协第十九次主席会召开，协商十二届泉州市政协常委会第十七次会议相关事项。

●泉州市第十一届运动会在市体育中心侨乡体育馆闭幕。

●由市纪委监委、市委市直机关工委、市总工会、市文联主办的“践行新思想 建功新时代——泉州市直机关庆祝中华人民共和国成立70周年书法邀请展”在泉州市华侨历史博物馆举行。

●由市委文明办、市卫健委、市民政局主办的“共话壮丽70年·我与祖国共成长——与共和国同龄老年人志愿助老活动”举行。

●市教育系统庆祝新中国成立70周年暨“不忘初心，牢记使命”主题教育晚会在泉州大剧院举行。

●由中国侨联主办，省侨联、市侨联、鲤城区侨联承办的2019年“寻根之旅”夏令营——福建鲤城营开营仪式在泉州七中举行。

●由泉州市作家协会主办，菲中友谊促进会、泉州市文艺评论家协会等协办的泉州籍菲律宾知名作家黄一泓小说集《马尼拉湾的落日》首发式在泉州举行。

●由洛江区委宣传部、区直机关工委、区文体旅游局、团区委主办的洛江区“不忘初心·筑梦前行”庆祝新中国成立70周年徒步活动举行。

●以宣传“晋江经验”为主题的重大现实题材电视连续剧《爱拼会赢》在晋江开机。

《泉州市晋江洛阳江流域水环境保护条例》获批

省第十三届人民代表大会常务委员会第十二次会议对泉州市人民代表大会常务委员会报请批准的《泉州市晋江洛阳江流域水环境保护条例》进行审议，高票通过，决定批准该条例。晋江、洛阳江流域是泉州的母亲河。多年来，市委、市政府高度重视保护两江流域水环境。早在2006年，市十三届人大七次会议就通过《关于加快近海水域环境污染治理的决议》，将泉州市近海水域环境污染治理工作作为一项法定任务加以贯彻执行。2017年1月，市十六届人大一次会议通过《关于进一步加强全市流域水环境保护的决议》，推动流域治理由重点流域（含近海水域）向小流域延伸拓展，实现从水域到陆域、从河岸到海岸、从源头到入海的全市流域水环境保护工作全覆盖。2018年9月，泉州市政府向市人大常委会提请审议《泉州市晋江洛阳江流域水环境保护条例（草案）》。2018年以来，市人大常委会从落实科学立法、民主立法、依法立法出发，通过网上公开全文、走访调研、专题论证、召开座谈会等方式，多渠道、多层次征求意见，草案先后修改数十次，反复推敲打磨、字斟句酌，力争体现地方特色。报请批准的两江条例更加突出“短法、管用、有特色”，既紧跟中央政策大势，把水环境质量“只能更好、不能变坏”写入法规，又结合两江沿岸地区经济发展迅速、人口密集的市情实际，因地制宜，将立法重心放在处理水环境保护和经济发展、民生保障两方面的关系。

市直机关庆祝新中国成立70周年书法邀请展举行

由市纪委监委、市委市直机关工委、市总工会、市文联主办的“践行新思想 建功新时代——泉州市直机关庆祝中华人民共和国成立70周年书法邀请展”在泉州市华侨历史博物馆举行。图为展览开幕式。（图/吴寿民）

泉州籍菲律宾知名作家黄一泓小说集在泉州首发

由泉州市作家协会主办，菲中友谊促进会、泉州市文艺评论家协会等协办的泉州籍菲律宾知名作家黄一泓小说集《马尼拉湾的落日》首发式在泉州举行，吸引了我市近百名作家和文艺界人士到场交流，畅谈文学创作。《马尼拉湾的落日》共有《紫菱花》《海庙》《满姐》等16个篇章。祖籍地和旅居地的双重影响，构成黄一泓独特的写作基调。黄一泓，出生于泉州，1994年旅菲。1998—2006年，黄一泓为菲律宾华文报纸撰写专栏，共计150多万字。2013年策划主持出版大型人物速写画册《菲律宾新闽商传奇》，2016年出版散文随笔集《点到为止》。

重大现实题材电视连续剧《爱拼会赢》在晋江开机

以宣传“晋江经验”为主题的重大现实题材电视连续剧《爱拼会赢》在晋江开机。为贯彻落实习近平关于“晋江经验”的指示精神，在省委宣传部重视支持下，由省文联牵头，泉州市委宣传部、晋江市委宣传部密切配合，共同组织创作《爱拼会赢》。该剧是国内第一部全面展现晋江改革开放历程的现实主义题材电视剧作品，预计2020年在中央电视台一套播出。该剧由著名导演李小平执导，著名编剧马连伦、宋凌云、张多、鲍丹露创作。该剧讲述一群在时代的大潮中敢想敢拼的年轻人，他们无论遇到什么困难，始终都不放弃自己的初心。剧中男一号高海生由著名青年实力派演员于晓光担纲。剧中高海生的妻子叶大莲，是一位与丈夫一同创业的典型的闽南女性代表，由甘婷婷出演。

康涛到中心市区调研民生热难点问题

市委书记康涛到中心市区调研，就民生热难点问题，听取意见建议。座谈会上，鲤城、丰泽、洛江的部分社区居民代表、社区工作者和基层干部分别发言，围绕老旧小区改造、基础设施建设、小区物业监管等提出意见建议。康涛强调，要坚守初心，牢记全心全意为人民服务的根本宗旨，把握主题教育“为民服务解难题”这一重要目标，落实“找差距、抓落实、解难题、化积案”，推进“强基促稳”行动，从体制机制上寻求突破，做到问题不解决不松劲、解决不彻底不放手、群众不认可不罢休。要开门搞教育，请群众参与、让群众监督、由群众评价，盯住民生重点领域，主动问需于民、问计于民、问策于民，动员群众参与家园共造。要盯着问题立行立改抓落实，按照“问题清单、责任清单、整改清单”三张清单及“定期摸排机制、限期解决机制、长期跟进机制”三项机制，打通“最后一百米”，推动从解决一个问题到解决一类问题，让群众感受到主题教育带来的新变化新成效。要按照中央、省委部署要求，加强乡镇（街道）、村（社区）主题教育分类指导，注重上下联动，聚焦乡村振兴、脱贫攻坚、基层治理、服务群众等找差距抓落实，从体制机制上解决群众最急最忧最盼的问题。

泉州市庆祝新中国成立70周年文艺演出举行

由市委宣传部、市委文明办、市文旅局、市文联、泉州晚报社、泉州广播电视台主办的“欢乐泉州·同心共筑中国梦”——泉州市庆祝新中国成立70周年文艺演出在泉州经贸职业技术学院举行。图为文艺演出现场。

（图/张九强 陈智勇）

泉州市第十二届老年文化艺术节开幕

由市委组织部、宣传部、老干部局等主办的“壮丽七十年 奋进新时代”泉州市离退休干部庆祝新中国成立70周年暨泉州市第十二届老年文化艺术节开幕式文艺演出，在市区府文庙广场举行。图为文艺演出现场。

（图/泉州晚报社）

全国首个预包装食品出口试点落户石狮

国家海关总署进出口食品安全局批复，同意在石狮服装城开展市场采购贸易方式出口预包装食品试点，此系全国首个也是唯一一个预包装食品出口试点。泉州是中国三大重点食品生产基地之一，据不完全统计，2018年全市食品工业企业近1400家，规模以上企业销售产值1168.23亿元，全行业全年总产值1373亿元，传统的“一张订单、一款产品、整柜发货”的贸易方式，已经很难适应实际业务需求。在市场采购贸易方式的模式下，厦门、泉州、漳州和龙岩等地生产的预包装食品，仅需在石狮当地商务部门办理备案登记并入驻石狮服装城市场集聚区，经确认后列入《市场采购贸易方式出口预包装食品合格供货商名录》，即可采取市场采购贸易的方式出口，实现对“出口食品生产企业备案”和“产地检验”两项出口通关管理制度的突破性改革。这意味着，众多未能获得海关出口食品生产企业备案资质的中小企业、主营内贸的食品厂，也可以轻松实现出口创收。

9月27日

农历己亥年八月廿九
星期五
温度：23℃—32℃
阴转多云

●康涛到中心市区调研，就民生热难点问题，听取意见建议。

●康涛看望慰问部分新中国成立前入党的老党员，以及“庆祝中华人民共和国成立70周年”纪念章获得者代表，并向纪念章获得者送上党中央、国务院、中央军委颁发的珍贵纪念章。

●市委常委会会议暨市委主题教育领导小组第二次会议召开，传达学习习近平在河南考察调研“不忘初心、牢记使命”主题教育讲话和全省市、县主题教育工作推进会精神。

●市政府党组（扩大）会议召开，传达学习《中国共产党宣传工作条例》及有关通知、会议精神；传达贯彻《中国共产党问责条例》及省委常委会会议、市委常委会会议精神。

●市政府第七十次常务会议召开，听取泉州市食品安全工作情况汇报，研究部署食品安全和节日相关工作。

●市政府与市政协召开会议，围绕“推进学前教育优质普惠发展”展开专题协商。

●由市委宣传部、市委文明办、市文旅局、市文联、泉州晚报社、泉州广播电视台主办的“欢乐泉州·同心共筑中国梦”——泉州市庆祝新中国成立70周年文艺演出在泉州经贸职业技术学院举行。

●由市委组织部、宣传部、老干部局等主办的“壮丽七十年 奋进新时代”泉州市离退休干部庆祝新中国成立70周年暨泉州市第十二届老年文化艺术节开幕式文艺演出，在市区府文庙广场举行。

●国家海关总署进出口食品安全局批复，同意在石狮服装城开展市场采购贸易方式出口预包装食品试点，此系全国首个也是唯一一个预包装食品出口试点。

9月28日

农历己亥年八月三十
星期六
温度：23℃—32℃
多云转晴

●康涛到安溪调研，围绕高质量稳定脱贫和老区苏区贫困村发展，查找短板问题，听取意见建议。

●王永礼看望慰问部分“庆祝中华人民共和国成立70周年”纪念章获得者。

●泉州市机关干部职工庆祝新中国成立70周年暨“不忘初心、牢记使命”主题教育散文诵读会在泉州府文庙广场举行。

●民建泉州市委庆祝新中国成立70周年书画摄影展暨民建福建省委书画院泉州分院、福建民建泉州艺术馆、民建泉州市委书画院成立仪式在泉州信息工程学院举行。

●全市宗教界举行庆祝新中国成立70周年升国旗仪式。

●27—28日，全市各县（市、区）举行各种活动庆祝新中国成立70周年。

康涛到安溪调研脱贫工作

市委书记康涛到安溪调研，围绕高质量稳定脱贫和老区苏区贫困村发展，查找短板问题，听取意见建议。康涛强调，全市各级党委、政府要把提高脱贫质量放在首位，把稳定脱贫作为政治任务，带着责任、带着感情在“防返贫、控新贫、稳脱贫”上下功夫。要善于“解剖麻雀”，既抓住成效突出的典型村总结经验、建长效机制，推动“盆景”变“风景”，也要梳理一些工作短板村，找到差距、摸准症结、多想办法，探索更有针对性、更精细化的脱贫之策。要发挥乡镇扶贫协会、制茶大师、老人协会的市场、技术、威望等优势，帮贫困群众找出路，强化技能培训，发展特色产业，参与多元经营，彻底拔掉穷根。要对住房安全保障再核实、再落实，确保让贫困户住得舒心。要动员社会力量，营造互帮互助风气，关心关注贫困户子女的教育、就业、成长成才。要完善农村生活污水垃圾处理专业化维护管理的长效机制，分轻重缓急解决好通自然村道路、特色产业用地等制约，拓展长远发展的空间，加快老区苏区乡村振兴。

康涛（左六）与西坪镇龙地村干群共话脱贫与乡村振兴（图/陈起拓）

全市宗教界举行庆祝新中国成立70周年升国旗仪式

为庆祝新中国成立70周年，全市宗教界代表人士、民间信仰场所负责人及市委统战部、市民宗局相关负责人在基督教泉南堂，举行升国旗仪式。上午9时，全体人员自觉肃立，注视五星红旗在乐曲中进场。随着五星红旗冉冉升起，大家行注目礼，国歌声回荡在基督教泉南堂上空。紧接着，一场由泉州市基督教两会主办，主题为“祝福祖国·筑梦海丝”的庆祝新中国成立70周年文艺演出举行。大合唱《祖国，慈祥的母亲》、舞蹈《中华儿女一起来赞美》、独唱《祖国之恋》等由全市各地基督教会选送的节目轮番上演，吸引700多名宗教界人士和信教群众观看。参加活动的宗教界人士纷纷表示，将更加坚定爱国、爱教、爱乡信念，弘扬爱国主义精神，永远跟党走，创建和谐寺院（堂），做爱国爱教典范；提高宗教团体联系和服务信教群众的能力，服务社会、造福人群，把宗教自身发展和国家的前途命运联系起来，为国家强盛、民族复兴作贡献。

全市各县（市、区）庆祝新中国成立70周年

27—28日，全市各县（市、区）举行各种活动庆祝新中国成立70周年。27日，洛江区举行“礼赞新中国·奋斗新时代”庆祝新中国成立70周年书画摄影作品展，展现洛江大美、歌颂祖国辉煌；洛江区阳光国际广场小区业主自发举行“迎国庆、庆重阳”联欢晚会，抒发对祖国的祝福、对生活的热爱；永春县举行庆祝中华人民共和国成立70周年·红色经典名曲音乐会，加拿大多伦多室内乐团以室内乐的形式让观众感受恢弘大气的中国式情怀。28日，“礼赞新中国·拥抱世中运”晋江市第二届少儿文创市集“开市”；由南安市妇联、总工会、团委主办的南安市群团组织庆祝新中国成立70周年暨“不忘初心、牢记使命”主题会演在成功国际会展中心举行；惠安县文化体育和旅游局等举行“多彩惠西”旅游徒步活动，庆祝行中国成立70周年。

泉州5G产业发展联盟成立

泉州5G产业发展联盟成立。市长王永礼，市直有关部门负责人、联盟成员单位代表等300余人参加活动。王永礼表示，泉州企业爱拼敢赢，数字泉州建设商机无限。希望泉州5G产业发展联盟各成员单位和互联网领头羊企业，参与数字泉州建设、推进泉州5G产业发展。希望联盟能够共建共享共赢，团结更多力量、调动更多资源，发挥5G应用和产业发展“加速器”的作用，加快5G网络布局建设，推进5G在工业互联网、车联网、智慧城市、数字产业、数字民生等方面的示范应用，更快更好地服务泉州高质量发展落实赶超。泉州5G产业发展联盟由中国移动泉州分公司、华为、南威软件、西人马联合测控、中兴通信、中国电信泉州分公司、中国联通泉州分公司、中国铁塔泉州分公司、福建广电网络集团泉州分公司等多家机构联合发起，共有成员单位142家。该联盟将加快泉州5G建设，完善泉州5G生态系统，构建安全、高效、智能的信息通信基础设施，为泉州产业转型升级提供重要的信息技术支撑。

泉州5G产业发展联盟成立仪式（图/东南早报）

泉州市庆祝新中国成立70周年交响音乐会举行

由市委宣传部、市委市直机关工委、市文旅局主办，泉州歌舞剧团、泉州交响乐团承办的“我和我的祖国”——泉州市庆祝新中国成立70周年交响音乐会在泉州大剧院举行。市四套班子领导、市直部门负责人、市直机关干部职工、高校学生和社会各界代表近千人观看演出。《祖国颂》《我爱你，中国》《我和我的祖国》《春天的故事》《望明月》等10多个节目相继演奏，这些歌曲以红色经典为主，也有不少极具时代特征和民族特色的作品，表演者通过合唱、独唱、小组唱形式多样的演绎，传递泉州人民的爱国之情。

泉州市庆祝新中国成立70周年交响音乐会现场（图/泉州晚报社）

泉州市美术作品展举行

9月29日至10月13日，由市委宣传部、中国闽台缘博物馆、市文联和市文旅局主办的泉州市美术作品展在中国闽台缘博物馆举行。展览旨在庆祝中华人民共和国成立70周年，展示泉州70年来特别是改革开放以来取得的成就，彰显泉州地域特色。全市125位美术家参加，展出125幅作品，涵盖中国画、油画、水彩画、漆画、版画、雕塑、综合材料等。艺术家用特有的艺术触觉，用多彩的画笔，从不同题材、不同视角、不同手法、不同样式描绘时代画卷，展现泉州人民开拓进取、爱拼敢赢的时代精神，体现泉州美术家的责任意识与社会担当。近年来，泉州美术家创做出一批反映现实生活题材的美术作品，在主题构思、形象塑造、绘画语言上均有较大幅度的提升。参展作品代表着近年来泉州美术的最新创作成果与创作水平，展示泉州美术界焕发出的崭新精神面貌。

泉州市美术作品展现场（图/吴寿民）

9月29日

农历己亥年九月初一
星期日
温度：24℃—33℃
多云

●全市“不忘初心、牢记使命”主题教育工作推进会召开，研究部署下阶段工作，推动主题教育扎实深入开展。

●泉州5G产业发展联盟成立。

●中华人民共和国国家勋章和国家荣誉称号颁授仪式在北京人民大会堂举行，前中国羽毛球队总教练、祖籍南安的王文教被授予“人民楷模”国家荣誉称号。

●由市委宣传部、市委市直机关工委、市文旅局主办，泉州歌舞剧团、泉州交响乐团承办的“我和我的祖国”——泉州市庆祝新中国成立70周年交响音乐会在泉州大剧院举行。

●9月29日至10月13日，由市委宣传部、中国闽台缘博物馆、市文联和市文旅局主办的泉州市美术作品展在中国闽台缘博物馆举行。

●天安门国旗班首任班长董立敢携带一面特号国旗，出席泉州师范学院举行的“与国旗同框·向祖国告白”庆祝中华人民共和国成立70周年升国旗仪式。

9月30日

农历己亥年九月初二
星期一
温度：26℃—33℃
阴

●泉州市向革命烈士纪念碑敬献花篮仪式在革命烈士陵园举行。

●王永礼到基层调研督导企业安全生产、交通运输安全和人员密集场所安保等工作。

●由省文物局、市文旅局主办，福建省文物鉴定中心、德化县文旅局、德化县顺美海丝陶瓷历史博物馆承办的“华光溢彩——福建省非国有博物馆馆藏精品联展”在德化县顺美海丝陶瓷历史博物馆开幕。

●9月30日至10月4日，由晋江市政府支持，泉州晚报社、泉州汽车同业协会、晋江市贸促会主办的第26届泉州（晋江）国际车展在晋江SM国际展览中心举行。

泉州市举行向革命烈士纪念碑敬献花篮仪式

泉州市向革命烈士纪念碑敬献花篮仪式在革命烈士陵园举行。市四套班子领导康涛、王永礼、陈灿辉、李转生、张永宁、孔繁军、游宇飞、林万明、季翔峰、洪自强等和泉州军分区领导王永春等，与各界代表一起参加仪式。9时许，国歌声响起，敬献花篮仪式开始。全体人员面向纪念碑肃立，脱帽向为中国人民解放事业和新中国建设事业英勇献身的烈士默哀致敬。默哀毕，佩戴红领巾的少先队员们齐声歌唱《我们是共产主义接班人》，并致少年先锋队队礼，表达他们继承革命先辈的光荣传统、踏着烈士足迹奋勇前进的远大志向。在《献花曲》中，10名武警礼仪兵抬起花篮，缓步走向纪念碑，将寄托哀思的花篮整齐摆放在基座前。市委书记康涛、市长王永礼、市人大常委会主任陈灿辉、市政协主席李转生、泉州军分区副司令员分别代表市四套班子和泉州军分区，在花篮前驻足凝视。康涛上前整理花篮缎带，向革命烈士致以敬意。随后，参加仪式人员绕行一周瞻仰革命烈士纪念碑，敬献鲜花。

王永礼调研督导安全生产工作

市长王永礼到基层调研督导企业安全生产、交通运输安全和人员密集场所安保等工作。在中化泉州乙烯项目施工现场，王永礼询问项目建设进展，查看各项安全措施及监管制度落实情况。王永礼强调，要加强防范意识，层层压实责任，强化施工安全检查，突出抓好重点环节、关键部位的安全工作，做好安全监管和服务保障，在泉州动车站检查，王永礼一边查看一边就关切问题发问。王永礼要求，要针对节假日出行特点，加强监测管理，科学统筹调度，完善人员疏散、运力供应、物资储备等各项应急预案，保障人民群众生命财产安全。在泉州高速公路公安交通指挥中心和沈海高速泉州西福高速入口，王永礼了解实时车流量、重要易拥堵路段、高速交通应急预案等情况，要求加强大数据分析，科学调度警力疏导交通，及时提醒市民错峰出行，确保节日期间道路交通安全顺畅有序。

福建省非国有博物馆馆藏精品联展在德化开幕

由省文物局、市文旅局主办，福建省文物鉴定中心、德化县文旅局、德化县顺美海丝陶瓷历史博物馆承办的“华光溢彩——福建省非国有博物馆馆藏精品联展”在德化县顺美海丝陶瓷历史博物馆开幕。省内的厦门奥林匹克博物馆、福建省雨田古代玉器博物馆、福建省贞美历史文化博物馆、福建省东星石文化艺术博物馆、厦门市悦成老爷车博物馆、福建省黄羲博物馆、福建省海丝钟表博物馆等极具代表性的非国有博物馆参展。联展期间展出藏品150余件，包括陶瓷、矿石、玛瑙、珠宝、根雕、古钟、拓片、奥运纪念徽章以及字画珍品等，题材广泛、内容丰富，多维度展示八闽大地的历史文化底蕴。展品包括何朝宗的典型作品——《持经观音》，造型生动，线条流畅；天然石画《林海雪原》，因其天然形成的水墨画意象特征，令人称奇；还有来自古代游牧民族斯基泰人的蓝琉璃金带饰等各个非国有博物馆的珍藏品。

第26届泉州（晋江）国际车展举行

9月30日至10月4日，由晋江市政府支持，泉州晚报社、泉州汽车同业协会、晋江市贸促会主办的第26届泉州（晋江）国际车展在晋江SM国际展览中心举行。该届车展共有70多个品牌、700多款车型集中亮相。为确保安全，泉州、晋江两级公安及相关监管部门负责人多次视察安保现场，要求加大智能安防人脸识别及人流监控系统投入，严格控制车展人流，并增派警力到现场协助维持秩序，为车展保驾护航。

市直机关庆祝新中国成立70周年升旗仪式举行

市委、市政府在市行政中心广场举行市直机关庆祝中华人民共和国成立70周年升国旗仪式。市四套班子领导康涛、王永礼、陈灿辉、李转生、张永宁、游宇飞、林万明、林锦明、季翔峰、洪自强等，市中级人民法院、市人民检察院主要负责人，以及市直机关干部职工代表、公安干警代表、武警官兵代表、市民群众等上千人参加升旗仪式。8时30分，升旗仪式开始。在《歌唱祖国》歌声中，由武警官兵组成的“五四青年国旗护卫队”走向升旗台。随后，军乐队奏响中华人民共和国国歌，五星红旗冉冉升起。全体人员向国旗行注目礼，齐声高唱国歌。干部群众纷纷表示，在新中国成立70周年之际举行升国旗仪式意义重大，必将激励大家不忘初心、牢记使命，把对伟大祖国的热爱转化为推动泉州高质量发展落实赶超的实际行动。

市直机关庆祝新中国成立70周年升旗仪式（图/陈英杰）

康涛检查节日值班值守和安全稳定工作情况

市委书记康涛到一线看望慰问坚守岗位的干部职工，检查节日值班值守和安全稳定工作情况。康涛到市委、市政府总值班室看望值班人员，并通过电话随机抽查南安、晋江、惠安、德化等部分县市及其乡镇，以及市文化广电和旅游局等单位，了解值班值守和应急指挥处置情况。康涛强调，各级各部门要严格执行节日值班和领导带班制度，在岗在位、尽职尽责，把值班值守各项工作要求落到实处。康涛到市公安局安保指挥部，与晋江巡特警大队、泉州动车站武装联勤执勤点、泉州交警支队铁骑队进行视频连线，了解现场治安状况，并同市公安局等部门负责人分析薄弱环节，讨论解决措施。康涛强调，各级各有关部门要发扬顽强拼搏、连续作战的良好作风，针对渣土车、酒驾醉驾、旅游景区等重点领域，抓好安全隐患排查整治，加大执法力度，实施联合惩戒机制，依法依规查处各种违法违规行为，维护好社会治安秩序。康涛还到古城西街，查看客流、安保、卫生等情况。

第二届闽南美好生活嘉年华启动

由市文旅局主办的“全福游　有全福·海丝泉州”第二届闽南美好生活嘉年华在市区源和1916创意产业园启动。启动仪式前，游客集聚于大罐秀广场LED大屏幕前，一同观看国庆阅兵仪式直播。该届嘉年华活动以沉浸式快闪体验馆为平台，分为幸福70年、闽南人文、美好生活三大板块，包含幸福回忆、十二时辰、温陵诗林、刺桐茶馆、非遗匠心、海丝渔女、红色足迹、最美中山路、祝福邮局九大主题，现场还设置美食、文创两大市集，让游客体验新中国成立70周年来泉州的美好生活。

“同心助医 泉州故乡行”大型公益义诊在南安举行

由泉州市委统战部、泉州市工商联等主办的“同心助医 泉州故乡行”大型公益义诊活动暨医学讲座在南安市水头镇泉州滨海医院举行。福建省立医院、福建医科大学附属协和医院、福建医科大学附属第一医院、福建省第二人民医院、福建省肿瘤医院、福建省妇幼保健院等省内多家知名医院的36位泉州籍医学专家参加义诊。义诊范围覆盖内科、外科、骨科、妇产科、儿科、眼科、耳鼻喉科、口腔科、肿瘤科、中医科、康复科等多个科室。义诊共为1500多名群众提供咨询和诊疗服务。

10月1日

农历己亥年九月初三
星期二
温度：23℃—35℃
晴

●市委、市政府在市行政中心广场举行市直机关庆祝中华人民共和国成立70周年升国旗仪式。

●康涛、王永礼、林万明、季翔峰等与部分干部职工在市行政中心，收听收看庆祝中华人民共和国成立70周年大会、阅兵式、群众游行。

●康涛到一线看望慰问坚守岗位的干部职工，检查节日值班值守和安全稳定工作情况。

●由市文旅局主办的“全福游 有全福·海丝泉州”第二届闽南美好生活嘉年华在市区源和1916创意产业园启动。

●由泉州市委统战部、泉州市工商联等主办的“同心助医 泉州故乡行”大型公益义诊活动暨医学讲座在南安市水头镇泉州滨海医院举行。

●“筑梦新时代 快乐向未来”庆祝新中国成立70周年童声合唱音乐会在晋江祖昌音乐厅举行。

10月4日

农历己亥年九月初六
星期五
温度：24℃—32℃
多云转晴

●为改善和提升村镇人居环境，提高村镇住宅建设水平，省住房和城乡建设厅公布第二十一批村镇住宅小区建设试点名单，全省19个小区入选，其中泉州市5个小区榜上有名。

●省科技厅公布第四批省级新型研发机构名单，泉州市的福建佳友茶叶机械智能科技股份有限公司上榜。

泉州市五个小区入选省村镇住宅小区建设试点

为改善和提升村镇人居环境，提高村镇住宅建设水平，省住房和城乡建设厅公布第二十一批村镇住宅小区建设试点名单，全省19个小区入选，其中泉州市5个小区榜上有名，分别为南安市英都镇荣星村凤山住宅小区、南安市英都镇后店坝住宅小区、德化县龙门滩硕儒住宅小区、永春县湖洋镇美莲住宅小区和永春县吾峰镇吾西住宅小区。开展村镇住宅小区建设试点，旨在探索不同的经济社会发展水平、不同的自然地理条件、不同类型村镇的建设途径和方式，探索有地方特色的村镇建设路子，为推动村镇经济和社会发展，加快城镇化进程提供有益经验。试点小区的用地规模不宜少于3公顷，且用地落实、资金基本落实。建设工期一般控制在2—3年，规模较大的也可考虑分期实施。小区规划必须符合所在小城镇总体规划或村庄规划的要求，村庄住宅以低层并联式或联排式为主，镇区住宅要向公寓式方向发展。同时，要利用村镇的地形地貌、自然生态，对原址有价值的景观和人文历史环境应当尽量保护利用。

根据要求，各级建设主管部门要强化对村镇住宅小区建设的指导，按照布局合理、功能齐全、特色明显、质量可靠、设施配套、装修无害的要求，打造村镇人居环境，并在实施试点建设过程中及时总结推广好的经验和做法。省、市、县住建部门将对试点小区实行动态管理，并实行严格的奖惩制度。建设进展比较好的试点小区，省里将给予继续扶持。小区建设按期完工且质量合格，省建设厅将给予表彰并授牌。对有以下情形之一的试点小区，将视情况给予通报或取消其试点资格：不严格按规划设计进行建设的；建设进度缓慢，没有建设成果的；建筑工程质量达不到标准或发生工程质量事故的；县、镇领导缺乏积极性，工作不能持之以恒的；不按规定汇报，超时两个月以上经督促不予改进的。

泉州市新增1家省级新型研发机构

省科技厅公布第四批省级新型研发机构名单，泉州市的福建佳友茶叶机械智能科技股份有限公司上榜。至此，泉州市共有省级新型研发机构13家，涵盖全市现有的传统制造业、新一代数字通信技术、新材料和高端智能制造等领域。新型研发机构是以市场为导向，主要从事研发及其相关活动，具有投资主体多元化、建设模式国际化、运行机制市场化、管理制度现代化，创新创业与孵化育成相结合、产学研紧密结合的独立法人组织。新型研发机构的设立促进了以企业为主体、市场为导向的信息管理体制和运行机制的建立健全，也将推进以技术创新为核心的全面创新，提升企业自主创新能力，加速促进技术转移转化。近年来，泉州市着力补强科技创新平台“短板”，实施“大院大所大平台”计划，集聚催生44家新型研发机构。引进共建的福建（泉州）哈工大工程技术研究院、福师大泉港石化研究院、泉州华中科技大学智能制造研究院等一批高端平台都已开始运营。这些平台纷纷与民企搭建“命运共同体”，形成良好的科研转化效果，比如福建省华宝智能科技有限公司与泉州华中科技大学智能制造研究院共同研发硫化鞋柔性成型自动生产线，该生产线一班可生产1500双鞋，仅需12名工人，平均12秒就可生产一只硫化鞋，而此前同样的产量需要65名工人。投入建设一条智能生产线，15个月便可收回成本。

华宝智能科技有限公司硫化鞋自动化生产线（图/陈晓东）

泉州市扶持高层次人才创新创业

市科技局公布2019年度泉州市第一批科技计划项目立项结果，其中由市委组织部和市科技局开展的高层次人才创新创业项目申报评选工作，通过专业评审，遴选资助100个项目，资助资金1564.34万元。为落实泉州市人才“港湾计划”，市委组织部、市科技局已连续三年组织开展高层次人才创新创业项目评选工作，2019年受理项目167个，涉及工业与高新技术、农业农村科技和社会发展科技与基础研究等领域，申报数量创三年来新高，涉及一至六层次的高层次人才。为确保评审工作公平、公正、择优、有序开展，市科技局制定评选工作方案，严格评审程序，经申报推荐、初审受理、专家评审、现场考察、局长办公会议（党组）研究、公示等环节，评选出创新性强，对泉州市重点产业转型升级、农业农村发展以及环境保护、公共安全等社会民生需求有促进作用的科研项目。下一步，泉州市将评估三年来高层次人才创新创业项目科研状况，完善扶持高层次人才创新创业方式，提升高层次人才“双创”效率。

泉州市全力解决农村饮水问题

泉州市紧扣民生需求，全力解决农村饮水问题。继2015年底全面解决规划内199.66万农村人口饮水不安全问题后，从2016年起实施农村饮水安全巩固提升工程，重点解决部分早期农饮工程建设标准偏低、供水规模偏小、饮水安全易反复等突出问题。全市落实受益人口46.38万人，完成投资2.05亿元。按照全面贯彻落实乡村振兴战略部署要求，泉州市启动农村饮水安全工程巩固提升规划建设。至2018年年底，全市农村集中供水率、自来水普及率、供水保证率分别达到88.7%、81.9%、95%。制定《农村饮水安全巩固提升三年（2018—2020）行动方案》，完成投资9820万元，占计划1.4亿元的70.1%，落实受益人口22.7万人，占计划28万人的81.1%，取得阶段性成效。同时，还集中力量解决建档立卡贫困人口11824人的饮水安全问题，提前3年完成建设任务，完成投资709.4万元，并在全省率先落实市级配套资金，投入专项资金118.2万元。

泉州市两个村镇入选第九批全国“一村一品”示范村镇

农业农村部公布第九批“一村一品”示范村镇名单，认定442个村镇为第九批全国“一村一品”示范村镇，泉州市2个村镇名列其中，分别是永春县五里街镇和晋江市金井镇围头村。此次“一村一品”示范村镇的评选是在各地申报推荐的基础上，经专家审核认定的，旨在贯彻落实2019年中央一号文件和《国务院关于促进乡村产业振兴的指导意见》要求，加快发展“一村一品”，促进乡村产业振兴。农业农村部要求，各级农业农村部门要加强指导服务，突出优势特色，拓展多种功能，延长产业链条，健全利益联结机制，通过特色鲜明的“一村一品”示范带动更大范围的乡土特色产业发展，为全面建成小康社会、乡村全面振兴提供有力支撑。

晋江市金井镇围头村一角（图/吴寿民）

永春县五里街镇大羽村炮仗花盛开（图/陈小阳 姚德纯）

10月5日

农历己亥年九月初七
星期六
温度：23℃—34℃
多云转阴

●市科技局公布2019年度泉州市第一批科技计划项目立项结果，其中由市委组织部和市科技局开展的高层次人才创新创业项目申报评选工作，通过专业评审，遴选资助100个项目，资助资金1564.34万元。

●泉州市全力解决农村饮水问题。

●农业农村部公布第九批“一村一品”示范村镇名单，认定442个村镇为第九批全国“一村一品”示范村镇，泉州市2个村镇名列其中。

10月6日

农历己亥年九月初八
星期日
温度：23℃—31℃
多云

●泉州市部署推进公平竞争审查工作深入开展，共同营造经济社会高质量发展的公平竞争环境。

●“中国白 尼斯蓝”2019“中国白”国际陶瓷艺术大奖赛获奖作品展在法国尼斯马塞纳博物馆开幕。

●由晋江市文联、晋江市文化和旅游局、民盟晋江市委员会、民进晋江市总支部主办的“秋的蝶语”——吴谨程诗歌创作座谈会在晋江举行。

泉州市部署推进实施公平竞争审查制度

泉州市部署推进公平竞争审查工作深入开展，共同营造经济社会高质量发展的公平竞争环境。市公平竞争审查工作联席会议已完成制度修订和成员调整，由市市场监管局担任总召集人单位，成员包括22个市直部门和省管单位，负责统筹推进全市公平竞争审查相关工作。公平竞争审查是党中央、国务院部署的优化营商环境、推动经济高质量发展的一个重要举措，也是维护市场公平竞争的一个重大的制度性安排。根据规定，政策制定机关在制定市场准入、产业发展、招商引资、招标投标、政府采购、经营行为规范、资质标准等涉及市场主体经济活动的规章、规范性文件和其他政策措施时，应对照市场准入和退出标准、商品和要素自由流动标准、影响生产经营成本标准、影响生产经营行为标准等审查标准，进行公平竞争审查。经审查认为不具有排除、限制竞争效果的，才能实施；具有排除、限制竞争效果的，应当不予出台或调整至符合相关要求后才出台；没有进行公平竞争审查的，不得出台。建立落实公平竞争审查制度目的在于约束政府行为，以确保政府出台的各种产业、投资政策，都要以不破坏统一市场和公平竞争为前提。

2019“中国白”国际陶瓷艺术大奖赛获奖作品展在法国开幕

“中国白 尼斯蓝”2019“中国白”国际陶瓷艺术大奖赛获奖作品展在法国尼斯马塞纳博物馆开幕，两天后，颁奖典礼在尼斯歌剧院举行。2019“中国白”国际陶瓷艺术大奖赛获奖作品展为第四届中法文化论坛的系列活动之一。“中国白”国际陶瓷艺术大奖赛每两年举办一届。首届大奖赛于2017年举办，2019年共有40个国家和地区的569位陶瓷艺术家参赛，参赛作品达785件。经过评选全球共有10件作品获奖，同时还有上届大赛的3件获奖作品参展。大奖赛评委会主席、清华大学美术学院陶瓷艺术系主任白明表示，该届比赛获奖作品的艺术创作和能力表达更加系统和丰富，更具个人风格，一些作品还借助现代科技，展现了中国白瓷艺术的创新和发展。

德化陶瓷在法国深受欢迎，第一个把德化白瓷称作“中国白”的是法国人普拉德，他在《1692年巴黎通信地址实用手册》一书中首次提出“中国白”，自此“中国白”开始风靡欧洲乃至闻名世界。该次活动吸引德化县李甲栈、陈德青、叶志向、郑国斌、吴白梅5位陶瓷艺术大师参加。他们还与法国前总理拉法兰交流。中国传统工艺美术大师、福建省工艺美术大师李甲栈表示，拉法兰是位陶瓷专家，他对德化陶瓷赞不绝口，认为德化陶瓷非常精美，高水准的陶瓷艺术精品可以吸引任何一个国家的人民。法国之行收获很大，德化以传统瓷雕艺术闻名全球，面对国际艺术市场，也需要注入更多国际时尚元素，创做出更多国际市场需求的陶瓷作品。

吴谨程诗歌创作座谈会在晋江举行

由晋江市文联、晋江市文化和旅游局、民盟晋江市委员会、民进晋江市总支部主办，晋江市作家协会承办的“秋的蝶语”——吴谨程诗歌创作座谈会在晋江举行，省内外近百位评论家、作家参加活动。福建省文学院院长，福建省文艺评论家协会主席张应辉认为，蔡其矫在全国树了一面旗帜，晋江有诗歌的传统，也有孕育诗人的文化土壤，吴谨程就是近年来一个杰出的代表。吴谨程诗歌的成就，对地方诗人的成长具有示范意义。晋江市文化和旅游局负责人认为，吴谨程是晋江作家的优秀代表，他对家乡拥有丰沛的书写热情，他的10部作品集，便是他深入晋江山河大地，去捕捉和凝固稍纵即逝的诗意。新中国成立70年来，尤其是改革开放40年来，晋江不但在经济社会建设上取得巨大成就，文学事业也得到空前的繁荣发展，仅近40年来，晋江作家就出版个人专著300多部，作品合集百余部，其中晋江题材合集就出版40多部。这些作品，让晋江文化背囊里充盈着沉甸甸的描绘她的美文佳构。

国庆假期全市实现旅游收入46.16亿元

国庆假期全市接待游客486.44万人次，同比增长16.6%，实现旅游收入46.16亿元，同比增长19.3%。泉州古城历史积淀丰富，2019年，泉州市持续深挖古城旅游资源，举办一系列文旅活动，做活古城市场，诸多街巷和文创空间成为备受游客热捧的网红“打卡”点。国庆期间，古城内活动不断——西街肃清门广场“2019润物无声|岁时市集”开集，各类创意与文创产品热销；金鱼巷的“古韵鲤城·金鱼雅荟——听老巷说”活动，街区业态、艺术展、伴手礼展等引来游客络绎不绝；小西埕举办“玩DAY in泉州小西埕”国庆拉杆箱市集，弹唱表演等受青年游客热捧；“觅鲤”文化创意园以艺术空间、文创市集、特色民宿、文化活动为一体，成为新晋游客“打卡”地。国庆假期，开元寺接待游客11.40万人次；府文庙、清净寺、天后宫、德济门遗址接待游客10.80万人次；洛阳桥（洛江区、泉州台商投资区）接待游客5.47万人次。

国庆假期，许多家庭选择举家出游，以亲子娱乐为主的旅游项目成为假日旅游市场“新宠”。全市各旅游景点推出各具特色的亲子游产品，受到市民游客欢迎。泉州虹山樱梅园在节前试营业，玻璃吊桥、彩虹滑道、激情秋千等项目吸引很多家庭游玩体验；石狮黄金海岸海洋世界推出一票畅游全馆优惠活动，海底世界、冰雪世界、海豚表演、人鱼表演、喂食表演等活动让众多市民游客大饱眼福；茂险王主题乐园举办首届军事主题展，为市民游客提供驾驶舱、军事模型拼装、水弹枪体验等。2019年以来，泉州市加快推进智慧旅游建设，打造智慧旅游云平台，提高景区景点智能化程度，为游客提供实时的“吃、住、行、游、购、娱”旅游服务，便捷的旅游电子商务带动自驾自助游的热潮。泉州海丝野生动物园、东湖公园、西湖公园和中国闽台缘博物馆等景点聚集许多以家庭、亲友、小团体自助出行的游客；此外，涵盖清源山、石牛山、岱仙瀑布、清水岩、永春大羽村、香草世界等的绿色生态旅游线路深受户外休闲游客的喜爱，自助游人数持续增长。从游客抽样调查显示，国庆假日期间，泉州市接待的国内游客中，以个人或与亲友结伴的自助游客占比95.2%，周边自助出游成为主流。

全市各地也推出丰富多彩的主题产品和特色活动。石狮举办“礼赞新中国 奋进新石狮”全国灯谜邀请赛、“狮来运转”全域旅游抖音大赛、JTS海岸电音节等活动，吸引市民游客参与；永春举办国庆文化惠民活动专场，木偶戏、南音、香道、白鹤拳等系列活动上演，为市民游客展现闽南文化的视听魅力；惠安则推出惠女民俗风情表演、“当萌宠遇上哪吒”主题活动等，吸引众多市民游客观赏、体验；安溪县大生村举办第二届安溪龙门乡村生态旅游节，推出乡村越野跑、露营节、农民丰收节、百乐汇、图片展、乡村寻宝等活动，带动旅游市场活力；洛江区乡韵农场举办首届花海气球旅游节，以及侏罗纪恐龙园、缤纷海洋球等七大主题项目，吸引省内外游客纷至沓来。统计数据显示，泉州市重点监测的5家景区接待游客82.62万人次，同比增长6.2%，实现旅游门票收入552.49万元。其中，中国闽台缘博物馆接待游客12.9万人次，增长10.0%；惠安崇武古城接待游客16.35万人次，增长21.3%；晋江五店市接待游客27.41万人次，增长7.6%；安溪清水岩接待游客15.48万人次，增长1.8%。

在清源山老君岩，市民和游客簇拥五星红旗合影留念（图/陈英杰）

10月7日

农历己亥年九月初九
星期一
温度：21℃—32℃
多云转晴

●第四届中法文化论坛在法国尼斯开幕，张永宁带领泉州市代表团出席论坛。

●国庆假期全市接待游客486.44万人次，同比增长16.6%，实现旅游收入46.16亿元，同比增长19.3%。

●丰泽区华大社区在新南小区为华侨大学11对退休教师举行金婚典礼。

10月8日

农历己亥年九月初十
星期二
温度：23℃—32℃
晴转多云

●民革福建省委“不忘合作初心，继续携手前进”宣讲会在泉州召开。

●市委常委会召开会议，传达学习习近平在中央政治局第十七次集体学习时的讲话精神和省委常委会会议精神，传达学习中共中央办公厅、国务院办公厅印发的《关于深化新时代学校思想政治理论课改革创新的若干意见》。

●康涛到石狮调研，围绕营造有利于创新创业创造的良好发展环境，走访企业，并召开座谈会听取意见建议，查找工作短板，研究思路办法。

●由泉州西湖文化促进会主办，泉州歌舞剧团、泉州交响乐协会、泉州西湖公园管理处承办的庆祝中华人民共和国成立70周年西湖之夜交响音乐会在市区西湖公园音乐喷泉广场举行。

●晋江国际鞋纺城一期专业市场全面运营，并启动为期一个月的第二届中国晋江国际鞋材采购节。

康涛到石狮企业调研

市委书记康涛到石狮调研，围绕营造有利于创新创业创造的良好发展环境，走访企业，并召开座谈会听取意见建议，查找工作短板，研究思路办法。市委常委、秘书长季翔峰参加调研。座谈会上，9位石狮、晋江的企业家代表结合各自经历，围绕企业转型升级、加大融资支持、人才引进培养、科研成果转化、拓展海外市场等方面畅所欲言。石狮发改、商务，晋江工信、科技等部门负责人就相关工作提出针对性意见建议。

康涛指出，加快营造有利于创新创业创造的良好发展环境，是落实新发展理念、推动高质量发展的重要环节。泉州人有精神、企业有根、社会有活力。各级党委、政府要在构建生态圈上下更大功夫，聚焦技术创新、经营模式创新、产业生态链创新，精准帮扶中小企业发展，推进产城人融合，更“接地气”地优化营商环境，营造更加浓厚的创新创业创造氛围。企业要在转型升级上加快步伐。传统企业要进军新制造，通过“逆周期”投资、专心专注专业、科技赋能，厚植产业优势。要发展平台经济，促进服务制造融合，抓住“政务云工业云”、平台数据挖掘、智能化改造、5G网络推广等市场需求，提供更多功能性服务、延伸服务，带动中小企业整体升级。会前，康涛还考察建新轮胎等项目，了解项目推进情况。

康涛（右三）调研建新轮胎项目（图/陈起拓）

西湖之夜交响音乐会举行

由泉州西湖文化促进会主办，泉州歌舞剧团、泉州交响乐协会、泉州西湖公园管理处承办的庆祝中华人民共和国成立70周年西湖之夜交响音乐会在市区西湖公园音乐喷泉广场举行。演出由《祖国颂》拉开序幕，紧接着《我爱你，中国》《我和我的祖国》《春天的故事》《望明月》等10多个节目相继演奏，最后大合唱《歌唱祖国》将音乐会推向高潮。泉州歌舞剧团、泉州交响乐团、泉州市妇联刺桐花女子合唱团、泉州市南音传承中心、泉州艺术学校、泉州老年大学等参演。音乐会也融入不少泉州元素。例如南音交响《望明月》这一创新节目，通过南音洞箫、演唱与交响乐完美演绎，表达本土音乐人对祖国的热爱之情，也展示泉州民间音乐资源丰富，让泉州南音古老乐器洞箫等与交响乐器同台演奏。主办方还特邀福建省南箫专业委员会会长、福建省歌舞剧院箫笛演奏家陈强等到场助力。

西湖之夜交响音乐会现场（图/泉州晚报社）

第二届中国晋江国际鞋材采购节启动

作为晋江晋东新区启动项目，晋江国际鞋纺城一期专业市场全面运营，并启动为期一个月的第二届中国晋江国际鞋材采购节，为国内多个制鞋产区及来自“一带一路”沿线多个国家的采购商提供皮革、纺织、五金等多种鞋纺原辅材料专业采购服务。作为晋江鞋业产业转型升级“新航母”，晋江国际鞋纺城地处泉州湾南岸，区位优势明显，定位为打造中国乃至亚太地区规模最大、品种最全、产品最新的千亿级别鞋服原辅材料市场，通过产城高度融合，打造转型升级样板区。鞋纺城一期专业市场已入驻鞋材商户近千家。

全国茶标委有机茶工作组落户安溪

全国茶标委有机茶工作组落户安溪。有机茶是指在原料生产过程中遵循自然规律和生态学原理，采用生态和环境可持续发展的农业技术，不使用人工合成的农药、肥料及生长调节剂等物质，在加工过程中不使用人工合成的食品添加剂的茶叶产品。有机茶是茶叶中的上品，犹如茶产业皇冠上的“明珠”。有关数据显示，中国通过有机茶认证的茶叶生产企业1282家，认证有机茶园面积超过11.07万公顷，年产有机茶19.3万吨。福建省茶叶产量、产值均居全国首位，面积全国第五。福建全省通过有机茶认证企业112家，认证面积三千多公顷。2013年，安溪发布中国首个有机茶宣言，2015年入选“国家首批有机产品认证示范区”。全县有机茶叶生产企业已达22家，认证茶园面积两千多公顷、产量2400多吨，认证面积居全国产茶县第一位。

全国茶标委设有红茶、黑茶、白茶、黄茶、乌龙茶等12个工作组，有机茶工作组是全国茶标委第13个工作组，各个工作组分头推进各领域的标准化工作。全国茶标委专家表示，有机茶工作组成立后，将抓紧有机茶国家标准制定，扩大标准的宣贯，做好标准资料的收集、翻译，建立标准资料档案室，加快有机茶数据库的建立，组织标准化人员的培训，参与相关标委会的活动等七方面工作。安溪县负责人表示，安溪将积极参与涉茶各级规则、标准制定，承担标准化组织等工作，引领全国茶叶标准的制高点，掌握有机茶标准的发语权。一方面助力安溪茶产业二次腾飞，促进安溪广大茶农增收致富；一方面促进中国茶业提质增效、转型升级。

一泉州企业入选国家小型微型企业创业创新示范基地

2019年度国家小型微型企业创业创新示范基地名单公布，泉州市一家企业进入名单。至此，全市有5家企业获评国家小型微型企业创业创新示范基地，示范数量位居全省前列。此次入选企业为泉州天九孵化器管理有限公司的泉州软件园云聚慧众创空间。国家小型微型企业创业创新示范基地是经工业和信息化部公告的小型微型企业创业创新示范基地，系由法人单位建设或运营，聚集各类创业创新服务资源，为小微企业提供有效服务支撑的载体和场所。示范基地具有基础设施完备、运营管理规范、商业模式清晰、创新链完整、产业链协同、服务功能齐全、服务业绩突出、社会公信度高、示范带动作用强等特点。《国家小型微型企业创业创新示范基地建设管理办法》规定，申报的示范基地须是经省级中小企业主管部门认定的小型微型企业创业创新（示范）基地；基地成立时间3年以上；基地入驻小微企业80家以上，从业人员1500人以上；专职从事创业创新服务的人员不少于10人，其中创业辅导师不少于3人，引入或战略合作的外部专业服务机构不少于5家；为小微企业提供的公益性服务或低收费服务不少于总服务量的20%。

同时，在信息服务、创业辅导、创新支持、人员培训、市场营销、投融资服务、管理咨询、专业服务八项服务中，示范基地必须具备四种服务功能并达到相应的服务能力。其中，信息服务，具有在线服务、线上线下联动功能，线下年服务企业/团队100家次以上，年组织开展的相关服务活动6次以上；创业辅导，年服务企业50家次以上；创新支持，年组织技术洽谈会和技术对接会6次以上；人员培训，为创业人员、企业经营者、专业技术人员和员工提供各类培训，年培训300人次以上；市场营销，每年2次以上组织企业参加各类展览展销、贸易洽谈、产品推介与合作，2次以上组织入驻企业与行业龙头企业的产品对接、合作交流等活动；投融资服务，年服务企业30家次以上，组织融资对接会4次以上；管理咨询，为企业提供发展战略、财务管理、人力资源、市场营销等咨询服务，年服务企业20家次以上；专业服务，为企业提供法律咨询及援助、代理会计、专利申请、审计、评估等服务，年服务企业20家次以上。

10月9日

农历己亥年九月十一
星期三
温度：22℃—31℃
多云转晴

●市人大常委会党组召开理论中心组学习会，传达学习习近平在中央政治局第十七次集体学习时的讲话，习近平对国家网络安全宣传周指示精神等。

●全国茶标委有机茶工作组落户安溪。

●2019年度国家小型微型企业创业创新示范基地名单公布，泉州市一家企业进入名单。

10月10日

农历己亥年九月十二
星期四
温度：21℃—32℃
多云转晴

●由中国社会保障学会、中国红十字会总会事业发展中心和医药养生保健报社主办的第五届中国养老服务业发展高层论坛在泉州举办。

●10—11日，副省长林宝金到泉州调研重点产业集群及龙头企业。

●省政协党组成员、副主席杜源生带领调研组到泉州，就“为民营经济提供有力司法服务和保障”开展专题调研。

●市委中心组学习（扩大）会召开，福建师范大学教授郑传芳作《政治建设是党的根本性建设》专题讲座。

●市政协党组理论学习中心组（扩大）学习会议召开，传达学习习近平对国家网络安全宣传周指示精神、习近平在河南考察调研“不忘初心、牢记使命”主题教育讲话等。

●泉州市中级人民法院与华侨大学法学院举行“一带一路”司法案例研究基地揭牌暨案例研究合作共建协议签约仪式。

●中国化学会公示第33届中国化学奥林匹克（初赛）一等奖名单，福建省60名学生上榜，其中泉州学生有15人，是获奖人数最多的地市。

●世界瓷都德化“中国白”文化旅游节暨中国旅游小姐走进世界瓷都活动在德化中国白博物馆举行。

第五届中国养老服务业发展高层论坛在泉州举办

由中国社会保障学会、中国红十字会总会事业发展中心和医药养生保健报社主办的第五届中国养老服务业发展高层论坛在泉州举办。中国养老服务业发展高层论坛自2015年发起以来，已成为中国养老服务领域非常有影响力的学术交流活动。该届论坛的主题是“养老服务中的志愿服务”。与会代表围绕主题，研讨分析新中国成立70周年以来养老服务建设取得的成绩和存在的问题，交流社会养老志愿服务和红十字养老志愿服务的好经验和好做法，营造养老孝老敬老的社会氛围，推动养老服务事业和产业健康发展。

市委中心组学习（扩大）会召开

市委中心组学习（扩大）会召开。福建师范大学教授郑传芳作《政治建设是党的根本性建设》专题讲座，解读习近平关于政治建设的论述，剖析政治建设的重大意义、丰富内涵和实现途径。市委常委、部分县（区）党委书记围绕“加强政治建设”主题交流研讨。会议指出，要旗帜鲜明坚持党的政治领导，贯彻落实习近平讲话指示批示精神，创造性地贯彻落实党中央决策部署。要发挥政治建设的统领作用，把政治建设作为根本性建设，把政治标准和政治要求贯穿党的思想建设、组织建设、作风建设、纪律建设以及制度建设、反腐败斗争始终，严肃党内政治生活。要落实政治建设工作责任制，把管政治、管思想、管作风、管纪律统一起来，加强对党员干部的政治监督和经常性“政治体检”。要自觉锤炼过硬政治本领，领导干部要按照“思想政治受洗礼”的目标，自觉加强思想淬炼、政治历练、实践锻炼，强化政治担当，发扬斗争精神，提高从政治上分析问题、解决问题的能力。

15名泉州学生获中国化学奥赛一等奖

中国化学会公示第33届中国化学奥林匹克（初赛）一等奖名单，福建省60名学生上榜，其中泉州学生有15人，是获奖人数最多的地市。获奖的泉州学生情况如下：泉州第七中学6人，南安第一中学和泉州实验中学各2人，永春第一中学、安溪第一中学、晋江养正中学、德化第一中学以及惠安第一中学各1人。

世界瓷都德化“中国白”文化旅游节举办

世界瓷都德化“中国白”文化旅游节暨中国旅游小姐走进世界瓷都活动在德化中国白博物馆举行。活动现场举行一系列和“瓷”有关的文艺表演节目。在灯光秀中，中国白陶瓷作品散发着德化瓷特有的温润柔和之美，中国旅游小姐以才艺表演或走秀方式，演绎“人民杯”“金砖餐具”“金砖系列”“年年好印”等中国白陶瓷作品的魅力。活动中，还向奋斗在德化一线的劳模赠送中国白“人民杯”，以此对劳动人民表示致敬。“人民杯”全球首发，是国礼大师、国务院政府特殊津贴专家陈仁海携团队打造，为庆祝中华人民共和国成立70周年而作，是“行稳致远”系列作品之一。该杯采用中国白陈仁海独家工艺手工创制，是天然的负氧离子发生器，设计上匠心独运，实现了科技、艺术与生活的完美结合。活动中还为中国旅游小姐颁发“世界瓷都德化中国白形象大使证书”；举行2019世界瓷都德化“中国白”文化旅游节招商引资签约仪式。“中国旅游小姐全球大赛”是中国赛区分布范围最广的赛事之一。

世界瓷都德化“中国白”文化旅游节招商引资签约仪式
（图/泉州晚报社）

第三季度全市坚持高质量发展落实赶超工作分析会召开

市委、市政府召开2019年第三季度全市坚持高质量发展落实赶超工作分析会。会上通报分析第三季度全市经济运行情况、坚持高质量发展落实赶超工作情况、生态环境质量情况和突出生态环境问题等。会议强调，工作格局要有高站位，提升政治敏感，增强政策敏锐，集中精力办好自己的事，善于从顺境中发现危机、在逆境中寻找机会。企业引导要更精准，发挥政企互动好传统，细化措施、优化服务、提升环境，支持企业练好内功、加快转型提升，让企业短期有感，更利长远升级。氛围营造要再动员，开展“不忘初心、牢记使命”主题教育，坚持两手抓、两促进，同创造性贯彻落实党中央决策部署结合起来，同抓好中心工作结合起来，引导党员干部把工作热情和奋斗精神，转化为苦干实干、攻坚克难的强大动力。会议就下阶段工作作具体部署，要求按照市委开展主题教育和推进全年工作“两手抓、两促进”的安排，加快高质量发展落实赶超。要盯紧年初既定目标不放松，稳二产、扩三产、强投资、拓市场。要兑现好民生事项、民生承诺，加快为民办实事项目建设进度，补齐民生短板。要确保完成三大攻坚战年度目标，防范化解金融、安全生产、社会安全等领域风险；完善防返贫控新贫稳脱贫长效机制；抓好污染防治工作。要科学谋划2020年工作，高质量抓好政府工作报告等起草工作及“十四五”前期课题研究。

9家泉州企业登上中国时尚零售企业百强榜

中国连锁经营协会发布2018年中国时尚零售企业百强榜，泉州市9家企业进入榜单。在泉州企业中，安踏体育以241亿元的营业收入位列榜单第三位，特步、361°、七匹狼、中国利郎、马克华菲、贵人鸟、九牧王、卡宾等泉州鞋服企业均上榜。2018年中国时尚零售企业百强榜由中国连锁经营协会参照国家统计局的分类发布，其借鉴国际经验和市场实际情况，将时尚零售企业分为服装服饰鞋履家纺类、金银珠宝首饰类、护肤美妆类进行汇总分析，统计研究上市集团的财务报告、企业提报数据，按各企业2018年营业收入统计排列。2018时尚零售百强企业包括服装服饰鞋履家纺类企业74家、金银珠宝首饰类企业15家、护肤美妆类企业11家。其中，服装家纺企业占据榜单四分之三的名额。2018时尚零售百强企业总营收额6515.67亿元，74家服装服饰鞋履家纺类企业的总营收额3728.27亿元，占2018年全国鞋帽服饰、纺织类限额以上企业零售总额的27%，上榜的百强企业年营业收入均超过5.4亿元。

泉州信息工程学院与德国费斯托集团签署合作协议

泉州信息工程学院与德国费斯托集团签署《智能制造工业4.0培训中心合作协议》。该协议将在合作框架下，依托中德(福建)教育合作与发展中心，联合费斯托集团共同培养福建省及周边地区职业教育和应用型高等教育师资队伍，助力发展现代化、创新性职业教育。早在2009年，泉州信息工程学院便与德国莱茵兰—普法尔茨州教育学院建立交流合作关系。2018年5月，在莱茵兰—普法尔茨州相关部门支持下，经福建省教育厅批准，在中德（泉州）职业教育师资培训基地的基础上，依托泉州信息工程学院设立“中德(福建)教育合作与发展中心”。泉州信息工程学院与费斯托集团将共同探索校企联合培养的新模式，培养适应中国智能制造发展的高素质应用型人才，建设快速成长的育人新机制、新环境，构建适应企业发展需求的人才培养渠道。双方将优化资源配置，实现费斯托集团及费斯托（中国）有限公司教育和培训业务与泉州信息工程学院在实训场所建设、教学设备购置、教学研究、专业建设、世界技能大赛、师资培训、课程开发和学生就业等方面更广泛的合作，以提升应用型人才解决职场实际问题的能力，增强教师的实践教学能力，全方位促进人才培养质量提升，为福建省经济社会发展做出更大贡献。

10月11日

农历己亥年九月十三
星期五
温度：23℃—32℃
晴

●2019年第三季度全市坚持高质量发展落实赶超工作分析会召开。

●全市民政会议召开，贯彻落实第十四次全国民政会议、第十九次全省民政会议精神，总结中共十八大以来泉州市民政事业发展成就，研究部署今后一个时期民政工作。

●市政府党组（扩大）会议暨“不忘初心、牢记使命”主题教育领导小组第二次会议召开，传达学习习近平在河南考察调研“不忘初心、牢记使命”主题教育讲话精神等。

●市政府党组理论学习中心组学习会召开，党组成员结合开展“不忘初心、牢记使命”主题教育，围绕“加强政治建设”专题进行交流研讨。

●中国连锁经营协会发布2018年中国时尚零售企业百强榜，泉州市9家企业进入榜单。

●泉州信息工程学院与德国费斯托集团签署《智能制造工业4.0培训中心合作协议》。

10月12日

农历己亥年九月十四
星期六
温度：23℃—32℃
多云转小雨

●国家主席习近平在金奈同印度总理莫迪举行会晤时提出，支持中国福建省和泰米尔纳德邦、泉州市和金奈城建立友好省城关系。

●康涛到泉州台商投资区调研，围绕加强新时代党的建设，走访农村、企业党支部，并召开座谈会听取意见建议，查找短板问题，研究思路举措。

●由国家档案局、中央档案馆主办，省档案局、省档案馆协办，市委“不忘初心、牢记使命”主题教育领导小组办公室及市档案局、市档案馆承办的“不忘初心、牢记使命”主题教育档案文献展在市图书馆新馆开展。

●李转生到晋江、石狮、南安，就市委、市政府、市政协民主监督协商课题“泉州城市快速交通建设”开展调研。

●12—13日，2019—2020年全国啦啦操联赛（石狮站）在石狮锦峰实验学校举行。

●12—15日，中国德化陶瓷博览会暨茶具文化节在中国茶具城举办。

习近平支持泉州市和印度金奈建立友好城市关系

国家主席习近平在金奈同印度总理莫迪举行会晤时提出，支持中国福建省和印度泰米尔纳德邦、泉州市和金奈城建立友好省城关系。早在几个世纪之前，泰米尔纳德邦与中国的福建、泉州就开始贸易文化交流。宋元时期，印度泰米尔商人曾沿海上丝绸之路到“东方第一大港”泉州，开展海上贸易，并将印度教带到泉州。泉州成为中国唯一留有印度寺庙遗存的城市，近300方印度教寺庙建筑构件，见证两国悠久的贸易往来和文化交往，也见证泉州与金奈的友好渊源。印度媒体因此报道，这是此次中印领导人会晤选择金奈的原因。

相关链接：金奈是南印度东岸的一座城市，在印度半岛东南部的科罗曼德尔海岸上，面积130平方千米，是泰米尔纳德邦的首府、印度第四大都市。该市是印度的一个大型商业和工业中心，以文化遗产著称，市区人口327万。

康涛到泉州台商投资区调研新时代党的建设工作

市委书记康涛到泉州台商投资区调研，围绕加强新时代党的建设，走访农村、企业党支部，并召开座谈会听取意见建议，查找短板问题，研究思路举措。康涛与洛江区、台商投资区的部分基层干部、村党组织和企业党组织负责人畅谈，了解基层党建工作存在的突出问题和薄弱环节，寻找解决之策。大家围绕整顿软弱涣散党组织、建强基层党支部、推动民企“党建入章”、党建融入人才服务等踊跃发言、深入探讨。

“不忘初心、牢记使命”主题教育档案文献展开展

由国家档案局、中央档案馆主办，省档案局、省档案馆协办，市委“不忘初心、牢记使命”主题教育领导小组办公室及市档案局、市档案馆承办的“不忘初心、牢记使命”主题教育档案文献展在市图书馆新馆开展。市四套班子领导康涛、王永礼、陈灿辉、张永宁、孔繁军、游宇飞、林锦明、刘建军、季翔峰等到现场参观学习。展览以中央档案馆的馆藏档案为基础，增加部分福建省档案馆的珍贵馆藏，分为理论探索、理想信念、不懈奋斗、牢记宗旨、自身建设五个部分。展出的255份珍贵档案文献中，有不少内容系首次公开披露。展览作为泉州市主题教育特色载体，为市直单位及各县（市、区）提供参观学习平台，展期持续至11月中旬。

市领导参观“不忘初心 牢记使命”主题教育档案文献展（图/陈起拓）

中国德化陶瓷博览会暨茶具文化节举办

12—15日，中国德化陶瓷博览会暨茶具文化节在中国茶具城举办。该届博览会规模盛大且活动丰富。展览面积60000平方米，较上届规模扩大20%，设立展区9个，总展位635个，参展企业543家。展览范围涵盖陶瓷精品（工艺陶瓷、艺术陶瓷、家居日用陶瓷）、茶具精品、茶配套精品、茶叶精品等，邀请全国各大产瓷区的陶瓷企业品牌汇聚中国茶具城，并在陶瓷博物馆、金马车文创基地、洞上陶艺村、顺美陶瓷文化生活馆、龙鹏艺术馆、中国白博物馆、如瓷生活馆、陶瓷办二楼展厅共8个分会场开展系列活动，以产区联动办展来推动产业创新升级。

德化陶瓷博览会文化踩街现场（图/陈小阳）

市应急局开展应急救援力量普查调研工作

市应急局在全市范围内开展重点行业领域应急救援队伍建设普查和抽查，摸清应急救援队伍底数、现状，增强风险防范和应急处置能力，普查出151支应急救援队伍。为摸清泉州市主要社会应急力量及重点行业领域应急救援队伍底数、现状，市应急局制定下发两份通知，并于6月中旬开始组织调研组对全市主要社会应急力量及危化、矿山、住建、金属冶炼、交通、市政、海洋渔业、海事、防汛等重点行业领域应急救援队伍开展普查调研，核实社会应急力量基本信息，了解掌握重点行业领域应急救援队伍建设、应急资源配备和应急联动情况。全市共普查出19支社会应急救援力量及132支重点行业领域应急救援队伍，形成以消防队伍为主干力量，以危化、城镇燃气、森林消防、医疗、电力等相关行业领域专业队伍为基础力量，以各行业领域企业兼职救援队伍为救援前期力量，以社会应急救援队伍为有力补充的应急救援队伍体系，初步建立起泉州市应急救援队伍基本信息库，为应急准备打下基础。为引导、整合各方应急救援力量，发挥骨干应急救援队伍的“龙头”带动作用，市应急局对部分骨干应急救援队伍进行授牌。

泉州籍导演执导的大陆首部闽南语院线电影亚洲首映

泉州籍导演叶谦执导的大陆首部闽南语院线电影《蕃薯浇米》在第三届平遥国际电影展举行亚洲首映。叶谦出生于泉州，在拍摄此片前，他还是一名获得过法国ESMOD时装学院（中国区）最佳女装设计奖的时装设计师。谈到为何选择用闽南语，叶谦希望以此传递闽南独有的文化。叶谦表示，自己是闽南农村人，电影里的每个人物都是自己的身边人，很想把这些真实的情感搬到大银幕。同时，也想把闽南地区的习俗、信仰，以及看似荒诞又情意满溢的文化情感，展现给更多省份和地区的民众。无限自在传媒董事长朱玮杰表示，电影创作分为市场电影和作者电影，每一种电影都有它存在的空间，影片上映后，会采取在闽南地区生根，在其他区域开花的发行方式，来让更多观众看到这部电影。《蕃薯浇米》以闽南农村老人的暮年生活故事为脉络，展示闽南特有的地域文化和风土人情，特别是闽南地区多种宗教文化共存的独特景象。片中赶海晒盐、腰鼓舞、祭拜妈祖等带有浓郁地方特色的镜头，再现了闽南民众的生活风貌。电影片名“蕃薯浇米”指福建闽南百姓的日常饮食（地瓜稀饭），寓意生命的真谛藏于平凡日常之中。

扶贫济困·田园九九公益徒步活动在晋江举行

由省社会体育指导中心、晋江市农业农村局、晋江市扶贫办、晋江市体育局、共青团晋江市委等主办的2019“晋江农商杯”扶贫济困·田园九九公益徒步活动在晋江九十九溪流域田园风光拓展区举行，晋江及周边县市的徒步运动爱好者2000余人参加活动。公益徒步活动以“扶贫济困·田园九九”为主题，目的是以一种全新的田园风光体验式全民健走形式，将公益慈善行动引入全民健身活动之中。活动分为20千米专业组、8千米家庭组两个不同方阵进行检录，集公益性、趣味性、挑战性于一体。活动线路覆盖晋江九十九溪流域最美田园风景线，其中包括5个乡村微景观、7个稻田彩绘点，以及其他农耕文化景观等，乡村生态气息浓郁。晋江九十九溪流域田园风光拓展区规划建设组成员表示，选择在全国扶贫日前夕举办这场活动，是晋江打造“体育+公益”活动品牌的首次尝试，通过倡导全民健身、人人公益的理念，吸引更多群众参与进来，感受海丝人文气息，见证九十九溪流域田园风光项目的独有魅力，共同缔造晋江生态农业、体育旅游的品牌形象。此次公益徒步活动的报名费用捐赠给晋江市慈善总会扶贫基金，用于晋江扶贫济困项目。活动还将晋江的田园风光建设成果、特色农产品、公益慈善精神向外界广为宣传。

10月13日

农历己亥年九月十五
星期日
温度：23℃—28℃
多云

●市应急局在全市范围内开展重点行业领域应急救援队伍建设普查和抽查，摸清应急救援队伍底数、现状，增强风险防范和应急处置能力，普查出151支应急救援队伍。

●泉州籍导演叶谦执导的大陆首部闽南语院线电影《蕃薯浇米》在第三届平遥国际电影展举行亚洲首映。

●泉州、德化二十几个部门和单位在全省海拔最高的德化九仙山气象站举行“不忘初心、牢记使命——与新时代同行 为新时代奋斗”系列活动。

●由省社会体育指导中心、晋江市农业农村局、晋江市扶贫办、晋江市体育局、共青团晋江市委等主办的2019“晋江农商杯”扶贫济困·田园九九公益徒步活动在晋江九十九溪流域田园风光拓展区举行。

10月14日

农历己亥年九月十六
星期一
温度：21℃—29℃
多云转晴

●王永礼就新型研发机构建设、石材行业转型升级分别到丰泽、南安调研，召开座谈会听取意见建议，查找工作短板，共商解决办法。

●全市“治超”整治、液化气安全生产专题会议召开，部署下阶段安全生产工作。

●由市市场监督管理局与泉州市标准化研究所主办的第50届世界标准日宣传活动在丰泽区东美社区举行。

●14—15日，由广州歌剧院创排的大型民族舞蹈《醒·狮》在泉州大剧院演出。

王永礼到丰泽南安调研新型研发机构建设和行业转型升级

市长王永礼就新型研发机构建设、石材行业转型升级分别到丰泽、南安调研，召开座谈会听取意见建议，查找工作短板，共商解决办法。在位于丰泽区的泉州南京大学环保产业研究院，王永礼鼓励研究院立足泉州产业转型升级与生态文明建设的市场需求，多研发、多推介科技项目，推动研发成果加速就地转化。在泉州软件园，王永礼与9家研发机构代表一起，就新型研发机构如何赋能泉州产业转型升级等交流探讨。王永礼指出，希望大家把握泉州产业转型升级的良好时机，做大做强研发机构，推动更多研发成果落到泉州的田间地头、车间一线。在位于南安市水头镇的中国花岗石直采平台和官桥镇新东源石业公司，王永礼寄望大家继续发挥龙头作用，集聚大数据，掌握核心技术，引领行业转型升级走向深入。王永礼指出，企业家要紧跟时代步伐，加大创新投入，提高装备的智能化、生态化水平；发挥协会桥梁纽带作用，集聚产业要素，搭建新型平台和园区，合力解决资金、技术、市场等共性问题。泉州各级政府要按照市委部署要求，到企业、到基层听意见、找差距，要坚持目标引领和问题导向，扎扎实实抓落实，做到“见清单、见行动、见成效”，维护泉州营商环境。

全市“治超”整治、液化气安全生产专题会议召开

全市“治超”整治、液化气安全生产专题会议召开，部署下阶段安全生产工作。会议强调，各地各有关部门要查摆问题、整改隐患、堵住漏洞，时刻保持工作不断、力度不减，严防思想松懈、安全事故反弹。要落实属地责任、行业监管职责和企业主体责任，特别是全市281个重大安全生产问题，要逐条逐项突破重点、难点问题，化解消除重大风险点，排查整治重大隐患点。要细化整治，抓好源头，严查严管，通过启动“治超”专项行动、推进液化气排查整治、探索实施渔业生产船长制等多措并举，筑牢安全生产防线。要强化管控，推动双重预防控制机制建设，确保管控措施落实到位；强化应急保障，建立“应急预案数据库”，加快推动全市各类应急预案汇集共享；群防群治，加强安全生产社会化服务工作，开展安全生产宣传教育，提升安全生产意识。

泉州市举行第50个世界标准日宣传活动

第50个世界标准日，由市市场监督管理局与泉州市标准化研究所主办的第50届世界标准日宣传活动在丰泽区东美社区举行。2019年世界标准日主题为“视频标准创造全球舞台”。视频是全球网络运行最多的带宽密集型应用之一，其技术进步彻底改变了世界，国际标准不仅能满足视频行业对强大压缩功能的需求，还能助推下一代视频压缩技术的顺利过渡，标准对于全球视频行业的发展起着不可替代的作用。活动围绕世界标准日主题，将视频与标准相结合，让标准引领技术，深入生活，提升群众标准意识。宣传活动通过现场分发宣传扇和标准化知识宣传单、开展标准咨询等活动，普及标准法律和知识，介绍泉州近年来的标准化建设发展情况与取得成绩，促进泉州标准化工作不断发展。

大型民族舞蹈《醒·狮》在泉州演出

14—15日，由广州歌剧院创排的大型民族舞蹈《醒·狮》在泉州大剧院演出。《醒·狮》以鸦片战争和三元里抗英故事为背景，将国家级“非遗”岭南醒狮核心元素融入表演，曾获第十一届中国舞蹈“荷花奖”舞剧奖。《醒·狮》体现出大气、精致、时尚的特点，既不失历史的厚重，又独有澎湃的激情。演出不仅吸引普通市民走进剧场，泉州市不少舞蹈界人士也组团观看演出。

全市工业互联网建设应用座谈会召开

全市工业互联网建设应用座谈会召开，邀请部分工业互联网应用企业代表与会，围绕如何推动工业互联网应用发展建言献策。会上，市工信局、市数字办等相关部门对各级支持工业互联网发展的政策进行解读，火炬电子、匹克、安踏等企业代表分享工业互联网建设应用经验，其他与会代表就如何促进泉州市工业互联网应用发展建言献策。

泉州市2019年盲人保健按摩职业技能竞赛举行

第36次“国际盲人节”，由市残联、市人社局主办的“展新姿·创新业”泉州市2019年盲人保健按摩职业技能竞赛在泉州市特殊教育学校举行，全市13支代表队55名盲人按摩师参赛。根据2018年有关数据，全市有规模不一的盲人按摩机构40余家，从业人员160余人，相对其他发达地区，泉州市盲人按摩行业仍处于萌芽阶段。竞赛旨在搭建盲按从业人员技能比武和学习交流平台，检阅近年来盲按职业技能培训成效，促进盲按技能进步、技法创新，激发全市盲人掌握技能本领、追求幸福生活的正能量，在全社会营造关心、支持盲人就业创业的氛围。经过角逐，评出一等奖3名，其中1人被市人社局授予“泉州市技术能手”称号；二等奖6名，三等奖10名，竞赛组织奖3个。

相关链接：市残联历来重视支持盲人保健按摩行业，近年来持续推进盲人组织建设，筹备成立市盲人协会，紧贴全市盲人保健按摩行业现状和发展趋势，对原有扶持政策相关条件、标准进行适度调整优化，市财政对符合条件的达标、示范盲人保健按摩机构分别给予一次性3万元、5万元补助。

“华人华侨爱国故事青年绘本创作人才培养”汇报展览在泉州举行

15—21日，国家艺术基金2019艺术人才培养项目“华人华侨爱国故事青年绘本创作人才培养”结项汇报展览，在泉州华侨历史博物馆举行。随后，该次展览还到厦门和广东江门等地巡展。展览共展出“华人华侨爱国故事青年绘本创作人才培养”项目30名学员的成果作品300幅，同时展出特邀部分授课专家的作品近30幅。这30名学员大多是全国著名高校的青年骨干教师，还有部分是来自社会团体的优秀青年艺术家。

石狮服装城获 “2019中国十大服装专业市场”称号

由中国商业联合会和《中国纺织报》社主办的“2019中国十大纺织服装专业市场”评选颁奖典礼在辽宁西柳举行，石狮服装城获“2019中国十大服装专业市场”称号。石狮服装城2005年建成营业，总建筑面积80万平方米，设8座交易区，商铺4791间，停车位5000个，入驻商户3200多家，并配套展览艺术中心、名牌展示中心（市场贸易采购中心）2座展馆，先后获“中国十大服装专业市场”“中国十大服装批发市场”“全国大型品牌市场”“全国工业旅游示范点”“中国十强创新市场”“中国服装品牌孵化基地”“福建省现代服务业集聚示范区”等称号。2018年11月，石狮服装城市场采购贸易方式试点启动，至2019年9月底，出口货值达15亿美元，业绩保持全国试点领先地位。2019年海丝海博会期间，中国石狮国际商贸城挂牌运营，由石狮服装城、石狮国际轻纺城组成，包括纺织面辅料、服装鞋帽、福建地方特色产品、国际采购集贸四大业态，使石狮的市场模式从传统内贸为主的产业批发，逐步走向综合性内外贸并举的国际贸易。

石狮服装城外观（图/吴寿民）

10月15日

农历己亥年九月十七
星期二
温度：18℃—28℃
多云转晴

●15—16日，省政协副主席阮诗玮到泉州开展“产教融合政策落实情况”民主监督式视察。

●15—16日，市领导到永春，以读书班的形式，围绕“发扬斗争精神、增强斗争本领”“牢记为民宗旨”两个专题，开展“不忘初心、牢记使命”主题教育集中学习研讨。

●全市工业互联网建设应用座谈会召开，邀请部分工业互联网应用企业代表与会，围绕如何推动工业互联网应用发展建言献策。

●15—18日，泉州市围绕脱贫攻坚“两不愁三保障”突出问题核查情况及2019年以来脱贫攻坚相关工作推进情况开展调研活动。

●由市残联、市人社局主办的“展新姿·创新业”泉州市2019年盲人保健按摩职业技能竞赛在泉州市特殊教育学校举行。

●15—21日，国家艺术基金2019艺术人才培养项目“华人华侨爱国故事青年绘本创作人才培养”结项汇报展览，在泉州华侨历史博物馆举行。

●由中国商业联合会和《中国纺织报》社主办的“2019中国十大纺织服装专业市场”评选颁奖典礼在辽宁西柳举行，石狮服装城获“2019中国十大服装专业市场”称号。

10月16日

农历己亥年九月十八
星期三
温度：19℃—28℃
晴

●16—17日，省人大常委会党组副书记、副主任黄琪玉到泉州开展地质灾害防治工作专题调研。

●国务院公布第八批全国重点文物保护单位名单，包括762处第八批全国重点文物保护单位以及50处与现有全国重点文物保护单位合并的项目，泉州市新添13处国保单位。

●由市发改委、市农业农村局、市教育局、市科学技术局、市妇联主办的2019年世界粮食日暨全国粮食安全宣传周主会场活动举行，拉开宣传周活动序幕。

●陕闽合作·陕西榆林特色农产品推介活动在泉州举行，通过产品推介展销、现场体验、扫码送礼、文化展演、产业推介等方式，展示榆林优质农产品资源和独具特色的陕北文化，促进两地行业、企业、市民之间合作交流，助推乡村振兴和脱贫攻坚。

●闽南传统建筑营造技艺传承与创新论坛在黎明职业大学举办，黎明职业大学与福建省尚艺古建筑工程有限公司进行校企合作签约，并建立闽南传统建筑营造技艺“非遗”传承人大师工作室。

●由福建农林大学主办、福建农林大学安溪茶学院和安溪县茶业管理委员会承办的第17届国际无我茶会暨“一带一路”安溪铁观音发展高峰论坛在安溪举办。

泉州市新添13处国保单位

国务院公布第八批全国重点文物保护单位名单，包括762处第八批全国重点文物保护单位以及50处与现有全国重点文物保护单位合并的项目，泉州市新添13处国保单位，数量居全省设区市第一，创下泉州市历次国保遴选以来入选数量之最。全国重点文物保护单位是中华文明的优秀代表和重要标识，也是不可移动文物的最高保护级别。9月26日，国务院常务会议核定第八批国保单位，包括古遗址、古建筑、近现代重要史迹及代表性建筑等。10月7日，国务院印发《关于核定并公布第八批全国重点文物保护单位的通知》，并于16日发布。第八批国保单位共762处，包括古遗址167处，古墓葬30处，古建筑280处，石窟寺及石刻39处，近现代重要史迹及代表性建筑234处，其他12处，入选文物较多的省份有山西、河南、浙江、安徽、湖南。其中，入选的第八批国保单位最远为旧石器时代，如新疆吉木乃县的通天洞遗址，最近为1986年的宋庆龄儿童科学技术馆。泉州是国务院公布的全国首批24个历史文化名城之一，是全国文物大市。此前全市有文物近4000处，其中各级文物保护单位909处，全国重点文物保护单位31处，省级文物保护单位103处，县（市、区）级文物保护单位775处。至此，泉州拥有的全国重点文物保护单位达44处。经过此次申报，泉港区、永春县实现国保数量“零的突破”，全市已有12个县（市、区）拥有国保单位。

相关链接：13处新增国保单位：古遗址1处，永春县苦寨坑窑遗址（夏商）；古墓葬1处，惠安县百崎郭氏墓群（明代）；古建筑5处，分别是鲤城区崇福寺应庚塔（北宋）、安溪县安溪土楼（明清）、泉港区土坑村古建筑群（清代）、南安市坂埔古厝（清代）、永春文庙（清代）；石窟寺及石刻2处，南安市桃源宫陀罗尼经幢（北宋）、永春县魁星岩摩崖造像（南宋）；近现代重要史迹及代表性建筑4处，南安市观山李氏民居（1890—1936年）、鲤城区安礼逊图书楼（1927年）、永春县福兴堂（1947年）、石狮市景胜别墅（1948年）。

鲤城区安礼逊图书楼（图/吴寿民）

泉州市启动世界粮食日暨全国粮食安全宣传周活动

第39个“世界粮食日”，由市发改委、市农业农村局、市教育局、市科学技术局、市妇联主办的2019年世界粮食日暨全国粮食安全宣传周主会场活动举行。2019年世界粮食日的主题是“行动造就未来 健康饮食实现零饥饿”。紧扣联合国粮农组织确定的2019年世界粮食日主题，2019年中国粮食安全宣传周的活动主题是“扛稳粮食安全重任 建设粮食产业强国”。启动仪式现场，主办方还举行惠农惠粮政策宣讲活动授旗仪式，宣读获评2019年“市级放心粮油经销店”企业名单，及企业代表宣读粮油质量承诺书，并开展粮油安全知识现场咨询和优质粮油产品展销展示活动。

“一带一路”安溪铁观音发展高峰论坛在安溪举办

由福建农林大学主办、福建农林大学安溪茶学院和安溪县茶业管理委员会承办的第17届国际无我茶会暨“一带一路”安溪铁观音发展高峰论坛在安溪举办，20多个国家和地区的数百名爱茶人参会。论坛以“安溪茶·和天下”为主题。世界茶叶界知名专家学者共同研讨“一带一路”背景下茶产业发展之路和“无我茶会”文化内涵。活动期间，于16、18日分别在福建农林大学安溪茶学院及清水岩各举办一场“无我茶会”。

王永礼到安溪走访慰问贫困户

市长王永礼到安溪县魁斗镇钟山村走访慰问贫困户，现场协调解决实际困难和问题。王永礼强调，要贯彻落实习近平关于脱贫攻坚工作的指示，按照中央、省和市委部署要求，结合“不忘初心、牢记使命”主题教育，推进脱贫攻坚各项工作，在编制村庄规划、完善基础设施、提升自我脱贫能力、加强家风民风建设等方面探索更多有效措施，巩固拓展脱贫攻坚成果。

集成电路芯片制造技术应用高级研修班在泉州举办

17—23日，由人社部主办，省人社厅、市人社局、市科技局、市科技培训中心承办的集成电路芯片制造技术应用高级研修班在泉州举办，全国各地企业、高校、科研院所相关领域的70多名学员参加研修。在国家促进集成电路产业发展的背景下，集成电路高级人才紧缺成为国内产业发展急需解决的问题，为更好地推动集成电路芯片制造技术应用交流和产业合作，研修班旨在贯彻国家集成电路产业发展战略，推进专业技术人才知识更新，搭建集成电路专业技术人才的学习交流平台，激发企业活力和创造力，带动产业链协同可持续发展，实现集成电路产业跨越式发展。研修班邀请工信部赛迪智库集成电路所、中科院半导体所学术委员会、厦门大学技术物理所、中国科学院上海高等研究院、泉州师院等高校及机构和企业的专家，围绕中国集成电路产业发展情况和机遇分析、集成电路芯片生产流程、半导体激光器和硅体光源的发展、光电子器件测试技术、数模集成电路与版图设计等内容进行授课。除理论教学，研修班还采取现场教学、研讨交流相结合的教学方式，组织学员到泉州芯谷安溪分园区和南安分园区现场参观学习。

2019年国家扶贫日活动举行

第六个国家扶贫日，也是第27个国际消除贫困日，由市扶贫办与安溪县委、县政府主办的2019年国家扶贫日活动举行。活动现场举行泉州市“消费扶贫”采购定点单位揭牌仪式、产业扶贫示范单位授牌仪式、龙涓乡发展壮大薄弱村空壳村集体经济签约仪式、“百户产业扶贫”包销签约仪式、现场义诊及扶贫政策宣传活动。市扶贫办相关负责人表示，希望全市各地各部门以开展国家扶贫日活动为契机，因地制宜，合力攻坚，坚持靶心不偏、焦点不散、标准不变，在普遍实现“两不愁”的基础上，解决好“三保障”方面的突出问题，巩固脱贫攻坚成效；希望社会各界响应党的号召、无私奉献、踊跃参与扶贫济困，为推动新形势下的脱贫攻坚事业贡献更多力量，力争打赢这场脱贫攻坚战，让全市贫困人口共享改革发展成果，确保小康路上一个都不掉队。

闽南民间工艺美术作品展举行

17—27日，由市委宣传部、中国闽台缘博物馆、市文联主办，泉州市民间工艺美术家协会承办的“艺海扬帆——闽南民间工艺美术作品展”在中国闽台缘博物馆举行。作品展展出30多名创作者的100多件作品，创作者大多是闽南民间工艺美术界各类艺种的代表性人物。展品涵盖石玉雕、木根雕、砖雕、锡雕、艺术陶瓷、花灯、漆线雕、布雕画工艺等，体现鲜明的地域风格和工艺特色，彰显传承、创新和追求，是闽南民间工艺美术产业转型升级、发展壮大的缩影。工艺美术是泉州五大传统产业和十大文化产业之一。2018年，泉州被授予“中国工艺美术之都”称号，再添一枚国家级名片。全市有陶瓷工艺、石玉雕工艺、木根雕工艺、藤铁工艺、香制品等30多项技艺品种。2018年，全市规模以上工艺美术企业383家，完成销售产值1021.77亿元，约占全省60%，首次突破千亿元大关，成为泉州继纺织服装、鞋业、建材家居、食品饮料等之后又一个千亿产业集群。

10月17日

农历己亥年九月十九
星期四
温度：20℃—30℃
多云转晴

●王永礼到安溪县魁斗镇钟山村走访慰问贫困户，现场协调解决实际困难和问题。

●市政府党组“不忘初心、牢记使命”主题教育征求意见座谈会召开，面对面听取部分市人大代表、政协委员、民主党派及无党派人士、工商联代表对市政府党组班子、党组成员的意见建议。

●17—23日，由人社部主办，省人社厅、市人社局、市科技局、市科技培训中心承办的集成电路芯片制造技术应用高级研修班在泉州举办。

●由市扶贫办与安溪县委、县政府主办的2019年国家扶贫日活动举行。

●17—27日，由市委宣传部、中国闽台缘博物馆、市文联主办，泉州市民间工艺美术家协会承办的“艺海扬帆——闽南民间工艺美术作品展”在中国闽台缘博物馆举行。

10月18日

农历己亥年九月二十
星期五
温度：19℃—29℃
多云转晴

●市十六届人大常委会第四十三次主任会议召开，讨论关于加强全市流域水环境保护情况、加快全市垃圾分类处理利用情况、2018年度国有资产管理情况等。

●市政协机关第五次党员大会召开，听取和审议市政协机关党委第四届委员会工作报告和纪律检查委员会工作报告，选举产生新一届机关党委和机关纪委。

●18—20日，由市文化改革发展工作领导小组办公室主办、泉州网承办的泉州市首届文化创意产品展在泉州东亚之窗文创园举行。

●泉州台商投资区百家重点项目争创工人先锋号暨“流动职工之家”启动仪式在海湾大道建设工地举行。在项目建设工地设立功能齐全的“流动职工之家”为全国首创。

市十六届人大常委会第四十三次主任会议召开

市十六届人大常委会第四十三次主任会议召开。会议讨论关于加强全市流域水环境保护情况、加快全市垃圾分类处理利用情况、2018年度国有资产管理情况、《市人大常委会依法推动打好防范化解重大风险、精准脱贫、污染防治三大攻坚战的决定》执行情况、泉州市妇女儿童发展纲要（2011—2020年）实施情况、泉州市发展壮大村集体经济的调研报告和审议意见稿，关于市十六届人大四次会议部分代表建议办理情况的调研报告，关于泉州市与菲律宾怡朗市建立友好城市关系的初审意见；讨论修改市人大常委会有关制度，听取市人大常委会关于加快发展我市乡村休闲旅游助推乡村振兴战略情况的调研情况。

市十六届人大常委会第四十三次主任会议现场（图/王虎文）

泉州市首届文化创意产品展举行

18—20日，由市文化改革发展工作领导小组办公室主办、泉州网承办的泉州市首届文化创意产品展在泉州东亚之窗文创园举行。泉州市首届文化创意产品展以“新文创，新动能”为主题，现场规划100个展位，千款展品来自全市13个县（市、区），包括非遗文创开发类、文博创意产品类、工艺创新产品类、文化旅游产品类四个类别。这也是泉州文创产品首次大规模集中展出。18日举办泉州文创产业发展分享会，会场设于泉州东亚之窗文创园主舞台区，邀请各界人士近距离聆听文创产品的创作历程和产业化之路。展会期间，组委会还开展文创作品评选。 为方便市民随时观赏和选购展品，该届文创展配套举办“掌上观展”和“文创展线上购”两个线上活动。其中“掌上观展”活动，大家用手机扫码，即可提前感受“百家文创企业、千款文创产品”盛况。“文创展线上购”平台由华夏匠人运营，购物平台包含此次参展的部分文创产品，以及精美的艺术藏品，如：金丝楠木《郑和宝船》、汉白玉《自在观音》以及樟木《三面木偶》等，扫码即可购买心仪的文创产品。此外，现场设有非遗VR体验馆区，戴上头显即可观看泉州丰富多彩的“非遗”资源，身临其境感受泉州魅力。趣味冲关方面，设置“火线冲击”和“眼疾手快”抖音热门道具挑战类游戏，以及亲子随手拍活动。

泉州市首届文化创意产品展启动仪式（图/吴炯雯）

泉州台商投资区在全国首创项目建设工地“流动职工之家”

泉州台商投资区百家重点项目争创工人先锋号暨“流动职工之家”启动仪式在海湾大道建设工地举行。在项目建设工地设立功能齐全的“流动职工之家”为全国首创。在中建五局海湾大道PPP项目工地上，放着两组箱式铁屋，每组由两个集装箱改造而成，每个集装箱长约12米，宽和高均两米多，上面写着“流动职工之家”几个大字，板房正面安装一个LED大屏幕，播放高清视频宣传片，板房内窗明几净，职工书屋、棋牌室、职工影吧、职工健身房等服务设施一应俱全，还配有服务台、茶水室、上网电脑，墙壁上挂着职工医疗互助、职工困难帮扶等宣传画板。箱式铁屋搬迁也很方便，根据需要搬到其他工地循环流动使用，灵活高效。

第18届世界中学生运动会倒计时一周年晚会在晋江举行

第18届世界中学生运动会倒计时一周年晚会在晋江全民健身中心举行，世界各地的学生代表参加，并表演文艺节目。教育部国际合作与交流司司长、世中运组委会执行副主席刘锦，国际中体联主席劳伦特·佩楚卡，泉州市委书记、世中运组委会执行副主席康涛，泉州市长、世中运组委会执行副主席王永礼，泉州市委常委、晋江市委书记刘文儒出席晚会。

晚会致辞指出，世界中学生运动会是全世界中学生体育和文化交流的盛会，是展现运动活力，激扬青春梦想的舞台。晋江成功申办世中运以来，围绕兑现申办承诺，凝聚合力，高效运作，做了大量卓有成效的工作，为赛事成功举办奠定坚实基础。要坚持以习近平新时代中国特色社会主义思想为指导，贯彻落实习近平对青少年参与体育的指示精神，坚持高标准高质量，把世中运办成“教体融合”、人文交流、展示中国形象的运动会；要遵循国际赛事标准和要求，加快体育场馆及配套建设，提升城市品质和文明水平；要精心筹备各项大型活动，完善赛事标识设计，加强志愿者招募培训，发挥海内外乡亲力量，营造“全民世中运”的氛围。劳伦特·佩楚卡在致辞中表示，中国有能力、有信心在晋江市举办精彩、非凡、卓越的2020年世界中学生运动会，为中学生运动在世界范围内的发展做出贡献。组委会从一开始就投入大量的精力，让国际中体联有机会组织超过100个国家的6000多名参与者来分享史上最盛大的世中运。

晚会还举行世中运倒计时启动仪式，对外发布世中运赛事会徽，主题口号“在一起，更出彩”，向世中运12位形象大使授牌，并举行捐赠仪式。12位大使共同宣读志愿服务誓词：“我志愿服务世中运，尽己所能、全力以赴，无畏风雨、不惧挑战，为祖国争光，为世中运添彩。”

晚会现场，百名少年合唱《点亮梦想》（图/吴嘉晓）

2019年泉州市社会科学普及宣传周启动

由市委宣传部、市社科联、鲤城区委宣传部、区社科联主办的2019年泉州市社会科学普及宣传周启动仪式在市区府文庙举行。该届社科普及宣传周主题为“礼赞新中国 奋进新时代”。市委副书记、宣传部部长张永宁在致辞中指出，近年来，泉州市高度重视社科普及工作，连续举办11届科普周活动，并将科普周打造成为繁荣社科事业、服务经济社会发展的抓手。下阶段，全市社科界要以习近平新时代中国特色社会主义思想为引领，结合学科优势，发挥自身专长，开展内容丰富、形式多样、群众喜闻乐见的社科普及活动。各级党委、政府要把哲学社会科学工作纳入重要议事日程，为开展社科普及工作提供条件和支持，共同为繁荣社会科学事业，提升全社会文明程度，推动泉州建设发展做出新贡献。启动仪式上，主办方向社科社团、高校、社科普及基地赠送科普书籍；向“社科专家带你游古城”服务队授旗；上线“泉州市2019年社会科学普及宣传周主题知识竞答”等。

2019年泉州市社会科学普及宣传周启动仪式（图/洪 旭）

10月19日

农历己亥年九月廿一
星期六
温度：18℃—29℃
晴

●第18届世界中学生运动会倒计时一周年晚会在晋江全民健身中心举行。

●第18届世界中学生运动会赛事标志与口号发布。

●由市委宣传部、市社科联、鲤城区委宣传部、区社科联主办的2019年泉州市社会科学普及宣传周启动仪式在市区府文庙举行。

●全国红色旅游文创产品和红色旅游演艺创新成果颁奖典礼举行，泉州市提线木偶戏保护传承中心的木偶戏《铁窗蝴蝶》入选全国优秀红色旅游演艺名单。

●全市13所小学200多名小学生，在市区田安路丰盛假日城堡一带举行歌吹漫步，整弦奏唱，庆祝泉州南音“申遗”成功十周年。

●石狮至马尼拉国际航线（CPX5)在石狮石湖港开通首航。

●由北京师范大学社会治理与公共传播研究中心、中物研协、聚龙小镇主办，聚龙社区营造学院、小镇生活研究所、克而瑞物管&易居克而瑞厦门区域承办的2019中国社区营造高峰论坛，在惠安聚龙小镇举办。

●永春县举行以“有一种生活叫永春——房前屋后瓜果香”为主题的庆祝中国农民丰收节暨乡村旅游推介活动。

10月20日

农历己亥年九月廿二
星期日
温度：17℃—28℃
晴

●泉州市组织收听收看2019年全国脱贫攻坚先进事迹福建巡回报告视频会。

●凌晨，南安市美林街道一卫浴厂发生火灾，造成人员伤亡。泉州市立即召开全市安全生产工作专题会，通报“10·20”火灾事故情况，吸取事故教训，就做好安全生产工作进行再部署、再落实。

●18—20日，由市委人才办主办、泉州台商投资区党工委党群工作部承办的2019年泉州市台湾人才研学活动举行。

●第十届“外研社杯”全国高职高专英语写作大赛福建省复赛在黎明职业大学举行。

泉州市收听收看全国脱贫攻坚先进事迹福建巡回报告视频会

泉州市组织收听收看2019年全国脱贫攻坚先进事迹福建巡回报告视频会。市委副书记、宣传部部长张永宁，副市长肖汉辉在泉州分会场聆听报告会。会上，福建师范大学地理科学学院教授陈志彪、天津渤海世茂投资有限公司董事长张秀燕、上海市来伊份股份有限公司总裁郁瑞芬、微医集团董事长兼CEO廖杰远、广东（佛山）对口凉山扶贫协作工作组代表、江苏省盐城市滨海县代表6位全国脱贫攻坚战线的先进典型代表，分别结合自身工作，讲述各自在产业扶贫、爱心援疆、医疗扶贫、“教育+医疗”组团扶贫等扶贫一线奋战的经历和经验。与会人员纷纷表示，报告团成员的先进事迹感人至深、催人奋进，将以先进典型为榜样，牢记初心与使命，打好打赢脱贫攻坚战。

全市安全生产工作专题会召开

凌晨，南安市美林街道一卫浴厂发生火灾，造成人员伤亡。泉州市立即召开全市安全生产工作专题会，通报“10·20”火灾事故情况，吸取事故教训，就做好安全生产工作进行再部署、再落实。会议指出，各级各部门要敲响警钟，主要领导亲自抓，分析研究问题根源、薄弱环节、整治措施，抓认识、抓短板、抓队伍，守牢安全生产底线。要聚焦重点关键，盯紧突出人员密集场所、群租房、老旧小区等，分行业、分领域组织开展安全隐患排查，尤其要严查违规使用易燃可燃保温材料、违规住人、电动自行车违规停放充电等问题，并举一反三，排查整治交通、文物等领域存在的安全隐患。要找准抓手、找准对策，问计基层、因地制宜、长短结合，拿出切实管用的实招硬招。要加强抽查巡查，督促各企业、各单位落实安全生产主体责任，建立安全监管长效机制，确保人民群众生命财产安全。

2019年泉州市台湾人才研学活动举行

18—20日，由市委人才办主办、泉州台商投资区党工委党群工作部承办的2019年泉州市台湾人才研学活动举行。全市各行业、各领域的30名台湾人才代表通过参访台资项目、体验传统雕艺文化、“打卡”洛阳古桥古街、交流分享“两岸情·追梦人”主题故事等形式多样的活动，更加深入了解泉州、融入泉州。19日，台湾人才参观德润产业园园区发展情况，并到园区的台资企业高品医学检验实验室，听取和交流凯力美医疗器材、颐和医院项目进展情况。交流会后，台湾人才在雕艺馆跟着大师学做漆线雕、贴金和木雕等传统工艺。福建凯力美医疗器材有限公司副总经理赖韦宪表示，平时都在园区里工作，跟本地其他企业接触比较少，通过到园区走访参观，触摸到台资企业发展脉搏，在交流中碰撞出新火花，希望今后能加强交流合作。

第十届全国高职高专英语写作大赛福建省复赛在泉州举行

第十届“外研社杯”全国高职高专英语写作大赛福建省复赛在黎明职业大学举行。全省22所高职院校50多位选手参赛。立足高职学生的职业发展需求，该届全国高职高专英语写作大赛在往届大赛基础之上，从内容到形式持续优化和创新。大赛复赛分为公共英语组与英语专业组，参赛选手需在120分钟内完成写作任务。比赛要求选手根据题目阐释自己的观点与认识，在有限时间内展现自己在职场情境下运用英语解决实际问题的能力和职业素养。获得特等奖的同学均获得到北京参加第十届“外研社杯”全国高职高专英语写作大赛总决赛的资格。全国高职高专英语写作大赛的举办，意在凸显英语的实践性和应用性，旨在为高校学子提供一个展示风采、实现自我的专业平台，同时为教师提供一个有效指导、创新教学的契机，实现“以赛促学、以赛促教”的目的。

泉州高甲戏《浮海孤臣》参加福建优秀剧目展演

泉州高甲戏《浮海孤臣》在福州大剧院上演。该剧作为第十六届中国戏剧节·闽台交流合作剧目暨福建优秀剧目展演的五个剧目之一，率先献演获得专家和观众的好评。高甲戏《浮海孤臣》讲述由于明朝廷实行海禁，致使海上丝路中断、倭寇横行，蒋洲孤胆远航招抚倭寇首领的故事。该剧创排以来备受瞩目，广受赞誉：2017年，被列为省扶持创排的地方戏曲精品剧目；2018年，获第七届福建省艺术节暨第二十七届戏剧会演剧目一等奖；2019年，被列为福建省舞台艺术精品工程重点剧目。

第十届世界惠安泉港泉州台商投资区同乡联谊会举行

21—23日，第十届世界惠安泉港泉州台商投资区同乡联谊会在泉州台商投资区举行。市四套班子领导陈灿辉、林万明、洪自强、洪川夫等，与中国港澳台地区及马来西亚、新加坡、菲律宾、澳大利亚等国的惠安、泉港、泉州台商投资区籍乡贤、社会各界人士共叙桑梓情、同圆中国梦。泉州台商投资区、惠安、泉港三地相继进行发展规划介绍及重点招商项目推介，并举行签约活动。21日共签约项目22个，涉及文化旅游、装备制造、社会事业等多个行业，其中台商投资区签约项目20个，总投资额超200亿元，惠安县签约项目2个，总投资额62亿元。

世界惠安泉港泉州台商投资区同乡联谊会成立于1999年，以“联络乡情，加深友谊，融合世界各地惠安乡亲，共同谋求进步和发展”为宗旨，每两年由成员单位轮流举办一次活动，2019年是世联会首次在泉州台商投资区举办。21日同步举办“活力新区·多彩生活”旅游文化节、全球引智暨“一带一路”经济论坛、“同根同源·心手相牵”联欢晚会暨会旗交接仪式等多项活动。参会乡贤分别到台商区、惠安、泉港开展“寻根之旅”活动，感受家乡日新月异的发展变化。新中国成立特别是改革开放以来，惠安、泉港、台商区立足区位、资源和人文优势，艰苦创业、砥砺奋进，城乡面貌发生深刻变化，经济社会发展取得辉煌成就。活动中，泉州市向海内外乡贤发出邀请，希望大家永葆“中国心”，把握时代发展大势，主动融入全球经济一体化趋势和中央、省、市发展大局，促进更多资金、技术、人才交流合作，共同开创家乡更加美好灿烂的明天。

马来西亚华裔艺术家花鸟画展在泉州台商投资区举行

10月21日至11月4日，“一带一路·南洋风水墨”马来西亚华裔艺术家朵拉花鸟画展在泉州海丝艺术公园举行。近年来，朵拉举办10多次个人画展，联展更是多达60余次，但此次展览最为特别，因为其祖籍就在泉州台商投资区张坂镇，这是一次回归故里的特别展览，展出70幅色彩缤纷的花鸟画作品。朵拉原名林月丝，出生在马来西亚槟城，为第三代海外华人。曾获读者票选为马来西亚十大最受欢迎的作家之一，已出版个人作品52部，文学作品被收入中国、美国、新加坡、马来西亚等大学及中学教材。除文学创作，朵拉还擅长书画，她的画既有马来西亚的南洋风格，又深度融合中华水墨文化。用她自己的话说：“南洋风十足，中国情满满。”在展览开幕式上，朵拉还被泉州台商投资区美术家协会聘为顾问。

马来西亚华裔艺术家朵拉花鸟画展现场（图/陈智勇）

10月21日

农历己亥年九月廿三
星期一
温度：16℃—28℃
晴

●泉州高甲戏《浮海孤臣》在福州大剧院上演。该剧作为第十六届中国戏剧节·闽台交流合作剧目暨福建优秀剧目展演的五个剧目之一，率先献演获得专家和观众的好评。

●21—23日，第十届世界惠安泉港泉州台商投资区同乡联谊会在泉州台商投资区举行。

●10月21日至11月4日，“一带一路·南洋风水墨”马来西亚华裔艺术家朵拉花鸟画展在泉州海丝艺术公园举行。

10月22日

农历己亥年九月廿四
星期二
温度：18℃—28℃
晴

●21—22日，省委常委、宣传部部长梁建勇到泉州调研第四届海上丝绸之路国际艺术节筹备工作，察看晋江、石狮新时代文明实践中心，并与有关部门座谈交流。

●泉州市组织收听收看全省实施乡村振兴战略暨农村人居环境整治推进会视频会。

●市委政法委组织到南安、晋江开展“市域社会治理现代化”专题调研活动。

●全市住建领域安全生产工作专题会议召开。即日起，泉州市开展建筑施工领域安全生产排查整治专项行动。

●中小学教师“县管校聘”管理体制改革现场推进会在泉港召开，交流先进经验，推进改革实施。

●清华大学、洛江区校地合作座谈会暨初心服务站签约仪式举行。双方代表签订《共建清华大学研究生社会实践洛江区“初心服务站”协议书》，并为清华大学研究生初心服务团社会实践基地揭牌。

梁建勇到泉州调研第四届海艺节筹备工作

21—22日，省委常委、宣传部部长梁建勇到泉州调研第四届海上丝绸之路国际艺术节（简称“海艺节”）筹备工作，察看晋江、石狮新时代文明实践中心，并与有关部门座谈交流。梁建勇指出，要凸显地方特色，既展示中华文化、海丝文化、闽南文化内涵，又注重加强与海丝沿线国家、地区文化的交流、共享与合作；要注重活动细节，做好接待、安保、市容环境、会务保障等方面的工作；要提高宣传实效，加强展示手段、传播方式创新，营造浓厚氛围；要上下联动配合，齐心协力办好海丝国际艺术节。推进新时代文明实践中心建设，要强化科学统筹，推进现有公共服务资源优化配置、共享利用。要对接群众需求，既体现公益性、教育性，又为群众提供普惠性、个性化服务。要突出地域特色，探索创新，既把“规定动作”做到位，又把“自选动作”做出彩。

泉州市开展建筑施工领域安全生产排查整治专项行动

全市住建领域安全生产工作专题会议召开。即日起，泉州市开展建筑施工领域安全生产排查整治专项行动，以“拉网排查、销号整治”为原则，按照“企业自查、部门排查、整改处置、建立机制”四个步骤，集中排查治理建筑施工安全隐患问题，查隐患、找问题、补短板、堵漏洞，防范生产安全事故发生。

建筑施工排查整治分为企业自查（即日起至10月31日）、部门排查（11月1日至11月15日）、整改处置（11月16日至11月30日）、建立机制（11月16日至11月30日）四个步骤，重点围绕七个方面展开：包括消防设计图审质量情况、施工现场消防安全管理情况、消防技术服务机构监管情况、危大工程安全管控情况、预防高处坠落执行情况、特殊岗位持证上岗情况以及安全教育培训落实情况。查处未对现场作业人员特别是新进作业人员进行安全生产教育和班前安全交底的行为。同时，抓好项目安全生产关键责任人和特种作业人员的持证上岗情况落实，打击未持证上岗行为。对项目安全生产关键责任人长期不在岗、履职不到位的，予以严肃查处。市、县两级住建部门对自查自纠走过场、检查责任不落实、措施不到位、管理不严格的企业予以查处、通报，特别要从严查处各类督导检查发现的事故隐患未“清零”或自查没有发现问题的企业，落实通报批评、诫勉约谈等措施并及时督促纠正。排查整治期间因工作不力导致事故发生的，严格实施惩戒和责任追究。市住建局安全生产排查整治专项领导小组适时组织督查组对各地排查整治落实情况进行督导检查，对排查整治专项行动要求落实不到位的，监管部门予以全市通报批评。

中小学教师“县管校聘”管理体制改革现场会在泉港召开

中小学教师“县管校聘”管理体制改革现场推进会在泉港召开，交流先进经验，推进改革实施。作为全市率先实行“区管校聘”的地区，泉港区“摸着石头过河”，成立教师服务中心统筹调配师资，推行“一管理两竞聘三考评”机制，打破师资交流壁垒，实现“人编合一”，更重要的是开展工作岗位和技术岗位两项竞聘，使教师有了紧迫感，调动他们的积极性，激发队伍活力。为稳妥顺利地进行改革，2018年该区先选取6所中小学校进行试点；2019年确定第二批“区管校聘”改革学校，涉及教职工占全区教职工总数的70.33%。泉港“区管校聘”管理体制改革施行以来，实现“三个转变”，即教师职业倦怠到自发进取、学校因人设岗到因岗选人、城乡师资差异到均衡配置的转变。该区还兑现两个改革红利，落实职称激励措施和追加增量绩效工资，让更多优秀教师在改革中获利。泉港区是全国第二批“县管校聘”试点，也是泉州市的典型。在全市范围内，市直、泉港、永春作为福建省首批试点正推进改革，其他县市区也明确改革的时间表和路线图。

全国“护苗·网络安全进课堂”乡村行泉州站活动举行

由全国“扫黄打非”办指导，省“扫黄打非”办、腾讯公司主办，市“扫黄打非”办、洛江区“扫黄打非”办和奕聪中学承办的全国“护苗·网络安全进课堂”2019乡村行福建泉州站活动举行。全市各县（市、区）“扫黄打非”办和教育局工作人员、部分学校教师，和泉州奕聪中学的学生一同参与网络安全课堂的学习。“护苗·网络安全进课堂”是全国“扫黄打非”办公室与腾讯公司在未成年人网络安全教育领域开展的专项活动，主要针对乡村地区学校网络安全教育薄弱、乡村孩子网络安全知识相对缺乏的问题开展工作，为中小学生送去网络安全知识。课堂上，护苗高级讲师赵呈呈结合丰富的网络案例和热点事件，和同学们重点分享“网络欺诈”和“网络欺凌”的相关知识，还通过互动的方式分析应对网络欺凌的办法。腾讯公司高级产品经理、腾讯成长守护平台用户支持团队负责人王磊则以“一起，做些改变”为主题，分析发生在青少年群体中的诸如“网络沉迷”“信息安全风险”等方面的问题，并给出积极的解决方法，引导同学更正面、更健康地了解和使用互联网。

鲤城区2019年招商项目集中推介和签约活动举行

鲤城区2019年招商项目集中推介和签约活动举行，集中签约18个项目，总投资180亿元。作为泉州市中心城区，鲤城区围绕高质量发展落实赶超目标，坚持把项目招商作为加快发展的主抓手、主战场、主阵地，在项目的服务、调度、督查、奖惩等方面，健全和落实一系列强有力的制度机制，形成亲商、安商、富商的良好环境。此次签约的18个项目，既有投资大、发展前景好的各类传统产业项目，也有科技含量高、发展势头强劲的数字经济、科技医疗项目；既有古城特色鲜明、潜力巨大的文旅产业等新兴项目，也有投向文旅、康养等实体经济的产业基金。其中，与湖北省国有长江资本合作的鲤城区产业基金是全区第一个产业基金项目，拥有百亿元的规模。刺桐尚居、溪后池改造运营项目等聚焦鲤城区丰富的历史资源，推动文旅融合发展。鲤城数字经济智慧园项目将打造“以电商类数字经济为基础、软件信息技术服务和智能化物流仓储为支撑、汽配电商等的数字经济互联网相关服务”的综合型园区，推动数字经济与实体经济深度融合，加快产业高端化发展。

晋江投用全省首座光储充一体化公交充电站

晋江陈埭滨江商务区公交充电站投入使用，作为国网泉州供电公司泛在电力物联网建设项目，该公交充电站是全省首座光储充一体化的充电站，统一接入泉州新能源汽车充电服务监管平台。滨江商务区公交充电站占地3370平方米，设有公交车停车位20个，可同时为10部公交车辆快速充电。屋顶采用光伏雨棚，寿命25年。它采用国家电网光储充一体化充电系统，主要利用充电站遮阳板上的太阳电池半导体材料的光伏效应，将太阳光辐射直接转换为电能并储存使用，为全省首个光储充一体电动汽车直流快充站。年均发电量4万到5万度，预计全年节省下来的能源可供一辆公交车多跑近10万千米。

工作人员在晋江陈埭滨江商务区公交充电站位公交车辆充电
（图/国网泉州供电公司）

10月23日

农历己亥年九月廿五
星期三
温度：20℃—27℃
多云

●市委中心组学习（扩大）会召开，开展“不忘初心、牢记使命”主题教育“严明纪律规矩”专题集中学习研讨。

●市政协党组理论学习中心组（扩大）学习会议召开，围绕“加强党的建设，推进全面从严治党”专题进行学习。

●由全国“扫黄打非”办指导，省“扫黄打非”办、腾讯公司主办，市“扫黄打非”办、洛江区“扫黄打非”办和奕聪中学承办的全国“护苗·网络安全进课堂”2019乡村行福建泉州站活动举行。

●鲤城区2019年招商项目集中推介和签约活动举行，集中签约18个项目，总投资180亿元。

●晋江刑警“坚守初心使命，传承背包精神”专题报告会举行。

●晋江陈埭滨江商务区公交充电站投入使用，作为国网泉州供电公司泛在电力物联网建设项目，该公交充电站是全省首座光储充一体化的充电站。

●世界泉州台商投资区总商会在泉州台商投资区成立，香港德润集团董事长骆钢当选首任会长。“海丝中心”项目奠基庆典仪式同时举行。

10月24日

农历己亥年九月廿六
星期四
温度：19℃—29℃
晴

●市委常委会召开会议，传达学习习近平在庆祝中华人民共和国成立70周年大会和招待会、向国家勋章和国家荣誉称号获得者颁授勋章奖章时的讲话精神等。

●市委常委会会议暨市委主题教育领导小组第三次会议召开，传达中央第二批“不忘初心、牢记使命”主题教育推进会精神，研究部署主题教育分类指导有关工作。

●市委常委会召开会议，传达贯彻省承办第44届世界遗产大会筹备工作小组会议精神，听取全市文物保护工作情况汇报，研究部署下一步工作。

●市委主题教育巡回指导组组长会议和有关单位主题教育领导小组负责人会议分别召开。

●市人大常委会组织企业界市人大代表参加《民营企业法律风险及对策研究》专题讲座。

●是日起，泉州市开展建筑渣土运输管理“百日攻坚”集中整治行动。

●由市工商联（总商会）、泉州广播电视台主办的“讴歌新时代 泉商展风采”原创会歌音乐创作大赛举行。

●鲤城区锡兰文化促进会第一次会员大会在后城140号海上丝绸之路交流平台举行。

市委常委会学习习近平讲话精神

市委常委会召开会议，传达学习习近平在庆祝中华人民共和国成立70周年大会和招待会、向国家勋章和国家荣誉称号获得者颁授勋章奖章时的讲话精神，对“最美奋斗者”评选表彰和学习宣传活动做出的指示精神，中华人民共和国成立70周年庆祝活动总结会议以及省委常委会会议精神；传达贯彻习近平关于巡视工作的讲话精神和中央、省委有关巡视会议精神，听取巡视整改责任单位落实巡视整改情况汇报，部署巡视整改工作；传达福建省党政代表团到宁夏学习考察精神，听取泉州市与宁夏对口支援工作情况汇报，研究部署下一步工作；学习《中国共产党机构编制工作条例》和省委编委会议精神。

市人大常委会组织企业界市人大代表参加专题讲座

市人大常委会组织企业界市人大代表参加《民营企业法律风险及对策研究》专题讲座。讲座上，市人民检察院检察长高扬捷，结合泉州实际情况，阐述刑事法律风险涉及的市场交易、安全环保、产品质量、劳动用工、财务税收、知识产权、商业伙伴、海外业务8个领域的相关法律知识，并就如何识别和防范企业高级管理人员刑事法律风险问题，作深入浅出的解读。讲座内容丰富，政治站位高，现实针对性强，给现场86名企业界市人大代表诸多启示。与会人员还观看市检察院服务非公经济发展法治宣传片、泉州（晋江）服务非公经济发展教育基地VR演示。

企业界市人大代表专题讲座现场（图/王虎文）

泉州市开展建筑渣土运输管理“百日攻坚”行动

是日起至2020年1月20日，泉州市开展建筑渣土运输管理“百日攻坚”集中整治行动。此次行动抓工程发包，全市100%的土石方工程发包企业必须采用管控平台目录库内的运输企业和运输车，办理建筑渣土核准手续。重点整治土石方工程不按要求发包，排查是否存在违规转包、承运企业是否管控平台目录库内运输企业、承运车辆是否报备等。非法加装改装的渣土车不得进入工地运装。此次行动抓建设工地现场监督管理，重点整治建设单位、监理单位是否建立安全生产责任制度，有无把渣土运输纳入监管范围；是否对进出工地、场站车辆实施联网实时监控；有无违规使用加装改装、非本地籍等非平台车辆；有无私开出口逃避监控；有无超载、带泥上路等；建设工地出入口有无硬化，有无按要求设置洗车台、三级沉淀池、高压冲淋设备和电子抓拍系统等。

“讴歌新时代 泉商展风采”原创会歌音乐创作大赛举行

由市工商联（总商会）、泉州广播电视台主办的“讴歌新时代 泉商展风采”原创会歌音乐创作大赛举行。大赛自开展以来，得到各商会积极响应，泉州市新的社会阶层代表人士联谊会也参与比赛，大赛组委会对参赛作品经过评审及编排后，在现场展示15个节目。最终，泉州市川渝商会、泉州南昌商会、泉州市宁德商会获专业音乐评审一等奖，泉州市温州商会、泉州市福州商会、泉州市莆田商会等8家商会获二等奖，泉州市湖北商会、泉州市湖南商会、泉州上饶商会等8家商会获三等奖。在现场节目表演评选环节中，最佳表演奖、最佳风采奖、最佳人气奖分别由泉州市福州商会、泉州市宁德商会、泉州市新的社会阶层代表人士联谊会获得。

市十六届人大常委会第二十三次会议召开

市十六届人大常委会第二十三次会议召开。会议听取和审议市政府关于加强全市流域水环境保护情况的报告，并开展专题询问；听取和审议市政府关于泉州市石化园区环境保护工作情况的整改报告，并进行测评表决，结果为满意；听取和审议市政府关于垃圾分类处理利用情况、关于《市人大常委会关于依法推动打好防范化解重大风险、精准脱贫、污染防治三大攻坚战的决定》执行情况、关于2018年度国有资产管理情况、关于泉州市妇女儿童发展纲要（2011—2020年）实施情况的报告；听取和审议市政府关于市十六届人大四次会议部分代表建议办理情况的报告，并进行满意度测评，测评结果为满意；听取和审议市政府研究处理《关于专题询问我市深化医改工作情况的审议意见》情况的报告，并进行满意度测评，测评结果为满意。

市十六届人大常委会第二十三次会议现场（图/王虎文）

石狮一产品获"中国芯"优秀技术创新产品奖

第十四届中国集成电路产业促进大会在山东青岛举行，石狮中石光芯凭借"5G基站用25G 1310nm DFB直调激光器"这一产品从187款产品中脱颖而出，获"中国芯"优秀技术创新产品称号。"中国芯"评选活动作为国内集成电路产品和技术发展的风向标和大检阅，旨在征集国内集成电路领域产品创新、技术创新和应用创新成果，影响和带动行业发展。中石光芯获此荣誉，既印证其技术在国内的领先地位，也为泉州市发展半导体产业打响品牌。

2019年晋江市文化产业周开幕

2019年晋江市文化产业周开幕。此次文化产业周以"文创助力世中运"为主题，以洪山文创园、五店市传统街区、文化中心、书香花园等文创平台为载体，推出5大版块16个活动，通过城市定向赛等活动向镇街拓展延伸，通过政策带动社会机构参与，通过打造形象标识及衍生品强化品牌意识和品牌价值，共同办好"晋江家门口的文博会"。在此次文化产业周上，"出彩世中运，多彩新晋江"2019世界城市定向挑战赛晋江站、晋江首届少儿体能挑战赛、世中运主题艺术工作坊等各种与世中运有关的活动接连举办，既是对世中运的一种期许，更彰显晋江这座体育之城的活力。晋江各个文创园区也推出各种活动——在书香花园专场，有"Jinjiang Way"文创生活节，也有"书香晋江"大型书展；在洪山文创园专场，举办世中运主题艺术工作坊、"创享美学·运动人生"现代生活体验展、工业设计精品展、海丝艺术品精品展等活动。

晋江警方开创社区民警"住村"新模式

晋江市公安局启动社区民警"住村"工作，传承弘扬新时代晋江刑警的"背包"精神。陈埭派出所作为试点单位先行启动。陈埭派出所每名社区民警在每周工作时间内，选择一名群众广泛认可的村民，入住该村民家中一至两个晚上。入住村民家时，每名社区民警须携带专用的"住村包"，该背包内装有被子、洗漱用品的"生活包"以及"警务包"和"数码包"等，并按标准向村民支付相应的住宿、餐饮费用等。二十世纪90年代，由于交通和通信不发达，晋江每当发生恶性案件，办案民警就会打起背包进驻案发地，案子不破兵不收。这一住短则三五天，长则四五十天，群众称这种打背包办案的做法为"背包"精神。

10月25日

农历己亥年九月廿七
星期五
温度：20℃—27℃
多云转晴

●市委、市政府领导班子"不忘初心、牢记使命"主题教育调研成果交流会召开。

●市十六届人大常委会第二十三次会议召开，听取和审议市政府关于加强全市流域水环境保护情况的报告，并开展专题询问；听取和审议市政府关于泉州市石化园区环境保护工作情况的整改报告等。

●市政府党组理论学习中心组学习会召开，开展"不忘初心、牢记使命"主题教育"严明纪律规矩"专题集中学习研讨。

●第十四届中国集成电路产业促进大会在山东青岛举行，石狮中石光芯凭借"5G基站用25G 1310nm DFB直调激光器"这一产品从187款产品中脱颖而出，获"中国芯"优秀技术创新产品称号。

●2019年晋江市文化产业周开幕。

●晋江市公安局启动社区民警"住村"工作，传承弘扬新时代晋江刑警的"背包"精神。

●由惠安县政府和中国工艺美术学会、泉州市总工会主办的第二届全国影雕现场技能大赛在惠安雕艺文创园开幕。

●由市工业和信息化局指导，中国教育装备行业协会学校后勤装备管理分会、惠安县政府主办的2019"我的最美校服"工业设计大赛颁奖仪式暨"设计就是力量"专题讲座在惠安举行。

●"礼赞新中国·奋进新时代"德化县第十九届瓷都广场文化活动在瓷都广场开幕并举行首场演出。

10月26日

农历己亥年九月廿八
星期六
温度：20℃—27℃
多云

●康涛到市信访局接访群众。

●2019年全国泉州籍商会会长及秘书长工作经验交流会暨招商推介会在泉州举行。

●泉州市文化遗产保护促进会会员代表大会召开。

●由市卫健委主办、泉州市第一医院承办的中心市区公立医院“暖心服务”开放日在泉州市第一医院城东院区举行。

●由惠安县政府、中国工艺美术学会、市总工会主办的第六届中国（惠安）传统雕刻大赛在惠安雕艺文创园开幕。

全国泉州籍商会会长及秘书长工作经验交流会在泉州举行

2019年全国泉州籍商会会长及秘书长工作经验交流会暨招商推介会在泉州举行。200多位全国泉州籍商会代表及重点客商畅叙乡谊、交流经验、共话发展。部分商会代表作交流发言，市发改委、市工信局、市文旅局和市半导体高新技术产业园管委会围绕不同主题，分别作推介。市委书记康涛指出，近年来，泉州学习贯彻习近平新时代中国特色社会主义思想，传承弘扬“晋江经验”再出发，广泛凝聚力量，力促产业升级，提升城市品质，厚积文化底蕴，造浓创业氛围，提高民生福祉，经济社会发展取得长足进步。此次招商推介，聚焦泉州未来产业发展方向，投资前景广阔，希望大家踊跃对接，把智慧、成果、资源和影响与泉州发展结合起来，寻求合作共赢机会。泉州将营造有利于创新创业创造的发展环境，坚持不懈地改进服务、搭好平台、做好保障，专人专班跟踪服务，支持项目早落地、早见效，结出更多硕果。会上，24个项目现场签约，投资总额达184.15亿元，涉及数字经济、智能机械、高新技术、现代物流、医疗器械等领域，项目质量好、发展潜力大、带动作用强。

泉州市文化遗产保护促进会会员代表大会召开

泉州市文化遗产保护促进会会员代表大会召开。作为文化学术类社团组织，泉州市文化遗产保护促进会立足大泉州，面向闽南文化圈，团结海内外泉州人，同心保护珍贵的物质与非物质文化遗产。会议介绍，未来，促进会将梳理宗教与民间信仰场所文化遗产存量，建立宗教与民间信仰场所文化遗产名录和数据库；设立文化遗产保护基金，保护和抢救濒危的物质、非物质文化遗产；借鉴联合国教科文组织亚太地区文化遗产保护奖的相关情况，设立文化遗产保护贡献奖；编纂出版《泉州文化遗产保护大图典》，通过对泉州物质和非物质文化遗产及相关人、事、物的历史、现状、保护和传承等方面，进行一次全景式、深层次、多角度的总结、展示和推广；开设泉州市文化遗产保护促进会抖音官方平台，借助新媒体，拓展泉州文化遗产传播渠道，提升泉州文化遗产的影响力；举办纪念弘一法师140周年诞辰大型非遗艺术品巡展活动；筹备有关村镇修编地方志、族谱；参与“南安记忆”系列丛书编纂工作。

中心市区公立医院“暖心服务”开放日活动举行

由市卫健委主办、泉州市第一医院承办的中心市区公立医院“暖心服务”开放日在泉州市第一医院城东院区举行，通过开展现场体验交流、医疗服务及政策咨询等，让市民感受医院开展“暖心服务”的举措和改善。人大代表、政协委员、市民代表等社会各界人士约40人一起参与体验，零距离感受开展“暖心服务”方面的成果。泉州市第一医院等8家医院介绍医院“暖心服务”的特色和亮点。活动现场还开设行风热线，市卫健委以及各医院负责人解答市民的各种咨询。

第六届中国（惠安）传统雕刻大赛开幕

由惠安县政府、中国工艺美术学会、市总工会主办的第六届中国（惠安）传统雕刻大赛在惠安雕艺文创园开幕。为发扬和传承惠安石雕，自2000年起，惠安县便开始举办中国（惠安）传统雕刻大赛，已成为总览中国石雕产区雕刻发展水平的重要窗口之一，也是引领中国石雕行业雕刻工艺技能的一个风向标。该届大赛以“文脉·匠心“为主题，第一次面向全国征稿，邀请各路雕艺精英到惠安，采用集中创作、集中评奖的方式让选手同台竞技。30位入围大赛的选手于10月26日至11月6日期间，分别在六个分赛场进行现场创作。随后，大赛评选出金奖1名、银奖2名、铜奖3名，最高奖金额度达10万元。

中央党史和文献研究院调研组到泉州调研

26—27日，中央党史和文献研究院学术和编审委员会主任陈理带领调研组到泉州考察调研。市委书记康涛会见调研组，市委常委、秘书长季翔峰参加调研。陈理到市委史志研究室，察看办公条件，慰问基层史志干部，并召开座谈会。座谈会上，季翔峰介绍泉州的历史文化以及近年来的经济社会发展情况。陈理还到南安市岭兜村中共泉州中心县委旧址暨泉州（南安）党性教育基地参观考察，了解泉州革命历史概况及利用党史开展革命传统教育、传承红色基因有关情况。随后到晋江市五店市等地，了解晋江在改革开放过程中所走过的历程，体验感悟“晋江经验”。陈理指出，泉州能有今天的成就，是泉州人民在中国共产党领导下，发扬爱拼敢赢精神，经过不懈奋斗取得的，是党史、新中国史的一部分。党史和地方志工作部门，要结合正在开展的第二批“不忘初心，牢记使命”主题教育，在习近平新时代中国特色社会主义思想指导下，学习贯彻落实中共十九大精神，带头学好党史、新中国史，并推动全市学习党史、新中国史深入开展，以抓铁有痕的干劲，推进各项工作的落实。同时，要立足党史和地方志研究职责，思考总结革命传统、红色基因在推动地方经济社会发展中的作用，挖掘整理好中央苏区、革命老区的红色资源，开展好党史、新中国史教育，激励党员干部继承革命传统，弘扬斗争精神，不忘初心，砥砺前行，为实现中华民族伟大复兴的中国梦贡献史志工作者的智慧和力量。

陈理（右四）在泉州（南安）党性教育基地参观考察（图/周 芸）

泉州市百余件作品入选全国青少年科学影像节

由中国科协青少年科技中心、中国青少年科技辅导员协会主办的第十届全国青少年科学影像节在四川闭幕。泉州市百余件作品获奖，其中3件作品获一等奖，并入围全国现场展映展评。其中，泉州师范学院第二附属小学的《两小儿辩日故事新编》和《海丝缘 蚵壳厝》两件作品参加现场展映展评比赛，均获全国赛一等奖，并分获十佳创意设计展位和十佳特色展示海报奖。另外，泉州师范学院附属小学石狮赛区的作品《塑料紫菜事件》也获得一等奖。全国青少年科学影像节是面向全国中小学生的重要赛事。该届科学影像赛共有31个省、自治区、直辖市及新疆生产建设兵团、香港和澳门特别行政区的中小学的4647件作品参与角逐，经省级审核推荐、全国组委会资格审核、专家初评，仅有约3%即140件作品入围全国现场展映展评（福建省14件，居各省第一，其中泉州市3件）。展映展评期间，参赛选手经过现场技能测试及问辩等环节的角逐，由评委会评出一等奖56件、二等奖76件。

全国优秀保留剧目黄梅戏《天仙配》在安溪上演

全国优秀保留剧目黄梅戏《天仙配》在安溪影剧院上演。该场黄梅戏由安徽省黄梅戏剧院献演，作为全国地方戏创作演出重点院团，该院此次还献演黄梅戏《女驸马》，这两个剧目均是黄梅戏的经典之作。《天仙配》又名《七仙女下凡》，是黄梅戏早期积累的“三十六大本”之一、黄梅戏的保留剧目之一，是首部以电影方式出现的黄梅戏，讲述七仙女不顾天规，私自下凡与董永结为伉俪，憧憬美好生活，最终被玉帝生生拆散的爱情故事。

10月27日

农历己亥年九月廿九
星期日
温度：20℃—26℃
多云转晴

●26—27日，中央党史和文献研究院学术和编审委员会主任陈理带领调研组到泉州考察调研。

●由中国科协青少年科技中心、中国青少年科技辅导员协会主办的第十届全国青少年科学影像节在四川闭幕。泉州市百余件作品获奖，其中3件作品获一等奖，并入围全国现场展映展评。

●纪念张水荃诞辰100周年系列活动在南安市官桥镇岭兜村举行。

●全国优秀保留剧目黄梅戏《天仙配》在安溪影剧院上演。

10月28日

农历己亥年十月初一
星期一
温度：19℃—26℃
阴转多云

●康涛围绕“深入学习贯彻习近平新时代中国特色社会主义思想，以更加奋发有为的精神状态守初心担使命”主题，为全市四套班子领导干部和市法院、检察院、市直部门等单位负责人上专题党课。

●由团省委、省青年联合会主办，团市委、市青年会联合会承办，以“海丝聚力·汇智共赢”为主题的第二届21世纪海上丝绸之路青年创新大会在泉州开幕。

●泉州晋江国际机场开通菲律宾克拉克航线。

●菲律宾“捐建侨爱工程访闽团”一行到泉州承天寺圆常院，为泉州历史文化中心南音梅花馆开馆剪彩、揭牌。

第二届21世纪海上丝绸之路青年创新大会在泉州举行

由团省委、省青年联合会主办，团市委、市青年会联合会承办，以“海丝聚力·汇智共赢”为主题的第二届21世纪海上丝绸之路青年创新大会在泉州开幕。韩国、日本、马来西亚、缅甸、加拿大、埃及、法国等25个海上丝绸之路沿线国家和地区的350多位青年社团负责人、青年创新人才、青年企业家参与，与福建省青年企业家共谋发展与未来。省政协副主席杜源生宣布大会开幕，团省委书记肖华鑫，市委常委、组织部部长孔繁军，市政协副主席洪川夫等出席。大会指出，开放包容、互学互鉴是海丝文化的重要元素，也是新时期青年创新创业的活力源泉，希望青年人才借助这个平台，牵手更多战略合作伙伴，对接新项目，分享创业经验，实现共赢发展，携手开创“新丝路、新青年、新发展”的崭新未来。

会上，泉州市青年联合会、华侨大学青年联合会、斯里兰卡—中国社会文化合作协会等15个海丝沿线国家和地区青年社团的代表共同启动成立海上丝绸之路青年创新城市社团联盟。该联盟将立足21世纪海上丝绸之路沿线国家和地区，通过促进和深化区域内青年创新创业社团对话合作和青年创新创业、贸易投资、项目对接、文化交流等平台对接，为区域内青年创新创业提供服务，推动区域内国家和地区共同发展。大会为期两天，设有“海丝青年创新的机遇与挑战”主旨论坛，“数字经济与海丝未来”“实体经济高质量发展——撬动发展动能的钥匙”“海丝战略下青年人才文化交流与合作”3场平行论坛，“逐梦海丝”大型歌舞晚会等多项活动。此外，与会青年还对重点企业、创新项目、海丝文化等进行考察。

29日，海丝（泉州）青年人才创新项目展示会举行，海外和省内的112家企业展示新材料、新能源、电子信息、芯片制造、节能环保、人工智能、智能制造、旅游文创、消费升级产品、海丝文化元素产品等传统和新兴产业项目，为海外人才、创新项目以及投资机构搭建平台，推进“人才+项目+资本”的有机结合。在展会的青年人才创新项目路演环节里，中科院海西装备研究所、宁德青创生态农业发展有限公司、泉州台商投资区、台湾英腾公司、华尔嘉公司、晋江三创园、西人马公司等单位和企业代表为与会青年现场展示各自项目的特色亮点。展会成果丰硕，泉州市青年联合会与香港福建同乡会青年部签订“数字一带一路（泉州）亚洲国际青年创新创意创业中心”合作框架协议，南威软件集团与中源控股有限公司签订战略合作协议，福建泉楹再生资源科技有限公司与德国Prall Tech企业签订建筑固废资源化项目合作协议。

相关链接：21世纪海上丝绸之路青年创新大会旨在落实习近平提出的“要营造有利于创新创业创造的良好发展环境”和“要探索海峡两岸融合发展新路”的指示精神，为海丝沿线国家和地区青年共赢发展搭建开放创新合作平台。

泉州历史文化中心南音梅花馆开馆

菲律宾“捐建侨爱工程访闽团”一行到泉州承天寺圆常院，为泉州历史文化中心南音梅花馆开馆剪彩、揭牌。泉州历史文化中心梅花馆是活跃在泉州地区南音艺坛的一个群众艺术结社，有馆员20余人，多为退休人员，年龄最大84岁。除成长于原老年大学南音社的多位学员，还有几位泉州南音界有口皆碑的表演艺术家，其中有南音国家级、省级“非遗”传承人各2名，中国曲艺牡丹奖获得者1名。

泉州历史文化中心南音梅花馆开馆揭牌（图/颜瑛瑛）

市企业与企业家联合会三届一次会员代表大会召开

泉州市企业与企业家联合会第三届第一次会员代表大会暨第三届理事会、第一届监事会成立大会召开。市领导王永礼、洪自强、朱团能、林志建等出席大会。市长王永礼指出，泉州的企业有作为，泉州的企业家有精神。长期以来，企业家践行“晋江经验”，弘扬敢拼会赢的城市精神，扎根实业、抱团发展、奉献社会，支撑泉州经济发展和民生改善。泉州市企业与企业家联合会成立以来，围绕党委和政府的中心工作，在政策咨询、维权保障、搭建平台等方面做了大量卓有成效的工作，促进企业和政府的沟通、企业和企业家们的健康成长，得到企业家和社会各界的高度赞誉。希望新一届市企业与企业家联合会理事会学习贯彻习近平新时代中国特色社会主义思想和中共十九大精神，传承弘扬“晋江经验”，搭好政府和企业、企业家之间沟通的桥梁与平台，把竭诚服务企业家作为工作的出发点和落脚点，发挥好政府参谋、企业之家的作用。各级党委、政府将一如既往地为泉州的企业发展、企业家的成长保驾护航。会议审议通过市企联第二届理事会工作报告等，选举产生第三届理事会理事（单位）、第一届监事会监事长及监事。

证券期货违法犯罪的防范与治理研讨会在石狮召开

由上海市人民检察院、泉州市人民检察院、《中国检察官》杂志社、华东政法大学刑事法学研究院主办的证券期货违法犯罪的防范与治理研讨会在石狮举行。最高人民检察院、福建省人民检察院、北京市人民检察院等各地检察机关人员；广东省深圳市中级人民法院等各地法院人员；华东政法大学、厦门大学、北京师范大学等大学院校教授学者；上海证券交易所、中国证券投资基金协会等金融机构人员；北京紫华律师事务所、上海博和律师事务所等法律从业人员以及泉州、石狮两地市委、市政府、检察院、法院、公安局、银保监分局及人民银行等机关相关负责人共80余人参加研讨会。研讨会举行两场主旨演讲。与会专家和司法实务界人员还围绕“证券期货犯罪的基础理论问题”“证券期货犯罪的司法实务疑难问题”“内幕交易、泄露内幕信息罪和操纵证券、期货市场罪、利用未公开信息交易罪”三个研讨单元进行交流。

世界瓷都德化·国际陶瓷艺术城奠基

世界瓷都德化·国际陶瓷艺术城暨隆恩·万达广场奠基仪式举行。该项目建成后将结束德化缺乏高端陶瓷展销平台的历史，推动世界瓷都做大做强。世界瓷都·国际陶瓷艺术城项目包括核心项目和配套项目，其中陶瓷城总建筑面积约6.4万平方米，包括陶瓷商城4.8万平方米、陶瓷商业街1.6万平方米，计划于2021年10月1日前开业，将为德化县陶瓷产业500亿元跨越、高质量赶超翻开崭新一页。世界瓷都·国际陶瓷艺术城建成后将成为德化集商贸交流、会议展览、陶瓷研发设计、旅游购物、陶瓷文化体验、高尚居住等为一体的主题性陶瓷文化产业园区。国际陶瓷艺术城设计方案借鉴德化城雕“渡海观音”衣纹流动、层层分明的设计元素，采用横向线条层层相叠的设计手法来创造层峦叠嶂的地质面貌，与周边的山体环境交相呼应。整体立面造型采用三角形作为基本元素，通过悬挑、拼接、切角等处理手法，营造海上波浪的形象特征，寓意德化白瓷的扬帆起航，通过海上丝绸之路的传播，展现德化白瓷的魅力。城市广场提取白瓷优美的曲线作为设计元素，通过曲线连接五个白瓷雕塑展示区。五个白瓷雕塑展示区象征着五大洲，契合世界陶瓷之都的美名。铺地局部采用白瓷片作为地面的铺贴材料，将白瓷融入城市生活当中。

世界瓷都德化·国际陶瓷艺术城奠基仪式（图/德化县政府办）

10月29日

农历己亥年十月初二
星期二
温度：18℃—28℃
多云

●29—31日，全国双拥工作调研组到泉州调研，并检查泉州市全国双拥模范城创建工作。

●29—30日，市人大常委会组织对市十六届人大四次会议代表建议办理工作情况进行视察。

●泉州市企业与企业家联合会第三届第一次会员代表大会暨第三届理事会、第一届监事会成立大会召开。

●由上海市人民检察院、泉州市人民检察院、《中国检察官》杂志社、华东政法大学刑事法学研究院主办的证券期货违法犯罪的防范与治理研讨会在石狮召开。

●世界瓷都德化·国际陶瓷艺术城暨隆恩·万达广场奠基仪式举行。

●第十四个“世界卒中日”，2019年的主题是“预防为主，远离卒中”。泉州市第一医院神经内科分别在该院东街院区、城东院区、老年病分院和泉州市杏川村村委会举行大型义诊活动。

10月30日

农历己亥年十月初三
星期三
温度：18℃—26℃
多云转阴

●十二届市委第八轮巡察工作动员部署会召开，学习贯彻习近平关于巡视工作的论述，部署十二届市委第八轮巡察工作。

●市政府第七十一次常务会议召开，研究部署泉州市反走私、禁毒有关工作；研究并通过《泉州市职业技能提升行动实施方案》。

●市政府党组（扩大）会议召开，传达学习习近平在庆祝中华人民共和国成立70周年大会和招待会、向国家勋章和国家荣誉称号获得者颁授勋章时的讲话等。

●市政府、市政协开展“优化泉州营商环境”重点提案督办活动。

●市政协党组主题教育调研成果交流会召开。

●市监察委员会举行第一届特约监察员座谈（培训）会，聘请41名特约监察员。

●由省生态文明建设促进会、市社科联主办，泉州职业技术大学承办的第三届生态文明建设论坛在泉州职业技术大学举办。

●泉州城建集团发行债券主体为AAA级的10亿元中期票据。

●10月30日至11月2日，香港特别行政区政府教育局组织的香港教育界历史文化考察团一行33人，到泉州进行考察交流活动。

●“安溪铁观音”入选新华社民族品牌工程·服务产业新锐行动签约仪式在北京新华社历史陈列馆举行。

第三届生态文明建设论坛在泉州举办

由省生态文明建设促进会、市社科联主办，泉州职业技术大学承办的第三届生态文明建设论坛在泉州职业技术大学举办。论坛聚焦提高人居环境，引导公众将生态环保意识转化为保护生态环境的意愿和行动，形成人人、事事、时时崇尚生态文明和环境保护的氛围。论坛上，省社会科学院原院长严正教授、泉州师范学院资源与环境学院院长李子蓉教授、泉州职业技术大学绿色建筑福建省高校应用技术工程中心主任曹树明分别从提升人居环境、健康中国和绿色建筑三个角度做专题报告。

第三届生态文明建设论坛现场（图/洪 旭）

泉州城建集团发行10亿元中期票据

泉州城建集团发行债券主体为AAA级的10亿元中期票据（以下简称“中票”）。该期中票发行期限3年，发行利率3.89%，相当于三年期银行贷款基准利率下浮18.11%。借助AAA主体信用评级，泉州城建集团极大提升企业融资议价能力，有效降低融资成本。2019年以来，泉州城建集团已发行5笔债券，融资32亿元，有效助推泉州市项目攻坚和新城建设。

香港教育界历史文化考察团到泉州考察

10月30日至11月2日，香港特别行政区政府教育局组织的香港教育界历史文化考察团一行33人，由香港方志办原主任、香港岭南大学香港与华南历史研究部教授刘智鹏带队，以“华风传扬”为主题，到泉州进行考察交流活动。市委史志研究室与考察团座谈交流。团员们重点参观了解泉州的海丝文化和非物质文化遗产，了解泉州在传承和弘扬中华优秀传统文化方面的情况。考察期间，团员们欣赏并体验“非遗”项目南音、提线木偶、南少林武术表演，品尝泉州传统风味小吃。泉州这座城市所展现出的文化底蕴和蕴含的生机活力，给考察团成员留下深刻印象，使他们对中华优秀传统文化有了更深刻更直观的理解。此次考察活动作为香港教育界庆祝新中国成立70周年系列活动之一，旨在加深香港教师对国情、国家历史文化和新中国成立70周年取得辉煌成就的了解，推动香港青少年爱国主义教育，为香港中学生到泉州考察搭建桥梁。考察团中许多香港中小学校长，纷纷表达与泉州有关学校建立姐妹校的意愿。刘智鹏表示，希望能在泉州设一个香港青少年的中华优秀传统文化和爱国情感教育基地，建立双方长期交流机制，密切泉州与香港人文交流，激发港人爱国热情。

香港教育界历史文化考察团参观泉州开元寺（图/周 芸）

“安溪铁观音”入选新华社民族品牌工程

“安溪铁观音”入选新华社民族品牌工程·服务产业新锐行动签约仪式在北京新华社历史陈列馆举行，“安溪铁观音”成为首个入选新华社民族品牌工程的全国地理标志农产品。图为签约仪式。（图/刘伯怡）

市委常委会学习习近平指示精神

市委常委会召开会议，传达学习习近平对脱贫攻坚工作的指示精神和省委常委会会议、全省实施乡村振兴战略暨农村人居环境整治现场推进会精神；传达学习习近平对全国道德模范表彰活动的指示精神和第七届全国、第六届福建省道德模范座谈会精神；传达学习中央政治局会议、省委常委会会议关于加强党内法规制度建设精神，学习《中国共产党党内法规制定条例》《中国共产党党内法规和规范性文件备案审查规定》和《中国共产党党内法规执行责任制规定（试行）》。会议要求，要抓牢乡村振兴这个总抓手，推动高质量稳定脱贫，打好农村人居环境整治硬仗。要贯彻落实《中国共产党农村工作条例》，层层扛起责任担当，激活乡村振兴内生活力，提升基层党组织组织力战斗力。要坚持把思想道德与经济社会发展各方面贯通起来，开展道德实践活动，弘扬社会主义核心价值观，培育时代新人。要宣传道德模范先进事迹，培育崇德向善、见贤思齐的社会风尚。

泉州市启动5G商用

中国电信泉州分公司举行5G商用发布会，在全市率先启动5G商用，标志泉州迈入5G+光宽“双千兆”时代。会上，中国电信泉州分公司与5家单位签订5G战略合作协议，发布5G套餐、5G家庭应用、5G行业应用等内容，并和生态圈合作伙伴作5G、智慧家庭等先进技术交流分享。会场还设置5G+党建、5G+4K超高清视频直播、5G+旅游、5G+工业、5G+VR/AR、5G智能手机及千兆光宽、全屋WiFi、家庭云、智能看家等展区，让来宾通过体验式交流，更加直观地了解5G+光宽“双千兆”网络带来的智慧科技生活魅力。

5G商用发布会现场（图/泉州晚报社）

首届“寻找最美快递员”活动结果揭晓

由市邮政管理局、市委文明办和泉州晚报社主办的“中国梦·邮政情”泉州市第一届“寻找最美快递员”活动结果揭晓，黄宏彬等8名快递员和2个团队当选“最美快递员”。作为全国首批“中国快递示范城市”，泉州市邮政快递行业业务总量、业务收入、快递业务量、业务收入四项指标均居全省首位，快递业务量连续两年排名全国城市十强，占全省比重46%。泉州邮政业能够在全国、全省邮政业版图上独树一帜，离不开近2万名快递从业者的付出。活动旨在在全社会掀起关心、关爱快递员的热潮。

泉州梨园戏首次在露天街区流动表演

梨园戏《过桥入窑》在晋江五店市传统街区上演，系泉州梨园戏首次在露天街区进行流动表演。当晚7时许，梨园戏经典唱段和闽南语歌曲《莲花落》《爱拼才会赢》《爱情的恰恰》等暖场节目在该街区风雅颂书局门前举行，拉开演出序幕。10多分钟后，梨园戏《过桥入窑》上演。此次演出采用流动式，演员们一路表演，一路互动，缓缓穿过状元街，最后进入一家咖啡厅，与戏迷交流。整个演出过程人流如织。在一个多小时的演出过程中，不少观众通过微信朋友圈和抖音等进行分享，纷纷获得点赞。

梨园戏在晋江五店市传统街区上演（图/东南早报）

10月31日

农历己亥年十月初四
星期四
温度：20℃—27℃
多云

●市委常委会召开会议，传达学习习近平对脱贫攻坚工作的指示精神和省委常委会会议、全省实施乡村振兴战略暨农村人居环境整治现场推进会精神等。

●市委常委会会议暨市委“不忘初心、牢记使命”主题教育领导小组第四次会议召开，传达学习中央、省委主题教育专项整治工作推进会精神，研究推进全市专项整治和“化积案”工作。

●康涛到南安市蓬华镇调研，瞻仰安南永德斗争史纪念馆，察看红色扶贫基地，并召开座谈会研究探讨泉州市老区苏区脱贫奔小康工作。

●康涛会见返乡访问的陈祖昌。

●市人大常委会党组主题教育调研成果交流会召开。

●李转生带领市政协机关全体党员到鲤城开展廉政警示教育活动。

●中国电信泉州分公司举行5G商用发布会，在全市率先启动5G商用，标志泉州迈入5G+光宽“双千兆”时代。

●由市邮政管理局、市委文明办和泉州晚报社主办的“中国梦·邮政情”泉州市第一届“寻找最美快递员”活动结果揭晓。

●梨园戏《过桥入窑》在晋江五店市传统街区上演，系泉州梨园戏首次在露天街区进行流动表演。

●10月31日至11月7日，第三届中国（安溪）家居藤铁工艺文化博览会在安溪举行。

11月1日

农历己亥年十月初五
星期五
温度：19℃—27℃
多云

●康涛、陈灿辉、李转生等到石狮驻军某部参加“军事日”活动。

●市政协党组理论学习中心组（扩大）学习会议召开，传达学习习近平在庆祝中华人民共和国成立70周年大会和招待会、向国家勋章和国家荣誉称号获得者颁授勋章奖章时的讲话等。

●由泉州古城保护发展工作协调组办公室、市文旅局、市体育局、鲤城区政府、泉州文化旅游发展集团有限公司主办的2019第四届海丝泉州古城徒步穿越活动启动仪式在市区威远楼举行。

●第十二届海峡两岸文化产业博览交易会在厦门国际会议展览中心开幕，泉州市75家企业参展。

●由鲤城区总工会、泉州市中保公益服务中心、泉州市助孤公益协会、泉州市东南公益协会主办的“百场公益”启动仪式在鲤城区职工之家举行。

市领导参加“军事日”活动

市四套班子领导康涛、陈灿辉、李转生等到石狮驻军某部参加“军事日”活动。在石狮驻军某部训练场，市四套班子领导听取部队建设情况介绍，观摩军事课目演练、装甲车复杂道路驾驶演示，参观体验部队新装备，并进行轻武器射击训练。在训练场地，市四套班子领导观看部队官兵进行科目演练。部队官兵或肩扛橡皮艇负重冲锋，或携带弹药箱穿越火障和铁丝网，或依靠绳索从高空迅速着陆，或驾驶装甲车快速行进于复杂地段。市四套班子领导还参与了轻武器射击训练。

2019第四届海丝泉州古城徒步穿越活动启动

由泉州古城保护发展工作协调组办公室、市文旅局、市体育局、鲤城区政府、泉州文化旅游发展集团有限公司主办的2019第四届海丝泉州古城徒步穿越活动启动仪式在市区威远楼举行。该届赛事吉祥物“小虫”也在启动仪式亮相。炫丽的灯光秀和舞蹈《丝路华章》拉开启动仪式序幕。主持人宣布活动启动后，200多架无人机闪烁着灯光组成编队亮相。无人机自由变换队形，灯光组成“嗨”“古城泉州”“古城徒步”文字和刺桐花、帆船、徒步人造型。最终徒步人穿过一扇扇城门，开启2019第四届海丝泉州古城徒步穿越。赛事吉祥物“小虫”在现场与主持人进行互动，作自我介绍、唱童谣等。2019第四届海丝泉州古城徒步穿越活动以泉州古城文化为背景，力求透过每一条街巷、每一段历史文化，结合泉州多元宗教文化特点，让参赛者在以双脚丈量古城风貌之余，去探寻古城脉搏，感知古城风味。该届古城徒步规划人数5000人，分为6千米、15千米、30千米、50千米四条线路，线路覆盖泉州古城200多条古巷。活动方在沿途赛事组织、氛围布置、六大打卡点场景营造、线路制定上，浓缩泉州古城“老城池”“老街巷”“老建筑”“老口味”“老戏曲”“老习俗”“老手艺”——“七老文化”剪影，让大家领悟古城最原汁原味的“见人见物见生活”。

第四届海丝泉州古城徒步穿越活动启动仪式（图/张九强）

75家泉州企业参展文博会

第十二届海峡两岸文化产业博览交易会（以下简称“文博会”）在厦门国际会议展览中心开幕，泉州市75家企业参展，通过191个展位，展示泉州文化产业和文旅融合新成果。泉州市参展企业整体突出泉州东亚文化之都和海上丝绸之路重要起点城市的形象，通过动态表演和静态展示等形式，呈现泉州市文化创意、印刷发行、文化演艺、文化旅游、影视传媒、文博和工艺美术、广告会展、数字内容、动漫和网络游戏等文化产业的发展成果。德化县是泉州市参展企业数量最多的县，共有17家企业参展。卢思立、黄泉福、郑国明、陈清河、黄丽凤等一批中国工艺美术大师、国家级非物质文化遗产项目代表性传承人参展，为泉州展区增添亮点。郑国明、陈清河等不仅将近年来创作的作品带到现场参展，还在现场展示木雕、竹编艺术。

第十二届海峡两岸文化产业博览交易会泉州展区（图/陈智勇）

泉州市11个项目参加全省文化旅游投融资推介活动

由省文化和旅游厅主办的“全福游、有全福”文化旅游投融资暨重大项目推介专场活动在厦门举行，泉州市11个文化旅游投融资项目到场推介。此次文化旅游投融资暨重大项目推介专场活动，以“共促文旅投融资，共享发展新机遇”为主题。活动期间，主办方组织各地推出文旅投融资优选招商项目191个，总投资额超1919亿元。泉州市刺桐古港文化旅游综合体、德化月记窑文化创意产业园、泉州八仙过海文化旅游项目、中国（惠安）海丝文化旅游城、南安市九都国际滑翔伞体育旅游特色小镇、晋江旅游集散中心及品牌展销中心项目、洛江桥南海丝古街区文旅开发项目、泉州台商投资区百崎风情小镇、泉港惠屿岛生态休闲渔村旅游开发项目、安溪西坪日月寨旅游项目、永春牛姆林生态旅游度假区11个项目到场推介，类型涵盖区域标志性产品、文旅融合重大项目、滨海休闲度假、海岛旅游开发、文旅特色小镇、重点景区提升等。

活动现场，全省32个文化旅游投融资重大项目集中签约，投资总额184.97亿元。泉州市刺桐时代村、金井铧龙酒店、沉瑜香与台湾东汉贸易有限公司平台销售合作3个项目现场签约，投资总额达6.15亿元。刺桐时代村项目位于泉州美食城内，是国内最大的室内怀旧主题观光文化村，占地面积约1万平方米，预计投资2亿元，包含智能化系统建设、刺桐时代村、“非遗”传艺剧坊、祈福广场等。金井铧龙酒店项目计划总投资4亿元，用地面积约1.53公顷，拟投资建设五星级标准酒店。沉瑜香与台湾东汉贸易有限公司平台销售合作项目签约金额1500万元人民币。

泉州市生活垃圾分类志愿服务启动

由市垃圾分类工作领导小组办公室主办的生活垃圾分类志愿服务启动仪式在市区西湖公园西大门举行，并为泉州市生活垃圾分类卡通形象——童桐揭幕。启动仪式上，市垃圾分类工作领导小组办公室向市民朋友发出倡议：“践行垃圾分类，是垃圾变废为宝、减少污染最有效的措施，是讲公德、讲文明的直接体现，是我们每个公民应尽的责任和义务。”泉州市生活垃圾分类卡通形象童桐头发以刺桐花为原型进行设计，将刺桐花的花瓣延伸为火红飘逸的头发，刺桐花象征努力拼搏、热血的泉州人，红红火火代表泉州的美好未来。而淡绿色的身躯象征着环保、自然和可持续，搭配资源回收的标识，代表环保与垃圾分类，赋予动画形象“保护环境，人人有责”的责任感。童桐身上斜背的四色鱼篓，是将泉州市生活垃圾分类标准与泉州渔民特色鱼篓结合，使动画更具本地特色。童桐脚踏船只，则是将海丝元素融入其中，代表海上丝绸之路秉持的开放、包容精神，也象征爱拼会赢的泉州人民。

泉州市生活垃圾分类卡通形象——童桐（资料图片）

安溪入选国家农产品质量安全县

第二届国家农产品质量安全县与农产品经销企业对接活动在江苏徐州启动。启动仪式上，农业农村部公布第二批国家农产品质量安全县名单，安溪县入选。农业农村部组织开展国家农产品质量安全县创建活动，重在落实属地责任，加强全程监管，强化能力提升，推进社会共治，发挥地方的主动性和创造性，探索建立行之有效的农产品质量安全监管模式，引导和带动地方全面提升农产品质量安全监管水平。安溪县围绕国家农产品质量安全县创建目标，“产”“管”并举，实现源头严防、过程严管、产品严检、违法严惩四种监管，构筑质量联控、一品一码、社会共治、品牌支撑四个体系，系统性地提高全县农产品质量安全水平。

11月2日

农历己亥年十月初六
星期六
温度：19℃—27℃
多云转晴

●由省文化和旅游厅主办的“全福游、有全福”文化旅游投融资暨重大项目推介专场活动在厦门举行，泉州市11个文化旅游投融资项目到场推介。

●由省委宣传部指导，省文明办、省老干局、省文旅厅等主办的“全闽共舞，礼赞新中国”福建省第三届广场舞大赛泉州市级复赛在泉州府文庙举行。

●由市垃圾分类工作领导小组办公室主办的生活垃圾分类志愿服务启动仪式在市区西湖公园西大门举行，并为泉州市生活垃圾分类卡通形象——童桐揭幕。

●国际南少林五祖拳联谊总会成立30周年庆典在泉州举行，泉州市五祖拳传习所开馆揭牌。

●第二届国家农产品质量安全县与农产品经销企业对接活动在江苏徐州启动。启动仪式上，农业农村部公布第二批国家农产品质量安全县名单，安溪县入选。

●福建省闽东南地质大队在德化县南埕镇塔兜与前锋村交界处的浐溪旁发现中温地热资源，井口温度达91.3℃，系省内唯一自然涌出的超过90℃的中温地热。

11月3日

农历己亥年十月初七
星期日
温度：19℃—28℃
晴

●由中国地方志指导小组办公室、中国地方志学会年鉴分会主办的2019年全国年鉴研讨会暨中国地方志学会年鉴分会年度会议在山西晋中召开。会上宣读《关于对第六届全国地方志优秀成果（年鉴类）的通报表扬》，泉州市四个县（市、区）综合年鉴获奖励和表彰。

●由市社科联、泉州师范学院科研处和泉州师范学院教育科学学院主办的，主题为“亲爱的祖国，亲爱的你”的“关注特殊儿童·我们在一起”第五季融合艺术公益活动，在泉州师范学院举行。

●3—4日，2019年国际南少林五祖拳传统武术大赛在泉州举行。

●卡尔美2019年国际大体联足球世界杯绿茵女神招募计划总决赛在晋江举行。

泉州市四部综合年鉴获全国奖励表彰

由中国地方志指导小组办公室、中国地方志学会年鉴分会主办的2019年全国年鉴研讨会暨中国地方志学会年鉴分会年度会议在山西晋中召开。会上宣读中国地方志指导小组、中国地方志学会《关于对第六届全国地方志优秀成果（年鉴类）的通报表扬》（中指组字〔2019〕8号）。泉州市四个县（市、区）综合年鉴获得奖励和表彰，获奖面占全省一半（省内共有8个县获表彰），其中《晋江年鉴》获特等奖、《安溪年鉴》获二等奖、《德化年鉴》和《泉港年鉴》获三等奖。

相关链接：泉州市贯彻《全国年鉴事业发展规划（2016—2020年）》，并在全省率先实现市县两级地方综合年鉴编纂出版“全覆盖”的基础上，推进全域精品年鉴工程，成效显著。全市年鉴工作逐渐形成创先争优、比学赶超的氛围。在2016年全国地方志优秀成果评选中，《泉州年鉴》获地市级特等奖，《晋江年鉴》获县级特等奖，突破福建省参评全国地方志优秀成果评奖的历史。2017年，《泉州年鉴》获地市级三等奖，《德化年鉴》获县区级一等奖。2018年，《晋江年鉴》获县区级特等奖、《德化年鉴》获县区级二等奖。同年，《泉州年鉴》获全省一等奖、《泉港年鉴》获全省二等奖。在此次的全国地方志优秀成果（年鉴类）评审结果中，经泉州市推荐，由省委党史方志办选送参评的《晋江年鉴》《安溪年鉴》《泉港年鉴》《德化年鉴》全部上榜，在全省名列前茅。

2019年国际南少林五祖拳传统武术大赛在泉州举行

3—4日，2019年国际南少林五祖拳传统武术大赛在泉州举行，中国、菲律宾、美国、英国、马耳他、黎巴嫩、德国等22个国家和地区的千余名海内外南少林五祖拳选手参赛。比赛分儿童组、少年组、青年组、中年组和老年组进行武术切磋，项目包括传统拳术(五祖拳、白鹤拳、其他传统南拳)、传统器械(长器械、短器械、双器械、软器械)和对练项目(徒手与徒手、徒手与器械、器械与器械对练)，分三个大项十个小项进行比赛。在开幕式上，一支特殊的、来自贵州黔东南苗族自治州从江县丙妹镇大洞中学的五祖拳表演队伍，为大赛表演五祖拳。这支五祖拳代表队是一年前由泉州少林寺武僧到当地教授成立的，表演队成员涵盖当地苗族、侗族、壮族、汉族等多个民族，将五祖拳的种子播撒到西南地区。

2019年国际大体联足球世界杯绿茵女神总决赛在晋江举行

卡尔美2019年国际大体联足球世界杯绿茵女神招募计划总决赛在晋江举行。绿茵女神招募计划为2019年国际大体联足球世界杯的配套活动，于9月开启线上报名，经过初赛线上选拔，共有61名选手晋级复赛。10月15—20日，复赛分别在泉州职业技术大学、泉州师范学院和华侨大学泉州校区举行，共有24名选手晋级总决赛。总决赛根据选手复赛的地点进行组队，分三队进行集体环节比拼，分别是：集体舞蹈、知识问答和你比我猜。最后一个环节是个人环节——才艺展示。最终，通过评委老师的专业评判，朱晓喆、吴婉茹、龙娅分获冠亚季军，胡雅莹和蔡雨露等16位选手入围前16强。16位绿茵女神在2019年国际大体联足球世界杯开幕式或颁奖仪式上亮相，共同助力这场国际大学生足球盛宴。

叶建春到泉州调研水安全保障规划编制工作

水利部副部长叶建春到泉州就福建省“十四五”水安全保障规划编制工作展开调研。市领导王永礼、刘文儒、肖汉辉参加调研。叶建春考察晋江龙湖水源地、晋金供水中控室等，现场听取介绍，了解相关情况，并召开座谈会，要求要做好水源水质保护、供水设备完善等工作，确保群众饮水安全。

市委常委会（扩大）会议召开

市委常委会（扩大）会议召开，传达学习贯彻中共十九届四中全会精神和省委常委会（扩大）会议部署要求。会议要求，要跟进探索完善各方面体制机制，突出以人民为中心的导向，坚持重心下移，改革和创造有利于解决发展过程中出现问题的体制机制。要强化制度意识、维护制度权威、严格制度执行，各级党委政府和各级领导干部要发挥表率作用，把提高治理能力作为新时代干部队伍建设的重大任务，引导干部提高运用制度干事创业的能力。各级党组织和各地各部门要把学习全会精神作为理论武装的重点任务，精心组织推动，全覆盖开展学习培训，掀起学习宣传贯彻热潮。要营造学习宣传贯彻的氛围，强化制度自信宣传教育，开展进企业、进农村、进机关、进校园、进社区、进军营、进网站，确保全会精神深入人心。

泉州市强基促稳共创平安家庭行动在惠安举行

由市委政法委、市委文明办、市教育局、市司法局、市妇联主办的泉州市强基促稳共创平安家庭行动在惠安县聚龙小镇举行，现场为部分村（社区）级家事纠纷调解室授牌，交流家事纠纷调解经验和平安家庭创建工作经验。2019年以来，全市已有1011个村、社区设立家事纠纷调解室。为贯彻中共十九大精神，贯彻落实中央、省委省政府的决策部署，根据市委、市政府“强基促稳”三年行动工作部署要求，围绕建设更高水平的“平安泉州”的总体要求，坚持以家庭为主体，泉州市各部门开展携手强基促稳共创平安家庭行动。创建村（社区）家事纠纷调解室就是其中一项创新举措。在强基促稳共创平安家庭行动现场，10个以平安家庭为主题的公益科普抖音小视频首次发布，此系泉州市创新法治教育和传播法治正能量的一次尝试。短视频内容涉及反家暴法、妇女权益保障法、未成年人保护法以及防艾滋、禁毒拒毒、反邪教、我与宪法、安全生产、德行泉州、婚姻家庭生活大排查大化解等法律法规相关知识。这些视频在抖音官方平台、各大校园网站以及公交电视上进行播放，以生动活泼有趣的形式提高法治宣传教育效果，提高“平安家庭”创建实效。

福建省第三届“爱我国防”大学生主题演讲大赛在泉州举行

福建省第三届“爱我国防”大学生主题演讲大赛在泉州师范学院举行。比赛以“赞颂辉煌成就、军民同心筑梦”为主题。全省各大高校的选手通过讲述自己对国防和军队的理解以及发生在身边的感人故事，抒发当代学子对国防和军队的热爱之情。决赛现场，近千名高校师生代表一同观看大赛。最终晋级全省决赛的17名（组）选手，结合亲身经历和自身感受，从热点事件、理想信仰、强军兴军、时代使命、青年责任等多个角度、多个层面，讲述自己对国防和军队的理解和看法。最终，福建师范大学陈喆源、罗越、童文珊，泉州师范学院祝霏洋、张磊获一等奖；阳光学院庄杰、陈维峰、吴明杰、许荔栋，华侨大学张文祺，漳州城市职业学院李衔获二等奖；三明学院苏栎荧、刘琦，厦门大学嘉庚学院樊雅婷，龙岩学院闫思睿，莆田学院张淑颖，宁德师范学院张敏轩获三等奖。

11月4日

农历己亥年十月初八
星期一
温度：17℃—26℃
多云转晴

●水利部副部长叶建春到泉州就福建省“十四五”水安全保障规划编制工作展开调研。

●市委常委会（扩大）会议召开，传达学习贯彻中共十九届四中全会精神和省委常委会（扩大）会议部署要求。

●十二届海峡两岸文化产业博览交易会在厦门闭幕。泉州市共签约20个项目，总金额达200.63亿元。

●由市委政法委、市委文明办、市教育局、市司法局、市妇联主办的泉州市强基促稳共创平安家庭行动在惠安县聚龙小镇举行。

●福建省第三届“爱我国防”大学生主题演讲大赛在泉州师范学院举行。

11月5日

农历己亥年十月初九
星期二
温度：17℃—25℃
晴

●5—6日，省委常委、统战部部长邢善萍到泉州调研基层统战工作。

●陈灿辉到丰泽调研片区改造、产业发展，收集意见建议，共商解决办法。

●5—7日，李转生带领率泉州市省政协委员小组到宁德开展2019年度视察。

●2019年度泉州市县（市、区）人武部党委第一书记党管武装工作述职报告会召开。

●全市实施乡村振兴战略暨农村人居环境整治现场推进会召开，学习贯彻习近平关于“三农”工作的论述和关于实施乡村振兴战略、打赢脱贫攻坚战、改善农村人居环境、推进农村改厕工作的指示批示精神等。

●泉州市召开在泉州原任地厅级老干部及部分市党代表、人大代表征求意见座谈会，征求对市委常委班子和成员的意见建议。

●市委党校举行学习贯彻中共十九届四中全会精神专题讲座。

●由市人社局、市台港澳办、市金融局、市国资委、华侨大学主办的。以“助力台籍学子，筑梦泉州启航”为主题的泉州市台籍大学生暨华侨大学秋季校园综合招聘会在华侨大学举行。

●第三届中国（安溪）家居藤铁工艺文化博览会在安溪开幕。

邢善萍到泉州调研基层统战工作

5—6日，省委常委、统战部部长邢善萍到泉州调研基层统战工作。邢善萍考察杨孙西文化馆、崇武古卫城，到石狮市永宁镇侨联、南洋华裔族群寻根谒祖综合服务平台等地，了解侨乡文化建设、华侨名人故居保护利用、为侨公共服务以及民间信仰工作等情况；到石狮青创城国际网批中心、惠安南派石雕艺术馆，听取青创网络阵地建设和南派传统石雕技艺传承等情况；到达利食品集团公司，了解企业生产经营状况。

全市实施乡村振兴战略现场推进会召开

全市实施乡村振兴战略暨农村人居环境整治现场推进会召开，学习贯彻习近平关于“三农”工作的论述和关于实施乡村振兴战略、打赢脱贫攻坚战、改善农村人居环境、推进农村改厕工作的指示批示精神，落实中央和省委、省政府关于实施乡村振兴战略的决策部署。会议指出，要聚力攻坚实现高质量稳定脱贫，精准识别精准帮扶，健全防返贫控新贫稳脱贫长效机制。要推进特色现代农业发展，做大特色规模，促进融合发展，提升质量品牌，构建现代乡村产业体系。要从治理创新上推动基层善治，把自治与法治、德治贯通起来，深化实施“强基促稳”行动。

泉州市台籍大学生招聘会举行

由市人社局、市台港澳办、市金融局、市国资委、华侨大学主办的，以“助力台籍学子，筑梦泉州启航”为主题的泉州市台籍大学生暨华侨大学秋季校园综合招聘会在华侨大学举行。招聘会共有55家单位参与，其中面向台湾学生招聘的单位有24家知名企业，为台籍学生提供包括设计师、工程师、研发专员、助理、储备干部等各类岗位470个。招聘会还设立政策服务区，为台湾学生提供培训、就业、创业等政策咨询服务，发放《泉州市扶持台湾青年就业创业政策措施》宣传册。企业开出的薪酬普遍年薪在6万元以上，个别岗位年薪超过12万元。作为泉州市首次举行的针对台湾籍高校毕业生的专门招聘活动，此次招聘是泉州打造台湾青年人才登陆“第一家园”的具体措施。

第三届中国（安溪）家居藤铁工艺文化博览会开幕

第三届中国（安溪）家居藤铁工艺文化博览会在安溪开幕。开幕现场举行“世界手工艺理事会手工艺城市——藤铁工艺之都”授牌仪式。在千人见证下，世界手工艺理事会主席罗茜·格林丽丝、世界手工艺理事会亚太地区主席嘎达·席佳薇向安溪颁授“世界藤铁工艺之都”牌匾和证书。为期三天的世界手工艺城市工艺精品联展同时开幕。此次联展吸引包括“世界宝石之都——伊朗马什哈德”“世界马赛克之都——约旦马达巴”“世界石雕之都——惠安”“世界陶瓷之都——德化”“世界水晶之都——江苏东海”等在内的其他38个世界手工艺城市，与“世界藤铁工艺之都——安溪”一道向社会各界共同展示人类手工技艺的精华。此系世界手工艺城市的首次聚会。罗茜·格林丽丝表示，世界手工艺城市网络是世界各地手工艺多样性的极好证明，安溪是中国第七个世界手工艺城市，一直期待世界手工艺城市能够聚在一起，很开心这一愿景在安溪得到实现。嘎达·席佳薇表示，寄望安溪担起“世界藤铁工艺之都”的重任，履行传承手工艺文化的承诺，继续为世界手工艺者搭建交流合作的平台。

第三届中国（安溪）家居藤铁工艺文化博览会签约仪式
（图/刘伯怡）

市扫黑除恶专项斗争领导小组成员会议召开

市委常委会会议暨市扫黑除恶专项斗争领导小组成员会议召开，传达学习省推进扫黑除恶专项斗争工作视频会议精神。会议强调，要系统梳理提升，总结好经验好做法，深化问题整改，扩大专项斗争成果。要全面提升质效，掀起强大攻势，在黑恶积案清零、问题线索清零上再加力，同步推进“打财断血”“打伞破网”，盯紧重点行业、重点领域，综合施策治理乱象。要突出标本兼治，健全长效常治机制，坚持强基固本，建强基层战斗堡垒，从治理创新上推动基层善治。

市政府党组（扩大）会议召开

市政府党组（扩大）会议召开，传达学习中共十九届四中全会和省委常委会（扩大）会议、市委常委会（扩大）会议精神。会议强调，要把准目标任务，突出坚持和巩固、完善和发展、遵守和执行，围绕法治政府建设、健全政府治理体系、推动高质量发展、繁荣发展社会主义先进文化、管理社会事务、服务人民群众、生态文明建设等，立足泉州实际，逐项逐条抓好推进，履行好政府工作职责。要把制度执行抓到位，强化制度意识，带头自觉尊崇制度、严格执行制度、坚决维护制度，把制度优势更好转化为治理效能。

泉州市三企业在第二届中国国际进口博览会上签约

由第二届中国国际进口博览会福建省交易团、福州市政府、泉州市政府主办的福建新一轮开放政策解读和项目对接会在上海举行。对接会旨在借助进口博览会的高端平台，宣传推介福建省贸易投资政策和良好环境，加强投资项目对接合作与金融支持服务。对接会现场，泉州市推介招商引资政策及营商环境，三家泉州企业与外国企业进行项目签约，包括西人马联合测控（泉州）科技有限公司与迪斯科公司签约、泉州福海粮油工业有限公司与丰益国际有限公司签约、福建天电光电有限公司与日立化成株式会社公司签约。丰益国际有限公司是新加坡华人企业，是世界领航的农业综合型跨国粮油企业集团。泉州福海粮油工业有限公司主要与该企业签订大豆购买协议。福建天电光电有限公司与日立化成株式会社达成LED封装材料环氧树脂的采购协议。日立化成业务广泛，主营化学材料，产品广泛运用在半导体、生命仪器、汽车、蓄电池等行业。活动现场，泉州市还解读近年来出台的招商引资政策，并推介营商环境。

大型创意表演秀《蓝人秀》在泉州上演

集音乐、舞蹈、戏剧、高科技和多媒体于一体的大型创意表演秀《蓝人秀》在泉州大剧院上演。《蓝人秀》从1991年在纽约亮相至今，已在全球25个国家超过300座城市上演，赢得世界各地观众的好评。油漆桶、PVC水管、卫生纸等，样样都成乐器，还有众多音乐设备为这场秀配上世界一流的音乐。《蓝人秀》的音乐获格莱美提名奖，是演出很重要的组成部分，此次到泉州演出，还注入《西游记》等中国特色元素。不拘一格的表演形式、狂野又充满想象力的现场音乐演奏、与现场多媒体设备的完美搭配，让整场演出惊喜叠加。此外，演出还包含大量和观众互动的环节，不少观众成为演出的一部分。

《蓝人秀》表演现场（资料图片）

11月6日

农历己亥年十月初十
星期三
温度：17℃—25℃
晴转多云

●市委常委会会议暨市扫黑除恶专项斗争领导小组成员会议召开，传达学习省推进扫黑除恶专项斗争工作视频会议精神。

●市委常委会专题会议召开，学习贯彻习近平关于“不忘初心、牢记使命”论述，以自我革命精神对照党章党规找差距，推动主题教育走深走实。

●市政府党组（扩大）会议召开，传达学习中共十九届四中全会和省委常委会（扩大）会议、市委常委会（扩大）会议精神。

●市政府党组对照党章党规找差距专题会议召开，推动主题教育深入开展。

●王永礼围绕“践行初心使命，找差距补短板，推动高质量发展”主题，为市政府班子成员、市直部门及有关单位负责人、市政府办公室党员干部上专题党课。

●由第二届进博会福建省交易团、福州市政府、泉州市政府主办的福建新一轮开放政策解读和项目对接会在上海举行。

●集音乐、舞蹈、戏剧、高科技和多媒体于一体的大型创意表演秀《蓝人秀》在泉州大剧院上演。

11月7日

农历己亥年十月十一
星期四
温度：17℃—27℃
晴

●全市推进扫黑除恶专项斗争工作视频会召开，学习贯彻落实中央、省委、市委新部署新要求，对专项斗争进行再对标、再深化，推动扫黑除恶工作再出新成效。

●中宣部在北京召开学习贯彻中共十九届四中全会精神研讨班，并表彰全国基层理论宣讲先进集体、先进个人。安溪县农民讲师团获“全国基层理论宣讲先进集体”称号，系全省唯一获此荣誉的集体。

●作为中国国际进口博览会的配套活动，南音、福建木偶集锦、戏曲联唱、拍胸舞四个节目在上海国家会展中心中央广场进行公益演出。

●泉州市新媒体联盟成立大会举行。

●7—10日，由中国轻工业联合会主办的2019中国工艺美术博览会在江苏南京举行，泉州市28件作品在工艺美术界最具权威的“百鹤杯”工艺美术设计创新大赛中获奖。

●7—11日，2019亚太机器人世界杯总决赛在俄罗斯莫斯科举行，泉州实验中学代表队获CoSpace搜救项目冠军。

安溪县农民讲师团获“全国基层理论宣讲先进集体”称号

中宣部在北京召开学习贯彻中共十九届四中全会精神研讨班，并表彰全国基层理论宣讲先进集体、先进个人。安溪县农民讲师团获“全国基层理论宣讲先进集体”称号，系全省唯一获此荣誉的集体。安溪县农民讲师团成立于2013年8月，由安溪县委宣传部、组织部、党校指导，是安溪县为破解以往培训中理论空洞、实践不足、效果不佳、学用结合不好等问题，创新组建的一支基层宣讲指导队伍。该集体发掘茶乡农村“土专家”“田秀才”等优秀实用人才，以农民讲师团的形式，到田间地头讲政策、传技术，对群众进行“传帮带”，成为党的政策“扬声机”、农业技术“直通车”和农村发展“助推器”。

闽南文化元素亮相中国国际进口博览会

作为中国国际进口博览会的配套活动，南音、福建木偶集锦、戏曲联唱、拍胸舞四个节目在上海国家会展中心中央广场进行公益演出，吸引国内外客商观看。演出选用晋江市高甲柯派表演艺术中心的高甲戏，用闽南话主持，以“高甲丑”的样式串联整个演出，既原汁原味地展现闽南文化，也增加节目的趣味性。公益演出导演谢南表示，中国国际进口博览会是一个很好的文化展示平台，让闽南文化元素在海内外受众面前集中展示，既是文化自信的表现，也为文化更好地走出去提供载体。

泉州市新媒体联盟成立

泉州市新媒体联盟成立大会举行。泉州市新媒体联盟由新浪泉州、泉州网（泉州通）、东南网泉州站等发起，市、县两级和驻泉州新媒体代表组成，市委网信办、市委宣传部为指导单位。联盟单位涵盖媒体类单位、APP类（客户端）、微博类、公众号类、企事业新媒体、县（市、区）新媒体，共计48家。 会议要求，新媒体要坚持正确方向导向，牢记媒体的政治责任、社会责任，发挥新媒体的传播优势，围绕中心大局，贴近时代社会，唱响主旋律，弘扬真善美，讲好泉州发展故事，共同担负起社会正能量传播的重任。要发挥新媒体联盟的协调联动作用，加强平台建设，加强媒体交流，形成宣传合力。要自觉遵守互联网法律法规和联盟公约，加强互联网内容建设，增强新媒体的传播力引导力影响力公信力，维护网络传播秩序，共同营造清朗的网络空间。

新媒体联盟旨在推进泉州市新媒体建设与发展，构建资源共享、交流合作、协同发展的良好合作平台，打造新媒体矩阵品牌，最大限度凝聚网络正能量，助力泉州经济社会发展。在大会上，市委网信办、市委宣传部、新浪福建、中新社福建分社等相关单位负责人参加现场启动仪式，并为新媒体联盟召集单位、秘书处及联盟单位授牌。在随后举行的新媒体联盟沙龙，嘉宾代表围绕新媒体与城市品牌建设主题作交流分享。在新媒体联盟沙龙活动环节，东南早报官微团队成员上台分享新媒体传播经验——东南早报微信公众号如何长期保持全省影响力前列，以及如何助力提升泉州对外知名度和城市品牌。

泉州市一批作品在中国工艺美术博览会上获奖

7—10日，由中国轻工业联合会主办的2019中国工艺美术博览会在江苏南京举行，泉州市28件作品在工艺美术界最具权威的“百鹤杯”工艺美术设计创新大赛中获奖。此次博览会参展商1200多家，展示6万余件陶瓷、雕刻、织绣、文房四宝、红木家具等全品类工艺美术优秀作品。泉州市的陶瓷《巾帼英雄—穆桂英》《悠然自在》，木雕《妈祖》《魂》《海峡清深》，石雕《守疆护土》《齐心协力》《蚕》，铜雕《无上清凉》9件作品获评“百鹤金鼎奖”；石雕作品《百鹤争鸣》获评2019“百花奖”金奖。

2019环泉州湾国际公路自行车赛举行

由中国自行车运动协会、省体育局、泉州市政府主办的2019环泉州湾国际公路自行车赛在晋江祖昌体育馆鸣枪开赛，拉开为期三天的比赛大幕。作为全球唯一以“海丝”和“环湾”为主题的专业自行车赛，首届环泉州湾国际公路自行车赛于2016年举办，已连续举办四年，在国内外产生广泛影响，成为泉州向全国乃至全球讲好中国“海丝”故事的重要平台。赛事全程分为三天三个赛段，分别围绕“海、城、山”三条主线展开，途经丰泽区、石狮市、晋江市、永春县、泉州台商投资区，总里程约326千米，吸引亚洲、欧洲、非洲、大洋洲9个国家（地区）的18支职业车队108名选手参加。启动仪式上，青春活力的啦啦操、动感十足的街舞、充满童趣的儿童平衡车等暖场表演将现场气氛烘托得热闹非凡。比赛除更加重视竞赛线路设计，将自行车运动融入泉州的蓝色海湾、千年古城和山水田园风光外，还更加注重群众体验参与，在专业组比赛发枪后，还举行助力2019环湾赛体验赛，让更多市民可以自己骑车与专业选手一同参与这一家门口的国际赛事。

2019环泉州湾国际公路自行车赛第一赛段参赛选手经过田安大桥（图/陈英杰）

泉州市职业技能提升行动业务培训会举行

泉州市职业技能提升行动业务培训会暨泉州市产业实训基地授牌仪式在泉州信息工程学院举行。泉州信息工程学院、泉州轻工职业学院等7家单位（企业）入选新一批泉州市产业实训基地。至此，全市已有10家产业实训基地。实训基地建设项目将与泉州经济发展密切结合，根据区域经济发展、产业振兴发展规划和新兴战略性产业发展需要，主要围绕泉州市17个重点产业、民生补短板对技能人才的需求和经济社会发展急需、紧缺行业（领域）开展项目实施。

第二十届中国（南安）水头国际石材博览会举行

8—11日，第二十届中国（南安）水头国际石材博览会暨石材设计周（以下简称“石博会”）在南安市石材产业展示中心举办。泉州市长王永礼，国际室内建筑师设计师团体联盟、中国石材协会等各级行业协会负责人，以及乌兹别克斯坦、印度、土耳其、意大利等国家和地区的经济部门负责人和客商代表等出席。展会设11个展区，包括1个主展区以及10个常年展区，总展示面积91.1万平方米，还设有11处固定企业体验馆。该届石博会以“绿色·创意·共融”为主题，首次将设计融入石博会，突出“以设计为牵引，以科技、文创、金融为推手”的产业发展思路。该届石博会由材料产业展升级为设计应用展，集“材料展示+品牌运营+石材设计”于一体，多维立体展示石材商业艺术与设计价值。2019年石博会与国际室内建筑师设计师团体联盟（IFI）、上海大学上海电影学院等著名设计机构战略合作，让设计前沿势力引领石材圈发展。该届展会还新增中国石材新品美学馆、中意设计馆、集中采购平台区等，配套石材智造高峰论坛、设计圆桌峰会等多场活动。

国外客商参观石博会展区（图/东南早报）

11月8日

农历己亥年十月十二
星期五
温度：16℃—25℃
晴

●第四届海上丝绸之路国际艺术节新闻发布会在北京举行。文化和旅游部、省委宣传部、省文旅厅、泉州市有关领导出席，介绍第四届海上丝绸之路国际艺术节有关情况，并回答记者提问。

●市人大常委会党组对照党章党规找差距专题会议召开，推动主题教育不断走深走实。

●王永礼分别会见由印度石材协会副会长萨西什带领的印度经贸团、国际室内建筑师设计师团体联盟（IFI）主席梁志天。

●由中国自行车运动协会、省体育局、泉州市政府主办的2019环泉州湾国际公路自行车赛在晋江祖昌体育馆鸣枪开赛。

●泉州市职业技能提升行动业务培训会暨泉州市产业实训基地授牌仪式在泉州信息工程学院举行。

●8—11日，第二十届中国（南安）水头国际石材博览会暨石材设计周在南安市石材产业展示中心举办。

11月9日

农历己亥年十月十三
星期六
温度：14℃—23℃
多云转晴

●王永礼到黎明职业大学调研。

●新疆维吾尔自治区昌吉回族自治州州长金之镇，副书记、福建省援疆前方指挥部总指挥长黄鹤麟带领党政代表团到泉州调研。

●市委文明办联合洛江区委文明办、泉州微公益协会组织市直机关人员、社会爱心团体人士近50人，到洛江区河市镇开展“邻里守望”党员志愿服务暨移风易俗入户走访宣传活动。

●由福建省化工学会、市科协、泉州师范学院主办的第四届绿色化工技术论坛暨第十七届泉州市科协年会在泉州师范学院举行。

●中国高等教育学会职业技术教育分会高峰论坛在黎明职业大学举办。

●9—12日，由惠安县政府、中国工艺美术学会和中国工艺美术协会主办的第五届中国（惠安）国际雕刻艺术品博览会在惠安雕艺文创园举行。

王永礼到黎明职业大学调研

市长王永礼到黎明职业大学调研，走访校史馆、办学成果馆、海丝文化集镇、创业孵化基地等，并与教职工座谈，了解学校教育教学和产学融合工作情况。调研中，王永礼听取校史、成果介绍，到木雕、陶艺、漆雕等大师（名师）工作室，参观大学生创新创业项目，与学生交谈，了解学习生活情况。当得知同学们积极创新，主动参与技术与产品研发，为泉州企业转型升级提供助力时，王永礼表示，泉州是一片创新创业的沃土，希望他们今后扎根泉州，专注于专业，为泉州产业高质量发展贡献力量。座谈会上，王永礼对黎明职业大学长期以来在专注职业教育、培育职业人才、涵养好校风好学风等方面所取得的成绩表示祝贺，向学校为泉州经济社会发展做出的贡献表示感谢。王永礼指出，泉州市将继续支持学校建设和发展，希望黎明职业大学在省上和市委领导下，学习贯彻中共十九届四中全会精神和习近平关于职业教育工作的指示精神，传承弘扬良好校风，以泉州产业需求为导向，坚持产教融合、校企合作，整合优势资源力量，创新各层次各类型的办学模式，提升教育教学水平，让每个人都有人生出彩的机会，更好地服务泉州经济社会发展。

市委文明办举行移风易俗入户走访宣传活动

市委文明办联合洛江区委文明办、泉州微公益协会组织市直机关人员、社会爱心团体人士近50人，到洛江区河市镇开展“邻里守望”党员志愿服务暨移风易俗入户走访宣传活动。志愿者对洛江区河市镇50户困难群众进行走访慰问，送去大米、棉被等物资和慰问金。同时，在入户宣传活动中，志愿者分别向沿街住户、过往群众分发图文并茂的宣传折页，讲解移风易俗工作，引导群众从简操办婚丧喜庆事宜。市委文明办相关人士表示，此次发动市直机关和社会团体10支党员志愿者分队近50人，走村入户开展移风易俗宣传主题活动，主要是向群众宣传“喜事新办，白事简办，神事不办，佛事省办”的社会新风尚。

第五届中国（惠安）国际雕刻艺术品博览会举行

9—12日，由惠安县政府、中国工艺美术学会和中国工艺美术协会主办的第五届中国（惠安）国际雕刻艺术品博览会在惠安雕艺文创园举行。该届博览会以“相约世界石雕之都，共享雕艺文化盛宴”为主题，采取“展与销、展与会、展与赛”相结合举行一系列商贸洽谈、产业对接和雕刻技艺交流活动，旨在加快惠安“世界石雕之都”建设，提升“惠安雕艺”品牌知名度和国际化水平，让惠雕走向世界，让世界了解惠安。展览规划总面积6万平方米，较上届增加20%，设置652个国际标准展位。设置石雕工艺展区、木雕工艺展区、大型石雕及机械展区、玉雕工艺展区、其他工艺展区和国际及港澳台展区6个展区，香港、台湾、安徽、广东、广西、河南、江苏、山东、四川、浙江、江西、福建12个省及地区的200多家企业参展。此外，博览会还吸引越南、斯里兰卡、赞比亚、尼泊尔、也门、孟加拉国、印度等10个国家的企业参展。博览会现场，惠安文旅部门单独设置惠安文旅展区，以“风情惠安”古城、滨海、惠安女民俗风情为整体形象对外展示。

第五届中国（惠安）国际雕刻艺术品博览会开幕（图/邓文祥）

11月10日

农历己亥年十月十四
星期日
温度：15℃—25℃
多云转晴

●黎明职业大学建校90周年暨高职办学35周年纪念大会在该校陈义明体育场举行。

●梁披云研究所成立大会暨《梁披云全集》首发式在黎明职业大学举行。

●9—10日，由中华全国体育总会联络部和省体育总会主办的2019海峡两岸暨港澳地区群众网球赛在市区宝珊花园网球中心举行。

黎明大学建校90周年暨高职办学35周年纪念大会举行

黎明职业大学建校90周年暨高职办学35周年纪念大会在该校陈义明体育场举行，全国各地院校和职业教育界专家学者、学校董事会海内外董事乡贤、行业企业嘉宾等与会。国家督学、全国高职高专校长联席会议主席董刚表示，该校为福建省和国家现代职业教育改革创新做出突出贡献，为中国高职高专教育的改革发展提供可借鉴、可复制，具有示范、辐射作用的经验。纪念大会结束后，该校还举行黎明职业大学系列工程揭牌和剪彩仪式、泉州黎明职业大学校友会成立大会、黎明职业大学第四届董事会第四次会议、黎明职业大学战略理事会2019年年会、各学院的校友主题活动等。

黎明职业大学建校90周年暨高职办学35周年纪念大会现场（图/黎明职业大学）

梁披云研究所在泉州成立

梁披云研究所成立大会暨《梁披云全集》首发式在黎明职业大学举行。梁披云研究所为国内研究梁披云教育思想的唯一专业学术机构，主要研究梁披云在教育思想、书法、诗歌、社会活动等方面的成就，并开展国内外学术交流活动。梁披云研究所所长林长红表示，梁披云是泉州人的骄傲，其一生留下了十分丰富的业绩和诗书艺术瑰宝，成立梁披云研究所就是要团结、组织泉州市学术界及社会各界人士，共同深入研究梁披云，宣传梁披云。该所将以研究为基础，联系海外所有关心这项工作的专家、学者和各方人士，深入挖掘，拓宽领域，共同将梁披云研究全面开展起来。此外，由上海文化出版社出版、泉州晚报社图书编辑出版中心策划的《梁披云全集》，也于是日首发。《梁披云全集》包括梁披云教育文集、书法集、诗集和纪念文集四辑。

《梁披云全集》赠书仪式（图/陈智勇）

2019海峡两岸暨港澳地区群众网球赛在泉州举行

9—10日，由中华全国体育总会联络部和省体育总会主办的2019海峡两岸暨港澳地区群众网球赛在市区宝珊花园网球中心举行。比赛吸引香港、澳门、台湾地区和云南、浙江、江西、湖南、湖北、广东省以及福建各地市共24支代表队280多名选手参加，参赛人数和赛事规模远超往届。经过角逐，福建省网协队获团体第一名，金门队获第二名，泉州市天龙腾星网球队和厦门台商精英网球队并列第三名，佛山大沥网协队、漳州市队，三明网球协会队和龙岩市网球协会队并列第五名。此系海峡两岸暨港澳地区群众网球赛连续第三年落户泉州。该竞赛项目为团体赛，每场团体赛由5场单项比赛组成，有男双50岁（指两名选手年龄总和，下同）以上组、女双60岁以上组、男双80岁以上组、混双90岁以上组、男双100岁以上组。比赛采用5场3胜制，录取前八名。此次赛事得到主办方和参赛运动员一致好评，承办方和协办方凭借泉州的区位优势，将赛会越办越好，促进海峡两岸以及和港澳地区的文化体育交流，带动越来越多的人参与到全民健身中，为建设“健康中国”而服务。

11月11日

农历己亥年十月十五
星期一
温度：17℃—25℃
晴

●康涛、王永礼会见印度驻华大使唐勇胜。

●市政协党组对照党章党规找差距专题会议召开，推动主题教育往深里走、往实里走。

●由省工信厅主办，市促进中小企业发展工作领导小组办公室、市工信局、省中小企业服务中心、市中小企业服务中心、市行政服务中心承办的福建省“惠企政策入百园进万企”走进泉州暨创建质量标杆企业经验交流活动举行。

●由市委宣传部、市发改委、市科技局、市工信局等主办的，以“创新转型 行稳致远”为主题的2019泉州经济年会启动。

●11—13日，由国家卫健委主办的世行贷款中国医疗卫生改革促进项目培训班暨国内医改经验交流会在安溪举行。

●泉州市“双11”首单快件创全市电商物流配送时间最短记录。

康涛王永礼会见印度驻华大使唐勇胜

市委书记康涛、市长王永礼会见印度驻华大使唐勇胜，印度驻广州总领事高士等随行到访，市领导肖汉辉参加会见。市领导表示，泉州与印度的交流往来历史悠久，泉州将按照国家、省里部署，推动建设友好城市，促进经贸、人文交流向更深层次迈进。唐勇胜表示，希望双方在友城结好的基础上，深化各领域交流合作。唐勇胜还走访海交馆、开元寺、兴济亭。

“惠企政策入百园进万企”走进泉州活动举行

由省工信厅主办，市促进中小企业发展工作领导小组办公室、市工信局、省中小企业服务中心、市中小企业服务中心、市行政服务中心承办的福建省“惠企政策入百园进万企”走进泉州暨创建质量标杆企业经验交流活动举行，活动结合“不忘初心、牢记使命”主题教育，推动惠企政策有效落地，营造全社会关心、关注、支持中小微企业发展的氛围，共同为泉州的中小企业发展助力。中小微企业是泉州市经济发展的主力军，在税收、就业等方面发挥支撑作用。2019年以来，省、市加大民营经济扶持力度，通过改善营商环境，从减税减负、金融支持、政策激励等方面，主动服务、靠前服务，使民营企业尽享政策红利。活动中，市科技局、工信局、人社局、税务局等部门相关负责人对有关减税降费、创业创新、用工稳工、促进企业发展等惠企政策进行宣传解读，帮助企业家了解政策、掌握政策、用好政策。活动还举办2019年创建全国质量标杆企业经验分享活动，邀请九牧厨卫和闽发铝业2家获评2019年度全国质量标杆的企业，为现场企业讲解交流如何在加强技术创新、转型升级的同时，做好企业内部质量管理、创新管理模式等相关工作经验和体会，发挥质量标杆企业的引领作用，推动企业运用先进质量管理方法和“互联网+”等手段促进质量提升。

国内医改经验交流会在安溪举行

11—13日，由国家卫健委主办的世行贷款中国医疗卫生改革促进项目培训班暨国内医改经验交流会在安溪举行。全国各地近100名卫健系统工作人员参加会议。会上，广东、江西、安徽和福建三明、泉州安溪等地的卫健系统代表分别作公立医院综合改革经验交流。与会人员还到安溪县蓬莱镇卫生院、安溪县医院、安溪县中医院等地考察，了解泉州市医改经验成效。2019年是“新医改”实施的第十个年头。过去十年来，泉州医改不断深入，床位建设、医疗网络完善、人才培养、“医联体”建设、现代医院管理制度建设等一系列举措持续推进，满足人民群众日益增长的健康需求。全市拥有医疗机构1646家，其中三级医院15家、二级医院45家、基层医疗机构1405家、新业态医疗机构6家，三级医疗网络基本健全。“十三五”以来，全市启动建设项目51个，计划总投资172亿元，增加床位9858张。

泉州市“双11”首单快件28分钟收货创记录

家住丰泽区的陈女士凌晨购买一双本地品牌鞋子，下单成功后，快递即电询是否方便收货，28分钟后陈女士签收快件。此系2019年“双11”泉州市的首单快件，创下全市电商物流配送时间的最短记录。泉州市是全国首批“中国快递示范城市”，也是全国网货供应大市，每年电商促销的“双11”“双12”等正是泉州市快递业与电商业协同发展、大显身手的好时机。根据相关分析系统的数据，是日一天全市快递收件量突破1200万件，同比增长28.22%。为应对旺季，全市各邮政快递企业制定24小时值班制度，实时监测快递业务量，统筹协调人员调配，提高服务能力。

第三届全国集成电路“创业之芯”大赛在晋江启动

由工业和信息化部人才交流中心主办的第三届全国集成电路“创业之芯”大赛启动仪式在晋江举行。相较前两届大赛，该届大赛在四个方面进行完善：需求对接更精准，围绕第三代半导体、5G等热点、重点领域，联合专业机构开展产业主题赛，吸引特定领域的优秀项目参加，为特定领域的项目对接产业资源；资源导入更精准，将参赛项目分为“天使组”与“成长组”独立评审，分别对接资源；评审机制更优化，每场路演从专家库中抽取相同数量的技术专家和投资人，保证路演评审公平，考核维度全面，同时将打分方式从分数制改为分级制，避免因个别专家评分方差过大对结果造成的影响；创业辅导更全面，引入企业导师制，与华登国际、石溪资本、元禾璞华、中科创星四家专业投资机构合作，为优秀团队提供从商业模式、战略定位到技术专利等方面的指导，帮助有潜力企业尽快形成更强的核心竞争力。

泉州成立全省首个国际人才港

泉州（晋江）国际人才港揭牌仪式暨晋江市第三届海峡菁英人才节开幕式在晋江举行，泉州（晋江）国际人才港、泉州（晋江）国际人才交流服务中心揭牌。泉州（晋江）国际人才港系全省首个国际人才港，地处晋江市核心商圈，毗邻竹树下公园，周边覆盖竹园小区博士后公寓、酒店、小学等，并延伸至国际人才社区、五店市传统街区、医院等高端服务配套。人才港围绕“人才”及“人才工作”的使用需求、体验而设计，设有“一站式”人才服务中心、多功能项目路演区、创客空间、人才展示和政策宣传区、高端人才项目洽谈区等多种功能板块。该届海峡菁英人才节以“汇国际人才·创梦想港湾”为主题，持续到12月。开幕式上，举行晋江与福州大学共建微电子研究院签约仪式，为第二批泉州市级人才之家、晋江市院士工作站授牌，为晋江人力资本有限公司、晋江青年创业服务中心揭牌，并向2020年世中运外籍人才志愿服务队授旗。现场还发放“金翼贷”青年创业贷款、卫生类博士人才和引进教育人才安家补助、海（境）外人才《高层次人才证书》，交付部分高端人才社区人才房，开展博士—企业家“产研孵化营”结对，并发布第五批“海峡计划”入围团队和项目。

晋江市第三届海峡菁英人才节活动现场（图/许雅玲 姚煜娟）

2019泉州城乡融合发展年会启动

由市发改委、市自然资源和规划局、市住建局、泉州晚报社、中国邮政集团泉州分公司等主办，福建华创置业有限公司协办的2019泉州城乡融合发展年会启动。活动以“创新协调，绿色发展”为主题，包含四个子项目，从多个维度聚焦泉州城乡融合发展的进程。其中，“项目攻坚2019”泉州重点项目摄影书法大赛，反映重点项目建设进展情况。“泉州十佳特色小城镇”遴选活动，通过推荐宣传、实地考察、权威评审，推选出十个各方面取得显著成绩的乡镇，揭示小城镇改革发展轨迹。“泉州十大城市地标系列”遴选活动，按照建筑、公园、桥梁三大类别，遴选出城市地标名片，从不同视角展示城市功能形象。

11月12日

农历己亥年十月十六
星期二
温度：17℃—26℃
晴转多云

●受全国人大常委会委托，省人大常委会组织部分省十三届全国人大代表到泉州开展集中视察。

●市委常委会召开会议，传达学习习近平对科技特派员制度推行20周年指示精神、省委常委会会议和全省现场会精神等。

●市委全面深化改革委员会会议召开，传达贯彻中央全面深化改革委员会第十次会议和省委全面深化改革委员会第八次会议精神。

●康涛、王永礼与泉州市第七届全国道德模范提名奖获得者、第六届福建省道德模范、第六届泉州市道德模范、往届道德模范代表座谈。

●“人民楷模”国家荣誉称号获得者、原国家羽毛球队总教练王文教回到家乡泉州，康涛、王永礼与其座谈交流。

●继全国、全省冬春农田水利基本建设会议以后，泉州市召开电视电话会议，贯彻落实全国、全省会议精神，部署下阶段工作。

●第六届泉州市道德模范座谈会召开，对第六届泉州市道德模范进行表彰，汪伟阳等25人被授予第六届泉州市道德模范称号。

●由工业和信息化部人才交流中心主办的第三届全国集成电路“创业之芯”大赛启动仪式在晋江举行。

●泉州（晋江）国际人才港揭牌仪式暨晋江市第三届海峡菁英人才节开幕式在晋江举行。

●由市发改委、市自然资源和规划局、市住建局、泉州晚报社、中国邮政集团泉州分公司等主办，福建华创置业有限公司协办的2019泉州城乡融合发展年会启动。

11月13日

农历己亥年十月十七
星期三
温度：18℃—28℃
晴

●13—17日，由商务部、科技部、工信部、国家发改委等部委和深圳市政府主办的第二十一届中国国际高新技术成果交易会在广东深圳举行，福建（泉州）哈工大工程技术研究院、泉州梅洋塑胶五金制品有限公司携一批自主创新产品代表福建展团亮相。

●由市工信局主办的工业互联网建设应用推进会暨供需对接会举行。

●泉州市第一医院护理部在医院远程会诊中心完成全市首例护理MDT（多学科诊疗）远程会诊。

●由鲤城区委政法委、鲤城公安分局主办的“警民同心 防骗同行”防范电信网络诈骗宣传系列活动启动仪式在市区新天城市广场举行。

泉州市多项自主创新产品亮相第二十一届高交会

13—17日，由商务部、科技部、工信部、国家发改委、农业农村部、国家知识产权局、中国科学院、中国工程院等部委和深圳市政府主办的第二十一届中国国际高新技术成果交易会（以下简称“高交会”）在广东深圳举行，福建（泉州）哈工大工程技术研究院、泉州梅洋塑胶五金制品有限公司携一批自主创新产品代表福建展团亮相。其中，打靶机器人更是成为此次展会福建馆的一大“吸睛”作品，被组委会授予“优秀产品奖”荣誉。高交会是中国规模最大、最具影响力的科技类展会，有“中国科技第一展”之称。该届高交会以“共建活力湾区·携手开放创新”为主题，展示新一代信息技术、光电显示、智慧城市等高科技前沿领域的先进产品和技术，总展览面积14.2万平方米，吸引3300多个海内外展商、约1万个项目参展，超过100个国家和地区的客商和观众到会。

工业互联网建设应用推进会暨供需对接会举行

由市工信局主办的工业互联网建设应用推进会暨供需对接会举行。8个工业互联网相关项目登台签约，8家工业互联网技术服务商开展现场咨询诊断对接活动。8个工业互联网相关签约项目分别为：华为与九牧厨卫股份有限公司签订九牧智慧云平台项目，中国电信泉州分公司与361°（中国）有限公司签订361°全国零售云系统项目，中国移动泉州分公司与安溪产业园管委会签订安溪茶产业云平台项目，中国联通泉州分公司与德尔互联科技有限公司签订电梯物联网监控运营维系平台项目，用友软件泉州分公司与友臣（福建）食品有限公司签订用友财务产销协同平台项目，金蝶软件泉州分公司与匹克体育用品有限公司签订金蝶苍穹业务中台系统项目，鼎捷软件股份有限公司与汉威机械制造有限公司签订鼎捷研发管理系统项目，蜂巢互联网科技有限公司与成达齿轮有限公司签订研发及生产管理数字孪生平台建设项目。同时，电信、移动、联通、SAP、华为、用友、金蝶、鼎捷8家工业互联网技术服务商在现场布展，为参会企业提供咨询诊断，并开展对接活动。

全市首例护理MDT（多学科诊疗）远程会诊完成

泉州市第一医院护理部在医院远程会诊中心完成全市首例护理MDT（多学科诊疗）远程会诊。此次会诊受泉州台商投资区医院邀请，对象是一名“右侧人工股骨头置换术”后切口感染的高龄患者。会诊由该院护理部吴碧瑜主任主持，七位护士长和取得国际伤口造口师资格的护师等人参与。泉州台商投资区医院的医护团队对患者病情、治疗过程、术后切口进程、采取的护理措施、现况进行介绍，并就患者术后切口感染护理、多重耐药菌护理要点、引流管护理、营养失调护理等方面提出会诊需求。该院几位护理专家从各自专业角度，联系实践经验对患者的病情及相关检查信息进行询问及剖析。对病情观察、管道护理、切口护理、VTE护理等专项护理方面提出具体建议，结合各专科护理提供切实可行的护理经验和病情观察要点。

全市第一个“全民防骗联盟”组织成立

由鲤城区委政法委、鲤城公安分局主办的“警民同心 防骗同行”防范电信网络诈骗宣传系列活动启动仪式在市区新天城市广场举行。鲤城区联合东南早报“夕阳红”读者俱乐部，教育部门、见义勇为协会、老人会和志愿者组建“警民同心 防骗同行”夕阳红防骗义务宣传队，进企业、进校园、进社区、进公园、进家庭，与群众面对面，宣传防范电信网络诈骗常识。同时，鲤城区的公安、媒体、银行、医院、保险等行业第一批10个联盟单位共同组成全市第一个“全民防骗联盟”组织。

《泉州市市级打击黑恶势力犯罪举报奖励规定》发布

市公安局对外发布《泉州市市级打击黑恶势力犯罪举报奖励规定》（以下简称“规定”）。规定与此前的《群众举报黑恶势力违法犯罪线索奖励办法》相比，大幅提升举报黑恶势力违法犯罪线索的奖励标准，举报人最高可获20万元奖励。规定表示，举报人举报的黑恶势力违法犯罪线索，经查证属实，市级按下列标准对举报人给予一次性奖励：（一）公安机关查证属实以黑社会性质组织罪名移送审查起诉的，每案奖励人民币50000—100000元；（二）公安机关查证属实以恶势力犯罪集团移送审查起诉的，每案奖励人民币10000—50000元；（三）公安机关查证属实以恶势力犯罪团伙移送审查起诉的，每案奖励人民币5000—10000元；（四）公安机关查证属实以上述常见涉恶罪名移送审查起诉的，每案奖励人民币2000—5000元；（五）公安机关根据线索抓获在逃黑社会性质组织的组织者、领导者的，每名奖励人民币10000—50000元；抓获在逃黑社会性质组织骨干成员、犯罪集团首要分子的，每名奖励人民币5000—10000元；抓获在逃黑恶势力其他成员的，每名奖励人民币1000—5000元。同一举报人在同一案件中，分别发挥上述不同作用的，可以分别奖励，但最高不超过20万元。市公安局相关负责人介绍，相比此前的《群众举报黑恶势力违法犯罪线索奖励办法》，各个类别的奖励，均提升1000元至5万元不等，且规定同一举报人在同一案件中，可以重复、累计奖励，最高20万元。

海峡两岸暨香港知名作家组团到泉州采风

海峡两岸暨香港30多位知名作家组团到泉州采风。活动由中国作家协会港澳台办公室和福建省作家协会主办。在泉州期间，作家们到泉州海外交通史博物馆、开元寺（泉州古船陈列馆）、晋江蔡其矫诗歌馆、五店市传统街区等地，考察“海丝”文化，学习“晋江经验”。香港作家联会永远名誉会长江扬表示，此次泉州之行再次深入了解泉州“海丝”文化，体验“晋江经验”，这些都将为文学创作提供很好的素材，本土作家可以抓住“一带一路”时代，写自己熟悉的题材，将所见、所闻、所思转化为文学作品。

泉州市公交行业新能源车驾驶岗位技能竞赛举行

由市总工会、市人社局、市国资委、市建设建材工会主办，泉州市公交公司承办的泉州市公交行业新能源车驾驶岗位技能竞赛闭幕。此次竞赛初赛从1000多名驾驶员中遴选和推荐，最终有15人进入总决赛。总决赛比赛考核理论知识和操作技能两部分。理论知识考核采用闭卷机考方式，泉州公交集团机务部临时自主开发一套考试系统，题目随机抽取，内容为公交驾驶员应知应会理论知识。操作技能考核包含赛道通过、规范操作、节能驾驶三个部分，全面考核驾驶员的驾驶技能。最终，胡彬建获一等奖，胡超群和杨亚强获二等奖，刘立和黄劲草获三等奖。胡彬建还获被市人社局授予“泉州市技术能手”称号，获市总工会授予“泉州市五一劳动奖章”。

德化陶瓷文化研究院揭牌成立

德化陶瓷文化研究院揭牌成立。德化陶瓷文化研究院揭牌成立后，主要是挖掘研究德化陶瓷历史与文化特色；组织开展德化陶瓷文化学术研讨；服务德化陶瓷艺术品鉴别和欣赏；编辑、出版德化陶瓷文化艺术书刊；策划推广德化陶瓷文化品牌形象；举办文化培训、展览与交流活动等。研究院负责人介绍，德化陶瓷历史悠久、源远流长。德化陶瓷文化研究院将以此为平台，加强对陶瓷的起源、发展脉络的研究等，使德化陶瓷文化研究达到一个新高度，促进陶瓷文化的繁荣与发展，并把陶瓷文化传播出去，走出德化，面向全国，走向世界。

11月14日

农历己亥年十月十八
星期四
温度：15℃—23℃
晴转多云

●市政府办第一党支部第一党小组“不忘初心、牢记使命”专题讨论会召开，王永礼以普通党员身份参与讨论。

●李转生到永春调研。

●市公安局对外发布《泉州市市级打击黑恶势力犯罪举报奖励规定》。

●泉州市“119”消防宣传月主题活动启动仪式在市区北滨江公园笋江园举行。

●海峡两岸暨香港30多位知名作家组团到泉州采风。

●由市总工会、市人社局、市国资委、市建设建材工会主办，泉州市公交公司承办的泉州市公交行业新能源车驾驶岗位技能竞赛闭幕。

●第十三个“联合国糖尿病日”，泉州市护理学会康复与糖尿病专委会组织泉州市第一医院、泉州市人民医院、泉州第910医院、泉州市正骨医院，联合丰泽社区卫生服务中心在丰泽区源淮社区开展以“科普控糖，共筑健康”为主题的义诊活动。

●德化陶瓷文化研究院揭牌成立。

11月15日

农历己亥年十月十九
星期五
温度：15℃—24℃
晴

●市委、市政府召开专题会议，传达贯彻《关于进一步促进两岸经济文化交流合作的若干措施》及省委专题会精神，研究部署泉州市贯彻意见。

●王永礼到晋江督导检查2019年国际大体联足球世界杯体育场所、服务设施，看望部分工作人员，推进各项筹备工作有序开展。

●王永礼到市信访局接访群众。

●李转生带领部分市直市政协委员，围绕泉州市经济社会发展情况开展年度视察。

●由市委宣传部、市委网信办主办，泉州网承办的第四届海上丝绸之路国际艺术节网络艺术节启动。

●由市文旅局主办、泉州市旅游发展服务中心承办的“海丝文旅”大讲堂第二专题讲座举行。

●国家发改委公布一批全国社会足球场地设施建设重点推进城市，南安市成为全省唯一入围的县级行政区域。

泉州市召开贯彻落实“26条措施”专题会议

市委、市政府召开专题会议，传达贯彻《关于进一步促进两岸经济文化交流合作的若干措施》（以下简称“26条措施”）及省委专题会精神，研究部署泉州市贯彻意见。会议指出，泉州市对台渊源深厚、优势独特，在对台工作大局中具有特殊作用。要认识26条措施的意义，贯彻落实中共十九届四中全会精神和习近平关于对台工作的指示精神，坚持以人民为中心，积极走前列、担使命、作示范，为台胞台企在泉州发展提供更多同等待遇、创造更广阔发展空间，打造台胞台企登陆的“第一家园”。要加强宣传引导，组织各种形式的宣讲活动和座谈调研，向在泉州台胞台企宣传好政策，引导台胞台企参与泉州市经济社会建设，共享高质量发展成果。要推动政策落细落实落地，各级各相关部门要迅速行动起来，领会26条措施内容实质，明确职责分工，积极主动作为，制定具有泉州特色、操作性强的务实举措，推进两岸融合发展。

王永礼检查2019年国际大体联足球世界杯筹备工作

市长王永礼到晋江督导检查2019年国际大体联足球世界杯体育场所、服务设施，看望部分工作人员，推进各项筹备工作有序开展。在亚洲球队驻地酒店金玛国宾酒店，王永礼要求加强食品检验检测，守牢食品安全底线，考虑不同国家和地区的运动员饮食习惯，提供优质贴心的服务。在晋江足球公园和晋江体育中心足球场，王永礼叮嘱要周全考虑，做好器械设备调试、全流程模拟演练，及时发现问题，查缺补漏；要把安全放在第一位，细化完善应急预案，科学指挥调度运动员、演职人员、观众进退场；要做好比赛期间交通引导和疏散，确保场馆周边停车秩序井然、行车进出顺畅，最大限度降低赛事对市民工作生活造成的影响。王永礼还到组委会办公室，与一线工作人员、外语翻译志愿者交谈，勉励大家按照职责分工，对各项工作、各个环节精益求精，做好赛事后勤保障服务。

市政协开展年度视察

市政协主席李转生带领部分市直市政协委员，围绕泉州市经济社会发展情况开展年度视察。市政协副主席林志建，秘书长陈伟平参加视察。视察组察看南安阳光中科（福建）能源股份有限公司、南安聪勤机械和中国国际信息技术（福建）产业园。在专业从事晶体硅太阳能电池及组件研发、制造、销售于一体的阳光中科，李转生强调，企业要继续推广先进实用技术和新产品开发，不断创造新的利润增长点，为泉州市的绿色能源发展做出贡献。在中国国际信息技术（福建）产业园，李转生要求，要加快形成龙头企业集聚效应，抓好基础配套设施建设，优化人才服务，确保引进的高层次人才留得住、用得好；要贯彻新发展理念，在优化营商环境上狠下功夫，助力泉州实现高质量发展。

南安入选全国社会足球场地设施建设重点推进城市

国家发改委公布一批全国社会足球场地设施建设重点推进城市。全国21个城市入围，其中副省级城市1个、地级市15个、县级行政区域5个。南安市成为全省唯一入围的县级行政区域。为贯彻落实党中央、国务院决策部署，国家发改委、体育总局等部门开展全国社会足球场地设施建设专项行动，推进实施足球发展规划，扩大足球场地有效供给。实施方案下发后，共有45个城市提交申请材料，国家发改委、体育总局制定评审办法，按照“优中选优”的原则，会同有关部门经过评审，确定21个城市为全国社会足球场地设施建设重点推进城市。国家发展改革委将对符合条件的项目予以投资补助，通过召开现场会、组织培训班等形式推介经验和做法，加强对地方的指导。

泉州市实施职业技能提升行动

泉州市出台职业技能提升行动实施方案，提出从2019年至2021年，全市开展各类补贴性职业技能培训13.5万人次，力争到2021年年底，全市技能劳动者占就业人员的比例达25%以上，高技能人才占技能劳动者的比例有较大提高。根据该方案，泉州市将构建多元职业技能培训载体，支持企业开展职业技能培训，设立高技能人才培训基地、产业实训基地和技能大师工作室，被遴选为国家级高技能人才培训基地、市级产业实训基地和国家级、省级、市级技能大师工作室的，分别给予500万元、100万—500万元、20万元、10万元、15万元政府补助。

泉州市2人入选2019年度乡村文化和旅游能人支持项目

文化和旅游部公布2019年度乡村文化和旅游能人支持项目入选人员名单，全国479人上榜，其中泉州市2人入选，分别是晋江市金井镇围头村洪水平和泉州市志闽旅游股份有限公司叶明东。乡村文化和旅游能人支持项目，在全国遴选时以“兼顾文化和旅游，突出文旅融合，注重社会效益，从不同领域、不同类型、不同发展阶段的乡村文化和旅游能人选拔”为侧重点，选出各地在乡村振兴和脱贫攻坚中，发挥引领示范和骨干带动作用的乡村文化和旅游能人。入选人员将在交流平台、宣传推介、培训锻炼、激励机制等方面得到支持。

惠安雕艺产业“二元制”合作办学开班

省教育厅高职“二元制”产品艺术设计（雕艺方向）专业人才培养模式改革试点项目——首届惠安雕艺大专班在泉州华光职业学院开班。39名来自20多家雕艺企业的员工，成为首届惠安雕艺大专班的学生。首届惠安雕艺大专班采取“政府引导、行业牵头、校企合作、协同育人”的模式，由惠安县政府引导支持，泉州市工艺美术学会与惠安雕刻艺术研究会牵头，泉州华光职业学院与惠安雕艺文创园、福建豪翔集团、福建荣法集团联合组织实施。经省教育厅批准，通过校行企联合招生，组织专项考试，39人被正式录取。他们是来自惠安雕艺产业的骨干力量和培养苗子，有省市级工艺美术大师、参加各级竞赛获奖的技术能手，也有设计部门负责人。所有学员通过三年的“二元制”学习，毕业后可获得由华光职业学院颁发的产品艺术设计专业全日制大专学历证书。

所谓“二元制”办学模式，即“推动建立以学校、企业二元主导的现代学徒制技术技能人才培养模式”。在教学方式上，构建“校企双场所、工学交替”教学组织形式，40%的课程由学校授课，60%的课程在企业工作岗位上完成。首届雕艺大专班，由行业、学校、企业共同制订培养方案、共同设置课程模块、共同实施教学计划。其中课程方面，按照“专业设置与产业需求对接、课程内容与职业标准对接、教学过程与生产过程对接要求”的“三对接”要求，设置设计基础、美术基础、雕塑基础、信息技术应用、史论和鉴赏五大核心模块课程和三大基础课程，力争将学员培养成有专业基础理论、有软件应用能力、有文化艺术修养的高级雕艺技能人才。

泉州市工艺美术学会会长邱少煌表示，泉州是福建省乃至中国的工艺美术大市，工艺美术艺种有37种之多，2018年工艺美术制品产值已超过千亿元，成为泉州七大千亿产值的支柱产业之一，其中雕艺产业2018年产值达336亿元。但由于工艺美术人才培养方式以师徒相传和家庭传承为主，人才培养周期长，近年来人才培养的数量和层次已经跟不上发展的需要，出现技术技能人才紧缺、技艺传承后继乏力的问题。这个问题在惠安石雕行业表现得尤为突出。惠安雕艺大专班的举办，对于提升雕艺产业技术技能人才素质，推动雕艺产业的传承创新、转型升级，推动职业教育供给侧改革和落实校企合作、产教融合部署，具有重要意义。

11月16日

农历己亥年十月二十
星期六
温度：18℃—26℃
晴转多云

●泉州市出台职业技能提升行动实施方案。

●文化和旅游部公布2019年度乡村文化和旅游能人支持项目入选人员名单，全国479人上榜，其中泉州市2人入选。

●16—17日，2019年全国业余排球精英赛总决赛在广东广州体育馆举行。代表福建参赛的泉州晋江嘉排队以全胜战绩获总冠军，成为泉州市第一支在全国业余三大球比赛上获冠军的球队。

●省教育厅高职“二元制”产品艺术设计（雕艺方向）专业人才培养模式改革试点项目——首届惠安雕艺大专班在泉州华光职业学院开班。

●由丰泽区文化体育和旅游局、区商务局主办，泉州市咖普咖啡有限责任公司、领SHOW天地文化创意产业园、丰泽区商贸业行业协会和泉州晚报社全媒体运营中心所承办的“啡比不可·2019泉州首届素人手冲大赛”举行。

11月17日

农历己亥年十月廿一
星期日
温度：18℃—27℃
晴

●由泉州市科协、市教育局、市科技局、市生态环境局、市关工委和石狮市政府主办的第十六届泉州市青少年科技创新大赛在厦门外国语学校石狮分校举行。

●由团省委、省少工委、省广播影视集团、中国电信福建公司主办的“我和我的祖国”——第二届“天翼高清杯”小小朗读者泉州市级赛在市青少年宫音乐厅举行。

●由泉州市职业经理人协会发起的健康跑、歌颂祖国、读书会、精英沙龙、爱心行等系列活动举行。此后每年的11月17日都将作为泉州的“职业经理人活动日”。

●2019年国际大体联足球世界杯青年志愿者出征仪式暨青年志愿者专业培训在晋江足球公园举行。

●14—17日，第四届中国（永春）香文化博览会暨第二届国际生态香产业发展推进会在永春县达埔镇中国香都如意广场举行。

第十六届泉州市青少年科技创新大赛在石狮举行

由泉州市科协、市教育局、市科技局、市生态环境局、市关工委和石狮市政府主办的第十六届泉州市青少年科技创新大赛在厦门外国语学校石狮分校举行。大赛围绕“体验·创新·成长”主题，收到全市各地选送的学生科技作品954项。其中，科技创新项目452项、科技实践活动116项、科幻画386幅。经初评，共有220项科技创新项目参加复评决赛，30个优秀科技实践活动和60幅优秀科幻画参加现场展示。复赛评出优秀科技创新项目一等奖50项，二等奖77项，三等奖93项；科技实践活动一等奖6项，二等奖24项，三等奖30项；少儿科学幻想画一等奖25幅，二等奖35幅，三等奖80幅。大赛旨在培养青少年创新精神和实践能力，推进科技教育事业的普及与发展。该项赛事是面向全市在校中小学生开展的规模最大、综合性最强的青少年科技竞赛活动，也是泉州市中小学生各类科技活动优秀成果集中展示交流的盛会。十多年来，该赛事在培养青少年创新精神和实践能力，提高青少年科学素质方面发挥重要作用，推动青少年科技教育事业的发展，为泉州培育大批创新型后备人才。

泉州市确定首个 “职业经理人活动日”

由泉州市职业经理人协会发起的健康跑、歌颂祖国、读书会、精英沙龙、爱心行等系列活动举行。此后每年的11月17日都将作为泉州的“职业经理人活动日”。泉州职业经理人队伍不断壮大，已成为推动泉州经济转变提升、跨越发展的重要力量。以帮助企业健康发展的角色定位主动融入泉州经济发展大局，近年来，职业经理人在泉州经贸发展的舞台上越来越活跃。泉州市职业经理人协会会长郑平表示，将11月17日定为泉州职业经理人活动日，一方面传播职业经理人的形象，营造尊重人才、爱惜人才、用好人才的氛围，更好地团结相关人士的力量；另一方面也是为响应泉州市“人才港湾计划”，为泉州业界在引人才、育人才、留人才等方面做出贡献。

国际大体联足球世界杯青年志愿者出征仪式在晋江举行

2019年国际大体联足球世界杯青年志愿者出征仪式暨青年志愿者专业培训在晋江足球公园举行，华侨大学、福州大学晋江科教园、泉州医学高等专科学校、泉州职业技术大学、泉州轻工职业学院的400多名青年志愿者参加。出征仪式结束后，随即开展青年志愿者团体障碍挑战赛。所有志愿者被分成6支队伍，参加包括抖抖乒乓球、精准射球、弯腰过杆、指压板跨栏、穿越障碍及团体赛奔跑吧晋江在内的6个项目。大赛竞赛部和宣传部还分别对竞赛志愿者（旗手、捡球员、担架员、屏幕操作员等岗位）和媒体志愿者进行专项培训。团体障碍挑战赛和专项培训，主要是为了让志愿者更有凝聚力，在赛事服务中展现泉州市青年的热情和风采。9日，青年志愿者已在泉州职业技术大学进行一轮培训，系统学习志愿服务礼仪、传统文化、晋江市情，并听取《筑牢国家安全防线，护航大体联国际赛事》讲座。

第四届中国（永春）香文化博览会在永春举行

14—17日，第四届中国（永春）香文化博览会暨第二届国际生态香产业发展推进会在永春县达埔镇中国香都如意广场举行，全国各地50多家重点香企及上千名香业从业者参加。此次博览会主要包括香文化展览、“斗香”大赛、摄影大赛、首届福建省制香行业职工职业技能竞赛等系列活动，并召开2019年中国日用杂品工业协会香业分会年度会议、第二届国际生态香产业发展推进会，举办中国香都——永春香产业演播体验飞地经济发布会。

苗圩到泉州调研传统产业智能化转型情况

工业和信息化部部长苗圩到泉州调研传统产业智能化转型情况。副省长林宝金，市领导王永礼、刘文儒、洪自强等参加调研。每到一处，苗圩都了解企业智能化改造情况，鼓励企业加快技术创新步伐，引领业界踏上智能制造新赛道。苗圩指出，泉州在传统产业转型升级方面做了有益探索，特别是纺织鞋服、建材家居等诸多传统产业服务消费升级需要，推进智能化改造，提高生产效率、提升产品质量、降低生产成本，取得明显实效。同时，泉州通过加强质量管理和品牌培育，涌现出众多的知名品牌，为各地树立榜样。要在此基础上再接再厉，鼓励更多的企业积极探索，也要总结好经验、好做法，加快示范推广，引导更多企业加入到智能制造行列中来，为制造强国建设做出泉州贡献。苗圩还参观泉州传统产业智能化升级小型展览。

2019国家制造强国建设专家论坛（泉州）系列活动在晋江举办

18—19日，由国家制造强国建设战略咨询委员会主办，省工业和信息化厅、泉州市政府、中国电子信息产业发展研究院承办，以“智能制造提升传统产业竞争力”为主题的2019国家制造强国建设专家论坛（泉州）系列活动在晋江举办。工业和信息化部部长苗圩出席开幕式并致辞，国家制造强国建设战略咨询委员会主任周济就“全力推动传统制造业优化升级 坚定不移建设制造强国”做主题发言，副省长林宝金致欢迎辞，泉州市长王永礼介绍泉州市传统制造业转型升级做法和成效。市领导陈灿辉、刘文儒、洪自强出席活动。全国各地工业和信息化主管部门代表，智能制造试点示范企业、相关制造业企业、智能制造解决方案商、工业互联网企业等代表，中国工程院等有关科研机构、高校专家与会。

论坛旨在贯彻落实习近平新时代中国特色社会主义思想，推进制造强国建设，分析国内外制造业发展的新态势、新特点，交流制造强国建设的新经验、新模式，探讨传统产业进行智能化改造、提升市场竞争力的新方法、新途径。与会嘉宾在“晋江经验”发源地，围绕智能制造发展趋势、传统企业智能化改造和数字化升级、企业核心竞争力提升等议题展开交流与探讨，引导制造业朝高质量、高效率、可持续的方向发展，推动传统产业焕发新的活力。在主题演讲环节，九牧集团有限公司董事长林孝发、徐工集团总裁陆川、中国纺织机械协会副会长侯曦、安徽海螺集团副总经理何承发、中国石化镇海炼化副总经理及总会计师熊晓洋围绕智能制造、绿色制造、数字经济等关键词分享实践经验。论坛开始前，苗圩等参观泉州传统产业智能化升级小型展览。开幕式上，宣读传统产业智能化升级联盟设立倡议书。随后，举行主旨论坛和现场参观考察。

19日，活动平行举行轻工、机械装备、石化三场泉州市传统产业智能化改造问诊与需求对接会。国家制造强国建设战略咨询委员会主任周济，市领导陈灿辉、洪自强、吕刚等参加相关活动。近年来，在工信部、中国工程院、国家制造强国建设战略咨询委员会和省委、省政府的支持下，泉州全方位推进智能制造和“数控一代”应用示范，市场竞争力大幅提升。此次国家制造强国建设战略咨询委员会组织权威专家、知名解决方案供应商为泉州市传统产业智能化改造“问诊把脉、传经送宝”，将对泉州加快传统产业转型升级起到积极作用。三场对接会以分行业闭门会方式进行，六十几家泉州企业代表毫无保留地分享智能化改造做法和经验，客观反映产业转型升级过程中遇到的问题和瓶颈，知名方案商以翔实的解决方案案例为企业“对症下药”，推动泉州传统产业再次跨越提升、实现高质量发展，现场交流气氛热烈，对接成效明显。

11月18日

农历己亥年十月廿二
星期一
温度：15℃—27℃
晴

●工业和信息化部部长苗圩到泉州调研传统产业智能化转型情况。

●18—19日，由国家制造强国建设战略咨询委员会主办，省工业和信息化厅、泉州市政府、中国电子信息产业发展研究院承办的，以“智能制造提升传统产业竞争力”为主题的2019国家制造强国建设专家论坛（泉州）系列活动在晋江举办。

●18—24日，“花与瓶的相遇”——马来西亚朵拉南洋风水墨画与爱武一格瓶艺联展在市工人文化宫举行。

11月19日

农历己亥年十月廿三
星期二
温度：14℃—19℃
阴

●中国科学院大学福建学院智能制造学院共建签约仪式在北京举行，中国科学院大学、中国科学院海西研究院、泉州市政府和晋江市政府签订合作办学四方协议。

●市十六届人大常委会第四十四次主任会议召开，讨论关于召开泉州市第十六届人民代表大会第五次会议的决定（草案）、关于泉州市精准扶贫帮扶措施落实的调研情况等。

●王永礼到泉州非遗馆、泉州大剧院检查第四届海艺节筹备情况。

●省工商联公布“2019福建省民营企业百强”榜单，20家泉州企业入选。

中国科学院大学福建学院智能制造学院落户泉州

中国科学院大学福建学院智能制造学院共建签约仪式在北京举行，中国科学院大学、中国科学院海西研究院、泉州市政府和晋江市政府签订合作办学四方协议。学院将打造成为国家级智能制造创新型人才培育高地，计划于2020年启动招生。中国科学院副院长、中国科学院大学党委书记、校长李树深，福建省委常委、组织部部长杨贤金，泉州市领导孔繁军、刘文儒参加签约仪式。中国科学院大学是教育部批准成立的一所以研究生教育为主、科教融合为特色的创新型高等学府，是“双一流”世界一流学科建设高校。国科大的前身是中国科学院研究生院，成立于1978年，是经党中央、国务院批准创办的新中国第一所研究生院，2012年6月更名为中国科学院大学。智能制造学院为中国科学院大学福建学院下属的专业学院。根据协议，中国科学院大学福建学院智能制造学院落户晋江，将打造成为立足福建、面向全国的国家级智能制造创新型人才培育高地，学院将结合区域发展需求，围绕智能制造、人工智能新能源汽车、电子信息等领域部署和设立学科方向，并在发展中充实和优化，以培养急需高端研发人才和工程技术人才为目标培育专业型研究生。按照近期、中期、远期发展规划，智能制造学院从2020年开始招生，起步规模125人，逐年增加，至2025年目标规模达1500人（研究生1000人、其他各类学生学员约500人），至2030年规模达3000人（研究生2000人、其他各类学生学员约1000人）。

市十六届人大常委会第四十四次主任会议召开

市十六届人大常委会第四十四次主任会议召开。会议讨论关于召开泉州市第十六届人民代表大会第五次会议的决定（草案）、关于泉州市精准扶贫帮扶措施落实的调研情况；确定市十六届人大常委会第二十四次会议的召开时间和建议议程，提出第四十五次主任会议建议议题，初定市十六届人大常委会第二十五次会议的召开时间和建议议程。会议指出，要督促政府强化责任、落实政策，完善防返贫、控新贫、稳脱贫长效机制，实现真脱贫、稳脱贫。

市十六届人大常委会第四十四次主任会议现场
（图/王虎文）

泉州20家企业入选“2019福建省民营企业百强”榜单

省工商联公布“2019福建省民营企业百强”（以下简称“百强企业”）榜单，并首次发布“制造业50强”榜单。百强企业主要集中于福州市、厦门市和泉州市，共85家。泉州占据五分之一。上榜的20家泉州企业，主要以传统制造业及建筑业为主。安踏体育、达利食品、恒安集团去年营业收入列20家泉州企业的前三位。闽南建筑工程、百宏科技、特步中国、惠东建筑、九牧集团、盼盼食品、七匹狼实业、嘉晟供应链、匹克集团、三叶集团、鸿星尔克体育、中晟海峡建设、恒利集团、通达（厦门）科技、百凯经编、利郎（中国）、兴业皮革等17家企业紧随其后。数据显示，福建省百强企业实力整体提升，此次榜单入围门槛明显提高。2019年百强企业入围门槛是15.06亿元，比上年增加5.06亿元，增幅达50.06%。100家入围的民营企业平均营业收入155.2亿元，比上年增加41.15亿元；平均资产总额224.81亿元，相比上年平均资产总额增长19.62%。

全国加快传统产业改造提升现场会在泉州召开

由国家发展改革委、工业和信息化部主办的全国加快传统产业改造提升现场会在泉州召开。会议强调，要学习贯彻习近平关于振兴实体经济、推动制造业高质量发展的论述精神，在站高望远、政策谋划、落细落小、督促见效上下功夫，在增强企业和人民群众获得感上下功夫，把习近平的嘱托落实好、把党中央国务院的各项决策部署贯彻好。要学习借鉴“晋江经验”，坚定不移发展实体经济，加快促进传统产业改造提升，加快推动制造业高质量发展。重点要聚焦智能化，加快发展智能制造；聚焦绿色化，积极构建绿色生产方式；聚焦服务化，推动先进制造业和现代服务业深度融合；聚焦高级化，提升产业基础能力和产业链水平；聚焦品牌化，树立中国制造新形象；聚焦集聚化，重点培育发展先进制造业集群；聚焦国际化，深度融入全球产业分工体系。市长王永礼表示，泉州在国家部委指导帮助下，按照省委、省政府部署要求，抓产业路线图引领，塑造良好营商环境，通过产品、工艺、管理三个维度赋能，推动传统产业改造提升，发展形成纺织服装、鞋业、建材家居等七大千亿产业集群。泉州将以此次现场会为契机，贯彻落实习近平提出的“实实在在、心无旁骛做实业”要求，传承弘扬“晋江经验”，按照制造强国建设战略部署，推动传统产业改造提升走上更实的路径。希望各位领导来宾对泉州发展多提意见建议，多到泉州传经送宝。

泉州市举办《优化营商环境条例》专题培训

泉州市举办《优化营商环境条例》专题培训，邀请上海社科院城市经济研究室副主任吴璟桉博士对条例进行解读。全市有关单位分管领导及相关业务科室负责人、各县（市、区）提升营商环境工作分管负责人、牵头部门主要负责人及业务科室负责人等参加培训。吴璟桉从理论和实践角度，围绕《优化营商环境条例》释放的积极信号、体现的发展思维、带来的发展红利、突出的核心亮点等方面作解读。《优化营商环境条例》是中国首次专门针对营商环境制定的行政法规，在加强市场主体保护、优化市场环境、规范和创新监管执法等多个方面做出相应规定，并将从2020年1月1日起施行。吴璟桉认为，对于各地来说，该《条例》将带来至少三个发展红利，即“运行系统升级”，为地方发展赋能的红利；“软件程序升级”，促企业释放活力的红利；“用户体验升级”，让人民感到满意的红利。培训会上，市发改委相关负责人结合贯彻落实《优化营商环境条例》，提出全市上下要学好条例、用好条例、发展好条例。

阿根廷著名球星贝隆到泉州访问

阿根廷著名球星贝隆到泉州，参观泉州第一支职业足球俱乐部——福建超越。44岁的贝隆是一名身体强壮的中场球员，拥有“白巫师”的称号，曾获南美足球先生、欧洲联盟杯冠军等荣誉。贝隆曾效力于国际米兰等国际著名足球俱乐部，现任阿根廷大学生俱乐部主席。贝隆曾代表阿根廷国家队参加过1998年、2002年和2010年世界杯，很多阿根廷球迷认为他是世界第一中场。2018年，福建省超越足球俱乐部出访阿根廷大学生俱乐部。此次贝隆一行到泉州，是对超越足球俱乐部的回访交流。双方就俱乐部梯队建设及青少年足球培养等问题展开交流，同时贝隆听取超越足球俱乐部关于共建足球学校的相关情况介绍及发展规划。贝隆对中阿合作共建国际足球学校表现出极大兴趣。贝隆表示，这是他第二次到泉州，没想到泉州拥有这么多热爱足球的球迷。贝隆认为，青少年儿童足球教育的关键在于孩子的父母，作为孩子的父亲，要让孩子有自己的想法，让孩子拥有梦想。如果他们自由地热爱足球这项运动，作为父母就要支持他们，只要他们怀揣这份热情，将来一定会完成自己的梦想。

11月20日

农历己亥年十月廿四
星期三
温度：15℃—21℃
多云转晴

●由国家发展改革委、工业和信息化部主办的全国加快传统产业改造提升现场会在泉州召开。

●市人大常委会和市政府举行新闻发布会，宣布全市首部流域水环境保护法规《泉州市晋江洛阳江流域水环境保护条例》，将于2020年1月1日起施行。

●张永宁到泉州大剧院检查第四届海艺节开幕式筹备工作。

●20—22日，由省人社厅、省教育厅、团省委主办，市人社局、市教育局、团市委、泉州轻工职业学院承办的第46届世界技能大赛福建省选拔赛时装技术赛项目比赛在泉州轻工职业学院举行。

●泉州市举办《优化营商环境条例》专题培训，邀请上海社科院城市经济研究室副主任吴璟桉博士对条例进行解读。

●阿根廷著名球星贝隆到泉州访问。

11月21日

农历己亥年十月廿五
星期四
温度：18℃—25℃
晴转多云

●全省乡村治理体系暨乡风文明建设现场推进会在晋江召开。

●学习贯彻中共十九届四中全会精神省委宣讲团报告会在市行政中心会议中心举行。

●卡尔美2019年国际大体联足球世界杯开幕式在晋江举行。

●市政协组织部分市政协委员、宗教界人士、市直有关单位负责人到泉州台商投资区百崎回族乡后海村开展视察调研和帮扶活动。

●市应急管理局在泉港石化工业园区特勤消防站举行首批应急机动救援队伍集中授牌仪式。

●泉州市实现区块链电子证照+实体证照同步颁发，在全省属首创。是日起，凡在市行政服务中心办理道路运输从业人员从业资格证、教师资格证、网约车出租车运输证、医师资格证等证照，均可实现实体证照与区块链电子证照同步发放。

●第十三届泉州国际南音大会唱暨南音列入人类非物质文化遗产代表作名录10周年活动开幕式在市区梨园古典剧院举行。

全省乡村治理体系暨乡风文明建设现场推进会在晋江召开

全省乡村治理体系暨乡风文明建设现场推进会在晋江召开。会议强调，要把群众参与的积极性调动起来，从群众看得见、摸得着、有实效的事情抓起，树立乡村治理靠大家的鲜明导向；要把乡村治理逐步纳入法治化轨道，推进扫黑除恶专项斗争，开展基层矛盾纠纷排查化解，营造良好的法治环境；要把科学治理的理念坚持到底，注重因地制宜、循序渐进，科技助力、智慧治理，以点带面促进整体提升；要把乡风文明培育作为一项重要任务，推进移风易俗，建设文明乡风，涵养乡村文化的根和魂。

2019年国际大体联足球世界杯在晋江开幕

卡尔美2019年国际大体联足球世界杯开幕式在晋江举行。副省长李德金出席并宣布开幕，国际大体联主席奥列格·马迪钦和赛事组委会副主席、教育部学生体育协会联合秘书处秘书长薛彦青致辞，组委会名誉副主席、泉州市委书记康涛主持开幕式，泉州市领导王永礼、刘建军、刘文儒等出席活动。开幕式前，李德金会见奥列格·马迪钦主席。

18时30分，开幕式在晋江足球公园开始。伴随运动员进行曲，16个国家和地区的24支球队的运动员入场。紧接着，8名护旗手护拥着中华人民共和国国旗走进现场。全体起立，奏唱中华人民共和国国歌。国歌声响彻全场，五星红旗冉冉升起。赛事开幕后，护旗手高举国际大体联会旗入场，在国际大体联会歌声中，会旗缓缓升起。运动员代表、裁判员代表到绿茵场上宣誓。奥列格·马迪钦在致辞中表示，第一届国际大体联世界杯的开幕，掀开大学生体育运动历史的新篇章。希望运动员带着尊重和认可接受输赢，尽情享受足球的快乐。薛彦青表示，发展校园足球是振兴中国足球的重要组成部分，也是扩大足球规模、夯实足球人才根基、提高学生综合素质、促进青少年健康成长的基础性工程。大学生足球世界杯既是展现运动活力、激扬青春梦想的舞台，也是增进文化了解、建立心灵链接的纽带。期望这场足球盛宴能够展示足球运动的魅力，为全世界球迷带来欢乐。开幕式后，一场凸显闽南文化特色的文艺演出上演。该届赛事是国际大体联足球世界杯的首届比赛。在接下来的11天里，16个国家和地区的24支足球队在晋江进行62场比赛。

2019年国际大体联足球世界杯开幕式文艺表演现场
（图/吴嘉晓）

第十三届泉州国际南音大会唱举行

第十三届泉州国际南音大会唱大合奏·煞谱《梅花操》演奏现场（图/林 婕）

第十三届泉州国际南音大会唱暨南音列入人类非物质文化遗产代表作名录10周年活动开幕式在市区梨园古典剧院举行。市领导张永宁、张建生、周真平、骆沙鸣，菲律宾、日本、新加坡、马来西亚等海丝沿线国家，中国香港、澳门、台湾地区以及福建省内外34个南音社团弦友参加开幕式。开幕式后，海内外弦友同台献上《南音韵·四海情》专场演出，演绎大合奏·嗳仔指《霏霏飒飒》《雅调清音万里长》《南音生南国》9个节目。

第四届海上丝绸之路国际艺术节在泉州举行

22—27日，由文旅部和省政府主办，省文旅厅和市政府承办的第四届海上丝绸之路国际艺术节（以下简称“海艺节”）在泉州举行。文旅部党组成员、故宫博物院院长王旭东；新加坡文化、社区及青年部长兼社区事务署主管部长傅海燕；省委常委、宣传部部长梁建勇，副省长郭宁宁；联合国教科文组织国际木偶联会副主席凯伦·史密斯、法中文化交流协会主席于贝尔·马萨利；市领导康涛、王永礼、张永宁、游宇飞、林锦明、刘建军、刘文儒、季翔峰等；韩国、保加利亚、泰国、菲律宾等外国代表团，与海内外嘉宾、艺术家和各界群众出席开幕式。

王旭东致辞并宣布开幕。王旭东表示，希望海上丝绸之路国际艺术节继续肩负推动沿线国家文明交流互鉴的重要使命，发扬丝路精神，秉持共商共建共享的原则，继往开来、不断创新。梁建勇代表省委、省政府在开幕式上致辞。梁建勇表示，省委、省政府贯彻落实习近平关于共建“一带一路”的讲话指示批示精神，推进海丝核心区建设，注重发挥福建独特的历史、地缘、人文等综合优势，挖掘“海丝”文化资源，推动文艺精品创作、文物保护、文博展览等工作取得新成效，为服务共建“一带一路”做出新贡献。市委书记康涛主持开幕式。康涛表示，海艺节已成为海丝沿线国家和地区文明对话、艺术展示、民众联欢的重要平台。期待通过一届一届办好海艺节，让海丝沿线国家和地区的人民，在“美人之美、美美与共”中，拾起千年海丝的美好记忆，以古鉴今，携手未来，为推动“一带一路”建设，凝聚广泛共识、汇聚各方力量。

开幕式后，原创民族歌剧《大海承诺》上演。歌剧紧扣海丝主题，凸显泉州特色，以“人偶合一”的创新演绎方式，讲述宋元时期，泉州木偶艺人履行承诺、出海远行，从刺桐港一路历尽艰险，抵达埃及亚历山大港的传奇故事，讴歌海上丝绸之路上一代代开拓者、继承者向海的胆略勇气，颂扬先人们对交流互鉴的不懈追求。该届海艺节聚焦“多彩海丝，文明互鉴”主题，秉承“展示、交流、合作、共享”理念，共有艺术展演展示、艺术发展论坛、网络艺术节三大板块和十余个全域性项目，呈现中外文明交流、多元文化汇聚、多国民众联欢，并通过开放式体验、网络化互动、全域性办节，把海艺节办成“艺术的盛会、人民的节日”，提升人民文化获得感和幸福感。

22日，作为第四届海艺节的重要活动之一，第三届丝绸之路国际剧院联盟年会在泉州大剧院开幕，并举行丝绸之路国际剧院联盟新加入成员授牌仪式及丝绸之路国际剧院联盟2020年战略合作签约仪式。来自欧洲、亚洲、美洲、非洲的32个国家和地区，44家文化机构的嘉宾与会。为增进丝绸之路沿线国家和地区文化艺术交流与合作，中国对外文化集团于2016年10月倡议发起并成立丝绸之路国际剧院联盟。成立三年来，联盟集聚全球42个国家和地区的124家成员单位，完成交流项目超过40个、举办演出近200场。在此次年会上，新增联盟成员单位17家，其中海外成员单位8家，国内成员单位9家，泉州大剧院也成功入选。

演员在开幕式文艺演出《大海承诺》中展示木偶戏
（图/王柏峰）

丝绸之路国际剧院联盟新加入成员授牌仪式
（图/陈小芬　吴嘉晓）

11月22日

农历己亥年十月廿六
星期五
温度：19℃—26℃
多云

●22—27日，由文旅部和省政府主办，省文旅厅和市政府承办的第四届海上丝绸之路国际艺术节在泉州举行。

●康涛会见新加坡文化、社区及青年部长兼社区事务署主管部长傅海燕。

●市政府党组（扩大）会议召开，传达学习中央有关统计工作文件和市委常委会会议精神，传达学习习近平对科技特派员制度推行20周年指示精神和省委常委会会议、全省现场会、市委常委会会议精神。

●全国安全生产电视电话会议结束后，泉州市随即召开全市安全生产电视电话会议，围绕贯彻全国会议精神，就安全生产工作做出部署。

●市政府与市政协召开会议，围绕“泉州城市快速交通建设”民主监督议题进行专题协商。

●第三届丝绸之路国际剧院联盟年会在泉州大剧院开幕。

●泉州（华光）国际影像双年展暨“世界摄影家看泉州”大型摄影采风活动在泉州华光职业学院开幕。

●庆祝南音列入联合国教科文组织人类非物质文化遗产代表作名录十周年座谈会在泉州举行。

●22—25日，“泉州海丝嘉年华”活动举行。

●22—26日，第六届中国海丝书画小品作品展在中国闽台缘博物馆举行。

11月23日

农历己亥年十月廿七
星期六
温度：18℃—25℃
多云

●由文旅部和省政府主办，省文旅厅和市政府承办的海上丝绸之路国际艺术节艺术发展论坛在泉州迎宾馆举办。

●由文旅部、省政府主办，文旅部非遗司、省文旅厅、市政府、中国对外文化集团有限公司承办的泉州非物质文化遗产馆开馆暨第二届海上丝绸之路非物质文化遗产展启动仪式在泉州侨乡体育中心举行。

●由省文旅厅、市政府、联合国教科文组织国际木偶联会中国中心、中国木偶皮影艺术学会主办的第六届中国泉州国际木偶展演在泉州市木偶剧院开幕。

●由市委宣传部携手中国日报网共同建设的泉州国际传播平台上线。

●23—30日，“一带一路”艺术演出周在泉州举办，韩国、日本、泰国、印尼、黑山、波兰以及中国香港、内蒙古等地的10个艺术团举行18场演出。

●23—30日，第一届互联网与中国摄影旅游大会在安徽黄山举行。开幕式上，中国摄影报社在全国推荐首批20个“醉美摄影旅游目的地”，泉州市名列其中。

●泉州市文化遗产保护促进会在泉州仁风宫举行文化遗产保护研究基地揭碑仪式。

海上丝绸之路国际艺术节艺术发展论坛在泉州举办

由文旅部和省政府主办，省文旅厅和市政府承办的海上丝绸之路国际艺术节艺术发展论坛在泉州迎宾馆举办。文旅部党组成员、故宫博物院院长王旭东，副省长郭宁宁，联合国教科文组织非物质文化遗产专家、博物馆及遗产项目负责人苏珊·奥吉，文旅部国际交流与合作局副局长朱琦，中国艺术研究院副院长、中国非物质文化遗产保护中心主任王福州，市委书记康涛，市长王永礼，市委副书记、宣传部部长张永宁，副市长周真平等参加开幕式。开幕式后，中央文史馆馆员、中国艺术研究院音乐研究所名誉所长田青，法中文化交流协会主席于贝尔·马萨利，市政协原副主席李冀平分别做主旨演讲。论坛以“美美与共——中外艺术与文明交流互鉴”为主题，设置“传统与未来——探寻古代‘海上丝绸之路’”“交流与合作——文化多样性公约的意义”“文化与旅游——多视角的国际人文合作”三个分论题，邀请法国、意大利、英国、约旦、日本、韩国、菲律宾等10个国家和地区的140多名国内外专家学者，从文化旅游、历史研究、文学戏曲、音乐舞蹈、传统工艺等多个领域，从世界文明的差异与包容、文化遗产的保护与利用、文艺创作的传承与创新等多个维度，展开对话交流、学术研讨。

海上丝绸之路国际艺术节艺术发展论坛现场
（图/东南早报）

第二届海上丝绸之路非物质文化遗产展在泉州举行

由文旅部、省政府主办，文旅部非遗司、省文旅厅、市政府、中国对外文化集团有限公司承办的泉州非物质文化遗产馆开馆暨第二届海上丝绸之路非物质文化遗产展启动仪式在泉州侨乡体育中心举行。副省长郭宁宁，文旅部非遗司副司长张玉红，市领导康涛、王永礼、张永宁，以及参加非遗展和丝绸之路国际剧院联盟的艺术家、外宾，泉州市非遗传承人代表等出席活动。该届非遗展地址位于侨乡体育中心内新落成的非遗馆。观众可在非遗展中欣赏到亚洲、欧洲、非洲12个国家（含中国）的130个非遗项目、上千件展品。非遗展展期持续至27日。

泉州非物质文化遗产馆开馆（图/吴寿民）

第六届中国泉州国际木偶展演开幕

由省文旅厅、市政府、联合国教科文组织国际木偶联会中国中心、中国木偶皮影艺术学会主办的第六届中国泉州国际木偶展演在泉州市木偶剧院开幕。联合国教科文组织国际木偶联会副主席凯伦·史密斯，省文旅厅相关负责人分别致辞。市领导康涛、张永宁、张建生、周真平、骆沙鸣，俄罗斯、匈牙利、韩国、瑞士、意大利等外国代表团，以及海内外嘉宾、艺术家和各界群众出席开幕式。开幕式后，一台中外木偶艺术表演《偶戏荟萃》上演。演出分“千年古艺开新台”“偶艺缤纷放异彩”和“薪火传承向未来”三个篇章，由海内外10多个优秀木偶演出团体共同演绎。第六届中国泉州国际木偶展演是国际木偶艺术交流互鉴的窗口平台，11个国家和地区的28个木偶艺术团队参加活动。

11月24日

农历己亥年十月廿八
星期日
温度：19℃—27℃
晴转多云

●王永礼到南安调研督导重点项目建设、抗旱供水、农村人居环境整治等工作。

●由市应急管理局、市地震局主办的泉州市防震减灾科学传播师首次座谈会举行。

●22—24日，第三届福建省青少年网球排名赛·总决赛在福州市海峡奥体中心网球馆举行。泉州市代表队获四项第一名，所获奖牌数居全省之首。

●“多彩海丝·大美洛江”宣传文化活动在洛江万安街道举行。

王永礼到南安调研重点项目建设等工作

市长王永礼到南安调研督导重点项目建设、抗旱供水、农村人居环境整治等工作。王永礼强调，要按照市委部署要求，坚持目标引领和问题导向，坚持两手抓、两促进，拿出攻坚克难的实招硬招，推动全市经济社会各项工作有力有序开展，做到“见清单、见行动、见成效”，以政府工作实绩践行初心使命。

泉州市防震减灾科学传播师首次座谈会举行

由市应急管理局、市地震局主办的泉州市防震减灾科学传播师首次座谈会举行。首批防震减灾科学传播师及相关人士40余人参会。座谈会中，省地震局、市应急管理局、市地震局等有关负责人分别就上阶段工作成效、存在的主要问题和解决办法、公众防震减灾意识提升的重要性、地震灾害预防宣传的社会意义等方面做指导讲话，希望大家珍惜防震减灾科学传播师这个称号，增强公益服务意识，加深交流学习，为该项工作再上新台阶贡献力量。参与座谈会的传播师围绕参与防震减灾公益宣传的经历、对本项工作的个人理解感悟进行交流和探讨。座谈会的举办，不仅加深与会人员间的相互了解，同时也形成做好泉州市传播师工作的诸多共识，对泉州市防震减灾科学传播师工作下阶段的纵深发展起到推动作用。

泉州市防震减灾科学传播师队伍成立于8月。市应急管理局、市地震局响应上级关于组建防震减灾科学传播师队伍的号召，在全省率先组织开展传播师的申报、选拔工作。经审核，23名长期热心参与防震减灾科普公益宣传，具有地震、地质、地理、防灾、救援等专业背景的教师及相关人员被认定为首批泉州市防震减灾科学传播师。为加强入学新生地震安全教育工作，9月中旬到10月下旬，市应急管理局、市地震局、市教育局依托新成立的防震减灾科学传播师团队，重点在全市40余所新生人数较多的中学、中职学校及部分小学、幼儿园开展入学新生地震安全教育专题讲座活动，向新生（老师、家长）传播地震常识、地震预警、防震避险技能等方面的知识。根据各地不完全统计，参加活动的学生人数达2.7万人。通过此次专题讲座活动，入学新生的地震安全防范意识和应对突发地震事件能力得到提升，泉州市防震减灾科学传播师队伍的首次专题宣教活动收效显著。

泉州市防震减灾科学传播师座谈会现场（图/市地震局）

泉州市代表队获省青少年网球排名赛四项第一

22—24日，第三届福建省青少年网球排名赛·总决赛在福州市海峡奥体中心网球馆举行。泉州市代表队获四项第一名，所获奖牌数居全省之首。赛事自5月底启动以来，分福州、龙岩、晋江三大分站赛及福州总决赛，吸引近3000人次参赛，参赛人数在前两届快速增长的基础上稳步上升。经过近8个月的角逐，3个分站赛点的较量，共有128名选手进入总决赛。在三大分站赛取得佳绩的泉州市网球代表队在总决赛上表现优异，获4个第一名、4个第二名、8个第三名，其中罗林杰、颜涛获男子乙组双打第一名，李钊蓉与福州选手林雨楦合作获女子乙组双打第一名，蔡鑫鸿获男子丙组单打第一名，王思婷、吴姚媛获女子丙组双打第一名。另外，通过全年比赛各组别获年终积分排名冠军的选手同时产生，泉州队获3个总冠军，其中张佳莉获女子甲组单打冠军，蔡鑫鸿获男子丙组单打冠军，王思婷获女子丙组单打冠军。

11月25日

农历己亥年十月廿九
星期一
温度：15℃—23℃
多云

●市委常委会召开会议，传达学习习近平在中央政治局第十八次集体学习时的讲话和省委常委会会议精神；市委常委会会议暨市委主题教育领导小组第六次会议召开，传达贯彻中央、省委学习贯彻中共十九届四中全会精神推进“不忘初心、牢记使命”主题教育工作座谈会精神。

●全市“不忘初心、牢记使命”主题教育警示教育大会召开。

●学习贯彻中共十九届四中全会精神市委宣讲团动员会召开，对集中宣讲工作进行动员和部署。

●全市“不忘初心、牢记使命”主题教育工作推进会召开，部署下阶段工作，确保实现预期目标。

●泰国文化促进部青年艺术协会与泉州艺术学校舞蹈团的演员在市区清源山游客服务中心举行歌舞文艺表演。

●以“光州四季 刺桐花开”为主题的韩国林芝亨&光州现代舞和闽南民间歌舞联合晚会在永春县余光中文学馆剧场举行。

市委常委会学习习近平讲话和省委常委会会议精神

市委常委会召开会议，传达学习习近平在中央政治局第十八次集体学习时的讲话和省委常委会会议精神；市委常委会会议暨市委主题教育领导小组第六次会议召开，传达贯彻中央、省委学习贯彻中共十九届四中全会精神推进“不忘初心、牢记使命”主题教育工作座谈会精神。会议指出，要系统研究区块链技术发展和产业赋能的现状和趋势，把发展区块链作为一项战略性工程抓紧抓好。要抓住机遇窗口，抓紧研究制定有关规划和政策措施，聚焦具有泉州优势的重点产业，找准切入点、着力点，推动区块链与实体经济深度融合。要大力发展“区块链+”，加快技术研究和产业转化，把区块链专业纳入人才“港湾计划”认定范围，引进培养领军人才和创新团队。要落实依法治网要求，抓好区块链应用管理，确保区块链安全有序发展。

学习贯彻中共十九届四中全会精神市委宣讲团动员会召开

学习贯彻中共十九届四中全会精神市委宣讲团动员会召开，对集中宣讲工作进行动员和部署。会议指出，要提高政治站位，深化思想认识，认识中共十九届四中全会的重大意义，增强政治意识、大局意识、责任意识，高质量、高水平做好备课和宣讲工作。要把握全会精神，原原本本学习习近平讲话和全会《决定》，领会精神实质，掌握核心要义，按照王沪宁要求，把全会精神讲实、讲准、讲透。要把好宣讲导向和基调，把坚定制度自信贯穿在宣讲工作之中，力求讲准确、讲到位，既侧重于重大成就、发展进步的宣讲，又主动为群众解疑释惑，增强正能量。要紧密联系实际，注重宣讲实效，讲究宣讲艺术，创新宣讲方式方法，让宣讲接地气、冒热气、添生气。把全会精神宣讲与“不忘初心、牢记使命”主题教育，与经济社会发展实际结合起来，有针对性地回应老百姓关心关切的现实问题，确保宣讲取得实效。

泰国和泉州歌舞文艺表演举行

泰国文化促进部青年艺术协会与泉州艺术学校舞蹈团的演员在市区清源山游客服务中心举行歌舞文艺表演。泰国演员表演用于吉祥喜庆活动的“克汗多克舞”。“克汗多克舞”是一种新创的舞蹈，它的创作灵感源于泰国人用“克汗多克”容器祭拜清迈的城市支柱“因塔印城柱”。演员用头、手、脚的优雅动作表达喜庆气氛，展现舞者的曲线美。接着，泉州艺术学校舞蹈团的演员表演群舞《六月清荷》。第三个充满异域风情的舞蹈《诺拉·维克鲁和萨特·查特里舞》，由3位头戴金冠、十指戴着指甲套的泰国小演员表演。在1个半小时的演出中，泰国演员还表演了《击剑》《甜蜜蜜》《长鼓舞》《泰国四区》4首歌舞。泉州艺术学校舞蹈团则表演戏曲舞蹈《踏春》、南音乐舞《出画堂》、歌舞《惠女风情》、南音谱表演《百鸟巢图》等充满闽南特色的节目。

韩国现代舞和闽南民间歌舞联合晚会在永春举行

以“光州四季 刺桐花开”为主题的韩国林芝亨&光州现代舞和闽南民间歌舞联合晚会在永春县余光中文学馆剧场举行。中韩两国的歌舞依次上演，精彩绝伦的舞蹈《百花争妍》《金色的海》，还有各具特色的歌曲：昂扬火热的《热情的沙漠》、清新向上的《我们拥有未来》、清新浪漫的《风吹麦浪》、委婉动听的《九月》等，给观众带来听觉和视觉的艺术享受。韩国林芝亨&光州现代舞团团长林芝亨表示，泉州人十分热情好客，他们看到这里美丽的景色，品尝了许多美食，都要爱上泉州了。韩国林芝亨&光州现代舞团成立于1990年，30年来，通过挖掘光州固有的历史素材，开发一系列文化艺术作品，为光州现代舞发展做出贡献。

全省服务型制造公共服务平台交流活动在泉州举行

全省服务型制造公共服务平台交流活动在泉州举行，全省31家服务型制造平台的相关负责人在福建（泉州）哈工大工程技术研究院分享各平台建设过程中收获的经验。交流活动中，包括全省数十个平台的负责人以及各地负责推动服务型制造平台培育工作的相关部门负责人，一同参观2019年刚获评省级服务型制造平台的福建（泉州）哈工大工程技术研究院，了解该研究院科研成果与泉州产业对接的成效。省工信部门相关负责人在听取各地经验后表示，未来将继续推动促进各平台协同发展，坚持典型示范引领作用，加大推广宣传；同时，依托服务型制造平台，提升工业设计大赛、工业旅游等活动的影响力，加大工业文化的推广力度，加促“两业融合”向深度与广度方向发展。

泉州河长学院成立

泉州河长学院揭牌仪式暨2019年第一期基层河长培训班举办。揭牌仪式上，市河长制办公室与泉州师范学院签署共建泉州河长学院协议书。省河长办、市政府、市河长办、泉州师范学院领导为泉州河长学院揭牌。泉州河长学院第一期培训班为期5天，内容包括河长制政策文件解读，《福建省河长制规定》《泉州市晋江洛阳江流域水环境保护条例》解读，水环境保护和基层河长履职相关知识等。泉州河长学院的成立是提高泉州市河（湖）长履职能力和业务水平的有效途径，是解决泉州市复杂水环境问题的迫切要求，是河长制宣传教育走进大学高校的创新举措，也是泉州市河长制工作继续走在全省前列的必然要求。市河长办、泉州师范学院相关负责人表示，泉州河长学院将办成服务泉州、辐射全省河湖长的教学培训平台，办成管水治水的新智库，办成汇聚社会各界智慧的新样板，立体化推进政策解读、知识普及、课题研究、成果应用，为河长制工作提供理论指导与技术支持。学院将根据不同班次不同培训对象不同培训需求，对接整合调配师资，综合应用讲授式、研究式、案例式、体验式、结构式等教学形式，进行课程设置。成立泉州河长学院，是泉州市贯彻习近平生态文明思想和十九届四中全会关于生态文明建设、生态环境保护重大部署的又一新举措，是落实中办、国办《关于全面推行河长制的意见》及《福建省河长制规定》，打造“法制化、社会化、信息化、标准化”泉州版河长制的又一尝试。

泉州河长学院揭牌仪式（图/泉州师范学院）

2019泉州光子技术产业发展专家论坛举办

由泉州师范学院主办，泉州师范学院物理与信息工程学院、福建省先进微纳光子技术与器件重点实验室、信息功能材料福建省高校重点实验室承办的2019泉州光子技术产业发展专家论坛在泉州师范学院举办。国内光子技术相关领域知名院士专家、学者及企业家等代表与会，共同研讨光子技术产业发展中的关键技术难题、产业人才建设及科技成果转化等问题，推动泉州市光子技术产业快速发展。会上，中国工程院院士、著名红外技术专家、中国热成像工程总设计师苏君红做主题报告。随后，与会专家学者共同研讨光子技术产业作为泉州市乃至福建省主导产业、优势产业和战略性新兴产业在技术领域的共性问题、关键问题，重点难点及科技成果转化问题、产业人才建设等问题，以及福建省超精密光学技术与应用工程研究中心的协同创新及建设发展事宜。

11月26日

农历己亥年十一月初一
星期二
温度：16℃—22℃
多云

●全省服务型制造公共服务平台交流活动在泉州举行。

●市政府第七十二次常务会议召开，研究《关于进一步促进消费增长的若干措施》《泉州市稳定生猪生产促进转型升级三年行动计划（2019—2021年）》等。

●26—27日，甘肃省定西市委书记唐晓明带领考察团到泉州考察。

●泉州河长学院揭牌仪式暨2019年第一期基层河长培训班举办。

●由泉州师范学院主办，泉州师范学院物理与信息工程学院、福建省先进微纳光子技术与器件重点实验室、信息功能材料福建省高校重点实验室承办的2019泉州光子技术产业发展专家论坛在泉州师范学院举办。

●市公安局与市网信办举行新闻发布会，宣布双方建立打击治理互联网新型违法犯罪工作协作机制。

●丰泽区2019年第四季度招商项目集中签约仪式举行，12个项目现场签约，总投资52.6亿元，涵盖文化创意、高新技术、教育、高端服务业等领域。

●由石狮市政府、泉州市工商行政管理局主办，共青团石狮市委、石狮市市场监督管理局承办的石狮市第十一届海峡两岸青年辩论赛总决赛在石狮闽南理工学院举行，台湾代表队获辩论赛冠军。

11月27日

农历己亥年十一月初二
星期三
温度：16℃—24℃
晴转多云

●康涛与到泉州调研的中化集团总经理杨华座谈。

●市委中心组学习会召开，开展“不忘初心、牢记使命”主题教育“学习贯彻党的十九届四中全会精神”专题集中学习研讨。

●27—28日，由市委组织部、市人社局、省留学人员创业园主办的2019年中国福建人才创业周泉州专场暨海外高层次人才福建行晋江站活动在泉州（晋江）国际人才港举行。

●全国家政服务业提质扩容“领跑者”行动重点推进城市（区）现场经验交流活动在上海举行。会上公布全国家政服务业提质扩容“领跑者”行动重点推进城市（区）名单，泉州市成为福建省惟一入选城市。

●在扑救“11·25”民房火灾中牺牲的永春籍烈士张伟杰遗体告别仪式在福州市殡仪馆举行。

●由中华全国台湾同胞联谊会、中国作家协会、台湾人间出版社主办，台声杂志社、华侨大学文学院、厦门大学台湾研究院等承办的2019纪念陈映真征文大赛颁奖典礼暨陈映真文学周在华侨大学举办。

●6位在泉州工作、生活的台湾同胞换领临时机动车驾驶许可，成为全市首批拿到临时机动车驾驶许可的台湾同胞。

●“非遗壁联 海丝之梦——海女音乐与南音专场”在市区梨园古典剧院举行。

2019年中国福建人才创业周泉州专场举行

27—28日，由市委组织部、市人社局、省留学人员创业园主办的2019年中国福建人才创业周泉州专场暨海外高层次人才福建行晋江站活动在泉州（晋江）国际人才港举行。活动以“筑人才港湾·汇全球英才”为主题，吸引200多名国家特聘专家、海内外硕士博士到泉州，旨在搭建国内外高端人才和泉州市重点产业、企业的交流合作平台，营造“近悦远来”的人才发展环境。活动中，市发改委、中国科学院海西研究院泉州装备制造研究所等6个单位作泉州创新创业环境推介，部分海外博士、人才代表分别进行项目成果路演和创新创业经验分享。活动利用智能化对接系统，以“互联网+人才服务对接”方式，为到场人员提供信息浏览、沟通交流、合作对接等全方位服务。除晋江之外，福建人才创业周泉州专场活动还设南安、永春、泉港三个分场。受邀人才及海外引才机构聚焦半导体、人工智能、新材料、乡村振兴等领域，考察泉州市实体企业、科研机构、产业园区，与市政府相关部门和企业座谈，签订战略合作协议，进行人才供需互动对接。

泉州市入选家政服务业提质扩容重点推进城市名单

全国家政服务业提质扩容“领跑者”行动重点推进城市（区）现场经验交流活动在上海举行。会上公布全国家政服务业提质扩容“领跑者”行动重点推进城市（区）名单，泉州市成为福建省惟一入选城市。

相关链接：泉州市积极规划家政服务业发展方向，同时把家政服务业列入民生领域补短板重点工作，从政策保障、平台发展、活动开展等各方面推进家政服务业蓬勃发展。在政策保障方面，泉州市制定出台《家政服务业补短板实施方案》《促进家庭服务业发展政策服务指南》等一系列政策文件，推动以家政服务、养老服务、病患陪护服务为重点的家庭服务业标准化、职业化、连锁化发展。同时，推动各类平台发展。全市建立80余家家政企业品牌连锁经营店，2所学校被授予“福建省家庭服务职业培训示范基地”；设立泉州家政实训基地、巾帼家政服务机构9家，福建省示范性家政服务站10家，福建省巾帼家政培训基地8家。

永春籍烈士张伟杰遗体告别仪式在福州举行

在扑救“11·25”民房火灾中牺牲的永春籍烈士张伟杰遗体告别仪式在福州市殡仪馆举行。遗体告别仪式后，消防车齐鸣哀笛，披挂素带的灵车驶向永春。沿途站满自发送行的群众。张伟杰的骨灰在家人和生前队友护送下回到永春，永春各界群众、泉州消防队员代表在永春高速路口迎接。

相关链接：25日，福州市仓山区盖山镇叶厦村25号民房发生火灾，张伟杰在搜救被困群众时，起火建筑坍塌将其埋压，救出后经抢救无效，于当日牺牲。人民日报、新华网、中国青年报、中国消防、福州消防等媒体都转载报道张伟杰救人牺牲的事迹。

张伟杰遗体告别仪式（资料图片）

海女音乐与南音专场在泉州举行

“非遗壁联 海丝之梦——海女音乐与南音专场”在市区梨园古典剧院举行。韩国Trio BOROM乐队表演《冬季》《海女民谣协奏曲》《济州民谣》《碧海潜水》《阿里郎鸣曲》等以韩国济州文化为题材的曲子。随后，泉州市南音演出团“南音雅艺”登台，手持传统南音乐器琵琶、尺八，与Trio BOROM乐队合奏传统南音《四时景》。

闽东北、闽西南机械装备数控车工职业技能竞赛在泉州举行

27—28日，由省总工会主办，市总工会、市人社局承办，泉州开发区工委会、区人事劳动局、福建省三星电气公司协办的闽东北、闽西南机械装备数控车工职业技能竞赛在泉州开发区举行。该竞赛是全省各级工会组织为加强全省数控企业和职工之间技术交流，引导机械装备数控职工立足岗位学技术、练本领，争创一流业绩，推进全省机械装备数控产业可持续发展而举办的，是工学结合的平台、技能展示的平台、技术交流的平台。竞赛包括理论考试和实际操作考试两大环节，实操内容为使用数控车床对金属零件进行加工，并要求选手对零件进行检测，考验选手的综合素质。全省31名选手参赛，最终8名选手获奖，其中泉州市6人。

2019年泉州市突发环境事件应急演练举行

由市生态环境局、丰泽区政府主办的2019年泉州市突发环境事件应急演练在丰泽区后渚码头举行。现场模拟企业库区油罐柴油泄漏，漫流至附近海域引发突发环境事件，事发企业和生态环境、海事、消防等部门在当地政府统一指挥下联合开展环境应急处置的情景。此次演练共有18个部门和单位逾百人参加，旨在检验相关突发环境应急预案的可行性，锻炼、提高政府职能部门现场处置救援能力，提升应急救援队伍综合素质，增强企业环境安全隐患意识，健全突发环境事件应急处置体系。

普陀山——泉州旅游招商推介举行

2019普陀山——泉州旅游招商推介暨“千人斋”答谢会在泉州举行，通过特色素食斋宴宣传推介普陀山旅游文化，共同促进两地文化交流。厦门和泉州商会企业代表、文旅企业代表等80余人参加旅游招商推介会。会上，普陀山作旅游环境和招商环境推介，厦门和泉州商会的企业和文旅企业代表相继进行发言，并进行座谈交流。普陀山风景名胜区管委会党委书记表示，泉州是一座历史悠久、文化底蕴深厚、风光秀丽的滨海城市，千百年来各种优秀文化在此交融并蓄、传承兴旺。长期以来，泉州及闽南人民与普陀山结下深厚而又特殊的情缘，闽南已成为普陀山最重要的客源市场之一。此次在泉州举办普陀山旅游招商推介会，旨在广开言路，招商引智，结合普陀山文旅融合新形势，听取文旅企业对普陀山未来发展的建议，共同创造商业合作的机会。1800余人参加“千人斋”答谢会。宴会上，泉州南音剧团、高甲戏剧团、梨园戏剧团、民间歌舞剧团等分别表演节目。

普陀山——泉州旅游招商推介现场（图/廖平和）

“泰兴号”瓷器捐赠仪式在泉州举行

由市文旅局和德化县政府主办，泉州海外交通史博物馆承办的“泰兴号”瓷器捐赠仪式暨“泰兴号”与古代陶瓷之路学术研讨会在泉州海外交通史博物馆举行，“泰兴号”沉船德化陶瓷珍宝回归展同时举行。捐赠仪式在泉州南音传统曲目《霏霏飒飒》与新作《花香》表演唱中拉开序幕。随后，广东泮庐集团董事长郑长来无偿捐赠给泉州海交馆50件“泰兴号”瓷器。

相关链接：“泰兴号”沉船为清代道光年间沉没于印度尼西亚附近海域的一艘中国商船。1999年，被国外商业团队发现并打捞出水，引起广泛关注。2018年11月，郑长来从英国购入12万余件“泰兴号”沉船德化青花瓷。

11月28日

农历己亥年十一月初三
星期四
温度：13℃—20℃
多云转晴

●27—28日，由省总工会主办，市总工会、市人社局承办，泉州开发区工委会、区人事劳动局、福建省三星电气公司协办的闽东北、闽西南机械装备数控车工职业技能竞赛在泉州开发区举行。

●由市生态环境局、丰泽区政府主办的2019年泉州市突发环境事件应急演练在丰泽区后渚码头举行。

●2019普陀山——泉州旅游招商推介暨“千人斋”答谢会在泉州举行。

●由市文旅局和德化县政府主办，泉州海外交通史博物馆承办的“泰兴号”瓷器捐赠仪式暨“泰兴号”与古代陶瓷之路学术研讨会在泉州海外交通史博物馆举行。

●28—30日，澳门蔡高中学32名师生到泉州六中开展学习交流活动，感受泉州传统文化艺术的魅力。

●由丰泽区委、区政府主办的“放歌海艺节，献艺新丝路”惠民公益音乐会在泉州大剧院音乐厅举行。

●首都师范大学与泉州台商投资区基础教育合作办学签约仪式在北京举行，标志首都师范大学附属泉州学校（中、小学）落户泉州台商投资区。

11月29日

农历己亥年十一月初四
星期五
温度：13℃—20℃
晴转多云

●市十六届人大常委会第二十四次会议召开，审议通过市人大常委会关于召开泉州市第十六届人民代表大会第五次会议的决定。

●2019中国卡通形象营销大会泉州论坛举办。

●由中国闽台缘博物馆主办的第四届海峡两岸民间谱牒文化论坛开幕。

●11月29日至12月1日，2019年品牌高中教学大会暨教师发展名校长高峰论坛在泉州五中城东校区举办。

●由泉州市南音传承中心和泉州大剧院主办的“丝海箫韵——陈特超南箫专场音乐会”在泉州大剧院举行。

●由泉州市和鲤城区卫健委、总工会、计生协会、疾病预防控制中心主办的2019年泉州市“社区动员同防艾，健康中国我行动”主题宣传系列活动在鲤城区海滨街道金山社区举行。

2019中国卡通形象营销大会泉州论坛举办

2019中国卡通形象营销大会泉州论坛举办。论坛聚焦动漫产业跨界融合等话题，现场还举行文旅IP与泉州实体经济对接活动，共有5个项目签约。5个签约项目中，中国动漫集团与泉州市动漫产业协会签约，双方将在创意研发、人才培训、企业品牌宣传、产品渠道拓展以及文旅融合等多个领域展开深度合作。此外，4个泉州动漫企业IP授权签约项目分别为，功夫动漫股份有限公司与石狮市古由卡电子商务有限公司签约，签约项目为狮来运转古由卡潮牌服饰授权合作；熊仔动漫有限公司与汕头市天艺玩具实业有限公司签约溢智音乐玩具授权项目；咕咕文化传播有限公司与龙港食品有限公司签约海洋零食授权项目；福建省漫鱼动漫科技有限责任公司与福建震龙鞋业有限公司签约鱼小漫鞋服授权项目。

第四届海峡两岸民间谱牒文化论坛在泉州开幕

由中国闽台缘博物馆主办的第四届海峡两岸民间谱牒文化论坛开幕，海峡两岸专家学者、宗族宗亲以及谱牒文化爱好者、书法爱好者等超过200人参加活动。开幕式上，两岸嘉宾向中国闽台缘博物馆捐赠谱牒文献资料31种39册，博物馆也将首度出版的《馆藏陈林姓族谱迁台信息采集汇编》赠送给相关单位。论坛期间，福建师范大学教授方宝川、郭丹，世界沈氏宗亲总会创会名誉主席沈俊升，厦门大学陈支平教授等两岸专家学者分别以《闽台宗亲“根”与“魂”的历史遗存及其启示》《家风、家训、家教与道德建设》《台湾医圣——沈佺期(1608—1682年)》《明清闽台粤庄氏状元与家族门楣标榜》为题做主旨演讲。

同时，论坛研讨设“谱牒文化”和“家风文化”两个分论坛，两岸专家学者围绕相关专题进行学术报告、交流研讨。论坛期间，“谱系两岸——馆藏谱牒展”原创展览展出重磅展品。展览分闽台姓氏、家国荣耀、家风文化、谱牒交流四部分，展出73件/套珍贵文物，持续至12月20日。值得一提的是，展出的“清康熙三十六年黄地祥云飞鹤纹锦敕封邱天胜及上三代诰命”（俗称“四世一品”诰命）文物，2015年由邱天胜的第12代传人邱国万捐赠给闽台缘博物馆。由于文物时代久远，捐赠时仅余6段残片。为修复它，博物馆邀请国内诸多专家对其进行分析、检测、采样，参照《石狮东埔邱氏族谱》及相关史料，历时2年进行全面复原、复制。同期开展的“两岸家风文化书法展”，展出102名海峡两岸书法名家的作品。

闽台同宗同名村台湾交流中心副主任林瑞典表示，这是其第四次参加论坛。借助两岸民间谱牒活动，2013年，其在大陆祖籍地成功寻根谒祖。两岸同宗同源，血脉相连，通过寻根，找到了大陆的宗亲，彼此之间频繁交流，增进了解。来自高雄的王进忠表示，其祖籍地是漳州。小时候总是好奇，为什么王姓族人在高雄的聚集地叫做“梓官”，后来通过谱牒寻根，知道王姓先祖随郑成功到台湾，就此生根发芽，而“梓”字正是迁台先祖的名字。通过谱牒的记载，找到了根，更加不能够忘本。闽台缘博物馆相关负责人表示，将继续推动两岸民间谱牒文化交流，做好两岸谱牒文献的征集与资料化处理，为两岸同胞提供谱牒资料查询等服务，为寻根觅亲的两岸同胞牵线搭桥。

第四届海峡两岸民间谱牒文化论坛主旨演讲现场（图/吴寿民）

全市开展举报投诉咨询欠薪宣传活动

全市统一开展以“根治欠薪法治宣传活动”为主题的举报投诉咨询欠薪宣传活动。市县两级人社部门会同公安、住建、交通运输、水利、法院、司法（法律援助）、信访、总工会等单位、部门开展13场现场接访。各宣传活动现场采取法律知识竞猜等方式，向劳动者宣传根治欠薪政策和人力资源社会保障法律法规。全市发放宣传材料9500余份，接受群众相关政策法规咨询1630人次，接到劳动者欠薪等劳动保障维权投诉案件39件。市人社局劳动保障监察支队负责人提醒，又到年终岁末，农民工朋友如被拖欠工资需要维权的话，可拨打各地劳动保障监察机构投诉举报电话获得维权服务，或者就近向劳动保障监察机构举报投诉，劳动保障监察机构将依法受理、处理。

各级高度重视拖欠农民工工资问题的整治工作，出台不少文件、采取许多措施。特别是2019年年初，党中央、国务院解决欠薪问题的思路从“治欠保支”转变为“根治欠薪”。2019年以来，泉州市通过开展根治欠薪夏季、冬季两次专项行动，冲刺“两清零”目标，即历史欠薪存量案件在2019年底前全部清零，新增欠薪案件在2020年春节前及时动态清零，确保实现2020年农民工工资基本无拖欠。前11个月，全市受理的农民工欠薪案件总值不超过600万元，案件数量同比下降10%，均已办结。针对欠薪现象较集中的工程建设领域，2018年以来，泉州市着力抓源头治理，推进落实建筑工人实名制和工资专户管理信息化建设。泉州市在建工程项目90%以上施工项目已开设工资专户，50%以上施工项目已委托银行通过工资专户管理平台发放工人工资，取得阶段性成效。

香港“敦煌丝路回响”音乐会在泉州举行

香港“敦煌丝路回响”音乐会在泉州大剧院举行。音乐会由香港天籁敦煌乐团献演，整场演出在《大唐礼赞》乐音中拉开序幕，紧接着《长沙女引》《水鼓子》《供花手》《水月澄鸣》《悟》《阳关三叠》《天籁》等曲目轮番上演，共90分钟，分上下两场。压轴的《天籁》是创新之作，表达作曲家对敦煌壁画中极乐世界的想象，也是乐团的主题音乐。每个节目都用敦煌壁画作舞台背景，不断变化。香港天籁敦煌乐团经理陈天慧表示，乐团全力重现失传的敦煌古乐，让观众听到丝路回响，感受灿烂的敦煌。

泉州市四县（市）入选全省县域经济实力“十强”

2019年福建省县域经济高质量发展报告会在福州召开，会上发布2019年度福建省县域经济实力“十强”、经济发展“十佳”县（市）评价结果。泉州市的晋江、石狮、南安、惠安四县（市）入选县域经济实力“十强”。2019年，省政府发展研究中心根据省直各部门提供的权威数据，进行严格测算和评价，得出2019年度福建省县域经济实力“十强”及其排名：晋江市、石狮市、福清市、闽侯县、南安市、惠安县、龙海市、上杭县、永安市、长泰县。近三年来，福建省县域经济增速快于全省平均水平，县域人均GDP与全省平均水平逐步拉近，城乡居民收入持续增加，呈现出发展速度与发展质量同步提升、国民经济与居民收入同步增长、经济发展与生态保护协同促进、山区与沿海县（市）协同发展等特点。2018年，全省有8个县（市）经济总量超过500亿元，晋江市、福清市、惠安县、南安市等4个县（市）超过1000亿元，其中晋江市突破2000亿元。

相关链接：省政府发展研究中心从1994年起连续26年开展县域经济评价工作。该研究中心贯彻落实省委、省政府决策部署，按照高质量发展要求，在听取省直部门、县（市）、基层以及专家学者等各方意见的基础上，优化完善县域经济评价指标体系。该评价指标体系既考虑GDP、财政收入等经济发展指标，又有民生、生态等社会发展指标，以及创新、经济密度、财政效益等集约发展指标，体现高质量发展的要求。

11月30日

农历己亥年十一月初五
星期六
温度：16℃—23℃
阴转晴

●全市统一开展以“根治欠薪法治宣传活动”为主题的举报投诉咨询欠薪宣传活动。

●“社会动员同防艾，健康中国我行动”2019年泉州高等院校、中等职业学校世界艾滋病日主题会演在华侨大学举行。

●首届泉州市侨界十大杰出青年名单揭晓，丁思泉等十人当选。

●香港“敦煌丝路回响”音乐会在泉州大剧院举行。

●2019年福建省县域经济高质量发展报告会在福州召开，会上发布2019年度福建省县域经济实力“十强”、经济发展“十佳”县（市）评价结果。泉州市的晋江、石狮、南安、惠安四县（市）入选县域经济实力“十强”。

●晋江市永和镇“一镇一孝廉”暨新时代文明实践活动在该镇永和加环文化广场举行，活动以“比干精神在当代·爱国爱家爱永和”为主题。

12月1日

农历己亥年十一月初六
星期日
温度：14℃—25℃
晴转多云

●市委常委班子专题民主生活会召开。

●卡尔美2019年国际大体联足球世界杯颁奖仪式及闭幕式在晋江足球公园举行。

●是月起，泉州市在全省率先实现办事窗口扫一扫手机APP的电子表单二维码获取电子表单，免去群众办事重复手填纸质表单的烦恼，实现政务信息的高效复用。

●由泉州古城保护发展工作协调组办公室、市文旅局、市体育局、鲤城区政府、泉州文化旅游发展集团有限公司主办的2019第四届海丝泉州古城徒步穿越活动举行。

●市反诈骗中心梳理2019年以来的全市发案情况，发现贷款类诈骗、网上交友“杀猪盘”诈骗、网购退款（冒充客服）诈骗、兼职刷单类诈骗、冒充亲友领导类诈骗、冒充公检法诈骗6大诈骗类型占全部案件比重的80%。

●古今丝路交流音乐会在泉州南音艺苑举行。

●泉州市区真武庙举行祭海盛典。

泉州市在全省率先实现办事窗口电子表单“码上”取

是月起，泉州市在全省率先实现办事窗口扫一扫手机APP的电子表单二维码获取电子表单，免去群众办事重复手填纸质表单的烦恼，实现政务信息的高效复用。以往群众办事时要手填一张张申请表，最常见的表格信息从姓名开始，接着填性别、住址、身份证、联系电话等。有些申请表还要一式三份，填错就必须重新填一张，特别费时。后来有电子表单，但到窗口办事时还是要将电子表单打印出来，仍无法做到“出门带手机，电子表单随时用”。着眼于群众办事填表的难点、痛点，泉州市着力提升服务水平。市行政服务中心首批推出600个高频审批服务事项的电子表单，涵盖公安、教育、交通、市场监管等41个部门。群众可通过三种渠道填写使用电子表单，包括自助服务终端扫码填表、手机APP在线填表、网上办事大厅在线填表，即可在手机填写表单信息、在线手写签名，完成智能表单制作，系统同步将电子表单保存至“泉州政务服务”APP的个人材料库。填好相关审批项目表单后，办事群众在市行政服务中心窗口申报时，只需出示手机上“泉州政务服务”APP“材料库”中事先已制作的电子表单二维码，即可授权窗口工作人员扫一扫表单二维码，自动获取此电子表单关联至相应的申报材料，无需再填写提交纸质申请表，实现政务服务中电子表单在线填写、移动端手写签名，以及电子表单授权。

2019年第四届海丝泉州古城徒步穿越活动举行

由泉州古城保护发展工作协调组办公室、市文旅局、市体育局、鲤城区政府、泉州文化旅游发展集团有限公司主办的2019第四届海丝泉州古城徒步穿越活动举行。活动路线以泉州府文庙为起点，设置6千米、15千米、30千米和50千米等路线，吸引5000多人参与。参与者在活动中用双脚丈量两百多条古巷，感受泉州深厚的历史底蕴和古城风味。该届活动在沿途赛事组织、氛围布置、打卡点场景营造、线路制定上，浓缩泉州古城“老城池”“老街巷”“老建筑”“老口味”“老戏曲”“老习俗”“老手艺”剪影，营造6个主题场景，分别为“曲·鲤”“戏·鲤”“古·鲤”“守·鲤”“影·鲤”“忆·鲤”。活动沿线设置泉州“非遗”火鼎公婆、拍胸舞、南狮五祖拳、泉州北管、笼吹等表演。同时，主办方还举行摄影大赛、线上徒步等配套活动。

第四届海丝泉州古城徒步穿越活动现场（图/吴寿民）

真武庙祭海盛典举行

真武庙祭海盛典现场（图/陈晓东）

泉州市区真武庙举行祭海盛典，重现宋代泉州作为东方第一大港独特的祈福仪式。泉州作为海上丝绸之路重要起点城市，出海祈风和祭海仪式自古就有，而始建于南宋时期的泉州真武庙便是海神信仰的重要史迹，见证泉州港繁荣时期中国沿海独特的海神崇拜和海洋观。此系新中国成立以来，真武庙举办的第三次祭海活动，法石社区数百名群众参加祭祀。

市政府与省农信联社签订普惠金融乡村振兴协议

市政府与省农信联社举行普惠金融乡村振兴签约仪式。省农信联社将在5年内投放信贷资金2500亿元、净增500亿元用于服务泉州乡村振兴战略。按照协议，双方将紧扣“产业兴旺、生态宜居、乡风文明、治理有效、生活富裕”的总要求，围绕“五个振兴”（乡村产业振兴、乡村人才振兴、乡村文化振兴、乡村生态振兴、乡村组织振兴）的综合金融需求进行全方位对接，拓展合作广度与深度，提升乡村振兴行动计划质效，探索服务乡村振兴战略合作新模式。省农信联社将依托地方法人银行优势，加大金融产品和服务创新力度，发展大型农机具、农业生产设施抵押、林权抵押等适合“三农”领域的特色金融产品，优化信用共同体融资模式，打造线上普惠金融服务。仪式上，八家农商银行（农信联社）与有关部门、特色行业协会签署《服务乡村振兴战略项目》。市数字办还与省农信联社签署《普惠金融大数据战略合作协议》，“千名金融助理驻千村（社区）”活动同时启动。

泉州市第十三届中国专利周启动

由市知识产权工作领导小组办公室、市市场监管局（知识产权局）、华侨大学和丰泽区政府主办的泉州市知识产权运营服务体系建设暨第十三届中国专利周启动仪式举行。泉州市相关部门、知识产权机构、金融机构、高等院校、科研机构、企业家代表等200余人参加活动。启动仪式上，市市场监管局与丰泽区政府签署知识产权服务业聚集发展示范区合作意见书、多家科研机构与企业签订专利技术转让合约。同时，相关单位负责人现场为华侨大学知识产权信息服务中心揭牌。活动还邀请北京智慧财富集团马新明作知识产权金融创新专题报告。

知识产权金融创新专题讲座现场（图/陈云青 吴松巍）

“宪法进乡村”主题日活动在安溪举行

由市农业农村局和安溪县农业农村局、县公安局、县司法局、县农机站、虎邱镇政府主办的“宪法进乡村”主题日活动在安溪县虎邱镇举行。活动以“弘扬宪法精神，推进国家治理体系和治理能力现代化”为主题，宣传依法治国、依宪执政等理念，普及农业法律法规，提高农民群众投身乡村振兴的积极性、主动性与参与度。活动现场向当地村民发放宣传资料，并由市县法治工作人员为群众答疑解惑。2019年以来，市农业农村局开展面向基层、面向农村、面向农户的普法宣传，构建大普法工作格局。全市各地农业农村部门围绕《中华人民共和国宪法》《中华人民共和国农业法》《中华人民共和国畜牧法》《中华人民共和国农产品质量安全法》等法律法规开展普法宣传。

“海丝风帆起点的记忆”陶瓷展在南安举行

“海丝风帆起点的记忆”陶瓷展在位于南安霞美光电基地的南安市海丝文化博物馆（汉侯博物馆）开幕。南安市海丝文化博物馆同时揭牌。展览分“文明的起源”“风帆的起点”“海丝的货仓”“遗产的璀璨”“名人的记忆”五部分，500多件德化窑陶瓷展品跨越千年，从宋元时期到明清，乃至当下国家级大师的作品均有涉及，大部分为第一次公开展出。同时，还展示福船模型，以及九日山、安平桥、南坑窑址等图文内容。

12月2日

农历己亥年十一月初七
星期一
温度：11℃—19℃
晴

●2—4日，2019年省市政协经济委员会工作联系会议暨第二次习近平新时代中国特色社会主义思想学习座谈会在泉州召开。

●市人大常委会党组“不忘初心、牢记使命”专题民主生活会召开。

●市政府党组理论学习中心组学习会召开，开展“不忘初心、牢记使命”主题教育“学习贯彻党的十九届四中全会精神”专题集中学习研讨。

●市政府与省农信联社举行普惠金融乡村振兴签约仪式。

●2—7日，由省工信厅、泉州市政府主办，市工信局、泉州市企业与企业家联合会承办的2019年创新驱动发展专题研修班在浙江大学举办。

●由市农业农村局和安溪县农业农村局、县公安局、县司法局、县农机站、虎邱镇政府主办的“宪法进乡村”主题日活动在安溪县虎邱镇举行。

●由市农业农村局和安溪县农业农村局、县公安局、县司法局、县农机站、虎邱镇政府主办的“宪法进乡村”主题日活动在安溪县虎邱镇举行。

●“海丝风帆起点的记忆”陶瓷展在位于南安霞美光电基地的南安市海丝文化博物馆（汉侯博物馆）举行。

12月3日

农历己亥年十一月初八
星期二
温度：10℃—17℃
多云

●王永礼到丰泽调研重点交通、城建项目，察看项目进展，协调解决相关问题。

●市政协党组扩大会议召开，开展“不忘初心、牢记使命”主题教育“学习贯彻党的十九届四中全会精神”专题集中学习研讨。

●市政协党组理论学习中心组（扩大）学习会议召开，传达学习习近平对全国道德模范表彰活动的指示精神及第七届全国、第六届福建省道德模范座谈会精神等。

●“国际残疾人日”，由福建省残疾人福利基金会等主办的“公益义卖·爱心助残”活动在惠安雕艺文创园举行。市残联也举行泉州市“国际残疾人日”助残暖冬活动。

●2—3日，由惠安县委、县政府和内蒙古自治区乌兰察布市四子王旗政府主办，惠安县委宣传部、县委文明办、四子王旗乌兰牧骑承办的“惠情蒙韵——弘扬乌兰牧骑精神惠安专场演出”在惠安县文化中心举行。

王永礼到丰泽调研重点交通、城建项目

市长王永礼到丰泽调研重点交通、城建项目，察看项目进展，协调解决相关问题，推动重点项目加快建设步伐。王永礼察看城东至北峰快速通道仕公岭立交、五台尾山隧道施工现场，询问项目各施工段建设进度、用地征迁等情况，要求项目方提振精气神，在保安全、保质量的前提下，加强施工力量，加快施工进度，确保年底前部分路段通车、2020年6月底前全线通车，满足群众的热切期盼和出行需求。同时，科学安排施工时间，把施工对周边群众生活、出行的影响降到最低。王永礼了解泉州金屿通道项目整体规划、前期工作进展情况及存在的困难问题，叮嘱相关部门做好项目占用湿地的研究论证和沟通协调工作，优化施工方案，加快推进项目落地。王永礼到西华洋片区丰泽区招联社区曾坑现场，询问西华洋滞洪片区（丰泽段）项目征迁情况，嘱咐相关部门在房屋拆除过程中要组织专业团队，对有价值的老建筑、老构件进行拍照留存和收储，保存城市记忆、留住文脉乡愁。王永礼强调，要做好西华洋滞洪片区丰泽、南安两地征迁工作的方案和工期衔接，公平、公正、公开推进工作，保障群众合法权益。

市政协党组理论学习中心组（扩大）学习会议召开

市政协党组理论学习中心组（扩大）学习会议召开，传达学习习近平对全国道德模范表彰活动的指示精神及第七届全国、第六届福建省道德模范座谈会精神，习近平对脱贫攻坚工作指示、对科技特派员制度推行20周年指示精神和全省现场会精神，以及省委、市委有关会议精神；传达学习中央政治局会议、省委常委会会议关于加强党内法规制度建设的主要精神，中央全面深化改革委员会第十次会议、省委全面深化改革委员会第八次会议精神，中央、省委关于整治形式主义为基层减负工作系列会议、省级领导班子秘书长联席会（扩大）会议精神，中央、全省主题教育专项整治工作推进会精神和省委主题教育领导小组到泉州调研座谈会精神，以及市委有关会议精神。会议强调，要围绕脱贫攻坚等民生热点建言资政，助推各项改革任务落地，为泉州市高质量发展落实赶超贡献智慧和力量。要强化党内法规制度学习宣传和贯彻落实，抓好主题教育专项整治工作，确保主题教育取得实效。

“弘扬乌兰牧骑精神惠安专场演出”举行

2—3日，由惠安县委、县政府和内蒙古自治区乌兰察布市四子王旗政府主办，惠安县委宣传部、县委文明办、四子王旗乌兰牧骑承办的“惠情蒙韵——弘扬乌兰牧骑精神惠安专场演出”在惠安县文化中心举行。演出在群舞《一封信》中拉开帷幕，抒发乌兰牧骑作为全国文艺战线的一面旗帜的不变初心。随后，独唱、合唱、歌伴舞、器乐演奏等形式多样、融合民族特色和时代精神的节目，将现场观众带到载歌载舞的大草原，领略一场别具风情的草原文化盛宴。演出阐释了扎根生活沃土、服务人民群众的乌兰牧骑精神，推动惠蒙两地文化的交流交融，开启两地友谊的新篇章。

相关链接：2017年11月21日，习近平在给内蒙古自治区乌兰牧骑队员的回信中称赞：“乌兰牧骑是全国文艺战线的一面旗帜。60年来，一代代乌兰牧骑队员迎风雪、冒寒暑，长期在戈壁、草原上辗转跋涉，以天为幕布，以地为舞台，为广大农牧民送去了欢乐和文明，传递了党的声音和关怀。”2019年7月15日，习近平在内蒙古考察并指导开展“不忘初心、牢记使命”主题教育时，再次强调乌兰牧骑这种直接为老百姓服务、为基层服务的文艺活动“永远不会过时”。全党正开展学习贯彻中共十九届四中全会精神和“不忘初心、牢记使命”主题教育，乌兰牧骑精神与之高度契合，所以惠安县政府特邀乌兰牧骑队员将这种值得歌颂和传承的乌兰牧骑精神呈现在惠安人民眼前。

康涛到晋江宣传中共十九届四中全会精神

市委书记康涛结合宣传贯彻中共十九届四中全会精神，到晋江市磁灶镇苏垵村调研。康涛强调，全市基层党组织要把学习习近平新时代中国特色社会主义思想作为重中之重，学习贯彻中共十九届四中全会精神，学习贯彻习近平关于“不忘初心、牢记使命”论述，抓好这一加强党的建设的永恒课题和党员干部的终身课题，拿出刀刃向内、自我革命的勇气，从严从实开好专题组织生活会，深化中央列出的突出问题、省委明确的难题积案专项整治，盯住群众所急所需所盼，办好一件件民生实事。

康涛（右四）在晋江市磁灶镇苏垵村调研（图/陈起拓）

泉州市开展国家宪法日宣传活动

第六个国家宪法日，全市开展以弘扬宪法精神为主题的法治宣传活动。由泉州市和丰泽区两级全面依法治市（区）办、党委宣传部、人大常委会办公室、司法局主办的“弘扬宪法精神，推进国家治理体系和治理能力现代化”“12·4”国家宪法日主题活动在丰泽区桃花山法治文化公园举行。活动内容丰富多彩，包括宣誓、颁奖、文艺会演、法治游戏、快闪表演、抢红包、有奖问答等环节。市人民检察院举行宪法宣誓仪式暨职级晋升人员集体任前宣誓仪式。在全体检察干警共同见证下，职级晋升人员代表身着检察制服，走向宣誓台，左手扶按《宪法》，右手举拳领诵，身后43名职级晋升人员整齐排列，跟诵誓词，“我宣誓：忠于中华人民共和国宪法，维护宪法权威，履行法定职责，忠于祖国、忠于人民，恪尽职守、廉洁奉公，接受人民监督，为建设富强民主文明和谐美丽的社会主义现代化强国努力奋斗！”

丰泽区泉秀街道成洲社区居委会联合泉秀街道办事处和社区共建单位，在领SHOW天地举行以“弘扬宪法精神，推进国家治理体系和治理能力现代化”为主题的系列宣传活动。工作人员通过发放宣传资料、现场解答等形式，宣传宪法及法律法规，激励和教育居民以实际行动弘扬宪法精神。全市首个宪法主题教育馆——惠安县宪法主题教育馆在惠安县科山中学揭牌。惠安县宪法主题教育馆占地面积约230平方米，以声光电为媒介，按宪法起源及历史演变、新中国宪法的产生和发展、国家宪法日、依法治国、十大涉法案例、宪法宣誓七个版块进行设计布置。安溪县公安局交警大队、凤城派出所等部门到辖区凤城中学开展“宪法宣传进校园”主题活动。活动现场通过放置法治宣传展板、发放各类宣传资料等方式，向学生宣传宪法知识以及防盗、防骗、防毒等法律知识。

2019年马来西亚华文小学校长研修班在泉州举办

由省侨办主办，泉州师范学院、市侨办承办的丝路华教·2019年马来西亚华文小学校长研修班开班仪式在泉州师范学院举行。3—14日，马来西亚华文小学校长研修班的30名学员在泉州师范学院学习。培训期间，还到市实验小学、市晋光小学、市第二实验小学开发区校区、永春第三实验小学等名校考察，听取《泉州宗教文化》《“至和教育”的理论与实践》等主题讲座，参访南音艺术传承基地、参观中国传统文化校园传承——国画、妆糕人现场展示。此外，学员还与2019年马来西亚华裔青少年“中国寻根之旅”冬令营学员进行交流。

12月4日

农历己亥年十一月初九
星期三
温度：11℃—18℃
多云转小雨

●市委常委会召开会议，传达学习习近平关于加强和改进统一战线工作的重要思想研讨会和省委常委会会议精神等。

●市委政协工作会议召开，学习领会习近平关于加强和改进人民政协工作的思想，贯彻落实中央、省委政协工作会议精神，研究部署新时代加强和改进泉州市政协工作。

●康涛结合宣传贯彻中共十九届四中全会精神，到晋江市磁灶镇苏垵村调研，参加并指导村党支部班子“不忘初心、牢记使命”主题教育专题组织生活会，推动全市基层党组织抓好贯彻落实。

●市政府党组“不忘初心、牢记使命”专题民主生活会召开。

●第六个国家宪法日，全市开展以弘扬宪法精神为主题的法治宣传活动。

●2019年度市直单位“百万大手牵小手”关爱活动联席会议召开。

●由省侨办主办，泉州师范学院、市侨办承办的丝路华教·2019年马来西亚华文小学校长研修班开班仪式在泉州师范学院举行。

●由市市场监督管理局、市总工会、市人社局主办的食品药品稽查执法技能竞赛举行。

12月5日

农历己亥年十一月初十
星期四
温度：10℃—14℃
中雨转大雨

●市政协党组“不忘初心、牢记使命”专题民主生活会召开。

●5—8日，由中国舞蹈家协会、省委宣传部、省文联主办，福建省舞蹈家协会、福州市文联承办的“海丝圆梦——第二届海上丝绸之路国际舞蹈艺术交流周”开幕式在福州大戏院举行，由泉州市闽南民间歌舞传承中心创排的《丝海妙音》《直挂云帆》《茶·飘香》三个舞蹈节目参演。

●世界的“中国白”——国际交流会在德化举行。

●国际志愿者日，中央广播电视总台社会与法频道（CCTV-12）播出“守护夕阳——为老服务志愿者荣耀盛典”大型电视节目及新闻发布会实况。泉州台商投资区老龄服务志愿者协会作为全省唯一一支、全国20支受邀志愿者团队之一，在节目中亮相。

泉州舞蹈节目参演国际舞蹈艺术交流周

5—8日，由中国舞蹈家协会、省委宣传部、省文联主办，福建省舞蹈家协会、福州市文联承办的“海丝圆梦——第二届海上丝绸之路国际舞蹈艺术交流周”开幕式在福州大戏院举行，由泉州市闽南民间歌舞传承中心创排的《丝海妙音》《直挂云帆》《茶·飘香》三个舞蹈节目参演。交流周旨在通过展演、交流、研讨、创作采风等系列活动，增强海丝国家的文化交流和艺术交融。新加坡、日本、印度、埃及、乌克兰、印度尼西亚等国家和中国海丝沿线部分省、市的20多支舞蹈团队400多人参加。

泉州参演的三个节目，展示了泉州丰富的海丝文化。其中女子群舞《丝海妙音》作为开幕式的第一个节目亮相。该节目将泉州开元寺大雄宝殿斗拱上24尊手持乐器、吉祥物和文房四宝的“妙音鸟”运用在创作中，通过舞蹈艺术呈现，表现“妙音鸟”翩翩起舞的场景，记录古代泉州音乐舞蹈的盛况，反映泉州舞蹈与外来艺术相融合的多元文化景观，表现人与自然相互交融、和谐共处的愿望。女子群舞《茶·飘香》以茶为媒，将沏茶、赏茶、闻茶、敬茶的生活礼仪进行创新编排。一群少女用曼妙的舞姿将福建特色采茶舞融入现代表演手法展现。该节目曾获第五届福建舞蹈“百合花”奖专业舞蹈大赛创作金奖和表演金奖。男子群舞《直挂云帆》作为压轴节目出场，将闽南民间国家级“非遗”舞蹈拍胸舞元素与当代舞艺术手法交融，利用绸吊呈现一个立面的海，寓意既是帆也是海，展现新时代泉州人在“晋江经验”指引下，扬起理想之帆，追逐梦想，爱拼敢赢，不断破浪前行。该节目曾获福建省第七届艺术节表演金奖，还在第五届福建舞蹈“百合花”奖专业舞蹈大赛上获创作金奖、表演银奖。

世界的“中国白”——国际交流会在德化举行

世界的“中国白”——国际交流会在德化举行。荷兰驻地艺术家宝拉·巴斯蒂安森和德化县部分陶瓷艺术大师及泉州工艺美院、德化职校的师生代表等600多人参加交流会。宝拉·巴斯蒂安森于10月起到德化开展驻地创作，她通过视频作品展示和现场发言的形式，分享其参与“中国白”国际陶瓷艺术大奖赛活动的心得。是日，德化部分陶瓷艺术大师也分享各自创作心得体会以及参与“中国白”国际陶瓷艺术大奖赛的感想。中法文化论坛法方秘书长、“中国白”国际陶瓷艺术大奖赛组委会秘书长胡欣介绍“中国白”国际陶瓷艺术大奖赛活动成果。

泉州台商投资区老龄服务志愿者协会参加央视新闻发布会

国际志愿者日，中央广播电视总台社会与法频道（CCTV-12）在晚间黄金时段播出“守护夕阳——为老服务志愿者荣耀盛典”大型电视节目及新闻发布会实况。泉州台商投资区老龄服务志愿者协会作为全省唯一一支、全国20支受邀志愿者团队之一，在节目中亮相。此次“守护夕阳——2019年为老服务志愿者荣耀盛典”活动是9月在北京进行节目录制。当时经选拔，泉州台商投资区老龄服务志愿者协会与全国其他19支为老服务志愿者团队受邀参与到节目制作中。12月2日，节目新闻发布会在北京举行，泉州台商投资区老龄服务志愿者协会再次受邀到北京。协会负责人饶文福带领协会骨干志愿者黄青松、王灿煌、王玉茹到现场展示泉州台商投资区志愿者风采。发布会上，志愿者黄青松上台挥舞团队旗帜，并作为志愿者代表宣誓。会场外，设有全国20支志愿者团队的志愿服务展示区，饶文福作为讲解员，负责解说和回答提问。泉州台商投资区志愿服务因特色亮点突出、扶老助残常态化、创新精细化，获得嘉宾领导和媒体的广泛关注，吸引各界人士参观和交流。泉州台商投资区老龄服务志愿者协会由区民生保障局直接领导，长期坚持开展常态化、精细化、规范化的扶老助残志愿服务活动。

市委召开城市建设提质提速参政调研工作座谈会

市委就城市建设提质提速参政调研工作召开政党协商座谈会，听取各民主党派市委会和市工商联关于城市建设的意见建议。会议要求，要强化使命担当，助推高质量发展，聚焦全市大局，找准议政主题与区域经济社会发展的最佳结合点，深入研讨，科学论证，务实建议；要夯实合作基础，画好画大“同心圆”，市委、市政府继续搭好平台，统战部门发挥桥梁纽带作用，市直部门要虚心听取意见、建议，市工商联要支持民营企业健康发展，各民主党派要加强思想、政治、能力等自身建设，建设一支政治上可靠、代表性强、群众认可的代表人士队伍，凝心聚力，共同奋斗，推动泉州市城市建设迈上新台阶。

市政府与兵装集团签署战略合作协议

市政府与中国兵装集团签署系列战略合作协议，并为“中国兵器装备集团机器人研发中心”等机构揭牌，共同推动两用技术项目在泉州落地。中国兵装集团战略发展部主任谭小刚，市领导陈灿辉、洪自强、肖汉辉出席。近年来，泉州市高度重视两用技术成果转移转化，发挥“民营经济大市”独有的纺织鞋服、建材家居、机械装备、石油化工等产业集群优势，以产业融合为重心，加快新兴领域产业布局，加速民企转型升级。全市已有“民参军”企业121家。此次与泉州市签约的中国兵装集团，是中央直接管理的重要骨干企业，是国家国防科技工业的骨干力量，拥有以军品和汽车为核心，以输变电、装备制造、电子信息为重点的先进军工和现代产业体系。此次签约揭牌，将推动双方在科技、产业、市场和人才等方面展开合作。根据协议，双方将依托各自资源优势，在人工智能、无人系统、新材料、光电信息、装备制造等领域开展合作，推动兵装集团两用科技成果在泉州产业化，与泉州更多企业结成生态伙伴，推动泉州相关产业做大做强。是日，丰泽区政府、洛江区政府分别与兵装集团下属企业签署相关合作协议，并为有关项目揭牌。

市网络安全和信息内容管理执法联席会议召开

市网络安全和信息内容管理执法联席会议召开。会议要求，要强化统筹协调，确保网络执法联动快速高效有力，各成员单位要加强沟通协调，形成网上网下分层级、多维度的执法处置合力，各县（市、区）要结合本地实际建立网络执法联动模式，推动构建横向协调、纵向联动的全市网络综合治理格局。要坚持综合治理，动员各方力量打赢网络空间治理攻坚战，调动网民积极性，提升企业履行网络综合治理社会责任的能力，注重发挥社会组织监督网络综合治理的功能，合力营造清朗的网络空间。

首届泉州智能装备博览会在南安举行

6—8日，由泉州市工信局和南安市政府指导的，以“智能制造、装备先行”为主题的2019（首届）泉州智能装备博览会（以下简称“泉州装博会”）在南安举行。泉州装博会共设智能制造、工程机械与建材机械馆，铸造设备、精密机床与激光设备四个专业展区，还特别组织设置福建先进制造馆、南安市人才科技创新馆和南安机械品牌馆，突出展示南安市在智能制造产业的发展优势。该届展会展览面积20000平方米，展位数近830个，参展企业352家，其中数控智能装备相关企业264家，全面展览展示智能制造产业链系列。ABB、松下、安川机器人、林肯焊机、厦钨电机、盈趣科技、远荣智能、小黄蜂、普拉迪、天津元象、东亚机械、群峰机械、泉工股份、三联机械、嘉泰激光、现代焊接、福禄克测试仪器、厦工机械、成功机床、佳明机器、大金机械、裕莒实业、马斯特、西威迪、兴源佳等众多国内外知名品牌参展。

12月6日

农历己亥年十一月十一
星期五
温度：10℃—14℃
小雨转多云

●市委就城市建设提质提速参政调研工作召开政党协商座谈会，听取各民主党派市委会和市工商联关于城市建设的意见建议。

●市政府第七十三次常务会议召开，研究《关于加快推进企业破产处置工作措施》、关于推荐评选“2019年度泉州市见义勇为模范”等有关工作。

●市政府与中国兵装集团签署系列战略合作协议，并为“中国兵器装备集团机器人研发中心”等机构揭牌，共同推动两用技术项目在泉州落地。

●市网络安全和信息内容管理执法联席会议召开。

●泉州市举办《泉州市晋江洛阳江流域水环境保护条例》解读专题讲座。

●6—8日，由泉州市工信局和南安市政府指导的，以“智能制造、装备先行”为主题的2019（首届）泉州智能装备博览会在南安举行。

●丰泽区试行“谁执法谁普法”履职报告评议活动新闻发布会在泉州晚报社举行。

●泰国风情文旅项目签约落户石狮。

12月7日

农历己亥年十一月十二
星期六
温度：7℃—16℃
晴

●王永礼到南安市官桥镇泗溪村，参加并指导村党支部班子“不忘初心、牢记使命”主题教育专题组织生活会。

●由泉州市、厦门市、漳州市、龙岩市、三明市人社局主办的，主题为“才聚港湾 筑梦泉州”的第二届闽西南协同发展区人才交流（招聘）大会在泉州师范学院举行。

●由市文旅局、市古城办主办的第五届泉州古城讲解员培训班在市区南音艺苑开班。

●由市文旅局主办、泉州市非物质文化遗产保护中心承办、泉州市民族民间文化保护工作委员会协办的第九届泉州民间音乐邀请赛在市区府文庙广场举行。

●由中国侨联主办，省侨联、市侨联、黎明职业大学、丰泽区政府承办的2019年马来西亚华裔青少年“中国寻根之旅”冬令营福建泉州丰泽营开营仪式在黎明职业大学举行。

●由泉州市文旅局指导，泉州晚报社、南安市委宣传部主办的“清新福建 海丝泉州”名镇之旅嘉年华暨“不忘初心，牢记使命”——“重温光前精神 赋能魅力梅山”地标穿越活动在南安市梅山镇举行。

第二届闽西南协同发展区人才交流大会在泉州举行

由泉州市、厦门市、漳州市、龙岩市、三明市人社局主办的，主题为“才聚港湾 筑梦泉州”的第二届闽西南协同发展区人才交流（招聘）大会在泉州师范学院举行。交流（招聘）大会吸引闽西南五市各类企事业招聘单位240多家，提供就业岗位6300多个，吸引4320多名求职应聘毕业生及其他求职人员进场求职或交流，达成初步就业意向1100多名。现场还设置政策咨询处，为求职人员答疑解惑。泉州正处在产业高质量发展落实赶超的关键时期，在创造良好的产业环境的同时，也高度重视营造良好的人才环境。特别是2017年人才“港湾计划”实施以来，泉州培养、引进、集聚大量优秀人才，加快打造各类人才引得进、留得住、过得好的“梦想港湾、事业港湾、生活港湾”。据泉州市人力资源市场统计，近几年泉州每年仍缺口高端研发人才、技能人才、基础性人才等4万—8万人。闽西南五市山海相通相连，协同发展互利共赢。近年来，泉州人社部门在闽西南协同发展区中找准定位、主动作为，加强与厦门、漳州、龙岩、三明等地人社部门人才交流合作，推动区域人才交流合作。

第五届泉州古城讲解员培训班开班

由市文旅局、市古城办主办的第五届泉州古城讲解员培训班在市区南音艺苑开班。该届培训班11月底启动报名后受到市民热切关注，活动报名端口访问量超13000次，415人报名，报名者来自教师、公务员、检察官、律师、工程师、经济师、警察、编辑、记者、医护人员、企业高管、博物馆讲解员、导游、青年创客、在校学生、退休干部等各行各业，最终择优录用160人。培训班学员中，研究生（含博士、硕士）学历39人，占比24.4%；大学本科学历82人，占比51.2%；在读小学生8人，占比5%。持有英语六级证书38人，占比23.8%；专业英语八级9人，占比5.6%。此外，有的学员还掌握日语、西班牙语等语种。所有学员常住地均在泉州市区，其中“在古城土生土长”的泉州人42人，占比26.3%；在泉州落地生根的“新泉州人”45人，占比28.1%。培训班特别成立英语讲解学习小组，组织有英语特长的学员约40人，共同学习探讨如何使用英语讲解古城及古街巷历史文化。

第九届泉州民间音乐邀请赛举行

由市文旅局主办，市非物质文化遗产保护中心承办、市民族民间文化保护工作委员会协办的第九届泉州民间音乐邀请赛在市区府文庙广场举行，全市各地近10个表演团队参演。邀请赛由一首极具闽南音乐元素的民乐合奏《扬帆竞游海丝路》拉开序幕，由泉州第二中心小学平民妙音乐团献演。紧接着南安诗山大鼓乐队、泉港北管传承中心、晋江东石金山小学十番艺术团等极具特色的民间音乐表演团体先后上场，展示北管、大鼓吹、什音、安溪茶歌、五音吹等泉州民间原汁原味的乐种。

“清新福建 海丝泉州”名镇之旅嘉年华在南安举行

由泉州市文旅局指导，泉州晚报社、南安市委宣传部主办的“清新福建 海丝泉州”名镇之旅嘉年华暨“不忘初心，牢记使命”——“重温光前精神 赋能魅力梅山”地标穿越活动在南安市梅山镇举行。全省乃至全国各地的2500多名徒步爱好者参加活动。活动分为亲子组5千米、专业组15千米两个组别，两组别合用一条线路，具体为：国光中学（起点）—光前东街—光前南街—307过境线—华创壹号院（补给点）—南安市工业学校—南安市工业学校后门—鼎诚村村部（亲子组终点）—鼎诚大桥—演园村道（补给点）—梅峰村道（补给点）—芸美桥（补给点）—新蓝村（省道307线）—新蓝村演厝头路口—新蓝村道—新蓝祖厝（专业组终点）。

泉州市软件行业协会成立

由市工信局指导的泉州市软件行业协会成立大会举行。会上，中国工程院院士、计算机系统软件专家廖湘科在做“掌控生态链的抓手”主题演讲时表示，当今是制造业与互联网深度融合的时代，泉州软件企业应响应国家扩大内需与转型升级的号召，致力于为政府、企业与社会打造高效沟通互动的平台，把握新政策的趋势与走向，促进软件产业振兴和市场繁荣，助力泉州经济的高速腾飞。市工信局软件科相关负责人介绍，近年来，泉州软件产业发展迅猛，市软件行业协会的成立将促进泉州市互联网、大数据、人工智能和实体经济深度融合，服务软件产业健康发展，为泉州诸多软件企业提供整合资源服务。

2019闽南文化暨闽台科举学术研讨会在泉州召开

8—10日，由闽台缘博物馆与金门县文化局主办，台湾成功大学文学系、金门大学人文社会学院、台南府城观兴文化艺术基金会协办的2019闽南文化暨闽台科举学术研讨会在泉州召开。中国社科院、全国台湾研究会、浙江大学、厦门大学、福建师范大学等大陆高校和学术机构，金门大学以及台湾地区的成功大学、台湾师范大学、东南科技大学、彰化师范大学等近50位专家学者，以“闽南文化与科举制度”为题展开交流研讨。会上，全国台湾研究会副会长、厦门大学台湾研究院讲座教授汪毅夫作题为《科举制度与闽南乡土社会》的主旨报告，以翔实的史料、生动的个案阐述科举制度对于闽南乡土社会的影响。主办方介绍，研讨会议题不仅涵盖闽台两地“大传统”和“小传统”多层面的文化考察，还切入“两岸一家亲”的历史脉象。8日，两岸专家学者聚焦闽台科举和相关历史人物，分别以《从两份福建乡试点名章程及分路点名单对比看台湾科举的发展》《金门历代进士考》《另类科举“捐官”——以金门为例》《金门宗祠科举匾额名义初探》《一水之隔话金门》《金门文艺及其创刊人陈长庆先生之研究》等为题，进行研讨、交流，加深对源远流长的两岸关系的历史认知，为促进两岸关系和平发展做出学术贡献。

2019年晋江文旅国际马拉松赛举行

2019晋江文旅国际马拉松赛举行。加拿大、美国、法国、日本、菲律宾、韩国、新加坡、泰国、印度、捷克、老挝等20个国家和地区的近1.5万人参赛。最终，埃塞俄比亚选手包揽男女全程冠军、男女半程冠军，均创下其个人历史最好成绩。其中，Getaneh Fekadu Wondafrash以2小时19分42秒的成绩获男子全程冠军，Zewoldemariam Kebebush Yisma以2小时36分55秒的成绩获女子全程冠军。此外，Dinki Jirata Lelisa成绩1小时06分41秒29，获男子半程冠军；女子半程冠军为Leta Bikile Teferi，成绩为1小时16分28秒49。此次马拉松赛报名总人数14705人，首次突破1.4万人。其中，全程马拉松3305人，半程马拉松4729人，健康跑6671人。同时，组委会还特邀肯尼亚、埃塞俄比亚、南非、卢旺达、坦桑尼亚等国家的20名选手参赛，以提升比赛的竞技水平。曾任福州国际马拉松等多场马拉松及重大体育赛事总管的田径国家级裁判黄勤华担任赛事总管。

晋江文旅国际马拉松赛现场（图/李心雨 吴嘉晓 陈文经）

12月8日

农历己亥年十一月十三
星期日
温度：9℃—17℃
晴转多云

●由市工信局指导的泉州市软件行业协会成立大会举行。

●8—10日，由中国闽台缘博物馆与金门县文化局主办，台湾成功大学文学系、金门大学人文社会学院、台南府城观兴文化艺术基金会协办的2019闽南文化暨闽台科举学术研讨会在泉州召开。

●由鲤城区委政法委、鲤城公安分局主办的“警民同心·防骗同行”公益宣传暨法制健康进社区活动在鲤城区海滨街道新门社区芳草园举行。

●2019晋江文旅国际马拉松赛举行。

12月9日

农历己亥年十一月十四
星期一
温度：12℃—19℃
阴转多云

●市委常委会召开会议，传达贯彻省委十届九次全会精神，研究召开市委十二届十次全会方案及会议文件；研究泉州市人大常委会2020年立法计划草案。

●康涛以普通党员身份参加市委办机关党支部第一党小组“不忘初心、牢记使命”专题组织生活会。

●市民林先生在市行政服务中心市交通运输局窗口取得全市首张道路运输从业资格证IC卡，标志全市道路运输行业从业资格证实现IC卡管理。

●2019年泉州市住建系统消防应急救援演练观摩活动在中建三局海悦中心项目举行，各相关单位及项目员工代表400余人参加活动。

市委常委会会议传达贯彻省委十届九次全会精神

市委常委会召开会议，传达贯彻省委十届九次全会精神，研究召开市委十二届十次全会方案及会议文件；研究泉州市人大常委会2020年立法计划草案。会议指出，学习贯彻中共十九届四中全会精神，是当前和今后一个时期的重要政治任务，各级各部门要提高政治站位，把握中央、省委全会部署要求，以务实的举措、高效的行动，推进中国特色社会主义制度在泉州的具体实践，确保中央、省委全会各项部署在泉州落地生根、开花结果。要创新发展“晋江经验”，把握其中蕴含的辩证思维和方法论，健全完善党的领导制度体系和高质量发展、共建共治共享的社会治理、为民惠民利民、中心城市统筹的长效机制，推进泉州治理现代化。要层层压实责任，科学谋划、精心组织，远近结合、整体推进，形成一体推动、一体落实的有效机制，把制度优势更好转化为治理效能。要学习贯彻习近平关于全面依法治国的新理念新思想新战略，把牢正确政治方向，确保党的领导贯穿立法工作全过程、各方面。要健全立法机制，坚持科学立法、民主立法、依法立法，完善党委领导、人大主导、政府依托、各方参与的立法工作格局。要主动服务大局，回应群众关切，加强重点领域立法，提高立法质量。要强化落地实施，各地各部门要担起责任，把法规宣传好、解读好、执行好，确保立一件、成一件、行一件。

泉州市发出首张道路运输从业资格证IC卡

市民林先生在市行政服务中心市交通运输局窗口取得全市首张道路运输从业资格证IC卡，标志全市道路运输行业从业资格证实现IC卡管理。这也是泉州市推进交通运输行业“多证合一”改革的一项重要举措。市交通局相关人士介绍，此后新申领以及换发、补发道路运输从业资格证，一律办理IC卡证件，不再发放纸质从业资格证。过渡期纸质证件和IC卡证件同时有效，近期受理更换业务的主要面向新核发和到期需换证的驾驶员，尚未到期的可以暂不用更换为IC卡。

此次推出的IC卡证件最大的特点是整合原来多本从业资格证，即经营性道路运输客货运输驾驶员、道路危险货物运输从业人员、出租汽车驾驶员等从业资格证，全部整合到一张IC卡上，实行从业资格并证管理。也就是说，如果一个人同时具备旅客、普货、巡游出租车、网约出租车、危化品五大类道路运输从业资格的话，原来至少会有三本旧版纸质证件，如今都统一存储在IC卡内置芯片中。此外，IC卡增强了证件的防伪性，解决了纸质证件易损坏等问题。持有道路危险货物运输从业资格证，以及中心市区持有经营性道路运输客货运输驾驶员、出租汽车驾驶员从业资格证的，可到市行政服务中心四楼“IC卡道路运输证件换发专窗”办理。到期需更换经营性道路运输客货运输驾驶员从业资格证的从业人员可自行到服务单位所在地或户籍地、居住证办理所在县（市、区）换发证件地点申请办理。

2019年泉州市住建系统消防应急救援演练举行

2019年泉州市住建系统消防应急救援演练观摩活动在中建三局海悦中心项目举行，各相关单位及项目员工代表400余人参加活动。演练在呼救声中拉开大幕，一幢员工宿舍楼着火，火情被迅速上报，抢险组人员利用消防器材扑救，疏散组到每间宿舍确认人员全部疏散，并救出被困受伤人员，各小组配合默契。应急演练结束后，各参演单位还进行水带铺设、油盆灭火比赛。岁末年初历来是安全生产的关键期和事故的多发期，加上冬季气候寒冷干燥，发生消防安全等事故的风险加大。市住建局质安科相关负责人表示，此次演练旨在提升生产单位预防和遏制安全生产事故的能力，鼓励全员筑牢安全发展理念，巩固安全生产良好局面，为实现企业高质量发展营造更加稳固的安全环境。

“泉州好司机”竞赛颁奖

由市委宣传部、网信办、文明办，市公安局、交通运输局、体育局，团市委等主办的2019年“全国交通安全日”主题活动暨“泉州好司机”竞赛颁奖晚会在市体育中心侨乡体育馆举行。“泉州好司机”获奖者、大学生志愿者、社会热心群众、运输企业代表、驾校代表、泉州市雷霆应急救援队代表共1000多人参加颁奖活动。仪式上，市领导分别为“泉州好司机”女子组、男子组获奖者和最佳贡献奖获奖者颁奖。晚会上，歌伴舞《不忘初心》、情景剧《小手拉大手，交通安全你我他》、舞蹈《使命：我爱你中国》、情景朗诵《使命：心在路上》、情景剧《珍爱生命，遵守交规》等交通安全文艺表演向观众宣传了交通安全知识。活动主办方还与现场群众开展形式多样的交通安全互动。泉州已连续举办六届“泉州好司机”竞赛活动。全市一年无交通违法的“好司机”已有17万余人，与举办第一届时相比，增长幅度达143%。“泉州好司机”竞赛已成为全市机动车驾驶人展示自我、争先创优、示范带动的重要平台和知名品牌，弘扬了“文明行车我带头”的社会风尚。

相关链接：2日是国务院批准设立的第八个“全国交通安全日”，主题是“守规则除隐患、安全文明出行”。11月中旬以来，全市各级交警部门将开展“12·2”全国交通安全日主题活动作为推进平安泉州建设、推动社会文明进步的重要举措，发挥部门优势，协同治理，开展冬季交通安全常识、交通违法危害剖析、典型事故案例警示等宣教活动。

泉州市举行水土保持宣传日活动

福建省第六个水土保持宣传日，由市水利局、永春县水土办主办的主题为“绿水青山就是金山银山”的水土保持广场宣传在永春县时代广场举行。内容丰富、知识性强的水土保持宣传展板、宣传手册，生活用品、学习用品等宣传品，贴近生活、通俗易懂的水土保持知识宣讲等，吸引群众驻足关注。活动现场，工作人员拿起一份宣传手册，一版一版向群众讲解。通俗易懂的讲解，让现场群众迅速了解水土保持的相关知识。泉州市还通过在公交车投放宣传视频、张贴宣传标语、发送宣传短（彩）信等形式，提高宣传受众面。各县（市、区）也举行丰富多彩的水土保持宣传活动。

新疆吐鲁番市高昌区在泉州举行旅游推介会

新疆维吾尔自治区吐鲁番市高昌区在泉州举行旅游推介会，吸引泉州和吐鲁番两地旅游主管部门、旅行社和媒体记者等约百人参与。吐鲁番市高昌区位于新疆东部，距首府乌鲁木齐180千米，是中国内地连接新疆、中亚地区及南北疆的交通枢纽，地理位置优越。作为全国历史文化名城，吐鲁番市历史悠久，文化璀璨，是古丝绸之路重镇之一。吐鲁番市曾是古代西域政治、经济、文化中心之一，有4000年的文字记载，文化积淀深厚，文物资源、旅游资源富集，在国内也非常突出。吐鲁番市高昌区旅游行业与泉州旅游企业达成战略合作协议，未来两地将共拓旅游客源市场，通过资源互补、客源互换、宣传互动等形式，加强两地旅游精品线路的研发和推广合作，促进旅游互动合作。

泉州市2019年家政服务节举办

由市商务局指导，丰泽区商务局主办，泉州市家庭服务业协会承办的，以“树立品牌意识、打造诚信家政”为主题的泉州市2019年家政服务节开幕。为期一周的家政服务节内容丰富、形式多样。主办方组织泉州市家庭服务企业到社区开展现场宣传和供需对接活动；组织泉州家庭服务业协会志愿服务队，开展志愿服务和慰问活动，并向社会征集家政服务业感人故事，展示泉州家政服务行业的整体形象，推动家政服务技能水平的提高。

12月10日

农历己亥年十一月十五
星期二
温度：12℃—21℃
多云转晴

●省委第四巡回指导组主持召开“不忘初心、牢记使命”主题教育测评会，检视评价泉州市主题教育工作成效。

●泉州市中级人民法院召开新闻发布会，通报2019年全市法院跨域诉讼服务改革情况。

●由市委宣传部、网信办、文明办，市公安局、交通运输局、体育局，团市委等主办的2019年“全国交通安全日”主题活动暨“泉州好司机”竞赛颁奖晚会在市体育中心侨乡体育馆举行。

●市委退役军人事务工作领导小组办公室、市退役军人事务局、市行政服务中心管委会举行新时代退役军人事务工作宣讲会。

●由市水利局、永春县水土办主办的主题为“绿水青山就是金山银山”的水土保持广场宣传在永春县时代广场举行。

●泉州文化旅游推介团在浙江嘉兴举行“全福游、有全福·海丝泉州”（嘉兴站）文化旅游推介会。

●新疆维吾尔自治区吐鲁番市高昌区在泉州举行旅游推介会。

●由市商务局指导，丰泽区商务局主办，泉州市家庭服务业协会承办的，以“树立品牌意识、打造诚信家政”为主题的泉州市2019年家政服务节开幕。

●2019年举重世界杯在天津举行，代表中国队参赛的南安籍运动员李发彬获男子61公斤级抓举、总成绩2项冠军。

12月11日

农历己亥年十一月十六
星期三
温度：12℃—22℃
晴

●中共泉州市委十二届十次全会召开，对泉州市坚持和完善中国特色社会主义制度、推进治理体系和治理能力现代化进行研究部署。

●由市委宣传部、市委文明办、市文旅局、市文联、泉州晚报社、泉州广播电视台等主办的“欢乐泉州·走进台商投资区——泉州市学习宣传党的十九届四中全会精神”文艺演出在泉州台商投资区湖东学园举行。

●市民政局主办的首届“港湾计划”社会工作创新项目大赛闭幕，决出社工人才奖、项目成果奖、项目创新奖、组织宣传奖四个奖项。

●全省首台水电站生态机组——市山美水库坝后生态机组工程通过机组启动验收和工程完工验收。

●2020年首期泉州古城润物无声青年创客孵化计划启动。

●“侨与晋江经验”调研成果交流座谈会在晋江召开。

●截至是日，泉州晋江国际机场口岸年出入境人数首次突破100万人次。

中共泉州市委十二届十次全会召开

中共泉州市委十二届十次全会召开。全会以习近平新时代中国特色社会主义思想为指导，学习贯彻中共十九届四中全会精神，贯彻习近平对福建工作的讲话指示批示精神和党中央决策部署，落实省委十届九次全会各项任务，对泉州市坚持和完善中国特色社会主义制度、推进治理体系和治理能力现代化进行研究部署。市委书记康涛代表市委常委会向全会作报告和有关文件说明。

全会指出，学习贯彻中共十九届四中全会精神，是当前和今后一个时期的重要政治任务。要把传承和弘扬习近平在福建工作期间的探索实践、创新理念，贯彻落实习近平总书记讲话指示要求，与推进治理体系和治理能力现代化结合起来，落实到泉州治理现代化的实践中。要坚持与时俱进，把握“晋江经验”所蕴含的辩证思维和方法论，创造性地贯彻中央、省委部署，走出一条具有时代特征、泉州特色的市域治理现代化路子。要聚焦关键环节，在经济转型、公共服务、营商环境、区域统筹、社会稳定、民主法治、基层建设等领域广泛探索，大胆创新体制机制。要鼓励基层探索，及时对基层创造的行之有效的治理理念、治理方式、治理手段进行总结提炼和制度设计，推动“盆景”变“风景”，从解决一个个具体问题到解决一类共性问题。

全会强调，要贯彻中共十九届四中全会精神，推进泉州治理现代化。要完善党的领导制度体系，把党的政治建设摆在首位，健全党的全面领导制度，支持和保证人大及其常委会依法行使职权，推进“法治泉州”建设，发挥人民政协作为政治组织和民主形式的效能，巩固和发展最广泛的爱国统一战线，推动党和国家监督体系落深落细，更好发挥党总揽全局、协调各方的领导核心作用。要完善高质量发展长效机制，抓牢创新创业创造环境建设，践行亲清新型政商关系，建设一流营商环境，完善区域创新空间载体，激发知识、技术、管理、数据等生产要素活力，深化人才“港湾计划”，构建产业生态圈，推动产业基础高级化、产业链现代化。要完善共建共治共享的社会治理长效机制，抓牢强基促稳专项行动，创新组织群众、发动群众机制，集中破解表现在基层、根子在机制问题，健全公共性风险、政治性风险防范机制，建设人人有责、人人尽责、人人享有的社会治理共同体。要完善为民惠民利民长效机制，抓牢泉州“XIN”行动，多用改革思维办法补短板，推动文化创造性转化创新性发展，建立解决相对贫困的长效机制，推动生态环境系统治理，满足人民日益增长的美好生活需要。要完善中心城市统筹长效机制，抓牢产城人融合发展，主动融入闽西南协同发展区，理清中心城市发展格局，坚持环湾、向湾、同城化发展，建立整体推进统筹机制，加强中心城市建设的统筹管理。

全会审议通过《中共泉州市委深入贯彻〈中共中央关于坚持和完善中国特色社会主义制度、推进国家治理体系和治理能力现代化若干重大问题的决定〉的实施意见》和《中国共产党泉州市第十二届委员会第十次全体会议决议》。

康涛作市委常委会工作报告

中共泉州市委十二届十次全会现场（图/陈英杰）

市中级人民法院华侨大学巡回法庭成立

市中级人民法院华侨大学巡回法庭、丰泽区人民法院华侨大学巡回法庭揭牌成立仪式举行。仪式后，丰泽法院在该法庭首次巡回审理一起保险合同纠纷案，100多名华大学生观摩庭审。巡回法庭设在华侨大学洪祖杭综合教学大楼一楼，这里是法学院师生平时上班、学习的地方。巡回法庭占地数百平方米，全新装修，布置与法院内的法庭一模一样——庄严的审判台，高悬的国徽，先进的电脑、音响设备能同步录音录像。巡回法庭还有100多个旁听位置，呈扇形分布。法院相关人士介绍，今后将会选择一些案件到巡回法庭进行庭审，以方便学生就近观摩。同时通过庭审，以案释法，达到对学生的法治教育。华侨大学法学院历史悠久，法律系于1985年开始招生，2003年9月更名为法学院，为社会培养大量法律人才。近年来，法学院与泉州法院系统开展深度合作，取得丰硕成果。

泉州市文物保护管理与利用培训班在南安举办

12—14日，泉州市文物保护管理与利用培训班在南安举办。故宫博物院研究员李永革、中国社会科学院研究员汪勃、福建省博物院考古所原所长栗建安等国内和省内文物专家到泉州授课。李永革、汪勃、栗建安等分别从各自的专业领域出发，从如何依法依规保护文物、文物本体修缮、文物的安防和消防措施以及周边环境整治等方面，展开讲解和培训。参加培训班的除市文物局负责人、机关业务科室人员，各县（市、区）文旅局、文保中心和博物馆负责人，市属文博单位负责人和主要业务骨干以外，培训班首次邀请全市44个国家级文物保护单位的管理责任单位负责人参与。

“全福游、有全福·海丝泉州”（苏州站）文化旅游推介会举行

泉州文化旅游推介团到江苏苏州举行“全福游、有全福·海丝泉州”（苏州站）文化旅游推介会，吸引泉州和苏州两地旅游主管部门、旅游联合会、旅行商、商会、机场等单位和组织的代表，媒体记者、旅游达人等100多人参与。推介会以“全福游、有全福·海丝泉州”为主题，通过播放旅游宣传片、发放文旅宣传资料、文旅资源推介、泉州晋江国际机场航线介绍、趣味知识有奖问答、特色伴手礼抽奖等环节，从“遍览泉州城山海”“尽观文化多元态”“寻味舌尖最中国”“千里之外仍是家”“古城泉州正青春”5个篇章，多方位展示泉州的旅游资源和的海丝文化、闽南文化底蕴，为现场嘉宾提供最新最潮最全的泉州玩法。推介会还穿插问答与抽奖环节，赠送直达机票、星级酒店住宿券、景区门票、特色文创小礼品等奖品。活动中，泉州、苏州两地旅游主管部门还从“海丝福树”上抽取福袋，为全场最佳幸运儿送上直达泉州的机票。推介会上，泉州为苏州旅行商带来专为苏州游客制定的三大精品线路——“古韵闽南山海泉州之旅”“深度探寻海丝文化之旅”及“清新文艺体验之旅”，并在各大媒体平台上进行宣传推广，扩大推介会的影响力。泉州旅行社与苏州旅行社达成战略合作协议，签订《客源输送战略合作协议》，共拓两地旅游客源市场。

泉州一中获第十三届VEX亚洲机器人锦标赛冠军

2019第十三届VEX亚洲机器人锦标赛在韩国首尔举行。泉州一中“梅石队”“梦之队”“一峰队”三支队伍参赛。其中“梅石队”获冠军，并代表中国参加在美国举行的2019VEX机器人世界锦标赛；“梦之队”进入八强；“一峰队”进入十六强，并获最佳惊奇单项奖。该届锦标赛共有360支战队近2000名队员参赛。经过角逐，泉州一中“梅石队”7战6胜、“梦之队”7战5胜、“一峰队”7战5胜，全部获一等奖，并进入决赛圈。

12月12日

农历己亥年十一月十七
星期四
温度：12℃—19℃
多云转晴

●市政府与兴业证券股份有限公司签订战略合作协议，双方将加强在投资基金、投资银行、直接融资、投资研究服务、区域股权市场等证券金融领域的合作，提升泉州市金融服务实体经济水平，推进泉州地区多层次资本市场健康发展。

●市中级人民法院华侨大学巡回法庭、丰泽区人民法院华侨大学巡回法庭揭牌成立仪式举行。

●12—14日，泉州市文物保护管理与利用培训班在南安举办。

●泉州文化旅游推介团到江苏苏州举行“全福游、有全福·海丝泉州”（苏州站）文化旅游推介会。

●2019第十三届VEX亚洲机器人锦标赛在韩国首尔举行。泉州一中三支队伍参赛，其中“梅石队”获冠军，并代表中国参加在美国举行的2019VEX机器人世界锦标赛。

12月13日

农历己亥年十一月十八
星期五
温度：13℃—21℃
晴

●市委2020年工作务虚会召开，学习贯彻中共十九届四中全会精神，落实中央经济工作会议、省委十届九次全会和市委十二届十次全会部署，谋划新一年发展思路和重点任务。

●市委常委会召开扩大会议，按照《中国共产党党内监督条例》规定和《福建省党的领导干部述责述廉工作意见》要求，听取市委常委2019年度述责述廉报告，并进行点评和评议。

●《福建日报》刊发报道《持续提升群众获得感——访泉州市"不忘初心、牢记使命"主题教育领导小组组长、市委书记康涛》。

●李转生到晋江调研民营企业发展情况。

●由市委宣传部、市总工会主办的劳模工匠进校园宣讲活动在黎明职业大学举行。

●实验京剧《王者俄狄》在市区梨园古典剧院演出。

●13—15日，由鲤城区商务局、鲤中街道办事处主办的海丝汽车文化节在市区富临新天地广场举行。

●13—19日，2019海丝伯勒时尚文化周在丰泽举办。

市委2020年工作务虚会召开

市委2020年工作务虚会召开，学习贯彻中共十九届四中全会精神，落实中央经济工作会议、省委十届九次全会和市委十二届十次全会部署，谋划新一年发展思路和重点任务。会议指出，做好2020年各项工作，各级各部门的精神状态丝毫不能松懈，要拓展战略视野，从大局出发看清形势，找好工作抓手，既精心规划好未来五年乃至十年的发展蓝图，又务实推进2020年各项具体工作的谋划落实。新一年，经济工作要着力"稳"，将外部压力转化为内在动力，集中力量做好自己的事；城建工作要着力"聚"，主动融入闽西南协同发展区，研究环湾城市格局，加速要素集聚、功能配套、产城融合；民生工作要着力"实"，努力补短板，做好教育、医疗、扶贫、养老等工作；体制机制要着力"活"，以改革的思维破解矛盾问题，提升项目运作、政企互动的能力和水平。

市委常委会听取市委常委2019年度述责述廉报告

市委常委会召开扩大会议，按照《中国共产党党内监督条例》规定和《福建省党的领导干部述责述廉工作意见》要求，听取市委常委2019年度述责述廉报告，并进行点评和评议。康涛强调，要探索建立不忘初心、牢记使命制度，推动学习贯彻习近平新时代中国特色社会主义思想走深走实、入脑入心，锤炼忠诚干净担当的政治品格。要发挥"头雁效应"，自觉扛起责任担当，从常委会抓起、从自身抓起，带动全市保持风清气正的良好政治生态。要落实全面从严治党主体责任、第一责任人责任，把各领域党建工作抓具体、抓深入，锻造队伍、建强组织、推动整体提升。要发扬斗争精神，勇于自我革命，常委会班子成员要结合主题教育检视问题整改落实，解决好自身查摆的问题、评议意见中反映的问题，不断巩固深化，自觉接受党员干部群众的监督。

实验京剧《王者俄狄》在泉州演出

实验京剧《王者俄狄》在市区梨园古典剧院演出。实验京剧《王者俄狄》由浙江京昆艺术中心、上海戏剧学院共同创作演出，上海戏剧学院导演系主任卢昂教授和中国戏剧"梅花奖"获得者翁国生联合导演，并由翁国生领衔主演。浙江京昆艺术中心的国家一、二级演员毛懋、赵东海、陈瑞云，优秀青年演员程佩洁、黄永、尤志磊、马亮亮、董世超联袂出演。实验京剧《王者俄狄》是古希腊悲剧《俄狄浦斯王》在中国第一次以世界非遗"京剧"的舞台直观形式展现给世界观众，这是以古希腊悲剧为代表的西方戏剧和以京剧为代表的东方中国传统戏曲之间的首次公开比较与融合。该剧曾参演西班牙巴塞罗那"国际实验戏剧节"、塞浦路斯"国际古希腊戏剧节"、日本东京"中日韩国际戏剧节"等，已在国内外演出100多场。

2019年海丝伯勒时尚文化周在丰泽举办

13—19日，2019海丝伯勒时尚文化周在丰泽举办。文化时尚周以"市井十洲人"为主题，以海上丝绸之路为文脉，提炼"非遗"精髓，举行9个静态展、10多场时尚秀、多台文化大戏、创意分享论坛等，以静态艺术展、沉浸式演出、"非遗"时尚跨界秀等艺术形式，展示传统与时尚的碰撞，共处共生。活动邀请不少国内外知名艺术家、时尚设计师、文化名家等参加。

2019海丝伯勒时尚文化周演出现场（图/泉州网）

华侨大学第八届董事会第一次会议召开

华侨大学第八届董事会第一次会议召开。全国人大常委会副委员长、民进中央主席蔡达峰出任华侨大学新一届董事会董事长。中央统战部副部长、国务院侨办主任许又声，省委常委、统战部部长邢善萍，省人大常委会副主任吴洪芹，市领导康涛、林万明，华侨大学党委书记关一凡、校长徐西鹏，香港中联办教育科技部、省教育厅、民进省委会领导等出席会议。蔡达峰表示，希望华侨大学在中央统战部领导下，推进《学习贯彻落实习近平总书记视察暨南大学重要讲话精神专项行动计划》的实施，抢抓国家“双一流”建设和部部省共建的重大机遇，不忘建校初心，牢记办学使命，紧扣国家和地方经济社会发展需要，紧扣国家统战工作需要，坚持立德树人根本任务，擦亮侨校金字招牌，将中华优秀传统文化传播到五湖四海，为实现“双一流”与高水平大学建设奋勇向前，为保持港澳长期繁荣稳定，促进祖国和平统一大业，涵养对华友好力量培养更多高素质人才，为实现中华民族伟大复兴的中国梦贡献华大人的力量与智慧。

许又声希望华侨大学领导班子和全体教职员工“不忘初心、牢记使命”，以更加务实的作风、更加有力的举措贯彻落实习近平视察暨南大学讲话精神；坚持党的全面领导，把牢正确的办学方向；坚持立德树人的根本任务，为海内外培养更多优秀人才；突出侨校特色，传承中华优秀传统文化；加强改革创新，加快推进一流学科建设；发挥优势，服务国家重大战略和地方经济社会发展、服务国家统战工作大局。邢善萍希望华侨大学发挥“侨校+名校”的优势，加强内涵建设，深化教育教学改革，增强为侨服务、为国家经济社会发展服务的能力，为建设新福建、实现中国梦做出更大贡献。邢善萍表示，福建省将加大支持力度，助力学校发挥侨校特色与优势，推动华侨大学建设成为高水平大学。会上还举行董事长、副董事长及董事聘书颁发仪式。

华侨大学第八届董事会第一次会议现场（图/华侨大学）

中国洛江·第九届“十月诗会”举行

中国洛江·第九届“十月诗会”暨“新时代诗歌的个性化书写”主题研讨会举行。全国人大常委会委员、中国作协副主席吉狄马加，市委副书记、宣传部部长张永宁，全国各地50多位诗人、作家等参加。“十月诗会”由国内大型文学期刊《十月》杂志创办，以“荟萃名家与新人、对接诗歌与城市、引领潮流与风范”为宗旨，从2010年起每年一届，已经成为中国诗坛层次高、影响广、平台大的诗歌盛会之一。2019年活动以“新时代诗歌的个性化书写”为主题举行研讨会。与会人员围绕新时代诗歌创作的新理念、诗歌与人民的关系、如何促进诗歌的繁荣和发展等分享个人经验和感悟。

“狂恋探戈”之《我是舞神》在泉州演出

“狂恋探戈”之《我是舞神》在泉州大剧院演出。世界级探戈舞冠军、演奏家及歌唱家参演。被誉为“舞中之王”的探戈，舞姿华丽优雅，节奏顿挫有致，是阿根廷与乌拉圭两国共有国粹。此次到泉州演出的狂恋探戈舞团于2004年西班牙节日庆典上首次亮相，10多年来该团打造的舞剧屡获荣誉。《我是舞神》为最具百老汇风格舞剧，通过音乐、舞蹈、服装风格和音乐的变换，让观众领略到岁月变迁中的翩翩舞步。

12月14日

农历己亥年十一月十九
星期六
温度：14℃—22℃
多云转晴

●华侨大学第八届董事会第一次会议召开。

●中国洛江·第九届“十月诗会”暨“新时代诗歌的个性化书写”主题研讨会举行。

●“狂恋探戈”之《我是舞神》在泉州大剧院演出。

●洛江图书馆开馆。

●2019年首届“少林杯”福建省禅武武术大赛在惠安举行。

12月15日

农历己亥年十一月二十
星期日
温度：15℃—23℃
晴

●15—16日，中国侨联第四期海外归国藏胞代表人士参访团到泉州考察访问。参访团一行40余人到三六一°（中国）有限公司、晋江五店市传统街区、泉州开元寺、中国闽台缘博物馆参观交流。

●市发改委和市财政局印发通知，公布一批泉州市现代服务业集聚示范区，6个园区经论证评审、对外公示后入列。

●由省体育局、福建省钓鱼协会主办的2019年福建省全民健身运动会“倩瑜钓具杯”第五届钓王系列赛淡水钓总决赛在南安市英都镇英山垂钓中心举行。

●由福建省文化志愿者协会主办的“弘扬孝道文化公益演出”活动在南安市丰州镇桃源村举行。

●泉州市青年作家协会第五次会员大会举行，唐文魁当选会长。

●“逐梦向前”2019年东南公益年度盛典暨泉州“最美家乡人”颁奖典礼在泉州大剧院举行。

中国侨联海外归国藏胞参访团到泉州考察

15—16日，由全国政协委员、中国侨联海外委员、西藏侨联副主席谢文·根多活佛担任团长的中国侨联第四期海外归国藏胞代表人士参访团到泉州考察访问。参访团一行40余人到三六一°（中国）有限公司、晋江五店市传统街区、泉州开元寺、中国闽台缘博物馆等地参观交流，了解泉州市产业、文化、城市建设等方面的发展情况。

泉州市新增6个现代服务业集聚示范区

市发改委和市财政局印发通知，公布一批泉州市现代服务业集聚示范区，6个园区经论证评审、对外公示后入列。6个园区包括：综合性服务集聚区2个，分别是华侨大学（丰泽）创新创业园、泉港新材料高新技术产业园；文化创意产业园2个，分别是惠安雕艺文创园、德化县新秀园；现代物流集聚区1个，即位于泉州开发区的泉州新华旭智慧物流园；现代专业交易市场1个，即位于德化县的中国茶具城。获批市级现代服务业集聚示范区后，这些园区将获相应的资金扶持。2019年泉州市围绕“作答时代命题，聚力赶超攻坚”，推进“第三产业提升年”活动。以评促优，认定现代服务业集聚示范区旨在提升各类园区的产业集聚、辐射带动能力，力争打造出在省内乃至国内有影响力的第三产业拳头业态、集聚区和品牌。截至2019年，泉州市已经认定三批次泉州市现代服务业集聚示范区，17个园区获评。此外，全市还有11个园区被认定为省级现代服务业集聚示范区，数量位居全省设区市第一。

惠安雕艺文创园世界石雕之都展示中心外观

位于德化县的中国茶具城一角（资料图片）

第五届钓王系列赛淡水钓总决赛在南安举行

由省体育局、福建省钓鱼协会主办的2019年福建省全民健身运动会“倩瑜钓具杯”第五届钓王系列赛淡水钓总决赛在南安市英都镇英山垂钓中心举行。2019年的福建省钓王系列赛共有5场分站赛和1场总决赛。175钓友参赛。经过两场3.6米手竿钓对象鱼尾数赛和两场4.5米手竿钓混养鱼重量赛的较量，吴嘉成获冠军。比赛录取个人总分前35名进行奖励，混养鱼项目单场总重最重的朱瑞（26.68斤）和对象鱼项目单场尾数最多的王福强（50尾）获特别奖。

省“弘扬孝道文化公益演出”活动在南安举行

由福建省文化志愿者协会主办的“弘扬孝道文化公益演出”活动在南安市丰州镇桃源村举行。在《洗脚礼》中，子女为父母行跪拜礼、擦洗双足以感谢父母养育之恩，通过情景互动，让现场观众学会感恩、知恩、报恩。《百善孝为先》《一壶老酒》等歌舞表演营造出亲情氛围。改编自真实故事的小品《做人儿媳妇识道理》和《古琴·武当太极十三式》等独具传统文化特色的节目，不但为观众带来视觉享受，同时体现尊老爱幼、孝老爱亲的中华民族美德和中国传统文化的博大精深。演出在大合唱《歌唱祖国》中落幕。此次文艺演出所有节目均出自志愿者自编自导自演。他们用歌舞、琴书等形式来诠释“孝道传家宝，家风连社风”的社会风气，展示老有所乐、老有所依，向大众传递孝老爱亲、扶老携幼的传统美德，引导人们创造和善和睦和谐的美好生活。

全省食品生产加工小作坊监管工作现场会在泉州召开

16—17日，全省食品生产加工小作坊监管工作现场会在泉州召开。会上，全省多地市场监管部门相关负责人介绍各自辖区内小作坊监管工作经验和做法，总结交流小作坊监管工作情况。会议透露，近年来，泉州市将小作坊升级改造、集约发展、品质提升、品牌创建与实施乡村振兴战略、建设美丽乡村等结合起来，加快推进小作坊转型升级，扩大产品影响力，让小作坊告别“小散低、脏乱差”，朝着“小而精、特而美”方向发展，全面提升泉州市小作坊整体质量安全水平。

16日，参会的市场监管部门工作人员到晋江龙湖镇来旺良品堂，现场观摩泉州市部分小作坊的规范提升工程。此地集中诸多闽南古早味小作坊，这些小作坊集体向游客展示透明生产车间，让游客参观并体验包含橘红糕、润饼、肉粕、风吹饼等手作闽南古早味。泉州市探索“统一管理、集中生产”的小作坊监管模式，这一模式是依托一个载体，结合辖区实际，引入先进生产设备，然后将各具特色的小作坊集中在一起生产，最后逐步实现小作坊生产由少数个体向行业规范提升的转变。同时，在集中加工区引入闽南民俗文化旅游元素，做到既有作坊制作等传统民俗文化元素观赏，又兼具实际作坊制作文旅体验，将小作坊集中加工区建设与传统民俗文化传承发展相结合，推出具有地方特色的“名特优”式小作坊，形成较完善的特色产业链条。“小作坊+民俗文旅”结合的做法只是泉州市探索小作坊集聚生产模式的一个缩影，为促进全市众多小作坊进一步向有序、规范、健康发展，泉州市还探索“小作坊+农业合作社”、“小作坊+电商”等创新模式。

相关链接：持续5年的小作坊分类整治，全市关停取缔食品作坊156家，规范核准小作坊357家，打造精品示范食品作坊54个，转型升级为企业的食品作坊有18家。数据显示，泉州市小作坊食品的两年监督抽检批次合格率达99.75%。

市政协党组理论学习中心组（扩大）学习会议召开

市政协党组理论学习中心组（扩大）学习会议召开，传达学习习近平在中央政治局第十八次集体学习时的讲话精神及省委、市委有关精神；传达学习全省干部监督暨干部教育培训工作会议精神、省委十届九次全会和市委十二届十次全会精神。会议强调，要围绕区块链技术应用发展深入调研，为推动泉州市区块链技术和实体经济深度融合提供有效决策参考。要提振干部干事创业精气神，营造敢于担当、争创一流氛围，推动政协工作提质增效。要在发挥专门协商机构作用上下功夫，更好发挥人民政协在推进国家治理体系和治理能力现代化中的重要作用；以党的政治建设为统领，担负起人民政协制度参与者、实践者、推动者的政治责任。

市人大常委会党组扩大会议召开

市人大常委会党组扩大会议召开，传达学习市委十二届十次全会精神，研究市人大常委会贯彻意见；研究《泉州市人大常委会2020年度工作要点（讨论稿）》《泉州市人民代表大会常务委员会工作报告（讨论稿）》《中共泉州市人大常委会党组及机关开展“不忘初心、牢记使命”主题教育工作情况总结（讨论稿）》。会议指出，要从讲政治的高度，增强推进国家制度和国家治理体系建设的自觉性，把学习贯彻中共十九届四中全会、省委全会和市委全会精神作为重要政治任务抓好抓实。要坚持和完善人民代表大会制度，发挥人大在推动治理体系和治理能力现代化中的独特作用，发挥人大在立法工作中的主导作用，加强对地方立法的执行监督和效果考核。要加强常委会和机关自身建设，抓好主题教育成果巩固深化，履行全面从严治党主体责任，提升依法履职能力水平，为推进常委会各项工作提供组织保障。

12月16日

农历己亥年十一月廿一
星期一
温度：15℃—24℃
晴

●16—17日，全省食品生产加工小作坊监管工作现场会在泉州召开。

●市人大常委会党组扩大会议召开，传达学习市委十二届十次全会精神，研究市人大常委会贯彻意见等；按照《中国共产党党内监督条例》和市委有关部署，听取党组成员2019年度述责述廉报告，并进行点评和评议。

●十二届市政协第二十次主席会议召开，协商常委会第十八次会议相关事宜、第四次全体会议相关事项、第三次全体会议“好提案”相关事宜、有关人事事项，讨论政协常委会工作报告、提案工作情况报告。

●市政协党组理论学习中心组（扩大）学习会议召开，传达学习习近平在中央政治局第十八次集体学习时的讲话精神及省委、市委有关精神；传达学习全省干部监督暨干部教育培训工作会议精神、省委十届九次全会和市委十二届十次全会精神。

12月17日

农历己亥年十一月廿二
星期二
温度：17℃—26℃
晴转多云

●以“精业笃行、守正创新”为主题的第八届全国合格评定机构认可工作会议在泉州召开。

●由致公党中央留学人员委员会、致公党省委会主办，致公党省委会留学归国人员工作委员会承办的“筑梦港湾——留学·报国·追梦”演讲会在华侨大学举行。

●市政协召开专题座谈会，征求市各民主党派、工商联对十二届市政协第四次会议常委会工作报告和提案工作情况报告的意见建议，以及对市政协工作的意见建议。

●张永宁到安溪调研党建强基促稳和省重点培育项目工作。

●21世纪“海上丝绸之路”职业教育联盟成立大会在黎明职业大学举行。

●2020年统战工作务虚会召开，谋划推动新一年统战工作提质增效。

●泉州市服务项目攻坚律师志愿团成立。

●泉州城建集团有限公司劳动争议调解委员会及泉州城建集团有限公司劳动争议调解委员中心揭牌。

第八届全国合格评定机构认可工作会议在泉州召开

以“精业笃行、守正创新”为主题的第八届全国合格评定机构认可工作会议在泉州召开，国家、省、市市场监管部门负责人，中国合格评定国家认可委员会（CNAS）负责人以及全国获认可的250家合格评定机构代表参加会议。会议对泉州在认证与检验检测方面的工作成效给予肯定，强调要加强认可制度建设，加大对中小企业发展的支持力度，支持民营检验检测认证机构做大做强，推进“一带一路”认可国际互认，加强自身建设，提高认可工作能力。

“筑梦港湾——留学·报国·追梦”演讲会举行

由致公党中央留学人员委员会、致公党省委会主办，致公党省委会留学归国人员工作委员会承办的“筑梦港湾——留学·报国·追梦”演讲会在华侨大学举行。演讲会上，泉州师范学院纺织与服装学院教授张初阳博士、南京大学能源科学研究院质子直线加速器研究所所长孙安、重走万里丝路“单骑超人”刘海翔等分别以不同角度做主题演讲，分享在留学报国追梦路上的故事。

市政协征求常委会和提案工作报告意见建议

市政协召开专题座谈会，征求市各民主党派、工商联对十二届市政协第四次会议常委会工作报告和提案工作情况报告的意见建议，以及对市政协工作的意见建议。会议要求，要把握新时代人民政协工作的正确方向，坚持团结和民主两大主题，发挥专门协商机构作用，围绕省委、市委确定的目标要求，在建言资政和凝聚共识上双向发力，为推进泉州治理现代化做出更多贡献。

21世纪“海上丝绸之路”职业教育联盟在泉州成立

21世纪“海上丝绸之路”职业教育联盟成立大会在黎明职业大学举行。中国职业技术教育学会会长、教育部原副部长鲁昕作《产教科融合助力人才培养对接科技进步》主旨报告，阐释共建“一带一路”的目的意义，介绍产教科融合国家顶层设计和系列政策。鲁昕认为，新时代职业教育必须坚持对接国家战略、科技进步、迭代进程、时代场景、前沿课程、市场需求、数字化转型、产教科融合、新知识体系和双高建设，在构建多元制体制和运行机制、支撑服务科技进步发展趋势、实施以城市为载体效能模式、实施产教企校共同发展战略、明确产教融合推进实施逻辑、打通先进技术进入学校路径、建立校企合作利益共享机制、推动供需全方位全过程融合、创造产教科融合可复制模式、完善产教融合绩效评价体系十个方面下工夫，打造具有中国特色、世界水平的现代职业教育体系。

泉州市服务项目攻坚律师志愿团成立

泉州市服务项目攻坚律师志愿团成立。2019年以来，根据“法治政府建设年”部署，泉州市围绕“项目攻坚2019”“城市建设提速年”等，重点在城市片区建设、项目安征迁、治理“两违”等工作中，开展包括有法务人员深度参与、有对安征迁工作人员进行相关法律法规培训、有对重点项目涉及的民事纠纷及时进行调解等在内的“六个有”活动，法治化推进重点项目建设。市发改委、市司法局、市律师协会共同推动成立服务项目攻坚律师志愿团。经律师自行报名，由市律师协会筛选，全市50名律师加盟志愿团。是日，部分律师与项目单位签订重点项目法律服务协议。此次结对签约的项目涉及教育、医疗、水利、城建、交通等领域，是市委、市政府重点部署开展的项目攻坚领域，也是群众关注度较高的建设项目。

福能晋南热电联产项目投产运行

位于晋江市深沪镇东海垵工业区的2017—2019年省重点建设项目——福能晋南热电联产项目实现对外供热，标志该项目正式投产运行。经过3个小时暖管升温升压，供热蒸汽电动闸阀打开，向晋江市深沪镇东海垵工业区热用户通汽，拉开园区集中供热、节能减排的帷幕。该项目由福建省能源集团与晋江市政府共同出资。项目执行国家超低排放标准，采用国内先进设备和工艺技术，规划建设3台300吨/时环保型循环流化床锅炉，2台3万千瓦抽背式汽轮发电机组，并配套建设总长5.7千米中、低压地埋供热管网。项目达产后年供蒸汽189万吨，供电量2.7亿千瓦时，可以满足园区内用户热需求。该项目实施集中供热后，可替代园区内现有67台高能耗、重污染的自备燃煤工业蒸汽小锅炉和导热油炉，拆除17根小烟囱，每年可减少二氧化硫、氮氧化物、粉尘等污染物的排放，用煤量减少5.5万吨。通过实施集中供热，可有效解除小锅炉安全隐患多、维护成本和人员管理成本高等一系列问题，从而推动供热产业结构升级。

职业教育立德树人文化育人研讨会在泉州举行

由省中华职业教育社主办，市中华职业教育社、泉州轻工职业学院承办的“有业者乐业”——职业教育立德树人文化育人研讨会在泉州轻工职业学院举行。“使无业者有业，使有业者乐业”是中国现代职业教育先驱黄炎培提出的职业教育理念。中国工程院院士、四川大学教授石碧以“新时代职业院校文化育人的担当作为”为题，解析职业教育文化育人的重要意义，并结合典型案例来解析职业教育文化育人的实施路径，提出加强多维育人机制的构建和整合学校各部门力量、形成联动机制等建议。东北师范大学原副校长、泉州轻工职业学院发展顾问柳海民以“被需值教育：一个全新的教育理念”为题，提出被需值教育中的 “值”，一是指价值，即有用值。二是指质量，即满意值。三是指水平，即能力值，产品拥有多少技术、功能特性，可在多大程度上满足社会的需求。江夏学院院长、省中华职业教育社兼职副主任陈国龙表示，有业者乐业是办好职业教育的一种理想状态，“业”一是指技术状态，即安身立命之技术、技能、技巧；二是指心理状态，即扎根一线之幸福感、获得感、安全感。职业教育要把住方向，不忘初心，牢记使命，培养新时代技术技能人才，办好中国特色职业教育。研讨会中，台湾龙华科技大学、澳门城市大学、福建船政交通职业学院、福建信息职业技术学院、闽江师范高等专科学校、黎明职业大学等高校的专家学者也发表主题演讲。

黎明职业大学钰齐产业学院揭牌

黎明职业大学钰齐产业学院签约仪式暨揭牌仪式举行。此次黎明职业大学与钰齐集团共同构建“学、训、研、产、用”五位一体的实体发展学院，双方将从鞋类设计与工艺专业，拓展至材料化工学院、鞋服工程学院、旅游学院、商学院四大实体学院，贯穿“鞋底材料研发—设计与制造—外贸—销售”的企业核心岗位环节。校企双方将依托钰齐产业学院的新平台，以鞋服复合型人才培养为定位，以鞋类产品为载体，以“原辅料研发—产品设计—商贸运营—销售服务”为思路，整合黎明职业大学鞋服、旅游、商贸等专业群优势资源，按照钰齐集团不同岗位对员工知识、技能、素质的要求，联合开展人才培养。通过在黎大设立“校中厂”、在钰齐集团设立“厂中校”，校企合作联合为鞋服产业培养复合型人才。另外，黎明职业大学还将以共建、共管、共享、共赢、可持续为基本准则，把服务办学水平提升和服务企业创新发展作为产业学院建设的根本任务，围绕产业复合型人才培养、实训基地共建和运营、双师互聘、科研合作及政策研究、联合招生及招工、搭建平台、助推课堂教学等方面共建共享，提升产业学院的服务水平。

12月18日

农历己亥年十一月廿三
星期三
温度：15℃—20℃
阴转多云

●位于晋江市深沪镇东海垵工业区的2017—2019年省重点建设项目——福能晋南热电联产项目实现对外供热，标志该项目正式投产运行。

●由省中华职业教育社主办，市中华职业教育社、泉州轻工职业学院承办的“有业者乐业”——职业教育立德树人文化育人研讨会在泉州轻工职业学院举行。

●黎明职业大学钰齐产业学院签约仪式暨揭牌仪式举行。

●中国乒乓球史上8次获世界冠军的名将郭跃华到南安市第一中学，与300多名学生互动。

●德化第四季度8个重点建设项目开（竣）工，涵盖工业、基础设施、社会事业等多个领域。

12月19日

农历己亥年十一月廿四
星期四
温度：13℃—19℃
阴

●全市公安机关执法办案管理中心建设现场会在德化召开。

●市住建局自行研发的“泉州市建设工程项目双随机检查APP”通过验收，并应用于该局综合执法检查、重点项目检查和市质安站的季度双随机检查。这种将建设工程移动信息化用于实际工作和日常检查中的方式，在全省尚属首创。

●由国家开放大学组织中国教育电视台、中国青年报、农民日报、工人日报、人民网、中国网等多家主流媒体组成的“国开之旅——走进‘求学圆梦行动’”记者团到泉州企业采访，了解泉州电大农民工“求学圆梦行动”的办学经验与成效。

全市公安机关执法办案管理中心建设现场会在德化召开

全市公安机关执法办案管理中心建设现场会在德化召开。省、市、县各级公安相关负责人及相关单位50余人参加。德化县公安局负责人在会上做题为《高标准建设，实战化应用，推动执法办案管理新跨越》的经验介绍。出席现场会的省公安厅、市公安局相关负责人对德化县公安局率先在泉州市建成“一体化、智能化”执法办案管理中心，助推执法规范化建设提档升级给予肯定，对德化公安执法办案管理中心场所布局设计合理满足实战需求、执法办案管理中心加强智能化应用，实现规范化、精细化管理给予高度评价。与会人员还参观德化县公安局执法办案管理中心各个功能区及相关智能化系统建设情况。

泉州市在全省首创APP上检查工程质量安全

市住建局自行研发的“泉州市建设工程项目双随机检查APP”通过验收，并应用于该局综合执法检查、重点项目检查和市质安站的季度双随机检查。这种将建设工程移动信息化用于实际工作和日常检查中的方式，在全省尚属首创。双随机检查APP可实现对检查现场的拍照取证和现场记分等功能，方便市、县两级住建部门对施工现场的移动监管，确保检查结果及时准确、公平公开。系统依托于泉州市政务云平台，向上对接省住建厅工程项目建设监管系统，向下预留与其他系统数据交互的接口，大大提高监管效能。

现场检查人员可根据账号同步省住建厅监管系统内的双随机检查任务，通过移动端进行项目现场位置定位及导航，实现“不发通知、不打招呼、不听汇报、不用陪同，直奔项目、直插现场”式的监督检查。检查时可用APP查询项目人员、起重机械等信息，对关键岗位和关键部位的情况掌握更加到位。项目双随机检查APP的数据可直接推送省住建厅监管平台，同时与市住建局市场主体及中介机构监管平台进行数据交互。把检查情况关联到信用评价系统，对企业的市场行为进行信用评价，同时把评价结果与相关责任主体的招投标、承揽业务挂钩，形成工程质量安全状况直接影响施工企业投标中标概率的“两场联动”体系，从而促进各责任主体更加重视现场管理，严把工程质量安全关。通过APP检查，可避免传统的检查纸质资料不易保存、过程不易留痕等多种弊端，实现存在问题现场拍照、记分条款直接关联、检查结果现场确认、网上审批短信提醒等功能，通过业务流程的快速响应和闭合管理，提高工作效率、规范监督行为，并使整个监督执法过程公开、透明，更有效地预防人为因素的影响。

“国开之旅——走进求学圆梦行动”记者团到泉州采访

由国家开放大学组织中国教育电视台、中国青年报、农民日报、工人日报、人民网、中国网等多家主流媒体组成的“国开之旅——走进‘求学圆梦行动’”记者团到泉州企业采访，了解泉州电大农民工“求学圆梦行动”的办学经验与成效。记者团到泉州三星电气股份有限公司等企业，与学校、企业和学员座谈、采访，了解学校和企业开展“求学圆梦行动”的情况。记者团成员们表示，泉州电大创新人才培养模式，送教上门、到一线办学，为农民工学员求学、圆梦创造条件的做法给他们留下深刻印象。泉州是制造业大市，产业工人众多，学历提升需求群体较大，而农民工作为泉州劳动者大军中最为重要的组成部分，长期以来，因为时间、经济等原因，很难有机会接受学历继续教育。2016年，由教育部和中华全国总工会主办、国家开放大学负责组织实施的针对农民工学历与能力提升的行动计划——“求学圆梦行动”启动。2017年，该项工程落地泉州，泉州电大响应政策号召，与市总工会组织实施“求学圆梦行动”计划，探索农民工学历与技能双提升的培养新模式，圆农民工的大学梦。自该项目启动以来，泉州电大已招收培养农民工学员近2800人，为泉州产业快速高质量发展提供人力资源保障。

市委常委会学习《中国共产党党校工作条例》

市委常委会召开会议，学习贯彻《中国共产党党校（行政学院）工作条例》、听取市委党校工作情况汇报；传达全省乡村治理体系暨乡风文明建设现场推进会精神；研究市委、市政府2020年为民办实事项目；听取泉州市关心关爱基层干部工作情况汇报。会议强调，要坚持从严治校、质量立校，提升办学治校水平，把党校办成干部培训的主阵地、党性教育的大熔炉。各级党委要履行主体责任，把党校（行政学院）工作纳入党委整体工作部署；各级党校（行政学院）要主动担当作为，抓好教学科研、师资培养、管理服务等工作。

军工央企生态伙伴大会在泉州举行

由市政府和省国防科技工业办公室主办的军工央企生态伙伴大会暨2019年两用技术成果对接会在泉州举行。国家国防科工局、国家航天局领导，军工央企代表，省国防科工办、省教育厅、省科技厅及厦门大学、福州大学、福建师范大学、中科院海西研究院及所属泉州装备所、福建（泉州）哈工大工程技术研究院、泉州华中科技大学智能制造研究院等单位代表，驻福建各军兵种军代室代表、军工央企在福建上下游配套企业代表和部分企业家代表500多人参加活动。大会以“生态赋能、双向转化、协作共赢”为主题，局省市联动，与企事业单位形成伙伴型合作关系，形成一批可落地的产业化项目，促进两用技术转移转化。会上，泉州获颁“国家军民两用技术交易中心泉州分中心”。其间，还举行军工央企与地方企事业单位“结对子”启动仪式，开展“结对子、创一流”国防科技工业生态伙伴交流会、两用技术项目路演、“面对面”项目对接、两用技术成果展等子活动，现场对接达成一大批合作项目和意向项目。

泉州市公安文学创作协会成立

泉州市公安局在石狮市公安局举行泉州市公安文学创作协会成立大会，并首次将协会机构下沉设立在县（市）公安局，同时，该协会也是全省公安系统第一个成立的地市级专业协会。会议选举产生第一届理事会及领导机构成员，并对公安文化建设工作进行部署。吴顺天当选会长。会议对文学创作协会提出五点工作要求：一是要在政治上当旗手，引领时代潮流；二是要在工作上当先锋，展示公安风采；三是要在文化上当骨干，丰富警营生活；四是要在学术上当样板，讲好警察故事；五是要在交流上当桥梁，繁荣公安文化。

首届食品安全管理员考核培训举行

由市市场监督管理局、市工信局指导，市食品行业协会主办的泉州市食品行业人才主题教育——首届食品安全管理员考核培训举行。活动旨在提高泉州市食品从业者的专业素质，加强自身管理能力和操作规范化。全市82家企业130名代表参与活动。活动现场，市市场监督管理局食品生产监管科科长分享食品生产企业如何更好落实食品安全主体责任的话题。食品生产经营者是食品安全的第一责任人，食品安全法明确规定食品生产经营者应当依照法律、法规和食品安全标准，从事生产经营活动，对社会和公众负责，保证食品安全，接受社会监督，承担社会责任。除理论培训外，还举行能力考试。考试总分为100分，90分合格，对考试合格者颁发首届“泉州市食品安全管理员”资格证书。此次考试考察泉州市食品企业对食品安全理论知识和实际操作流程等方面的掌握情况，以此选拔一批素质高、专业强、技术精的食品安全管理员，并上报市市场监督管理局进行专业人才备案。

12月20日

农历己亥年十一月廿五
星期五
温度：13℃—18℃
小雨转多云

●市委常委会召开会议，学习贯彻《中国共产党党校（行政学院）工作条例》、听取市委党校工作情况汇报等。

●市委中心组（扩大）学习会召开，邀请省委编办主任林晓英作《全面提升新时代机构编制工作水平 为推进国家治理体系和治理能力现代化提供有力保障》专题讲座。

●由市政府和省国防科技工业办公室主办的军工央企生态伙伴大会暨2019年两用技术成果对接会在泉州举行。

●泉州市公安局在石狮市公安局举行泉州市公安文学创作协会成立大会，并首次将协会机构下沉设立在县（市）公安局。同时，该协会也是全省公安系统第一个成立的地市级专业协会。

●由市市场监督管理局、市工信局指导，市食品行业协会主办的泉州市食品行业人才主题教育——首届食品安全管理员考核培训举行。

●晋江举行乡村振兴战略项目对接活动，省级蔬菜产业园“山海协作、扶贫助残”项目上线运行。

12月23日

农历己亥年十一月廿八
星期一
温度：14℃—21℃
晴转多云

●泉州市城市基层党建工作联席会议第二次会议召开，研究解决问题，总结交流经验，推动泉州市基层党建创新发展。

●泉州市积极推进失业保险支持企业稳定岗位工作，从失业保险基金中拨出专款，对符合稳岗返还条件的266家企业，发放1271万元稳岗返还资金。

●省科技厅公布2019年省级科技成果产业化基地和产学研合作示范基地名单，泉州市3家企业入选。

●23—26日，由市教育局和市体育局主办的2019年泉州市小学生足球联赛总决赛在泉州东海湾实验学校和泉州师范学院第二附属小学举行。

泉州市城市基层党建工作联席会议第二次会议召开

泉州市城市基层党建工作联席会议第二次会议召开，研究解决问题，总结交流经验，推动泉州市基层党建创新发展。会议强调，联席会议各成员单位要学习贯彻习近平新时代中国特色社会主义思想和中共十九届四中全会精神，以强烈的责任担当推动城市基层党建向纵深发展。要坚持问题导向，找准城市基层党建工作的着力点和突破口，凸显城市基层党组织政治功能，推进街道体制改革，巩固深化“红色小区”创建，加快社区工作者职业体系建设步伐，提升城市治理管理水平。要树立系统思维、整体思维，发挥职能职责，加大人财物支持保障，定期沟通、上下协同解决问题，构建齐抓共管城市基层党建的工作格局。各级各部门要守土有责、守土负责、守土尽责，动起来、沉下去，精准施策、同向发力，把城市基层党建工作引向深入，为泉州中心城市发展做出新贡献。会议审议《关于建立城市基层党建专职工作者队伍的实施意见（修订）》，听取部分联席会议成员单位及鲤城区、丰泽区、洛江区、泉港区城市基层党建工作情况汇报。

泉州市发放1271万元稳岗返还资金

为更好地发挥失业保险预防失业、促进就业作用，2019年以来，泉州市积极推进失业保险支持企业稳定岗位工作，从失业保险基金中拨出专款，对符合稳岗返还条件的266家企业，发放1271万元稳岗返还资金。根据《泉州市失业保险支持企业稳定岗位实施意见》，自2015年起至2020年年底前，泉州市对采取有效措施不裁员少裁员、稳定就业岗位的符合条件的企业（含非公企业、小微企业），由失业保险基金按该企业及其职工上年度实际缴纳失业保险费总额的50%给予稳岗返还。稳岗返还资金可用于职工生活补助、缴纳社会保险费、转岗培训、技能提升培训等相关支出。泉州市加强基金管理与跟踪监测，督促企业采取有效措施稳定职工岗位，按照要求合理使用稳岗返还资金。

泉州市三企业入选省科技成果产业化基地和产学研合作示范基地

省科技厅公布2019年省级科技成果产业化基地和产学研合作示范基地名单，泉州市3家企业入选。其中，福建晋工机械有限公司和福建众益太阳能科技股份公司被确定为省级科技成果产业化基地，福建火炬电子科技股份有限公司被确定为省级产学研合作示范基地。为促进高校科技成果向应用方面转化，寻找实践基地，泉州市积极培育产学研合作基地和产业化基地。两年来共有3家企业被认定为省级科技成果产业化基地，2家单位被认定为省级产学研合作示范基地。

2019年泉州市小学生足球联赛总决赛举行

23—26日，由市教育局和市体育局主办的2019年泉州市小学生足球联赛总决赛在泉州东海湾实验学校和泉州师范学院第二附属小学举行。50支球队500名小学生参赛。小学男子组为各片区联赛的前8名，共24支队伍；小学女子组为各县（市、区）小学女子足球联赛的前2名，市直小学以校为单位组队，共26支队伍。此次比赛场数达94场次，赛事规模创历年最高。最终，泉州东海湾实验学校获男子组冠军，晋江心养小学获女子组冠军。

2019年泉州市小学生足球联赛总决赛现场
（图/泉州东海湾实验学校）

泉州市获批设立全国跨境电商综合试验区

国务院发布消息，同意在石家庄等24个城市设立跨境电子商务综合试验区，泉州市成为全国第四批跨境电子商务综合试验区。新设立的跨境电商综试区将复制推广前三批综合试验区成熟经验做法，对跨境电子商务零售出口试行增值税、消费税免税等相关政策，开展探索创新，推动产业转型升级，开展品牌建设，推动国际贸易自由化、便利化和业态创新，为推动全国跨境电子商务健康发展探索新经验、新做法，推进贸易高质量发展。泉州是传统外贸大市，近年来，泉州市顺应全球化发展趋势，加快政府职能转变、构建开放型经济新体制，市委、市政府高度重视电子商务发展，着重加大政策扶持力度，为跨境电子商务新兴业态的发展出政策、搭平台、建渠道。以跨境通公共服务平台和东海跨境电商生态圈两大平台为支撑，泉州跨境电商产业生态逐步完善，助力提升传统外贸在物流、通关、服务、培训等方面的不足，推动泉州市纺织服装、鞋类等传统产业转型升级。多措并举下，泉州跨境电商发展持续向好：2018年，泉州首次入选“2018中国跨境电商出口发展20强城市”，以雄厚的产业基础和强大的供应链优势，跻身国内跨境电商出口头部城市；泉州市跨境快递业务量稳定增长，全年快递服务企业业务量完成9.72亿件，同比增长30.65%，业务量排名全国前十；跨境零售商品以“9610”方式报关出口5289.24万元，同比增长128.6%，居全省首位。此前全国共设立跨境电子商务综合试验区35个。

市政府党组（扩大）会议学习习近平讲话精神

市政府党组（扩大）会议召开，传达学习习近平在全国民族团结进步表彰大会上的讲话精神和《关于全面深入持久开展民族团结进步创建工作铸牢中华民族共同体意识的意见》及市委常委会会议精神；传达贯彻省委十届九次全会、市委十二届十次全会精神；听取市政府党组成员2019年度述责述廉报告，并进行点评和评议。

会议指出，习近平在全国民族团结进步表彰大会上的讲话，为铸牢中华民族共同体意识，凝聚共同团结奋斗、共同繁荣发展的磅礴力量，指明努力方向、提供根本遵循。市政府党组成员、政府各部门党组（党委）要把准正确政治方向，增强政治敏锐性和政治鉴别力，把民族团结进步事业作为基础性事业抓紧抓好。要立足泉州实际，完善城乡社区治理机制，做好少数民族流动人口服务管理工作，扶持民族乡村经济发展，推动民族工作做深做细做实。要夯实基层基础，把握新时代民族工作的特点规律，建立健全市县乡村四级工作网络，提升基层民族工作干部队伍综合素质，确保党的民族政策到基层有人懂、民族工作在基层有人抓。省委、市委全会是贯彻落实中共十九届四中全会精神的具体行动，全市各级政府各部门要把学习贯彻省委、市委全会精神与学习贯彻中共十九届四中全会精神结合起来，按照习近平擘画的蓝图、指引的方向前进，推进中央、省上和市委各项决策部署落地生根、开花结果。要强化责任意识，传承弘扬“晋江经验”，把省上和市委的各项部署转化为具体实在的制度建设、项目支撑和工作安排，推动省委、市委贯彻落实四中全会精神的“路线图”转变为政府的“施工图”。要强化制度执行，政府系统党员干部要带头做制度执行的表率，善用制度思维谋划全局、推进工作、解决问题，把制度优势转化为推动高质量发展落实赶超的动力。

市总工会迎新春送文化慰问演出在安溪举行

由市总工会主办，市工人文化宫、安溪县总工会承办的“我们都是追梦人”——2020年市总工会学习宣传贯彻中共十九届四中全会精神暨迎新春送文化慰问演出在位于安溪的福建天电光电有限公司举行，为企业职工及周边群众献上“文化大餐”。慰问演出融合了歌舞、独唱、合唱、小品等多种艺术形式。

12月24日

农历己亥年十一月廿九
星期二
温度：15℃—22℃
晴

●国务院发布消息，同意在石家庄等24个城市设立跨境电子商务综合试验区，泉州市成为全国第四批跨境电子商务综合试验区。

●市政府党组（扩大）会议召开，传达学习习近平在全国民族团结进步表彰大会上的讲话精神和《关于全面深入持久开展民族团结进步创建工作铸牢中华民族共同体意识的意见》及市委常委会会议精神；传达贯彻省委十届九次全会、市委十二届十次全会精神；听取市政府党组成员2019年度述责述廉报告，并进行点评和评议。

●十二届市政协第二十一次主席会召开，听取市政协十二届四次会议各筹备组负责人汇报工作进展情况，协商有关人事事项。

●泉州市共享职工之家推进会在市区源和1916创意产业园召开。

●由市总工会主办，泉州市工人文化宫、安溪县总工会承办的“我们都是追梦人”——2020年市总工会学习宣传贯彻中共十九届四中全会精神暨迎新春送文化慰问演出在位于安溪的福建天电光电有限公司举行。

12月25日

农历己亥年十一月三十
星期三
温度：16℃—23℃
多云转小雨

●文化和旅游部首次公布国家级文化生态保护区名单，闽南文化生态保护区入选。

●市委常委会召开会议，传达贯彻省委经济工作会议精神等。

●2019年度泉州市委常委专题议军会议召开，传达学习上级有关精神，总结泉州市国防动员和后备力量建设情况，部署推进相关工作。

●十二届泉州市政协第十八次常委会召开，通报市政协十二届三次会议以来提案办理情况，讨论修改十二届市政协《常委会工作报告（讨论稿）》和《提案工作情况报告（讨论稿）》。

●继全国、全省春运电视电话会议后，泉州市随即召开会议，对2020年春运工作进行部署，对全国、全省春运电视电话会议的精神进行贯彻落实。

●第十八次泉州市见义勇为模范暨见义勇为先进集体表彰大会，对2018年7月以来全市涌现的见义勇为英模和英模群体32人进行表彰。

●25—31日，全市各地相继举行2019年第四季度集中开竣工活动，涉及项目196个，总投资603亿元，涵盖交通、工业、能源、教育、旅游、基础设施、城建环保和社会民生等领域。其中，开工项目94个，总投资444亿元，竣工项目102个，总投资159亿元。

●乌克兰广播交响乐团中国巡演新年音乐会在泉州大剧院举行。

闽南文化生态保护区入选首批国家级文化生态保护区

文化和旅游部首次公布国家级文化生态保护区名单，共有7个，分别是：闽南文化生态保护区、徽州文化生态保护区、热贡文化生态保护区、羌族文化生态保护区、武陵山区（湘西）土家族苗族文化生态保护区、海洋渔文化（象山）生态保护区、齐鲁文化（潍坊）生态保护区。2007年6月，原文化部批复设立闽南文化生态保护实验区，泉州市、厦门市、漳州市成为第一个国家级文化生态保护实验区，泉州市为闽南文化生态保护实验区的核心区域。此次确定国家级文化生态保护区，旨在加强非物质文化遗产区域性整体保护，推进国家级文化生态保护区建设。相关省级文化和旅游行政部门以及国家级文化生态保护区建设管理机构，要落实《国家级文化生态保护区管理办法》，深化对非物质文化遗产区域性整体保护的认识，推动实现“遗产丰富、氛围浓厚、特色鲜明、民众受益”的建设目标。文化和旅游部将加强指导和检查，开展国家级文化生态保护区建设绩效评估。对建设成绩突出的，予以通报表扬，并给予重点支持；对保护不力使文化生态遭到破坏的，将严肃处理，并予以摘牌。

泉州南音表演（图/吴寿民）

市委常委会传达省委经济工作会议精神

市委常委会召开会议，传达贯彻省委经济工作会议精神，传达学习习近平在中央政治局第十九次集体学习时的讲话、习近平为国家综合性消防救援队伍授旗训词精神座谈会和省委常委会会议精神，研究《关于深入学习贯彻习近平总书记重要论述加强新时代文化和自然遗产保护利用工作的实施意见》和《关于加强文物保护利用改革的工作方案》《泉州市历史文化名城名镇名村传统村落和历史建筑保护利用工作方案》《关于建立泉州市自然保护地体系的工作方案》等。

第十八次泉州市见义勇为模范表彰大会召开

第十八次泉州市见义勇为模范暨见义勇为先进集体表彰大会召开。大会对2018年7月以来全市涌现的见义勇为英模和英模群体32人进行表彰，其中模范11人、先进个人（群体）21人。会议还表彰8个见义勇为先进工作站、2个见义勇为志愿者先进集体，颁发奖励金75万元。会议指出，见义勇为先进人物在危难时刻挺身而出，甚至不惜流血牺牲，展示大义凛然、人间大爱的高尚情操，弘扬舍己为人、无私无畏的浩然正气。在他们身上，集中展现当代泉州儿女良好的精神风貌，是当之无愧的时代楷模。会议要求，从提高政治站位、创新宣传工作、完善保障机制、加强组织建设四方面，做好全市见义勇为工作，推动见义勇为事业发展。

乌克兰广播交响乐团中国巡演新年音乐会在泉州举行

乌克兰广播交响乐团中国巡演新年音乐会在泉州大剧院举行。音乐会由《塔尔斯·布尔巴》序曲拉开序幕，舞剧《天鹅湖》选曲、歌剧《尤金·奥涅金》选曲、歌剧《弄臣》主题音乐会幻想曲等众多世界名曲接连上演，同时，现场还表演《我爱你，中国》等中国著名歌曲。乌克兰广播交响乐团艺术总监、首席指挥弗拉基米尔·谢伊科到场指挥，带领众多艺术家奏响穿梭于古典与现代的音符。

市委经济工作会议召开

市委经济工作会议召开，学习贯彻中央、省委经济工作会议精神，总结2019年全市经济工作，部署2020年经济工作。会议指出，中央、省委经济工作会议总结2019年经济工作，分析当前形势，对2020年经济工作做出部署，具有重大而深远的意义。要领会和把握总体要求、政策导向、重点任务，结合泉州实际，确保各项要求落实到位。2019年以来，在中央、省委领导下，全市上下直面困难挑战，聚力转型攻坚，着手谋划长远，干部有担当，企业有韧性，经济社会发展取得新成效。做好2020年经济工作，关键要以习近平新时代中国特色社会主义思想为指导，落实中央、省委部署要求，坚持以新发展理念为引领，创新发展“晋江经验”，确保全面建成小康社会和“十三五”规划圆满收官；坚持辩证思维，稳中求进，继续转型攻坚，补好短板，确保小康成色，全盘统筹，办好要事大事，长短结合，谋战略找抓手。

会议要求，2020年要稳稳地做、实实地干，推动高质量发展。着眼于稳当前增长、稳增长后劲，提振发展信心，通过建链强链补链、生产性服务业专业化、生活性服务业高品质多样化，加快构建产业生态圈，防范化解重大风险。抓住融入闽西南协同发展区、复兴城市文化两大历史机遇，坚持环湾向湾发展，突出重大交通先行、高端产业主导、公共服务配套，加快空间格局、创新要素、人口人才集聚。坚持尽力而为、量力而行，抓重点、补短板、强弱项，决战决胜脱贫攻坚，抓好生态环境系统治理，树好党委、政府民生品牌。运用好问题导向、经验复制推广、改革推进落实机制，支持民营企业改革发展，支持县域治理创新，探索为民惠民新路径，创新城市工作体制机制，完善项目攻坚机制，推动“盆景”变“风景”。

泉州市汽车销售服务行业行政约谈会召开

市市场监督管理局召开泉州市汽车销售服务行业行政约谈会，全市154家汽车销售4S店负责人参加会议。约谈会上，市市场监督管理局通报2019年全市汽车消费投诉举报的有关情况，通报市场监管部门查处的汽车销售违法案件，以及汽车经营过程常见的违法问题。2019年以来，市市场监管局依托12315热线平台共受理汽车类消费咨询、投诉和举报4594件，较上年同期增长19.4%。其中，投诉案件1446件，举报20件，咨询案件3128件。从消费者投诉问题性质分类看，汽车相关投诉主要集中于合同纠纷、售后服务及质量问题三个方面，占比分别为49%、27%、12%。与2018年同期相比，合同纠纷问题占比有所增加，售后服务问题略有降低，质量和价格争议问题也有所提升。

针对汽车类消费投诉多发的问题，市市场监管局12315指挥中心相关负责人建议，规范和推广使用汽车类购销合同范本，加强合同条款对购销双方的法律约束力；对于商家有关退还购车定金、保险押金等的口头承诺，消费者应格外留心，注意留存定金或押金收据，必要时对商家的口头承诺进行录音，主动争取签订纸质的定金或押金退还协议。约谈会上，泉州汽车行业协会秘书长发出诚信经营倡议，与会汽车销售服务代表签订《泉州市汽车销售企业诚信经营承诺书》。市场监管局相关负责人建议汽车销售企业正视行业存在问题，公示收费标准，杜绝滥收费用现象，同时不折不扣地践行承诺，将消费者满意度作为服务的标准，坚持以诚信经营的理念推动泉州市汽车销售行业健康发展，营造汽车行业公平竞争的市场环境和安全放心的消费环境，让消费者愿消费、敢消费。

塞尔维亚女子合唱团专场音乐会在晋江举行

塞尔维亚KCC女子合唱团专场音乐会在晋江戏剧中心高甲剧场举行。该团成立于1993年10月5日，创作了许多经典的音乐作品，曾获国际合唱大赛金奖。音乐会上演唱了众多中外名曲，除塞尔维亚歌曲外，还有《啊，朋友再见》《友谊天长地久》《喀秋莎》《茉莉花》《我和我的祖国》等名曲。

12月26日

农历己亥年十二月初一
星期四
温度：13℃—24℃
多云

●市委经济工作会议召开，学习贯彻中央、省委经济工作会议精神，总结2019年全市经济工作，部署2020年经济工作。

●全市学习贯彻习近平论述加强新时代文化和自然遗产保护利用工作会议召开。

●《福建日报》刊发报道《深入贯彻全会精神，推进泉州治理现代化——访泉州市委书记康涛》。

●市市场监督管理局召开泉州市汽车销售服务行业行政约谈会，全市154家汽车销售4S店负责人参加会议。

●第十三届泉州市高校思想政治理论课教学观摩暨中共十九届四中全会精神进课堂研讨活动在黎明职业大学举行。

●2019年12月26日至2020年1月2日，由福建省书法家协会、市文联、泉州市书法家协会主办的守望兰亭·福建省第五届书坛新人新作展在泉州举行。

●俄罗斯国家模范交响乐团新年音乐会在晋江举行。

●塞尔维亚KCC女子合唱团专场音乐会在晋江戏剧中心高甲剧场举行。

12月27日

农历己亥年十二月初二
星期五
温度：10℃—14℃
阴转晴

●市委中心组召开学习会，开展“不忘初心、牢记使命”主题教育“学习《习近平在福州》采访实录”专题交流研讨。

●由市政府、中国科学院国家授时中心主办的海上丝绸之路时间中心揭牌仪式暨2019时空产业论坛在泉州举办，启动高精度地基授时系统泉州站及海上丝绸之路时间中心项目建设。

●由省委文明办主办，惠安县文明委、市文明办承办的2019年福建省道德模范与身边好人现场交流活动在惠安县文化中心举行。

●泉州市青年工作联席会议第一次全体会议召开。

●位于晋江陆地港的泉州国际邮件互换局（交换站）投入运营。

●“中国古代导航展——从指南针到北斗”在泉州市公共文化中心工人文化宫开幕，这是继6月在奥地利维也纳联合国国际中心首展之后，该展在国内首次举办。

●意大利帕尔玛歌剧合唱团“乘着金色的翅膀——世界经典歌剧选段合唱音乐会”在泉州大剧院举行。

●院线电影《奋斗吧，青年》开机新闻发布会在晋江举行。

海上丝绸之路时间中心在泉州启动建设

由市政府、中国科学院国家授时中心主办的海上丝绸之路时间中心揭牌仪式暨2019时空产业论坛在泉州举办，启动高精度地基授时系统泉州站及海上丝绸之路时间中心项目建设。市长王永礼、中科院国家授时中心主任张首刚出席揭牌仪式并致辞，副市长肖汉辉主持仪式；中科院、国防科技大学、中国科学技术大学、国家开发银行福建省分行、省科技厅等单位相关领导，以及时空产业领域科学家、知名人士、企业家代表参加。时间（频率）资源是国家重要战略资源，在国防科技、航空航天、北斗导航、智能制造、网络安全、无人驾驶以及人工智能等重要领域具有十分广阔应用空间。此次落地泉州的海上丝绸之路时间中心，是中科院国家授时中心在国内唯一布局建设，也是中国唯一服务于海上丝绸之路沿线国家和地区的世界一流时间中心；即将建设的高精度地基授时系统，是落户福建的第一个大科学装置。

王永礼在致辞中表示，在泉州落地建设国家重大科技基础设施和大科学工程，有利于泉州衍生孵化时间大数据、智能产品、检测认证、应用服务等高新技术产业，也有利于以泉州为支点，延伸覆盖服务海峡两岸以及东南亚等海丝沿线重点城市，推动与海丝沿线国家和地区的交流合作。市政府将履行好职责，提供更多的政策扶持和政务服务，按“一心四核”战略布局，高起点、高标准、高水平支持建设海上丝绸之路时间中心，开拓时空产业，带动全市数字经济、智慧智能等产业发展。张首刚在致辞中说，作为中国唯一、专门、全面从事时间频率基础研究和应用研究的科研机构，面向新时代的国家授时中心，承担着“十三五”国家重大科技基础设施——高精度地基授时系统、国家时间频率体系、空间站时频实验系统等重大建设任务，同时也立足国民经济主战场顶层规划和引领时空产业发展。以海上丝绸之路时间中心建设为契机，国家授时中心将与泉州一道，共同构建良好的时空产业生态系统。现场，福建省海上丝路时间中心运营有限公司与9家企业院所签订时间赋能战略合作协议；海丝时间中心、国家授时中心、西安电子科技大学负责人和专家分别做主旨演讲和主题发言；《从指南针到北斗——领略古今中国时空技术对人类文明的巨大贡献》时空特展同步开展并将持续到2020年1月24日。

海上丝绸之路时间中心揭牌仪式（图/市科技局）

泉州国际邮件互换局投入运营

位于晋江陆地港的泉州国际邮件互换局（交换站）投入运营。是日，在泉州国际邮件互换局顺利通关放行的4723件鞋服、小电器、小配饰等物品，跨境邮寄时间比此前至少节约半天至一天时间。国际邮件互换局（交换站）是指向境外邮政机构封发邮件总包和接收、开拆、处理境外邮政机构发来的总包，通过互换局，邮件货物可实现与全球127个国家和地区的互联互通。互换局启动后，泉州企业进出境邮件可直接在泉州国际邮件互换局进行监管，直接办理通关手续。

泉州国际邮件互换局挂牌仪式（图/市邮政管理局）

探索泉州·2019年全能定向公开赛举行

由中华全国体育总会、市委文明办、市文旅局、市体育局、丰泽区政府、泉州文化旅游发展集团有限公司主办的探索泉州·2019“兴业银行杯”全能定向公开赛在市区侨乡体育馆开赛。比赛吸引全国各地近三千人参与，选手5人一组，根据通关地图自行规划路线完成任务。探索泉州全能定向公开赛将泉州历史文化和新颖的全民体育赛事（定向赛）相融合，倡导绿色出行，传递文明旅游理念，改变以往城市定向赛的团建模式，将泉州的历史文化、人文典故、“非遗”文化、美食文化等元素结合到赛事中。竞赛方面，完成比赛任务不再只是通过“拍照”，而是需要“盖章+扫码+拍照”，也增加许多团体的趣味小游戏。所有任务点标无规定路线，一张地图，以丰泽为战场，选手在8小时内自由、合理规划路线，根据要求尽可能完成任务点标。赛事有6大主线任务+支线任务（加分项），在完成主线任务的基础上，通过完成越多支线任务加分评定总成绩。总成绩若出现相同成绩，则用时最短的获胜。

赛事还公布定向赛吉祥物“ONE TOO”（中文名为“湾兔”）。英文名“ONE TOO”中“ONE”意为“No.1”第一名，赛事之中的最高荣誉是No.1；“TOO”意为“也”，表示每个人都是这个赛事的No.1；“ONE TOO”读音谐音上也有“一、二”的意思，在赛事之中既是正数口号，亦有加油鼓劲的意思。赛事还设有一项主线任务——“唤醒泉州”拍照任务。参赛选手需要在环卫工、早餐店工作人员、24小时便利店员工、保安等几种唤醒城市的职业中，选择三种不同职业的人拍照。赛事现场，市文明办和市文旅局同步推出主题为“文明旅游 为中国加分”的宣传活动，以定向赛为媒，以点带面联动全城的独特优势，多种形式、多种角度向市民传递文明旅游观念，共同打造泉州作为优秀旅游城市、文明城市的形象，一方面响应打造“全福游、有全福”品牌口号，另一方面向全国乃至全球讲好中国海丝故事，助力“创新、智造、海丝、美丽、幸福”的现代化泉州建设。开幕式现场还设置丰富多彩的互动环节，主办方希望通过举办城市定向运动比赛，打造泉州品牌赛事，引领城市体育文化，形成崇尚运动、参与健身的文明生活方式。

首届中国校园服饰国际博览会在石狮举行

28—29日，首届中国校园服饰国际博览会（以下简称“校博会”）在石狮举行。展会吸引全国各地十几个省市的300多家校服企业参与。首届校博会以“健康引领·美丽校园”为主题，立足泉州市纺织服装产业，围绕“学校+校服企业+经销商”三个目标需求提供共享资源，力求延伸服务到多方面，引领中国校园服饰连接国际市场，让校服传承教育精神。展品范围涉及幼儿园、小学、初中、高中（含职高），大学男女校服（园服）的春秋装、夏装、冬装，款式包括制服、休闲服、运动服、演出服、民族服装、各种校园定制服装服饰等。此外，还有学生鞋袜、书包、领结等校园服饰，校园家纺产品、床上棉被等后勤物品，以及新型安全环保校服面料、校徽辅料等，几乎涵盖整个校服产业链。

首届校博会得到全国校服相关产业的积极响应。全部512个展位早在展会前就被全国各地的校服企业抢订一空，参展企业达300多家，来自重庆、山东、广东、山西、广西、辽宁、贵州等地，以及省内的福州及泉州地区。展会期间，全国首个校园服饰专业市场在石狮国际轻纺城开业。该市场致力于汇聚国内分散的校服产业资源，打造集产、展、销为一体的全新校服市场，构建专业的校服产业基地与交流展示平台，首期已吸引150多家全国各地的知名校服企业入驻。展会至少吸引1.5万人次的专业观众。中国教育装备行业协会副会长、秘书长夏国明表示，校服是由教育领域衍生的一项新兴产业，也是教育装备的重要组成部分。希望业界加强交流合作，服务于行业和教育，让校服产业在具有全产业链优势的石狮得到长足发展。

12月28日

农历己亥年十二月初三
星期六
温度：14℃—18℃
晴转小雨

●由中华全国体育总会、市委文明办、市文旅局、市体育局、丰泽区政府、泉州文化旅游发展集团有限公司主办的探索泉州·2019“兴业银行杯”全能定向公开赛在市区侨乡体育馆开赛。

●28—29日，首届中国校园服饰国际博览会在石狮举行。

●全国首个校园服饰专业市场在石狮国际轻纺城开业。

12月29日

农历己亥年十二月初四
星期日
温度：15℃—16℃
中雨转小雨

●29—30日，由中国健美协会、省体育局等主办，省社会体育指导中心、舒华体育股份有限公司等承办的2019年CBBA全国健美健身冠军总决赛在晋江举行。

●由市商务局、市委人才办、市人社局等主办的“2019泉州人才港湾计划·电商创新创业创造大赛”闭幕。

●由市委文明办、市文联主办，泉州市秦韵文化传播有限公司承办的泉州市“德艺双优好少年”选拔赛颁奖典礼暨“祖国在我心中”优秀作品展演在市区梨园古典剧院举行。

●“大美晋江”文化惠民工程——奋进新时代·2020晋江市新年合唱音乐会在晋江文化中心祖昌音乐厅举行。

2019年CBBA全国健美健身冠军总决赛在晋江举行

29—30日，由中国健美协会、省体育局等主办，省社会体育指导中心、舒华体育股份有限公司等承办的2019年CBBA全国健美健身冠军总决赛在晋江举行。全国23个省、101个城市、37个团队的近300名顶尖运动员参赛。经过角逐，郑少忠、刘孟易、向再华、张喻雪、赵婉羽、古典、王华分获男子古典健美、男子健体、女子形体、女子比基尼健身、女子健身模特、男子健身模特、男子传统健美全场冠军。赛事汇聚2019年由中国健美协会主办的全国性赛事及亚洲赛事各组、级别前15名，以及区域性健美健身比赛前3名的运动员。在冠军总决赛获得各项冠军的运动员，可经培训获得中国健美协会独立培训师称号，而男子传统健美、男子古典健美、男子健体、男子健身模特、女子比基尼健身、女子健身模特项目全场前三名运动员可代表中国参加国际健美健身联合会（IFBB）、亚洲健身健美联合会（AFBF）的各项国际比赛。世锦赛男子健体冠军郑少忠表示，总决赛的定位为所有高水平运动员提供了一个年终交流的机会，更成就了许多成长中的运动员，为他们提供一个走向世界的舞台。随着全民健身上升为国家战略，运动成为一种时尚。全民健身热的背后，是老百姓在生活水平得到提升后对健康生活方式的追求。

“2019泉州人才港湾计划·电商创新创业创造大赛”闭幕

由市商务局、市委人才办、市人社局等主办的“2019泉州人才港湾计划·电商创新创业创造大赛”闭幕。该届大赛全新更名为“创新创业创造大赛”，并首次在福州、厦门、莆田和台湾地区设立分赛区，创新引入互联网（淘宝）电商直播比赛，继续叠加人才港湾政策。通过设立分赛区，该届大赛调动各界参与的积极性，参赛作品领域更全，吸引全国10个省（市）的463个项目参赛。五个月以来，大赛组委会通过赛前培训辅导、初赛、复赛、尽职调查、总决赛等一系列活动，有效地发现和遴选一批优秀项目。经过角逐，最终一品嘉鞋服产业供应链平台、小员生态信息民生充电数据项目分获创造组、创新创业组金奖。颁奖仪式现场，组委会还向其他获奖项目颁发银奖、铜奖、最佳组织奖、直播销售奖、大赛优秀奖等奖项。组委会相关负责人表示，该届大赛参与项目与泉州产业契合度高，极具发展潜力。例如，一品嘉鞋服智造工业互联网平台、天地汇公路干线物流智能调度平台、鞋类C2M（客户对工厂）大规模定制电商服务平台等一批优秀的电商创意创新项目，都与泉州传统优势产业息息相关，能够为产业转型升级提供助力。主办方还邀请电商专家、投资人、跨境电商龙头企业负责人，围绕“助力品牌出海、携手跨境发展”这一主题，畅谈泉州跨境电商的机遇与未来。

相关链接：泉州市发挥产业优势，通过出台政策、培育龙头、项目带动、打造平台、营造氛围等一系列措施，推进电子商务发展。泉州市电子商务中心统计显示，泉州市已成为全国网商集聚区之一、全省最大的网络零售聚集区和网货供应地；拥有全省最多的县域电商百强县，最多的淘宝镇和淘宝村；入选“中国跨境电商出口发展20强城市”。1—11月，泉州市电子商务交易额达5430亿元，同比增长26.1%，其中网络零售额1450.71亿元，同比增长26.2%，位居全省首位。

2019泉州电商创新创业创造大赛颁奖仪式（图/刘 倩 柯丽萍）

市人大常委会党组学习《习近平在福州》采访实录

市人大常委会党组理论中心组学习会召开，开展“学习《习近平在福州》采访实录”专题交流研讨。与会人员联系一段时间来对《习近平在福州》采访实录的学习和自身岗位职责实际，畅谈学习体会。大家一致认为，要把领会习近平的为民情怀和弘扬“马上就办、真抓实干”等优良作风，贯彻落实到各项工作任务中，增强攻坚克难、干事创业的思想自觉和行动自觉。会议强调，要抓好理论武装，落实中共十九届四中全会提出的建立不忘初心、牢记使命制度，把学习成果转化为谋划高质量发展的具体举措。要抓好作风建设，敢于压任务、压担子，提倡“满负荷”精神，强化机关干部的执行力，推动建设高素质专业化人大机关干部队伍。要抓好制度建设，梳理总结立法、监督和代表工作等特色实践经验，发挥人大制度优势，扩大公民有序政治参与。

市人大常委会党组理论中心组学习会现场（图/陈意鸣）

泉州市消防救援支队挂牌

泉州市消防救援支队挂牌仪式举行。泉州市消防救援支队在应急管理部、省消防救援总队和市委、市政府领导下，主要承担城乡综合性消防救援工作，负责指挥调度相关灾害事故救援行动和重要会议、大型活动消防安全保卫工作；负责火灾预防、消防监督执法以及火灾事故调查处理相关工作，依法行使消防安全综合监管职能，推动落实消防安全责任制；参与拟订消防专项规划，参与起草地方性消防法规、规章草案并监督实施；负责消防安全宣传教育，组织指导社会消防力量建设等工作。

泉州市2020年新年音乐会举行

由市文旅局主办，泉州歌舞剧团、泉州交响乐团、泉州市交响乐协会承办的泉州市2020年新年音乐会在泉州大剧院音乐厅举行。整场演出由《北京喜讯到边寨》拉开序幕。紧接着，《春之声圆舞曲》《木兰组曲》《致新大陆》《C大调弦乐小夜曲》《黄河颂》等中外名曲轮番奏响。最后《鲁斯兰与柳德米拉》序曲将整场音乐会推向高潮。值得一提的是南音交响《出画堂》，该节目采用南音与交响乐合作的表现形式，用拟人手法表现百鸟图中百鸟的各自动态与特性。福建省曲艺家协会副主席、中国曲艺“二度”牡丹奖获得者庄丽芬到场献唱，让现场观众感受南音艺术的魅力。

泉州市2020新年音乐会现场（图/陈晓东 陈智勇）

12月30日

农历己亥年十二月初五
星期一
温度：13℃—19℃
小雨转多云

● 市人大常委会党组理论中心组学习会召开，开展“学习《习近平在福州》采访实录”专题交流研讨。

● 泉州市消防救援支队挂牌仪式举行。

● 由市文旅局主办，泉州歌舞剧团、泉州交响乐团、泉州市交响乐协会承办的泉州市2020年新年音乐会在泉州大剧院音乐厅举行。

● 由香港著名音乐人陈少琪原创的音乐剧《爱在星光里》在泉州大剧院演出。

12月31日

农历己亥年十二月初六
星期二
温度：10℃—14℃
阴转晴

●市委常委会召开会议，研究《泉州市深化改革加强食品安全工作实施方案》；研究召开市十六届人大五次会议有关事项和市人大常委会工作报告文稿。

●泉州白濑水利枢纽主体工程开工。康涛、王永礼检查项目开工建设情况。

●王永礼走访慰问坚守岗位的一线人员。

●市十六届人大常委会第二十五次会议召开，听取和审议市政府关于市十六届人大四次会议代表建议办理工作的报告和市人大常委会视察组综合报告，市中级人民法院、市检察院关于市十六届人大四次会议代表建议办理工作情况报告等。

●市十六届人大常委会第四十五次主任会议召开，讨论补选省十三届人大代表事项和市人大常委会工作报告稿，讨论、通过2020年市人大常委会工作要点等。

●福建省公安民警英烈基金会到石狮开展调研慰问活动，共为36名困难民警、辅警送上慰问金34.5万元。

市委常委会研究《泉州市深化改革加强食品安全工作实施方案》

市委常委会召开会议，研究《泉州市深化改革加强食品安全工作实施方案》；研究召开市十六届人大五次会议有关事项和市人大常委会工作报告文稿。会议指出，各级各部门要按照中央、省委部署要求，用最严谨的标准、最严格的监管、最严厉的处罚、最严肃的问责，保障人民群众“舌尖上的安全”。要拧紧责任链条，落实“党政同责、一岗双责”，压实职能部门在食品安全工作中的行业管理责任，督促企业履行主体责任。要开展食品安全隐患排查、专项整治，建立健全协调联动、联合执法等机制，把食品安全各项措施落细落实。

泉州白濑水利枢纽主体工程开工

泉州白濑水利枢纽主体工程开工。市委书记康涛、市长王永礼检查项目开工建设情况。市领导洪自强、朱启平参加开工检查。在察看工程建设现场，了解项目设计方案、移民安置、配套设施推进等情况后，康涛指出，在国家有关部委和省里的支持下，白濑水利枢纽工程顺利开工，这对于解决泉州长远供水安全和流域治理问题，具有重大意义。要坚持以人民为中心，做好征地移民和安置保障工作，解决群众实际问题，把民生工程好事办好。要绷紧质量安全这根弦，各级各相关部门和建设单位要加强沟通、协同合作，以昂扬的斗志抓好各项工作，力争做出成效、打出品牌、形成典范。要激励担当作为，发挥基层党组织的战斗堡垒作用和党员干部的先锋模范作用，为项目推进提供保障。王永礼指出，白濑水利枢纽工程功在当代、利在千秋。要强化大局意识，在市委统一部署下，主动担起责任，做好统筹协调，形成工作合力，在确保质量安全的前提下，加快推进项目建设。要盯紧进度节点，强化施工管理，抓好抓细大坝建设、移民安置、水土保持等各项工作，打造安全工程、惠民工程。

相关链接：白濑水利枢纽工程总库容5.44亿立方米，以供水为主，结合防洪，兼顾发电，同时为改善下游灌溉、生态用水创造条件，对促进泉州经济社会可持续发展有着重要作用，并为福建向金门供水工程提供水源地保障。建成后，将成为泉州市继山美水库、惠女水库后的第三座大型水库。

市十六届人大常委会第四十五次主任会议召开

市十六届人大常委会第四十五次主任会议召开。会议讨论补选省十三届人大代表事项和市人大常委会工作报告稿；讨论、通过2020年市人大常委会工作要点，关于市十六届人大四次会议代表建议办理工作的综合报告稿，市人大常委会代表资格审查委员会关于个别代表的代表资格的审查报告稿，市十六届人大五次会议的日程安排（草案）及各项建议名单，市人大常委会2020年立法计划（草案），关于泉州和台湾经济文化交流合作若干措施落实、《泉州市中山路骑楼建筑保护条例》实施的调研情况报告。会议指出，要按照新一年工作要点安排开展各项工作，确保取得成效；要加大力度督促相关部门办理代表建议；要做好各项筹备工作，确保大会顺利召开；要加强沟通协作，抓紧抓好立法计划顺利实施；要探索泉州和台湾两地融合发展新路，促进两地经济文化交流合作。

市十六届人大常委会第四十五次主任会议现场（图/王虎文）

编　　后　　记

地方志是地情文献，是客观记录现实情况的载体，具有长久留鉴后世之功能。泉州史志部门多年来着力探索地情文献编纂新路，创新了以年鉴为主、日记为辅的地方综合年鉴编纂办法，两者的资料组织体系不同，功能各有所长，既分工合作又有机联系，联袂反映丰富多彩的地方经济社会发展全貌。

《泉州年鉴（2020）·泉州日记》以马克思列宁主义、毛泽东思想、邓小平理论、“三个代表”重要思想、科学发展观、习近平新时代中国特色社会主义思想为指导，坚持辩证唯物主义和历史唯物主义的立场、观点和方法，以图文编年纪事的形式，按时序客观真实地记载2019年泉州地面上每一天发生的大事、要事、新事、特事，反映地方经济社会发展实况和城乡人民生活时态。该书实录2019年泉州市深入学习贯彻习近平新时代中国特色社会主义思想，全面落实中央、省委和市委决策部署，坚持稳中求进工作总基调，坚持新发展理念，积极应对外部环境变化，主动融入新福建建设大局，全力推动高质量发展落实赶超，推动各项事业取得新进展、新成效的实践进程。

《泉州年鉴（2020）·泉州日记》作为《泉州年鉴》的分册，较好地提升了年鉴反映现实的质量，其编纂水平随同年鉴不断提升，功能及实用性也不断拓展。《泉州年鉴（2020）·泉州日记》注重地情信息实录工作的项目带动作用，开发信息渠道，整合传媒资源，及时对有效资讯进行筛选、核实，将其转化为史志资料，使海量信息源源不断地充实到史志资料库中，在建设文化强市，推动泉州文化大发展大繁荣的工作大局中，发挥了存史、资政和文化传承的积极作用。

值此书出版之际，特作此记。并借此向提供文字、图片等资料信息，以及所有关心、支持、帮助《泉州年鉴（2020）·泉州日记》编纂工作的各有关单位和各界人士表示衷心的感谢！

编　　者

2020年6月